Le croisement des savoirs

Quand le Quart Monde et l'Université pensent ensemble

Dans la même collection :
Ces enfants qui veulent apprendre, sous la direction de Laurence Lentin, 1995.
« On voudrait connaître le secret du travail », sous la direction de Xavier Godinot, 1995.
Guide juridique contre l'exclusion, Comment faire face ?, sous la direction de Denyse Jouy, 1995.
Artisans de démocratie, Jona M. Rosenfeld et Bruno Tardieu, 1998.

Imprimé en France *Printed in France*

ISBN 2-7082-3420-X
ISSN 1264-1006

GROUPE DE RECHERCHE
QUART MONDE-UNIVERSITÉ

Le croisement des savoirs

Quand le Quart Monde et l'Université pensent ensemble

LES EDITIONS DE L'ATELIER

EDITIONS QUART MONDE

Que soient remerciés pour leur soutien financier :

Pour la Belgique
• La Communauté Française
Ministère de la Culture et de l'Éducation permanente
Ministère de l'Éducation, de la Recherche et de la Formation (service de la recherche scientifique)
• La Commission Communautaire Française
Service des affaires socio-culturelles et de l'éducation permanente
• Le gouvernement wallon
Ministère de l'Action sociale, du Logement et de la Santé
• La loterie nationale
• Texas Instruments

Pour la France
• Fonds Social Européen
• Ministère de l'Emploi et des Affaires sociales
• Ministère de la Culture
• Ministère de l'Éducation Nationale
• Fondation Caisse d'Épargne
• Caisse d'Épargne de Flandres
• Fonds Action Sociale
• Conseil général du Nord
• Villes de Caen, Lille, Rennes
• Microsoft

Avertissement

L'astérisque (*) dans le texte renvoie au glossaire à la fin de l'ouvrage.
Le double astérisque (**) dans le texte renvoie à des échanges internes aux différents groupes de recherche.

Avant-propos

Le présent ouvrage est le résultat d'une recherche expérimentale menée conjointement pendant deux ans par des professeurs et chercheurs d'Université de disciplines différentes (droit, économie, histoire, psychologie, physique, sciences de l'éducation, sociologie...) et des membres du Mouvement Atd Quart Monde (personnes en grande pauvreté et volontaires permanents).

L'introduction présente l'histoire de ce projet, ses enjeux et objectifs, les participants puis la méthodologie que ceux-ci, soutenus par une équipe pédagogique, ont dû élaborer pour relever le défi qui leur était proposé : croiser leurs différents savoirs pour parvenir à penser ensemble.

L'essentiel de l'ouvrage est constitué de cinq mémoires écrits pat les acteurs-auteurs de ce programme Quart Monde-Université. Ils témoignent des voies empruntées par ceux-ci pour arriver à élaborer une connaissance nouvelle et à en rendre compte dans une écriture commune. Le contenu de chacun des mémoires doit être lu comme un travail de recherche et l'œuvre d'une équipe qui en prend l'entière responsabilité.

La dernière partie du livre comporte l'avis des membres du Conseil scientifique qui a suivi et validé l'ensemble de la démarche ainsi qu'une courte évaluation présentant le bilan que tirent les acteurs-auteurs de leur participation au programme.

Ceux-ci ont inauguré une approche tout à fait nouvelle dont nos sociétés ont besoin pour venir à bout de l'extrême pauvreté. Ils espèrent que cette démarche incitera d'autres à explorer les pistes ainsi ouvertes.

Les acteurs-auteurs

Denise Bernia, militante Quart Monde, La Louvière (Belgique)
Marie-Hélène Boureau, volontaire-permanente Atd Quart Monde, Marseille (France)
Léon Cassiers, professeur émérite (médecine), UCL (Belgique)
Didier Clerbois, militant Quart Monde, Bruxelles (Belgique)
Marc Couillard, militant Quart Monde, Bruxelles (Belgique)
Françoise Digneffe, professeur des universités (criminologie), UCL (Belgique)
Jacques Fierens, professeur des universités (droit), Namur (Belgique)
Pierre Fontaine, professeur émérite (psychologie), UCL (Belgique)
Hector Guichart, militant Quart Monde, Bruxelles (Belgique)
Carl Havelange, chercheur qualifié en histoire, Liège (Belgique)
Marie Jahrling, militante Quart Monde, Noisy-le-Grand (France)
Daniel Lebreton, militant Quart Monde, Rennes (France)
Danielle Lebrun, militante Quart Monde, Dinan (France)
Martine Le Corre, militante Quart Monde, Caen (France)
Jean Marie Lefevre, militant Quart Monde, Cherbourg (France)
Odette Leroy, militante Quart Monde, Caen (France)
Pierre Maclouf, professeur des universités (sociologie), Paris 1 (France)
Joëlle Meurant, militante Quart Monde, La Louvière (France)
Luigi Mosca, chercheur en physique, Centre d'études de Saclay (France)
Georges Mus, militant Quart Monde, Charleroi (Belgique)
Ides Nicaise, chercheur en économie, Leuven (Belgique)
Marie-Jeanne Notermans, volontaire-permanente Atd Quart Monde, Heerlen (Pays-Bas)
Patrice Nouvel, volontaire-permanent Atd Quart Monde, Lyon (France)
Jacques Ogier, volontaire-permanent Atd Quart Monde, Paris (France)
Gaston Pineau, professeur des universités (sciences de l'éducation), Tours (France)
Christian Scribot, militant Quart Monde, Lille (France)
Paul Taylor, professeur des universités (sciences de l'éducation), Tours (France)
Françoise Vedrenne, volontaire-permanente Atd Quart Monde, Lille (France)
Jean Maurice Verdier, professeur des universités (droit), Paris X (France)
Pierre Yves Verkindt, professeur des universités (droit), Lille II (France)
Paulette Vienne, militante Quart Monde, Lille (France)
et de mars 1996 à avril 1997 : Noëlle Stenegry, militante Quart Monde, Rennes (France)

Équipe pédagogique

Claude Ferrand, volontaire-permanent Atd Quart Monde (directeur du programme)
Daniel Cornerotte, licencié en sciences du travail, Faculté Ouverte de Politique Économique et Sociale, Université Catholique de Louvain la Neuve (conseiller à la formation)
Françoise Ferrand, volontaire-permanente Atd Quart Monde (conseillère pédagogique)
Pascal Galvani, docteur en sciences de l'éducation, Université Européenne de Formation, Tours (conseiller à la formation)
Patrick Brun, docteur en sciences de l'éducation, AFDI-IFRADE, Angers (évaluateur)

Conseil Scientifique

Matéo Alaluf, président de l'Institut du travail, Université Libre de Bruxelles
Jean Germain, président de l'Université européenne de formation, Tours
Xavier Godinot, directeur de l'Institut de recherche et de formation aux relations humaines du Mouvement Atd Quart Monde
Louis Join-Lambert, directeur de la revue Quart Monde
Georges Liénard, directeur de la Faculté Ouverte de Politique Économique et Sociale, Université Catholique de Louvain-la-Neuve
René Rémond, président de la Fondation nationale des sciences politiques et académicien
Michel Serres, philosophe et académicien

TABLE DES MATIÈRES

Introduction générale

Au moment de présenter les cinq mémoires rassemblés dans ce livre, fruits d'un programme de formation-action-recherche entre le Quart Monde et l'Université, il convient de retourner à l'histoire qui a conduit à cette expérimentation, d'en connaître les modalités et les moyens mis en œuvre.

Genèse et enjeux du programme Quart Monde – Université

par Claude Ferrand

Racines historiques

L'idée de ce projet est ancrée dans l'héritage d'une démarche de connaissance, de partenariat et de représentation entreprise par Joseph Wresinski*, avec des citoyens très démunis.

Au point de départ, celui-ci, ayant vécu lui-même l'humiliation de la misère et de l'exclusion dans son enfance, eut le sentiment de rencontrer « les siens » dans le « camp des sans logis » de Noisy-le-Grand, près de Paris, en 1957, laissé dans un état d'abandon et de rejet. En faisant alors le choix de partager la vie de « son peuple », il voulut construire avec lui un avenir, en le rendant bâtisseur d'un projet de société où les droits de l'homme seraient respectés et défendus et d'où la misère et l'exclusion seraient bannies. Avec des familles habitant ce bidonville, avec des amis engagés dans la société et avec quelques personnes qui l'ont rejoint, il crée une association « Aide à toute détresse », devenue plus tard le Mouvement international Atd Quart Monde.

En 1960, Joseph Wresinski charge une des premières volontaires-permanentes*, Madame Alwine de Vos Van Steenwijk, de créer un Bureau de Recherches sociales[1]. Pour faire barrage au système d'assistance chronique d'une société qui ne sait pas se libérer de la misère, Atd Quart Monde veut être en effet un mouvement de pensée et de vie. La connaissance de la pauvreté, une vie militante partagée avec les très pauvres, la réflexion, la recherche et la formation sont parties intégrante de son action. D'elles, doit naître une pensée nouvelle. Elles sont la condition première d'une prise en considération authentique des pauvres dans les entreprises que mènent les hommes et les sociétés. Le rôle de ce Bureau de recherches sera de mobiliser des chercheurs et des gens d'action, d'organiser des colloques, des séminaires, des groupes d'études, pour que s'élabore une connaissance rigoureuse et scientifique de la pauvreté, de ses causes, de ses manifestations, de ses conséquences.

Le Mouvement Atd Quart Monde va se fonder sur un triple refus que les très pauvres eux-mêmes portent dans leur révolte, souvent silencieuse : le refus de la fatalité de la misère ; le refus de la culpabilité qui pèse sur ceux qui la subissent ; le refus du gâchis spirituel et humain que constitue le fait qu'une société puisse se priver de leur expérience.

Il y eut d'abord la conception, la construction et la reconnaissance officielle, sur l'emplacement même du bidonville de Noisy-le-Grand, d'une cité de promotion familiale, sociale et culturelle pour des familles disloquées ou menacées de dislocation à cause de la misère. Cette cité a été « la terre natale » et le creuset du Mouvement international Atd Quart Monde. C'est là que patiemment et rigoureusement furent expérimentés, en partenariat avec les familles très démunies, les responsabilités et les droits fondamentaux de tous, dans une approche globale, à partir de la petite enfance et du développement communautaire. Cette expérience se poursuit, trente ans après sa création, avec de nouvelles familles aux prises avec la misère d'aujourd'hui.

Le 17 novembre 1977, Joseph Wresinski lance publiquement, à Paris, un appel à la solidarité avec les très pauvres, à l'adresse de l'État et de tous les citoyens. Voici ce qu'il déclara à cette occasion aux militants et délégués du Quart Monde : « *...Notre objectif doit être, pour les dix ans à venir, qu'il n'y ait plus d'illettrés parmi nous, qu'aucun enfant non seulement ne manque l'école, mais qu'aucun n'y échoue. Sans doute avons-nous besoin des autres pour cela, mais nous aussi pouvons y contribuer. Que ceux qui savent lire et écrire apprennent à lire et à écrire à leurs voisins ; que chacun de nous se tienne pour responsable de sa formation professionnelle, mais aussi de celle de son milieu.* (...) » Il ajouta, à l'intention de tous les citoyens : « *C'est donc une alliance entre exclus et non-exclus, une alliance qui doit transformer les relations entre les hommes, la vie politique, la pensée de notre temps.* »

En 1987, deux événements ouvrent pour l'avenir les voies d'un engagement public contre la misère :

– La publication par le Conseil Économique et Social français du Rapport : « Grande pauvreté et précarité économique et sociale » (dont le rapporteur est Joseph Wresinski). Ce rapport donne une nouvelle définition de la grande pauvreté qui fait école : *La précarité est l'absence d'une ou plusieurs des sécurités, notamment celle de l'emploi, permettant aux personnes et familles d'assumer leurs obligations professionnelles, familiales et sociales, et de jouir de leurs droits fondamentaux. L'insécurité qui en résulte peut être plus ou moins étendue et avoir des conséquences plus ou moins définitives. Elle conduit à la grande pauvreté quand elle affecte plusieurs domaines de l'existence, qu'elle devient persistante, qu'elle compromet les chances de réassumer ses responsabilités et de reconquérir ses droits par soi-même, dans un avenir prévisible.* Ce rapport préconise l'élaboration d'un plan global, cohérent et prospectif de lutte contre la grande pauvreté[2].

– L'inauguration d'une Dalle en l'honneur des victimes de la misère sur le Parvis des libertés et des droits de l'homme à Paris, avec cette inscription : *Là où des hommes sont condamnés à vivre dans la misère, les droits de l'homme sont violés. S'unir pour les faire respecter est un devoir sacré.*

Dès 1971, Joseph Wresinski avait créé ce qui deviendra les Universités populaires Quart Monde*. Il voulait que les personnes en grande pauvreté ne soient pas seulement considérées comme des gens à instruire, mais qu'elles soient elles-mêmes source d'un savoir appelé à s'échanger avec les savoirs des autres membres de la société. Le dialogue ne devient possible que si ceux réputés « savants » acceptent de se laisser instruire par ceux-là mêmes qui étaient alors regardés comme « ignorants ». C'est ce qui fut initié au sein de ces Universités populaires Quart Monde où des personnes en situation de grande pauvreté apportent et partagent leurs connaissances issues de leur expérience de vie avec d'autres, qui n'ont pas vécu la misère. Ensemble, ils en tirent une pensée et une action originales.

En 1980, au cours d'une session d'un comité international de scientifiques que le Mouvement Atd Quart Monde avait réuni à l'UNESCO, Joseph Wresinski eut l'occasion de parler *de la fonction et du devoir des chercheurs universitaires attachés à la recherche sur la pauvreté*. Il rappela d'abord la double nécessité :

– de faire place à la connaissance que les très pauvres et les exclus eux-mêmes ont de leur condition et du monde qui la leur impose, de la réhabiliter comme unique, indispensable, autonome, complémentaire à toute autre forme de connaissance et de l'aider à se développer…

– de consolider la connaissance que peuvent avoir ceux qui vivent et agissent parmi et avec les plus pauvres.

Puis il ajouta :

Avec ces deux parties d'une connaissance globale, il y a la troisième, celle des chercheurs, celle de l'observateur extérieur. La connaissance universitaire est partielle. Elle ne peut être qu'une connaissance indirecte, informative et explica-

tive. Il lui manque la prise sur le réel et, par là, ce qui rend la connaissance mobilisatrice et provocatrice d'action[3].

Trois ans plus tard, en 1983, dans une conférence à la Sorbonne à Paris, en présence de délégués du Quart Monde et d'universitaires, Joseph Wresinski reprit son interpellation de l'Université. Il évoqua l'histoire d'une famille très pauvre qu'il connaissait bien. Il fit valoir son savoir et sa connaissance sur sa condition de vie et sur la société. Il déclara notamment : *La responsabilité morale et politique et la rigueur scientifique obligent l'Université à se tourner vers le Quart Monde, non pas pour enseigner d'abord, mais pour dialoguer et apprendre. J'entends l'Université avec toutes ses institutions et ramifications; j'entends aussi l'Université avec tous les citoyens qui, d'une façon ou d'une autre, détiennent une parcelle de savoir commun. Le temps est à la réciprocité du savoir, c'est-à-dire à la réciprocité entre tous ceux qui savent et ceux qui ont été exclus. Il s'agit de demander à une population au pied de l'échelle sociale de nous livrer sa pensée et ce qu'elle seule connaît*[4].

Puis il s'adressa aux universitaires : *Vous qui êtes scientifiques, qui êtes reconnus au niveau de la connaissance, vous devez faire reconnaître la validité de la pensée et de la réflexion des plus pauvres. Sans vous, cette validité est constamment mise en question et niée, et on n'écoute pas les très pauvres : on colle sur eux des interprétations extérieures qui les empêchent de réfléchir à leur propre vie.*

Précisément, un des objectifs du Mouvement Atd Quart Monde consiste à redonner l'histoire aux pauvres, mais aussi l'histoire des plus pauvres à la société. Le colloque universitaire qui s'est tenu à son initiative, en octobre 1989, à l'Université de Caen, dans le cadre du bicentenaire de la Révolution française et de la Déclaration des Droits de l'homme et du Citoyen, avait pour thème : « Du quatrième ordre au Quart Monde. La représentation des plus pauvres dans la démocratie ». Ce colloque a posé la question de la place des plus pauvres dans l'histoire, du recueil de leurs témoignages et de leur pensée. À la suite du colloque, un débat associa des délégués des Universités populaires Quart Monde aux historiens. À la question : « Que peut faire l'Université par rapport au Quart Monde ? », le professeur Marcel David répondit : *Dans les années cinquante, des universitaires ont pris l'initiative d'ouvrir l'Université sur une partie des pauvres de l'époque : le monde ouvrier. Ils ont proposé aux représentants des travailleurs de se rencontrer au sein de l'Université pour se connaître, s'estimer, parler à égalité et assumer ensemble un certain nombre de problèmes. Ce fut l'expérience des Instituts du travail au sein de diverses universités. Que pouvons-nous faire, nous les universitaires ? Nous pouvons nous battre pour créer au sein de l'Université une structure qui manifeste une égalité de partenaires entre les pauvres et les universitaires*[5].

Enfin, en juin 1993, à l'initiative du Mouvement International Atd Quart Monde, se constitue un groupe de travail composé de membres de ce Mouvement (volontaires-permanents et militants* issus de la misère), et d'universitaires. Le but de ce groupe de travail est de concevoir et d'élaborer les conditions d'un projet expérimental pour mettre en dialogue et en réciprocité trois types de savoir : le savoir de ceux qui ont vécu la misère et l'exclusion, le savoir de ceux qui se sont engagés à leurs côtés et le savoir des scientifiques.

Vers l'élaboration du programme

Pendant deux années (1993-1995), ce groupe de travail s'est saisi de l'expérience du Mouvement, notamment de celle des Universités populaires Quart Monde, et des questions posées à l'Université et aux professionnels, pour imaginer un projet expérimental de « formation – action – recherche » entre le Quart Monde et l'Université, en vue de « produire de nouveaux savoirs issus de la lutte contre l'extrême pauvreté ».

Le groupe est parti d'un double constat relatif à l'exclusion du savoir : d'une part, l'Université a un poids considérable, elle donne « l'intelligence » de la société, les cadres culturels à travers lesquels les politiques peuvent légitimer leur discours ; d'autre part, l'existence de la grande pauvreté n'a pas d'intelligibilité dans nos sociétés, elle ne remet pas vraiment en cause l'état du droit, de la citoyenneté...

Le groupe de travail organisa une journée d'expérimentation pour explorer la mise en œuvre d'un dialogue entre militants, volontaires et universitaires, dans une dynamique de formation et de production d'un nouveau savoir. Le thème choisi fut la citoyenneté : « Que signifie pour vous : vivre en homme citoyen et responsable ? » Chaque participant rédigea préalablement un texte court sur la question posée. La méthode consistait à favoriser l'expression personnelle de chacun et une expression commune.

L'évaluation de cette journée montra :

– l'intérêt de la démarche incluant travail solitaire, travail en petits groupes, travail en grand groupe, ce qui oblige les participants à négocier une pensée commune, une expression synthétique, à partir de leur diversité ;

– la richesse et les difficultés de faire dialoguer ensemble ces trois groupes d'acteurs ;

– les spécificités des apports des uns et des autres. Les militants apportent des situations, des types de réponses ou des stratégies, des savoirs de vie ; les universitaires établissent des liens avec des questions conceptuelles, une analyse, des références ; les volontaires éclairent le contexte des propos tenus par les militants, développent des enseignements tirés de l'expérience du Mouvement Atd Quart Monde.

Cette journée aida à définir les objectifs du projet, le profil des participants, les conditions de la démarche, la composition et la mission tant de l'équipe pédagogique que du Conseil scientifique, les moyens financiers...

Présentation du programme expérimental de formation – action – recherche

par Claude Ferrand

La direction du programme est assurée par l'Institut de Recherche et de Formation aux Relations Humaines du Mouvement international Atd Quart Monde. Ce programme est franco-belge.

Un protocole d'accord est établi entre les participants. Il précise :
– la finalité, les objectifs opérationnels et les méthodes,
– l'organisation ainsi que les missions et les tâches des différents participants,
– les dispositions d'ordre éthique que tous les participants s'engagent à respecter,
– le planning de réalisation.

Les acteurs-auteurs

Pour expérimenter la démarche de l'autonomie et de la réciprocité des savoirs, entre le savoir issu du vécu de la misère, le savoir issu de l'action et le savoir des sciences, il fallait déterminer les personnes qui seraient « acteurs-auteurs » de ce projet pilote. Le nombre d'une trentaine de personnes francophones est très vite retenu.

Pour représenter le savoir vécu de la misère, il est fait appel à des ***militants Quart Monde***. Ils seront quinze : neuf français et six belges[6]. Ils ont personnellement, ou avec leur famille, vécu des conditions de misère et leurs conséquences ; plusieurs les vivent encore. Tous ont participé depuis plusieurs années aux Universités populaires Quart Monde ; ils y ont acquis des capacités d'écoute et d'expression. Il leur est demandé, pour être acteurs-auteurs, d'avoir les bases de la lecture et de l'écriture. Ils sont disponibles pour être engagés à 3/4 temps. S'ils vivent en famille, ils doivent avoir l'adhésion de leur conjoint ou conjointe pour les soutenir. Une rémunération leur sera attribuée selon la situation et le statut de chacun. Enfin, le critère déterminant est géographique ; en effet, pour que le travail qui leur sera demandé soit réalisable dans la durée des deux ans, ils doivent pouvoir se retrouver en équipe de deux ou trois. C'est ainsi que, rapidement, cinq sites géographiques sont choisis : la Bretagne, la Normandie, le Nord, pour la France ; Bruxelles et le Hainaut, pour la Belgique.

Pour représenter le savoir des sciences, il est fait appel à des ***chercheurs et des professeurs*** de diverses disciplines, de plusieurs universités de France et de Belgique. Quatre font déjà partie du groupe de travail de préparation. Le recrutement passe essentiellement par eux. Il s'agit de trouver des universitaires qui acceptent de dégager du temps et qui sont relativement sûrs de pouvoir assurer une assiduité. Douze universitaires s'engagent (deux d'une même discipline travailleront en tandem). Neuf sont en exercice (trois chercheurs et six dont l'activité principale est l'enseignement) et trois sont émérites. Ils proviennent de dix universités différentes et obtiennent, pour la plupart, un accord et une lettre de soutien de leur président d'université. Les disciplines représentées sont : le droit, l'économie, les sciences de l'éducation, la médecine, la physique, la criminologie, l'histoire, la sociologie.

Le savoir de l'action avec les plus démunis est représenté par des ***volontaires-permanents*** du Mouvement Atd Quart Monde. Les cinq volontaires-permanents forment le groupe le moins nombreux. Il leur est demandé une disponibilité partielle (1/3 temps), et une expérience de partenariat avec des personnes très pauvres (enfants, jeunes ou adultes). L'équilibre à sauvegarder est que ces volontaires aient des origines culturelles ou professionnelles, et des sensibilités différentes. Avant de devenir permanents du Mouvement Atd Quart Monde, ces volontaires ont en effet exercé une activité professionnelle et sociale dans différents milieux. Au sein du Mouvement, ils exercent aujourd'hui des fonctions différentes.

Au total, les acteurs-auteurs sont donc trente-deux personnes : quinze militants Quart Monde, douze universitaires, cinq volontaires-permanents Atd Quart Monde[7].

Déroulement du programme

Les temps de regroupement

La formation – action – recherche proprement dite se déroule sur deux années (du 1er mars 1996 au 1er mars 1998) de la façon suivante :

• un travail de base est fourni par les militants Quart Monde. Ceux-ci travaillent trois journées par semaine, pendant vingt-deux mois, en sous-groupes de trois, à Caen, Rennes, Lille-Paris pour la France, et Bruxelles, La Louvière pour la Belgique. Chaque sous-groupe est soutenu, une demi-journée par semaine, par une personne-ressource bénévole (enseignante de profession et non active au sein du Mouvement Atd Quart Monde)[8];

• un travail collectif de tout le groupe des acteurs-auteurs autour des thèmes choisis s'effectue sous la forme de *séminaires* de trois jours tous les deux mois (soit dix séminaires), au centre culturel Les Fontaines, à Chantilly (France) ;

• un travail de production de mémoires est réalisé en groupes thématiques, conjointement par les militants Quart Monde, les universitaires et les volontaires, sur les thèmes définis ensemble. Chaque groupe thématique se réunit localement, une journée tous les deux mois, *les journées intermédiaires*, en alternance avec les séminaires.

L'équipe pédagogique

Pour mener à bien une telle entreprise, il était nécessaire de constituer une équipe pédagogique solide, chargée d'animer la production de savoir, d'en assumer la mise en œuvre, de préparer et d'animer les séminaires de trois jours. Cette équipe[9] comprend :

– le directeur du programme qui a pour mission de veiller au respect des objectifs et des finalités, et d'animer l'ensemble de l'opération ;

– deux universitaires, conseillers à la formation, engagés à mi-temps, chargés plus particulièrement de conseiller les universitaires et les volontaires ;

– une conseillère pédagogique, engagée à plein temps, chargée d'accompagner les militants Quart Monde. Du fait de l'importance et de la nouveauté de cette production, la conseillère pédagogique a également pour mission d'être le référent pédagogique pour l'ensemble du programme ;

– un universitaire évaluateur, engagé à mi-temps, chargé de capitaliser la connaissance issue de la formation – action – recherche au fur et à mesure de sa production et d'en évaluer les différents aspects.

L'équipe pédagogique se réunit en moyenne une journée tous les quinze jours, soit trente-trois journées sur les deux années du programme.

Le Conseil scientifique

Afin d'examiner et de valider la démarche et le contenu des recherches, il est fait appel à des personnalités scientifiques belges et françaises pour constituer un Conseil scientifique[10]. Il se réunit deux fois par an et est invité à participer à l'un ou l'autre séminaire.

Il lui est demandé ensuite de participer à l'organisation d'un colloque universitaire européen, destiné à confronter les résultats de l'action et ses retombées sur les contenus et démarches de l'enseignement et de la recherche universitaires comme de la formation initiale.

Dispositions éthiques communes

Compte tenu de la diversité des participants, de leurs différences, et des objectifs de l'action, les participants s'engagent à respecter les principes fondamentaux qui constituent en quelque sorte une « règle du jeu éthique » régissant les rapports entre eux.

• Soumettre son savoir à la réciprocité

Chacun est demandeur et offreur de savoir. Il ne s'agit pas d'enseigner d'abord, mais de se laisser enseigner. Les savoirs sont l'expression des personnes. Il n'y a pas d'autre accès possible à ces savoirs que les relations de reconnaissance mutuelle qui se nouent entre les personnes. C'est ainsi que la connaissance est co-naissance pour une co-production de savoir.

• L'écoute

Écouter l'autre dans sa plus grande différence, c'est écouter en soi comment on est affecté par le savoir de l'autre. Sa vérité et la nôtre s'entrelacent dans une écoute réciproque qui fait de nous des pairs.

• La discrétion

Les vies sont fragiles et doivent donc être préservées. C'est pourquoi toutes les citations ou utilisation de paroles ou d'écrits émanant des participants et non publiés, sont soumises, sans limitation dans le temps, à la confidentialité.

• La propriété collective

Les mémoires de recherche sont la propriété collective de leurs auteurs et sont publiés dans ce livre. Mais les données (interviews, auditions, transcription des échanges des groupes...) ne sont pas rendues publiques; elles ont été archivées à la fin du programme et il a été demandé expressément à chaque participant de ne pas prolonger individuellement les recherches et donc de détruire les données en leur possession.

Méthodologie

par Daniel Cornerotte, Françoise Ferrand, Pascal Galvani

Le programme expérimental Quart Monde-Université tente de croiser et de mettre en dialogue des savoirs et des types d'acteurs différents pour produire une connaissance plus affinée dans le domaine de l'existence de la misère et de la lutte pour l'éliminer. Pour opérer ce croisement et cette production de savoir, il fallait disposer d'objectifs cohérents et de moyens conséquents rassemblés dans ce programme expérimental. Il fallait aussi inventer une méthode de travail qui soutienne l'ensemble du projet aussi bien que les acteurs-auteurs au quotidien. Les questions posées par le croisement des savoirs ne peuvent supporter l'improvisation. Il ne suffit pas de réunir des militants Quart Monde, des volontaires et des universitaires de différentes disciplines pour qu'ils puissent produire ensemble une recherche. Il est donc utile de décrire ce qui a été mis en œuvre pour que le lecteur se fasse une idée des conditions de réalisation nécessaires à une telle expérimentation.

Qu'est-ce qu'une « recherche – action – formation » ? Comment l'animer ? Comment permettre à des acteurs-auteurs si différents de formaliser et de mettre en dialogue leurs savoirs ? Comment permettre à la fois une compréhension réciproque et une production intellectuelle collective ?

• Permettre une compréhension réciproque

– Permettre à chacun de construire sa pensée : c'est, bien sûr, particulièrement vrai pour les militants Quart Monde et pour les volontaires. En effet le savoir d'expérience comme le savoir de l'action sont imbriqués dans la vie personnelle. Ils sont moins formalisés que le savoir scientifique. Avant de pouvoir prétendre à une reconnaissance et un échange, il faut leur permettre de se constituer. Mais la formulation du savoir universitaire doit lui aussi être retravaillé pour être communicable et analysable par les autres acteurs.

– Trouver des modes d'expression équilibrés : l'équilibre du temps de parole, mais aussi l'équilibre du pouvoir des mots et du vocabulaire utilisé sont nécessaires à l'échange réciproque. Il faut croiser différents types d'expression : l'image, l'écrit, le récit d'expériences, le débat, l'interview, l'analyse... Il faut aussi que l'équipe d'animation veille à réguler, reformuler, voire à proposer des pistes de réflexion lorsque les sous-groupes bloquent sur des malentendus. Pour permettre à chacun de revenir sur ce qui a été dit et se l'approprier, tous les échanges sont enregistrés et retranscrits. Différents types de sous-groupes ont été créés pour permettre les échanges à tous les niveaux des trente-deux acteurs auteurs.

• Construire une réflexion collective

– Construire des démarches pédagogiques cohérentes avec les étapes d'une recherche : tout au long des deux années, l'équipe pédagogique dut constamment maîtriser le temps pour permettre à chaque sous-groupe d'avancer. Il fallait donc que chaque temps de travail corresponde aux étapes nécessaires d'une recherche : choix des thèmes, construction des problématiques, état de la question, recueil des données, analyses, écriture...

– Proposer des démarches structurant une production collective et réellement égalitaire : il fallait donc adapter les pratiques d'accompagnement et de guidance de recherches à des groupes composés de personnes aux savoirs très différents.

Pour mener à bien cet ensemble d'objectifs, les trois conseillers pédagogiques ont puisé dans leurs expériences respectives les ressources méthodologiques les plus proches de la situation pour les adapter. On peut situer ainsi les apports des trois conseillers pédagogiques : la démarche des Universités populaires Quart

Monde comme mode d'expression et de dialogue[11]; la pédagogie des formations d'adultes par production de savoir[12]; la guidance de recherche auprès de professionnels en formation universitaire continue[13]. Dès les premières rencontres de l'équipe pédagogique, c'est un croisement de ces différentes compétences qui a permis de construire la méthode de travail du programme.

Pour permettre aux groupes d'acteurs-auteurs de dialoguer et de définir collectivement leur recherche, l'équipe pédagogique a dû elle-même opérer un croisement de ses propres savoirs pour construire une méthodologie où chacun des groupes d'acteurs pouvait intégrer sa propre connaissance du sujet selon sa logique propre.

Les démarches pédagogiques structurantes

Il revint à l'équipe pédagogique de proposer des démarches répondant aux ambitions de l'opération au fur et à mesure des avancées du programme. Trois étapes peuvent être distinguées :

- la construction des questions de recherche;
- l'analyse des données;
- l'écriture des mémoires.

De la rencontre des acteurs à la construction des questions de recherche

Au début du programme, tout est à inventer; l'équipe pédagogique ne peut s'appuyer sur aucune expérience antérieure connue qui soit directement applicable, même si certaines démarches pédagogiques pouvaient être adaptées. La réussite des premières rencontres était déterminante pour toute la suite.

La « rencontre des blasons »

En même temps que la joie de voir enfin le programme se concrétiser, venait une intense appréhension de l'équipe pédagogique face à la conscience de sa responsabilité pour le bon lancement de l'opération. Trois journées de travail furent nécessaires à une première définition de son rôle et surtout à la mise au point du premier séminaire. Celui-ci fut entièrement consacré à créer les conditions d'une double rencontre, celle des personnes en même temps que celle des connaissances.

Avant de produire des connaissances en croisant les savoirs de chacun des acteurs, il fallait que les acteurs fassent connaissance mais il fallait aussi commencer à recueillir leurs trajectoires de pensée. La démarche du blason, déjà expérimentée en recherche et en formation[14] permet à chacun de présenter les éléments de son parcours personnel et intellectuel qu'il juge pertinents dans le contexte. Dans un premier temps, chacun est invité à réaliser son blason d'acteur du programme Quart Monde-Université sur le modèle suivant :

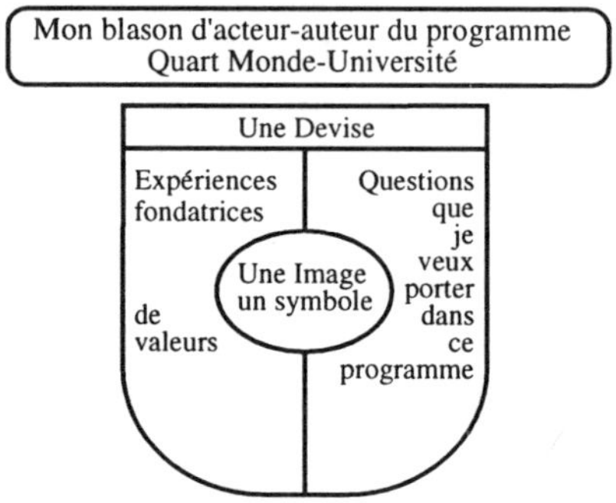

Pendant deux heures, chacun put s'isoler pour réaliser son blason sur une grande feuille. Ces feuilles furent ensuite affichées par les participants derrière leur place autour de la grande table de réunion. La concentration, l'intérêt et la qualité de l'attention de ce moment sont une dimension difficile à restituer par écrit. Ce type de démarche ne peut se réduire à un « outil technique » ou à un « exercice ». Chacun fut invité à présenter son blason en le commentant librement, l'animateur s'étant porté garant qu'il n'y aurait ni critique, ni interprétation psychologique des blasons[15]. Lentement et dans un silence riche de sympathie, d'émotion et d'attention, les expériences et les questions de chacun se découvrent.

Au-delà de la reconnaissance interpersonnelle, cette rencontre de blasons capitalise l'état des questions et des réflexions portées par les acteurs. Ce recueil permet de constituer une première base thématique sur laquelle les participants reviendront ensuite. C'est à partir de ce recueil et de cette mise en relation des expériences et des savoirs de chacun à propos de la misère que le questionnement collectif peut s'élaborer. C'est sur la base de ce repérage qu'ont pu se construire ensuite les cinq thèmes de recherche.

Les différents modes d'interaction entre les acteurs

Ne pouvant continuer à décrire dans le détail le déroulement du programme dans le cadre de cet ouvrage, seulement les modalités d'interaction mises en place par l'équipe pédagogique pour permettre le croisement des savoirs des acteurs à différents niveaux sont présentés. L'alternance de temps de travail en sous-groupes variés dans leur composition permit une interaction permanente de tous les acteurs. La plupart de ces sous-groupes, créés dans les premiers mois du programme, fonctionnèrent tout au long des deux années.

Les groupes « thématiques » sont les cinq sous-groupes qui se constituèrent autour des thèmes de recherche définis lors du second séminaire : Histoire, Savoirs, Famille, Citoyenneté, Travail et Activité humaine. Le nombre de cinq est déterminé par des contraintes géographiques, et chaque groupe comprend six ou sept personnes (trois militants, un volontaire, deux à trois universitaires). C'est dans les groupes thématiques que s'élaborent les problématiques[16] de recherche, les analyses et l'écriture des mémoires qui composent cet ouvrage. Les groupes thématiques sont le lieu central du croisement des savoirs des trois types d'acteurs.

Les « groupes d'acteurs » (un pour les militants, un pour les universitaires, un pour les volontaires) eurent au moins un temps de travail par séminaire. Ces groupes d'acteurs visaient plusieurs objectifs :

– permettre une régulation de l'avancée des travaux selon la logique propre aux différents acteurs en s'assurant que l'intérêt de connaissance dont ils sont porteurs est respecté ;

– permettre aux acteurs de même origine de se soutenir mutuellement et de reformuler certaines questions dans leur langage propre ;

– permettre une évaluation capitalisée des travaux selon les logiques autonomes du savoir universitaire, du savoir de l'expérience vécue et du savoir de l'action.

Les groupes « mixtes », dont la composition est aléatoire, sont composés d'universitaires, de militants et de volontaires, indépendamment du thème de recherche dans lequel chacun est engagé. Leur but était de permettre aux acteurs-auteurs de garder la globalité de recherche du programme et d'enrichir ainsi leur propre recherche grâce aux interactions avec les autres problématiques.

La « tortue » : espace de consultation de l'ensemble des acteurs en assemblée plénière. L'équipe pédagogique devait trouver une méthode de travail en assemblée plénière qui évite de dériver vers un débat entre quelques personnes disposant d'un plus grand pouvoir de parole. Il fallait que la méthode permette une réflexion collective et progressive des trente-deux participants. Il fallait aussi que la séance de travail puisse alterner des temps d'échange en plénière, de consultation individuelle, de réflexion en groupes mixtes et en groupes d'acteurs.

Après avoir clairement identifié cet ensemble d'objectifs et de critères auxquels devait répondre la démarche proposée aux acteurs, l'équipe pédagogique opta finalement pour une méthode de travail en groupe appelée « la tortue »[17], en l'adaptant aux conditions du programme expérimental.

Cette méthode s'appuie sur une organisation particulière de l'espace de travail schématisé de la manière suivante :

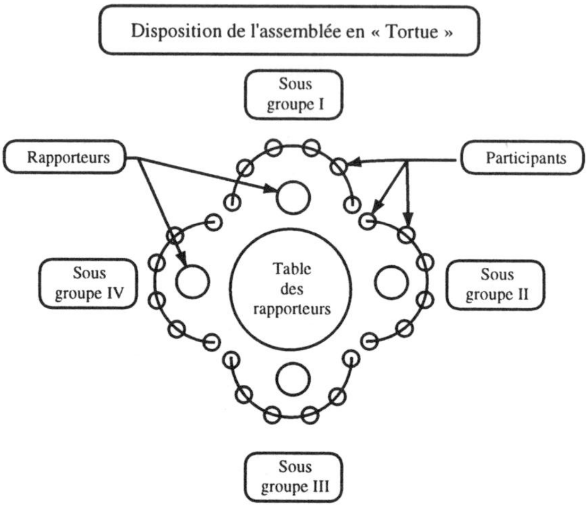

De la construction des problématiques à l'analyse croisée

Le processus de recherche, même s'il peut se penser avec des étapes successives (définition de l'objet, élaboration d'hypothèses, construction de modèles interprétatifs, confrontation aux faits...) s'effectue en fait par tâtonnements. Le rôle de l'équipe pédagogique a été de baliser ce cheminement et de permettre la construction d'une structure opératoire

Démarches initiales

Il n'y a pas de découverte sans question, mais le questionnement même n'est pas simple et demande toute une réflexion et tout un cheminement.

Après avoir délimité son objet/sujet de recherche, chaque groupe thématique (Histoire, Famille, Savoirs, Travail et activité humaine, Citoyenneté) a tenté d'énoncer son projet de recherche sous forme d'**une question de départ** pour exprimer le plus exactement possible ce qu'il cherchait à savoir, à élucider ou à mieux comprendre. Cette question centrale, qui contient toutes les autres et qui, d'une façon ou d'une autre, constitue donc le point de départ de la recherche, fut ensuite retravaillée pour la construction progressive d'une **problématique** qui signifie littéralement « mise en problème ».

Ce travail, loin d'être strictement formel, oblige le groupe à clarifier utilement ses propres intentions. En effet, la question n'est pas d'emblée judicieuse ou adéquate par rapport au problème posé. Il faut parfois déconstruire et reconstruire ; les moments d'hésitation existent mais les orientations doivent être tracées.

L'intensité des discussions autour de la question de recherche est retranscrite par les acteurs-auteurs dans le premier chapitre de leur recherche (chapitres Méthode).

Pour parvenir progressivement à une structure opératoire, il est particulièrement utile d'utiliser des outils pédagogiques (angle d'attaque, mise à l'épreuve, récolte et analyse des matériaux...).

Cette « démarche » implique donc des étapes qui s'articulent entre elles et qui donnent à la recherche une certaine cohérence. Elles furent formalisées par l'équipe pédagogique dans leur déroulement logique (question centrale, hypothèses, vérification, compréhension et analyse des résultats...).

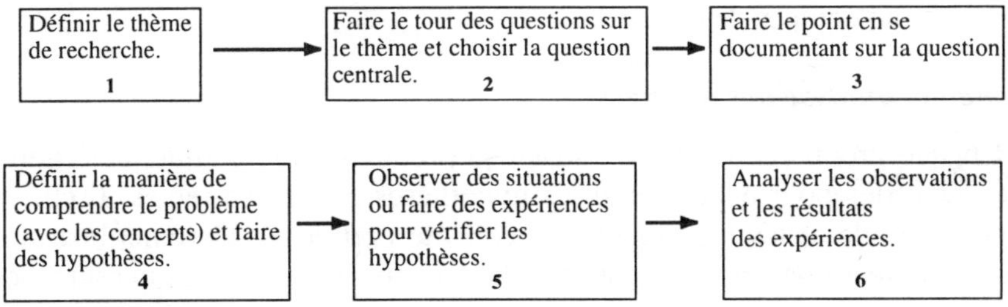

Ancrage et approfondissement

Plusieurs méthodes furent expérimentées pour aider les groupes à préciser leur problématique. Par exemple, lors du séminaire de novembre 1996, chaque groupe thématique présenta, en assemblée plénière, les éléments constitutifs de sa démarche, sous forme de **mini-conférences** (exposé, recueil des questions et courte discussion). L'objectif de ces mini-conférences était de recueillir le plus d'éléments critiques possible de la part de l'ensemble des acteurs-auteurs, tant sur le contenu que sur la méthode de recherche. Lors des journées intermédiaires suivantes, les groupes thématiques furent invités à tenir compte des remarques, questions ou suggestions émises lors des mini-conférences. Cela les conduira parfois à retravailler leur question initiale.

Il y eut aussi **trois auditions** pendant lesquelles des personnalités invitées ont retracé leur itinéraire personnel et social en faisant le lien avec les cinq thèmes de la recherche. Les personnes auditionnées sont Lucie Ribert[18], militante Quart Monde; Emile Creutz, docteur en sciences physiques; Emilie Bourtet[19], volontaire-permanente Atd Quart Monde. Ce furent des moments forts dans la dynamique collective car ils ont enclenché un processus de prise de conscience des multiples dimensions interagissantes des situations de pauvreté et de leur globalité. Ces auditions successives ont alimenté la réflexion et ont nourri les constructions des différents groupes[20].

Chaque groupe thématique fut également invité à rédiger une **fiche de recherche** pour formaliser les éléments structurants de sa démarche : quelle est la problématique ? Quels en sont les concepts-clefs ? Comment conduire la recherche ? Une fiche provisoire est d'abord rédigée avec les mots-clés de la recherche, la question centrale, des sous-questions et une hypothèse. La fiche de recherche amène donc à préciser la problématique, à savoir ce que l'on cherche et dès lors être en mesure de définir comment le rechercher. Chaque groupe doit justifier par ailleurs l'intérêt de ses questions par rapport au problème posé, et la manière dont il va vérifier les hypothèses qu'il s'est données et choisir un ou des « terrains » privilégiés d'observation. Chacun des participants doit encore exposer la fiche de recherche de son groupe à un nombre restreint de représentants des autres groupes thématiques, ce qui maintient des communications transversales entre les cinq équipes de recherche.

Recueil et analyse des données

Chaque groupe de recherche, ayant sa problématique définie, détermina les données utiles pour examiner si les hypothèses étaient correctes. Il choisit le champ d'étude et les instruments de collecte pertinents. Certains instruments seront encore affinés, revus et corrigés pour mieux répondre à ce qui est recherché et aux difficultés rencontrées.

Pour vérifier les hypothèses, les cinq groupes thématiques procédèrent, d'une part, au recueil des observations et, d'autre part, à l'analyse et l'interprétation des résultats. Ils vont alors rassembler différents types d'informations – préétablies ou directement recueillies pour l'étude.

Les moyens communs aux cinq groupes de recherche sont les interviews et les transcriptions des discussions au sein du groupe (les décryptages).

Les interviews ont surtout été réalisées par les militants. Ils sont allés rencontrer des familles qui vivent la grande pauvreté en leur demandant si elles acceptaient d'être enregistrées. Bien souvent, ils ont fait ces interviews dans leur voisinage, au domicile des personnes, en expliquant le programme Quart Monde-Université, et en disant que les paroles enregistrées devaient servir à faire comprendre ce que vivent les personnes très pauvres. Ensuite, la transcription de l'interview était redonnée aux personnes interrogées pour d'éventuelles corrections, afin qu'elles puissent garder le contrôle de leurs paroles et de leur pensée.

Dans deux groupes thématiques, des interviews ont été menées par chaque membre du groupe. Chaque interview est enregistrée, retranscrite par ses auteurs, puis analysée par le groupe.

Les décryptages, c'est-à-dire l'enregistrement des discussions et leur transcription, sont un autre type de moyens communs. Chaque groupe thématique a travaillé selon la méthode de dialogue et décryptage, peu habituel dans les recherches universitaires. L'élaboration du thème de la recherche, la vérification des hypothèses, et jusqu'à l'écriture finale des recherches se sont faites par le dialogue entre les participants du groupe. Pour cela, chaque rencontre était enregistrée, « décryptée », redonnée dans des délais très brefs aux participants. Le mot « décryptage » est employé ici car il ne s'agit pas d'une retranscription qui aurait pour but de faire des recherches linguistiques; les décryptages sont un outil de travail qui sert directement aux acteurs-auteurs, soit pour revenir sur une discussion trop rapide ou trop complexe, soit pour compléter une analyse, soit pour mémoriser la richesse d'un questionnement, la précision des expressions. Ils ont été la seule garantie pour que les acteurs-auteurs de ce programme restent à égalité tout au long du processus de recherche et d'écriture; en effet, grâce à ces décryptages, les militants, pour qui la prise de notes et la concentration intellectuelle durant de longues heures sont souvent difficiles, ont pu revenir sur des débats qu'ils avaient parfois laissé passer, et rédiger ensuite une note[21], reprenant ainsi l'initiative dans les échanges lors de la rencontre suivante.

Toutes les données recueillies (interviews, décryptages des rencontres, lectures d'ouvrages) font l'objet d'analyses singulières et croisées au sein des groupes.

De l'analyse à l'écriture des mémoires

En s'engageant dans ce programme, chacun savait que le produit de la recherche serait un écrit, un mémoire, qui serait ensuite repris dans une publication, ce livre.

Dès le début du programme, les écrits ont été nombreux dans chaque groupe thématique : contributions personnelles sur le thème, interviews retranscrites, décryptages des réunions du groupe... Tous les documents sont codifiés et chaque acteur-auteur possède l'ensemble des documents relatifs à son groupe de recherche – ce qui représente environ quatre-vingts documents par groupe pouvant avoir chacun d'une à cinquante pages... C'est dire qu'avant d'aborder la phase de l'écriture des mémoires, chacun se trouvait face à une masse d'écrits.

Pour les universitaires, l'écriture individuelle fait partie de leur métier, ils l'ont apprise au cours de leurs études, ils ont tous déjà publié de nombreux ouvrages ou documents. Les volontaires-permanents maîtrisent les techniques de l'écriture mais ont rarement eu l'occasion d'écrire dans un but de publication. Pour la plupart des militants, l'écriture est une angoisse, un terrain inconnu.

Le plan des mémoires

La première classification des matériaux s'est faite collectivement au sein de chaque groupe. Puis les militants ont continué cette classification en relisant tous les décryptages des réunions de leur groupe, les interviews, et en les classant selon la grille d'analyse que leur groupe s'était donnée, proposant parfois des modifications à cette grille. À partir de cette grille et de la fiche de recherche, un plan provisoire de chaque mémoire fut élaboré donnant un canevas et un échéancier pour l'écriture. Ces premiers plans ont ensuite été corrigés, affinés en tenant compte des derniers matériaux apportés par la recherche, des précisions d'analyse imposées par l'écriture qui commençait, ainsi que des compléments d'informations que la logique de la recherche nécessitait.

Un chapitre concernant les débats internes au groupe, débats qui relatent la démarche, les attentes réciproques des acteurs, les difficultés et aussi les réussites du croisement entre eux... est commun à tous les groupes thématiques, c'est le chapitre Méthode ou Démarche. Il peut sembler surprenant de commencer la lecture d'une recherche par un chapitre qui énonce le « Comment la recherche a été menée », mais étant donné l'expérimentation de croisement des savoirs, il est apparu à chaque groupe thématique que le « comment » faisait partie intégrante du contenu de la recherche ; et la compréhension de ce « comment » par le lecteur est préalable aux chapitres suivants, car la démarche suivie induit le résultat de la recherche. Ainsi, bien souvent le développement de la pensée des militants et son écriture ont été possibles parce qu'au préalable une contribution d'un autre groupe d'acteurs-auteurs avait été faite ainsi qu'une analyse commune. Réciproquement, il est arrivé que les universitaires et les volontaires-permanents aient pu écrire suite à un apport conséquent des militants. Les plans des cinq mémoires, et le choix de l'ordre des sections à l'intérieur des chapitres, respectent ce cheminement du croisement des savoirs.

Exercice d'écriture commune

L'objectif de cet exercice proposé par l'équipe pédagogique était de voir si, au sein de chaque groupe thématique, une écriture commune était possible, ce qui supposait une même lecture et une même appréciation des données recueillies, avec le respect d'éventuels points de vue différents. Pour cela, il fut proposé à chaque groupe thématique de choisir un point significatif de sa recherche, puis les groupes d'acteurs (les trois militants, les deux ou trois universitaires, le/la volontaire) ont écrit une page sur ce point en tenant compte des discussions qui avaient déjà eu lieu dans leur groupe[22].

Ce premier exercice d'écriture fut déterminant quant aux conditions possibles pour envisager l'écriture des mémoires. Dans chaque groupe thématique, les trois militants ont pu présenter un texte commun, sur lequel ils avaient beaucoup travaillé ; ce texte commun avait été élaboré à partir de leurs textes individuels avec l'aide de la conseillère pédagogique pour la synthèse. Le/la volontaire s'est retrouvé seul pour écrire. Les universitaires, peu habitués à écrire ensemble, et de surcroît de disciplines différentes, ont présenté des textes inachevés dans lesquels il leur a été difficile de faire une synthèse de leurs différents points de vue. Le constat fut que l'écriture par groupe d'acteurs-militants était possible, tandis que celle du groupe d'acteurs-universitaires semblait bien difficile car elle aurait nécessité une proximité géographique et un temps disponible dont tous ne bénéficiaient pas. D'autre part, les volontaires demandèrent à être soutenus dans cette écriture.

L'objectif de l'exercice proposé était qu'un texte commun puisse être rédigé à partir des textes initiaux apportés par les groupes d'acteurs-auteurs, respectant les points de vue de chacun. Quelques lignes ou une demi-page seulement ont pu être écrites en commun par chaque groupe en une journée de travail !

Cet exercice prouva aussi que l'étape de l'écriture était décisive dans ce programme. Deux groupes modifièrent ainsi leur plan de mémoire pour le recentrer. Le deuxième constat était que l'écriture, commencée assez tôt, faisait partie intégrante de la recherche et ne pouvait être laissée aux derniers mois du programme, afin que tous y participent. Enfin, il apparaissait impossible d'écrire ainsi l'ensemble du mémoire, la méthode étant trop lourde.

Écriture des mémoires

Les cinq recherches ont été écrites parallèlement, chaque groupe thématique étant concentré sur sa propre écriture. La démarche proposée est pour chaque chapitre de partir de la classification des matériaux (décryptages, interviews, lectures...), de les relire, et d'établir un plan le plus détaillé possible du chapitre à écrire. Pour chaque section, il y avait donc des écrits dont il fallait tenir compte pour rédiger. Les extraits des décryptages des échanges oraux ont souvent servi de brouillon pour une première rédaction.

Chacun savait qu'il n'écrivait pas en son nom propre, il acceptait que son texte soit parfois – ou souvent – un texte-martyr soumis à la relecture, à la critique des autres membres du groupe. Chaque texte rédigé fut ainsi soumis à plusieurs passages devant le groupe avant d'être adopté. La consigne donnée, d'écrire à partir de ce qui avait été discuté et travaillé dans le groupe afin que chacun puisse rester maître de la production finale, eut pour conséquence qu'au moment de la rédaction, dans plusieurs groupes, les références d'auteurs ou d'ouvrages qui n'avaient pas été étudiés au cours de la recherche, furent refusées.

Le rythme d'écriture, la manière d'écrire, le rapport à l'écrit furent très différents pour les trois groupes d'acteurs, et pour chacun à l'intérieur des groupes.

Il était demandé à chacun d'envoyer ses textes quelques jours avant la date prévue de la rencontre de son groupe, afin de laisser le temps de les comprendre, de les vérifier, de les amender. Le rythme soutenu des rencontres ne fut pas toujours compatible avec cette exigence et certains groupes durent programmer des journées supplémentaires de travail en commun pour que les derniers textes apportés soient vraiment retravaillés par tous.

Lors de désaccord de fond sur une analyse, il fut convenu que ce désaccord apparaîtrait dans l'écriture pour respecter les points de vue différents.

À plusieurs occasions, la rédaction d'une section d'un chapitre, ou parfois un chapitre entier, a été confiée au groupe d'acteurs qui n'avait pas fait l'apport principal sur ce point de la recherche, révélant l'effectivité du croisement des différents savoirs. La table des matières de chaque mémoire indique à qui a été confiée la rédaction de la section.

Certaines sections, parfois les introductions et les conclusions des mémoires ont donné lieu à de multiples écritures et discussions au sein des groupes. Dès lors, il s'est agi de trouver un accord, de négocier, sans céder sur ce qui semblait essentiel à chaque acteur-auteur. Il est difficile de dire alors qui est à l'origine du texte final, il s'agit vraiment d'une écriture commune, mentionnée en tant que telle dans la table des matières des mémoires.

Enfin, certains textes proviennent directement des discussions du groupe et sont extraits des décryptages, ils sont alors mentionnés comme documents internes.

Les réunions fréquentes de l'équipe pédagogique ont permis de faire le point très régulièrement de l'avancée de l'écriture des cinq mémoires, des difficultés rencontrées, des réajustements à opérer pour que l'échéance finale soit respectée.

Le choix de l'ordre de présentation des cinq recherches dans ce livre s'est révélé à la fin du programme, en accord avec les acteurs-auteurs. Même si chaque recherche a son écriture indépendante des autres, et peut donc se lire ainsi, il est proposé au lecteur une logique : partir de la globalité, celle d'un groupe (mémoire Histoire : « De la honte à la fierté »), puis celle de la famille (mémoire Famille : « Le projet familial et le temps »), pour ensuite entrer dans les recherches sur les savoirs et savoir-faire (mémoire Savoirs : « Libérer les savoirs ! »; mémoire Travail, activité humaine : « Talents cachés »), afin de terminer par la dimension politique (mémoire Citoyenneté : « Représentation, grande pauvreté, citoyenneté »).

Questions et vigilances pédagogiques

Le rôle de l'équipe pédagogique dans le programme Quart Monde-Université a consisté à animer la production de sens individuel et collectif. On peut dire que les démarches mises en œuvre s'articulent autour de trois principes :

Une approche compréhensive : chaque expression doit être reformulée pour vérifier l'inter-compréhension entre les groupes d'acteurs universitaires, volontaires et militants;

Une approche constructiviste : la démarche consiste toujours à partir des questions issues de l'expérience des acteurs pour construire la problématique et l'analyse;

Une approche interactioniste : toutes les étapes de la recherche se construisent en commun, dans et par le dialogue.

Questions et démarches relatives à la dimension compréhensive du programme

L'équipe pédagogique a dû assurer un équilibre entre la compréhension intersubjective et la construction d'une pensée structurée dans la recherche. Si l'objectif de compréhension réciproque a été légèrement prédominant dans les premiers séminaires pour permettre au groupe d'acteurs de se constituer, ce fut ensuite la construction intellectuelle de la question traitée par chaque groupe qui a régulé les échanges. Cet équilibre était vital dans un travail où l'expérience vécue devait être présente, sans obliger les militants à dévoiler leur vie personnelle, et sans amener les universitaires ou les volontaires à établir des relations de type pédagogique avec les militants. L'objectif « d'inter-compréhension » devait éviter ce double écueil par un respect scrupuleux des personnes, autant que par le positionnement de chacun comme chercheur et producteur de sens.

Les difficultés importantes que génère le travail en groupe étaient ici renforcées par l'hétérogénéité des personnes, des milieux culturels et linguistiques, voire des univers de pensée. Au cours de l'avancée du programme et à partir de l'analyse des difficultés rencontrées ou de la demande des acteurs-auteurs, l'équipe pédagogique est progressivement intervenue pour formuler des propositions de travail lorsque les difficultés de compréhension bloquaient l'élaboration d'un groupe. La nécessité de construire collectivement une production intellectuelle cohérente dépendait d'abord de la possibilité de compréhension réciproque des acteurs. La trentaine d'acteurs-auteurs du programme n'était pas un simple regroupement de personnes aux expériences différentes. Des facteurs psychosociologiques, socioculturels, conditionnaient l'interaction entre les acteurs, chacun ayant une perception différente du programme et du sens de la recherche, de la formation ou de l'action. Toutes les démarches conçues par l'équipe pédagogique devaient répondre au souci de compréhension réciproque. Elles devaient permettre un échange et un débat dans lequel chaque groupe d'acteurs pouvait s'intégrer.

Les démarches pédagogiques ont visé à solliciter et à développer chez les acteurs une attitude de compréhension et d'interprétation du sens. Cette posture d'interprétation exploratoire où chacun part en quête du sens de l'autre fut une condition nécessaire de réussite de ce programme.

L'attitude compréhensive n'est toutefois pas suffisante. Elle est nécessaire mais peut devenir gênante si elle devient le seul mode d'échange. Elle ne prend sens que dans l'équilibre avec la confrontation des idées et des savoirs. De même que la confrontation des analyses sans attitude interprétative tourne rapidement à l'échec.

À partir des témoignages recueillis, et surtout à partir de la diversité des groupes, la démarche a été une démarche de compréhension et d'interprétation des matériaux rassemblés. Pour les scientifiques, il s'agit d'une démarche de sociologie compréhensive car, bien que basée sur des faits réels, la recherche porte sur le sens, le pourquoi des événements. Les données recueillies n'avaient pas pour objectif d'établir des statistiques. Mais il était naturel que des moments de désaccord apparaissent. Ce qui était une affirmation pour les uns n'était pour les autres qu'une hypothèse à vérifier. La maîtrise des mots justes n'est pas habituelle pour les militants, mais par ailleurs le langage universitaire est souvent trop hermétique. Il a fallu que chacun fasse des efforts de réelle écoute pour ne pas interpréter trop rapidement la pensée de l'autre. Il en a été de même pour le travail commun de compréhension des situations et d'interprétation des apports (interviews, auditions, théories...).

Questions et démarches relatives à la dimension recherche du programme

Le rôle de l'équipe étant d'animer une démarche collective de recherche, elle a dû construire les supports pédagogiques (développés précédemment) à partir des phases méthodologiques générales de la recherche en sciences humaines. De ce point de vue, le travail de l'équipe pédagogique pourrait se rapprocher du conseil méthodologique ou de la guidance de recherche. Il en diffère cependant par le fait que l'équipe pédagogique n'a pas eu pour fonction principale le conseil méthodologique direct (pour aider une formulation conceptuelle ou pour approcher le terrain), car toutes ces compétences étaient présentes dans les groupes. L'objectif central était de proposer des supports et des méthodes d'interaction qui aidaient les acteurs à formuler et négocier collectivement les différentes étapes du travail (problématique, concept, analyse de contenu...). Dans cette construction, il y a un mouvement constant de l'expérience réfléchie à l'analyse critique. La prise de distance, qui est habituellement exigée à l'entrée dans la recherche, s'est effectuée ici progressivement à partir de la réflexion sur l'expérience des acteurs dans les sous-groupes. Mener un travail de recherche signifie manier ensemble « la proximité et la distance » par rapport au thème choisi. Cela veut dire ne pas se laisser guider par ses propres émotions, ses sentiments ou ses valeurs, et accepter la confrontation mutuelle sur les données apportées par chaque membre du groupe.

À la démarche compréhensive, s'est jointe parfois une démarche « structuraliste ». Le questionnement intense au sein de plusieurs groupes a abouti à la construction de schémas. Ces schémas sont une structuration de la pensée qui permette de décomposer des concepts complexes (par exemple : le peuple, le temps, la représentation...) et de comprendre les différents mouvements qui existent. Ces schémas ont précisé les objectifs, les buts à atteindre, et des chemins découverts pendant la recherche pour y parvenir. L'élaboration de ces schémas a été dans chaque groupe une étape essentielle de la recherche, produite par le croisement des savoirs, et ils figurent donc dans cet ouvrage.

Questions et démarches relatives au dialogue intersubjectif

Au carrefour des logiques d'interprétation et de confrontation, l'équipe pédagogique a dû intervenir pour réguler le dialogue intersubjectif. Il fallait éviter une simple juxtaposition des points de vue, conduisant à un accord purement factice entre les acteurs.

Même si l'égalité des savoirs est une hypothèse de travail du programme, le dialogue des savoirs n'est pas immédiatement égalitaire. Avant de pouvoir mettre en dialogue les savoirs, il fallait qu'ils puissent s'exprimer et être reconnus comme porteurs d'une intelligence de l'objet de recherche. Même avec la meilleure volonté, ce n'était pas évident pour les savoirs d'expérience des militants et pour les savoirs d'action des volontaires. Il ne suffit pas d'écouter avec bienveillance et politesse ce que dit l'autre, il faut surtout l'entendre comme une pensée qui porte une vérité nécessaire à comprendre. Cet effort d'écoute attentive est plus facile à avoir lorsqu'on ne comprend pas les paroles d'un universitaire. On se dit « naturellement » que l'on manque des connaissances nécessaires pour comprendre une idée trop difficile pour soi. On s'informe, on questionne, on cherche. C'est ce type d'attitude que chacun devait avoir pour les autres dans ce type de programme. Il n'est pas aussi évident d'avoir cette attitude lorsqu'on ne comprend pas le discours d'un militant. Spontanément, il est plus facile de penser que c'est lui qui n'a pas compris, qu'il est hors sujet, ou encore qu'il s'agit d'un discours idéologique, parce qu'il ne se formule pas selon les normes classiques de la pensée.

Le savoir théorique est par définition un savoir déjà formulé, objectivé, que l'on peut stocker et transmettre facilement. C'est un savoir-objet[23]. Les savoirs d'action ou d'expérience sont beaucoup plus incorporés à la personne qui les possède. Ils sont difficiles à conscientiser et à exprimer sans un travail préalable[24].

Constatant ces difficultés, l'équipe pédagogique a dû développer plusieurs stratégies d'intervention qui se sont appuyées sur l'utilisation des décryptages, l'alternance des temps et des formes de dialogue décrits précédemment.

Médiations

Médiations dans l'accompagnement des universitaires

Au début du programme, l'attention était plutôt centrée sur l'accompagnement nécessaire aux militants.

Les démarches d'accompagnement des universitaires se sont construites au fur et à mesure des questions rencontrées. La nouveauté complète de l'expérience ne donnait aux deux conseillers à la formation aucun repère sur les difficultés que rencontreraient les universitaires. Spontanément, sont prêtées aux universitaires toutes les compétences dans le domaine des échanges intellectuels, sans penser qu'ils puissent avoir besoin d'une formation pour une expérience de ce genre. Comment imaginer a priori qu'ils puissent, eux aussi, avoir besoin d'une aide à la compréhension, à l'expression, ou au travail en groupe ? Ce sont pourtant ces difficultés qu'a posé, à tous les types d'acteurs, le programme Quart Monde-Université.

Face aux difficultés de compréhension

Les universitaires ont rencontré des difficultés de compréhension face aux modes d'expression des militants ou des volontaires. Il fallut que les conseillers à la formation puissent d'abord identifier ces difficultés, pour essayer progressivement différentes interventions. À ce propos, il était essentiel que l'équipe pédagogique soit elle-même composée de volontaires et d'universitaires, les sensibilités de chacun permettent d'identifier les difficultés différentes. Le croisement des savoirs dans l'équipe permit l'analyse et l'invention des réponses. Les difficultés de compréhension des acteurs-universitaires ne devaient pas être négligées ; elles tenaient pour l'essentiel au fait que les savoirs de l'action et de l'expérience ont des formes d'expression aussi inhabituelles pour eux que les savoirs théoriques le sont pour les militants. Par exemple, dans un débat entre deux universitaires sur la définition d'un concept, un militant intervint en racontant une scène dont il avait été témoin récemment. Un universitaire fait remarquer au militant qu'il est « hors sujet », en lui expliquant que le groupe est en train de définir tel concept. Il faudra l'insistance des militants, puis la prise de conscience du conseiller présent et enfin son intervention, pour décoder et traduire la situation. Le groupe réalise alors que l'apparente anecdote « hors sujet » du militant répondait précisément aux problèmes de définition du concept en question. Dans ce cas, la pensée et l'intelligence conceptuelle du militant n'ont pas été perçues parce qu'elles s'exprimaient à partir d'un savoir d'expérience et selon une forme inhabituelle. Pour être entendu, le militant aurait dû introduire son récit en précisant qu'il s'agissait d'un exemple contenant les dimensions du concept en débat, mais c'était tellement évident pour lui !

Cette vigilance de l'équipe pour que les savoirs d'expérience et d'action puissent être reconnus dans une forme compréhensible est apparue progressivement aussi importante que la conception et l'animation de démarches favorables à la construction collective de la recherche.

Face aux difficultés d'expression

De la même manière, il est difficile d'imaginer que des orateurs et écrivains, tels que des professeurs, puissent rencontrer des difficultés d'expression et qu'ils aient besoin d'un accompagnement sur ce terrain. Et pourtant, cette question fut soulevée à plusieurs reprises dans les réunions du groupe d'acteurs-universitaires. Ceux-ci devaient apporter dans leur groupe les connaissances théoriques utiles pour aborder leur thème de recherche. Ces connaissances sont formalisées dans le langage particulier des concepts et utilisent fréquemment des mots compliqués ou même des mots inexistants dans les dictionnaires. Comment formuler une connaissance conceptuelle sous une forme accessible ? Au-delà des mots, c'est aussi le style, la construction du texte qui est en jeu. Par exemple, l'habitude de faire de très longues phrases fut une difficulté réelle pour certains. C'est en organisant des échanges pratiques entre eux sur les techniques d'écriture que nous avons pu nommer les difficultés et trouver les moyens d'y répondre. S'astreindre à faire des phrases courtes, ne comportant qu'une seule idée à la fois, ne dénature en rien la qualité et la complexité de l'analyse. C'est pourtant un style d'écriture auquel peu d'universitaires sont entraînés.

Des temps de travail en groupe d'acteurs-universitaires

Les universitaires de chaque groupe thématique avaient aussi besoin de temps de travail accompagné, pour analyser en commun l'avancée du travail, comme le faisaient les militants de leur côté. Le manque d'habitude du travail en groupe fut une autre difficulté rencontrée mais les réunions en groupe d'acteurs-universitaires ont partiellement répondu à ce besoin de confrontation entre eux.

Médiations dans l'accompagnement des volontaires

Les acteurs du programme, comme l'équipe pédagogique, ont assez vite identifié la difficulté des volontaires à trouver leur place dans le débat militant/universitaire. Cette difficulté s'explique en partie par le fait que ce sont les acteurs les plus différents qui sont immédiatement entrés en débat selon la logique du programme. Les volontaires avaient moins de sujet de débats contradictoires avec les militants et ils étaient aussi intéressés par le dialogue militant/universitaires. Cependant, une autre difficulté bloquait leur expression : ils devaient apporter dans leur groupe ce que l'action menée avec les plus pauvres leur avait appris. La difficulté ici, c'est que le savoir d'action est très incorporé dans les expériences vécues. Il faut un temps de réflexion et d'analyse de ces expériences pour expliciter ce savoir d'action, pour le formuler et donc le rendre communicable. Des séances d'analyse de pratiques[25], animées par un conseiller à la formation, ont donc été mises en place pour les volontaires, à raison d'une demi-journée avant chaque séminaire.

Médiations dans l'accompagnement des militants

De par leur engagement au sein du Mouvement Atd Quart Monde, les militants engagés dans ce programme ont l'expérience de la rencontre avec des personnes n'ayant pas vécu la misère, et ils sont porteurs de son importance. Dans le cadre de ce programme, il s'agissait de vivre la rencontre avec des personnes reconnues socialement comme « expertes » intellectuellement (professeurs et chercheurs d'université), en vue d'une recherche commune où chacun aurait le même statut de chercheur et d'acteur-auteur. Le premier barrage étant au niveau du vocabulaire et des méthodes de travail, comment faire pour qu'ils se comprennent mutuellement et découvrent leurs complémentarités, sans avoir à jouer un rôle qui n'est pas le leur ?

Bâtir sa réflexion personnelle

La première vigilance fut que les militants prennent confiance en eux-mêmes, que certains sortent du complexe du « je ne sais pas parler », du « je ne sais pas écrire », du « je ne comprends rien », et que d'autres osent dire « je ne comprends pas » au lieu de faire semblant; qu'ils prennent conscience qu'ils savent réfléchir et que bien souvent leur réflexion est juste. Avoir confiance en soi ne peut venir de l'extérieur, il faut l'expérimenter soi-même. Chaque militant devait se prouver à lui-même, et rapidement, qu'il était capable d'apporter sa réflexion et que celle-ci enrichissait le groupe. Le rôle de la conseillère pédagogique était donc de trouver, avec chacun, des moyens adaptés pour que sa réflexion personnelle ne soit jamais étouffée par celle du groupe.

Un de ces moyens fut, tout au long du programme, l'anticipation des travaux à venir. Par exemple, nous savions que le premier séminaire serait un temps de rencontre où chacun aurait à se présenter aux autres. Chaque militant a, pendant plusieurs jours, préparé par écrit sa présentation personnelle et les questions qu'il aimerait voir traiter dans le programme. Lorsque l'équipe pédagogique a proposé le premier jour du séminaire que chaque acteur-auteur réalise son blason, les militants étaient à égalité de réalisation avec les autres acteurs-auteurs car ils étaient prêts à adapter ce qu'ils avaient écrit à la forme qui leur était proposée. Il en fut de même pour toutes les étapes du programme : l'élaboration des plans, la classification des matériaux de recherche, l'écriture... Seule cette anticipation a permis de respecter le rythme et le temps indispensables pour que la pensée s'élabore et s'exprime avant de pouvoir rencontrer celle des autres.

Respecter le rythme de chacun

Très vite une autre vigilance est apparue essentielle. Ce programme avait comme ambition de montrer que l'Université se prive d'un savoir essentiel si elle ne tient pas compte du savoir des très pauvres. Les militants de ce programme n'ont pas été recrutés sur concours ; les équipes de trois qu'ils constituaient étaient hétérogènes, et leurs moyens d'expression orale et écrite étaient différents. Ils avaient tous en commun d'avoir vécu la misère, d'être très proches d'autres familles vivant la pauvreté, et d'avoir cheminé avec le Mouvement Atd Quart Monde. Ceux d'entre eux qui maîtrisaient le mieux les moyens d'expression liés à ce programme, sont devenus dans un premier temps les interlocuteurs privilégiés au sein des groupes thématiques, reléguant d'autres à un rôle de spectateurs ou d'acteurs passifs, à qui il peut être vite reproché « d'être trop lent », « de retarder le groupe », « de ne pas suivre »... Laisser l'espace et le temps à chacun, et spécialement à celui pour qui chaque mot, prononcé ou écrit, compte, n'était pas s'apitoyer, mais au contraire c'était se recentrer sur l'essentiel et entendre des questions ou des réflexions nouvelles qui pouvaient permettre au groupe d'innover et d'avancer. Cette démarche se devait d'être vécue et expérimentée d'abord au sein des équipes de militants, et aussi dans les groupes thématiques. Elle fut exigeante pour chacun, mais elle était la garantie d'une réelle nouveauté qu'apporterait ce programme.

Inscrire ce programme dans le milieu de vie

La plupart des militants engagés dans ce programme vivent des situations encore difficiles : ressources insuffisantes (même si le programme apportait à chacun une sécurité financière, elle était minimale, et de plus, dès qu'une nouvelle rentrée d'argent s'effectue, les anciennes dettes à rembourser réapparaissent...) ; chômage des jeunes ; scolarité difficile des enfants ; pour certains les enfants sont placés ; situation précaire et parfois angoissante des grands enfants mis en ménage... De longues années de misère ont aussi rendu la santé fragile. Comment faire pour que physiquement et moralement, les militants tiennent le rythme de travail qui leur est demandé au cours de ces deux années ? Comment faire pour que la vie quotidienne leur laisse une disponibilité d'esprit indispensable à la concentration intellectuelle que nécessitait ce travail nouveau pour eux ? Comment faire pour que ce programme ne soit pas une échappatoire, un moyen de fuir face à des difficultés familiales trop lourdes à porter ?

Dès les premiers mois du programme, il fallait veiller à ce que la famille, les proches, le groupe d'appartenance – en l'occurrence les différentes Universités populaires Quart Monde d'où venaient les militants – soient tenus informés et soient partie prenante du défi que représentait ce programme, afin de pouvoir accompagner les efforts demandés à chaque militant. Le travail par équipe, trois jours par semaine, a aussi permis à chacun d'avoir un lieu où partager des soucis trop présents, et de trouver l'écoute et les encouragements nécessaires s'il le souhaitait.

Croiser les savoirs

Il restait la difficulté intellectuelle du travail à accomplir. La présence régulière – une demi-journée par semaine pendant un an et demi – d'une personne-ressource par équipe de militants était une garantie de stabilité. Le rôle demandé à ces personnes-ressources (toutes originaires du monde de l'enseignement) était d'apporter aux militants des bases méthodologiques de discernement, de critique, d'expression, de rédaction. Cette complémentarité de rôle entre les personnes-ressources et la conseillère pédagogique a permis à celle-ci de se concentrer essentiellement avec les militants sur les apports qu'ils souhaitaient faire dans le cadre de leurs recherches.

Au fur et à mesure de l'avancée du programme, et plus précisément quand l'écriture a démarré, il est apparu que l'attention de chacun devait se porter sur l'ensemble des textes produits. Les militants se sont alors sentis responsables des écrits des volontaires et des universitaires. Le croisement des savoirs, donc l'enrichissement de la pensée, ne pouvait se faire que si chacun respectait les compétences de connaissance de l'autre. Il n'y avait pas de domaine réservé – ce qui aurait été un contre-programme – mais pour que le croisement soit réel, chacun devait respecter la complémentarité des rôles, et ces rôles n'étaient pas interchangeables.

Cette complémentarité a été vécue au sein de l'équipe pédagogique, et c'est sans aucun doute ce qui a permis qu'elle puisse se vivre entre les acteurs-auteurs.

Vers un croisement des savoirs

par Patrick Brun

Le pauvre qui n'aura pas été introduit dans l'intelligence des hommes, ne sera pas introduit dans leurs cités, écrivait Joseph Wresinski en 1965. Cette phrase prophétique aurait pu servir de devise pour le programme Quart Monde-Université, à la condition d'en comprendre la portée. Il ne s'agit pas ici d'apporter le savoir aux très pauvres, ni même de cultiver leur intelligence par une pédagogie adaptée. La phrase qui suit nous le précise : *Tant que le pauvre n'est pas écouté, tant que les responsables de l'organisation d'une cité ne s'instruisent pas de lui et de son monde, les mesures prises pour lui ne seront que des gestes par à-coups, répondant à des exigences superficielles et d'opportunités*[26]. Cette attention et cette écoute ne sont pas de même nature que celles qu'on porte habituellement aux très pauvres. Il ne s'agit plus de recueillir leur témoignage, ni d'établir le diagnostic de leur situation pour leur venir en aide, mais de se laisser affecter par leur parole au sens le plus plein, c'est-à-dire de laisser ébranler sa propre intelligence, laisser déconstruire ses préjugés et permettre à l'intelligence, à la pensée, au point de vue des très pauvres de ré-instruire de l'intérieur, sa propre perception des hommes et des choses. C'est ce que le groupe Histoire a appelé *le retournement.*

Mais c'est par là même entrer dans la relation (et non plus seulement en relation) avec ses interlocuteurs pour faire société (nouvelle) avec eux. L'une des militantes Quart Monde exprimait ceci à sa manière, en disant : *Si l'université n'accueille pas la pensée des très pauvres, elle va s'appauvrir.*

Nous nous sommes donc laissés interroger les uns par les autres durant vingt-quatre mois, universitaires, militants, volontaires-permanents, membres de l'équipe pédagogique (elle-même microcosme des débats et caisse de résonance des trois composantes).

Nous avons reçu dans ce compagnonnage des leçons que nous ne pouvons garder pour nous en un temps où de tous côtés l'on dénonce des fractures sociales.

Et d'abord, il n'est de possible rencontre des points de vue, liés aux savoirs[27] d'expérience, universitaires ou d'actions, que dans une rencontre au plan de l'expérience humaine. Si nous étions partis de nos différences, en échangeant au-dessus du fossé qui nous sépare, nous n'aurions pu nous entendre sur des définitions et des analyses de situations. Les temps passés ensemble ont permis, notamment durant les séminaires, que se fassent écho entre les acteurs, des expériences fondamentales d'humanité. Ainsi, certains universitaires se sont redécouverts des souffrances familiales depuis longtemps enfouies. Des déracinements, des épreuves personnelles, des engagements passés se sont rejoints.

C'est alors que les représentations réciproques dressées comme des écrans, particulièrement entre militants et universitaires, ont pu céder. La responsabilité de l'équipe pédagogique dans cette évolution fut de créer les conditions de la rencontre et d'en inventer les déclencheurs.

Mais demeuraient les principales difficultés. Comment se donner un langage commun et instaurer un espace suffisamment perméable de dialogue pour que chacun des acteurs puisse, avec son propre monde, y trouver sa place et y déployer sa réflexion ?

Ceci ne s'avéra possible que par un double mouvement de rapprochement et de prise de distance, comme une respiration fondamentale qui anima les rythmes, les rites et les démarches de connaissance et d'écriture : l'influx des matériaux apportés par chacun devenait le carrefour des significations où les compréhensions et les interprétations pouvaient se nouer et s'expliciter; le retour des uns et des autres dans leurs cités, comme un reflux, permettait, notamment aux militants, de reprendre avec leurs propres mots les textes décryptés entre temps et de préparer leurs contributions futures. Le tissage des liens à distance entre les acteurs, liens parfois menacés par d'inévitables crises, fut très largement animé par l'équipe pédagogique. On ne saurait trop souligner en particulier le rôle déterminant de la conseillère pédagogique qui accompagna le travail des militants Quart Monde.

Demeurait cependant le plus difficile : la mise en texte commun des contributions des uns et des autres. L'écriture devint alors le creuset où se fondirent, sans toutefois fusionner jusqu'à l'indiscernable, les opinions et les apports de chacun des acteurs ou groupe d'acteurs. « Cent fois sur le métier... » : le propos de Boileau s'applique bien ici car il fallut bien des tours de lecture et d'écriture, et de corrections faites en commun ou à distance, pour aboutir au produit que l'on va lire.

Une certaine réduction des différences entre l'oral et l'écrit peut être regrettée. L'écriture « lisse » en quelque sorte les aspérités trop fortes. Mais nul ne s'est senti trahi et l'on peut témoigner que des textes de synthèse furent souvent rédigés par les militants Quart Monde, ceux-ci montrant leur capacité à s'approprier, sans se renier, la pensée des deux autres groupes d'acteurs (alors que l'on aurait parié que l'inverse se produirait).

Là enfin, l'équipe pédagogique sut, en construisant le chemin au fil de la route, créer au bon moment les médiations et les animations qui permirent le passage de l'oral à l'écrit, et des textes dispersés à une écriture commune. *Pour une fois*, conclut une militante Quart Monde, *on n'aura pas écrit sur nous sans nous.*

L'épreuve finale est aujourd'hui que chacun des milieux représentés dans cette aventure commune reconnaisse ses intérêts et ses valeurs dans les pages des mémoires.

Ce livre est en effet appelé à se prolonger dans les débats et discussions à deux, à trois, avec d'autres, débats qui s'ouvriront dans les quartiers, les écoles, les universités.

L'enjeu n'est-il pas de créer une pensée plus universelle et donc une société plus juste où chacun se construit dans la reconnaissance de l'autre ? Puissent ce livre, et l'expérience dont il est reflet, y contribuer.

Notes

1. Devenu plus tard : Institut de Recherche et de Formation aux Relations Humaines.
2. À la suite de ce rapport, en Belgique, en 1995, le Rapport Général sur la Pauvreté, commandé par le Gouvernement fédéral, est réalisé par la Fondation Roi Baudouin en étroite collaboration avec l'union des Villes et des Communes belges, section CPAS et Atd Quart Monde, dans un processus de mobilisation et de dialogue qui s'est amorcé entre d'une part, des personnes pour qui la pauvreté est une réalité quotidienne et d'autre part, des citoyens qui en raison de leur situation (professionnelle) sont confrontés à la pauvreté et à l'exclusion.
3. Atd Quart Monde, *Revue Quart Monde*, n° 140, J. Wresinski, *Une connaissance qui conduise au combat*, 1991.
4. Joseph Wresinski, *Échec à la misère*, Cahiers de Baillet, Éd. Quart Monde, 1996.
5. Atd Quart Monde, *Démocratie et Pauvreté, Du quatrième ordre au Quart Monde*, Éd. Quart Monde/Albin Michel, 1991.

6. Pour des raisons familiales, une militante arrêtera après une année.
7. Cf. la liste nominative des acteurs-auteurs, p. 8
8. Pascale Cauchy (Caen), Josette David (Rennes), Josette Delmoitié (Bruxelles), Jean Dorzée (La Louvière), Simone Noël (Lille).
9. Cf. la liste nominative de l'équipe pédagogique, p. 8
10. Cf. la liste des membres du Conseil scientifique, p. 8
11. Françoise Ferrand, *Et vous, que pensez vous ? L'université populaire Quart Monde*, Éd. Quart Monde, 1996, 285 p.
12. Notamment celles qui se situent dans une perspective d'aide à l'autoformation ou à la coformation : Courtois & Pineau, *La formation expérientielle des adultes*, La Documentation Française, 1991 ; Chartier & Lerbet, *La formation par production de savoirs,* L'Harmattan, 1993, 265 p. ; *L'autoformation en chantiers*, revue Éducation Permanente, n° 122, 1995-1.
13. Quivy et Van Campenhoudt, *Manuel de recherche en Sciences Sociales*, Éd. Dunod, 1998.
14. Pascal Galvani, *Quête de sens et formation : anthropologie du blason et de l'autoformation*, L'Harmattan, 1997, 229 p.
15. Pour plus de précision sur l'animation d'une *rencontre de blason* voir P. Galvani, *op. cit.*, chapitre 2.
16. La problématique est l'ensemble construit, autour d'une question principale, des hypothèses de recherche et des lignes d'analyse qui permettront de traiter le domaine d'étude choisi et notamment d'orienter la recherche empirique.
17. Pour des précisions sur cette démarche, voir Peretti Legrand et Boniface, *Techniques pour communiquer*, Hachette, 1994, pp. 64-67.
18. Lucie Ribert, nom d'emprunt.
19. Émilie Bourtet, nom d'emprunt.
20. Dans chaque groupe thématique, ces auditions ont été retravaillées selon la question de recherche, et des extraits en sont repris.
21. De nombreux exemples sont donnés dans les chapitres « Méthode et démarche » des cinq recherches où à la suite du travail de relecture des décryptages, les militants ont fait des apports essentiels pour le développement de la recherche.
22. Voir, dans le chapitre Méthode des cinq recherches, les points qui ont été pris pour cet exercice d'écriture commune.
23. Bernard Charlot, *Du rapport au Savoir*, Anthropos, 1997, pp. 80-85.
24. Pineau & Legrand, *Les histoires de vie*, PUF, 1993, chapitre VII. ; D. Schön, *Le praticien réflexif*, Montréal Éd. Logiques, 1994.
25. La méthode de ces séances s'est inspirée des ouvrages suivants : D. Schön, *Le tournant réflexif*, Éd. Logiques, 1996 ; Pierre Vermersch, *L'entretien d'explicitation*, éd. ESF, 1994.
26. Pour la totalité de l'article d'où sont issues ces citations, on se reportera à la *Revue Quart Monde*, n° 165, février 1998, pp. 2-4.
27. Savoirs qui pourraient être ici définis comme des connaissances stabilisées et structurantes pour la pensée et la réflexion des personnes.

I

HISTOIRE : DE LA HONTE À LA FIERTÉ

Histoire du passage de la honte de la misère à la fierté d'appartenir à un peuple

par Léon Cassiers, Françoise Digneffe, Daniel Le Breton,
Danielle Lebrun, Marie Jeanne Notermans.
avec la participation de Noëlle Stenegry
et la collaboration de Françoise Ferrand et Pascal Galvani.

SOMMAIRE

HISTOIRE : DE LA HONTE À LA FIERTÉ

Introduction

Dès les premières réunions de ce programme, de nombreux acteurs ont insisté sur l'importance du thème Histoire. A-t-on jamais écrit l'histoire des plus pauvres ? Le temps était-il venu pour que des pauvres l'écrivent eux-mêmes ? En essayant d'écrire ensemble quelques aspects de cette histoire, nous avons compris qu'elle ne concernait pas que les pauvres.

Notre démarche a été de comprendre ce que vivent les gens en situation de misère, de chercher ce qui donne du sens à leur vie. Les sociétés ne sont pas composées de personnes simplement les unes à côté des autres. Elles ont besoin de sens pour que les gens puissent vivre ensemble. Notre recherche a essayé de comprendre comment peut se construire ce sens pour les personnes en situation de misère. Il n'a pas été question de chiffrer les pauvres qui sont sortis de la misère ou ceux qui y vivent encore, ni de compter le nombre de personnes engagées avec les pauvres. Il n'a pas été question non plus de chercher combien d'années sont nécessaires pour sortir de la misère.

L'histoire que nous voulons écrire vise à comprendre comment peut s'effectuer un passage de la honte à la fierté. Nous avons appelé ce passage un « retournement ». À travers les lectures, à travers la réalisation et l'analyse d'entretiens, mais aussi au cours de nombreuses heures de discussion et de réflexion communes, nous avons voulu mettre en évidence les différentes étapes de ce retournement, sur le plan individuel mais aussi au niveau collectif. Ces efforts de compréhension et de réflexion ne débouchent pas seulement sur la production d'un travail scientifique. On peut dire qu'ils transforment ceux-là mêmes qui s'y engagent. La recherche-action-formation a modifié le regard que chacun des acteurs-auteurs porte sur le thème de recherche choisi. Elle oblige chacun à repenser ses relations aux autres, à la société. Notre texte voudrait aussi faire participer le lecteur à ce retournement, en faire un lecteur actif dans la mesure où il peut réagir et se sentir impliqué par l'histoire que nous avons vécue en la construisant et en l'écrivant.

Dans un premier chapitre, nous précisons notre recherche en donnant quelques informations sur la manière dont elle s'est progressivement construite. Nous décrivons la démarche suivie, les techniques utilisées et faisons part au lecteur de quelques questions que la recherche a soulevées. Le second chapitre est consacré à une brève analyse des regards portés sur les plus pauvres, à travers l'histoire et aujourd'hui ; nous évoquons les regards des scientifiques comme les regards de ceux qui portent assistance aux plus pauvres ; nous terminons ce chapitre par une mise en évidence des conséquences de ces regards, la plupart du temps négatifs, sur les pauvres eux-mêmes. Le troisième chapitre est tout entier consacré à une compréhension de la misère à partir des plus pauvres eux-mêmes, et telle qu'ils l'expriment. Il met en évidence les souffrances, les hontes et humiliations vécues, mais aussi les forces et valeurs qui transparaissent de nombreux témoignages recueillis. Dans le quatrième chapitre, nous arrivons au cœur de notre recherche. À travers un certain nombre de trajectoires individuelles et familiales de pauvreté, nous voulons faire comprendre l'importance des racines, de la connaissance de ses origines pour la formation de l'identité. Nous analysons ensuite les différentes étapes du retournement qui conduisent de la honte à la fierté d'appartenir à un peuple. Mais ce chapitre contient aussi les points forts de retournements de quelques volontaires, dégagés de témoignages à propos de leur engagement, ainsi que des retournements d'universitaires qui ont participé au programme. Le cinquième et dernier chapitre est consacré au thème du peuple et à sa signification dans l'histoire de la pauvreté. Il s'appuie sur une étude des auteurs populistes du XIXe siècle, à partir de laquelle les militants ont construit un schéma dynamique, expliquant le mouvement par lequel une transformation permanente et toujours à reprendre peut conduire le peuple de la misère au peuple du Quart Monde.

Chapitre 1

DÉMARCHE DU GROUPE

La composition de notre groupe et les objectifs que nous nous étions donnés nous ont amenés à construire ensemble une démarche de recherche originale qui, en même temps, respecte les règles de la démarche scientifique. Nous verrons donc comment nous avons procédé pour définir notre objet de recherche et construire le plan de travail, comment ont été menées les enquêtes auprès des personnes interviewées et les lectures qui nous ont permis d'approfondir nos hypothèses et de comprendre certaines notions fondamentales (comme celle de peuple). Enfin, nous dirons quelques mots des questions de fond soulevées par les membres du groupe et qui ont été sources d'importantes discussions, de débats parfois difficiles et douloureux.

Définition de l'objet de la recherche

D'emblée, la nécessité de s'interroger sur l'histoire des pauvres est apparue essentielle. Que cette histoire puisse être, pour une fois, écrite **avec les pauvres,** qu'ils puissent eux-mêmes exprimer leur point de vue, aller eux-mêmes à la recherche de leur histoire, est revenu de manière répétitive dans les « blasons »* de la plupart des militants*. Comme telle, la question de l'histoire a dès lors été retenue avec intérêt d'autant plus que les deux autres groupes d'acteurs* constataient aussi son importance.

Les deux enjeux essentiels étaient l'exploration des conditions et facteurs du **passage de la honte de la misère à la fierté d'appartenir à un peuple,** et le sens que l'on donnerait au mot peuple, en rapport avec l'utilisation qui en est faite dans le Mouvement Atd Quart Monde mais aussi d'une manière plus large dans l'histoire des pauvres. Nous avons fait l'hypothèse que la compréhension de ce **passage** et de l'appartenance à **un peuple** était fondamentale pour l'intelligence de l'histoire des plus pauvres.

La fiche de recherche

Le but de la fiche de présentation de la recherche était double. Tout d'abord, il importait que l'ensemble des acteurs-auteurs de la recherche se mette d'accord sur la problématique que nous décidions de traiter.

On constate, que dans la fiche provisoire, le titre est simplement : *De la honte de la misère à la fierté d'appartenir à un peuple.* Les mots *histoire du passage* ont été rajoutés par suite des questions des autres groupes. La question centrale du travail : *L'expérience de vivre la misère permet-elle une fierté d'appartenir à un peuple ?*, devenue : *Le peuple des pauvres a-t-il une histoire dont il peut être fier ?*, montre bien que ce qui nous importe c'est vraiment de comprendre comment et à travers quelles actions les plus pauvres peuvent accéder à la dignité, à la fierté, à la reconnaissance. Cette question a encore été précisée dans la dernière fiche de présentation pour devenir : *Comment, à quelles conditions, selon quelles étapes, s'est opéré le passage de la honte de la misère à la fierté d'appartenir au peuple du Quart Monde ?* À ce moment aussi a été précisée l'idée de l'appartenance au peuple du Quart Monde sans que l'on sache encore ce que cela signifiait exactement.

Nous avons retenu six paires de mots-clefs : exclusion-appartenance, mépris-dignité, honte-fierté, injustice-justice, peuple-aspiration, regard-retournement. Ces mots s'opposent ou se complètent, donnant l'idée de la dynamique de la recherche, d'un mouvement que l'on va tenter de décrire, d'une rencontre qui s'effectue au sein même du groupe des acteurs-auteurs dans leurs trois composantes. En d'autres termes, ce que l'on décrit dans la recherche se produit aussi dans ce microcosme (ou monde en miniature) que forme le groupe Histoire.

La construction du plan

Le plan de notre mémoire s'est construit progressivement, en vue d'approfondir la compréhension de notions complexes comme celles de *retournement, d'ap-*

partenance à un peuple, de honte et de fierté. Notre objectif a été de rendre compréhensible et crédible l'expérience de personnes vivant dans la grande pauvreté, une expérience qui structure leur histoire. Il a aussi été de tenter de démontrer comment et pourquoi il était fondé de parler d'appartenance à un peuple à propos de cette expérience. Enfin, il a été de s'interroger sur le sens et les composantes du terme de peuple dont on a très vite constaté la multiplicité de significations.

Il fallait aussi tenir compte de l'histoire même de notre groupe de travail. Les interrelations vécues au sein du groupe et la confrontation des points de vue nous ont permis de prendre conscience de certains aspects de l'histoire des plus pauvres et de leur place dans la société. C'est ainsi que le plan final est le résultat d'une série de propositions émanant tantôt d'un universitaire, tantôt de militants, revues et discutées au sein du groupe et réaménagées avec l'aide de l'équipe pédagogique.

Si, aujourd'hui, nous pouvons donner à cette présentation une cohérence qu'elle n'avait pas il y a un an, c'est grâce à un travail de chacun sur soi-même, un travail de discussion et un effort de chacune des composantes du groupe pour se faire comprendre par les autres, pour trouver les mots, construire les idées et se donner les outils de compréhension nécessaires. À cet égard, un moment central dans la recherche a été le travail réalisé par les militants pour formaliser leur représentation du peuple.

Depuis le début de la recherche, un débat animait les échanges. Les militants affirmaient leur appartenance à un peuple des pauvres ou du Quart Monde (ils se reconnaissent, ils se ressemblent par-delà les nationalités, les langues...) ; la volontaire* affirmait appartenir aussi à ce peuple ; les universitaires demandaient que l'on montre la spécificité de cette notion de peuple par rapport à l'idée de catégorie sociale. Sur quoi, dès lors repose le sentiment d'appartenance, d'identité ? Qui peut dire qu'il appartient à quel peuple ? À la suite de l'audition de Lucie Ribert[1] qui a raconté comment elle avait eu conscience d'appartenir à un peuple, à la suite des discussions de groupe, et surtout d'une relecture des décryptages des réunions de groupe, les militants ont opéré une distinction analytique entre *le peuple de la misère* et le *peuple du Quart Monde*. L'analyse de cette découverte essentielle fait l'objet du dernier chapitre de notre mémoire.

Choix et recueil des données

Plusieurs types de données forment la base objective du travail de recherche de notre groupe : la méthode de travail par dialogue et décryptage[2], les interviews[3], les témoignages personnels de retournement, et divers textes concernant la notion de peuple.

Témoignages sur les retournements

Durant la première journée intermédiaire, les universitaires ont demandé aux autres membres du groupe ce que voulait dire pour eux : être militant. Les militants ont accepté d'écrire leurs propres retournements, c'est-à-dire le ou les moments de leurs parcours de vie où ils ont pris confiance en eux et ont eu envie de lutter avec les autres, les plus pauvres comme eux. À la suite de ces écrits, les universitaires et la volontaire ont proposé de décrire leurs propres retournements, c'est-à-dire les étapes de leur vie qui les ont marqués.

Ces moments d'histoire personnelle nous ont permis de nous sentir à égalité dans le groupe et nous ont soudés pour la recherche que nous devions faire ensemble. Une militante dira : *C'est à ce moment-là que j'ai ressenti que chacun avait sa part de mystère, que l'on soit de n'importe quel milieu. C'est cela qui a créé une grande confiance entre nous, et par la suite de pouvoir nous expliquer librement.*

C'est grâce à ces écrits que le groupe a pu travailler en toute liberté et continuer une réflexion collective malgré des moments de désaccord sur la recherche.

La recherche sur le peuple

En juin 1996, les militants écrivent un premier texte : *Qu'est-ce qui fait qu'on se reconnaît peuple du Quart Monde ?* Ils y parlent des *mêmes souffrances, des mêmes humiliations, des mêmes combats au quotidien, et de l'accès à la parole.*

Un des mots-clefs de notre problématique, dès la première journée du groupe Histoire, est le mot **peuple**. Un universitaire propose de chercher pourquoi le père Joseph Wresinski* a utilisé le mot **peuple**. Tout le groupe approfondira le sens de ce mot. Une universitaire propose de chercher dans les livres d'histoire, et les militants demanderont aux personnes qu'ils intervieweront, si elles ont le sentiment d'appartenir à un peuple. La volontaire choisit d'apporter une lecture d'un philosophe, Levinas, sur la question du sens de l'autre et l'appartenance de chacun à une même humanité.

En novembre 1996, une universitaire découvre le livre d'Alain Pessin : *Le mythe du peuple et la société française du XIXe siècle.* Elle en fait un résumé distribué à tous les membres du groupe. Le texte de Pessin est beaucoup travaillé. Les militants écrivent leurs réactions. Cela donne lieu à une écriture commune sur la notion de peuple. Ensuite on peut mettre en parallèle l'idée du peuple chez Pessin et l'idée du peuple chez le père Joseph Wresinski. Les militants continuent à travailler à partir du vécu et des interviews pour préciser ce que représente pour eux le mot peuple.

Au séminaire de janvier 1997, la question est posée à tous les participants du programme : *Que signifie pour vous le mot peuple ?* Grâce aux réponses apportées, les militants réécrivent un texte sur la définition du mot peuple, texte qui sera discuté dans le groupe. Parallèlement, une volontaire d'un autre groupe nous transmet une recherche qu'elle a faite sur les mots utilisés par le Mouvement Atd Quart Monde, depuis sa création, pour désigner les familles très pauvres.

Questions de fond soulevées par la recherche

Nous sommes trois composantes : militants, volontaire et universitaires. Chacun est acteur-auteur. Nous faisons une recherche et nous allons écrire ensemble ; non seulement nous devons nous comprendre entre nous et exprimer nos convictions, mais en plus chaque composante est censée pouvoir retransmettre le mémoire écrit ensemble en priorité à son groupe d'appartenance : d'autres universitaires et étudiants, des familles de milieux pauvres, des volontaires.

Se comprendre entre nous

Dès les premières réunions, chacun peut s'exprimer. Nos vécus différents sont à la fois une richesse et une difficulté pour dialoguer. Une universitaire fixe quelques règles des discussions entre nous :

Il y a quelque chose de très important entre nous. On doit pouvoir se dire ce qui nous choque, mais on doit pouvoir faire la distinction entre : « Cela me choque affectivement et je veux réagir », et « Quel est le raisonnement que je veux faire pour réagir? » C'est le travail intellectuel : prendre une espèce de distance entre ce qui choque et pourquoi.

Les militants demandent que les textes écrits par les universitaires et la volontaire soient lisibles et compréhensibles. Un temps doit être pris à chaque réunion pour discuter des textes reçus. Chacun doit faire l'effort d'entrer dans la manière de penser de l'autre.

Notre but est de pouvoir écrire ensemble quelque chose qui puisse être compris par d'autres. On y arrivera si déjà on se comprend à l'intérieur du groupe. Dès le début du programme, la relation entre les militants et les universitaires tend à s'affiner. La place de la volontaire dans le groupe et le sens de sa présence ont été abordés plus tard.

Tensions entre les différentes connaissances de la misère

Les militants apportent la connaissance de la misère vécue de l'intérieur. Ils vivent dedans toute l'année, souvent depuis des générations. Ils connaissent à la fois les souffrances liées à la misère, mais aussi l'entraide qu'ils s'apportent. La volontaire apporte la connaissance de ce que les familles très pauvres lui disent, et aussi de ce qu'elle voit par elle-même. Elle n'est pas une simple observatrice ; ce qu'elle a vu et observé, elle l'a aussi vécu et intériorisé à leurs côtés. Les universitaires apportent une connaissance liée à leurs études et à leurs professions.

Des tensions apparaissent autour de trois questions : qui a le droit de parler de la misère ? Sur la misère, s'exprime-t-on de la même manière à des publics différents ? De qui parle-t-on quand on parle du peuple ?

À plusieurs reprises, les militants contredisent les connaissances apportées par la volontaire et les universitaires ; par exemple, que les pauvres ne sont pas conscients des injustices qu'ils vivent ou subissent ; que les pauvres prennent les riches comme des modèles ou quand trop de comparaisons sont faites avec le monde psychiatrique.

Confrontations sur les écrits

Chacun dans le groupe est conscient dès le début que le but est d'écrire un mémoire. Chacun sait que l'écriture a une valeur : les paroles s'envolent et les écrits restent.

Les militants expriment que c'est la première fois que ce sont des pauvres eux-mêmes qui vont écrire avec des scientifiques, avec leurs mots, leurs idées issues de leur vécu.

Les premières confrontations dans le groupe ont lieu à partir des textes écrits par chacun. Par exemple, à propos d'une définition écrite par les militants sur le mot peuple, ou plusieurs fois par rapport à la description de la misère faite par la volontaire et un universitaire. Les militants sont choqués par une certaine manière de détailler la vie des gens : *Cela les déshabille*, disent-ils, *faut-il vraiment mettre les gens à nu pour comprendre la misère ?* Les militants disent que, dans ce programme, c'est à eux de dépouiller leur propre vie, s'ils le souhaitent. Cela les engage, eux et leur propre famille, mais ils ne se permettent pas de dépouiller la vie d'autres familles. Dans les interviews qu'ils ont faites, ils ont recueilli la parole que les gens veulent faire entendre. Une militante réagit par rapport à un ancien écrit sur sa famille qui l'a choqué. *C'est à nous d'écrire ce qu'on a envie d'écrire, on s'engage*, dit-elle.

La volontaire, quant à elle, est convaincue qu'il s'agit d'un malentendu. En tant que volontaire, elle a témoigné de ce qu'elle a vu et vécu. C'est sa responsabilité propre de témoigner. Témoigner qu'au-delà de la misère visible qui enferme tant de familles et qui les sépare des autres, il existe une humanité qui seule permet de nous redécouvrir tous liés dans une même famille humaine. La volontaire, elle aussi, quand elle témoigne publiquement, ne le fait jamais sans l'accord de la famille dont elle témoigne. Elle est engagée avec elle. Ce débat a été très difficile et douloureux. Pour respecter la sensibilité des militants et la sienne propre, la volontaire a choisi de retirer un texte écrit par elle.

La question de savoir qui a le droit de parler et d'écrire sur la misère, et comment, est apparue comme une question fondamentale. Elle est directement liée au thème de notre groupe, a fait l'objet de discussions nombreuses et sera approfondie dans les différents chapitres du mémoire.

Notre espoir est que les textes que nous proposons dans ce mémoire soient assez vivants pour faire sentir au lecteur quelque chose du vécu de notre recherche, et que celle-ci contribue ainsi à la restauration de la dignité des pauvres. C'est pour mieux rendre ce vécu que ce texte alterne plusieurs genres, de manière peu classique : l'information, l'analyse, la réflexion, le récit, et même parfois le style poétique. Dans les différents chapitres, l'utilisation du « nous » est réservée à l'identité collective du groupe de recherche que nous avons formé au cours de ces deux années.

Notes

1. Lucie Ribert, voir Introduction générale.
2. Décryptage, voir Introduction générale.
3. Interviews, voir Introduction générale et annexe p. 140.

Chapitre 2

REGARDS

Ce chapitre deux est consacré aux regards portés sur les pauvres par ceux qui voient les choses de « l'extérieur » de la pauvreté : dans l'histoire ou dans la société actuelle, regards d'aide ou d'assistance, regard des scientifiques. Nous mettrons en évidence quelques-unes des conséquences de ces regards pour les pauvres eux-mêmes.

Regards sur les pauvres dans l'histoire

S'agissant, dans ce chapitre, des regards portés sur les pauvres dans nos sociétés occidentales, on se contentera ici de mettre en évidence quelques traits marquants qui peuvent donner une idée de la manière dont les plus pauvres ont été perçus, retenant surtout ici, dans ces représentations, celles qui ont affecté les plus pauvres eux-mêmes, celles au travers desquelles ils se sont sentis réduits ou au contraire reconnus. Ce sont donc essentiellement les figures de l'exclusion et parfois, plus rarement, de la dignité que nous tentons de repérer dans l'Histoire[1].

On dit souvent que la pauvreté a été exaltée au Moyen Âge. En réalité, ce qui est valorisé, c'est la pauvreté choisie, comme celle de Saint François d'Assise, par exemple. Mais la pauvreté subie fait déjà l'objet du mépris, même chez un auteur comme Saint Augustin qui parle des pauvres « qui n'ont même pas honte de mendier »[2]. Sur les tableaux ou peintures, le pauvre est toujours représenté à la porte du riche, dans une attitude humble et suppliante. Du XIVe au XVIIIe siècle, écrit Castel, les populations pauvres, mendiantes, portent des noms synonymes de mépris et de rejet : ce sont les gueux français, les *rogues* anglais, *abenteurer* allemands, *picaros* espagnols, marauds, goufaniers, truands, putains, etc... attribués aux vagabonds, criminels, prostituées etc. Ces personnes constituent la couche la plus vulnérable de la population et ne peuvent trouver de place reconnue dans la société de leur époque.

Aux XVIIIe et XIXe siècles, la société se transforme et les pauvres sont alors essentiellement les ouvriers en surnombre, ceux, comme dira Marx, dont la force de travail n'est pas nécessaire au développement du capitalisme. Ils sont en état de misère chronique, ils sont un résidu de la société, le *lumpenprolétariat* (traduction : prolétariat en loques). On les regarde comme des individus dangereux, comme des criminels en puissance, comme des gens « ignorants, vicieux ». On dira que la misère rejette les pauvres dans la vie sauvage, qu'elle touche les corps, mais aussi les âmes. Face à ces images du vice associées à celle de la pauvreté, les philanthropes du XIXe siècle vont, plutôt que de reconnaître les véritables causes de la pauvreté et mener une lutte contre celle-ci, mettre en place les moyens de « moraliser » cette couche de la population pour qu'elle accepte son sort[3]. En résulte alors un clivage entre ceux que l'on va appeler les **bons pauvres,** soumis, dociles, souvent invalides, et les **mauvais pauvres,** ceux qui refusent ces images et ces traitements, qui se révoltent d'une manière ou d'une autre.

Pendant ce temps, au XIXe siècle, une autre couche de la population a moins retenu l'attention mais elle est aussi méprisée même si, économiquement, elle n'est pas réellement pauvre. Il s'agit de ceux qui vivent de métiers comme chiffonnier, mégotier, mouronnier (cueilleur de mouron) etc., métiers qui survivent un temps, en dehors de l'industrialisation, et qui sont occupés par des marginaux, qui ne sont pas nécessairement pauvres, mais qui sont sans statut et sans pouvoir, sans dignité. *C'était un autre peuple,* écrit Labbens, *qui vivait des déchets de la société et qui, aux yeux de celle-ci, passait lui-même pour un rebut*[4].

Les pauvres des années 1960 et 1970, dans une société dite d'abondance, ont perdu ces métiers désormais non rentables. Ils se retrouvent sans moyens économiques, sans statut, sans pouvoir. Même si l'on commence à leur conférer des droits, on les place dans des bidonvilles, bientôt remplacés par des cités d'urgences pour ceux qui ne peuvent accéder aux HLM. Ils restent des marginaux dépendant, pour l'application de leurs droits, du bon vouloir des systèmes d'assistance. Et on retrouve le même regard discriminant. Les pauvres soumis, ou qui acceptent de se soumettre, de s'humilier, sont les bons pauvres, peut-être méprisés, mais faisant l'objet de sollicitude; les autres sont vus comme un facteur d'insécurité, font peur, ils doivent être surveillés et contrôlés : on place leurs enfants dans des homes, espérant ainsi prévenir le danger.

Aujourd'hui, la société aurait plutôt tendance à se diviser entre les gagnants et les perdants[5]. Le culte de la performance entraîne l'exclusion de ceux qui ne trouvent pas de place dans cette nouvelle société. Mais le nombre de personnes en situation de pauvreté augmente, le nombre de « marginaux » (pauvres et nouveaux pauvres) aussi ; il pourrait peut-être déstabiliser la société elle-même, l'amener à reconnaître d'autres valeurs que celles de la réussite et de la performance[6].

Si aujourd'hui, nous nous battons pour la dignité des plus pauvres, pour qu'une place leur soit reconnue dans la société, il faut se rappeler que dès la naissance de la démocratie, dès la Révolution française, cette place ne leur a pas été reconnue et que seuls quelques-uns l'ont réclamée. C'est le cas de Dufourny de Villiers qui se demande pourquoi *les pauvres ne sont pas considérés chez nous comme des hommes, des frères, comme des Français*[7]. Avant les populistes, dont on parlera dans le mémoire, il a mis en évidence le rôle des plus pauvres et l'obligation de leur reconnaître une dignité.

Regards sur les pauvres dans la société d'aujourd'hui

Il ne nous paraît pas possible de parler du regard de la société (celle qui « réussit ») sur les pauvres d'aujourd'hui sans rappeler, fût-ce brièvement, les grandes lignes du système de valeurs dans lequel nous baignons.

La culture dominante

Avec la chute récente du communisme se clôt le siècle des idéologies collectivistes qui soumettaient le sujet à l'idéal d'une réussite de la société toute entière. Nous n'avons plus de projet de société, plus d'utopie qui vaillent que les sujets y consacrent, voire y sacrifient, leur vie. L'idéal devient alors l'épanouissement de chaque individu, la réussite de sa propre vie. Avec l'aspect positif de l'exaltation des Droits de l'Homme, de la dignité de chaque sujet, et d'un système politique démocratique. Mais aussi avec l'aspect négatif d'un capitalisme triomphant qui exalte, lui, la capacité d'initiative, la santé physique, la force mentale, le rendement, l'efficacité et la compétitivité. Dans cet esprit, la réussite humaine se juge à la mesure de la réussite matérielle visible dont l'exaltation médiatique des stars en tous domaines nous rappelle journellement la leçon. La priorité donnée au mesurable, identifiée au scientifique, renforce cette vision de l'homme. Il devient difficile de prouver et de défendre des valeurs telles que l'affectivité, l'intériorité, la spiritualité (qu'elle soit religieuse ou non). Et plus difficile encore d'exalter les valeurs propres à la pauvreté.

Le pauvre est un faible qui a échoué. On le voit comme marqué de déficiences physiques et surtout mentales : manque de compétence, d'esprit d'entreprise, d'efficacité intellectuelle et économique, le contraire du « battant ». La culture ambiante y décrit une fatalité économique, familiale, physique, même parfois génétique. En outre, il effraie par le spectacle de son malheur et on craint son éventuelle violence. Au mieux, ces images nourrissent dans les classes aisées l'idée d'un devoir de prise en charge de cette faiblesse. Mais elle rejette le pauvre dans une image d'impuissance. Comment n'en concevrait-il pas de la honte ?

Ces quelques traits, brossés à grands coups, devraient s'étayer d'exemples et mériteraient des développements qui n'entrent toutefois pas dans le cadre de ce mémoire. Mais ils nous paraissent nécessaires pour situer notre propos dans une vue générale de la société. Nous pensons que le lecteur n'éprouvera aucune peine à en retrouver autour de lui toutes sortes d'illustrations.

Les regards d'aide et d'assistance

Le regard de la société par rapport aux pauvres, aux plus démunis, prête essentiellement attention aux « manques » qui caractérisent ceux-ci : manque d'argent, manque de nourriture, manque d'habits et de logement convenable, manque d'instruction, manque de participation à la vie publique et bien d'autres... Le pauvre paraît avant tout comme un homme manqué, frappé par un (des) manque(s) qui le situe(nt) à un niveau inférieur par rapport à celui qui l'observe.

Cette perception n'est évidemment pas sans effets : la réponse la plus adéquate à une telle vision semble toujours être l'action caritative et l'aide, qu'elle soit professionnelle ou non. Toujours est-il que la réponse obéit à la logique même du rapport perçu : la relation entre le pauvre à qui manque ce que les autres possèdent et une personne ou institution qui lui apporte une aide est de caractère essentiellement inégale. Il n'est pas étonnant que nos sociétés occidentales dans leur ensemble aient produit tant d'actions quelque peu paternalistes. Même si, sous l'influence des nouvelles disciplines, telles que les sciences humaines, le psychologue et le psychiatre ont souvent remplacé le policier et le geôlier. Dans ce courant, les rapports inégaux prédominent et le mouvement principal va du riche qui a vers le pauvre qui n'a pas, de celui qui sait vers celui qui ignore, du fort vers le faible, etc. Ainsi, dans un domaine comme celui de l'action caritative, le resto du cœur est la version contemporaine de la soupe populaire séculaire. Une militante nous dit : *Bien que j'aille au resto du cœur et à la banque alimentaire, je le fais par obligation et non sans une certaine gêne.*

En contrepoint à cette réflexion, dans un texte d'une ironie féroce, Frédéric Dard écrit ce qui suit[8] :

C'est patient un pauvre, parce que ça n'attend rien.
Ça rit de pas grand-chose car c'est sans espoir.
Ça ne connaît que le présent, n'ayant pas d'avenir et plus du tout de passé.
Pareil à l'otarie, tu lui donnes un poisson séché et il bat des nageoires.
Il ne demande jamais rien à ceux qui ont tout et juste un peu de pain à ceux qui ont peu...
Il est si peu encombrant qu'un porche désaffecté ou le couloir d'un métro lui suffisent pour dormir. Sa chambre à coucher, c'est la nuit, sa salle à manger, la rue.
Sa principale qualité c'est de passer inaperçu et si tu l'aperçois, il a le bon goût de faire « folklo » et de fournir des photos réussies.
(...)

Le regard des scientifiques

Nous ne nous intéressons pas ici à passer en revue toutes les hypothèses construites par les scientifiques pour tenter d'expliquer la pauvreté, ou de décrire les caractéristiques des personnes pauvres. Notre intérêt va au « regard » qui fonde la plupart de ces études, c'est-à-dire aux présupposés, voire aux préjugés qui les animent. C'est en effet ce regard qui concerne directement le sujet de notre mémoire.

On sait que le risque, souvent dénoncé, des études sociologiques ou psychologiques est de donner de l'être humain une image déterministe, mécanique, comme s'il était un objet. À travers des observations, des questionnaires, des statistiques, on met en évidence divers facteurs qui « forcent » les pensées et les conduites des sujets. On va montrer, par exemple, que la grande pauvreté modifie le sens du temps et de la prévision à long terme, ou engendre de l'incohérence, de la violence, de l'alcoolisme, etc. Il est très peu de chercheurs qui, comme Paugam ou Charlot par exemple, s'efforcent de montrer comment les sujets soumis aux contraintes de la pauvreté – qui sont réelles – réagissent à partir de leur liberté et de leurs valeurs propres, pour défendre leur dignité fondamentale. Ceci concerne plus les pauvres que les riches, parce que ce sont les pauvres qu'on étudie le plus souvent. Comme le dit Paugam : *Ces mécanismes sont plus visibles et plus facilement saisissables pour le sociologue dans le cas de populations en situation de précarité économique et sociale parce que l'infériorité et l'échec de celles-ci sont reconnus par des institutions spécialisées.* C'est-à-dire celles qui émanent de la partie aisée de la population. Ce sont ainsi plus souvent les pauvres que les riches que la science présente comme ne disposant pas de liberté, donc de dignité.

Dans le même esprit, la plupart des études, même les mieux intentionnées, utilisent couramment ce que nous appelons le vocabulaire du malheur. On parle de fragilité, dépendance, marginalité, désocialisation, exclusion. Dans une démarche d'aide aux plus pauvres, on utilise ainsi naturellement un vocabulaire qui les décrit comme faibles, comme des humains handicapés. Mais on ne se rend pas bien compte qu'on contribue de la sorte à conforter une image exclusivement négative de la pauvreté et des plus pauvres. À de nombreuses reprises, les militants de notre groupe se sont indignés de ce langage unilatéral sur les plus pauvres.

Le père Joseph Wresinski avait bien perçu cela. Il n'ignorait nullement les souffrances de la misère ni les lacunes qu'elles engendrent. Il espérait beaucoup des scientifiques pour l'aider à comprendre comment lutter contre cette misère et ses ravages, mais il s'indignait des termes utilisés pour les désigner et les décrire (« les infras », par exemple), et de l'erreur de vision dont ces termes témoignent.

Cette erreur est double. D'une part, elle passe souvent à côté du **sens profond de conduites** jugées comme négatives à partir des critères de la classe aisée. D'autre part, elle omet de décrire, à côté des souffrances et des lacunes, toute **la dimension positive des pauvres**. C'est sans aucun doute l'originalité profonde du père Joseph Wresinski que d'avoir évité ces deux pièges.

Le sens profond des conduites. Beaucoup de traits qui apparaissent aux yeux des scientifiques, et des classes aisées dont ils sont issus en général, comme un manque de cohérence, d'intelligence, voire de moralité, se comprennent, lorsqu'on écoute les personnes concernées, comme une dynamique de survie personnelle ou de groupe, et même souvent comme la seule possible. Accompagner et écouter les personnes confrontées à des situations de misère permet de comprendre qu'elles ne sont ni sans intelligence, ni sans principes moraux, bien au contraire. Le témoignage de ceux qui font cet accompagnement est sans équivoque à ce sujet. Mais très rares sont les études scientifiques qui se fondent sur un tel accompagnement du dedans. Les critères de jugement restent ainsi ceux des classes aisées et de leur ordre, entraînant fatalement dans les études une image négative des pauvres, image qui contribue à leur stigmatisation même avec les meilleures intentions.

La dimension positive des pauvres. Tout se passe, dans la plupart des études, comme si la pauvreté se limitait aux ravages qu'elle peut entraîner dans les personnes et les conduites. On ne voit pas ses dimensions positives. Si on parle de temps en temps de la solidarité des pauvres – dont on comprend d'ailleurs souvent mal les ressorts et la complexité –, on ne parle presque jamais de leur énergie et de leur accrochage à la vie face à une précarité constante, de leur ingéniosité, de la façon positive qui leur est propre d'interpréter les valeurs de la famille, des enfants, de la sexualité, de l'argent, des relations sociales, etc. Peu de chercheurs perçoivent qu'ils comprennent mal le langage, les usages, la vision de la vie, nous dirions la philosophie des pauvres. Ils partent de la leur propre, sans se douter qu'ils ont à apprendre des pauvres ce qu'ils ne connaissent pas eux-mêmes. Peut-être manquons-nous d'informations, mais nous regrettons que trop peu d'études aient pour but d'enseigner aux classes aisées ce que signifie vivre l'expérience de la pauvreté.

Rappelons enfin que la question se pose aussi du but et des destinataires des études scientifiques. Il n'est pas difficile de voir que les recherches sont presque toujours faites par des membres des classes aisées et à destination de celles-ci. Même si, comme on peut idéalement l'espérer, l'usage en était fait dans l'intérêt des plus pauvres, ces derniers n'ont aucune maîtrise sur les recherches elles-mêmes, ni sur les conséquences qui en découlent. La recherche classique maintient ainsi les plus pauvres en état de dépendance envers les classes aisées quant à l'intelligence de leur destin. Nous le soulignons d'autant plus que c'est précisément un des efforts du programme dont est issu le présent mémoire que de faire la recherche, à chacune de ses étapes, avec la participation active et même prédominante de personnes issues de la pauvreté.

En résumé, nous pensons que, même en apportant des éléments de réflexion tout à fait intéressants dans divers domaines, la majorité des études scientifiques sur la pauvreté et les pauvres reste marquée d'un travers : celui d'être trop exclusivement un regard du dehors qui ne s'associe pas ou pas assez au regard du dedans. Elles confortent ainsi, inconsciemment, l'image d'infériorité et de manque de dignité qui pèse sur les pauvres.

Si nous en parlons ici, c'est aussi parce que nous avons retrouvé – et vécu – cette problématique dans ce qu'on a appelé, au cours de notre travail, le croisement des savoirs entre militants, volontaire et universitaires. C'est à l'intérieur de nos échanges, au fil des nombreuses heures de notre travail en commun, que les questions évoquées ci-dessus nous sont apparues. Nous avons dû modifier nos regards réciproques et quitter de nombreux préjugés dont nous n'étions pas conscients au départ pour découvrir un rapport humain où chacun avait à apprendre, égalitairement, de l'autre.

Conséquences de ces regards pour les plus pauvres

Des familles très pauvres, il est souvent dit : *Non seulement ils sont pauvres, mais en plus le père boit, ils crient, leurs enfants volent, leur aîné fume…*

Le placement des enfants

Dans le but de protéger les enfants, la solution qui paraît la plus simple et la plus efficace, vue de l'extérieur, est de les retirer du milieu familial. Privé de l'affection de ses parents, ou de ses frères et sœurs, l'enfant ne comprend pas ce qui lui arrive. Pour cacher sa fragilité, bien souvent il se renferme sur lui-même ou devient agressif envers tous ceux qui l'entourent. En grandissant, ses repères deviennent les autres enfants qui sont placés comme lui. La petite délinquance – vols dans les magasins – devient une échappatoire à la vie trop bien réglée, sans affection, qu'on lui impose. Bien vite, avec ses camarades, il a affaire à la justice. L'engrenage de la rébellion continue parfois avec des vols de mobylettes, puis de voitures et les peines de prison qui s'ensuivent.

Parfois, à l'adolescence, les enfants sont rendus à leurs parents, à l'âge le plus difficile, alors que tous les liens affectifs ont été rompus. Ils vivent quelque temps chez leurs parents, mais la cohabitation devient vite insupportable. Ils se retrouvent à la rue et rapidement se mettent en ménage. Bien souvent, leurs compagnes ont été elles aussi placées. Il leur sera vite reproché de ne pas savoir tenir leur foyer. C'est la conséquence du placement qu'elles ont vécu.

Quand il y a placement, les parents privés de leurs enfants se découragent puis s'effondrent. Les services sociaux ont encore moins de raisons de les écouter. L'alcool est souvent le seul refuge qui permet d'oublier tous les soucis qu'ils ne peuvent partager avec personne. Comme la situation familiale ne s'améliore pas, tous les jours la dose d'alcool augmente et devient une maladie.

Bien souvent, les faibles ressources financières ne suffisent pas à payer les factures – loyer, électricité, eau… Lorsqu'un huissier se présente pour une saisie, il ne leur reste la plupart du temps que la violence verbale ou physique. Une des conséquences sera l'hôpital psychiatrique avec tous les traitements médicaux que cela comporte ou la prison.

Quand on est pauvre, on s'enferme ou on agresse

Souvent, dès l'école primaire, les enfants des familles très pauvres sont dirigés vers des écoles spécialisées où ils se retrouvent entre eux, à cause des retards scolaires très vite accumulés dus aux conditions de vie. Le regard négatif porté sur leurs parents se reflète sur eux, ils en arrivent à se considérer comme des enfants incapables d'apprendre comme les autres. Leur moyen de défense est l'agressivité. Ils grandissent avec cette agressivité qu'ils manifestent envers la société ou parfois envers eux-mêmes ou leur propre milieu.

Envers la société, il est difficile pour les très pauvres de se défendre. Ils se sentent toujours coupables. Ils n'ont ni l'assurance, ni les mots qui conviennent pour s'expliquer – même quand ils sont dans leur droit – que ce soit avec un propriétaire de logement, l'instituteur des enfants, le travailleur social... *On s'emballe, on s'énerve et on est catalogués comme des gens vulgaires ou avec qui on ne peut pas discuter***[9].

Le regard négatif porté sur les très pauvres peut avoir comme conséquence l'auto-destruction. L'alcool, la drogue, la mutilation sont des signes visibles de cette auto-destruction. Parfois l'agressivité se retourne contre les proches, contre plus faible que soi. Ce qui peut entraîner la violence qui, elle, provoque des drames. Par exemple, Monsieur Jean héberge un copain de son fils. Les deux jeunes, inoccupés, s'amusent à boire. Le copain insulte fréquemment Monsieur Jean. Un jour, celui-ci ne supporte plus l'humiliation face à son fils. Il menace le copain qui continue. Monsieur Jean tire. Effondré, lui qui n'est pas de nature violente, se constitue tout de suite prisonnier.

La société reproche aux pauvres leur agressivité. Elle confond agressivité et violence gratuite. Le fait est que, pour les plus pauvres, l'agressivité est leur seule défense, la seule possibilité qui leur soit laissée pour montrer qu'ils sont vivants. Quand cette étincelle de réaction s'éteint, il ne reste que l'enfermement. La peur des jugements extérieurs devient une paralysie. Des mères de familles très pauvres restent parfois des années sans sortir de chez elles, sans contacts extérieurs, excepté les rares personnes qui viennent leur rendre visite.

Il arrive aussi que les regards soient différents d'un membre à l'autre de la famille. Par exemple, dans un village, la mère d'une famille très pauvre est surnommée *la crado*, ses filles *les pouilleuses*, alors que le père est reconnu *courageux*. On le sollicite toujours pour donner un coup de main, par exemple : monter des stands pour une fête, aller arracher de l'herbe, soigner des animaux... toujours bénévolement. À la nuit tombée, ils sortent en famille pour éviter les regards.

Notes

1. Ouvrages de référence : R. Bertaux, *Pauvres et marginaux dans la société française*, Presses universitaires de Nancy, Paris, 1994 ; R. Castel, *La métamorphose de la question sociale*, Éd. Fayard, Paris, 1995 ; S. Paugam (éd.), *L'exclusion. l'état des savoirs*, Paris, Éd. La découverte, 1996 ; J. Labbens, *Sociologie de la pauvreté*, Éd. Gallimard, Paris, 1978.
2. R. Castel, *op. cit.*, p. 46.
3. P. Buret, *De la misère des classes laborieuses en Angleterre et en France*, Bruxelles, Société typographique belge, Ad. Wahlen et compagnie, 1842.
4. J. Labbens, *op. cit.*, p. 206.
5. V. de Gaulejac, I. Taboada Léonetti, *La lutte des places, Marseille*, Hommes et perspectives, Desclée de Brouwer, Paris, 1994.
6. R. Castel, *Les marginaux dans l'histoire*, dans S. Paugam, *op. cit.*, p. 38.
7. M. Dufourny de Villiers, *Cahiers du quatrième ordre*, n° 1, 25 avril 1789.
8. Préface de F. Dard, *Portrait des restos du cœur*, Éd. Pierre Olivieri, 1992.
9. Les phrases terminées par le signe** sont des extraits de discussions de groupe ou d'écrits personnels.

Chapitre 3

COMPRENDRE LA MISÈRE DE L'INTÉRIEUR

Dans ce chapitre, c'est une autre image, celle de « l'intérieur de la misère », qui apparaît dans sa complexité et sa richesse. Loin de requérir la pitié ou l'assistance, elle demande à être reconnue pour ce qu'elle est, avec ses forces et ses faiblesses, sa solidarité et son courage. L'analyse des entretiens réalisés et des expériences personnelles des militants fait apparaître que souffrances, honte, humiliations, valeurs et forces se croisent à l'intérieur de la misère.

Souffrances

Le dictionnaire donne la définition suivante du mot **souffrance** : douleur physique ou morale. Il y a des souffrances partagées par tous les milieux sociaux ; par exemple, la longue maladie ou le décès d'un proche... De quel type de souffrances parle-t-on quand on parle des souffrances liées à la misère ?

Les mauvaises conditions de vie (logement, ressources...) engendrent dès l'enfance des douleurs physiques qui marquent les corps et les visages de ceux qui les vivent. Lucie Ribert[1] raconte :

Il fallait aller chercher l'eau à un km ; en été, ça allait, mais en hiver on n'arrivait pas à accéder à la source parce que c'était un chemin en pente (...) Il fallait porter l'eau à bout de bras, dans des bidons. C'était vraiment la galère pour pouvoir se laver, laver le linge, aller à l'école. Il y a eu des moments où je ne suis pas allée à l'école, je n'avais pas de chaussures. Il y a d'autres moments où on n'allait pas à l'école parce qu'on n'avait rien mangé de la journée. Je n'ai pas envie de faire du misérabilisme, mais c'est la réalité, c'était notre réalité.

La réalité de la famille de Lucie n'est pas exceptionnelle, même si aujourd'hui certaines conditions se sont améliorées ; des enfants, des adultes continuent à souffrir du froid, de la faim, du manque d'argent, etc. Ils se retrouvent fatigués, épuisés à quarante, cinquante ans.

Les souffrances physiques dues à la misère semblent évidentes puisque la misère est souvent définie comme un manque de moyens matériels. Mais la misère a ses terrains secrets auxquels n'accèdent que ceux qui vivent ces situations. Terrain secret, par exemple, de bien des femmes de la misère dont toute la vie est consacrée à leurs enfants, car elles savent qu'elles sont la seule force qui maintient la famille. Contrairement aux hommes vivant parfois cette même responsabilité, les femmes de la misère souffrent souvent de grande solitude.

La vie des femmes très pauvres ne se conçoit pas sans enfant. Véronique, issue d'une famille pauvre, apprend après son mariage qu'elle ne peut pas avoir d'enfant. Elle essaiera de saisir toutes les chances médicales qui lui sont offertes, mais sans résultat. Meurtrie dans sa chair puisqu'elle ne peut pas enfanter, elle l'est aussi dans son cœur car elle sait qu'étant donné son milieu de vie, elle ne pourra jamais adopter un enfant. Elle fait dépression sur dépression, et s'autodétruit dans l'alcool. Parfois, elle dit que cette souffrance qui s'ajoute à celles de son enfance est une punition qui lui vient de Dieu. Face à des situations trop dures à vivre, face à des souffrances à la limite du supportable, la relation avec Dieu est le seul dialogue possible : *Pourquoi ça m'arrive encore à moi ? Mon Dieu, pourquoi tu me fais ça** ?*

Tous ceux qui vivent la misère savent qu'il ne s'agit pas seulement de tenir le coup face à un événement douloureux qui survient dans la vie, mais qu'il s'agit d'une accumulation de souffrances depuis la plus tendre enfance et c'est ce qui fait la différence avec d'autres milieux sociaux.

Je crois que j'ai commencé à souffrir dès que j'étais dans le ventre de ma mère. Les coups qu'elle recevait, j'ai dû les ressentir**.

Une autre femme remonte à ses premiers souvenirs d'enfance lorsqu'à l'âge de quatre ans, elle a été placée :

J'ai été partout pour oublier, ça me revient sans arrêt. On a voulu me montrer l'endroit où j'étais née, où mes parents se sont battus pour me garder. J'ai été une fois, j'ai vu la maison, j'ai dit : je n'y retournerais plus jamais. Cela a été trop douloureux. Ils se sont battus quand « ils » sont venus nous chercher, que ma mère me tenait dans ses bras, qu'elle criait : « Non, ne prenez pas mon enfant. » Plus je m'éloigne, plus je me rappelle. On n'oublie jamais cela.[2]

Les blessures faites à l'enfance ne s'effacent jamais.

J'ai toujours en tête ce qu'on m'a fait subir de neuf à treize ans. On m'a menti, tout s'est écroulé dans ma tête. C'est là que j'ai senti que c'était fini. On n'a pas eu confiance en moi quand j'étais jeune, alors j'ai perdu ma confiance en moi**.

Cet homme, placé dès son enfance chez une famille nourricière où il était considéré et traité comme un fils de la maison, fut envoyé en colonie de vacances à neuf ans et, sans qu'il sache pourquoi, au retour de cette colonie, il fut envoyé chez une autre famille où il fut exploité pour des travaux à la ferme.

En écho, une femme reprend :

On nous a menti quand, avec mes frères et sœurs on nous a mis dans une estafette genre ambulance, on nous a tous couchés, on n'avait même pas le droit de regarder aux carreaux, on nous a dit : on va vous emmener chez votre père, et on s'est retrouvés divisés, séparés dans plusieurs foyers de l'enfance. J'avais neuf ans. D'un seul coup, tu n'as plus de vie de famille, tu es coupé de tout**.

Détruire l'enfance, c'est détruire l'adulte qu'il sera demain puisqu'il restera un écorché vif, doutant de ses propres capacités et méfiant des intentions des autres. Par exemple, quand pour justifier un placement, les services sociaux détruisent l'image parentale. À une femme, qui a été placée enfant, il avait été dit que ses parents n'étaient pas capables de s'occuper d'elle et de ses frères et sœurs, alors qu'elle-même avait de son père l'image d'un homme passionné de la nature et qui partageait sa passion avec ses enfants. Pour avoir voulu rejoindre son père en fuguant de la pension où elle était placée, à l'âge de douze ans elle fut enfermée pendant une semaine dans une cellule, dans le noir, *avec une porte blindée et on me donnait à manger par une trappe. J'étais en quarantaine, personne n'avait le droit de me parler. Tout ça, ce sont des châtiments. En plus du mensonge, on te casse quelque part***.

L'enfant à qui on a menti garde au fond de lui cette part de mensonge et grandit en ne sachant plus faire la différence entre le vrai et le faux, entre le mensonge et la réalité. Il devient un adulte à deux faces différentes (le bien et le mal, le bon et le mauvais) et vit lui-même dans ce qui devient son propre mensonge avec une double personnalité. C'est pour cela que les gens de la misère sont difficiles à cerner et à comprendre. Souvent, seule la façade est visible de l'extérieur et entraîne des jugements négatifs. Par exemple, Lucie dit :

En 1973, mon père meurt; j'ai besoin d'en parler aujourd'hui parce que cela a été une blessure longtemps. Il meurt dans un café par hasard parce qu'il s'était arrêté, il voulait un verre de vin. Il ne buvait pas parce que mon grand-père avait été alcoolique. Il prend son verre, il le goûte et il dit : ça ne va pas. Il tombe mort d'une crise cardiaque. Après, partout on a raconté que mon père était mort dans un bistrot parce qu'il buvait. Cela, je ne l'ai pas supporté.[3]

Une femme fut aussi mal connue de son vivant, sa fille rétablit la vérité :

Ma mère avait une apparence antipathique. Elle paraissait méchante. Les traits de son visage lui donnaient un air sévère. Elle protégeait ses enfants avec ses griffes, elle ne voulait pas qu'on les lui touche. Elle se faisait méfiante par méfiance. Alors, le regard des moins pauvres l'a mal jugée. Elle se faisait mal aimer comme toutes les familles très pauvres que j'ai bien connues. Familles qui montraient leur agressivité pour se protéger, pour ne pas faire don de leur amitié et de leur amour.

Je me souviens de tout cet amour partagé de ma mère, en famille, que nous seuls ses enfants connaissions. Elle nous racontait des poèmes de Victor Hugo que je me rappelle encore aujourd'hui à quarante-six ans. Elle me faisait cuire mes gâteaux de terre dans son four, c'était un jeu auquel nous jouions toutes les deux. Elle aimait jouer avec ses enfants, aux dominos par exemple. Pour nous endormir, mon frère et moi, alors que tout était gris, sans lumière, il faisait froid, elle nous prenait dans son lit, nous tenait chacun sous un bras et avec elle on prenait le train, elle nous faisait imaginer des paysages qu'elle inventait... Je me souviens de sa tendresse à nous expliquer à nous, ses enfants, qu'on devait s'aimer. Elle ne demandait rien en échange et elle donnait le peu qu'elle avait pour nous et d'autres enfants très pauvres. Elle le faisait en secret.

Je crois qu'elle devait souffrir d'être mal comprise, comme d'autres femmes de la misère, à cause de la misère physique dans leur regard, leur voix, leur apparence. L'alcool lui donnait parfois l'illusion d'oublier ses soucis. Moi, j'ai toujours aimé ces femmes-là ; quand tu peux t'en approcher, ce sont les plus vraies, les plus gentilles, les plus honnêtes dans leurs sentiments. Ceux qui parlent bien se mettent toujours en avant, mais quand les très pauvres te donnent leur confiance, jamais ils ne te la reprennent si tu les respectes. Cela, je l'ai compris de ma mère. Elle a dû sûrement m'apprendre que l'humanité des plus pauvres est de rester toujours vrai**.

Cette femme avait en elle l'instinct de défendre les enfants d'autres familles très démunies. En secret. Dans le milieu très pauvre, la souffrance est partagée parce qu'elle est vécue par tous.

On veut s'aider, s'entraider mutuellement, mais ne connaissant pas nos propres limites, bien souvent cela nous retombe dessus ; par exemple, quand on héberge quelqu'un qui est à la rue, cela nous enfonce davantage et, en plus, cela entraîne des incompréhensions et reproches des personnes extérieures à la misère**.

Cette extrême sensibilité aux malheurs des autres a bien souvent des conséquences dramatiques. Avoir vécu la misère permet de comprendre et de partager avec ceux qui vivent les mêmes conditions mais cela ne donne pas les moyens de résoudre les problèmes de logement, de ressources, de travail...

On souffre de ces situations auxquelles on ne peut apporter de réponses, ni pour ses propres enfants, ni pour les autres. On se sent impuissant parce qu'on est soi-même trop fragile, mais on est conscient des injustices**.

Les souffrances enfouies au plus profond du cœur des pauvres se disent rarement ou à mots voilés. Est-ce parce que lui-même avait vécu les souffrances liées à la misère dès l'enfance, que le père Joseph Wresinski écrit que les pauvres doivent toujours pouvoir dire à ceux qui les rejoignent dans leur combat contre la misère :

Vous ferez tout ce que vous voudrez, mais vous ne pourrez jamais comprendre parce que vous n'avez pas vécu ce que nous vivons.[4]

Comme en écho à cette phrase, une militante[5] témoigne de son milieu :

Du fait que l'on a vécu depuis l'enfance ensemble, qu'on a partagé l'amitié, la souffrance, les mêmes valeurs, qu'on a connu le même vécu, on se marie entre nous.

Les gens les plus pauvres se marient entre eux pour fonder un foyer à eux, qu'ils ne soient plus une charge pour leurs parents, qu'ils aient leur liberté. Ils s'aiment. Ils connaissent le manque de savoir, de culture, de prévoyance qui leur serait reproché dans un milieu qui ne serait pas le leur.

On se marie pour fonder une vie meilleure que celle qu'on a eue, à cause du placement, de la séparation d'avec nos parents, du manque d'amour. Avoir des enfants est la première richesse. Leur donner ce que, nous, on n'a pas eu en espérant qu'avec le temps les choses s'améliorent, car on a la richesse de penser, de vivre, et le matérialisme n'est pas notre premier souci.

Nos enfants n'auront plus faim, ni froid. S'il le faut, on ira voler pour nos gosses. On ne reprochera pas à notre homme même s'il est saoul, ou s'il ne travaille pas, car on saura comprendre combien la vie est dure dans notre monde et, quoi qu'il arrive, on restera solidaire. On sait aussi les valeurs de notre vie. Elle est tellement fragile.

On ne cherchera jamais à s'enrichir mais à vivre au jour le jour tout simplement, pas par naïveté, mais parce que déjà vivre en famille, rester en famille est une lutte au quotidien et que cela, on est prêt à l'affronter ensemble.

On aura envie comme tous d'avoir des enfants qui apprennent bien à l'école, mais même cela, on ne pourra pas le prévoir car chez nous rien ne se prévoit à l'avance. On se fait confiance. C'est comme cela.

On saura accepter le bonheur comme le malheur. Toute notre vie sera un défi à la vie avec des joies et des peines et des manques.

On espère comme tous au bonheur même si celui-ci ne frappe pas très souvent à notre porte. On regarde en face la réalité quelle qu'elle soit.

C'est notre milieu que l'on ne renie pas.

Honte et humiliations

La honte est entrée en moi comme une éducation**.

La pauvreté est humiliante car on est méprisé par les gens de la haute société qui ne nous comprennent pas**.

La question de la honte est un élément central de notre étude. Elle apparaît comme directement liée au vécu de la pauvreté. Il est donc important d'essayer de dire comment elle est vécue et en quoi elle représente en elle-même une souffrance qui se transmet et qui peut aussi empêcher d'agir pour lutter contre la misère.

Dans nos sociétés, la misère est une souffrance en elle-même, comme on l'a vu précédemment. On peut dire que la honte apparaît comme une souffrance supplémentaire, qui vient s'ajouter et qui est intimement liée au regard d'autrui. L'incompréhension, le mépris et peut-être aussi la peur de la misère que ressentent ceux qui vivent dans l'aisance les amènent plus ou moins involontairement à humilier ceux qui ne sont pas comme eux.

« Humiliation : action de dégrader, écraser, mortifier », écrit le dictionnaire Robert. Dans leur témoignage, les personnes vivant dans la pauvreté racontent comment, depuis leur enfance, elles se sont senties écrasées d'apparaître comme différentes du reste de la société, et comment cette humiliation engendre souvent la honte : « sentiment pénible de son infériorité, de son indignité devant autrui ». Dans son livre, *Aux sources de la honte*, Vincent de Gaulejac[6] consacre un chapitre aux rapports entre honte et pauvreté. La lecture de ce chapitre ainsi que les témoignages recueillis lors des interviews permet de comprendre comment le sentiment de honte peut envahir la vie des pauvres depuis leur enfance.

Il y a tout d'abord la honte de se voir et d'être vu comme différent quand on manque de ce que les autres possèdent.

Ce qui m'a humilié, c'est le fait que nous n'étions pas assez riches pour acheter des cahiers blancs et sœur Anna me faisait des cahiers avec du vieux papier gris[7].

Faute d'argent, l'enfant ne peut se procurer les mêmes objets que les autres, il ne peut donc s'assimiler aux autres, être comme eux. Parfois, cette honte est directement provoquée par un adulte qui marque la différence.

Comme nous étions des gens du voyage, la maîtresse nous mettait dans le fond de la classe... les autres enfants rigolaient de nous. Ils nous traitaient de sales forains; avec mes frères et mes sœurs nous nous blottissions, comme pour nous protéger de cette agression. La honte et l'humiliation de ces comportements sont très dures à vivre pour des enfants et vous poursuivent tout le temps**.

Mais il y a aussi le fait d'être honteux de ceux que l'on aime, honteux du regard que les autres posent sur eux.

Je me souviens quand j'étais dans l'école de ma sœur, et que la maîtresse était malade. On avait regroupé toutes les sœurs ensemble mais je pleurais car toutes les filles avaient pris leur petite sœur et ma sœur ne voulait pas me reconnaître car j'étais mal habillée.

La honte de ma mère quand elle venait à l'école et qu'elle n'était pas dans son état normal. Je ne devais pas en avoir honte car je l'aimais, je l'adorais, mais le regard négatif des autres faisait tout basculer dans ma tête**.

Dès l'enfance, dès l'école, le regard d'autrui peut écraser, bouleverser, voire même mettre des distances entre un enfant et ses parents, entre des frères et sœurs. Le constat de la différence, et de l'infériorité liée à cette différence est vécu comme une exclusion et peut avoir des conséquences de tous ordres : isolement, crainte d'autrui, sentiment d'être comme l'autre vous voit, accompagnent de manière plus ou moins prégnante la vie de ceux qui la subissent. La pauvreté confronte très tôt l'enfant à l'image négative d'un parent ; il est envahi de colère contre ce parent méprisé, incapable de le protéger mais, en même temps, il a honte de ce sentiment qui l'habite : il sent qu'il ne peut le haïr car il l'aime en même temps.

C'est dans le regard que l'on peut avant tout mesurer l'estime dans laquelle on vous tient[8], écrit Vincent de Gaulejac. Les enfants, qui sont sans cesse partagés entre l'amour pour leurs parents et le sentiment de honte qui provient du regard que d'autres portent sur ceux qu'ils aiment, peuvent se sentir déchirés.

– Je me révoltais contre cette honte, sans jamais pouvoir m'en défaire, comme si elle était collée à ma propre peau**.

– Si on ne mettait pas tout en négatif sur cette pauvreté, tu ne vivrais pas la honte de la même façon et tu n'aurais pas honte de ce qu'ont fait tes parents ou tes grands-parents**.

Plus que la pauvreté, c'est donc le regard porté sur elle qui engendre la honte. Parfois, on réagit à la honte par la violence, les bagarres ; parfois par l'évasion : on se cache, on déprime. La honte rend malheureux, plus encore que les difficultés matérielles.

Quand j'allais à l'école, je n'avais pas le droit de mettre mon manteau à côté des autres de peur qu'ils n'attrapent des poux. Mon portemanteau était le dernier. De honte, je sortais la dernière du couloir. La honte m'a amenée à rester seule, à m'isoler**.

Comme on l'a vu, la pauvreté en elle-même n'engendre pas la honte. Mais elle oblige souvent les pauvres à accepter, pour survivre, d'effectuer toutes sortes de démarches humiliantes. Le fait de devoir dépendre du secours des autres, que ce soit « la charité » ou l'aide sociale, apparaissent comme sources de honte.

Il faut se battre contre soi-même pour aller demander quelque chose, que ce soit une aide alimentaire, médicale, une carte de bus gratuite ; pour nous, c'est une humiliation, une honte d'être contraint de réclamer des secours de ce genre**.

Ici, c'est le sentiment de dépendance, l'absence d'autonomie, le sentiment de ne pouvoir s'en sortir seul par ses propres moyens, qui engendrent la honte, non seulement vis-à-vis des autres, mais finalement vis-à-vis de soi-même. Et les sentiments d'injustice ne peuvent s'exprimer parce qu'il faut être reconnaissant, il faut dire merci. Vincent de Gaulejac écrit que *toutes ces violences humiliantes, l'enfant les reçoit comme des coups psychiques*[9]. Même si les systèmes d'assistance sociale existant dans nos pays permettent « de ne pas mourir de faim » et de pouvoir disposer d'un minimum vital, pour accéder à leurs services, il faut accepter les files d'attentes, les contraintes bureaucratiques de toutes sortes, et toujours le regard de ceux qui se demandent si vous n'êtes pas un « profiteur ».

Maintenant, quand on a vraiment besoin d'un morceau de pain, il faut passer par une assistante sociale, seulement pour un morceau de pain ou une boîte de conserve. Il y a eu trop d'abus, donc il faut passer par elle.[10]

On pourrait poursuivre ainsi l'énumération des souffrances vécues, liées à la misère mais surtout à la manière dont elle est regardée, considérée, par une société qui sans doute en a peur. Ce qui paraît important à retenir, c'est que cette honte, ces humiliations, sont autant de souffrances qui s'ajoutent à celles qui sont directement liées à la situation de pauvreté. C'est aussi que ces souffrances sont souvent considérées comme plus difficiles à supporter, certains parlent à cet égard de « misère morale » qui s'ajoute à la « misère physique ». C'est aussi que les conséquences de la honte sont importantes et presque toujours néfastes pour ceux qui la subissent. Si, parfois, elle provoque une réaction de fierté qui peut amener certains à relever le défi, à faire l'impossible pour lutter contre cette honte, souvent, quand elle touche des individus ou des familles isolées, elle renforce la solitude, elle contraint les personnes à se cacher, à mentir, voire à « se débrouiller » de diverses manières pour éviter le regard de mépris des autres. Nous avons fait le constat qu'il faut être plusieurs pour pouvoir lutter contre la honte, qu'il faut se rassembler pour se mettre debout et revendiquer sa dignité d'être humain. Ce chemin, qui peut aller jusqu'à la fierté d'être ce qu'on est, et les conditions nécessaires pour pouvoir le parcourir seront décrits dans les chapitres qui suivent.

Valeurs et forces

Les plus pauvres peuvent rarement exprimer leurs forces profondes. Pour beaucoup d'entre eux, elles résident dans leur spiritualité. Une militante témoigne :

Ma mère était très croyante à l'intérieur de la famille. Elle nous avait appris la vie de Sainte Thérèse de l 'Enfant Jésus car elle était de Normandie et Lisieux était sa vie. Quand ma sœur était à l'hôpital, elle lui dit : prie ma fille. Elle lui donna une petite médaille de

Sainte Thérèse. Mes parents se sont mariés à l'Église à l'âge de soixante-quinze ans. Mon père a voulu redonner à ma mère cette alliance qu'elle n'avait jamais perdue avec Dieu. Nous-mêmes, nous sommes très croyants, même si des fois notre croyance n'est pas reconnue par les autres. Mais on s'en moque car Dieu sait qui l'on est.

On nous reproche de ne pas être capables de prier avec les autres, comme si la foi est quelque chose que l'on apprend. Elle est ancrée en nous, même si on ne peut pas la partager à cause de notre misère. Peut-être que, comme moi, la plupart des pauvres ne connaissent pas l'Évangile. Mais Dieu, les très pauvres le prient tous les jours dans leurs souffrances et, dans leurs bonheurs, ils remercient. Ce n'est peut-être pas la croyance apprise, mais c'est une croyance que l'on doit pouvoir exprimer, qui est au fond de chacun.

Certains affirment ne pas être pratiquants car ils sentent que l'Église traditionnelle n'est pas pour eux, surtout quand elle est pleine de monde. Certains disent : moi je prie quand l'église est vide, je me sens bien près de Dieu et des Saints, je leur mets un cierge, nous communiquons ensemble. Nous ne pouvons pas être avec des gens qui ne sont pas de notre milieu de misère, car on se sent mal jugés, pas à notre place**.

Le texte qui suit n'a pas la forme habituelle de nos discours et de nos explications. Mais il n'est pas non plus le fruit d'une simple fantaisie. En analysant les décryptages de nos échanges, nous avons relevé les mots qui nous révèlent des forces et des valeurs vécues en milieu de grande pauvreté. Qu'il nous soit permis ici de les rendre dans un registre un peu plus poétique.[11]

Le monde entier entendra-t-il un jour la honte et l'humiliation ?
Le monde verra-t-il un jour les souffrances…
Souffrances
de ceux qui *refusent* que leurs enfants aient faim,
et qu'ils soient condamnés à vivre dans la misère ?

Le monde s'ouvrira-t-il un jour à la lutte infernale,
lutte infernale
de tout homme, toute femme en extrême misère,
lutte infernale minée par l'errance, le manque d'argent,
minée par la faim et le froid,
minée par des logements misérables ?
Le monde pourra-t-il croire un jour,
croire à l'amour de ces parents pour leurs enfants ?
Pourra-t-il enfin reconnaître cet amour
dans les gestes de ces familles déchirées,
qui ne cessent de vouloir exister ?
Gestes de *courage* de pères et de mères pour leurs enfants,
avec *l'espoir* qui vit au fond d'eux-mêmes,
l'espoir qui leur donne la *force de lutter*,
la *force de survivre*.

Gestes de honte et d'humiliation,
parce qu'ils ne supportent pas
de ne pouvoir donner le meilleur d'eux-mêmes,
parce qu'ils sont trop justes et trop fiers
pour supporter de faire vivre la misère aux leurs.

Le monde entendra-t-il, verra-t-il un jour ?
Les enfants, eux, apprennent le *refus quotidien*
de la fatalité de la misère.
Ils apprennent les raisons des pleurs,
les raisons des cris...
Ils apprennent l'amour de leurs parents
qui donne la force de continuer,
qui dit de ne pas lâcher.
Lutte quotidienne pour la survie,
lutte quotidienne pour la vie :
des enfants à nourrir, des enfants à vêtir,
des enfants à faire grandir.
Se laisser exploiter, faire quelques ménages,
se laisser acculer à laisser ses enfants mendier,
les laisser trop tôt travailler.
Vivre de ce que les autres donnent,
vivre de ce dont ils ne se servent plus.
Payer au prix des larmes la faim de ses enfants,
payer au prix de sa peine la vie de ses enfants.
Humiliés, mais gardant *leur fierté*,
fatigués, mais portant *leur fatigue*,
ils vivent et leur vie est un cri à l'humanité.

Au cœur de la vie où tout semble misère,
où tout est défiguré,
tout est signe d'un monde qui se cherche.
La honte est le signe d'un monde oublié,
la misère est une plaie
dans un monde qui ne sait plus aimer.

Le monde...
Ne s'organise-t-il pas pour ne pas rencontrer la misère ?
Et même quand il la rencontre sait-il lui parler ?
La misère, il faut la déterrer,
il faut aller la chercher là où elle est :

les pauvres, les malades, les prisonniers,
les torturés, les écrasés, les exploités.
Ce sont eux qui vont nous apprendre à aimer.

On ignore pourtant ces parents à travers le monde,
ces mères qui peuvent rester plusieurs jours sans manger
et pourtant : elles nourrissent leurs enfants affamés.
On ignore ceux qui n'ont jamais eu sur leur corps
d'autres vêtements que des vêtements donnés.
Savons-nous ce que cela signifie :
n'avoir jamais choisi les vêtements que l'on doit porter ?
« Je vends même des affaires pour nourrir ma famille,
et même, quand nous étions malheureux,
je faisais les poubelles... »
Faire plaisir à l'enfant avec le peu qu'on possède,
cacher la honte du mari qui ne peut pas travailler.
Fuir la famille, les enfants,
parce qu'on ne supporte plus de ne pouvoir être père ?
Humbles gestes des pauvres que nous ignorons...
Reprendre *le courage* perdu la veille,
reconstruire à tout prix la famille
là où tout autre depuis longtemps
aurait baissé les bras...

Le plus pauvre nous fait sentir,
il nous fait atteindre l'extrême limite de l'espoir.
Sa vie chante toujours un lendemain,
un lendemain qui n'est pas rupture.
Il peut encore étonner le monde,
il peut inventer
et nous faire inventer des formes de libération
si nous avons assez d'imagination
pour lui donner la certitude qu'il compte,
pour lui donner la certitude qu'il peut apprendre au monde :
apprendre aux hommes la concorde,
apprendre aux hommes que plus que de pain,
comptent l'honneur et la dignité.

Père Joseph Wresinski

Extrait des archives de la Maison Joseph Wresinski à Baillet-France

Notes

1. Audition.
2. F. Ferrand, *Et vous que pensez-vous ?*, Éd. Quart Monde, 1996, Mme Ligot, p. 106.
3. Audition.
4. J. Wresinski, *Les pauvres sont l'Église*, Le Centurion, 1983, p. 199.
5. Danielle Lebrun.
6. V. de Gaulejac, *Aux sources de la honte*, Desclée de Brouwer, Paris, 1996.
7. Interview n° 10.
8. *Ibid.*, p. 98.
9. *Ibid.*, p. 100.
10. Interview n° 6.
11. Dans ce texte, sous forme de poème, les mots en italique sont extraits des discussions du groupe ou des interviews.

Chapitre 4

LE RETOURNEMENT

L'écriture de ce chapitre est véritablement le fruit d'une expérience intense de travail en commun, où chacun a dû, avec les autres, procéder à un travail de réflexion et d'approfondissement pour arriver à une meilleure compréhension de notre question de recherche. À force de discussions, de reprises des décryptages, de réflexion sur les entretiens réalisés, nous avons pu mettre en évidence les moments, les étapes, les conditions du passage de la honte de la misère à la fierté d'être un sujet, une personne qui se vit comme solidaire et dès lors plus forte, malgré les difficultés quotidiennes. En contrepoint, nous présentons également les étapes du retournement des volontaires et des universitaires, construites à partir de leurs expériences respectives.

Les racines

Notre groupe n'avait pas, au départ, décidé d'étudier la question des racines : en quoi l'appartenance à telle famille, à tel groupe, jouerait-elle un rôle dans le *retournement* de la honte à la fierté, ou dans le sentiment de former un peuple. C'est à propos des histoires personnelles et des interviews que l'importance de cette question s'est manifestée. C'est pourquoi nous pensons utile de la mentionner ici, même si nos données restent fragmentées à ce sujet.

Une première constatation nous est apparue avec une force croissante au fil de la rencontre des histoires personnelles : *Tout le monde a besoin d'avoir des racines.* Lorsque quelqu'un parle de ses choix actuels, de ses valeurs, de son retournement, il les rattache presque toujours à son histoire personnelle et en particulier à l'histoire de sa relation affective avec ses parents et à celle de sa famille. Constatation moins banale qu'il n'y paraît : le travail du groupe nous a fait prendre conscience de la force de ce rattachement. Ainsi par exemple, une militante a, suite à ces discussions, entrepris la recherche de sa généalogie paternelle, qu'elle ne connaissait pas, ce qui a changé l'image qu'elle se faisait de sa famille et modifié la relation à un de ses frères.

Toutefois, lorsque nous avons essayé de mieux définir les apports positifs ou négatifs de ces racines, nous nous sommes heurtés à la difficulté d'y repérer des règles générales, tant les histoires individuelles sont variées. Nous essayons cependant d'en dégager ici quelques constantes qu'il nous paraît possible d'affirmer.

Le sentiment d'avoir été aimé par ses parents

La première et principale racine que se cherche l'enfant et même l'adulte semble bien être la certitude d'avoir été aimé par ses parents. Lorsqu'il peut se la donner, il se constitue *une terre natale* comme le disait le père Joseph Wresinski en reprenant une étude du Professeur Ch. Debuyst : *Il est tout à fait important de pouvoir se remémorer sa terre natale, son enfance pour y retrouver les valeurs auxquelles on croit, et pour se reposer, souffler quand on est dans les difficultés*[1]. On le voit bien à la difficulté qu'ont les enfants adoptifs à intégrer l'abandon qui a précédé leur adoption, même si leur nouvelle famille est tout à fait affectueuse à leur égard. On le voit surtout sous deux aspects dans nos interviews : la fréquence avec laquelle les personnes parlent positivement de leurs parents et le thème sans cesse répété des souffrances dues à la séparation forcée par les placements. Très rares sont ceux qui évoquent négativement leurs parents. Nous n'en trouvons que deux dans nos interviews :

– Ma mère nous a quittés dès ma naissance, alors mon père a été forcé de me placer[2].

– Au début tout a été bien. Mais un jour j'ai commencé à voir que mes parents faisaient des différences entre mes frères et moi. C'est pour ça que j'ai commencé un peu à haïr mes parents[3].

Ceci ne signifie pas que tous aient le sentiment d'avoir connu des parents sans reproche. Mais, avec le temps, ces reproches éventuels se sont apparemment atténués pour sauvegarder une image de parents aimants. D'où les nombreux témoignages recueillis dans nos interviews, qui montrent que la pauvreté n'engendre pas, de soi, le sentiment d'être abandonné ou mal aimé de ses parents.

– C'est vrai qu'on a eu une enfance très pauvre. Mais riche d'amour car aucun des enfants n'a été placé. J'avais mon grand-père, ma grand-mère, mes oncles, mes tantes et leurs enfants. On formait un clan d'amour[4].

– Je savais que mes parents m'aimaient. Quand ils ont pu nous récupérer un week-end après quelques mois de placement, ils sont partis un an en cavale pour nous garder. Mais tout ce qu'on a vu après : mon père avec les gendarmes, les menottes, les chiens policiers ! Tu sais que tes parents l'ont fait par amour, ils ont supporté ça, ils ont assumé**.

– Mes parents ont tout fait pour qu'on ne manque de rien, malgré que ce n'était pas facile[5].

Une femme parle de son grand-père qui, toujours parti ailleurs pour travailler, ne revenait que rarement au foyer :

Mon père et ses frères et sœurs n'ont pratiquement jamais vu leur père. Mais ils parlaient de leur père en respect, parce qu'il apportait la nourriture**.

Les enfants de la misère gardent ainsi la conviction, sauf accident, d'avoir été aimés par leurs parents et rien ne nous indique que les parents qui n'aiment pas leurs enfants, les brutalisent ou en abusent soient plus nombreux chez les pauvres que chez les gens aisés. Les enfants des classes défavorisées ne reprochent pas à leurs parents leur pauvreté. Ils disent avoir été les témoins des efforts faits par leurs parents pour s'en sortir, et ils leur en sont reconnaissants. Ils pensent même parfois avoir reçu de leurs parents, du fait de leur pauvreté, des compétences que les enfants aisés n'acquièrent pas.

Je plains ceux qu'on appelle les nouveaux pauvres. Je ne suis pas certaine qu'ils ont les mêmes combats que nous, parce que nous, c'est toute une retransmission (...) Ils n'ont pas tout ce savoir qui a été retransmis, et que nous, on a eu. On a des méthodes pour survivre de telle ou de telle façon face à la société parce que nos parents nous ont retransmis ça**.

Cette thématique va chez certains jusqu'à une idéalisation des pauvres comme groupe social ou comme peuple de la misère :

Nous, les gens pauvres, on se marie entre nous. Pendant des générations, les pauvres se mariaient entre eux (...) mais c'était une force d'amour. C'est pas matériel. C'est une force d'amour, une vraie force d'amour. Elle n'a pas de frontières. C'est pour ça qu'on se retrouve entre nous, qu'on n'a pas peur : on vient avec l'amour qu'on a, c'est tout. On n'a rien à apporter de matériel**.

Le déracinement

Si la pauvreté n'ébranle pas, en tant que telle, la foi dans l'amour des parents, un trait commun à de nombreuses enfances pauvres est l'expérience du déracinement dû aux placements. On trouve là, de manière répétitive, une expérience particulièrement douloureuse.

– Les moments les plus difficiles de ma vie, c'est quand on m'a arrachée à ma mère et placée à la DDASS (Direction Départementale des Affaires Sanitaires et Sociales). On ne peut pas oublier ces moments-là[6].

– Ma mère est partie à ma naissance. Mon père ne pouvait pas me garder. Je me suis retrouvé à la DDASS. Quand j'avais 9 ans, mon père s'est remarié et m'a repris. Mais de ces 9 années de placement, il n'est pas resté beaucoup de liens entre lui et moi. Je me suis beaucoup retourné vers mes deux sœurs[7].

– On était huit enfants, six filles et deux garçons. Les filles ont toutes été placées (...) ça a été un drame pour ma mère, un fardeau de peur. (...) Elle n'a jamais pu faire face à cette peur. Elle se croyait toujours poursuivie (par l'Assistance Publique). Chaque année on changeait d'école car elle avait peur qu'on soit enlevés...[8]

On peut multiplier les histoires de ces déracinements, y compris après placement : le changement de home ou de famille d'accueil, sans motif intelligible pour l'enfant. Ainsi, tel militant raconte qu'il a été placé tout jeune dans une famille d'accueil affectueuse à laquelle il s'est fortement attaché. Puis, sans qu'il ait jamais pu en comprendre les motifs, on le déplace dans une autre famille. Commence alors pour lui une vie de fugue et de délinquance qui le mènera jusqu'à faire de la prison. Ou encore, autre forme de déracinement :

J'ai été élevée en nourrice. J'avais trois semaines quand je suis partie, jusqu'à sept ans. Puis je suis retournée chez ma mère. Pour moi, ça a été très dur car je m'étais attachée à ma nourrice. Mais ça a quand même été très important de tous se retrouver chez ma mère[9].

Le placement altère et même détruit les liens affectifs dans la famille.

Mes sœurs, je les connais pas ou pratiquement pas. J'en ai retrouvé une mais on n'a pas gardé de relations car elle a été placée. Je sais où ils sont (mes frères et sœurs), mais c'est pas pour ça qu'on s'entend bien. Sur les dix-sept qu'on est, je ne m'entends qu'avec deux. Les deux, ils font partie de mon milieu, les autres sont dans un milieu plus élevé. Et de toute façon, on a tous été élevés différemment**.

Il ne s'agit pas toujours de placements officiels, mais parfois de placements chez d'autres membres de la famille, par exemple tel ou tel grand-parent :

Mon frère est parti chez ma grand-mère pour pouvoir étudier, il a eu de la chance ; donc pour nous il avait disparu, on n'avait pas de sentiments pour lui. Ma mère disait toujours : ne soyez pas méchants avec lui parce que lui, il avait la chance de pouvoir apprendre**.

Il est remarquable de constater que, du côté du frère en question, les choses ne sont pas nécessairement plus faciles ou ne provoquent pas moins de souffrances :

Lui, il a toujours le sentiment qu'il est repoussé. (...) On sait bien qu'on est frère et sœur. Mais je ne peux pas dire que je le sens comme mon frère qui a toujours été élevé avec nous. Ça casse quelque part. Même si tu fais partie du même arbre. (...) C'est déjà compliqué quand tu tombes dans la misère, mais quand tu tombes dans la bourgeoisie, c'est une merde aussi** !

Nous pourrions citer d'autres exemples de personnes qui, bien qu'ayant trouvé à travers l'expérience du placement le chemin d'une certaine réussite sociale, n'en gardent pas moins au fond d'elles-mêmes la souffrance du déracinement. Le placement par la DDASS ou autre organisme ne crée en effet pas de vraies racines par rapport à la famille d'origine, qui reste pour beaucoup le lieu d'une sorte de deuil irréparable. Cela ressemble à ce qu'on voit chez un grand nombre d'enfants adoptés, comme le montre la majorité des études. Même la communauté de sort entre enfants ayant été placés ne devient pas un lien équivalant à un lien affectif familial :

À la DDASS, j'ai acquis une culture, une éducation, mais ça n'a pas empêché que j'ai toujours été une désenracinée.... Tu te reconnais en tant qu'enfants ou adultes qui ont appartenu à la DDASS, tu as une expérience commune, mais en tant que gens déracinés**.

Essayons de résumer ces premières constatations : les pauvres éprouvent la même foi dans l'amour de leurs parents que les enfants des classes aisées. Certes les souffrances de la pauvreté marquent leurs souvenirs et font partie de leurs racines psychiques. Mais pour autant qu'ils aient pu vivre avec des parents qui se battaient pour en sortir, même sans y réussir, ils gardent de la reconnaissance envers ceux-ci et même souvent une certaine fierté de cette enfance de lutte. Par contre, beaucoup plus que les enfants des classes aisées, ils courent le risque d'être séparés de leurs parents en raison des difficultés matérielles, et d'être placés.

Ces placements, quels que soient leurs avantages matériels, restent pour la plupart une expérience de souffrance affective permanente. Chacun en tirera ce qu'il pourra, en bien ou en mal, selon les hasards des circonstances et de son caractère propre. On n'a pas affaire ici d'abord à des questions de fierté ou de honte, ou d'appartenance à un peuple, mais d'abord à de la souffrance psychique qu'on traînera au fond de soi toute sa vie. Comme sentiment d'injustice de la société, de méfiance peut-être envers elle, parfois d'agressivité, parfois comme une sorte de découragement de fond. Toutes les histoires sont ici individuelles et singulières, mais, comme le dira en conclusion une militante :

Ça passe par des souffrances, et puis après ça devient des maux dans ta vie d'adulte.

En contrepoint, citons ces deux témoignages qui montrent que la qualité des relations humaines rencontrées dans le Mouvement Atd Quart Monde peut, pour certains, atténuer cette souffrance :

– Le Mouvement m'a beaucoup apporté. C'est comme si j'avais une deuxième famille[10].

– Moi je n'avais jamais eu d'endroit où je me sentais chez moi (...) Maintenant je sais que j'ai un endroit où j'ai de bons souvenirs. À la Cave, (Université populaire de Paris) je me sens bien. Je pourrai dire à mes petits-enfants : tiens ! il y a un endroit qui était vraiment mon milieu, ma famille, parce que je peux dire que c'est ma famille[11].

L'histoire des antécédents comme « racine mythique »

Au fil des interviews et de nos discussions, nous avons rencontré une deuxième signification du mot racine. Il s'agit, pour chaque être humain, de l'appartenance à une histoire : celle de ses ascendants, et parfois plus largement celle de son peuple. Cette racine est formée d'un ensemble de récits plus ou moins historiques et plus ou moins imaginaires concernant la famille (et le peuple parfois) dont on provient. Chacun en tire une identité personnelle : le rôle qu'il joue et la place qu'il occupe dans la famille, les valeurs auxquelles il s'attache, le projet d'existence qu'il se donne. Comme ces récits des origines sont partiellement historiques et partiellement imaginaires, et prennent place par rapport à l'histoire affective de l'enfance, nous appelons cette racine le « mythe[12] familial et personnel » sur lequel les personnes se construisent l'image d'elles-mêmes.

Tout le monde a besoin de racines. Je vois l'intérêt de l'Histoire. C'est se sentir dans un mouvement d'ensemble, qui vient de quelque part et qui va quelque part**.

Nous avons retrouvé l'importance de ce mythe personnel dans de nombreuses interviews et histoires de retournements. Sa fonction positive est généralement évidente dans les histoires des universitaires et des volontaires, comme référence à partir de laquelle ils ont fait leurs choix de valeurs. On y retrouve un certain sentiment de fierté, et comme une force mobilisatrice pour se composer un projet d'existence. L'un parlera de l'action sociale et politique de son grand-père. L'autre de la force avec laquelle ses parents ou grands-parents se sont sortis de la pauvreté. Un autre encore de la tendresse de sa mère envers les démunis, etc. Même lorsqu'on ne partage pas toutes les valeurs de ses antécédents, c'est par rapport à celles-ci qu'on prend position. En outre, il est frappant de voir que ces récits ont tous une tonalité positive, comme capables d'alimenter pour soi une identité et même une certaine force dans le projet de vie qu'on se donne.

Les pauvres disposent-ils eux aussi de racines mythiques positives ? Les éléments d'interviews dont nous disposons ne nous permettent pas de répondre nettement à la question de savoir si le fait d'appartenir à une généalogie de pauvreté handicape la constitution de ce mythe personnel. Nous n'avons rencontré personne qui se soit déclaré honteux de ses origines de pauvres, mais nos interviews n'ont pas systématiquement exploré cette question. Par ailleurs, nous pouvons, nous semble-t-il, affirmer que les pauvres recherchent comme tout le monde à se rattacher à une histoire, un mythe personnel positif qui leur donnerait force et fierté et que beaucoup d'entre eux toutefois en sont empêchés par les placements ou séparations qui ont marqué leur enfance.

Même quand on est pauvre, on se construit en général un mythe personnel positif, et c'est bien dans ce sens qu'on interprète l'histoire de sa famille, lorsqu'on la connaît. On reprend chez ses ascendants les images de la réussite plutôt que celles de la misère, lorsque cela est possible.

Je me raccrochais du côté de ma mère. Des paysans, c'était mieux que ceux du camp de l'abbé Pierre ! J'étais fière de ma grand-mère qui élevait des vaches**.

Ceci peut fonctionner même si les parents n'ont pas réussi à garder le niveau des antécédents :

– J'avais un grand-oncle qui était luthier. Il appartenait à la branche noble de la famille et ils vivaient bien. Nous, on était vraiment très pauvres et il y avait un peu de mépris vis-à-vis de nous. Mais moi, quand même j'ai été bercée par la musique, par cette identité que j'ai eue pendant quelques années de ma vie où j'étais du genre à me dire « oui mais nous, on est des gitans et les autres on les emmerde »[13].

– Moi, je suis fière de mes racines, parce que j'en ai. Même si ces racines se sont cassé la gueule. Mais d'autres ont leurs racines dans la misère**.

Ce qui apparaît de la sorte comme important est de pouvoir se donner un mythe personnel, et de réussir à l'interpréter de manière positive, comme une force qui valorise sa propre identité. Ainsi, à propos de racines tziganes :

On est fiers de notre vie à nous. On n'a pas honte d'être des voyageurs. Il y avait des moments d'humiliation : quand quelque chose était volé à l'école, c'était moi qu'on accusait. Ce n'était pas évident, mais en même temps je me disais : je m'en fous, je suis gitan, je sais des choses[14].

Il n'est toutefois pas toujours facile de se donner des racines dont on soit fier. Le désir en est parfois si vif chez certains qu'ils se les inventent. *Mon frère, du fait qu'il a été élevé du côté de mon père, il a toujours été fier, il croyait que mon grand-père était ministre, il faisait du cinéma***. Toutefois, de se construire ainsi une histoire purement imaginaire ne semble pas réussir : *Il en pleure*.

Le deuxième fait qui nous apparaît est, une nouvelle fois, l'effet désastreux qu'engendre, quant à la possibilité de se donner un mythe positif, les séparations dues aux placements.

Mon mari et moi, on vient des gens du voyage, on a été élevés à la DDASS, donc on a eu une éducation, une vie assez stable. Et je vois pour les aînés de mes garçons, ils ont toujours eu le derrière sur deux fauteuils. Parce que nous, on se revendiquait en tant que gens sédentaires, et le regard extérieur les identifiait comme gens du voyage. Ils ont jamais pu se trouver une identité : est-ce que je suis sédentaire, ou est-ce que je suis des gens du voyage ? Ça a été quelque chose de terrible. Quand tu fais partie de la DDASS, tu n'as pas de racines. Je n'ai jamais eu d'endroit où je me sentais chez moi. Toujours trimbalée d'un côté ou de l'autre. La DDASS ne crée pas de racines**.

Ou alors des racines douloureuses. Un homme actuellement cuisinier dira :

Je fais parfois des gâteaux pour les gosses de la DDASS. Je les adore. Je leur crie parfois dessus, mais je les adore. Ça me fait penser à moi quand j'étais petit. On est tous les mêmes. On manque d'amour. Voilà ![15]

Ou encore cette phrase qu'on ne peut pas entendre sans tristesse :

Mon père venait d'un milieu paysan. Ma mère, c'est différent. Elle a été abandonnée par sa mère et s'est retrouvée chez les bonnes sœurs jusqu'à vingt-et-un ans. Elle avait très peu d'instruction. Ma mère était réservée à faire des enfants, c'était une base, disons, fonder un foyer[16].

En conclusion, nous citerons cette phrase :

Je suis persuadée que quand tu as des racines, tu es moins cassée que quand tu n'en as pas. Les plus pauvres sont ceux qui n'ont pas de racines. Ils sont beaucoup plus fragiles. Quand on a des racines, on est comme toi : on peut s'appuyer**.

En résumé, quant à la fonction mythique des racines, nous croyons pouvoir dire que l'origine pauvre de la famille n'empêche pas, de soi, qu'on se constitue un mythe personnel positif. Mais ici comme pour l'aspect affectif des racines, on voit bien que les pauvres sont particulièrement exposés aux ruptures et aux déracinements qui les priveront de ce fondement familial d'une identité positive.

La question de la honte

Au terme de ce qui vient d'être dit, nous ne voyons pas que la honte de la misère trouve une de ses origines importantes dans la manière dont sont vécues les racines, sous leur aspect affectif ou sous leur aspect mythique, dans le monde de la pauvreté. Les interviews et les récits dont nous disposons témoignent sans cesse de souffrances affectives et parfois matérielles venant de la famille, mais non de honte. Ce n'est pas que les expériences d'humiliation et honte soient absentes de ces récits, loin s'en faut. Mais elles viennent du regard porté par le monde extérieur, et non du dedans du milieu familial. Ainsi, par exemple le souvenir d'une militante qui a été placée : *La mère adoptive qui disait à mon frère : « Il est beau ton père, c'est un bandit ! » Et toi* *tu sais que ça n'est pas vrai***. L'école est mentionnée régulièrement comme source de honte : *À l'école, on nous mettait sur des bancs à part. (...) Quand la maîtresse me payait mon petit pain devant tous les autres, c'était gentil, mais cela m'a beaucoup humiliée*[17]. *(...) Les sédentaires apprennent mieux que nous parce que les maîtres s'occupent plus d'eux. Il y a de la honte à ne pas savoir lire et écrire, à ne pas être instruit*[18]. Même la honte éventuelle d'appartenir à une famille très pauvre est suggérée de l'extérieur : *L'histoire de la honte, c'est quelque chose qui pèse très lourd et qu'on vit de génération en génération, même dans l'administration. Les travailleurs sociaux, ils t'identifient parce que tes parents étaient comme ça***.

Les étapes du retournement

Dans la vie, chacun a des étapes qui créent des changements de situation : mariage, naissance des enfants, déménagements, situation professionnelle... Selon le milieu social, selon les rencontres, les parcours de vie ne se dessinent pas de la même façon. Nous verrons à travers des exemples quelques étapes de « retournement » vécues par des personnes « de l'intérieur de la misère », et de « l'extérieur ».

De l'intérieur de la misère

La naissance d'un enfant a bouleversé la vie d'une femme qui témoigne :

Quand j'ai eu ma fille Sarah, j'ai eu une prise de conscience qui a tout changé dans ma façon de voir la vie. J'étais vulgaire, instable, révoltée et là, devant mon enfant, la plus belle chose que j'avais faite de ma vie, je me suis juré qu'elle ne connaîtrait pas la misère, ni la pauvreté. Je me suis mise à travailler comme une dingue, ne refusant jamais les heures supplémentaires. Ma fille était sûrement pour moi une façon d'avoir une revanche sur la vie, sur la misère, sur l'injustice que j'avais dû subir très tôt. J'ai puisé la force à travers elle pour combattre. Je m'étais promis que jamais Sarah ne manquerait d'amour, de tendresse, qu'elle serait une enfant comme tous les autres. Même si c'était dur des fois de vivre seule, jamais Sarah ne serait triste à cause des manques. Elle ne manquerait jamais de rien. Sarah est ma raison de vivre, ma fierté. Elle a eu une scolarité normale. Je me suis battue pour qu'elle ne connaisse jamais la misère que j'ai vécue moi-même et cela, je crois que je l'ai gagné. Maintenant, elle est mariée, mère de famille. Elle sait d'où je viens. Elle garde en elle une fierté, elle ne juge pas les très pauvres car elle voit ma façon de me battre pour les plus pauvres. Aujourd'hui, elle m'encourage dans ce combat contre la misère**.

Deux interviews nous permettent de retracer les itinéraires, personnel et familial, décrits ci-dessous.

Bernard et Madeleine Lemaréchal[19]. Né à Rennes, Bernard Lemaréchal est d'une famille de quatre enfants. Il a été élevé par sa mère parmi ses sœurs. Son père, maréchal-ferrant, est décédé quand il avait quatre ans. Malgré cela, il va à l'école jusqu'à dix-huit ans. Il obtient un diplôme dans la menuiserie. On l'envoie sur des chantiers, loin de chez lui, et il prend peu à peu l'habitude de boire. La vie devient alors très dure, il perd son travail, il divorce et coupe les ponts avec sa mère et ses sœurs. Il perd deux fils de trois et quatre ans, morts asphyxiés le même jour. Resté seul, la vie est très difficile, il n'a plus confiance en lui.

En travaillant, il rencontre Madeleine. Leur vie est très pénible, ils vivent à la rue, privés de leurs enfants, alcooliques tous les deux. Pendant sept ans, ils logent dans une fourgonnette, vivant en faisant les décharges publiques. Madeleine, en se rappelant cette époque, dit : *On ne croyait en rien, plus en personne. On avait une haine contre les gens. Comme on était tombés si bas, on avait vraiment une haine. On ne voulait plus voir personne, on n'était plus respectés.* Ils habitent à proximité de la cité de la Noë à Rennes où une volontaire Atd Quart Monde partage la vie des familles. Elle fait connaître le journal du Mouvement, Feuille de Route, à Madeleine, qui le distribue autour d'elle. À cette époque, Bernard, très mal à l'aise, ne s'intéresse pas. La Maison Quart Monde à Rennes démarre en 1981. Bernard, sans travail, accepte de travailler bénévolement à sa rénovation, content de retrouver son travail de menuisier. *Cela l'a remis un peu sur pied, il a vu qu'il pouvait se sortir de la misère*, se rappelle Madeleine. Elle a pu alors l'entraîner à une réunion de l'Université populaire* et Bernard confie : *Il n'y avait que des gens comme moi, des laissés-pour-compte. Certains avaient, malgré tout, réussi à s'en sortir, alors pourquoi pas moi ?*

Soutenus par un allié*, aidés par des militants, Bernard et Madeleine luttent ensemble pour se sortir de l'alcool définitivement. Ils participent activement au Mouvement Vie libre. En 1982, ils sont relogés à Vitré, ils se marient, Bernard travaille, et ils décident de se battre pour récupérer leurs enfants. *J'ai retrouvé ma joie de vivre, le plaisir de voir mes enfants, j'ai retrouvé ma dignité*, dit Bernard.

Il continue à participer au Mouvement Atd. *Si je n'avais pas connu le Mouvement, je n'en serais pas là*, répète-t-il souvent. Pendant la Semaine de l'Avenir Partagé*, avec les enfants, il fabrique des bateaux à Redon. Ils descendent la Vilaine sur une péniche accompagnant leurs vingt-et-un bateaux, réunissant autour d'eux le soir les villageois pour leur raconter l'histoire et la valeur de ces constructions. À partir des ateliers menuiserie et peinture qui auront lieu à Vitré, tous les dimanches, il mobilise des familles et leur fait connaître le Mouvement Atd. Ceci pendant plusieurs années. Il disait :

Venez avec nous. Il y a une Maison Quart Monde, vous verrez, on est bien, on discute. Et si nous, on s'est débrouillés pour nos droits, c'est grâce à Atd Quart Monde, parce qu'au départ on ne savait pas nos droits et on a réussi à les retrouver.

Maintenant, on sait aller dans les bureaux sans se fâcher. On a appris comment parler aux gens dans les bureaux, écouter les gens sans se fâcher.

Malade depuis plusieurs années, il participe cependant toujours aux réunions de préparation des Universités populaires qui se passent chez lui, désireux de ne rien perdre des échanges si riches, malgré ses souffrances. Il n'a jamais abandonné les familles et le Mouvement Atd, disant à Madeleine, avant de mourir : *Tu suivras toujours Atd Quart Monde. Le laisse pas tomber. Vas-y.*

Noël Jacques[20]. Le père de Noël vient d'un milieu paysan, mais par suite d'une mésentente dans sa famille, il part vivre sa vie de droite à gauche, cherchant et trouvant des petits boulots. La mère de Noël a été élevée chez des sœurs jusqu'à l'âge de vingt-et-un ans. Ils se rencontrent à la soupe populaire à Nantes en 1950 et se marient. En 1954, ils entendent l'appel de l'abbé Pierre. Ils partent à pied avec les poussettes et les enfants. Noël n'a jamais connu ses six sœurs aînées, elles ont toutes été placées : *Mes parents voyageaient à pied à travers la France et les gens voyaient des enfants sur les routes. Mes sœurs ont été prises à mes parents et placées à l'Assistance Publique pour errance, non stabilité et mauvaise nutrition.*

Ils arrivent au camp de Noisy-le-Grand en avril 1961. Le camp est un bidonville où vivent deux cent cinquante-deux familles dans la grande misère. Noël et son frère naissent au camp de Noisy-le-Grand. Tout le combat de leurs parents sera désormais de garder avec eux leurs deux fils. *Mes parents avaient toujours la crainte du placement, surtout ma mère. Toute sa vie, ça l'a marqué. Tant que l'on n'était pas majeur, l'Assistance Publique pouvait nous prendre à tout moment. C'était un drame pour ma mère, un fardeau de peur. Elle n'a jamais pu faire face à cette peur.* Cette angoisse permanente du placement de leurs derniers enfants conduit la famille à vouloir partir au plus vite de Noisy-le-Grand.

Un ami du père Joseph Wresinski, en qui ils ont confiance, les soutient et en 1967 ils arrivent en Bretagne sur un terrain lui appartenant. Cet ami est une grande sécurité pour la famille. Mais l'angoisse demeure. *Ma mère se croyait toujours poursuivie. C'était devenu une persécution pour elle, elle n'avait plus confiance, elle avait eu tellement d'enfants placés. On était les deux derniers, ses seules attaches. Elle s'accrochait à nous et sans s'en rendre compte elle nous étouffait, mais elle a tout fait pour nous garder.*

Pendant dix ans, la famille vit isolée dans la campagne, dans une petite maison sans eau, sans chauffage, puis dans un mobile home. Malgré la peur de sa mère, Noël est inscrit à l'école dans un internat, alors que son frère restera toujours à la maison. De cette période, il parle peu. *En internat, on sent le regard des autres sur soi. Les religieuses n'ont pas su comprendre le milieu d'où je venais. Elles auraient dû petit à petit essayer de nous comprendre.*

Ses parents restent en contact avec des amis d'Atd. Noël les accompagne parfois à des réunions : *C'était une grande joie pour eux de venir aux Universités populaires... Mais des fois, je n'étais pas fier de voir mes parents mal habillés et je ne comprenais pas pourquoi ils y allaient.*

C'est après le décès de ses parents que Noël comprend leur attachement à ce Mouvement : *J'ai compris que c'était là la force de mon père, pour rencontrer des amis, des gens qui étaient comme lui et qui étaient devenus des vrais amis. Cela lui redonnait de la force. Il n'était plus seul, il retrouvait un dialogue. C'est plus tard que j'ai compris que d'aller vers les gens, c'est vraiment important.* Noël dit que c'est à son père qu'il doit son ouverture aux autres : *Il nous trimballait partout où il allait. Il parlait avec tout le monde et je crois que j'ai hérité cela de lui, de pouvoir parler aux gens.*

La relation de ses parents avec le père Joseph Wresinski l'a aussi beaucoup marqué : *C'était une joie d'être avec le père Joseph, on ne se sentait jamais isolés. On se sentait aimés par quelqu'un, il nous aimait. Ça a été très très fort pour moi dans toute ma vie.* Noël se souvient aussi des volontaires rencontrés à Noisy-le-Grand : *Ils ne regardaient pas la tenue de mes parents, ils avaient le respect des gens.* Il se souvient surtout des volontaires étrangers qui apportaient la fête au moment de Noël et d'un volontaire qui fut très proche de son frère : *Il venait souvent le voir. Avec Jean-Marie, il arrivait à s'exprimer, il se sentait aimé par quelqu'un. Depuis que Jean-Marie est parti dans un autre pays, il n'a plus d'amis, plus de visites.* À son tour, il encourage son frère à sortir, à prendre confiance en lui.

Noël habite maintenant avec son frère dans un mobile home, dont il dit qu'il ne faut pas voir cela comme une catastrophe car il est chez lui. Il travaille comme ouvrier d'entretien. Régulièrement, il va à Paray-le-Monial[21] : *Je partage mon temps pour les autres et je me sens utile.* Pour lui, c'est un prolongement de ce qu'il a appris du père Joseph Wresinski : s'ouvrir à l'extérieur, aller vers les autres. *On est pauvre par notre apparence, mais ce que l'on a, c'est que l'on est riche de l'intérieur. On a le cœur riche, plus riche que celui qui a tout.*

Définition du retournement

Quand on parle de retournement, on parle de changement en soi, d'une autre manière de voir la vie en général et de voir sa propre vie.

Le retournement, c'est :

– l'espoir de s'en sortir en reprenant confiance en soi, en redécouvrant au fond de soi la force de lutter ;

– découvrir qu'on n'est pas seul à vivre la misère, et qu'il y a des amis (volontaires, alliés, amis...) qui nous soutiennent ;

– penser à ceux qui ont la vie plus dure que soi et s'engager avec eux dans le combat contre la misère.

Les rencontres, point de départ du retournement

Les personnes qui vivent dans la pauvreté sont conscientes des injustices qu'elles subissent. Au quotidien, elles se battent contre ces injustices; par exemple, les allocations auxquelles la famille a droit et qui n'arrivent pas, l'enfant placé qui n'arrive pas à apprendre à l'école, les dettes qui s'accumulent à cause des ressources trop faibles, le manque de travail et de formation pour les jeunes... Si elles sont seules, ces personnes ont peu de chance de gagner tous ces combats qu'elles mènent. En effet, les pauvres connaissent les regards qui pèsent sur eux et les jugements négatifs. Ils font toujours peur à cause de leur apparence physique et de leurs réactions imprévisibles pour les administrations et les non-pauvres.

Mais il arrive que les pauvres prennent sur eux-mêmes toute la responsabilité de leur malheur. Ils se sentent coupables. Le cumul des injustices subies peut aussi provoquer l'effondrement : *Le monde est trop difficile, on a trop de difficultés à s'en sortir seul***, dit un homme conscient de l'effort trop grand qui lui est demandé.

Reprendre confiance en soi, redécouvrir au fond de soi la force de lutter pour soi et pour les autres, pour pouvoir ensemble arrêter toutes ces injustices, est pour les pauvres un véritable retournement, c'est-à-dire une autre manière de voir leur propre vie et la vie en général. Pour faire ce retournement, il faut des amis autour de soi ou des événements marquants.

Les personnes interviewées au cours de cette recherche, ainsi que les trois militants, acteurs de la recherche, ont défini ce qui, dans leur histoire personnelle, avait permis une prise de conscience et un engagement pour les autres. Toujours, au point de départ, il y a une rencontre. *Il faut que quelqu'un te prouve que tu n'es pas exclu.*

Ce quelqu'un est parfois le père Joseph Wresinski. Danielle Lebrun raconte :

C'est d'avoir rencontré le père Joseph quand j'étais enfant qui m'a fait militante pour toujours. Je l'ai connu en avril 1961 et je suis restée en contact avec lui jusqu'à sa mort. Dans le camp de Noisy, j'ai eu du mal à m'en approcher. J'ai mis un an. J'étais une enfant solitaire qui avait peur des autres, pauvres ou non.

Pauvre, je ne me sentais jamais à ma place. J'avais le sentiment que je gênais. Jamais de moi-même je n'aurais parlé à un autre enfant. J'étais trop habituée à vivre avec ma famille. Je n'étais pas ouverte à d'autres. Je tournais autour du pivot culturel* sans jamais y entrer. Et pourtant, j'aurais tellement eu envie d'y entrer, de parler avec les autres enfants, de lire, de dessiner. Le père Joseph, sans rien me demander, m'a d'abord observée, dit bonjour, et vite je suis repartie. Jusqu'au jour où avec mon frère, j'ai été devant la porte et le père Joseph m'a tendu un livre tout neuf que je n'ai pas pris. Alors il m'a dit : « Si tu veux entrer, entre, et si tu ne veux pas aujourd'hui, ce sera pour un autre jour. » Alors je suis entrée, j'ai levé la tête pour la première fois quand j'ai vu les livres neufs et père Joseph m'a dit : « Prends si tu veux et lis ». Là quelque chose dans ma tête a basculé ma vie d'enfant : on ne me traitait plus de sale gosse. Au contraire, on m'attendait ailleurs que dans ma famille. J'ai eu l'impression à ce moment-là qu'avec ce père Joseph qui m'accueillait sans me juger sur mon aspect extérieur, je m'ouvrais au monde et aux autres.

Enfant, il me guidera vers tout ce que l'enfant doit avoir (des livres, de la peinture, des feuilles, des crayons...) et surtout il me donnera confiance en moi, chose que je n'avais jamais eue. Il me fit partir en vacances avec d'autres enfants. Il a eu du mal à convaincre mes parents de me laisser partir aux Pays-Bas. J'avais peur mais enfin je pouvais sortir du camp, voir d'autres personnes. Là je crois que père Joseph me retira le doute, la peur.

Je puiserai ma force dans sa façon de se battre pour soi et pour les autres. Étant adulte, il me fera toujours confiance, il sera toujours un grand ami après la naissance de ma fille.

Je deviendrai une militante acharnée contre l'injustice faite aux très pauvres. Je prendrai quelques années de recul avec le Mouvement, mais jamais avec père Joseph. Je lui écrivais et quand on se revoyait il me parlait des injustices faites aux familles. Il savait me piquer au cœur pour que je réagisse. Il me répétait tout le temps : « Ils sont les tiens et ils sont les miens. Maintenant que toi, tu n'as plus besoin de moi, lutte pour les autres, à côté des familles. Prends la parole pour eux, dis qui ils sont, toi tu les connais, tu sais ce qu'ils souffrent. Ils portent en eux une grande richesse qu'ils n'ont pas encore découverte. Dis ça au nom des pauvres. » Des fois je le trouvais rabâcheur et je lui disais : « Non, je ne dirai pas. » Mais d'un autre côté, j'allais aux réunions et je disais la souffrance et les combats des plus pauvres. Je crois très fort qu'il m'a transmis son militantisme qui est ancré en moi comme une révolte contre l'injustice.

Ce quelqu'un peut-être un volontaire, un allié, un ami... Daniel Le Breton raconte :

Ma rencontre avec le Mouvement a commencé à la cité de la Noë en 1975. Ma mère habitait la cité et je revenais chez elle après avoir été placé. J'avais alors vingt-cinq ans. J'ai commencé par faire la bibliothèque de rue pour les enfants de la cité avec un volontaire, Jacques, le mercredi. Je ne voyais pas d'inconvénients puisqu'à cette époque je ne travaillais pas, il fallait bien que je m'occupe. J'aurais pu faire le con comme les autres aussi. J'aurais pu mal tourner. J'ai trouvé que c'était utile. À cette époque, j'avais tendance à partir sur la délinquance, alors je me suis dit : arrête de faire des conneries. Quand Jacques m'a proposé de faire la bibliothèque de rue, j'ai dit oui tout de suite.

Jacques et deux autres volontaires habitaient dans la cité. Il y avait en plus une maison qui servait de maison familiale, où se trouvait une machine à laver. Les femmes se rendaient là pour laver leur linge mais aussi plusieurs se retrouvaient avec plaisir, une apportait du gâteau, du sucre, du café... Des fêtes étaient organisées pour le 14 juillet, 15 août... Elles étaient l'occasion de prendre contact avec quelques familles qui restaient un peu renfermées sur elles-mêmes. Ces fêtes créaient des liens d'amitié encore plus forts entre nous.

J'ai quitté le Mouvement en 1977, je suis revenu en 1983, j'étais toujours dans la misère mais je me suis aperçu qu'il y avait encore d'autres familles qui étaient plus dans la misère que moi.

J'ai voulu me rendre utile et continuer ce que j'avais connu à la Noë.

Ma situation de vie est toujours difficile, c'est pour cela que j'ai fait le choix d'une personne en qui j'ai confiance dans mon quartier, avec qui je peux m'exprimer et je sais qu'elle sera toujours là pour me soutenir. C'est un soutien moral indispensable dont j'ai besoin dans ma vie de tous les jours.

Mais il me faut un autre type de relation avec des personnes qui sont en dehors de ma vie personnelle, et ces relations je les trouve dans le Mouvement Atd, c'est davantage un soutien collectif et d'amitié où l'on s'encourage pour aller au-devant des autres.

À travers son témoignage, Daniel fait comprendre que lorsqu'on vit dans la pauvreté, on reste toujours fragile, même lorsqu'on est engagé avec d'autres dans la lutte contre la pauvreté. Le retournement, c'est-à-dire la confiance en soi et dans les autres, demande du temps. Quand on a été trompé tout au long de son enfance, adulte on est méfiant.

Lucie Ribert[22], qui vivait avec sa famille dans une baraque, explique qu'un jour, en 1976, un couple, Michel et Marie-France, arrive chez eux :

Quand les gens venaient chez nous, on n'aimait pas les faire rentrer parce que ce n'était pas clean (net) chez nous, c'était un peu taudis, mais on les a fait rentrer, ils avaient l'air tellement sympa et simples…

Lucie raconte que sa mère leur a proposé du café et *Miracle, ils acceptent!* Michel et Marie-France sont volontaires Atd Quart Monde, Lucie dit : *Ils écoutaient ce que je disais, ça a été le premier déclic.*

Danielle définit ainsi les volontaires :

Un volontaire, c'est quelqu'un qui arrive doucement chez les pauvres, qui ne croit pas qu'il va tout changer. Qu'il essaye seulement d'écouter, de comprendre! Mais cela, ce n'est pas gagné tout de suite…

Plusieurs personnes interviewées disent que c'est la rencontre d'un volontaire ou d'un allié du Mouvement Atd à leur domicile qui a provoqué le premier déclic dont parle Lucie. Mais bien souvent, il faudra encore du temps pour que ce déclic mûrisse, porte des fruits et se traduise dans un engagement. Noëlle Stenegry explique que c'est en 1989 qu'une personne d'Atd Quart Monde est venue pour la première fois chez elle mais ce n'est que quatre ans plus tard qu'elle décide de prendre un engagement au sein du Mouvement. Pendant ces quatre années, cette personne continua à venir régulièrement chez elle apporter des livres pour ses enfants. Noëlle : *Je ne me sentais pas épiée du regard, pas jugée et j'ai compris qu'il fallait ne plus avoir honte de ce que l'on est et prouver qu'on est capables de faire des choses, capables de réfléchir.*

Ce quelqu'un peut-être aussi un voisin ou un parent. Bruno, un jeune d'une vingtaine d'années, dit que c'est à son père décédé, Louis Vanbourgogne, qu'il doit son propre engagement : *Je viens à l'Université Populaire pour mon père. Pourquoi c'était si important pour lui ? Il m'a laissé cet héritage. Je voudrais comprendre à mon tour***. Deux autres jeunes témoignent également que c'est leur mère qui leur a donné l'envie de *mieux comprendre comment on peut détruire la misère tous ensemble.*

Parfois, c'est au sein d'un même quartier que la rencontre se fait. Par exemple, dans un quartier à Brest, des réunions spirituelles ont lieu régulièrement, les gens du quartier s'invitent mutuellement. Ces réunions ont donné naissance à un groupe de préparation de l'Université populaire où les gens du quartier continuent à s'inviter. Une dame rappelle que c'est sa voisine qui lui a simplement dit : *Viens avec moi et tu verras.* Elle continue : *Je vois qu'il y en a d'autres qui sont plus malheureux que moi et qui n'osent pas parler. Ils ont quelque chose à dire mais ils sont bloqués*[23].

Participation à des événements collectifs

L'Université populaire Quart Monde est souvent citée par les personnes interviewées comme un lieu de confiance, de prise de conscience *qu'on n'est pas seul.* Mme Ligot la définit ainsi :

Ça m'a plu, je voyais des gens qui s'entraidaient, ça, c'est vraiment extraordinaire. Sur mon terrain, ça ne se voit pas. (...) C'est un lieu où on nous écoute, où on n'est pas rembarré comme dans les bureaux. Comme à la Cave (Université populaire de Paris) on accueille beaucoup de gens qui sont dans la pauvreté, ça nous met en confiance pour nous battre davantage. On s'aperçoit qu'il y a plus malheureux que nous, alors on apprend à vraiment s'élancer vers d'autres gens[24].

L'Université populaire est aussi *une façon de pouvoir parler, de s'exprimer.* Plusieurs personnes disent que c'est en y participant qu'elles se sont découvertes capables de parler, d'être comprises, et donc de retrouver cette confiance en elles indispensables dans le contact avec les autres.

Pour d'autres personnes, c'est la participation à un rassemblement qui fut pour elles un déclic. Ainsi, après sa participation à un rassemblement international d'Atd Quart Monde, un homme écrit :

Je fus heureux et ému de voir que de nombreuses personnes consacrent leur vie à lutter contre toutes les misères et injustices subies par d'autres. Entourés par ces personnes et profitant de cette journée, nous (sa femme et lui) avons retrouvé l'espoir qu'un jour cela change[25].

Lucie Ribert a connu le Mouvement Atd par des volontaires, mais le véritable déclic basé sur la compréhension fut lors d'un rassemblement :

Je vois plein de gens comme moi qui parlaient, qui disaient des choses très fortes, qui parlaient de leur vie. Je me dis : ils ont la même vie que moi. Je retrouvais l'errance, la honte, plein de choses comme ça. C'est là que le déclic s'est fait. Puis il y a eu le discours du père Joseph. Je n'ai plus en mémoire le contenu mais j'ai compris qui il était, qu'il était comme moi[26].

Les responsabilités confiées par d'autres sont aussi l'occasion de prise de confiance en soi. Une femme témoigne :

J'étais arrivée à un stade où je n'avais plus confiance en moi. Je me sentais capable de faire des choses et d'apporter des choses mais plus personne ne voulait les reconnaître. Cette force-là je l'ai retrouvée dans le Mouvement Atd. On m'a fait confiance**.

Cette confiance se concrétisa par un témoignage public qu'accepta de faire cette femme à propos de la lutte quotidienne contre la misère :

Avant que je sois dans le Mouvement Atd Quart Monde, on m'aurait proposé de faire un témoignage sur la pauvreté, j'aurais dit : ils sont cinglés, ils croient que je vais m'afficher devant tout le monde ? J'en ai déjà assez comme ça sur la tête ! J'ai eu la force parce que je ne parlais pas que de moi, j'avais tous les autres derrière moi. J'ai témoigné pour la première fois devant des gens que je ne connaissais pas et je n'ai pas ressenti de honte, de gêne. Au contraire, je me sentais forte. Il y avait quelque chose en moi qui me disait : tu dois le dire. Le Mouvement nous donne cette force-là de pouvoir dire ce que l'on a envie de dire aux autres**.

Monsieur et Madame Combot disent aussi l'importance de cette prise de parole publique, fierté personnelle d'avoir pu dire ce qu'ils pensent, espoir d'avoir été entendus et compris. La prise de parole peut être une libération :

Parler en public, c'est poignant. Ça faisait trop longtemps qu'on avait cela sur le cœur. On a trouvé l'endroit propice pour le dire. Cela a été un grand soulagement. J'ai été libérée de quelque chose qui m'empoisonnait. On est revenus soulagés[27].

Les conséquences du retournement

Une des premières conséquences de la prise de conscience de ses propres possibilités est la fierté personnelle. *On se sort de la misère par les forces que l'on a en soi, par la fierté que l'on a en soi, en étant encouragé par les autres*, dit un homme qui sait que la première étape est de reprendre confiance en soi. Mais le retournement dont il est question ici n'est pas seulement une histoire personnelle, c'est une histoire liée à d'autres qui vivent les mêmes situations.

Dans la vie de tous les jours, chacun lutte pour rester debout, pour maintenir la famille debout. Vivre dans la misère signifie que chaque jour on mène un combat pour ne pas disparaître complètement. C'est en prenant conscience que d'autres mènent ce même combat que le mot militantisme apparaît. Mais il n'est pas extérieur à la vie : Moi, mon militantisme, je le fais tous les jours, dit une femme. Elle raconte que, dans sa ville, elle connaît des personnes très démunies, sans domicile, notamment une femme, Madeleine : Je m'assieds avec elle, je lui parle, je lui demande des nouvelles de ses enfants. Être militante c'est cela, c'est tout simple, c'est ne plus avoir peur des tabous**. Le militantisme est sans doute davantage visible dans les prises de paroles publiques où des personnes pauvres osent s'affirmer. Mais ce qui est commun à ces deux formes de militantisme, c'est qu'il s'agit d'un engagement pour tous ceux qui vivent encore dans la misère. Une jeune femme résume ceci en disant : *La misère, il faut la déterrer. Il faut aller la chercher là où elle est et la combattre. Ne pas laisser les gens s'enterrer, s'enfoncer*[28].

Un des risques toujours présents est de mettre en avant ceux qui ont appris à « bien parler ».

Il ne faut pas prendre la place du plus pauvre. C'est lui qui a besoin de reconnaissance. Quand j'ai senti que les gens me disaient : dis-le à ma place, et qu'eux se taisaient, j'ai dit : stop ! Je ne voulais pas toujours être en première ligne**.

Est-ce que les retournements sont définitifs pour les pauvres ?

Malgré leur engagement sincère, la vie très précaire de tous les jours et la santé fragile font que, pour les très pauvres, les retournements ne semblent pas définitifs. Face à la vie trop difficile de chaque jour, ils se renferment parfois sur eux-mêmes, ne voulant plus rien voir, ni entendre de personne. Ils mettent toutes leurs forces pour lutter pour eux-mêmes et pour leur propre famille.

Pourtant, certains se soudent les uns aux autres pour combattre la misère qu'ils voient autour d'eux. Parfois, à un moment donné de leur vie, ils reprennent souffle, ils émergent, leur vie devient plus stable et de ce fait ils deviennent plus disponibles pour s'engager avec d'autres. Mais même lorsque la misère commence à s'atténuer, l'engagement avec les autres reste un effort. Le *militantisme actif* n'est jamais définitif pour les pauvres. C'est leur vie qui fait que c'est comme cela.

De l'extérieur de la misère

Des expériences de retournement de volontaires[29]

D'emblée, j'ai senti que je me trouvais devant mon peuple. Cela ne s'explique pas, ce fut ainsi. Dès cet instant, ma propre vie a pris un tournant (...). Cette misère aveuglante qui s'étalait devant mes yeux dans une chaleur suffocante et un silence total m'a pris au piège[30].

C'est le père Joseph Wresinski qui parle de son arrivée à Noisy-le-Grand, le 14 juillet 1956. Et plus loin, il dit :

L'idée d'un volontariat* est venue, presque aussitôt, et sans ce volontariat né dans la misère du Camp de Noisy-le-Grand, rien n'eût été fait. Que pouvions-nous, les familles et moi-même, si des hommes et des femmes voulant ce que nous voulions – détruire la misère et sa honte – ne se portaient pas à nos côtés ?[31]

Enfin, il dit en parlant des volontaires :

Ils ont répondu à mon appel. Mais je n'étais pas eux et ils devaient se bâtir eux-mêmes[32].

Aujourd'hui, on peut compter plus ou moins trois cents volontaires à travers le monde. Ce que nous pouvons dire du volontariat est limité. Il s'agit d'un corps en devenir. La création d'un volontariat représente une innovation dans la lutte contre la misère.

Les volontaires ont des origines très différentes sur les plans historique, socio-économique, politique, culturel, philosophique et religieux. Par conséquent, ils ne suivent pas le même trajet dans leur rencontre avec les pauvres et le père Joseph. Il n'y a pas de « modèles » d'évolution personnelle. Pour chacun, toutes les étapes du ou des retournements peuvent se mélanger et se refaire chaque jour. Ce qui suit n'est donné qu'à titre purement indicatif.

Définition du retournement chez des volontaires

Quand on parle de retournement, nous disent les militants, *on parle de changement en soi, d'une autre manière de voir la vie en général et de voir sa propre vie.* Jusque-là, cette définition est suffisamment générale et peut donc s'appliquer pareillement à tous les membres du Mouvement Atd Quart Monde : familles défavorisées, alliés et volontaires. Mais qu'est-ce qui caractérise ensuite le retournement particulier dans la vie d'un volontaire ? Le philosophe Levinas peut nous aider à saisir certaines étapes de ce retournement. Il souligne qu'*être homme, c'est être responsable.* Il cherche les origines de la responsabilité et les exigences de la justice. Nous ne sommes pas responsables seulement de nous-même mais aussi de *l'autre*, mais *l'autre* en tant *qu'autre*. Nous ne sommes pas seulement responsables de lui, nous sommes responsables *à cause de lui.* Levinas insiste beaucoup sur le sens du *visage* de l'autre et de la rencontre qui se fait dans ce *visage.* Le *visage* qui me dit que *l'autre* est aussi un homme, qu'il est mon semblable, et pourtant un *autre.* Ce qui veut dire que notre responsabilité humaine nous pousse à chercher comment pouvoir embrasser et faire nôtres les objectifs que *l'autre* s'est posés, parce que ses objectifs sont aussi les miens. Pour Levinas, *l'autre* qui nous engage, c'est avant tout le plus vulnérable, le plus souffrant. Pour le père Joseph Wresinski, il est le plus misérable.

Revenons à cet essai de définition du retournement chez le volontaire.

– Poussé par un sentiment de justice et de responsabilité, le volontaire a toujours rencontré, ou il rencontre un jour, *le plus pauvre.* Le *regard* de ce plus pauvre, qui exprime toute sa vie, le remet en cause. Le volontaire veut connaître et comprendre.

– Le volontaire Atd Quart monde rencontre aussi le père Joseph. Certains l'ont rencontré personnellement, d'autres depuis sa mort le rencontrent dans ses écrits et le Mouvement qu'il a fondé.

Le père Joseph a connu la misère. Pour la combattre, il fait appel à tout homme, y compris les pauvres eux-mêmes, parce qu'il est convaincu que fondamentalement tout homme est appelé à la responsabilité. Avec le père Joseph, les volontaires découvrent ensemble entre eux, avec les pauvres qu'ils rencontrent et la société dont ils font partie, leurs responsabilités et les exigences d'une nouvelle justice.

– Une troisième réalité entre dans la vie des volontaires. La rencontre de *l'autre*, le plus pauvre, se passe dans le monde. Il n'est plus seulement d'un seul quartier, d'une seule ville ou d'un pays. Les plus pauvres sont partout dans le monde, ils se ressemblent, ils ont les mêmes histoires de vie, ils subissent les mêmes exclusions. Dans cet *autre* que les volontaires rencontrent, l'humanité tout entière est présente. En lui, celle-ci les questionne, ils doivent élargir leur responsabilité, elle devient universelle.

Le retournement dans la vie d'un volontaire l'entraîne donc à la nécessité d'espérer avec le plus pauvre qui espère, de penser et d'agir avec lui. Il devient indispensable pour repenser la paix et la fraternité humaine... Le volontaire se laisse enseigner le monde et la vie par ceux qui en sont les plus refoulés.

Des étapes de retournement

Les raisons qui ont fait que les uns et les autres se sont engagés dans le volontariat sont différentes pour chacun. Les uns avaient déjà rencontré la misère, un petit nombre d'entre eux l'a même vécue personnellement. D'autres n'avaient pas conscience de l'existence de la pauvreté dans leur pays ou bien ils lui donnaient un autre nom. Certains avaient déjà conscience des injustices dans le monde, de l'exclusion que nous pouvons faire subir à certains de nos frères et sœurs dans la société. Quelques-uns étaient déjà engagés dans des groupes pour combattre l'injustice.

Chacun a connu des expériences de vie préalables faites de sensibilité sociale ou politique, religieuse ou philosophique, ou encore professionnelle. Ces expériences ont permis qu'il rencontre des hommes vivant dans la grande pauvreté, à travers des préoccupations professionnelles ou simplement dans son rôle de citoyen.

– Les racines de mon engagement, les racines de tout engagement que l'on prend adulte, ont leur terreau, leur source dans l'enfance, dans le milieu où l'on a grandi. Nos expériences d'enfant, d'adolescent, heureuses ou malheureuses façonnent notre manière de vivre en famille, d'être avec nos enfants, de prendre place dans la société.

– Il me semble qu'au départ, ce n'est pas en tant que volontaire que j'ai refusé les injustices, les inégalités, les souffrances, la pauvreté. En travaillant pendant dix ans dans le militantisme syndical, j'ai appris beaucoup de choses.

– J'ai été enseignante pendant huit ans. Et à travers les différents lieux où je suis allée, soit en Afrique, soit en France en allant à la rencontre des migrants ou du monde ouvrier, c'est vrai que j'ai toujours été à la recherche de gens très très différents de moi, quelquefois vraiment à l'opposé, parce que je pensais que c'est dans cette rencontre-là qu'on se découvre, qu'on découvre l'autre.

– Avant d'être volontaire, j'étais institutrice. Il y avait toujours quelques enfants derrière dans ma classe qui ne travaillaient pas. Dans ma famille, on disait toujours, « des pauvres, en France, il n'y en n'a pas », et j'ai grandi comme ça. Jamais je n'ai pu donner le nom de pauvres à ces enfants qui étaient les derniers de ma classe et qui venaient de quartiers défavorisés. Je me disais qu'ils n'étaient pas assez intelligents, jamais je n'ai pensé que ce pourrait être à cause de leur vie qu'ils ne pouvaient pas suivre à l'école.

Il fallait cependant quelqu'un qui prouve que l'injustice suprême est la misère. Pour tous, le père Joseph Wresinski a une place particulière, puisqu'il est à l'origine de ce message. Il avait la hantise de réhabiliter son peuple et donc de changer notre regard. Il dit lui-même :

Les premiers hommes et femmes qui sont venus me rejoindre, je ne les ai pas choisis. Ils étaient ouvriers, instituteurs, ingénieurs, ils n'avaient que le refus de la misère, que leur métier et leur cœur à offrir. Je leur demandais de faire des familles qui avaient le plus souffert le centre de leur vie ; d'accepter de remettre en question ce qu'ils avaient appris jusque-là, sur la fraternité, la vérité, la justice[33].

Il a su transmettre le sentiment de scandale qui l'habitait, les volontaires à leur tour l'ont intériorisé. Le scandale leur devient à eux aussi insupportable et source d'engagement. Une volontaire nous dit :

Nous rencontrons le père Joseph qui nous accueille à bras ouverts. Il nous dit que le Quart Monde nous attend et il nous dit qu'il a besoin de nous. Nous avons cru en ces paroles que le Quart Monde nous attend et nous sommes arrivés.

L'appel que le père Joseph Wresinski a fait à certains est transmis dès le début à d'autres. Le volontariat qu'il a fondé est devenu lui-même source de retournement. Il continue à façonner et partager le nouveau regard sur l'homme et la misère.

– Quand je suis entré dans le volontariat, l'histoire de Joseph Wresinski, des familles, des volontaires, des alliés a été révélatrice pour moi que chaque être humain doit être respecté et qu'il est citoyen du monde.

– Les pauvres ont changé mon regard sur l'homme grâce au père Joseph.

De son vivant, la rencontre avec le père Joseph était source de retournement. Il savait engager et soutenir ceux et celles, qui sont venus le rejoindre. Avec eux, toute sa vie, il a provoqué sans cesse une rencontre avec le monde de la misère. Ce sont toutes ces rencontres qui ont donné lieu à une nouvelle connaissance des pauvres et de l'humanité. Cette connaissance-là est d'autant plus nouvelle qu'elle se forme avec le regard du Père Joseph pauvre et de toutes les familles pauvres qui l'ont rejoint. Ce regard, en quoi est-il source de retournement ?

Une volontaire nous décrit comment, lorsqu'on ne vient pas du monde de la misère, on voit habituellement les pauvres : un regard lointain et désengagé :

À des milliers de kilomètres de la misère et pourtant tout près, tout était fait pour que je ne la rencontre pas, que je ne la voie pas. Tout était fait pour que je déteste les hommes et les femmes de la misère. J'ai toujours cru qu'ils étaient seuls responsables de leurs malheurs, même coupables. Ils n'avaient qu'à travailler, envoyer leurs enfants à l'école. Ils n'avaient qu'à devenir plus sociables, plus civilisés, leur vie ne me concernait pas.

Pourtant ce regard peut changer sous l'influence d'une rencontre personnelle. Une volontaire nous raconte qu'avant son arrivée dans le Mouvement Atd Quart Monde, elle était enseignante. Elle était persuadée que les enfants, les adolescents pouvaient encore changer leur vie, mais que pour les adultes, c'était trop tard. Elle pensait qu'il était seulement possible de les aider dans l'éducation de leurs enfants. Mais d'une certaine manière, en dehors d'eux.

Le dire m'a valu une énergique remontrance du père Joseph. Ce n'est pas seulement cela qui m'a convaincue de mon erreur, c'est aussi le temps : les efforts des adultes eux-mêmes, la transformation de Madame N., qui d'agressive était devenue accueillante, l'amour des enfants et des jeunes pour leurs parents.

Le contact quotidien avec les familles, soit par voisinage, soit par les responsabilités d'action des uns ou des autres dans les quartiers défavorisés, amène à une connaissance de la réalité vécue. Les volontaires sont témoins des valeurs et des forces qui font que des hommes et des femmes tiennent debout malgré tout. Deux volontaires nous disent :

– La rencontre de Monsieur et Madame E. fut, pour moi, un premier temps de compréhension de l'intérieur. J'ai été témoin de gestes d'amour, de gestes à la mesure de leur amour et du pardon toujours nécessaire quand on est dans la misère. J'ai découvert aussi la pensée de Monsieur E. Sa manière maladroite d'aller à l'essentiel faisait de lui la risée des autres, quand il disait : « Nous sommes tous frères » ou « Ce qui me fait tenir, c'est de penser à ceux que j'aime et que j'ai aimés ». Pourtant, ses paroles étaient pour moi lourdes du poids de sa vie.

– Une criante injustice les enfermait dans l'impossibilité de vivre leur vie de famille comme ils le souhaitaient. De partager cette vie au quotidien sous le même toit, a bouleversé la nôtre. Nous avons été chaque jour témoins de leur courage. Nous avons partagé leur révolte, leurs pleurs, leur colère, mais aussi parfois leur impuissance à faire face.

Il n'y a pas que le contact individuel qui est cause de retournement. Les rassemblements provoqués par le Mouvement Atd Quart Monde sont aussi un lieu de découvertes décisives. Les familles défavorisées ont appris à s'exprimer et à communiquer collectivement avec le monde qui les entoure. Les volontaires sont témoins de la parole des plus pauvres et de leur fierté :

L'Université populaire me permettait de découvrir tout un monde, tout un milieu. On voyait des gens qui apprenaient à prendre la parole en public, qui essayaient de s'écouter, qui apprenaient le dialogue avec d'autres. J'ai été très marquée par cette période. Ensemble, ils criaient les mêmes injustices, ils révélaient les mêmes aspirations, ils partageaient les mêmes expériences de vie. Ma prise de conscience s'élargissait au-delà des frontières. Les familles avaient la volonté commune de se battre pour que leurs enfants aient les mêmes chances, les mêmes droits que tous les autres enfants.

C'est la vie partagée qui, pour les volontaires, est souvent source de nouvelles étapes dans la solidarité. Le noyau même de cette solidarité est formé d'une humanité ressentie commune.

J'ai habité à H. où l'on accueillait des familles qui étaient très très pauvres et ce n'était pas toujours facile. Mais j'étais heureuse de pouvoir partager leur vie, d'habiter à côté d'elles et de sentir qu'il y avait toute une humanité qui avait à voir avec mon humanité.

Le père Joseph a toujours combattu toute division entre les hommes. Pour lui, il n'y a pas les riches contre les pauvres et vice-versa. Il a voulu toute sa vie, avec les volontaires, réconcilier les uns avec les autres : *Le jour où les hommes libres et instruits rejoindront le Quart Monde, la misère sera détruite*[34].

Au terme de ce processus de changement d'attitudes et de comportements, les volontaires transforment leur regard sur les familles défavorisées. L'un d'entre eux met en évidence l'avenir plein de promesses que ces changements lui inspirent :

J'ai fait un bateau pour mon blason*. Un bateau, c'est un peu aller à l'aventure, il lui faut donc une hélice. De temps en temps, c'est bien de pouvoir s'arrêter, il faut donc aussi une ancre. Dans ce bateau, on vient de plusieurs endroits, de différents quartiers. Ce bateau, il existe aussi à Paris. On y a fait des rencontres, des rassemblements de jeunes. On se sent forts ensemble. C'est la rencontre qui permet aux gens de se sentir plus forts pour aller à la conquête du monde.

Mais rien n'est gagné une fois pour toutes. Chaque jour, le retournement est à la merci de rencontres. Il ne se fait jamais sans l'autre. Il faut se le partager, parce qu'il est message que tout peut changer :

Le volontariat se rechoisit chaque matin, c'est aussi un mode de vie, un engagement avec d'autres que l'on réfléchit dans la durée, qui mûrit, où l'on peut espérer des moments forts décisifs, moments toujours liés à la rencontre de personnes.

Le retournement, du point de vue des universitaires[35]

Les universitaires engagés dans ce programme, et qui ont accepté de s'exprimer sur l'expérience vécue à travers ce projet de recherche-action-formation, l'ont fait chacun à leur manière, en fonction de leur histoire personnelle. Pour plusieurs, ce programme s'inscrit dans une trajectoire qui les a amenés à rencontrer d'une façon ou d'une autre le monde de la pauvreté.

– Mon option par rapport au plus pauvre a été prise avant que je connaisse l'université. J'ai eu la chance d'avoir vécu dans les cités ouvrières avec des parents qui m'ont transmis la tendresse pour ceux qui souffrent en même temps que la confiance en soi face à ceux qui ont plus…

– Mon père m'a raconté qu'il devait aller chercher des colis de nourriture pour lui et sa famille avant d'aller à l'école. Il était gêné de devoir faire cela et disait qu'ils avaient été des pauvres honteux.

– Ma famille n'était pas pauvre mais nous avions toujours moins de moyens que mes cousins et cousines, et que la plupart des enfants que nous côtoyions en classe.

Ces situations sont loin d'être comparables à celles des personnes qui vivent dans la grande pauvreté car elles sont généralement ponctuelles et ne concernent pas tous les aspects de la vie en même temps. Elles manifestent cependant une sensibilité liée à des souvenirs personnels à travers lesquels ils se sont construits. L'attitude des parents apparaît pour plusieurs d'entre eux comme un élément important dans la manière de considérer les autres.

– Mes parents nous répétaient que l'argent ne faisait pas la valeur des personnes… Ils nous montraient que l'argent peut empêcher de voir la réalité comme elle est, et même entraîner parfois le malheur des enfants.

– Dans mon enfance, le témoignage de ma mère, toujours attentive aux personnes en difficulté m'a aidé, je crois, à me sensibiliser aux situations de détresse.

– L'attention et la tendresse de ma mère envers mes amis les plus pauvres m'ont toujours beaucoup touché et m'ont sûrement influencé.

Comment penser le « retournement » du point de vue des universitaires ?

La plupart des universitaires engagés dans le programme ont accepté de parler de leur retournement. C'est donc que ce terme avait un sens pour eux, qu'il évoquait une expérience particulière. On ne peut sans doute pas la concevoir comme une expérience parallèle à celle des militants, comme *le passage de la honte à la fierté*. Et pourtant… Certains d'entre eux n'ont pas hésité à parler du *passage de la honte (de participer à des organisations et des systèmes excluants) à la fierté (de participer à la création collective de quelque chose).*

L'expérience de construction de connaissance avec les plus pauvres est l'occasion d'une rupture, d'un changement de regard qui touche à la fois la raison et les émotions. C'est une expérience intellectuelle mais aussi existentielle.

Sur base des témoignages reçus, on a l'impression qu'elle procède par étapes, qu'elle représente un cheminement qui ne connaît pas de terme, qu'elle comporte des difficultés et suscite des questions.

Voir sans comprendre

Les universitaires sont des gens dont le métier est, dit-on, de comprendre, en tout cas de faire de la recherche pour connaître mieux le monde qui les entoure et avoir une certaine maîtrise sur les événements. En s'inscrivant dans ce programme, la plupart pensaient mettre facilement en œuvre cette compétence. Ils pensaient avoir surtout à expliquer et à enseigner aux plus pauvres et aux volontaires comment s'y prendre pour produire des savoirs, comment respecter une méthode de travail, comment croiser des savoirs, puisque c'était là l'objectif. Beaucoup sans doute n'avaient pas lu ou ne se souvenaient pas des propos du père Wresinski à la Sorbonne en 1983 :

> Les universitaires dans la rue, non pas pour enquêter (...) mais pour se faire enseigner, se faire corriger, prêts à remettre en question non seulement leur savoir mais les fondements, la méthode, la signification du savoir (...). C'est cela le renversement[36].

Aujourd'hui, après un an et demi de travail ensemble, plusieurs d'entre eux reconnaissent que des changements se sont opérés en eux, et dans leur manière de comprendre la pensée des plus pauvres. Voici quelques exemples où s'exprime d'abord un sentiment de « ne pas comprendre », alors que l'on pensait déjà savoir :

> – Une étape importante, c'est la prise de conscience de notre propre incompréhension face à la pensée d'une militante ou d'un militant. C'est impressionnant de se voir sourd et aveugle... C'est un travail fondamental de réaliser et d'accepter sa propre ignorance pour découvrir la pensée de l'autre.
>
> – Peu à peu, je me suis rendu compte que leur formulation (celle des militants) n'était pas maladroite du tout, qu'ils exprimaient simplement des idées et des sentiments que je comprenais mal parce que je ne les connaissais pas du tout.
>
> – On voit la souffrance de la misère et pas sa pensée. En tant qu'intellectuels, nous sommes habitués à distinguer le monde des émotions vécues du monde du travail intellectuel... Le travail de croisement de savoir avec les militants nous oblige à repenser autrement cette distinction.

Cela peut aussi commencer par une forme d'incrédulité dans la parole des militants, une écoute sceptique et attentive. *Nous formons un peuple, c'est évident*, disent les militants. Face à cette affirmation, le scepticisme amène à penser qu'*ils ont intégré les phrases du Mouvement Atd et qu'ils veulent les transmettre. Si l'on admet facilement que les militants pensent ce qu'ils disent, qu'ils traduisent une réalité vécue, cela ne paraît pas être de l'ordre du savoir, mais seulement de la croyance, de la conviction.*

Des événements qui changent le regard

La réalisation du programme, le travail en commun conduisent progressivement à des changements de regard et posent des exigences nouvelles.

Un universitaire raconte qu'il pensait pouvoir connaître et comprendre le point de vue de l'autre (du plus pauvre) en faisant l'exercice de se mettre à sa place. *J'ai fait et vu faire des centaines de renversements de rôle. Oui, ça ne réussit pas toujours mais quasi toujours. On peut y tendre, même avec les personnes pauvres.*

Et pourtant, après plusieurs mois de confrontation et de discussions, cette conviction change, un autre sens de la rencontre s'exprime :

Nous ne pouvons pas nous mettre à la place de l'autre, c'est sa place, nous ne pouvons pas la lui prendre.

Nous ne pouvons pas parler de cette place, même s'il se tait. Le faire c'est lui voler sa place.

Ne pouvons-nous pas reprendre ou cueillir des perles parmi les paroles que l'autre a dites pour composer notre collier? Non, tout comme il est défendu de se cueillir un bouquet d'edelweiss : il faut les laisser à leur place dans leur contexte naturel.

Nous ne pouvons pas regarder avec les yeux de l'autre; c'est une illusion, c'est une impossibilité. Nous avons des yeux de nantis.

Nous ne pouvons pas. C'est impossible et c'est interdit et je le comprends.

Mettez-vous à leur place!

Une expérience du même genre s'exprime chez un autre universitaire :

J'ai entrevu qu'ils (les militants) craignaient que je ne croie avoir mieux compris qu'eux leurs propres dires, et que cette crainte était un peu justifiée. Je me suis ainsi trouvé devant un vrai discours égalitaire de leur part, discours que je devais intégrer à mes conceptions, y compris en ce que cela pouvait bousculer ces dernières.

Des questions qui se posent et qui continueront de se poser

Ces expériences posent des questions diverses aux universitaires. Elles sont de nature théorique ou scientifique, mais aussi politique et morale. Ces différents niveaux ont d'ailleurs tendance à se mélanger. En essayant de les distinguer, on peut les présenter de la manière suivante.

Une question revient de manière répétée. Elle concerne la manière de parler de la pauvreté et des pauvres, et la légitimité des discours que l'on peut tenir.

Un moment significatif a été leur refus de considérer comme vraies les 'tares engendrées par la misère', alors que je ne faisais que citer les écrits du Père Joseph. Il m'a fallu un sacré temps avant de découvrir qu'ils ne niaient pas ces 'tares', mais ne m'autorisaient pas à les dire, moi, du dehors. Le texte qu'ils ont écrit sur les souffrances de la misère a été pour moi une révélation à ce propos, puisque j'y retrouvais écrit par eux tout ce qu'ils m'avaient donné l'impression de nier contre l'évidence jusque-là. J'y ai découvert toute la question de savoir qui a le droit de parler de la souffrance vécue et des défauts qu'elle engendre chez ceux qui souffrent.

Et cette question apparaît comme une question radicale pour un universitaire, car elle peut remettre en question le fondement de toute une série de recherches. Effectivement, écrit un autre :

La rencontre dans des conditions de travail collectif (et pas dans une recherche par entretiens par exemple, où le chercheur, quoi qu'il fasse, garde toujours la « position haute »), entraîne des modifications dans les modes de perception des situations et donc dans la manière d'en parler.

Peut-on dire que l'expérience existentielle n'a pas de place dans l'université puisqu'on doit toujours faire avec des mots, des concepts ? ou bien peut-on penser qu'il y a place dans l'université pour différentes formes de savoir ? Enfin, ajoute un universitaire :

Je n'ai pas fini de réfléchir à cette question, parce que je garde le sentiment que leur revendication d'être les seuls à pouvoir parler de leurs souffrances a quelque chose de tout à fait exact, même épistémologiquement (du point de vue des théories de la connaissance), et cependant de peut-être excessif. Peut-on parler en discours intellectuel de vécus que l'on n'a jamais éprouvés ? Et pourquoi serait-il illégitime de le faire ?

Nous vivons dans un monde qui a défini le savoir à travers des critères bien différents de ceux que nous nous efforçons de construire ensemble. Il a fallu une rencontre et la mise en place de relations égalitaires pour que soit remise en cause la conviction qu'*après les* (les militants) *avoir écoutés, je pourrais mettre en forme intellectuelle les idées qu'ils n'auraient pu formuler, eux, que de manière maladroite, en raison de leur manque de formation. Je croyais les connaître et n'imaginais guère qu'ils puissent m'apprendre une vision du monde qui me soit nouvelle.*

À côté des expériences qui changent les manières de voir et de penser des universitaires, se pose aussi la question des changements dans leurs pratiques :

– Quels sont la valeur et le sens d'une découverte de cet ordre par rapport aux engagements de ma vie universitaire ? Je n'aurai pas appris ni « retourné » grand-chose si cela n'a aucune conséquence concrète pour moi.
– Le programme m'a appris que l'on pouvait aller beaucoup plus loin dans la reconnaissance et la participation de tous aux actions de formation.

Un autre se demande comment faire pour poursuivre le travail dans l'université :

Ou bien je quitte l'université, ou bien je me bats pour arriver à quelque chose qui ait du sens et qui puisse convaincre d'autres. Comment essayer de transmettre quelque chose de l'expérience vécue dans le programme, essayer de trouver les mots qui semblent les plus vrais ?

À quoi il est répondu que :

Ce n'est pas à travers les conventions de langage et de méthodes universitaires que nous convaincrons nos collègues de changer ; ce n'est pas avec un discours, c'est beaucoup plus parce que tu dis un certain nombre de choses parce que tu crois que c'est vrai, et tout d'un coup l'autre accroche, ou bien il est ému par ce qu'il lit et donc ça vaut la peine... Quand tu vois sur quoi ils accrochent, tu es tout à fait surpris parce que ce n'est pas ce que tu avais prévu.

Enfin, peut-être faut-il penser que *si tu veux transmettre ton expérience vécue, il vaut beaucoup mieux utiliser un langage poétique qu'un langage universitaire.* C'est sans doute une question fondamentale sur laquelle il y aurait beaucoup à dire et qui manifeste la grande part d'ignorance des intellectuels et peut-être aussi la limite des moyens dont ils disposent.

Notes

1. J. Wresinski, *Écrits et Paroles aux volontaires*, Éd. St Paul-Quart Monde, 1992, p. 139.
2. Interview n° 11.
3. Interview n° 9 (Homme).
4. Interview n° 10.
5. Interview n° 9 (Femme).
6. Interview n° 4.
7. Interview n° 11.
8. Interview n° 17.
9. Interview n° 7.
10. Interview n° 6.
11. Fr. Ferrand, *Et vous que pensez-vous ?*, Éd. Quart Monde, 1996, Mme Ligot, p. 113.
12. Le concept du mythe sera développé p. 112 et suiv.
13. Audition
14. Audition.
15. Interview n° 11.
16. Interview n° 17.
17. Audition.
18. Interview n° 14.
19. Interview n° 3.
20. Interview n° 17.
21. Lieu de pèlerinage animé par une communauté du Renouveau Charismatique.
22. Audition.
23. Interview n° 8.
24. *Op. Cit.*, p. 101.
25. *Op. Cit.*, M. Russel, p. 216.
26. Audition.
27. Interview n° 9.
28. Interview n° 4.
29. Les citations de cette partie, non répertoriées en notes, sont extraites de l'audition d'Emilie Bourtet, volontaire, et des témoignages recueillis auprès des cinq volontaires participant au programme Quart Monde-Université.
30. J. Wresinski, *Les pauvres sont l'Église*, Le Centurion, 1983, p. 69.
31. *Ibid.*, p. 152.
32. *Ibid.*, p. 167.

33. J. Wresinski, *Échec à la misère*, Conférence à la Sorbonne, Éd. Quart Monde, 1996.
34. *Ibid.*
35. Les citations de cette partie sont extraites des témoignages recueillis auprès des universitaires participant au programme Quart Monde-Université.
36. *Ibid.*

Chapitre 5

DU PEUPLE DE LA MISÈRE AU PEUPLE DU QUART MONDE

À travers les trajectoires individuelles et familiales des personnes vivant dans la grande pauvreté, nous avons pris conscience de l'importance de la rencontre, du groupe, des rassemblements. Nous avons compris que la fierté découlait du fait de ne pas se sentir seul, qu'elle résultait de cette capacité de créer des liens avec les autres, de se sentir membre d'une famille, d'une communauté, voire d'un peuple. Ce terme est présent dans plusieurs entretiens ; il a été utilisé par le père Joseph Wresinski, souvent associé au terme de Quart Monde. C'est pourquoi nous avons décidé de consacrer le dernier chapitre de cette étude à une analyse en profondeur du terme de « peuple » en rapport avec celui de « Quart Monde ». On donnera tout d'abord le sens du mot peuple tel qu'on le trouve dans les dictionnaires et tel qu'il est utilisé dans différentes cultures. Le deuxième point de ce chapitre sera consacré à une présentation de la notion de peuple telle qu'elle apparaît chez les populistes du XIXe siècle, à partir de l'analyse de Pessin. Ensuite, on s'attachera à définir le sens du mot Quart Monde tel qu'il a été utilisé dans le Mouvement Atd Quart Monde à différents moments de son histoire. Enfin, nous terminerons par la présentation d'un schéma explicatif du mythe du peuple du Quart Monde.

Les significations du mot *Peuple*

Pour les trois groupes d'acteurs* du programme, la notion de peuple a de multiples définitions[1]. Ce qui vient en premier à l'esprit quand on parle de peuple, c'est la première définition que l'on trouve dans le dictionnaire : nous appartenons tous à un pays bien précis qui a une histoire commune, une langue commune, qui appartient à une culture que l'on peut cerner même si parfois on se perd dans des images toutes faites.

Cette notion de peuple permet aux individus de se situer en tant qu'individus au cœur de la société dans laquelle ils vivent. Cette conscience d'appartenir à un peuple se vit de manière plus ou moins forte selon les personnes, les pays. Nous remarquons que chez les pauvres eux-mêmes ce sentiment d'appartenir à une même culture ne se vit pas de la même façon par tous. En général, il est même très peu dominant, il s'efface pour une autre définition du mot peuple que nous verrons plus loin. N'est-ce pas *à cause d'un problème fondamental*, comme nous dit un militant Quart Monde ? *Le peuple*, pour lui, *est abandonné, oublié, non reconnu.*

Le peuple, comme groupe « culturel historique »

Dans certaines cultures pourtant, on remarque que même les pauvres n'ont pas perdu la notion d'appartenir à cette culture. Ils en sont et restent fiers. Prenons le cas des gens du voyage, de peuples comme ceux de Haïti ou de l'Île de la Réunion. Lucie Ribert, avant de nous tracer tout le chemin de misère qui a été le sien, nous dit avec beaucoup de fierté : *Mes parents sont Tsiganes*. Une volontaire qui a habité à Haïti nous dit :

> Lorsque je suis arrivée à Haïti, ça a été un choc. La pauvreté est massive, la grande majorité des Haïtiens vit en dessous du seuil de pauvreté. Les bidonvilles côtoient les maisons riches. Si je pense aux familles d'Haïti, ce n'est pas seulement le mot courage qui me vient à l'esprit mais aussi endurance et même résistance à la misère. Il y a des générations de misère en plus d'une répression et de violences politiques. Ils ont été marqués par l'esclavage. Ils ont la fierté d'avoir chassé les colonisateurs et d'avoir proclamé en 1804 la première république noire au monde[2].

Le peuple « abandonné »

Revenons au *peuple abandonné, oublié, non reconnu.* Si l'on écoute les militants en parler, ce peuple est d'abord un peuple de honte et de souffrances. *Je dirais qu'il y a le peuple de la terre et dans ce peuple il y a des personnes qui sont écartées parce qu'elles ne sont pas à l'image type de l'être normal.*

Dans l'histoire, les militants se reconnaissent au niveau du « bas peuple », du peuple des « gueux ». *Dans l'histoire, on parle du peuple, de la populace, c'est péjoratif.*

Et puis, apparaît la notion du peuple qui est un peuple parce qu'il est réuni par des expériences de vie commune.

On a les mêmes souffrances de placement des enfants, avec la honte et l'humiliation qui en découlent. On est du même monde, on vit la même galère. Les plus pauvres se reconnaissent entre eux et aussi par le regard qu'on porte sur eux.

Le peuple « au cœur de l'humanité »

Enfin apparaît la notion d'un peuple qui se place d'emblée au cœur de l'humanité, du monde. Une militante nous dit :

Depuis que le Mouvement existe, le Mouvement qui est à travers le monde, on s'est reconnu d'un peuple. On se dit peuple parce qu'on habite la terre et qu'on vit tous des situations de pauvreté.

Un autre militant va même plus loin :

On est tous un peuple, tous les êtres humains qui vivent sur la terre forment un peuple. Le peuple pour moi, c'est la société tout entière. Je ne vois pas de différence entre un blanc, un noir ou un jaune, un indien, un handicapé; pour moi, ils sont tous des êtres humains. Dans le mot peuple, il y a une sous-division avec des gens défavorisés qu'on met de côté, et il y a le reste de la société.

On peut conclure avec cette définition d'un militant :

Le peuple, ce sera l'affaire d'hommes acceptant de marcher avec les exclus, de lier leur vie à leur vie, parfois de tout quitter pour partager leur sort. C'est la seule manière d'appartenir à un peuple et d'être reconnu comme peuple. Depuis des années que je participe au 17 octobre, j'ai pu m'apercevoir que de plus en plus nous sommes nombreux, de toutes races, c'est ça le « peuple ».

Le « peuple de Dieu »

Une volontaire nous dit :

Dans ma tête, la notion de peuple évoque le sens du peuple de la Bible. Elle apparaît au moment où Moïse fait sortir les Hébreux d'Égypte et est donc liée à la libération. Un groupe d'esclaves va devenir un peuple en se libérant. Il ne faut pas oublier les racines. Au moment où le peuple juif oublie qu'il était un groupe d'esclaves, il ne se trouve plus dans la lignée de sa libération.

Une militante nous parle de ce peuple aujourd'hui :

En 1989, on se retrouve à Rome, invités par le Saint Père. Cette rencontre a pu se faire car le père Joseph nous avait dit : « Un jour, je vous ferai monter les marches du Vatican. Vous serez les premiers, là est votre place ». Des familles de quatre continents, de toutes religions et convictions, participent à cette invitation. Les familles des pays lointains étaient arrivées une semaine avant nous à Méry-sur-Oise*. Quand les familles d'Europe sont arrivées à Méry, les familles de la misère du Tiers-Monde les ont accueillies sous un porche fleuri avec des chants et des danses. Elles étaient pleines de joie, avec des sourires immenses. Là, Dieu et les hommes ne faisaient plus qu'un. Nous chantions ensemble, on s'embrassait sans se connaître. Annick et moi qui faisions partie du groupe de Bretagne, on a pleuré. Jamais on n'a été si fortement touchées. Ensemble, on était le peuple de Dieu et personne ne pouvait dire le contraire.

La notion de peuple au sein du programme

Un universitaire essaie de comprendre, comme sociologue, ce que nous voulons dire quand nous parlons du peuple dans ce programme Quart Monde-Université :

Quand on parle dans le programme de peuple, c'est bien d'un ensemble de personnes. Il faut faire attention, il y a un choix : est-ce qu'on veut un peuple du Quart Monde avec des caractéristiques objectives comme le peuple juif ou le peuple arménien, ou bien est-ce un ensemble de personnes ? Je dirai ce que je comprends du mot peuple. C'est un ensemble de personnes qui sont unies par une conscience commune. La conscience d'avoir vécu des situations d'extrême misère, d'en avoir souffert au plus profond de soi-même et d'avoir trouvé la volonté de s'affirmer comme des personnes porteuses d'une dignité et cherchant les moyens de cette affirmation. Le peuple, c'est un ensemble de personnes qui se sont mises debout ensemble. C'est une communauté qui englobe la personne. La personne appartient à un peuple.

Un autre universitaire, historien, ajoute :

J'ajouterai que la notion de vécu est importante pour empêcher que la définition du peuple ne soit un critère qui soit racial ou autre, un critère qui laisse entendre plutôt l'exclusion que la communauté de vie ou d'expérience commune. C'est une notion à manipuler avec précaution. Il faut comprendre cette notion de peuple et la défendre de manière ouverte, dynamique, pour éviter de tomber dans un piège. Pour moi, le peuple est l'ensemble de gens vivant des expériences ou des conditions analogues, partageant une histoire commune. Ils reconnaissent activement cette identité sociale, culturelle et historique et ils se reconnaissent en même temps dans une volonté commune ou un projet commun. Un peuple n'existe pas comme un donné, une sorte de fatalité historique, mais c'est toujours une notion à construire, qui ouvre sur un devenir, un futur. Le peuple n'est donc pas un code d'appartenance figé, comme le serait l'appartenance raciale, ethnique ou sociale, mais ce qui justifie le peuple, c'est une mémoire en actes, vigilante, porteuse d'un projet de transformation. Il me semble que c'est à ces conditions-là qu'on peut s'approprier joyeusement la notion de peuple en la construisant et en évitant de tomber dans un piège. Quand je dis : mémoire en actes, c'est parce que le peuple est le lieu où se conjuguent les liens entre un passé, un présent et un futur. Le peuple est quelque chose vers quoi on va, plutôt qu'une chose dans laquelle on est enfermé. Deux raisons me portent à le défendre : j'ai peur de tout ce qui stigmatise les gens, de tout ce qui les marque et d'autre part grâce à tout ce qui se joue dans ce programme, les universitaires finissent par avoir un petit peu l'impression d'être un peu adoptés par ce peuple du Quart Monde. Là aussi il y a un ensemble, j'aurais peur d'en être totalement exclu.

Une volontaire nous amène un autre éclairage :

Le peuple ne recouvre pas une catégorie particulière, un groupe qui serait très, très limité, par exemple simplement les très pauvres, même s'ils en sont le noyau important. La notion de peuple que je sens dans le Mouvement, c'est une vision prophétique du père Joseph, une vision qui s'incarne et qui prend corps. Le noyau important, c'est les familles très pauvres. C'est autour d'elles que se rassemble le peuple, ce sont elles qui se sont levées les premières. En même temps, cette notion de peuple, rassemble ceux qui ont la volonté de travailler à cette libération. Ce sont des personnes qui se rencontrent, qui se reconnaissent dans une volonté commune. Leur but est de vaincre la misère. Cela les oblige à aller rechercher leurs racines. Elles ont un devenir commun, elles le créent ensemble, puisqu'il n'existe pas. Elles se créent des rites, une culture. Les familles reconnaissent le peuple dans ce sens quand on lie le terme de peuple au terme de Quart Monde. Elles ne l'emploient pas du tout dans un sens sociologique. Quand on frappe à leur porte, elles demandent : « Qui est là, c'est le Quart Monde ? », et c'est nous aussi le Quart Monde, très souvent elles nous appellent le Quart Monde.

On pourrait conclure avec une autre volontaire :

Un autre sens du mot peuple a commencé à naître et grandir avec ma découverte des pauvres et le regard nouveau sur leur vie que nous a donné le père Joseph. Jusque-là, j'avais surtout appris à ranger les hommes dans la société en catégories. Le pauvre, le plus pauvre, n'est plus seulement au bout de ma rue, dans un quartier que tout le monde évite. Il est partout. Le peuple du Quart Monde n'a pas de frontières. Et si l'on regarde l'histoire de l'humanité, on sait aussi qu'il a toujours existé. Le peuple, ce sont tous ceux qui se mettent à l'écoute des pauvres pour qu'une unité entre les hommes soit possible.

Le mythe du peuple : une vision dynamique de l'histoire

Pour notre groupe, la découverte du livre d'Alain Pessin, *Le mythe du peuple et la société française du* XIX*e siècle*[3] a été une chance. Il a stimulé et permit le développement de notre recherche dans la mesure où il est consacré à une étude qui nous concerne directement. Ce qui frappe, à la lecture de ce livre, c'est que les manières de parler du peuple correspondent de façon assez nette avec ce qu'on entend dans les séminaires Quart Monde-Université. C'est la raison pour laquelle il nous a paru important de résumer les idées centrales de ce livre qui ont été travaillées au sein de notre groupe ; elles représentent un des éléments à partir desquels (en les transformant) les militants ont construit le schéma qui montre le chemin du peuple de la misère vers le peuple du Quart Monde[4].

L'intérêt du travail de Pessin, c'est de montrer que, à travers l'idée de peuple, apparaît une vérité sociale et politique nouvelle, dans laquelle le peuple est désigné comme porteur d'une expérience collective.

Qui sont les populistes ?

Dans ce livre, l'auteur fait l'analyse des œuvres d'un groupe d'auteurs français du XIXe siècle que l'on a appelé les « populistes ». Il s'agit d'écrivains qui parlent du peuple de leur époque, de la misère de ce peuple, mais aussi de ses valeurs ; ils considèrent le peuple comme un élément central de la société du XIXe siècle.

L'étude du peuple qui est présentée ici n'est pas une étude de la classe populaire ou des pauvres au XIXe siècle, mais c'est une analyse de la manière dont une série d'auteurs, écrivains, considèrent le peuple comme possédant des qualités et des caractéristiques réelles mais aussi imaginaires. C'est pourquoi, dit Pessin, on peut parler du *mythe du peuple*, du peuple qui révèle quelque chose de fondamental sur l'humanité et sur la société, du peuple comme quelque chose à quoi on peut s'identifier.

La pensée des populistes est différente de celle des scientifiques de l'époque qui veulent faire des analyses objectives. La sociologie veut une réponse scientifique aux problèmes sociaux, elle pense que la société est faite de luttes sociales et cherche à savoir quels groupes, quelles classes devraient se transformer pour débloquer la situation. La pensée populiste agit autrement : elle met en avant l'idée d'une force autre, différente de toutes les forces existantes (groupe, classe nation...), c'est l'idée d'une pensée engagée. C'est pourquoi, dit l'auteur, le peuple déborde le problème social, il a à voir avec une pensée mythologique. On désigne par populistes des écrivains comme Victor Hugo, Lamennais, Eugène Sue, Michelet, George Sand, Louis Blanc etc., mais aussi des peintres comme Delacroix.

Comment définir le mythe ?

D'après le dictionnaire, le mythe, « c'est un récit fabuleux, souvent d'origine populaire, qui met en scène des êtres incarnant sous une forme symbolique des forces de la nature, des aspects de la condition humaine ». Le mythe, c'est une histoire que l'on raconte et qui donne sens à un mouvement en devenir. Une partie des scientifiques a tendance à ne pas s'intéresser à cette notion, pensant qu'elle relève de connaissances anciennes qui seraient remplacées par ce qu'ils appellent la « vraie science », qui décrit et explique la réalité. Mais aujourd'hui, il existe tout un courant de chercheurs qui pensent au contraire que le mythe joue un rôle très important et même essentiel pour les hommes et les sociétés[5]. Pour eux, les mythes, ce sont des récits qui permettent de *comprendre* notre condition d'homme ou de femme et qui permettent aussi de *donner du sens à nos actions. Par ses mythes, chaque communauté peut se situer, s'unifier et se différencier dans l'espace et dans le temps*[6].

Toutes les sociétés produiraient des mythes propres. Dans le monde d'aujourd'hui, la plupart des mythes montrent le désir de dépasser les limites de la condition humaine par l'obsession du succès, de la réussite, de la richesse. C'est par exemple, le culte des stars, des voitures[7] ou encore d'internet. À cet égard, on peut dire que le mythe du peuple représente quelque chose de bien différent.

Pessin s'est efforcé de retrouver les traces du mythe du peuple dans les textes qu'il a lus, dans certaines peintures et aussi dans des actions politiques, et d'en dégager les significations. Nous allons directement donner le résultat de ce travail qui permet de comprendre ce que Pessin appelle la *structure élémentaire du populisme*, c'est-à-dire ses principales caractéristiques et la manière dont elles sont reliées les unes aux autres. En d'autres termes, à quoi sert cette référence au peuple, que signifie cette identification au peuple ? Si on lit et si on étudie tous ces textes, on voit, selon l'auteur, un certain nombre de thèmes qui apparaissent partout et qui sont reliés les uns aux autres. On voit comment l'idée du peuple prend du sens par rapport à la situation des pauvres au XIXe siècle. On voit aussi comment c'est le peuple qui parviendra à changer la société tout entière car il est porteur d'une vérité sur la société. On comprend enfin par quel itinéraire ces changements sont susceptibles de se réaliser. On va suivre ce cheminement à travers un certain nombre de schémas qui décrivent les relations du peuple avec d'autres thèmes. Ils expriment une *histoire en mouvement*, en train de se faire et qui ne sera jamais terminée. Nous allons les parcourir successivement pour en dégager les significations.

L’absence. La relation peuple – Exil

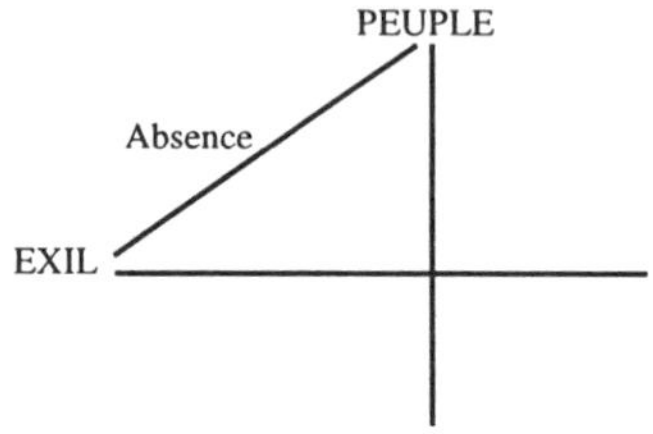

Le peuple a faim, froid, souffre, ce sont des évidences. Au début de l’histoire, le peuple est défini comme une masse immense de souffrance. Le problème du peuple, c’est d’abord un problème social et moral, puis politique. Cependant, pour bien comprendre le peuple, il faut préciser de quoi est faite la souffrance populaire, à quel niveau d’expérience elle se situe. Alors on constate que le problème du peuple n’est pas seulement un problème moral et social, mais que le problème fondamental, avant même l’idée d’injustice, c’est la souffrance qui vient du fait d’être abandonné, oublié, non reconnu, en exil. Cela peut se dire de plusieurs manières.

Le peuple oublié : La Révolution française n’a pas été menée à son terme, elle est inachevée. Un grand nombre d’hommes, qui forme le quatrième ordre, a été oublié[8]. La vie du peuple se définit alors par le *manque*, car le peuple est ignoré et maintenu à l’écart du développement et de la culture.

Cette ignorance du peuple n’est pas liée à une ignorance passagère, elle résulte de l’organisation de la société. L’exil du peuple ne vient pas seulement du fait qu’il existerait une société bourgeoise et un peuple misérable, mais parce qu’il y a un monde légitime, reconnu, contre un monde illégitime, un monde en progrès contre un monde à la dérive.

Le peuple vit dans la douleur, il porte un fardeau. Ce fardeau est à la fois social et économique, fait de misère et d’ignorance ; il se vit aux niveaux politique, économique, juridique et religieux sans que l’on puisse dire qu’un de ces niveaux soit plus important qu’un autre.

Du fait même de l’exil du peuple, il y a au début de l’histoire *un constat d’absence. À la place qui, dans la société, devrait être occupée par le peuple, on ne voit personne. Il n’y a pas de peuple trouvable ; il n’y a pas de peuple formant société... Il n’y a que des hommes sans société, des hommes abandonnés à eux-mêmes*[9].

Enfin, et c’est le point le plus important, en réponse à ce constat d’exil, l’histoire raconte qu’il y a deux solutions possibles. La première solution, c’est que le peuple erre de plus en plus et finit par disparaître dans les ténèbres. La deuxième solution, au contraire, c’est le peuple qui commence à se rebeller contre sa situation. Il est décrit alors comme un peuple qui piétine, qui manifeste son errance, qui se transforme en marchant. C’est cette deuxième voie que le populisme va suivre.

Selon les auteurs populistes, ce peuple qui se lève et marche va s'engager soit dans une voie qui amène des réformes pacifiques, soit dans la voie de la révolution. Selon Pessin, les populistes se divisent en deux groupes qui vont se réconcilier par la suite. C'est le débat entre deux thèses : faut-il faire une réforme ou une révolution, faut-il promouvoir l'éducation du peuple ou le combat politique, la non-violence ou la violence ? Ces oppositions apparaissent d'abord comme inconciliables, mais si on approfondit la question, on constate l'existence d'une attitude plus fondamentale, à l'origine de ce que l'auteur appelle l'*espérance populiste* ou le projet du peuple.

Le projet. L'espérance populiste et le réflexe d'utopie

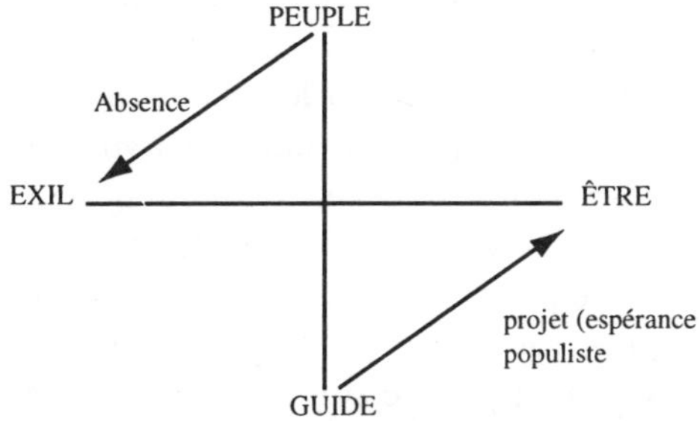

Le mythe du peuple consiste à transporter un peuple en exil vers un lieu encore inexistant. C'est donc une opération utopique. Celle-ci est supposée se réaliser en deux étapes :

– La première, c'est le rêve d'une société satisfaisante pour tous qui se réaliserait dans un avenir proche. Mais comme ce rêve n'a pas l'air de se réaliser, il faut réfléchir à des stratégies d'action, qui elles-mêmes ne paraissent pas très efficaces. On rêve d'une société prospère, où l'industrie fonctionne, où chacun aurait sa place, où chacun serait « heureux ». Et la réalité c'est toujours plus de misère, toujours plus de crimes.

– Alors on construit un second projet, plus modeste et plus exigeant. On rêve d'un moment et d'un lieu où la vie serait heureuse et libre. Mais ce lieu ne surgira pas tout seul, il faut le créer, et on le crée à travers le « rêve de l'école » ou celui de la révolution. Les expressions du mythe de la révolution sont nombreuses. La révolution y apparaît comme un commencement, l'arrivée d'un monde nouveau. On la retrouve dans les textes de Blanqui, dans certains récits de George Sand en 1848, mais aussi dans les peintures de Daumier (*Scène de la révolution*, 1849), de Gustave Doré (*La chant du départ*, 1870) et de Delacroix (*La liberté guidant le peuple*, 1830).

Les images de l'école se retrouvent chez les populistes car l'école est vue comme un lieu où un monde commence, où le peuple commençant construit l'avenir du monde. La relation du maître à l'élève apparaît comme celle du *guide* à son peuple. Il faut savoir qu'à cette époque, le maître d'école apparaissait comme le symbole du peuple utopique. Le maître distribuait ce qu'il avait de meilleur, son savoir, sa vérité et il incarnait aussi le peuple car il était pauvre. *La liberté commence où finit l'ignorance*, écrit Victor Hugo[10]. L'ignorance, c'est être soumis à la fatalité. Le maître d'école, le plus souvent issu du peuple, va pouvoir devenir un guide pour le peuple. Ce rôle est aussi incarné par Michelet qui, né dans une famille pauvre, va écrire l'histoire du peuple.

On peut donc penser que l'espérance populiste se traduit de deux manières différentes où les uns prônent la *révolution*, les autres l'*éducation* du peuple (par exemple Blanqui contre Victor Hugo). Mais en approfondissant les textes, on voit que chez tous les auteurs l'éducation est centrale, qu'elle joue un rôle de préparation au progrès. Sans l'éducation, le progrès à long terme serait impossible. Ainsi, on verra que le *guide*, celui qui va amener le peuple vers l'être, c'est en réalité le maître d'école. On constate aussi que ceux qui disent vouloir la révolution veulent surtout les *conséquences d'une révolution*; ils pensent à la libération du peuple comme début du progrès, ils pensent même parfois que cette révolution pourrait être évitable si elle était remplacée par exemple par le suffrage universel et l'éducation. L'espérance populiste, c'est l'espérance d'un peuple affranchi, libre et protégé dans sa liberté. C'est la pensée d'un peuple qui ne connaîtrait plus les malheurs du passé et du présent. Ce désir de la *valorisation du peuple* est aussi appelé par Pessin un *réflexe d'utopie*.

Mais que veut dire ici le mot utopie ? L'utopie, ce n'est pas quelque chose de vague, d'imprécis ; ce n'est pas quelque chose d'opposé à la science, ni à l'idéologie. L'utopie, c'est *une certaine tournure d'esprit*[11] qui exprime différentes choses très importantes :

– le pressentiment que la vérité s'est absentée du monde d'aujourd'hui, que l'ordre du monde d'aujourd'hui est mensonger et inacceptable ;

– que la vérité peut être établie en nous, dans un homme ou dans une communauté, que même dans l'atmosphère de mensonge qui règne, il est possible de restaurer un « ordre authentique » ;

– qu'il faut se désengager par rapport à l'ordre actuel du monde. Il faut que le peuple se donne le droit de penser librement.

Au XIXe siècle, l'utopie, c'est la reconquête de soi par ceux qui ont été les victimes de la révolution industrielle, des révolutions politiques, etc. Le populisme, c'est un engagement pour accéder à quelque chose qui n'existe pas encore mais qui est considéré comme nécessaire. Le populisme, ce n'est *pas seulement* une conséquence tirée du constat de la misère du peuple ou de l'injustice dont il souffre, c'est d'abord l'édification d'un idéal de vie, de réconciliation, de justice, de sécurité[12].

Qui est le peuple, qui fait partie du peuple ?

C'est en lisant le livre de Michelet appelé *Le peuple* que l'on peut véritablement comprendre ce qu'est ce peuple[13]. D'après Pessin, Michelet serait le premier auteur à accorder une placc centrale au peuple, à être la parole du peuple. Michelet a connu une enfance pauvre, il est né dans une famille modeste, son travail d'historien est une manière de s'acquitter d'une dette envers le peuple dont il est issu.

C'est cette dette qui le conduit à écrire l'histoire comme histoire du peuple ; à observer, étudier, analyser le peuple. Pour Michelet, c'est le peuple qui est l'auteur de l'histoire[14].

Pour lui, la notion de peuple doit se poser sur un registre tout à fait différent de la notion de classe sociale. Faire du peuple une classe, ou un regroupement de classes, paraît impossible. La pensée du peuple, c'est quelque chose de plus souple, c'est quelque chose de dynamique, en mouvement. L'idée c'est que *une partie de la société, un ensemble très confus, sans limite réelle, – les humbles en général – serait dépositaire d'une qualité qui ferait de ses membres les meilleurs représentants de l'identité de la société dans son ensemble, et qui serait aussi une garantie de l'avenir de la société*[15].

On ne peut limiter le peuple à ce qu'on appelle à cette époque la plèbe (les plus pauvres), il faut aussi comprendre le mot peuple dans un sens beaucoup plus large. Quand Michelet pense le peuple, il pense une partie qui tend vers le tout. Il pense à quelque chose qui est différent de la race, de la patrie, de la nation, de la classe. Il y a une incapacité à réduire et à localiser le peuple dans l'un ou l'autre de ces concepts scientifiques, sociologiques. Le peuple doit être compris comme ce qui permet de passer de la partie que l'on valorise (les humbles) au tout. Le peuple, c'est ce que nous avons en nous (en tant qu'appartenant à un collectif), mais que les situations individuelles de chacun permettent de sentir et de vivre avec une intensité plus ou moins grande.

Pour Michelet, le peuple pourrait, en théorie, être tout le monde. Jamais le peuple n'est aussi fort que lorsqu'il se découvre uni par-delà les profondes différences de classe qui peuvent le diviser. Le peuple renaît en France lorsque les classes se nient, lorsque les mondes sociaux commencent à se rencontrer et à se reconnaître mutuellement (pour les Belges, cela fait penser à ce qu'ils ont pu ressentir lors de la « Marche blanche », à Bruxelles, pour les enfants disparus[16]).

Par rapport à cette notion de peuple, l'histoire se déroule selon deux phases. Elle connaît des temps forts quand le peuple se redécouvre et éprouve la force de son union. Puis, il y a d'autres moments où le sens du peuple en chacun de nous s'atténue, la société se fragilise, les oppositions sont plus fortes, l'incompréhension et la méconnaissance des uns par les autres règnent. Selon l'auteur, quand

Michelet dit le peuple, on peut entendre les mots « *lien social* ». Le lien au sens de relations communautaires, les liens privés mais aussi le lien au sens d'attachement de chacun à quelque chose de commun, qui est une forme d'amour. L'idée de peuple, c'est l'idée du social qui apparaît par le lien des hommes entre eux. Le problème n'est donc pas de savoir *qui est* le peuple, c'est de savoir où est présent le sentiment que l'on appelle « le peuple » ? Qui est le plus peuple ? Pour Michelet toujours, si aucune catégorie sociale n'est exclue de la notion de peuple, il apparaît cependant qu'on est de moins en moins dans le peuple à mesure que l'on s'élève vers les classes sociales supérieures[17]. Ces dernières semblent subir plus que les autres le repli égoïste. On peut aussi retenir que durant le XIXe siècle circule l'idée de Saint Simon selon laquelle le peuple, ce serait « la classe la plus pauvre et la plus nombreuse ».

Le peuple, c'est d'une certaine manière le sens caché de la vie, le sens caché de l'histoire. C'est aussi le sujet d'une histoire qui reste à faire. Si le peuple ne peut véritablement être reconnu et délimité, c'est qu'il est d'une réalité autre que les réalités observables. Il est, dit l'auteur, un vecteur, c'est-à-dire quelque chose en mouvement, qui indique une direction à suivre.

Naissance. Le peuple en exil se lève et va vers l'être

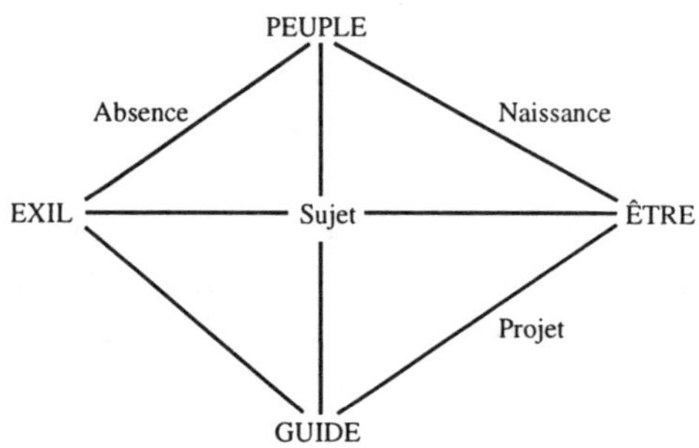

Au début de l'histoire, on l'a vu, le peuple est misère, il est en exil, et cette misère étouffe le peuple la plupart du temps. Il faut que quelque chose se passe pour que le peuple se relève. Il faut briser le cercle de l'exil. Les populistes sont à la recherche de ce moment fondateur, qu'ils considèrent comme un acte de justice, comme la venue de la justice dans le monde. Cette justice, c'est d'abord une *rencontre*.

L'avenir ne s'ouvre que si se trouvent en accord un porte-parole, un porte-action et la certitude qu'une parole est possible, qu'une action est possible, qui sont la parole et l'action du peuple même[18].

La rencontre n'est jamais imposable du dehors. Une rencontre va avoir lieu entre le peuple et le guide. C'est au guide que revient l'initiative de la rencontre. C'est un guide qui est lui-même issu du peuple mais qui sait qu'il ne maîtrise pas le résultat de la rencontre.

> Il (le guide) parle, agit, multiplie les livres où le peuple ne cesse d'être invoqué, cherché, il s'obstine à découvrir la langue que le peuple pourrait comprendre, à formuler le remède que le peuple pourrait essayer, il conspire, complote, révolutionne sans cesse – il faut attendre que le peuple naisse à lui-même en venant prendre la parole, en venant prendre part à l'action[19].

Les guides ne sont donc que des messagers, qui disent qu'une vérité est possible et cachée, ils sont en attente du peuple, mais l'essentiel réside dans la parole du peuple. Or, au début, le peuple n'a pas de langue.

La démarche de la naissance du peuple est donc double :

– il faut une coupure du temps où s'énonce une parole de justice, c'est celle que le guide prononce et annonce ;

– il faut en même temps que le peuple se transforme, il faut qu'il passe *de l'exil à l'être*. Le peuple ne peut accomplir sa naissance que par lui-même, mais cette transformation ne peut se faire que si la force du peuple lui est révélée par le guide.

Pour conclure, il nous semble que la pensée des populistes, telle qu'elle est analysée par Pessin, permet de comprendre mieux le sens et les enjeux de l'utilisation que nous faisons du terme de peuple.

Les plus pauvres sont sans doute ceux qui représentent le mieux le peuple. Mais le peuple, ce n'est pas seulement eux. Penser le peuple, c'est une certaine manière de penser l'histoire, de penser le progrès, dans des termes particuliers. Penser le peuple, c'est tenter de penser une sorte de vérité de l'histoire qui dépasse cette histoire.

Penser le peuple, c'est déjà en quelque sorte appartenir au peuple, car ce n'est possible que si on s'engage personnellement, que si on s'implique au-delà d'une relation objective, que si on s'engage dans une quête.

Pour Pessin, la pensée du peuple est toujours possible à l'aube de l'an 2000. Ce que le thème du peuple ne cesse de produire dans les esprits de tous les révoltés du monde, d'hier et d'aujourd'hui, c'est la possibilité d'une pensée différente.

> La pensée du peuple est une pensée de révolte, d'espérance, quelquefois d'utopie, et une pensée de progrès… La pensée du peuple ce n'est pas une pensée hors du temps : c'est la pensée mythique à la rescousse des temps déraisonnables[20].

Historique de l'apparition du mot « Quart Monde »

Il nous a paru intéressant de rechercher comment sont apparus les termes *Peuple* et *Quart Monde* dans la pensée du père Joseph Wresinski et dans celle du Mouvement Atd Quart Monde, afin de mieux comprendre l'ensemble des significations que portent ces mots, et les mettre en relation avec les données précédentes.

Nous avons commencé notre recherche dans l'ouvrage « *Écrits et Paroles aux volontaires.1960-1967*[21] ». On y retrouve ce qui a pu être conservé des notes et enregistrements des réunions au cours desquelles le père Joseph Wresinski réfléchissait avec les volontaires sur leur action.

Dès 1962, on voit qu'il s'indigne des termes utilisés par le monde officiel ou scientifique pour désigner les plus pauvres : familles inadaptées, familles à problèmes, familles asociales ou même les infras ! Non seulement ces termes sont dévalorisants, mais surtout ils portent implicitement l'idée que la cause de la misère se trouverait dans les lacunes propres à ces familles, et non dans la situation de honte et de pauvreté que leur impose la société. Dès cette époque, et pendant très longtemps, le père Joseph Wresinski utilisera le plus souvent le terme *les familles*, mais dans un sens valorisant : *Il s'agit de la valorisation de l'état dans lequel vivent les familles*[22]. Nous trouvons là l'idée la plus centrale de sa pensée et de son action.

Il ressent très vite aussi le besoin de rassembler ces familles en groupe qui ait son identité propre, mais il mettra un certain temps à découvrir les mots qui soutiendront ce thème. En 1962, il s'efforce de comprendre le lien social qui unit les familles : *À force de vivre les mêmes privations et d'avoir les mêmes réactions, on devient un peu les mêmes gens qui n'ont pas les moyens de bâtir quelque chose de conséquent ensemble, et qui ont quand même besoin des autres*[23]. Il utilisera parfois le terme de *sous-prolétaires*, mais plus souvent *les bidonvilles* ou *les camps* pour désigner ce *groupe* :

> *(Le bidonville)* est comme un monde, comme un groupe absent à lui-même, qui ne sait pas qu'il existe, qui n'a pas de guide, pas d'organisation, pas de centre de vie... Le bidonville est comme une grande catastrophe où seule la misère unit les hommes[24].

Cette première vision du groupe est ainsi surtout marquée par la souffrance et le sentiment de son impuissance. L'action logique qui en découle est de s'efforcer de sortir les familles des camps et de les reloger ailleurs, dispersées. Mais le père Joseph Wresinski a dû constater que ceci ne réussissait guère, car bien que mieux relogées, beaucoup de familles ne s'adaptent pas et regrettent le camp de Noisy.

Dès octobre 1963[25], apparaît alors une nouvelle idée, soutenue par le terme de *communauté*. Celle-ci englobe les familles et les volontaires, unis dans *une com-*

munauté de destin qui devient actrice de son propre changement et le réalise en restant ensemble. En mai 1964, l'idée de communauté fait place à celle de *Mouvement* : *Cheminer avec les familles à partir des relations personnelles, jusqu'à l'appartenance à un Mouvement*[26].

Quelle que soit leur situation, elles (les familles) ont besoin de se savoir englobées dans quelque chose de grand, dans un Mouvement où elles sont ensemble et où les attendent la solidarité et l'honneur[27].

C'est là qu'apparaît la première fois le mot *peuple* dans le sens qu'il gardera désormais : *Nous avons découvert un peuple que nous ne pouvons plus abandonner*[28].

Dans les textes suivants, qui vont jusqu'à la fin 1964, nous verrons l'idée de peuple prendre sa pleine consistance : ceux qui, ayant l'expérience de la pauvreté, ont des valeurs propres qu'il faut faire reconnaître. Peuple et Mouvement se constituent ensemble dans un projet, une action :

Au début de notre travail, nous ne savions pas que nous avions affaire à un problème universel (...) une pauvreté qui, partout, a son origine dans les mêmes causes profondes. C'est à Noisy-le-Grand que nous avons découvert cette universalité d'une pauvreté qui a toujours les mêmes problèmes. (...) Dans cette pauvreté, nous avons aussi découvert la dignité que les pauvres partagent et qui leur donne droit à ce que leurs valeurs soient reconnues. (...) Nous sommes donc entrés dans un combat universel. (...) Le but de notre association est de faire reconnaître l'honneur des plus pauvres, de les réintroduire en dignité. (...) Cette tâche est possible parce que l'homme existe[29].

Les textes qui précèdent reflètent ce qui a été dit oralement dans les années 1961 à 1965. Françoise Vedrenne, une volontaire, a recherché dans *Igloos* (la revue du Mouvement Atd), comment les mêmes concepts se sont élaborés dans les articles écrits entre 1961 et 1966. En 1961, on y parle souvent de familles inadaptées, de familles déshéritées, ou même de familles asociales (*Igloos* n° 3, 1961). En 1962, l'*Igloos* n° 7 apporte une variété d'appellations qui montrent la quête quasi désespérée d'un terme satisfaisant. La famille est dite socialement inadaptée, ségréguée, asociale, désintégrée, mais il est aussi question des familles des bidonvilles et de la valeur humaine des familles. Les *Igloos* n° 8 et n° 9 parleront de familles malheureuses, de familles rejetées, de familles en détresse. On reviendra de temps en temps à l'idée de famille inadaptée, mais en 1963 apparaît le terme de famille faible associé aux idées de la dignité blessée de ces familles et de promotion familiale. Dans les numéros suivants, le terme de famille faible va être à son tour abandonné pour s'en tenir, de plus en plus, à des expressions purement descriptives : familles pauvres, familles sans logis, familles de la misère. En 1965, on voit apparaître répétitivement le terme de familles sous-prolétaires, ainsi que celui de milieu sous-privilégié (*Igloos* n° 22). Ces dernières expressions disparaîtront peu à peu, sans doute à cause de la tonalité de l'adverbe *sous* plus qu'en raison de leur sens même. Elles feront place à une expression beaucoup plus forte : *l'exclusion*, qu'on trouve dans le titre du livre de J. Klanfer « *L'exclusion sociale* », dont parle l'*Igloos* n° 24. On y voit aussi apparaître une expression qui sera très utilisée jusqu'aujourd'hui : *La population la plus pauvre.* À la fin de l'année 1965, dans l'*Igloos* n° 25, on voit un terme nouveau, celui de *peuple* dans le terme *peuple miséreux* (p. 3). Cette expression n'est encore, à ce stade, que descriptive. Les militants, Danielle Lebrun et Daniel Le Breton, ont analysé les n° *Igloos* des années 1967 à 1969 (n° 33 à 46). En parlant des familles, le Mouvement qui s'appelle alors Aide à Toute Détresse/Science et Service, utilise les mots *Les pauvres* ou *La population.* Cependant dans le n° 39-40, le mot *peuple* revient plus souvent : *Le sous-prolétariat n'est pas un peuple heureux* (p. 13), et *Un peuple menacé par les forces de l'ordre* (p. 36). Enfin : *Notre erreur fondamentale est le relogement individuel ou par petits groupes qui ne permet pas d'enthousiasmer tout un peuple au départ vers des horizons nouveaux. Cette erreur coûtera cher à la Nation.* On voit clairement ici l'idée de peuple associée à celle d'une reprise en main, par ce peuple, de son propre destin. Cette idée s'affirme dans le n° suivant (41-42 mai-août 1968) : *Un peuple parle.* Il y est dit que ce *peuple des cités d'urgence et des taudis, peuple qui se situe tout en bas de l'échelle sociale,* est aussi *le peuple-témoin des carences de toute société mécanique. Ce peuple exclu d'où devraient partir nos réformes, le connaissons-nous seulement ?*

C'est dans le n° 44 *d'Igloos*, en 1969, qu'apparaît pour la première fois le mot *quart monde* pour désigner la population qui vit dans la misère. Dans le numéro suivant on trouve un article : *Ce que vous pouvez faire pour le quart monde.* À partir de là le mot sera utilisé de plus en plus, sans majuscules, pour désigner le sous-prolétariat.

Francine de la Gorce, dans son ouvrage *Un Peuple se lève*[30], cite le père Joseph Wresinski : *Je n'étais pas satisfait du mot que nous utilisions : « sous-prolétariat ». Cela avait une connotation marxiste, et je tournais dans ma tête l'idée d'un quatrième monde. (...) En réalité, c'est parti d'une conversation que j'ai eue avec des amis très chers, les Ziegler. Un beau jour ils ont mis sous mes yeux un opuscule qui parlait (...) du Quatrième Ordre, composé des malheureux, des misérables, des pauvres. C'est bien le Quart Monde, cet ensemble dont nous nous préoccupons.*

Francine de la Gorce continue plus loin : *La découverte du Cahier des doléances du Quatrième Ordre de M. Dufourny de Villiers (1789) est quasiment providentielle car elle rend aux familles deux siècles d'histoire et d'identité refusées.*

Le mot *quart monde*, enfin, qui désignait ainsi le peuple de la misère en 1969 est devenu le *Quart Monde*, avec majuscules, au sens d'un peuple en marche, apparemment à la suite de son utilisation dans les Universités populaires animées par le père Joseph Wresinski dans les années 1970.

Une autre étape, dans les années 1980, est exprimée par la définition écrite par Louis Join-Lambert[31] :

Depuis le milieu des années 70, par le développement de la vie associative dans les milieux sous-prolétaires, le nom de Quart Monde permet à cette population de s'identifier et d'être identifiée comme acteur et comme partenaire de toute société démocratique. Ainsi le terme Quart Monde prend peu à peu un accent nouveau. Il désigne de moins en moins un milieu en ce qu'il est passif et exclu. Il désigne au contraire ce que ce milieu recèle d'expérience, d'injustice et d'espoir de justice, d'expérience de compréhension des besoins, d'expérience d'exclusion et de capacité à participer comme partenaire social à l'élaboration d'une société démocratique. Le terme Quart Monde s'adresse aujourd'hui au Quart Monde lui-même. Et lorsque les sous-prolétaires disent « Nous, le Quart Monde », il ne s'agit pas d'une population cible de la gestion administrative, mais plutôt d'un peuple qui a une cause, celle qu'il partage avec tous les exclus et tous les humiliés du monde.

Nous ne partageons pas cette définition, parce qu'elle reste trop étroite : elle limite le sens du mot Quart Monde à la désignation des plus pauvres. Le risque est que ce terme ne soit alors qu'une étiquette supplémentaire qui entretienne l'exclusion. Notre recherche a permis de préciser que le *Peuple du Quart Monde* est une dynamique qui ne concerne pas que les plus pauvres.

Du peuple de la misère au peuple du Quart Monde

À la suite de l'analyse des expériences de retournement (décrits dans le chapitre précédent), des travaux réalisés par Pessin, des débats sur la signification du mot « peuple », les militants réalisent un schéma complexe et dynamique qui illustre le mouvement qui conduit du peuple de la misère au peuple du Quart Monde. Les éléments constitutifs de ce schéma sont : les réalités vécues du peuple de la misère, le rôle du père Joseph Wresinski en tant que « guide » issu de ce peuple, les rencontres qui permettent le retournement, et le choix d'appartenir au peuple du Quart Monde.

Le peuple de la misère, une évidence

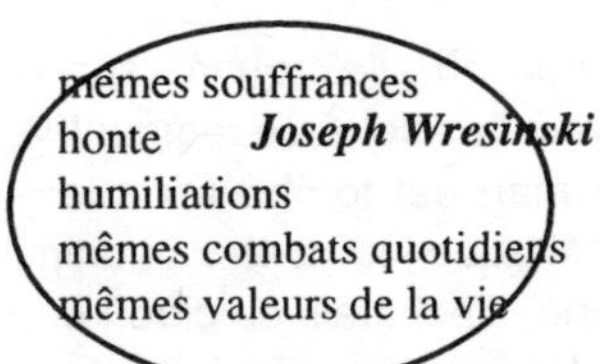

Les familles très pauvres se reconnaissent entre elles : *On parle le même langage, on se comprend par le regard. On est tous pareils, tous égaux, on a tous les*

*mêmes souffrances. Le 15 du mois, quand on a tout payé, il ne nous reste même pas 100 F pour vivre et il faut bien manger**.* Toutes les personnes qui vivent ou ont vécu la misère peuvent se retrouver dans ce que dit cette femme :

Dans le bidonville, tous les gens étaient courageux. Il faut dire ce qui était, ils buvaient peut-être un petit coup de temps en temps, ils allaient à la biffe (faire les décharges, les poubelles), ramasser des chiffons, la ferraille, les godasses pour les brûler afin de se chauffer. Nous les jeunes, on trouvait de tout, même des bonbons, des gâteaux, on les mangeait. Jamais on n'était malade. On mangeait n'importe quoi. On prenait des vêtements, on les lavait à la pompe, on était contents car les affaires étaient plus modernes que les nôtres et on sortait avec ça. Les parents allaient revendre la ferraille, ils avaient 15 ou 20 F par jour. On avait froid, dans la nuit on était obligés de coucher les petits avec nous. Le feu s'éteignait dans la nuit. On a vraiment eu froid et faim. C'est les deux choses qu'on a eues : on vivait dans le froid avec un morceau de pain et du pâté. Mais on s'entendait bien, on pouvait demander aux voisins d'en face s'ils avaient du beurre, du café, ils nous le donnaient. C'étaient comme des frères et des sœurs, vraiment des amis. On a souffert du froid et de la faim, c'est un fait, mais pas d'amitié parce que l'amitié on l'avait, l'amour on l'avait. Maintenant j'ai un appartement deux-pièces, je ne suis pas trop malheureuse. J'ai une amie en dessous de chez moi où je bois le café, mais on ne peut pas dire que j'ai des vrais amis. On reste en famille. On est très famille, ce n'est pas bon. Il faudrait qu'on ait des amis autres, mais cela, on ne peut pas. Je ne sais pas pourquoi on ne se lie pas facilement. Pourtant on parle, on est habillé normalement, mais ça ne se fait pas[32].

Les familles très pauvres se reconnaissent entre elles par les mêmes souffrances, la même honte qui reste à l'intérieur de soi, les mêmes combats quotidiens pour faire vivre les siens, les mêmes valeurs d'amour, d'entraide, de partage. C'est ce vécu commun qui leur fait dire : on est pareils…, on est un peuple, le peuple de la misère.

Cette évidence d'un vécu commun au niveau d'un même pays peut-elle s'élargir aux familles qui vivent la misère dans d'autres continents ? Pour répondre à cette question, notre groupe a auditionné Brigitte Seinnave, volontaire-permanente d'Atd qui vécut pendant huit années en Haïti. Elle témoigne d'une femme haïtienne, Rosemarie, et de sa famille qui vivent dans un des endroits les plus horribles du bidonville. Rosemarie n'a pas un instant de répit. Elle court du matin au soir pour essayer de trouver une solution pour payer le loyer, trouver un commerce, les médicaments pour un enfant malade, un endroit pour dormir…

On s'est toujours demandé où elle trouvait son énergie. Elle a eu son premier enfant quand elle était encore à l'école. À ce moment-là, sa mère était morte. Elle avait à peine accouché que son mari est tombé malade. « J'ai souffert le martyre pour essayer de le guérir, dit-elle, chaque jour à 4h du matin j'allais à la fontaine laver les tissus sur lesquels il était couché. J'achetais du citron et de l'eau de Javel que je mettais sur les tissus avant de les étendre pour que les odeurs partent. Quand mon mari est mort, tout le monde m'a abandonnée. Je travaillais comme bonne et mon bébé est tombé malade. Enflé comme une bombe qui va exploser. Je l'ai enveloppé dans une serviette mais son corps suppurait, les mouches nous suivaient. Je suis arrivée au centre médical, ils m'ont donné une ordonnance. Je n'avais pas un sou. Je me suis dit : où je vais aller? Cet enfant est mon enfant, on ne peut pas le laisser mourir. Je préfère aller mendier à l'église pour qu'il puisse vivre. Quand je suis arrivée à l'église, dans la rue, des amis de mon père sont passés devant moi, je me suis cachée pour qu'ils ne me voient pas avec l'enfant. J'ai secoué la tête en me disant : regardez donc où je suis tombée avec cet enfant dans les bras! Chaque jour j'allais mendier avec mon enfant. »

Puis Rosemarie a fait connaissance de Philippe, son deuxième mari dont elle a eu dix enfants dont trois sont morts. C'est un homme qui avait l'habitude de travailler le bois et de vendre ses sculptures aux touristes en République Dominicaine. Mais le bois et les voyages sont devenus de plus en plus chers. Rosemarie a tout fait pour que son mari ne se sente pas inutile et qu'il reste le père de ses enfants. Par exemple elle l'a encouragé pour qu'il apprenne à ses enfants et aux enfants du voisinage à sculpter le bois. Ils ont dû plusieurs fois quitter leur logement car ils n'arrivaient pas à payer leur loyer. Son père de quatre-vingts ans continuait de casser des cailloux (c'est un des métiers en Haïti) pour aider sa fille qui vivait sur une terrasse avec ses enfants. À ce moment-là, elle a appris qu'une autre femme vivait sous une tonnelle avec ses sept enfants; tous les soirs elle descendait pour leur préparer à manger.

Cette femme vit la misère dans un des pays les plus pauvres de la terre. Même si les conditions de survie y sont extrêmes, des points communs se retrouvent avec ce qu'expriment et vivent des très pauvres dans les pays riches : le combat prioritaire pour les enfants, les souffrances et la honte vécues, le courage des mères, le souci de préserver la dignité du père à l'intérieur de la famille, l'entraide avec d'autres familles très pauvres… Les décès précoces sont nombreux mais le droit de reposer en paix existe peu pour les très pauvres, quels que soient les pays et les continents. À cause de la misère, ils ne peuvent acheter une concession. Retrouver la tombe d'un parent, d'un proche est souvent impossible, car en France les très pauvres sont souvent enterrés dans les fosses communes et parfois une croix en bois avec un numéro sur l'endroit de la sépulture ne permet pas aux parents, aux frères et sœurs de se recueillir près de leurs défunts qui leur restent à tout jamais chers dans leur pensée et dans leur cœur.

Joseph Wresinski, enfant, vécut les souffrances, les humiliations, la révolte que vivent les enfants de la misère. Très tôt, il dut prendre des responsabilités. Il fut témoin du courage de sa mère pour élever ses cinq enfants. Il écrit[33] :

Au plus loin que je remonte dans mon enfance, ce dont je me souviens, c'est d'une longue salle d'hôpital et de ma mère qui criait après la religieuse qui nous surveillait. Car, petit garçon rachitique, j'avais été hospitalisé pour que l'on me redresse les jambes. Ce jour-là, je dis à maman que les sœurs m'avaient privé du colis apporté le dimanche précédent. Maman, qui avait dû se donner du mal pour rassembler ces friandises, se mit en colère. Séance tenante, elle m'arracha aux mains des religieuses et me ramena à la maison. Depuis, je suis resté les jambes arquées et durant toute ma jeunesse, j'ai dû subir le ridicule et les moqueries que m'attirait cette déformation, la gêne aussi de boiter légèrement, surtout durant mon adolescence. (...) À la maison, papa criait tout le temps. Il frappait mon frère aîné, au désespoir de ma mère, car c'était toujours à la tête qu'il portait ses coups. Il injuriait aussi ma mère et nous vivions sans cesse dans la peur. (...) Mes parents ne parlaient que d'argent. Eux qui n'en avaient pas, se disputaient presque sans relâche à cause de lui. Quand l'argent rentrait au foyer, ils se querellaient sur la manière de le dépenser. Plus tard, quand maman sera seule, ce sera toujours d'argent qu'elle nous parlera. (...) Dans ce combat pour la nourriture, je fus engagé dès mon tout jeune âge. J'avais quatre ans et c'est moi qui conduisais la chèvre dans les bas-prés. Cette chèvre qui nous nourrissait, ma petite sœur nouveau-née et nous, les autres enfants. En la conduisant, je passais devant le grand portail du couvent du Bon Pasteur où une religieuse parfois m'adressait la parole. Un jour, elle me demanda si je voulais servir la messe tous les matins. Ce jour-là, je fus embauché pour la première fois car c'était bien d'embauche qu'il s'agissait pour moi. En répondant à la messe, j'aurai droit chaque matin à un grand bol de café au lait avec du pain, de la confiture et les jours de fête du beurre. En plus, on me donnerait deux francs par semaine. Ce sont ces deux francs qui m'ont décidé. (...) Chaque matin, pendant près de onze ans, maman m'appela pour la messe de sept heures. (...) L'hiver, j'avais froid et j'avais peur dans le noir. (...) Je ne me souviens pas d'être rentré de l'école pour trouver maman joyeuse à la maison.

En conclusion de ce chapitre sur son enfance, il écrit :

Devenir combattant pour les exclus n'est pourtant pas si simple, car on ne se fait pas militant pour des individus épars... Une mère ivrognesse, une sorcière, un gosse malingre, par-ci, par-là. Il a fallu que je les rencontre en un peuple, il a fallu que je me découvre faisant partie de ce peuple, que je me retrouve à l'âge adulte dans ces gosses des cités dépotoirs autour de nos villes, dans ces jeunes sans travail et qui pleurent de rage. Ils perpétuent la misère de mon enfance et me disent la pérennité d'un peuple en haillons.

Je fus ébloui en arrivant à Noisy-le-Grand

Le jeune Joseph Wresinski rencontre la JOC (Jeunesse Ouvrière Chrétienne), puis jeune adulte il rentre au séminaire pour devenir prêtre.

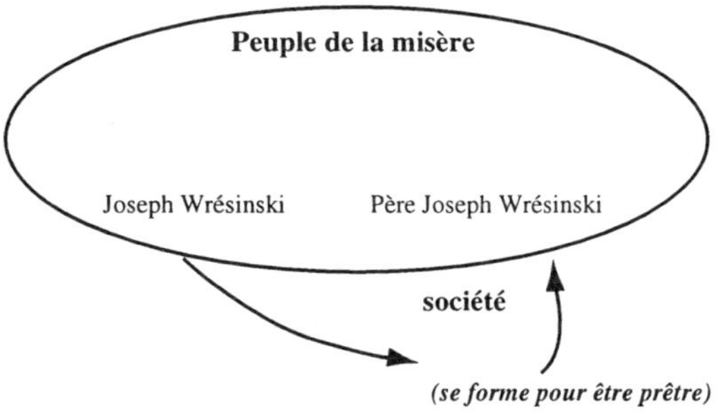

Après plusieurs paroisses, son Évêque l'envoie au camp de Noisy-le-Grand en 1956. Il écrit :

Je fus ébloui en arrivant à Noisy-le-Grand. J'avais pourtant grandi dans la pauvreté et j'avais vu beaucoup de quartiers de misère, depuis. À Noisy-le-Grand, ce fut comme une révélation. (...) D'emblée, j'ai senti que je me trouvais devant mon peuple. Cela ne s'explique pas, ce fut ainsi. Dès cet instant, ma propre vie a pris un tournant[34].

Le père Joseph Wresinski a quarante ans quand il arrive au camp de Noisy-le-Grand où vivent deux cent cinquante-deux familles. Françoise Lebrun raconte :

Nous, on est arrivés en 1961. Ce n'était même pas une cité, c'était un camp avec des cheminées partout. Ce n'était pas ce qu'on avait vécu nous-mêmes avant, c'était vraiment la misère. On avait vécu un peu la misère avant, mais pas à ce point-là. C'était la grande misère. Au début, les mamans, les jeunes filles, même les plus petits, on allait chercher l'eau à la pompe, cinq pompes pour deux cent cinquante-deux familles. C'était très dur, on avait du mal à laver nos affaires[35].

Face à cette situation, le plus urgent pour le père Joseph est de soulager la peine des mères de famille. Il construit avec des hommes qui habitent dans le camp un foyer féminin. Françoise Lebrun se souvient :

Ça, c'était formidable. Il y avait un endroit où on pouvait laver le linge, l'essorer, le sécher et on ne payait que 2 F par semaine. On avait même le droit de prendre une douche. Des fois, on croisait le père Joseph, on lui tendait les mains. Il y avait des gosses qui l'entouraient de tous les côtés, il leur donnait des bonbons, ils parlaient avec lui. Il rigolait avec eux, il aimait beaucoup les enfants. Les gens étaient attirés par le père Joseph. C'était un homme formidable. Il avait toujours un mot à dire aux gens, en bien ou en mal. Si vous n'alliez pas au travail, il vous traitait de tous les noms. Il était comme les gens : quand ça parlait bien, il parlait bien; quand ça parlait mal, il répondait mal. Il ne regardait pas à remonter ses manches si ça n'allait pas.

Le père Joseph était du monde de la misère. Pour devenir prêtre, il dut aller se former en dehors de sa famille et de son milieu. Après avoir acquis de nouvelles connaissances, il choisit de revenir vers les siens, le peuple de la misère. Il devient *le guide* dont parle Pessin. Il dit qu'il fut ébloui en arrivant au camp de Noisy-le-Grand, même s'il dit en même temps que ce jour-là il est entré dans le malheur à cause de la très grande misère. Il ne revient pas parmi les siens par remords, ou à cause d'une dette, ou avec un programme tout établi. Il se laisse inspirer par la communion qu'il a avec les siens comme s'il puisait dans chaque homme la force qui était en attente au fond de lui, et il tisse avec chacun et avec tous une alliance que, lui, ne rompra jamais.

Ce qu'il avait expérimenté lui-même (la formation, l'ouverture à d'autres milieux), il l'a transmis à ceux qu'il rencontrait. Toutes les actions qu'il a réalisées au cœur des quartiers de misère sont des actions d'ouverture culturelle. Il tenait à ce que le plus beau, le plus techniquement avancé soit accessible aux plus pauvres. Il a toujours encouragé les jeunes et adultes qui voulaient s'engager pour leur propre milieu (les militants) à faire ce même aller-retour (se former professionnellement, aller à la rencontre d'autres milieux sociaux, d'autres manières de vivre...) pour revenir plus libres et plus riches culturellement parmi les leurs et devenir à leur tour des guides. Ce passage par d'autres horizons et le retour vers le peuple de la misère sont un des moyens pour que le guide ne devienne pas un chef.

La rencontre

Françoise Lebrun explique :

Je garde du père Joseph qu'il a fait des belles choses, pas lui tout seul, le pauvre homme, il n'aurait pas pu faire cela tout seul. Il l'a fait avec des gens. Des gens du camp et des volontaires. Les volontaires portaient le courrier. Ils avaient bien du courage les pauvres. Ils avaient peur des chiens. Ils étaient très gentils ; ils s'arrêtaient, ils parlaient avec les mamans. On a gardé des souvenirs magnifiques de ces gens-là. Il faut dire heureusement qu'on les avait parce que, des fois, on était bien seuls dans le camp.

La rencontre se passe entre des personnes vivant la misère et des personnes vivant dans d'autres milieux sociaux et professionnels (ouvriers, enseignants, cadres, haute bourgeoisie...). Personne n'est obligé d'accepter la rencontre avec l'autre.

Pour les gens de la misère, cette rencontre est une profonde aspiration car c'est la reconnaissance d'une humanité commune, à condition qu'il y ait un partage et une confiance qui apportent aux uns et aux autres. Cette rencontre crée une richesse. C'est donner et recevoir en échange. C'est le don et le contre-don. Cette réalité de la rencontre voulue et vécue entre pauvres et non-pauvres est le contraire de ce qui se passe bien souvent où les pauvres sont dominés par les riches, les instruits.

Marie-Jeanne Notermans explique comment elle vit cette rencontre en tant que volontaire :

On sait bien qu'on a tous nos défauts en tant que volontaires. Mais, en même temps, on essaye tous de faire un chemin avec vous et ça, c'est aussi fondamental qu'il y ait des gens qui aient dit un jour : je veux bien essayer de me mettre à côté et on fait ce qu'on peut. Devant toute votre souffrance, on se sent petit et en même temps ça nous grandit. Mais on est humain, on est grandi un jour et le lendemain on retombe. Ce n'est pas si facile ce chemin de toute façon, mais vous nous avez donné quand même un autre regard qui fait que partout où on est, on ne voit plus la société de la même manière.

La rencontre peut se faire dans des lieux différents. Quand des volontaires-permanents habitent les lieux de misère, ils partagent une partie de *l'exil* du peuple dont parle Pessin. Parfois, la rencontre se fait par des actions communes (actions culturelles, Universités populaires, Rassemblements...). La rencontre dont il est question ici s'inscrit dans la durée, il ne s'agit pas d'actions ponctuelles. Il leur est proposé non pas de venir rencontrer *des individus épars*, pour reprendre l'expression du père Joseph mais *le peuple de la misère*.

Le peuple du Quart Monde, un mythe

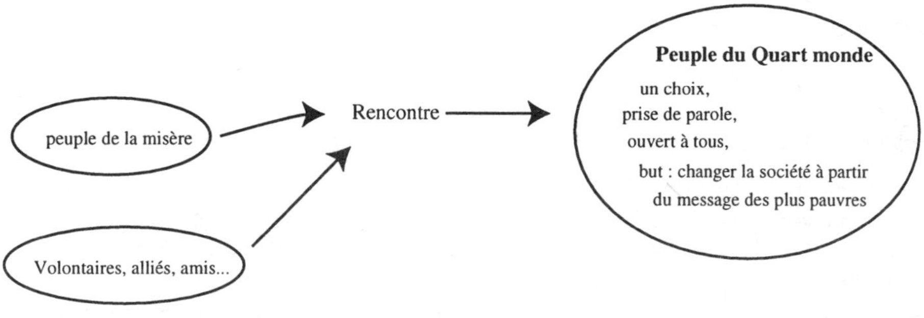

Le père Joseph Wresinski écrit que, lorsqu'il est arrivé à Noisy-le-Grand, il s'est fait une promesse : *Je ferai en sorte que ces familles puissent gravir les marches du Vatican, de l'Elysée, de l'ONU. (...) Depuis, j'ai été hanté par l'idée que jamais ce peuple ne sortirait de sa misère aussi longtemps qu'il ne serait pas accueilli dans son ensemble, en tant que peuple, là où on discutait et où débattaient les autres hommes. Il devait être là, à égalité, partout où les hommes parlent et décident non seulement du présent, mais du destin de l'homme, du futur de l'humanité*[36].

Le père Joseph n'a jamais obligé les pauvres à parler, il leur a donné la possibilité et les moyens de le faire. Pour la première fois, les plus pauvres sont vus comme ayant un message positif à donner, une parole à prendre, quelque chose à dire que la société ne peut connaître sans eux. Mais ce message, le peuple de la misère ne peut le transmettre seul. Il doit être travaillé avec d'autres pour être compris. C'est pourquoi le peuple du Quart Monde, ce sont d'abord les plus pauvres mais aussi tous ceux qui les rejoignent pour lutter contre la misère avec eux, c'est-à-dire tous ceux qui sont conscients des injustices subies par les plus pauvres. Le peuple du Quart Monde est ouvert à tous ceux qui veulent marcher et agir ensemble contre la misère. Appartenir au peuple du Quart Monde est un choix pour chacun.

C'est une fierté de pouvoir se dire : je fais partie de ce peuple. Annick Le Hir dit :

> Je fais partie du peuple du Quart Monde. Je sais que je m'y sens bien. J'ai ma place. Je sais que pour rien au monde je laisserai ma place[37].

Noël Jacques donne sa définition du peuple :

C'est comme un noyau (les plus pauvres) et le peuple est autour; ils font une farandole et se rejoignent pour se rassembler. Ensemble, ils font le peuple et ils combattent pour des idées justes[38].

Danielle Lebrun définit ainsi sa place :

Je donne tout ce que j'ai de plus cher pour les plus pauvres. Je suis encore très écorchée vif. C'est plus fort que moi, c'est ancré en moi. Ce que j'ai comme racine, c'est l'humiliation. Je peux dire que je ne me sentirai jamais supérieure aux plus pauvres. Je ne cherche pas à me faire reconnaître pour moi-même. Au fond de moi, je serai toujours du peuple de la misère.

Faire partie du peuple du Quart monde, c'est rester humble. Humble ne veut pas dire naïf, mais au contraire quelqu'un de réfléchi donc d'intelligent.

Marie-Jeanne Notermans parle de son appartenance au peuple du Quart Monde :

Je me souviens d'une discussion avec le père Joseph et d'autres volontaires. On parlait du sens du peuple du Quart Monde. Là, j'ai découvert que le Quart Monde, ce n'était pas que les pauvres, mais c'était nous tous ensemble. Je pouvais dire aussi que j'étais du Quart Monde, mais pas dire : je suis pauvre. Le peuple du Quart Monde est vraiment devenu mes racines aussi. Moi, je dois changer des choses, mais les pauvres doivent aussi changer des choses. On apprend les uns des autres. Ce sont les plus pauvres qui définissent le sens du peuple qu'on fait naître ensemble, du peuple de destin qu'on fait naître ensemble.

En ce sens, on peut dire que le peuple du Quart Monde est un mythe. Un mythe qui a des rites comme, par exemple, les rassemblements autour de la dalle du Trocadéro à Paris, avec le message du père Joseph Wresinski écrit dans le marbre :

« Là où des hommes sont condamnés à vivre dans la misère,
les droits de l'homme sont violés.
S'unir pour les faire respecter est un devoir sacré. »

On n'aurait jamais pensé qu'on aurait eu une dalle. On pensait que les dalles, c'est pour les Présidents[39].

Les rassemblements du 17 octobre* partout à travers le monde sont évoqués par Brigitte Seinnave. Elle a vécu des temps de rassemblement à des périodes très violentes en Haïti. Chacun craignait pour sa propre vie.

Les familles parlaient de leur situation, mais elles savaient que leurs témoignages seraient retransmis dans le monde entier à d'autres familles très pauvres. C'est là qu'on retrouve la notion de peuple. Elles disaient aux autres familles : nous savons que vous aussi vous vivez des choses très difficiles, aussi il faut que l'on se mette ensemble, cela nous donnera de la force sans se connaître.

Appartenir au peuple du Quart Monde c'est aussi agir ensemble. Brigitte décrit des actions collectives en Haïti :

Il a fallu parfois arrêter parce que c'était trop chaud au niveau politique. On était toujours guidés par les familles. Ce sont elles qui nous disaient : maintenant c'est trop dangereux. Nous avons toujours formé des jeunes pour animer les bibliothèques de rue. C'est là qu'on a senti combien les plus pauvres étaient rassembleurs. Un jour, deux femmes avaient été expulsées. Le groupe s'est dit : on ne peut pas laisser ces femmes avec leurs enfants sans maison. L'idée a germé de leur construire à chacune une pièce en dur. Cela a pris du temps. Les alliés ont aidé à chercher de l'argent. Pendant des mois, les familles, les jeunes, les amis ont porté des roches, du ciment pour construire d'abord un escalier puis les maisons. Ces familles qui étaient complètement rejetées au départ se sont retrouvées au centre de l'action.

Les actions collectives menées au nom du peuple du Quart Monde, quels que soient les pays, les continents, partent toujours des plus pauvres.

Dans ce peuple, chacun a sa place. Ainsi le père Joseph rappelle aux volontaires et aux personnes qui s'engagent auprès des pauvres :

Pour la plus grande chance du Mouvement, sa cause est à la fois des personnes qui souffrent et un peuple en marche, nous obligeant d'avancer. Les personnes nous empêchent de faire du peuple un objet de lutte, un prétexte, un alibi. Elles nous obligent à vivre à leur rythme, à faire de leurs battements de cœur, de leur espérance et de leur pensée les nôtres. Le peuple, lui, nous oblige à rester nous-mêmes, des hommes et des femmes à qui il puisse dire : « Vous ferez tout ce que vous voudrez, mais vous ne pourrez jamais comprendre parce que vous n'avez pas vécu ce que nous vivons. » S'il ne pouvait pas nous dire cela, nous ne serions pas obligés de lui donner la parole. Les plus pauvres ont le droit de contrôle, de correction. Ils peuvent l'exercer seulement si chacun reste bien à sa place[40].

Le schéma ci-dessous reprend les éléments décrits précédemment et résume la découverte faite au cours de notre recherche.

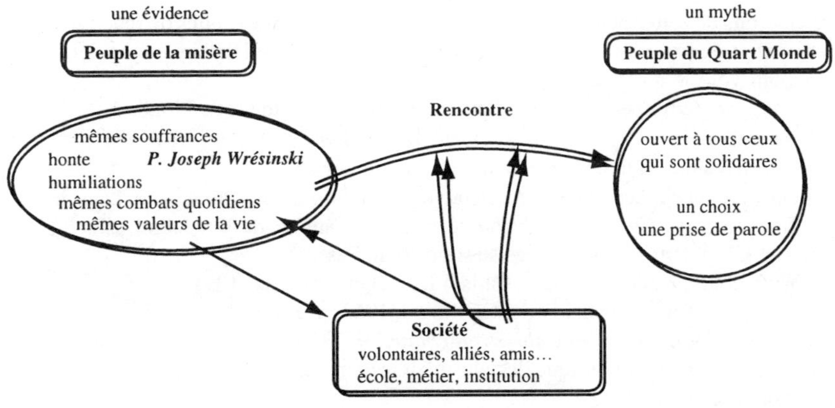

Il est à noter que des personnes issues du peuple de la misère, grâce souvent à une scolarité réussie ou à une qualification professionnelle, acquièrent une place reconnue dans la société et certaines d'entre elles s'engagent sur leurs lieux de travail ou leurs lieux de vie pour plus de justice. Telle est la signification de la présence d'une flèche, sur ce schéma, qui va du « peuple de la misère » à la « société ».

Participer au changement de la société

Le peuple du Quart Monde est dans un mouvement permanent. Ce mouvement est dirigé vers la société pour y faire entendre le message des plus pauvres et participer à tout ce qui concerne l'avenir de l'humanité. Mais le mouvement continue afin de ne laisser personne en arrière. C'est pourquoi la recherche des plus pauvres est toujours une priorité mise en action. La misère doit disparaître, mais pour cela le peuple du Quart Monde devra toujours rester vigilant pour que personne ne soit en exil et pour que tous les hommes acceptent de se reconnaître d'une même humanité.

En prolongement du schéma décrit précédemment, notre groupe a produit celui-ci :

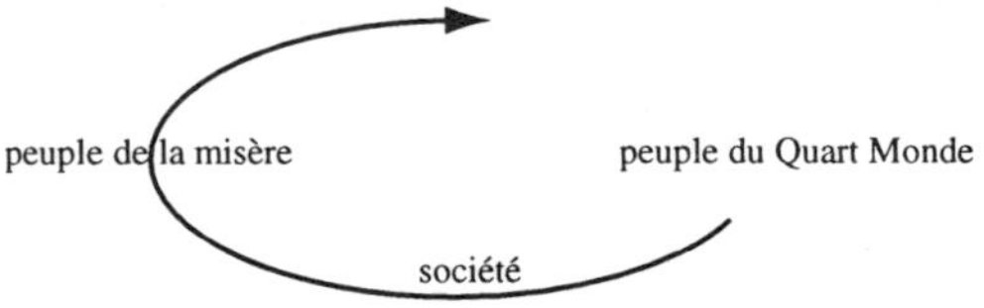

Notes

1. Les citations de cette section, non répertoriées en notes, sont extraites de réponses apportées par les acteurs du programme à la question posée par le groupe Histoire en janvier 1997 : que signifie pour vous le mot peuple ?
2. Audition, par le groupe, de Brigitte Seinnave, volontaire Atd Quart Monde.
3. A. Pessin, *Le mythe du peuple et la société française du XIXe siècle*, PUF, 1992.
4. Voir le schéma des militants en conclusion de ce chapitre.
5. On pourrait citer sur cette question des ouvrages de plus en plus nombreux. Dans les pays de langue française, il existe une tradition de recherche autour de Bachelard, Eliade, Ricoeur, Durand etc. C'est dans ce courant que se situe Alain Pessin.
6. J.-J. Wunenburger, *L'imagination*, Paris, PUF, « Que sais-je », 1991, p. 116.
7. M. Eliade, *Aspects du mythe*, Paris, Gallimard, 1963, p. 228.
8. Comme le montrent bien les *Cahiers du Quatrième Ordre* dans lequel Dufourny de Villiers réclame la représentation politique des plus pauvres, *op. cit.*
9. A. Pessin, *op. cit.*, p. 233.

10. V. Hugo, *Le tas de pierres*, cité par A. Pessin, *op. cit.*, p. 90.
11. A. Pessin, *op. cit.*, p. 237.
12. *Ibid.*, p. 239.
13. J. Michelet, *Le peuple*, Paris, Flammarion, 1974. Le livre paraît pour la première fois en 1846.
14. A. Pessin, *op. cit.*, p. 103.
15. *Ibid.*, p. 112.
16. Il s'agit d'une manifestation silencieuse qui a été organisée en octobre 1996 par les parents des enfants qui ont été enlevés par Dutroux. Elle a rassemblé plus de 300 000 personnes, portant toutes quelque chose de blanc sur elles.
17. *Ibid.*, p. 114.
18. *Ibid.*, p. 254.
19. *Ibid.*, p. 254
20. *Ibid.*, p. 269.
21. Père J. Wresinski, *Écrits et Paroles, 1960-1967*, Éd. St Paul-Quart Monde, Luxembourg, 1992, 574p.
22. *Ibid.*, p. 147.
23. *Ibid.*, p. 107.
24. *Ibid.*, p. 165.
25. *Ibid.*, pp. 187 et suiv.
26. *Ibid.*, p. 241.
27. *Ibid.*, p. 249.
28. *Ibid.*, p. 247.
29. *Ibid.*, pp. 262-263.
30. Fr. de la Gorce, *Un Peuple se lève*, Éd. Quart Monde, Paris, 1995, 316 p.
31. L. Join-Lambert, *Quart Monde in Universalia*, supplément 1981 Encyclopédia Universalis, pp. 341-344.
32. Interview n° 5.
33. J. Wresinski, *Les pauvres sont l'Église*, *op. cit.*, p. 7.
34. *Ibid.*, p. 68.
35. Interview n° 5.
36. *Ibid.*, p. 69.
37. Interview n° 4.
38. Interview n° 17.
39. Interview n° 5.
40. *Ibid.*, p. 199.

Conclusion

Synthèse des apports de la recherche

L'histoire que nous avons voulu écrire est celle d'un changement possible pour les pauvres et pour ceux qui ne le sont pas.

À travers un bref survol de l'histoire des pauvres, une analyse de leur situation actuelle, une réflexion sur le regard des scientifiques et le témoignage des militants, nous avons montré que, de manière constante, les pauvres sont regardés avec mépris. Bien souvent, le reste de la société ne voit chez eux que manques : manque de biens matériels évidemment, mais aussi manque d'instruction, d'intelligence, de cohérence, de sens moral, etc. Les pauvres engendrent des réflexes de peur et de rejet. On ne leur donne pas la parole.

Nous avons donc voulu rendre la parole à ceux qui ont l'expérience de la misère. On ne saurait résumer ces témoignages : il faut les lire (chap.3 et 4) et s'en imprégner pour entrevoir le poids de souffrance de ces vies marquées par la faim et le froid, par les difficultés matérielles de toutes sortes et aussi, pour un grand nombre, par l'arrachement affectif des placements. Avec partout la rencontre du mépris exprimé : à l'école, dans la rue, dans les services sociaux, dans les administrations, et jusque dans les églises. Ce mépris ignore les valeurs et les forces des pauvres : leur acharnement à lutter contre la précarité, leur ingéniosité, leur foi dans la vie et dans la solidarité au-delà du découragement, leur amour pour leur conjoint, leur entêtement à espérer un avenir meilleur pour leurs enfants, et les sacrifices qu'ils consentent pour eux. Mais comment affirmer qu'on porte ces valeurs lorsqu'on vit dans l'indignité de ne pas les voir reconnues ?

Notre recherche s'est dès lors efforcée de décrire le retournement : le passage de la honte à la fierté. Nous en avons d'abord recherché les étapes en partant du dedans de la misère. Nous avons vu qu'y joue en premier lieu la rencontre d'une personne : le père Joseph Wresinski pour plusieurs, mais aussi bien un volontaire, un allié, un ami, un voisin, un parent. Cette reconnaissance par un autre montre qu'il est possible de ne pas être exclu. Puis vient la prise de conscience de l'injustice subie du fait de la misère et l'évidence de n'être pas seul dans cet état. Grâce aux rassemblements et aux Universités populaires, pour ceux qui ont rencontré le Mouvement Atd Quart Monde, viennent le sentiment de pouvoir parler en public et d'avoir une cause à défendre, des responsabilités à prendre, des autres à aider : d'appartenir à un peuple au sens fort et valorisant du terme : *le Peuple du Quart Monde.*

Notre recherche nous a fait découvrir ensuite, dans la logique de l'importance du regard de l'autre, que pour ceux qui sont à l'extérieur de la misère, un retournement semblable doit s'opérer. Nous voyons là un acquis important de cette recherche. C'est pourquoi nous insistons plus loin sur la rencontre, *le croisement des savoirs.*

Enfin, nous avons essayé de donner à ces expériences de retournement une forme structurée, dans un langage scientifique. S'appuyant sur la description des populistes du XIXe siècle proposée par Pessin, les militants ont élaboré un schéma structurel qui représente la dynamique du mouvement de retournement, tant pour les personnes que pour le groupe. Ils y montrent clairement que le Peuple du Quart Monde est fait à la fois de personnes concrètes et ayant un esprit qui les lie ; comment il n'existe que dans la fidélité à être, pour les plus pauvres, un espoir et un chemin pour passer de la honte de la misère à la fierté d'appartenir à ce peuple ; et comment, de ce fait, il englobe aussi tous ceux qui, sans avoir vécu la misère dans leur chair, s'attellent cependant au même projet.

Le croisement des savoirs

L'idée d'un croisement des savoirs était annoncée comme un des objectifs du programme. Il faut avouer qu'au début, nous nous demandions ce que pouvait signifier cette expression. Ce n'est que progressivement que nous avons pu lui donner un contenu réel.

Le croisement, c'est d'abord l'échange entre les personnes, basé sur le respect mutuel. Cela s'est manifesté lorsque chacun a accepté en toute confiance et liberté d'écrire des moments difficiles de sa propre vie, écriture qui est restée au sein du groupe. Cela nous a fait découvrir que chacun (militants, universitaires, volontaire) avait une part de souffrances cachées.

Le croisement des idées a pu se faire, même si nous n'étions pas toujours d'accord, car chacun a accepté d'apprendre des autres. Pour les militants, il leur a fallu apprendre à apprendre. Faire des efforts pour changer leur langage afin d'être plus clairs, tout en gardant leurs forces sans baisser les bras. L'écriture a été un peu plus dure à cause du bas niveau scolaire et du manque d'habitude. Mais ce qu'ils pouvaient dire oralement, ils devaient l'écrire. Écrire a été pour les militants une richesse qu'ils ont découverte en eux.

De leur côté, les universitaires ont dû apprendre à ne pas trop parler le langage universitaire pour que le groupe les comprenne et puisse partager avec eux. Ils ont dû mettre de côté un certain nombre de choses apprises à l'université et dans les livres, pour pouvoir entendre ce qui était vraiment important pour les militants. Ce n'est qu'après avoir commencé à comprendre leur point de vue qu'ils ont pu apporter des connaissances utiles. Pour les écrits, ils ont accepté que leurs textes soient revus, corrigés ou parfois refusés par le groupe.

Le croisement entre les militants et la volontaire a été différent puisqu'ils sont engagés dans un même combat contre la misère. Il s'est surtout fait au niveau des idées, de la connaissance des pauvres. Pour la volontaire, la difficulté fut de ne pas mettre ses convictions en avant mais de contribuer à la recherche à partir de ses expériences vécues.

Notre recherche nous a appris que les conditions d'un véritable croisement des savoirs ne sont pas réalisées par un simple échange mutuel des connaissances. Il y faut, ce qui est plus difficile, une manière de se connaître et de se reconnaître comme personnes qui possèdent, chacune à partir de sa vie et de sa perception des choses, un savoir propre que l'autre ignore, et qu'il lui faut apprendre. Ce croisement des savoirs n'est donc possible que si un véritable échange entre les personnes se réalise, dans le dialogue, le travail, mais aussi les rires et les repas pris ensemble.

Les questions ouvertes

Pour les universitaires

Dans cette recherche, l'approche universitaire habituelle des questions humaines, telle que celle de la pauvreté par exemple, est généralement inadéquate parce qu'elle ne donne pas une place prioritaire au savoir vécu des personnes concernées, mais les réinterprète dans des catégories intellectuelles a priori. Les universitaires ont ainsi dû se forger une nouvelle approche. C'est peut-être une attitude de co-chercheurs dans un groupe centré sur une tâche à remplir ensemble qui décrit le mieux la démarche dans ce programme. De co-chercheurs qui se forment en même temps qu'ils découvrent. Ces confrontations ont exigé la mise en place de méthodes peu habituelles. Ainsi, on n'insistera jamais assez sur l'apport des décryptages, en termes d'approfondissement de la réflexion commune et de croisement des savoirs.

Cette recherche a aussi appris que le croisement des savoirs est une dynamique qui n'est jamais terminée. La priorité donnée au savoir de ceux qui vivent les situations étudiées, ici le savoir des plus pauvres, ne peut se transformer en une exclusivité : qu'eux seuls auraient le droit d'en parler. Dans ce cas, il n'y aurait plus croisement des savoirs, mais monologues juxtaposés. La priorité du pauvre (et plus généralement du savoir vécu) est qu'il garde un droit de critique : il doit pouvoir corriger ce que dit l'universitaire, il doit ensuite pouvoir l'accepter, et même y trouver de nouvelles idées qui font progresser son savoir propre.

La question qui reste ainsi ouverte, au terme de cette recherche, est de trouver comment transmettre au monde universitaire, qui n'a pas vécu cette expérience, ce savoir des pauvres que nous avons commencé à découvrir ? Comment lui faire sa place dans les universités ?

Pour la volontaire

Une des questions fondamentales soulevées par le croisement opéré dans notre recherche commune concerne certainement la diversité des connaissances en présence. Il y a la connaissance des militants ayant vécu eux-mêmes la misère et l'exclusion. Il y a la connaissance des volontaires, acquise par l'engagement d'une vie passée au fil du temps à leurs côtés. Et il y a la connaissance universitaire, faite de rigueur et régie par des règles précises. Il reste une tension constante dans le groupe à propos de la manière dont on peut parler des pauvres et de la pauvreté, et qui peut en parler : la question de savoir ce que l'on veut dire quand on parle de donner la priorité aux plus pauvres.

Les familles pauvres sont, comme toutes les autres, à cause de leur humanité, dépositaires de valeurs comme la justice, la solidarité, l'amitié, l'amour... C'est justement parce qu'on trouve ces valeurs dans les familles écrasées par la misère qu'on peut dire que l'humanité est plus forte que tout : elle résiste. Les militants veulent se faire reconnaître dans leur humanité à cause de cela. C'est à cause d'eux et avec eux que l'humanité peut se liguer contre la misère. *Il n'y aurait rien à sauver s'ils n'étaient pas là*, dit une militante. Tout le monde est d'accord là-dessus. Cependant la tension monte chaque fois que la volontaire parle de la *misère qui détruit* l'humanité de celui qui la subit. Cette notion de *misère qui détruit* semble en contradiction avec la notion de *peuple* et avec la fierté des militants d'appartenir à un peuple. Parler de tout ce que la misère détruit en l'homme, c'est les enfoncer dans leur misère. C'est une manière de parler qui reste une atteinte à la fierté de certains militants. Les volontaires et les militants font partie tous les deux d'un même mouvement, d'un même bout d'histoire. Le père Joseph Wresinski est celui qui l'a commencée à Noisy-le-Grand. Il a créé un volontariat afin de permettre aux plus pauvres, non seulement d'être un peuple, mais d'en avoir pleinement conscience et d'en avoir les moyens (solidarité – recul – vision de l'avenir). Il reste ainsi dans le groupe la question : qui a le droit de parler de qui et de quoi ? Les militants sont-ils les seuls à pouvoir parler de la misère ?

Pour les militants

Dans le programme, les militants ont toujours rappelé qu'ils n'étaient pas là seulement en leur nom mais qu'ils y étaient au nom des familles qui vivent dans la misère. C'est cela qui leur a permis de tenir. Leurs questions à la fin de ce programme sont : comment tout ce qui a été vécu, partagé, écrit, va servir à d'autres générations ? Comment cela va-t-il donner à d'autres personnes qui sont dans la pauvreté la force de s'engager à leur tour pour les leurs ? Qui continuera à s'engager avec eux pour qu'ils puissent faire entendre et comprendre partout avec respect la voix des plus pauvres ?

Annexe

Les interviews

Le thème de notre recherche « Histoire du passage de la honte de la misère à la fierté d'appartenir à un peuple » impliquait tout naturellement l'interview de personnes ayant connu la grande pauvreté – et le plus souvent la connaissant encore – et ayant aussi fait l'expérience de ce passage.

Les militants du groupe ont choisi des personnes qu'ils connaissaient pour avoir vécu cette expérience. Elles ont accepté de se confier parce qu'elles rencontraient des interviewers ayant vécu la même expérience que la leur et qu'elles savaient participer à un travail de recherche visant à faire reconnaître la dignité des plus pauvres. Les militants leur ont soumis le texte de leur interview, leur donnant la possibilité de le modifier si elles le souhaitaient. Dans un désir de discrétion, ils leur ont laissé le choix d'y apparaître sous un pseudonyme ou sous leur vrai nom.

Liste chronologique des interviews et témoignages recueillis par les militants

N°	H ou F	ÂGE	ENFANTS	CONNAÎT LE MOUVEMENT ATD QUART MONDE
1	H (décédé)	59 ans	5 enfants	oui
2	F (décédée)	57 ans	2 enfants	oui
3	H (décédé) F	58 ans 68 ans	5 enfants	oui oui
4	F	40 ans	4 enfants	oui
5	F	51 ans	5 enfants	oui
6	F	49 ans	5 enfants	oui
7	F	52 ans	5 enfants	oui
8	F	50 ans	5 enfants	oui
9	F H	42 ans 54 ans	7 enfants 4 enfants	oui oui
10	F	32 ans	pas d'enfant	oui
11	H	45 ans	pas d'enfant	non
12	H	49 ans	5 enfants	oui
13	F F	35 ans ?	? ?	non non
14	H F H	25 ans 60 ans 60 ans	pas d'enfant 7 enfants	non non non
15	H	?	2 enfants	non
16	F	96 ans	?	non
17	H	36 ans	pas d'enfant	oui

soit 22 personnes : 9 hommes 13 femmes
de 60 ans et plus : 4
de 50 à 60 ans : 7
de 40 à 50 ans : 5
moins de 40 ans : 4
âge inconnu : 2

sur les 22 personnes : 8 ne connaissent pas le Mouvement Atd Quart Monde, 14 connaissent le Mouvement Atd Quart Monde et 12 d'entre elles se présentent comme militants Quart Monde.

II

FAMILLE : LE PROJET FAMILIAL ET LE TEMPS

par Pierre Fontaine, Marie Jahrling-Apparicio, Pierre Maclouf,
Christian Scribot, Françoise Vedrenne, Paulette Vienne.
avec la collaboration de Daniel Cornerotte, Françoise Ferrand, Pascal Galvani.

SOMMAIRE
FAMILLE : LE PROJET FAMILIAL ET LE TEMPS

Introduction

Choisir la famille comme thème d'étude, au moment même où certains États occidentaux cessent d'en faire leur priorité politique, n'est-ce pas essayer de faire revivre le passé ? N'est-il pas quelque peu rétrograde de vouloir attribuer une telle importance à la famille ? Et pourtant, lorsque se réunissent des universitaires, des volontaires et des militants Quart Monde, le thème de la famille est proposé comme sujet de recherche par une très forte majorité des participants. La vie de famille reste une valeur hautement appréciée dans la société actuelle, même si vivre en famille est difficile, décevant parfois, et peut prendre différentes formes.

Quel que soit le point de vue d'où l'on se place, le thème de la famille est très vite inévitable dès que l'on entend penser la pauvreté, et plus particulièrement les très pauvres[1]. Au nom de quel projet, les très pauvres se mettent-ils à vivre ensemble, à se marier, à fonder une famille en donnant le jour à des enfants ? Au point de départ de notre essai de réponse, se trouve un point de vue mettant en avant la famille comme valeur chez les très pauvres, point de vue exprimé par certains membres du groupe et qui a fait l'objet d'un vif débat. Bien qu'elle puisse heurter des convictions contemporaines qui mettent en avant le souci de la réalisation de soi, cette vue de la famille a été retenue par notre groupe à cause de sa force en milieu très défavorisé.

La famille peut être vue comme un cadre d'amour, défini comme un mouvement qui porte l'une vers l'autre deux personnes – sans que cela se limite à la somme de deux quêtes individuelles de bonheur; elle organise un désir qui les conduit à engendrer des enfants et ne se résume pas au souci de se reproduire. Elle ne garantit pas seulement une sécurité, elle propose dans la durée un attachement inconditionné à ses membres. Elle offre à chacun la possibilité d'un don de soi et même elle le demande.

Parmi les approches possibles de la famille, notamment la parenté et la conjugalité (formation d'un couple), c'est la seconde qui a été retenue. Plus précisément, il s'agit de la famille de procréation qui désigne le couple et les enfants. Pour envisager la famille de procréation dans les milieux très pauvres, nous nous sommes encore appuyés sur la reformulation d'un autre propos – qui a, lui aussi, émergé dans le groupe -, abordant la vie des familles sous l'angle de la reconnaissance de leurs projets. Cette dernière notion faisait écho à l'idée, également émise, d'une responsabilité personnelle dans l'action contre la pauvreté. Elle est rapidement apparue susceptible de permettre l'élaboration d'un objet de recherche.

Comment et pourquoi des personnes très pauvres décident-elles de former un couple, inscrivent-elles dans ce cadre une progéniture, agissent-elles pour faire vivre ce groupe ? Ces différents événements peuvent être pensés à l'aide du concept de projet. Ce concept aide à percevoir la famille en termes d'action contre sa propre exclusion ; il permet de parler de la misère non pas, comme on le fait souvent, en ayant en vue seulement la souffrance, mais en se centrant aussi sur l'espoir qui conduit à entreprendre quelles que soient les difficultés. Le projet, façon de faire advenir un futur, met en jeu le désir par lequel l'homme se constitue comme sujet dans la société. C'est moins le groupe familial comme tel, qui se trouve en jeu, que l'engagement de soi dans celui-ci, en tant que réalisation personnelle.

Le projet familial n'a pas été considéré comme une valeur, mais comme une pratique. Il se met en œuvre selon deux mouvements : d'une part la fondation d'un groupe-famille, d'autre part sa continuation qui suppose des moyens pour bâtir le futur souhaité. Ces deux mouvements sont déployés dans le temps.

La question du temps permet de saisir la relation entre les familles très pauvres et les institutions. Le temps embrasse les problèmes des rythmes, des ouvertures de perspectives, des fermetures d'horizons. C'est là un enjeu : notre problématique s'est développée autour de son analyse.

Les thèmes du projet familial et de la pauvreté se situent sur deux plans distincts. En faisant délibérément le choix du premier, nous courions certes le risque de l'oubli des préoccupations liées aux problèmes spécifiques de la grande pauvreté. L'axe du temps nous y ramène.

Avec cette dernière question, on peut saisir la manière dont les personnes très pauvres entrent en relation (de dépendance, de domination, d'autonomie, d'émancipation...) notamment avec des institutions sociales, économiques et politiques, par nature porteuses de la durée, mais aussi d'une autre conception du temps, la leur. On réintroduit de la sorte le problème des conditions d'existence des familles très pauvres. Le temps est vécu par les familles, mais il est défini, contrôlé, voire imposé, par les institutions, d'où une tension.

Le projet permet de penser l'espoir, attente d'événements meilleurs. La question du temps conduit quant à elle à envisager l'espérance, relation ouverte

– confiante et risquée – au futur. Nous avons, au bout du compte, davantage que comme un point de départ, vu la famille comme un aboutissement dans le temps. Aboutissement, toujours à ré-entreprendre, d'initiatives personnelles appréhendées comme expressions d'une action propre des très pauvres, œuvrant sur leur devenir.

Notre démarche a été de comprendre le sens que des personnes en grande pauvreté donnent à la création de leur famille et le rapport qu'elles établissent entre la vie de leur famille et le temps. Ceci dans le but de faire changer le regard sur les familles les plus pauvres, d'éviter ainsi beaucoup de souffrances et de donner des éléments pour une politique familiale plus juste pour tous.

Dans un premier chapitre, méthodologique, nous expliquerons comment et pourquoi nous avons choisi ce thème de la famille et comment nous avons peu à peu bâti une problématique articulant le projet et le temps.

Les chapitres 2 et 3 tentent une définition des concepts employés : la famille, le temps, la durée, le projet.

Le chapitre 4 permettra de réfléchir à la relation qui peut être contradictoire, entre le temps long et le temps court, pour les familles en grande difficulté : comment, malgré l'emprise quasi-permanente de l'urgence et ses lourdes conséquences, les projets à long terme peuvent continuer à exister pour les familles, dans un temps voulu, choisi par elles, un temps-ressource, en contraste avec le temps-problème de l'urgence.

Enfin, dans un dernier chapitre, nous nous demanderons si le projet familial est, ou n'est pas, pour les familles très pauvres, un point d'appui pour entrer dans la société. Nous partirons de l'articulation des différents temps dont nous venons de parler, puis nous verrons qu'un regard positif porté sur le temps des familles, et la reconnaissance de leurs projets par la société sont indispensables pour construire un véritable partenariat. Comment la société peut-elle favoriser la prise d'initiative et de responsabilité dans les projets ? Comment cette reconnaissance des projets familiaux des plus pauvres par les institutions et la société en général se situe-t-elle par rapport à l'opposition assistance-participation ?

Note

1. Nous parlerons ici non pas de la pauvreté en général, mais de la grande pauvreté telle qu'elle est définie par le Rapport Wresinski, CES, Journal Officiel, 1987 : *« La précarité conduit à la grande pauvreté, quand elle affecte plusieurs domaines de l'existence, qu'elle devient persistante, qu'elle compromet les chances de réassumer ses responsabilités et de reconquérir ses droits par soi-même, dans un avenir prévisible. »*

Chapitre 1

DÉMARCHE

Mener un travail de recherche signifie manier ensemble la proximité et la distance par rapport au thème choisi. Le chapitre méthodologique présente la démarche de croisement des savoirs vécue au sein de notre groupe à travers la recherche de la problématique, le recueil et l'analyse des données, et l'écriture des résultats.

Recherche de la problématique

Au premier séminaire, en mars 1996, chaque participant pose les questions qui lui semblent importantes pour en faire un sujet de recherche. Parmi les trente-deux participants, vingt-et-un formulent une question relative à la famille, ce qui en fait un des thèmes principaux. Par exemple : *pourquoi le déchirement des familles ? Pourquoi la société ne voit-elle pas les efforts que font les parents pour leurs enfants quand ils vivent dans des conditions de survie ? Quelle est l'importance de la famille dans la lutte contre la pauvreté ?*

Après le premier séminaire, chaque membre du programme est invité à écrire ce qu'il pense sur cinq thèmes qu'il privilégie. Vingt-quatre textes sur la famille sont écrits. Ce qui revient le plus souvent dans ces textes : la non-connaissance des familles les plus pauvres par la société, la crainte du placement des enfants, les regards (de l'école, des médecins, des assistantes sociales, du voisinage…) sur les familles les plus pauvres, les manques (logement, ressources, santé, aides dans les projets...), les forces et les valeurs des familles pour rester unies et résister à la misère.

L'objet de recherche

À la première rencontre du groupe Famille, les militants arrivent avec une question formulée ainsi : *Toutes les familles ont les mêmes valeurs, pourquoi celles-ci ne sont-elles pas reconnues chez les plus pauvres ?* Ils demandent aux universitaires et à la volontaire d'apporter la connaissance des familles de leurs milieux pour faire ressortir les différences.

Un universitaire insiste pour que nous échangions dans le groupe ce que nous croyons être *les valeurs et les forces de nos familles.*

La volontaire souhaite aborder la question : *Comment faire pour que les familles très pauvres soient reconnues et que faut-il changer dans la société ?*

Au cours de la discussion apparaît le mot *projet,* projet familial, projet personnel, projets d'action des familles.

À la fin de la journée, deux formulations de sujet de recherche sont écrites par le groupe :

– le projet familial pour vaincre la pauvreté,

– la lutte contre la pauvreté passe par la reconnaissance des valeurs de la famille.

À la suite de cette journée, les militants réalisent les premiers interviews. Le projet de fonder une famille apparaît vital chez les plus pauvres : *le principal, c'est d'être ensemble avec mes enfants, faire le possible pour qu'ils soient plus heureux que nous...*[1] *Les enfants ça réchauffe une vie...*[2]

Au séminaire de septembre 1996, le groupe présente sa problématique : « Le projet familial et sa reconnaissance dans la lutte contre la pauvreté », aux autres groupes thématiques. Les réactions à cette présentation sont nombreuses : *Est-ce que toute famille a un projet ? Qu'est-ce qu'une famille, alors qu'il n'y a jamais eu autant de familles dissociées ? Il faudrait connaître les luttes des familles pour les faire reconnaître. Et les placements d'enfants, comment vont-ils apparaître dans votre recherche ? Est-ce que le mot « projet » fait l'objet d'un accord entre tous les membres de votre groupe ?*

La fiche de recherche

Lors du séminaire de novembre 1996, nous élaborons une fiche de présentation de la problématique. Cette fiche est écrite après beaucoup de discussions et de désaccords entre nous. Elle n'est pas comprise par les autres groupes qui ne retrouvent pas notre question centrale car nous avons abandonné les mots *projet familial*. Il n'est plus question de la reconnaissance par la société des projets de la famille, il est question des projets des personnes dans la famille. Le mot *reconnaissance* n'apparaît plus dans les mots-clés. Il n'y a pas d'hypothèse. Les remarques des autres groupes nous permettent de nous recentrer sur notre recherche.

Les militants continuent les interviews et avancent l'idée que *fonder une famille est pour les plus pauvres le projet essentiel de leur vie*. De par son expérience, la volontaire confirme cette formulation. Les universitaires demandent aux militants de ne pas s'en tenir à cette affirmation et de ne pas partir de leur propre vécu car, pour des chercheurs, rien n'est vraiment évident tant que cela n'est pas démontré. Après précision du vocabulaire, une nouvelle fiche de recherche est écrite. La question centrale devient : Quel sens a pour les pauvres le projet de fonder une famille et de vivre en famille ? L'accent est mis sur le projet familial pour être reconnu et faire partie de la société et pour entrer dans une durée. L'hypothèse est : pour les plus pauvres, le projet de vivre en famille, malgré les obstacles, est le premier point d'appui pour donner sens à leur vie (durée, socialisation...).

En mars 1997, à partir de l'exposé d'un universitaire sur « Le temps dans la vie des familles », et grâce aux nombreux apports (interviews, discussions, auditions...), le groupe confirme sa problématique : Le projet familial et le temps.

Élaboration du plan du mémoire

Un premier plan de mémoire est alors proposé par les militants. Ils ont travaillé sur les décryptages[3] de toutes les réunions du groupe Famille, sur les interviews, ainsi que sur certains textes. Dans leur plan, ils distinguent le projet familial qui est de fonder une famille et de la garder unie – ce projet s'inscrivant dans la durée – et les projets d'action des familles souvent prises par l'urgence. Ils proposent un chapitre destiné à faire comprendre ce qui se passe réellement entre les familles très pauvres et la société. Ils souhaitent parler des combats et des luttes des familles très pauvres, et des regards portés sur elles.

Le plan est rediscuté au séminaire de juin 1997. Il est modifié afin de mettre en valeur la notion de temps et de durée dans la vie des familles très pauvres.

Les moyens utilisés pour la recherche : les apports

Les moyens utilisés pour mener la recherche ont été les interviews[4], les auditions[5], et les livres, textes, exposés… mis en confrontation, en discussion au sein de notre groupe.

Le thème de la famille, qui appartient à l'expérience sensible de tous, a suscité un très grand nombre de propositions, de réactions de la part des militants dès la première phase du programme. L'abondance de cette expression spontanée rendait du même coup difficile l'élaboration d'un axe de recherche problématique. Deux étapes dans l'avancée du travail furent l'exposé fait par un universitaire sur la systémique (principale base théorique de sa façon de travailler, chercher et penser avec les familles), et la présentation par un autre universitaire des conceptualisations possibles de la famille proposées par les sociologues. La notion de projet fit l'objet d'un apport similaire[6]. Il en sera de même du concept de temps[7].

Un universitaire propose d'étudier le livre *Vies de familles*[8], dont la volontaire venait d'apporter un extrait; cela donnerait d'autres éléments vécus que ceux découverts dans les interviews réalisés par les militants. Ce livre sera lu sous l'angle des projets des familles par rapport au temps.

La volontaire apporte plusieurs textes : sur le point de vue du père Joseph Wresinski sur la famille, sur la cité de promotion familiale de Noisy-le-Grand*, sur la façon dont les familles très pauvres étaient nommées dans les années 1960, et sur la Maison de Frimhurst (Grande Bretagne)*.

La méthode de travail : le croisement des savoirs

Le croisement des savoirs s'est effectué tout au long de la recherche. Quand chacun de nous a fait un travail personnel, il le présente aux autres pour qu'il soit discuté.

Analyse des interviews

Quand les militants commencent les interviews, celles-ci sont analysées par le groupe. L'analyse thématique d'une interview est faite en commun. Cela fait ressortir le besoin d'approfondir les origines des familles, leur vécu, et leur avenir.

Les interviews font comprendre les conditions de vie de certaines familles. Les militants ont parfois dû retourner chez certaines personnes pour compléter la première interview.

Exemples de croisement des savoirs à partir des apports des uns et des autres

La présentation de deux chapitres du livre *Vies de Familles*[9] est faite par les universitaires. Ils présentent leurs analyses, faisant apparaître la peur du destin, la réalisation des projets. Un débat s'ouvre dans le groupe, car les militants découvrent la manière dont une femme est perçue dans un chapitre. Une des militantes dit que cette femme lui ressemble et qu'elle ne la perçoit pas comme l'analyse qui en est faite. Les militants évoquent toutes les angoisses que les familles très pauvres ressentent pour franchir certaines étapes et le temps nécessaire pour réaliser certains projets. Le débat porte aussi sur le fait que la connaissance telle qu'elle est exprimée par des personnes vivant la misère n'est pas la même que dans les écrits des « spécialistes ». Les militants donnent des exemples dans lesquels la connaissance apportée par le voisinage d'une famille très pauvre ne compte pas.

Après un exposé sur « le projet et le temps » fait par un universitaire, les militants retravaillent à partir de l'écrit de cet exposé, et observent que leur analyse est différente de celle qui a été présentée. À partir de leur vécu et des interviews qu'ils ont réalisées, ils peuvent dire que « le temps circulaire[10] » n'est pas que négatif et que le « temps linéaire » n'est pas que positif; et que, d'autre part, les personnes pauvres ne s'inscrivent pas seulement dans un temps circulaire répétitif. Les deux temps sont nécessaires pour avoir des repères dans la vie. Ils inventent un troisième temps qu'ils appellent *un temps en boucle*[11], combinaison du temps circulaire et du temps linéaire, où le passé lie les personnes à leurs racines, mais où parfois, pour les familles très pauvres, le temps semble s'arrêter quand les difficultés sont trop grandes. Il suffit néanmoins d'une rencontre ou d'un événement pour que de nouveau elles puissent avancer dans leurs projets. Ils apportent leur réflexion écrite dans le groupe pour qu'elle soit prise en compte dans la recherche.

Exercice d'écriture commune

Le thème choisi par notre groupe pour cet exercice d'écriture commune[12] est : « Le projet familial et le temps ». La première étape est la compréhension des textes écrits par chacun. Des commentaires, des modifications, des explications ont lieu :

– soit une demande de simplification du langage, car certains mots et expressions restent difficiles à comprendre ;

– soit une critique de fond ; par exemple, les militants et la volontaire sont frappés par l'absence dans le texte des universitaires du « nous » pour définir la famille (définie uniquement par *je, tu, il*, alors que, pour eux, la famille est le lieu du *nous* du couple et des enfants).

Les universitaires précisent : *Quand nous parlons « d'entité corporative », c'est-à-dire de l'idée que la famille forme un corps, nous pensons d'abord au « nous ». Mais nous mettons en même temps, plus que les militants, l'accent sur les individus et l'interpersonnalité.*

– soit des discussions très serrées sur la vision que les uns et les autres ont du temps chez les familles très pauvres. Les militants refusent qu'il soit écrit que les familles très pauvres n'ont pas de notion du temps. Ils doivent expliquer et préciser que, pour les très pauvres, la famille est justement une inscription dans le temps long, quelles que soient les difficultés des conditions de vie. Ces conditions leur imposent de vivre dans l'urgence. Et c'est cela qui leur est reproché, comme si c'était un choix de leur part.

Un premier texte commun de quelques lignes peut être élaboré.

Notes

1. Interview n° 2.
2. Interview n° 3.
3. Décryptages, voir Introduction Générale.
4. Interviews, voir annexe p. 240.
5. Audition Lucie Ribert, Emilie Bourtet, Emile Creutz, voir Introduction Générale, et audition Mme Codaccioni, voir annexe p. 242.
6. À partir de l'ouvrage de J.-P. Boutinet, *Anthropologie du projet*, Paris, PUF, 1996 (1ère éd. 1990).
7. À partir de l'ouvrage de P. Fontaine, *Le temps et les familles sous-prolétaires*, Thérapie familiale, Genève, 1992, vol. 13, pp. 297-326 ; et N. Elias, *Du temps*, Paris, Fayard, 1996 (1ère éd. 1984).
8. M. Titran, T. Potekov, *Vies de familles*, Paris, Gallimard, 1996.
9. *Ibid.*
10. Temps circulaire, temps linéaire, voir chap 3, p. 166.
11. Cf. chapitre 3, p. 168.
12. Exercice d'écriture commune, voir Introduction Générale.

Chapitre 2

LA FAMILLE

Le thème de la famille implique chacun d'entre nous. Ce chapitre donne quelques aperçus sur la famille, de la part de psychologues et de sociologues, de familles très pauvres, et du père Joseph Wresinski. Il se termine par quelques vues relatives aux politiques familiales qui évoluent en fonction des transformations contemporaines de la famille elle-même.

Définitions générales

Le Petit Robert (1994) définit ainsi la *famille* : « les personnes apparentées vivant sous le même toit et spécialement le père, la mère et les enfants ».

Au cours des siècles et selon les pays et cultures, le mot a désigné des réalités assez différentes, mais deux caractéristiques semblent essentielles :

– d'une part, une parenté par filiation (deux générations au moins) et par alliance,

– d'autre part, une vie commune, sous le même toit et dans une perspective assez longue.

Nous distinguons ainsi la famille du *couple* qui ne concerne encore qu'une génération ; en effet la relation parent-enfant nous semble essentielle. Nous la distinguons aussi du *ménage* (dans le sens statistique), communauté domestique résidant dans un même logement, qui peut inclure des cohabitants très temporaires.

Là où d'autres utilisent le terme famille au sens large, nous spécifions *famille étendue ou élargie* pour désigner l'ensemble des parents qui ne vivent pas sous le même toit.

La perception d'une famille et de ses limites reste en partie subjective, dépendante du vécu, quand les entrées ou sorties ne sont pas officialisées ou de longue durée. Ainsi un membre peut être temporairement absent, tel un enfant placé, un compagnon en prison (*je l'attendais sans l'attendre*[1]), ou temporairement présent ou à statut encore imprécis parce qu'en évolution. Exemple : *Marcel il venait me voir... petit à petit il est resté, (...) je ne savais pas si c'était sérieux entre nous (...) Après il a pris du travail, comme ça (...) on n'a pas parlé mariage, (...) pendant quatre ans, on était ensemble, c'est tout... Puis on a décidé de se marier*[2].

Dans notre société occidentale actuelle, les familles sont surtout conjugales, c'est-à-dire mettent plus l'accent sur les relations entre conjoints, et nucléaires, c'est-à-dire réduites à un noyau, comprenant un couple, des conjoints-parents, et leur(s) enfant(s) (la fratrie).

Ceci nous amène à vivre successivement dans deux types de familles nucléaires :

– la famille d'origine ou d'orientation dans laquelle on naît et/ou on grandit ;

– la famille de procréation, que l'on fonde adulte et dans laquelle on procrée et élève des enfants.

De plus en plus de familles sont monoparentales (avec un parent seulement), ou recomposées ou remariées (comprenant des enfants d'unions antérieures). Dans la société contemporaine des formes très différentes de familles coexistent.

Vue de psychologues sur la famille

Des psychologues voient la famille comme un groupe humain essentiel qui a pour but la satisfaction mutuelle des besoins fondamentaux et complémentaires d'homme et de femme, de parents et d'enfants. Ce sont des besoins physiologiques (nourriture, chaleur, mouvement), de sécurité (toit, ordre), d'intimité (affection), de respect (de soi et donné par d'autres) et de réalisation de soi.

Dans l'orientation systémique[3], la famille est vue comme un système, un tout dans lequel les membres individuels (et le sort de chacun) sont liés les uns aux autres, de sorte que tout changement chez l'un d'eux influence les autres (par exemple travail ou chômage d'un membre). Elle est aussi en relation avec le système global d'une société plus large, avec laquelle elle règle ses échanges par des « portes » de communication et des « murs » protecteurs.

Elle se situe, comme une micro-société, entre l'individu et la société. Elle est le premier lieu de socialisation de l'enfant en même temps que celui du développement de sa personne.

Chez les humains, l'enfance est longue. Elle permet d'assurer un long apprentissage et une adaptation à la vie complexe des êtres humains. L'enfant va, à travers les soins qu'il reçoit et la vie journalière commune, établir des liens avec la figure maternelle, puis avec la figure paternelle et d'autres, et progressivement devenir autonome et trouver sa place dans la société.

Parallèlement à ce développement des enfants, il y a celui des adultes qui deviennent parents. Erikson[4] relève comme vertus ou forces : *l'identité, l'intimité, la générativité et l'intégrité* (nous reviendrons sur ces étapes de la vie dans le chapitre suivant). Ces étapes se construisent l'une à travers l'autre et entraînent la famille dans un cycle de vie.

La famille organise les relations entre ses membres et avec les autres systèmes (école, travail, voisinage, nature...) par des règles, des rôles et fonctions, des croyances et valeurs, des rites (repas, fêtes...). Elle crée son propre style, influencée par la culture, la façon de vivre de son groupe d'appartenance et les exigences de la vie.

Dans la durée, la famille assure à ses membres continuité et changement : une stabilité suffisante pour qu'en confiance l'on s'y retrouve et, en même temps, la flexibilité nécessaire pour s'adapter aux changements. Ceux-ci peuvent être internes à la famille (par exemple la croissance des individus, naissance, adolescence...) ou externes (déménagement...).

La sociologie et la famille

La famille est l'une des institutions caractéristiques des sociétés humaines.

La composition du noyau familial est aussi importante que l'existence de ce noyau lui-même : ce sont donc les rapports d'alliance (d'union) qui éclairent le fonctionnement de l'institution familiale.

Depuis les réflexions et les travaux d'E. Durkheim[5], les sociologues ont distingué deux manières de considérer la famille :

– la conjugalité : la famille est envisagée à partir du noyau de deux conjoints et de leur progéniture – ainsi éventuellement que les enfants adoptés[6]. C'est la « famille de procréation » du sociologue américain T. Parsons[7].

– la parenté : il s'agit ici de l'univers des parents que la consanguinité, l'adoption, l'alliance, donnent à un individu[8]. Avec un contenu variable d'un milieu social à un autre, elle est tout autant un système de désignation des parents qu'un groupe réel.

On concluait volontiers, dans les années 1950, suite aux travaux de T. Parsons, à la disparition de la parenté dans la société industrielle : la famille serait réduite à un groupe conjugal avec un petit nombre d'enfants. La parenté est cependant *redevenue visible*[9] dans la société d'aujourd'hui, même si le contexte a changé par rapport à la société traditionnelle. On met ainsi en avant la force des solidarités ou des réseaux familiaux, qui se manifestent dans différents domaines : aides économiques, travail, logement et résidence...

D'autres, comme F. de Singly[10], insistent aujourd'hui sur la famille comme moyen de réaliser un bonheur individuel. Non seulement la famille contemporaine prend sa distance par rapport à la parenté, mais le lien entre l'individu et la famille devient plus fragile : l'autonomie de celui-ci est plus forte que le lien conjugal, et la quête du bonheur se réalise aux dépens de la stabilité du couple. Le mariage, comme l'union libre, perd son caractère d'engagement moral pour devenir un *contrat* : en France, le nombre de divorces a presque triplé de 1970 à 1990.

Ces deux dimensions de la famille, conjugalité et parenté, apparaissent nettement dans les différents entretiens réalisés par les membres de notre groupe. Nous nous sommes toutefois plutôt attachés à l'étude de la famille nucléaire (parents-enfants, à la fois dans la famille d'origine et dans la famille de procréation).

Perceptions de la famille par les plus pauvres

Parmi les quinze militants Quart Monde participant au programme, dix ont été placés pendant leur enfance, pour des raisons liées directement aux conditions de vie.

Parmi les quinze personnes très pauvres interviewées dans le cadre de cette recherche, six ont été placées au cours de leur enfance. Certaines personnes disent que leurs frères et sœurs ou leur conjoint ont été aussi placés.

Chez les personnes interviewées

L'interview de Colette et Jean-Baptiste[11] est significative de l'importance de la famille chez les plus pauvres.

Jean-Baptiste est élevé dès sa naissance par ses grands-parents. Quand ceux-ci décèdent, il est placé à la DDASS, jusqu'à dix-huit ans. Il travaille dans une ferme. *J'ai commencé à faire des conneries, des vols (...). Je me suis retrouvé dans les rues et j'y ai dormi.* Il fait de la prison.

Colette est issue d'une famille de onze enfants. Elle est placée à l'âge de douze ans dans un foyer, parce qu'il y a de la violence à la maison. À quinze ans et demi, elle fait la connaissance de Jean-Baptiste qui sort de prison. Il a vingt-quatre ans. Elle se sauve du foyer. À seize ans, elle a son premier enfant. Ils se marient trois ans plus tard. Pendant plusieurs années, ils sont hébergés dans leurs familles réciproques, puis ils squattent des maisons abandonnées, insalubres. Depuis trois ans, ils sont relogés par le PACT[12]. Ils ont dix enfants, âgés de seize mois à vingt ans.

Jean-Baptiste dit : *Une famille c'est être bien. Avoir sa famille avec soi, ses enfants, les avoir avec nous, ne pas les mettre à droite et à gauche. (...) C'est les aimer*. Colette ajoute : *Être une petite famille ensemble. Quand ils rentrent le soir, ils sont contents de voir papa, maman.*

Jean-Baptiste : *C'est dur d'être placé dans un foyer; on est passés par là, on sait ce que c'est. On ne voudrait pas que ça leur arrive à eux ni à d'autres enfants.*

La famille, c'est d'abord être ensemble, réunis.

Odile dit : *on n'était pas riches, mais on était ensemble*[13]; et Sandrine et Xavier : *Le plus important, c'est de garder le lien familial*[14]. Certains n'ont pas connu ou ont perdu ces liens familiaux, par exemple Myriam : *Je n'avais pas de liens, c'était comme si je n'avais pas de famille*[15], ou Lucie : *Ma famille est éclatée, on n'est plus forcément une famille parce qu'on a des vies différentes*[16].

Chez les plus pauvres, le *nous* passe avant le *je*. Le *nous* c'est l'ensemble de la famille. Chacun est une partie de l'autre, chacun est une partie du *nous* et ne peut exister qu'à travers ce *nous*.

La famille fonde l'identité des personnes, leur nom, leur origine.

Qui je suis, d'où je viens, où je vais ? questionne Christian qui a été placé depuis l'âge de quatre ans jusqu'à dix-huit ans. *Qui je suis ? Je me le demande toujours. D'où je viens ? J'ai toute mon histoire derrière moi qu'il faudrait que je connaisse. Et où je vais ? C'est ce que je dois retransmettre pour avoir un sens à ma vie***.

Les enfants, c'est le but de notre vie. C'est Rolande qui prononce cette phrase, et elle ajoute au cours de l'interview : *Les enfants, ça réchauffe une vie*[17].

Toutes les personnes interviewées disent combien les enfants sont au cœur de leur vie. La famille est pour elles avant tout la relation avec leurs enfants. La famille ne se conçoit pas sans eux :

– Les enfants, c'est notre bonheur, c'est la joie, c'est l'espérance, c'est tout.

– Les enfants, c'est toute ma vie. Mes gosses avant mon mari. Mon mari, s'il venait à partir, à disparaître, je serais toute triste, c'est dur, mais un gosse c'est mon sang, ma chair.

– J'ai dû me priver énormément pour eux (...). J'aurais tout sacrifié pour eux.

– Pour les femmes, c'est tellement évident qu'un enfant c'est ce qu'il y a de plus précieux au monde, c'est cela qu'elles souhaitent offrir à leur compagnon[18].

En conclusion, la définition de la famille pourrait se résumer dans la phrase de Rolande : *Ce qui compte, c'est l'amour, la tendresse que l'on se porte. Le reste importe peu.* Pour les très pauvres, la famille est le seul repère, le lieu où chacun peut puiser l'amour, la force, la compréhension.

Comment le père Joseph Wresinski voyait la famille

Réfléchissant à ce qu'est la famille pour l'homme qui vit la misère, le père Joseph Wresinski en parle comme *du seul refuge* (qui lui reste) *quand tout manque : là seulement, il y a encore quelqu'un pour l'accueillir, là seulement il est encore quelqu'un. Dans la famille, il trouve son identité. Les siens, ses enfants, son épouse ou sa compagne (...) constituent pour lui son ultime aire de liberté.* Pour l'homme très pauvre en effet, la famille est *son dernier rempart... sa dernière défense contre l'adversité, l'humiliation et l'exclusion, contre la destruction de soi. (...) sa dernière cellule, comme irréductible*[19].

Toute famille a un rôle de socialisation des enfants et *cette relation parents-enfants n'est pas seulement formatrice et socialisante, mais c'est comme un lien vital qui ne peut être tranché... sous peine de créer de profonds déséquilibres, qui ne guériront plus et affecteront toute la vie de ceux qui les portent en eux*[20].

Cependant, pour être pleinement éducative, cette relation parents-enfants demande, entre autres, d'être renforcée par tout l'environnement et le père Joseph Wresinski a vite découvert que les familles de Noisy-le-Grand, comme celles de toutes les cités défavorisées à travers le monde, sont des familles qui n'ont pas *reçu en héritage tout ce dont une famille a besoin pour élever ses enfants... une famille qui ne peut pas jouir de tous ses droits.* Et faute de se voir reconnaître leurs droits, ce sont des familles qui dépendent en trop grande partie des services sociaux ou des actions caritatives. Lorsque les enfants sont jugés en danger par ces mêmes services sociaux, alors la famille vit *dans la terreur qu'on les lui arrache, lui arrachant ainsi le seul lien qui lui reste avec la société*[21].

Pour le père Joseph Wresinski, il était impensable de laisser les familles du bidonville de Noisy-le-Grand seules face à ces menaces de placement des enfants, face au risque de destruction de leurs espoirs et de leur famille même. Il lui fallait créer un Mouvement qui soit un Mouvement de familles, s'appuyant sur les forces mêmes de la famille, sur l'espoir tenace et la volonté des parents de donner à leurs enfants une vie meilleure que celle qu'ils avaient connue eux-mêmes. Il disait aux volontaires qui le rejoignaient qu'il était extrêmement difficile d'aider des hommes seuls (ou des femmes seules) à se mettre debout ; mais que par contre, les familles avaient en elles-mêmes tout un dynamisme, en particulier à cause de la présence des enfants, et qu'il était possible de les soutenir, de révéler ce dynamisme et de lui redonner toute sa force de transformation.

Le Mouvement Atd Quart Monde a donc été voulu avant tout comme un mouvement qui rassemblait les familles les plus en difficulté de chaque pays, riche ou pauvre, avec autour d'elles tous ceux qui refusaient que la misère détruise l'homme et qui étaient prêts à s'investir d'une manière ou d'une autre, chacun selon ses moyens, pour que toute personne, toute famille puisse vivre dans la dignité.

La famille vue par d'autres milieux sociaux

Pour un jeune couple d'universitaires, *la famille, c'est nous deux et les enfants*[22]. Ce même jeune couple insiste beaucoup sur l'amour, l'amour appris dans les deux familles d'origine, dans les mouvements de jeunesse ; l'amour qu'ils veulent partager avec leurs enfants (au moins quatre, plus si possible), mais aussi avec les amis, et en donnant du temps au Tiers Monde. Quel que soit leur amour, tous deux (mais c'est la jeune femme surtout qui l'exprime) désirent garder une part d'autonomie, sinon d'indépendance. Le travail de la femme, à mi-temps de préférence, ne lui semble pas incompatible avec plusieurs enfants, et ce travail peut lui assurer son autonomie.

Pour un couple de la génération au-dessus,

> Fonder une famille, *(c'est)* je dirais, choisir quelqu'un pour la vie. Décider de faire le reste de sa vie ensemble parce que l'on s'aime, et cet amour il faut qu'il rayonne... soit avec des enfants *(ils en ont élevé quatre)*, soit avec d'autres personnes. C'est encore essayer d'inculquer aux enfants toutes les valeurs que l'on essaye de vivre... même maladroitement[23].

Mais la décision ne suffit pas. Pour durer, pour faire face aux coups durs, les conjoints, surtout les jeunes familles d'aujourd'hui, comptent sur leurs familles d'origine et aussi sur leurs amis.

C'est sans doute surtout au point de vue moral que la famille ne se sent pas toujours acceptée dans son choix d'avoir plusieurs enfants, surtout rapprochés. Lorsqu'elle a accouché pour la troisième fois dans le même hôpital, une jeune femme d'un milieu populaire[24] s'est entendu dire par une infirmière : *Et que l'on ne vous revoie pas l'année prochaine !* Malgré ce souhait peu encourageant, deux autres enfants, voulus, viendront compléter la famille.

Réflexions sur les politiques de la famille

La famille reste l'acteur principal de la reproduction sociale, dans la chaîne des générations et de la transmission. Mais, comme le fait remarquer le sociologue allemand F. Schultheis, *les affaires de reproduction familiale représentent de moins en moins des affaires privées*. L'État s'en mêle : en France particulièrement, les affaires de famille sont des affaires d'État[25].

L'histoire de la politique familiale en France est traversée par des séries d'oppositions[26].

Qui a la charge de la responsabilité ? D'un côté, on peut estimer que la question de la famille devrait relever du principe de la responsabilité individuelle, donc des solidarités internes aux familles ; de l'autre, elle relèverait de la responsabilité collective organisée par le système de protection sociale et par l'État.

Quelle est la finalité pratique d'une politique de la famille ? Faut-il « aider l'enfant », c'est-à-dire verser des prestations familiales à toutes les familles quel que soit leur niveau de ressources ? Faut-il « aider la famille », c'est-à-dire concevoir la politique familiale comme une politique de redistribution, et moduler les aides en fonction de la situation des familles ? Dans le premier cas, la politique de la famille est au service de l'institution familiale ; dans le second cas, elle est une politique de justice sociale au service de certains groupes sociaux.

En tout état de cause, on observe en longue période une diminution constante de la part des prestations familiales dans les dépenses sociales en France. Alors que les prestations familiales représentaient en 1946 plus de 40 % des dépenses de la Sécurité sociale, elles n'en représentaient plus que 11,5 % au début des années 1990[27].

Quelle doit être l'étendue de l'intervention de l'État ? Selon une première conception, on proposera aux familles des services pré-définis, organisés en dehors d'elles (par exemple la cantine scolaire) ; dans une autre conception, plus libérale, on mettra en avant la liberté des familles de choisir elles-mêmes comment utiliser des prestations familiales directes. C'est l'exemple des « *vouchers* » (« bons ») pour l'éducation aux États-Unis : les familles reçoivent des bons, et les affectent à l'école de leur choix.

Transformations contemporaines

Fragilités de la famille

Deux éléments importants attestent de la fragilité de la famille : non seulement, comme on l'a dit, le nombre annuel de divorces s'est fortement accru en France au cours du dernier quart de siècle, mais le divorce prend place de plus en plus tôt après le mariage ; et le nombre de familles monoparentales est en constante augmentation. Le nombre de familles constituées autour d'un couple a augmenté de 24 % de 1968 à 1990 ; mais le nombre de familles monoparentales a presque doublé pendant cette même période. Parmi les familles avec enfants[28], la proportion de familles monoparentales était de 16,2 % en 1990[29].

Selon J. Commaille[30], la monoparentalité est le plus souvent associée à la pauvreté. Comme l'écrit encore cet auteur, *la déstabilisation croissante de l'institution familiale, associée aux difficultés de plus en plus grandes d'entrée ou de maintien sur le marché du travail, (à) l'affaiblissement de la société salariale, contribue à créer de plus en plus de problèmes sociaux.*

Famille et inégalités sociales

Par delà les transformations contemporaines, le statut de la famille dont est issu un individu demeure pour lui une ressource de la plus haute importance : toutes les enquêtes récentes montrent la persistance du poids de l'origine sociale, non seulement dans la réussite scolaire, mais dans l'insertion professionnelle (ce que montre encore une toute récente étude de l'INSEE[31]).

La famille comme projet

La famille est aussi un des points d'appui les plus forts à partir desquels une personne peut connaître une insertion sociale. On peut ainsi ne pas opposer le désir d'autonomie et de réalisation personnelles des individus avec la constitution d'une famille : c'est en ce sens qu'on parlera de *projet familial.*

Certes, la distance est grande entre le « groupe domestique » des sociétés paysannes d'autrefois (reposant sur la famille patriarcale élargie) et la « famille recomposée » contemporaine. Il demeure que, comme l'écrivent R. Boudon et F. Bourricaud[32], la famille même si elle tend à se disperser, *établit entre parents et enfants un lien dont la solidité n'a probablement d'équivalent dans aucune autre relation sociale.*

Notes

1. Interview n° 13.
2. *Id.*
3.L'orientation ou approche systémique regarde ses objets d'étude comme des systèmes. Un système est un ensemble d'éléments en interaction. Il y a une grande variété de systèmes : mécaniques (thermostat), vivants (cellule), économiques... Von Bertalanffy, 1947, a élaboré une *Théorie générale des systèmes,* Paris, Dunod, 1973. Elle a été appliquée à la famille vers 1970.
4. Erikson, EH, 1950-1966, *Enfance et Société*, Neufchatel, Delachaux, pp. 169-180.
5. E. Durkheim, *La famille conjugale*, in Textes, 3 : Fonctions sociales et institutions, Paris, Minuit, 1975, 1e éd. 1892.
6. Au sens large, puisqu'il peut s'agir aussi des enfants venus avec l'un des deux conjoints, dans le cadre d'une recomposition familiale.
7. T. Parsons, Le système de parenté dans l'Amérique contemporaine, in *Éléments pour une sociologie de l'action*, Paris, Plon, 1955, pp.129-150.
8. Cf. M. Segalen, *Sociologie de la famille*, Paris, A. Colin, 1996, p. 60.
9. Pour reprendre l'expression de M. Segalen, *op. cit.*, pp. 94-95.
10. F. de Singly, *Le soi, le couple et la famille*, Paris, Nathan, 1996.
11. Interview n° 9.
12. Protection, Amélioration, Conservation, Transformation des logements (ex-Programme d'Action Contre les Taudis).
13. Interview n° 4.
14. Interview n° 6.
15. Interview n° 13.
16. Audition.
17. Interview n° 3.
18. Interviews n° 9, 11, 4 et doc. int.
19. Père J. Wresinski, *Les Pauvres sont l'Église*, Éd. Le Centurion, 1983, pp. 16 et 163.
20. Atd Quart Monde, *Revue IGLOOS* n° 81, 1974, p. 33.
21. Père J. Wresinski, *Écrits et Paroles aux volontaires*, Éd. St Paul/Quart Monde, 1992, pp. 91 et 67.
22. Interview n° 12.
23. Interview n° 14.
24. Interview n° 1.
25. Cf. F. Schultheis et F. de Singly (dir.), *Affaires de famille, affaires d'État*, Nancy, Éd de l'Est, 1991.
26. On se fonde ici sur les distinctions proposées par J. Commaille, *Misères de la Famille, question d'État*, Paris, Presses de Sciences-Po, 1996, pp. 98 et s.
27. Source : P. Steck, *Les prestations familiales*, Paris, PUF, 1993, p. 104.
28. Sans tenir compte de l'âge des enfants.
29. Source : INSEE, *La société française, Données sociales*, 1993, p. 576.
30. J. Commaille, *op. cit.*, p. 228.
31. D. Goux, C. Maurin, Destinées sociales, le rôle de l'école et du milieu d'origine, *Économie et statistique*, n° 306, 1997, pp. 13-26; Démocratisation de l'école et persistance des inégalités; pp. 27-39.
32. *Dictionnaire critique de la sociologie,* Paris, PUF 1986, pp. 256-257.

Chapitre 3

TEMPS ET DURÉE DANS LE PROJET FAMILIAL

Qui je suis, d'où je viens, où je vais ? demandait un père de famille dans le chapitre précédent. Par sa question, cet homme nous introduit dans les temps présent, passé et futur. Peut-on dire que la famille est un point de repère pour que l'individu se situe dans le temps ? En grandissant, l'enfant passe par des étapes qui le conduiront à la vie d'adulte. Qu'en est-il pour les enfants des familles très pauvres, dont certaines étapes de développement se chevauchent ou parfois n'existent pas ?

Il a souvent été dit et écrit que la misère était un cercle vicieux qui enferme ceux qui la vivent. Et si le projet familial des plus pauvres était pour eux une façon de casser cette vision du cercle et de se situer dans le futur ?

Le projet familial engage la question du temps. Le temps est un enjeu autour duquel se construit la possibilité ou l'impossibilité de réaliser le projet. En effet, le risque de l'échec ne peut jamais être exclu d'avance du projet.

Le temps

Le temps dans la vie d'un individu se mesure par les années, par les périodes, les étapes qu'il traverse (enfance, adolescence…). Mais le temps c'est aussi la durée, c'est s'inscrire dans le temps des autres.

Les étapes de la vie

La famille est composée d'individus, parents et enfants, qui évoluent dans le temps.

Erikson[1] a étudié les humains dans diverses sociétés. Selon lui, il y a huit étapes dans la vie de l'homme :

– **Nourrisson** (0 à 15 mois)

C'est *l'étape de la confiance* de base dans son entourage, plus particulièrement envers sa mère avec qui il communique. Le nourrisson se découvre capable de crier, de bouger, d'attirer l'attention sur lui. La méfiance se manifeste en même temps que la confiance, mais chez certains nourrissons c'est la méfiance qui va dominer.

– **Petite enfance** (1 à 3 ans)

C'est *l'étape de l'autonomie*, où le petit enfant dit « non » et découvre qu'il peut s'opposer à sa mère et à son entourage. Il part à la découverte du monde qui l'entoure, notamment des objets matériels. L'enfant doit pouvoir se débrouiller seul pour se déplacer, manger, aller à la toilette... Parfois l'entourage ne respecte pas cette autonomie naissante, et des sentiments de honte et de doute s'installent chez le petit enfant.

– **Le préscolaire** (3 à 6 ans)

C'est l'âge du jeu individuel et avec d'autres enfants du même âge. *Étape d'initiative*, c'est-à-dire qu'à travers ses jeux l'enfant commence à créer de lui-même. Parfois ces initiatives ne sont pas encouragées, même réprimées, et l'enfant se bloque et se renferme sur lui-même.

– **Âge scolaire** (6 à 12 ans)

En grandissant, l'enfant devient plus conscient des exigences de la société. Erikson dit que c'est *l'étape du zèle* où l'enfant découvre la joie du travail bien fait et l'impression d'être utile et d'avoir une valeur personnelle. Si l'enfant pense que son travail n'est pas valorisé, il éprouve un sentiment d'infériorité.

– **Adolescence** (12 à 18 ans)

C'est *l'étape de l'identité*. Le jeune cherche qui il est, essaie de trouver sa place et son originalité par rapport au monde des adultes. C'est une étape appelée « moratoire » c'est-à-dire d'attente, une période d'essai, de tolérance de la part de la société, de soutien pour que les jeunes réussissent. C'est l'âge des copains et des premières expériences en dehors de la famille. Si le jeune n'a pas sa place dans un groupe de copains, il vivra très mal cette période ne pouvant affirmer son identité.

– **Le jeune adulte**

C'est *l'étape de l'intimité*, pour certains dans une vie de couple ; mais cela peut être aussi dans les études, une profession... Le jeune adulte a bien souvent pris son indépendance par rapport à sa famille. Pour certains, cette période de liberté et d'épanouissement personnel n'existe pas, l'adolescent passe directement au statut de parent.

– **L'adulte**

C'est *l'étape de la générativité*, c'est-à-dire de création, qu'elle soit familiale, professionnelle, artistique… C'est la capacité de mettre des enfants au monde, de produire des œuvres et d'en prendre soin. Cette capacité a besoin d'être encouragée et considérée comme utile socialement.

– **Maturité**

C'est l'aboutissement d'une vie où l'adulte peut porter un regard satisfait ou insatisfait sur son passé et éprouver un sentiment de plénitude ou de désespoir.

Erikson explique que ces étapes de la vie se construisent l'une sur l'autre dans un ordre logique. Mais parfois les circonstances de la vie et les injustices sociales (pauvreté, placements, échec scolaire…) bousculent ce schéma. Que se passe-t-il pour les enfants arrachés à leurs parents dès leur naissance ou placés très tôt ? Arrivés à un certain âge, ils doivent faire seuls les frais de leur adaptation à la vie (expériences, identité…) et ils n'ont qu'une hâte, c'est de voler de leurs propres ailes. Ils se mettent en ménage au premier émoi affectif avec un voisin, un ami, dans l'espoir d'une vie meilleure – les études et le métier n'étant pour la plupart d'entre eux qu'un souhait enfoui, vu les échecs rencontrés. L'étape du jeune adulte n'existe pas. Très vite, les enfants arrivent. Il n'est pas rare qu'à vingt, vingt-deux ans ils aient trois ou quatre enfants. L'exemple donné ci-dessous illustre ce propos.

Placée à l'âge de deux ans dans un orphelinat jusqu'à vingt et un ans, une femme dit avoir appris tout ce qu'il fallait pour entrer dans la vie : lire, écrire, faire de la couture, de la cuisine, tenir un budget, faire le ménage… Mais à l'âge de l'adolescence, elle s'est rendu compte qu'il lui manquait quelque chose de fondamental : l'amour, la tendresse, l'écoute, le dialogue qui existent normalement entre parents et enfants ou entre frères et sœurs. Elle a vécu cette période d'adolescence dans un grand isolement et enfermement. Devenue adulte, elle se met en ménage avec un homme qui a fait la guerre d'Algérie et qui en est revenu blessé et malade. Une des séquelles est un fort alcoolisme payé sur le budget familial. Pendant vingt ans, ils vivent dans une pièce avec cinq enfants. Leur couple n'a pas connu de période d'intimité : *On était comme des inconnus, on ne connaissait rien l'un de l'autre*, dit la femme qui attribue ce manque de dialogue au fait qu'elle n'a jamais vécu elle-même le dialogue au cours de son enfance. *D'être restée pendant des années sans sortir, je ne savais pas parler, j'avais peur de parler*. Dès huit-dix ans, l'aîné de leurs enfants doit subvenir aux besoins de la famille, assumant des responsabilités d'adulte pour aider sa mère. Il voit et il subit la violence de son père. Il fonde son ménage à dix-sept ans, ménage qui ne tiendra pas. Deux de ses trois enfants sont placés, la grand-mère fait le nécessaire pour éviter que le placement ne se prolonge et obtient la garde de ses trois petits-enfants**[2].

Dans les milieux très pauvres, il est rare qu'un enfant grandisse en ayant acquis les qualités qui lui permettent de franchir les étapes décrites par Erikson.

Pourtant les enfants deviennent tous adultes. Les rencontres qu'ils feront seront décisives pour compenser certains chaos de l'enfance. Ne serait-il pas normal que les personnes, qui ont dû se bâtir sans la logique du schéma d'Erikson, aient droit aux meilleurs moyens qu'offre notre société pour compenser les injustices et déséquilibres de leur enfance ?

Le temps, la durée

Les jours et les semaines, d'une égale durée, s'enchaînent les uns aux autres. Les étapes de la vie se succèdent, normalement en une progression continue.

La conception moderne du temps est de nature linéaire, c'est-à-dire qu'il se développe sur une ligne continue et ne revient pas sur lui-même (le passé – le présent – le futur). Dans la société moderne, c'est le futur qui est valorisé. Mais dans la société de communication planétaire (Internet), c'est le moment présent qui est valorisé. C'est la notion de « temps réel ».

Le temps linéaire s'oppose à d'autres conceptions du temps, par exemple le temps circulaire ou cyclique qui se caractérise par la répétition des journées (par exemple le temps des moines) ou des saisons (le temps des paysans).

Le temps linéaire

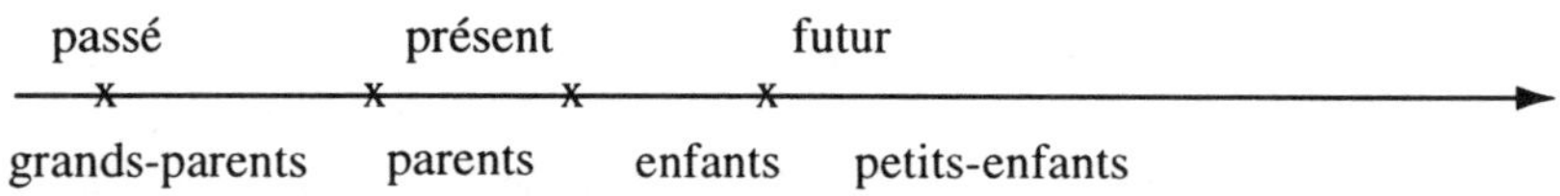

Le temps circulaire ou cyclique

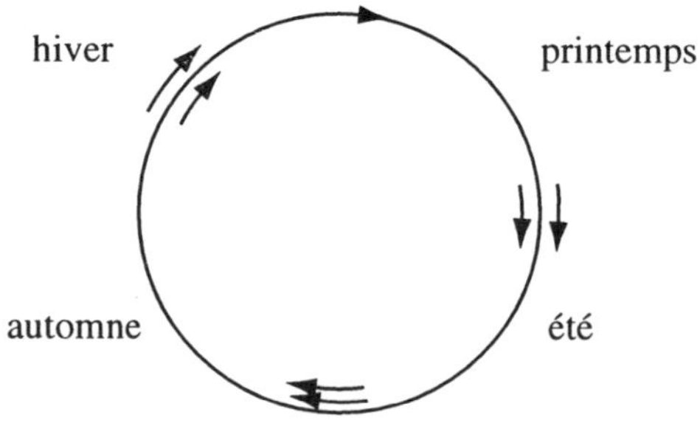

On oppose ainsi un *monde qui avance* (temps linéaire) à une *tradition* qui serait immobile et rigide (temps circulaire).

Le *cercle vicieux de la pauvreté* décrit par des sociologues et des économistes définit l'incapacité d'une famille, d'un groupe, d'un pays, de se projeter dans le futur, c'est-à-dire de sortir du temps circulaire pour s'engager dans le temps linéaire ; chaque génération reproduit la vie de la précédente sans évoluer.

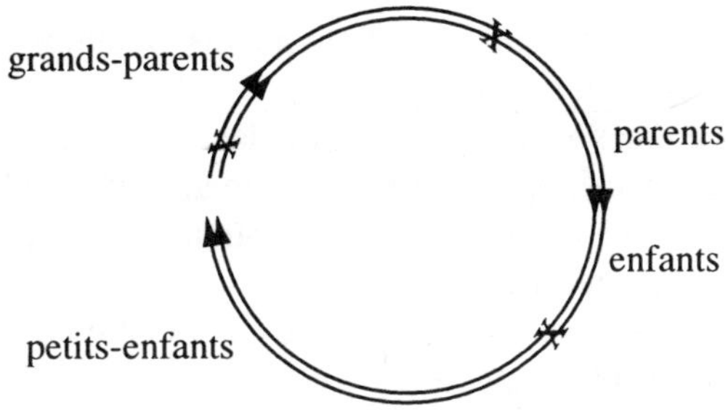

Ce qui se dit parfois des familles qui vivent dans la misère, c'est qu'une de leurs difficultés importantes est de s'inscrire dans la durée. Elles sont vues comme uniquement préoccupées de leur survie immédiate. Certaines études scientifiques vont d'ailleurs dans ce sens. F. Kluckhohn[3] voit une différence entre les Américains : aux États-Unis, l'Hispano-américain pauvre (Mexicain, Portoricain...) serait orienté vers le présent, tandis que l'Anglo ou l'Euro-américain riche (de souche européenne) serait orienté vers l'avenir.

E. T. Hall[4] écrit que : *Les familles marginales (indépendamment de leurs origines) semblent avoir en commun un manque total de programmation*, comme si elles étaient entièrement soumises aux événements qui leur arrivent[5].

Les plus pauvres eux-mêmes n'ont pas nécessairement cette conception-là du temps. *Le temps c'est la durée*, dit une femme qui lutte depuis onze ans pour que ses enfants lui soient rendus, parce qu'ils ont été placés dans un moment de grandes difficultés. La durée, entre deux visites aux enfants, d'autant plus longue que la visite s'est moins bien passée, alors qu'elle n'a qu'une envie, serrer ses enfants dans ses bras pour que le malentendu s'efface. La durée, lorsque les dates anniversaires, les fêtes s'accumulent, que les démarches pour leur retour restent vaines. La durée, quand c'est la rentrée des classes, qu'elle ne peut accompagner ses enfants à l'école, qu'elle n'a pas les cahiers en fin de semaine à vérifier, ni de carnet en fin de mois à signer. Extérieurement, cette jeune femme semble n'être tournée que vers la survie immédiate, vers la vie quotidienne où il faut faire bonne mine, où il faut s'occuper pour ne pas sombrer, alors qu'en réalité elle ne vit que parce qu'elle espère que le temps jouera en sa faveur. Pour compenser cette attente, elle fait en sorte que le temps passe plus vite.

Les plus pauvres peuvent voir leur vie s'inscrire dans ce temps circulaire :
– par l'importance qu'ils donnent à fonder une famille et à vivre en famille ;
– par les conditions de vie : logement, travail, ressources insuffisantes... ;

– par rapport aux enfants : la menace du placement, l'échec scolaire, l'échec professionnel ;

– et aussi les regards portés sur elles à cause de la pauvreté (par le voisinage, les institutions scolaires, sociales...) et l'assistance qui passe encore avant les droits.

Mais ces mêmes familles s'inscrivent aussi dans un temps linéaire. Nous pouvons mentionner les éléments suivants :

– certains droits gagnés : prestations familiales, RMI... ;

– l'évolution de la société par rapport aux mœurs (union libre, contraception, maternité...) ; par rapport à l'information (communication audiovisuelle) ; par rapport à la consommation (crédits, dettes...) ;

– la création et la mobilisation de certaines associations qui dénoncent, avec elles, les injustices liées à la pauvreté ;

– l'évolution de la vie des jeunes par le brassage interculturel, l'ouverture à d'autres milieux, mais vie aussi influencée par des phénomènes comme la drogue...

Considérer le temps des plus pauvres, c'est ainsi remettre en cause la notion de *cercle vicieux de la pauvreté*. Les plus pauvres ne sont pas nécessairement enfermés dans ce cercle ; leur temps n'est pas seulement répétitif. Ils peuvent s'appuyer sur un temps long et envisager autre chose dans le futur. La procréation de générations nouvelles, les espoirs des parents d'une vie meilleure pour leurs enfants, les actions collectives pour l'accès aux droits, prennent place dans une société qui change et dont ils veulent être acteurs.

Il apparaît en outre que, dans le temps circulaire, tout n'est pas négatif et que, dans le temps linéaire, tout n'est pas positif. Les deux temps sont nécessaires : en effet, si on progresse dans le temps linéaire, le temps circulaire permet d'avoir des points de repère ; par exemple, l'importance de la famille chez les plus pauvres permet aux jeunes d'avoir un garde-fou par rapport à certaines évolutions de la société. Chaque être humain a besoin de ses racines, de ses repères. Pour avancer, il a besoin de tirer les leçons du passé, il ne peut pas simplement avancer sans jamais regarder en arrière.

C'est pourquoi une autre façon de voir le temps correspondrait davantage à la réalité que la division en temps circulaire ou linéaire. C'est **le temps en boucle** dans lequel les deux éléments sont associés : la mobilité (ou l'avancée), et le retour à des points fixes garantissant la possibilité de nouveaux départs consécutifs aux échecs.

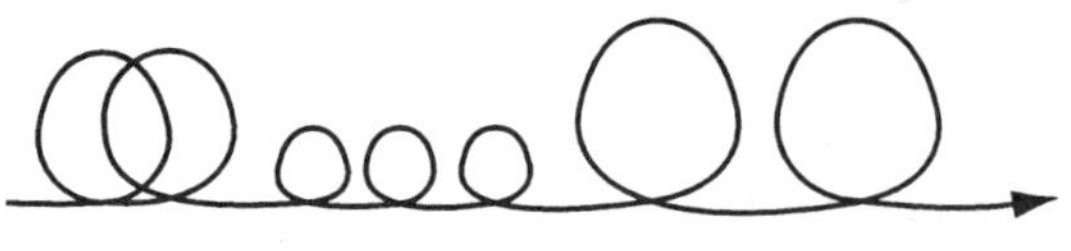

Étudier le *projet* chez les plus pauvres, c'est refuser de les considérer enfermés dans la fatalité d'un temps sans futur.

Le projet

La notion de projet

La notion de projet désigne une relation maîtrisée au temps. Le projet engage non seulement une conception du futur, mais une démarche d'action visant à faire advenir le futur[6]. Le projet se distingue en cela du simple souhait ou du rêve, même s'il inclut la dimension d'un échec éventuel. Le projet peut être individuel, par exemple le souci de réalisation de soi. Dans la société moderne, c'est bien souvent le projet personnel qui domine répondant au désir de bonheur individuel. S'engager dans un projet peut se définir comme essayer d'accomplir une promesse que l'on s'est faite à soi-même. Ce peut être aussi se situer par rapport à autrui. Mais le projet peut aussi engager la personne avec d'autres qu'elle-même.

Le projet familial

La famille peut-elle être un projet ? De nos jours, la plupart des observateurs insistent sur la perte des liens familiaux, sur la dissolution ou l'effritement du modèle familial traditionnel, bref sur l'incertitude dans laquelle semble être entrée l'institution familiale. Ces évolutions sont même parfois présentées comme bénéfiques, car elles seraient la conséquence d'une plus grande liberté individuelle. Est-il dès lors pertinent d'attendre de la famille, institution en crise, qu'elle permette aux plus pauvres une amélioration de leur condition ?

Différents auteurs américains[7] voient pourtant dans la situation déséquilibrée de la famille (absence ou chômage du père) un des principaux facteurs de la persistance de la pauvreté.

La notion de projet familial, au sens où cette notion a été définie dans notre groupe, s'oppose à d'autres opinions communes qui concernent la réalisation personnelle. Ce souci de réalisation de soi serait dorénavant plus important que les liens qui découlent de l'appartenance à un groupe et qui résultent de l'engagement.

Comment et pourquoi des personnes s'engagent-elles aujourd'hui dans la fondation d'une famille définie comme projet durable ? Comment et pourquoi aujourd'hui, dans une société individualiste, la réalisation personnelle peut passer par la réussite du projet du groupe (de la famille) ?

Projet familial, projet de vie ? Le projet de fonder une famille très tôt chez les plus pauvres est souvent lié à leur passé. Quand un enfant a subi un placement dès son plus jeune âge, qu'il n'a pas de traces de ses racines, il cherche toute sa vie d'où viennent son nom, ses origines :

J'étais pupille de la nation. J'ai été élevé chez des parents nourriciers dans une région minière. Le mot « bâtard » m'a collé à la peau des années et à l'école, chaque signature sur mon bulletin était un rappel injuste de ma situation. Je devais expliquer pourquoi mon nom était différent de celui de la famille nourricière**.

Un enfant qui a grandi sans l'amour, ni la tendresse de ses parents, de ses frères et sœurs, cherche toujours à comprendre les raisons de son placement.

D'autres enfants élevés dans leur propre famille, vivent l'insécurité et les angoisses permanentes dues à la pauvreté. La menace du placement est toujours présente dans l'esprit des parents, les enfants en sont conscients. Parfois, les conditions de vie sont tellement difficiles (l'errance, ou l'insalubrité et le surpeuplement du logement, le manque de ressources...) qu'elles entraînent un climat de tension tel qu'il peut devenir insupportable et provoquer l'éclatement de la famille.

Les enfants subissent aussi les regards et jugements portés sur leurs parents ou les aînés de la famille. Cette réputation les poursuit partout où ils vont, à l'école, dans le quartier, plus tard dans la recherche d'un travail... Toute leur vie sera marquée par ce manque de confiance en eux qui leur a été imposé.

Pour les enfants qui ont eu une enfance difficile, se mettre en ménage, fonder une famille est comme un défi par rapport au passé. Ils sont persuadés que leur vie ne peut être que meilleure. C'est un défi lancé par rapport à soi-même. *Je n'avais plus rien à perdre*, dit un homme qui a été placé toute son enfance et qui a vu dans sa mise en ménage un espace de liberté qu'il n'avait jamais possédé. Pour d'autres, fonder une famille veut dire exister dans la société et être acteurs de leur propre vie.

Le projet familial et le temps

Fonder une famille, c'est s'inscrire dans le temps, et ceci malgré tous les obstacles rencontrés.

La famille et le temps

La famille est communément conçue comme le cadre de l'amour et du bonheur. Elle conserve toutefois une fonction primordiale : inscrire les personnes dans la succession des générations, ce qui met en jeu de deux façons le temps long : en direction du passé, des générations passées, et en direction de l'avenir par la procréation. La mise au monde d'enfants, dont les parents assurent aussi l'éducation de base, est une projection dans le futur.

Certains auteurs estiment que la modernité se caractérise par la perte de tout lien avec la mémoire. Ce serait le triomphe du moment présent. Le temps long serait de moindre importance dans cette société dominée par la quête du bonheur individuel, dont la famille serait seulement un instrument. D'autres auteurs sont, à l'inverse, attachés à une conception de la famille comme « institution », c'est-à-dire une réalité solide, permanente et durable.

Le projet familial et le temps pour les plus pauvres

Le projet de vivre en famille donne un sens à la vie

Même si les moyens et le temps sont contre eux, cela leur donne un but et une raison de vivre. Malgré l'urgence qui leur est trop souvent imposée, ce projet de vie en famille est perçu par eux comme le moyen de se projeter dans le temps long. Vivre en famille est en soi un projet qui s'inscrit dans la durée. L'enfant, en effet, est par nature projection dans le temps long, le temps d'au moins une génération. C'est le temps de la filiation.

La vie est la seule richesse des pauvres

S'ils ne maîtrisent pas la vie matérielle, il en est autrement pour la vie en elle-même, cette vie qu'ils portent en eux et qu'ils respectent malgré les difficultés et les embûches mises sur leur route. La valeur que les pauvres donnent à la vie se manifeste par leur profond désir de fonder une famille c'est-à-dire d'avoir des enfants.

En face d'une famille nombreuse bourgeoise, la réaction est : Quelle belle famille ! Face à une famille nombreuse, dans laquelle les parents sont des petits salariés, la réaction entendue est : Ils ne sont pas du même lit ? 8, comme si une famille de cinq enfants d'un milieu modeste ne pouvait être due qu'à une deuxième union. Quand la famille est très pauvre, la première réaction de certains services sociaux ou médicaux face à une grossesse est de proposer l'avortement. Avortement qui sera refusé par la majorité des femmes, ou très mal vécu, souvent caché en cas de nécessité absolue. Il leur sera proposé et recommandé bien vite de prendre des précautions pour ne plus avoir d'enfants. Face aux méthodes contraceptives proposées, la décision est souvent prise par le couple et non par la femme seule. Le suivi médical, les moyens financiers entrent en ligne de compte et font que bien souvent la contraception est abandonnée en cours de route. Les réactions souvent émises et entendues sont : *C'est une honte de mettre des enfants au monde quand on est pauvre... Quand on n'a pas les moyens, on ne fait pas d'enfants***.

Une femme pauvre enceinte n'est jamais honorée, ni félicitée; pourtant, donner la vie est sa raison d'être. Chaque nouvelle grossesse est à la fois joie et angoisse. Joie de se sentir être quelqu'un, responsable d'une autre vie, responsable de protéger cet enfant qui arrive, et espoir que sa naissance sera l'occasion d'un nouveau démarrage. Angoisse à l'intérieur du couple, que la grossesse n'arrive pas à son terme à cause des conditions de vie (conditions matérielles et morales), peur du placement éventuel des enfants, inquiétude de ne pouvoir assumer cette nouvelle naissance... En milieu pauvre, les grossesses ne sont pas programmées dans le temps. Plusieurs explications sont données : l'amour..., le destin..., le hasard..., les circonstances de la vie de misère qui font que la vie professionnelle et sociale n'existant pas ou peu, les seules relations sont au niveau du couple.

Élever des enfants est source de bonheur et de craintes

Il n'y a rien de plus pénible pour une mère que de se sentir impuissante devant les souffrances de ses enfants, de ne pas pouvoir les soigner quand ils sont malades, de ne pas pouvoir leur donner à manger quand ils ont faim. Vivre dans l'angoisse jour après jour. Accepter toutes sortes d'humiliations pour les garder; par exemple**, se faire traiter de « voleuse » pour avoir pris un litre de lait pour un bébé en danger, et quinze ans plus tard apprendre que ce « délit » a été divulgué à un de ses fils surpris à voler par la gendarmerie : *Pas étonnant, tu as de qui tenir, tu es un voleur comme ta mère*. Humiliation aussi pour les pères à qui est reproché de ne pas subvenir aux besoins de leur famille. Conscients de la situation de leur famille, ils n'en ont pas les solutions. Jugés « incapables, ne servant à rien », ils ont à prouver que dans l'éducation des enfants il n'y a pas que l'aspect matériel qui compte. Néanmoins, la fierté est grande, dès qu'une possibilité se présente, de pouvoir acheter de ses propres sous un cadeau pour les enfants et le leur offrir, même si cet argent aurait pu être utilisé pour des choses plus nécessaires aux yeux de « la société ». Les parents négligent bien souvent leur propre santé, leur propre aspect extérieur, car leurs enfants passent avant eux.

Garder la famille unie est un véritable défi pour les parents

C'est le défi de leur vie. Quand l'enfant est malade, quand il est chétif ou trop gros, quand il a des retards psychomoteurs, quand plus tard à l'école il manifeste des troubles du langage, quand il accumule les retards scolaires, quand devenu adolescent il n'a aucun bagage pour rentrer dans la vie professionnelle, bien souvent les parents sont culpabilisés. Leur vie de parents est de se justifier face aux reproches. Les forces pour tenir et aller de l'avant sont données à l'intérieur de la famille par les enfants eux-mêmes. Leur présence est une force inimaginable devant les embûches de la vie et permet de se projeter dans le futur.

En résumé, le projet familial se situe dans le présent pour le futur et en tenant compte du passé. Mais la réalisation de ce projet dépend des moyens, matériels et humains, que l'on a ou que l'on n'a pas. Pour les familles très pauvres, la réalisation ne dépend pas seulement d'elles-mêmes. On retrouve les obstacles qui engendrent le « temps circulaire » : les conditions de vie, les regards, l'assistance... Ce sont les contraintes sociales. Les besoins vitaux de la vie quotidienne, l'urgence dans laquelle vivent les très pauvres semblent en contradiction avec tout projet à long terme. Les familles très pauvres vivent en permanence à la fois l'urgence et le long terme. C'est ce que nous étudierons dans le prochain chapitre.

La réalisation du projet dépend des points d'appui que la famille aura trouvés : associations, institutions, personnes... Quand une personne n'a pas connu, dans son évolution, les différentes étapes nécessaires à sa construction, la société devrait mettre en œuvre des moyens supplémentaires pour que, une fois arrivée à l'âge adulte, cette personne puisse réaliser ses projets, et principalement son projet familial. Quels sont les points d'appuis que les personnes très pauvres peuvent trouver pour mener leur projet familial ? Cette question sera traitée au chapitre 5.

Notes

1. Erikson, *op. cit.*
2. Les phrases suivies du signe** sont des extraits de discussions de groupe ou d'écrits personnels.
3. F. Kluchohn, in John Spiegel, Transactions. *The interplay between individual, family and society*, New-York, Science House, 1971, pp. 164-165.
4. E. T. Hall, *La danse de la vie. Temps culturel, temps vécu*, Paris, Seuil, 1984, p. 251.
5. D'autres chercheurs contestent ce point de vue, voir en particulier Richard, *La culture du pauvre*, Paris, Éd. de Minuit, 1970.
6. J.-P. Boutinet, *op. cit.*
7. Cf. J. Patterson, *America's struggle against poverty*, 1900-1985, Cambridge, Harvard University Press, 1990.
8. Interview n° 1.

Chapitre 4

ENTRE URGENCE ET PROJET, LE TEMPS FAMILIAL PARTAGÉ

Le temps – mais lequel ? – est un enjeu dans la construction des projets. Nous avons vu les limites de l'opposition usuelle entre temps *circulaire* et temps *linéaire*.

De la description des projets familiaux, il ressort qu'il n'y a pas un seul, mais différents rapports au temps. Celui-ci est doublement partagé : long ou court, choisi ou subi. Toujours présent, notamment dans le cadre des rapports de filiation, le temps long abrite les choix voulus pour le futur. Le temps peut aussi être très court, résultant seulement d'adaptations à des situations imposées. Dominé par une logique d'urgence, il contraint alors à se résigner à de toutes petites avancées, des stagnations, voire des régressions.

Ces divisions traversent parfois une même existence. Elles indiquent les plus ou moins grandes capacités à formuler et à porter des projets, et elles révèlent en même temps les inégales conditions sociales de leur réussite ou de leur échec.

Toutefois, qu'il soit long ou court, si le temps est souvent un problème, il peut aussi être une ressource.

Le temps long, toujours présent

Le temps long est présent dans le lien de filiation, qui relie les individus les uns aux autres dans un rapport d'ascendance, que nous appellerons « l'affiliation », et de descendance, dont nous parlerons comme la « génération ». Affiliation et génération peuvent être vécues de différentes manières, ce qui pose la question de la nature d'un temps long qui peut par ailleurs être menacé.

« Affiliation » et « génération »

Il s'agit ici de l'insertion de l'identité personnelle dans un passé défini par la famille d'origine.

L'affiliation : être fils ou fille de quelqu'un

L'affiliation comme présence

Elle est toujours présente, et cela peut prendre la forme de la cohabitation de plusieurs générations. Jean-Baptiste[1] rappelle que lorsqu'il a connu Colette, sa femme, ils sont restés *un bout de temps* chez son grand-père. C'est là, *chez grand-père*, que survient la naissance d'Olivier, *son plus vieux*. La cohabitation concerne également des personnes plus jeunes : Hélène[2], compagne de Pascal, avait décidé *de retrouver le chemin de chez (sa) mère*. Ce jeune couple d'une vingtaine d'années vit ainsi chez celle-ci, avec la grand-mère d'Hélène.

L'affiliation inclut ce que les parents ont transmis : *Ils m'ont dit de ne pas faire de bêtises, d'aller à l'école correctement*, dit Jean-Baptiste[3] de sa grand-mère, qui l'avait élevé après différentes ruptures familiales, et avant qu'il ne soit envoyé en foyer. Elle s'exprime très fortement dans le souvenir des disparus.

Xavier[4] a peu connu son père, qui se trouvait en Algérie quand il était enfant. Il vient de le perdre. Un homme *terrible, brutal : mon père, c'étaient des claques et des coups de ceinture dans la gueule quand j'étais gamin*. Mais un homme *franc*. Sa compagne, Sandrine, précise qu'*il faut retenir ce qui est bon. (...) C'était un beau-père que j'aimais bien. (...) On faisait une bêtise, il nous mettait dans le droit chemin. Il avait raison, rien à dire.*

Ils devaient pour Noël être ensemble avec leurs deux filles aînées, qui sont placées. *Mais voilà, (mon père) est décédé*. Disparu, mais présent : *on a passé Noël avec (lui)*.

Cette présence familiale peut aussi s'exprimer dans l'entraide : les parents et les beaux-parents, ou encore des oncles, tantes, ou d'autres proches peuvent aider à trouver un logement (comme le frère de Colette[5] ou le parrain de Rolande[6]), à en payer les charges ou à se porter caution (le beau-père de Lucienne[7]), à le remettre en état (le beau-père de Jean-Baptiste), voire à prêter le toit (le beau-père de Lucienne, la tante de Jean-Baptiste).

Lorsque cette logique d'affiliation est manifeste, elle est affirmée avec force : la famille de Xavier est certes *dispersée de droite et de gauche*, ne se réunissant que *dans des malheurs comme ça*. Mais *le plus important*, souligne-t-il, *c'est de garder le lien familial*. Rolande insiste sur le sens de leur projet commun avec son mari : *fonder notre propre famille*. Comme pour mieux préciser l'importance de ce projet pour chacun d'eux, elle met en avant le contraste de leurs filiations respectives. Après avoir dit que *son mari venait de la DDASS*, elle se définit elle-même comme *issue d'une famille nombreuse, pas riche, mais sans problèmes. (...) La famille, c'était sacré.*

Ruptures dans l'affiliation

L'importance de l'affiliation est d'autant plus remarquable lorsqu'elle est opposée à la logique inverse qui tend à rompre les liens avec les ascendants. Nombre de personnes ont subi une désunion d'avec leurs parents ou leurs frères et sœurs.

La forme la plus brutale est la séparation avec placement et envoi d'un foyer à l'autre. Élevé par sa grand-mère dès sa naissance, à la mort de celle-ci, Jean-Baptiste *s'est retrouvé dans des foyers (...), puis placé dans une ferme, jusqu'à l'âge de dix-huit ans*. Il en a été de même pour ses frères et sœurs. Quant à Colette, sa femme, elle a habité avec ses parents jusqu'à l'âge de douze ans. *Mais après j'ai dû être placée parce qu'ils buvaient*. Sophie[8], séparée très tôt de ses parents pour cause de divorce, a *été ballottée dans différents foyers* de la DDASS. Il en résulte une frustration douloureuse : *J'en ai beaucoup souffert quand je voyais mes amies avec leurs parents*. Le placement peut également créer un sentiment de rejet, évoqué par Lucienne[9] : *Élevée à la DDASS, puis dans une famille nourricière. Tout de suite, je me suis sentie rejetée. Je devais me contenter de ce que les autres ne voulaient pas, par exemple pour les jouets, les habits*. Nadège[10], résume ce qui lui paraît, l'essentiel : *La DDASS, ce n'était pas ma famille, même que je n'étais plus battue. Il me manquait l'amour de mes parents*.

Le placement rompt les liens d'ascendance. Il disloque aussi les fratries. Jean-Baptiste et Colette ne se rappellent ainsi pas de l'âge de leurs frères et sœurs respectifs. *J'avais quatre frères et six sœurs (...) plus âgés ; leur âge, je ne sais pas* (Colette).

La carence en soins éducatifs, moins radicale que la séparation, contribue néanmoins à perturber l'affiliation. Jeannette[11], dont le fiancé a lui-même été placé en foyer, affirme qu'*il faut savoir* que son père ne l'a pas élevée. Ses parents se sont séparés et sa mère s'est remise en ménage. Elle lui est certes reconnaissante de s'être *débrouillée pour les élever malgré tous les problèmes qu'elle a eus.* Mais elle avoue que ce qui lui a le plus manqué dans l'enfance, *c'est que sa mère l'aide* dans sa scolarité. *J'ai toujours dû me débrouiller toute seule. Quand j'avais besoin de ma mère, elle était pas là.* C'est encore une carence qu'évoque Myriam[12], dernière de sa famille. *On ne s'occupait pas trop de moi.* (Mes parents) *me laissaient un peu dans le coin, dans un petit coin.*

Le tourment familial

Entre la possibilité de s'insérer dans une descendance et un lien de filiation qui est maltraité, se dessine une troisième figure du rapport des personnes à leurs origines familiales, qui structure le temps long de l'existence : la famille d'origine peut être présente, mais cause de souffrances. Là encore, différents aspects peuvent être repérés.

D'un côté, la mésentente peut être source de tourments. La mère de Jeannette[13] a eu du mal à accepter qu'elle prenne son indépendance, et ne s'entendait pas avec le fiancé de sa fille. Celle-ci est allée habiter par la suite chez sa belle-mère, qui *(lui) a fait comprendre qu'elle ne pouvait pas (la) prendre quand (elle) était enceinte. (...) Ça a été beaucoup reproché par sa famille à lui (d'avoir un enfant), comme quoi j'allais pas pouvoir assumer.* Quant à Jean-Baptiste et Colette, au début de leur mariage, ils ont logé chez la mère de la jeune fille. Mais, selon Jean-Baptiste (qui n'aimait pas beaucoup cette situation), *après, cela n'a plus été, j'ai dû partir, parce qu'avec la mère et les frères...* Sur un autre plan, quand il a voulu passer *ses permis*, c'est sa propre famille qui l'aurait découragé : *Tu ne l'auras jamais, tu ne sais pas lire ni écrire.* La fierté de sa femme, c'est qu'il a *quand même voulu avoir la volonté d'essayer*, et il est *arrivé quand même à avoir son permis.*

À l'autre bout de l'échelle, la filiation peut être maltraitée par le non-amour, sinon l'hostilité, du beau-père (Jeannette), ou de la belle-mère, nouveaux venus dans un ménage reconstitué après une séparation des parents. Nadège[14], mère d'un bébé de deux mois, se rappelle que sa *belle-mère ne les aimait pas*, elle et son frère. *Elle nous laissait tout seuls, enfermés, sans eau, sans manger. Elle nous faisait subir des choses atroces.*

La déstructuration de la famille peut aussi être due à l'absence de retenue des parents. *Avec mes parents*, dit Colette[15], *ça se disputait toujours, toujours. Quand mon père rentrait du boulot, ma mère buvait, elle était saoule.* De fait, Colette a dû être placée à cause de l'alcoolisme de ses parents.

Sandrine[16] a subi des choses dont elle ne peut pas parler du côté de son père. Elle ajoute : *Moi, je peux parler du côté de ma mère, (...) du côté de mon père... si je peux m'en éloigner, je m'en éloignerai.* Et Hélène[17] a *quitté la maison à treize ans à cause des problèmes que son père lui faisait.* Elle le répète au cours de l'entretien, tout en ajoutant : *Je ne veux plus en parler, mais jamais j'oublie.*

L'autre versant du déroulement du temps long est la « génération ». Si elle revêt différentes significations pour les personnes rencontrées, elle demeure souvent menacée.

La « génération »

Il est des cas dans lesquels la naissance des enfants est présentée comme subie, même si l'enfant est seulement accepté : *Maintenant qu'ils sont là, ils sont là*, dit Colette, (mère de dix enfants), après avoir dit qu'*elle n'avait jamais pensé qu'elle en aurait autant comme ça*. Mais le plus souvent, la génération est perçue comme porteuse de quelque chose d'autre : elle constitue un moyen de se réaliser comme personne. Elle peut être aussi considérée pour elle-même : elle prend alors la signification d'un « avènement ».

Aujourd'hui, j'ai cinq enfants adolescents et adultes. Ils ont grandi dans deux pièces insalubres mais j'étais toujours là, près d'eux, pour les aider à grandir. Ma femme est aussi fière que moi devant notre premier petit-fils. Notre première fille s'est mariée il y a un an. Elle a son propre logement, sa vie avec son mari. Ils travaillent ensemble pour leur premier fils et la vie recommence dans une nouvelle génération**.

La venue de l'enfant comme possibilité d'exister

Au niveau le plus immédiat, l'enfant peut être un intermédiaire : le moyen d'exister, par la reconnaissance sociale immédiate. Il peut, à plus long terme, être moyen de la réalisation de soi. Il peut enfin permettre le don.

– L'existence sociale

Nadège[18] a *dû faire un enfant pour avoir de l'argent et pouvoir vivre*. Depuis que sa petite fille est née, les services sociaux ont fait preuve d'une plus grande sollicitude. *La naissance de ma fille a beaucoup, beaucoup fait, parce que quand on a un enfant, on s'occupe plus de nous*. C'est la présence de l'enfant qui détermine cette plus grande attention : *On s'inquiète de notre sort; je sais très bien que ce n'est pas pour moi, que c'est pour l'enfant*.

La contrepartie est que, bénéficiaire de l'Allocation de parent isolé (API), elle et le père de son enfant vivent séparément, *chacun de notre côté*.

– Le pôle de la réalisation de soi

C'est un prolongement de moi-même, dit Xavier[19] à propos de ce que représente pour lui le fait de fonder une famille.

En effet, même si avant, Noëlla[20] *n'avait rien, même pas le RMI puisqu'il faut avoir vingt-cinq ans pour le toucher*, la présence de l'enfant n'est pas seulement le moyen d'obtenir des ressources vitales. Elle permet de « grandir », en *prenant ses responsabilités* (Sophie[21]), ou encore de construire son propre avenir. C'est l'enfant comme avenir des parents.

À un autre niveau, l'enfant est le moyen de se réaliser comme personne dans l'amour d'une autre personne, permettant de trouver, malgré les malheurs, la ressource de vivre. Auparavant, Nadège[22] *se sentait seule, en avait vraiment marre de cette vie* et avait tenté de se suicider. *Un enfant, ça donne le goût de vivre*, dit cette jeune maman qui a elle-même été placée à la DDASS. L'enfant fait réagir : *Quand j'ai eu mon fils, j'ai réagi, il fallait que je trouve une maison*, dit Myriam[23].

– L'enfant comme possibilité de don

À un degré encore plus poussé, il est l'intermédiaire entre ce qu'on n'a pas reçu et le désir de le donner quand même. *J'avais besoin d'avoir un enfant pour être heureuse et lui donner tout l'amour que j'avais en moi*, dit Rolande[24]. Sophie[25], *séparée très tôt de (ses) parents pour cause de divorce et ballottée dans différents foyers*, aujourd'hui mère d'un enfant de deux ans, a voulu fonder une famille pour apporter à ses enfants *tout l'amour que j'avais stocké en moi et que je n'avais jamais pu donner.*

Même remarque chez Noëlla[26] qui a eu une enfance peu heureuse auprès de parents qui n'avaient pas le temps de s'occuper d'elle et de ses frère et sœur, et qui a connu une scolarité difficile. Lorsqu'il lui est demandé pourquoi elle souhaite avoir beaucoup d'enfants, alors qu'elle a eu des moments difficiles, elle répond que *c'est le fait de ne pas avoir eu beaucoup d'amour avec (ses) propres parents.*

Il ne s'agit pas ici de « transmission » (car on ne peut transmettre que ce que l'on a reçu), mais de donation : donner ce que l'on portait en soi sans l'avoir reçu. Mais ce désir de don, qui se dit ici dans le langage de l'amour, peut aussi se traduire sur d'autres plans : par exemple, dans le souci que les enfants acquièrent des comportements sociaux permettant de connaître une certaine intégration à la société. Hélène[27], mère de quatre enfants, dit qu'elle leur a appris *d'être polis avec les gens, d'aller dans un magasin, de se tenir convenables.* Et elle ajoute : *parce que nous on n'a pas été élevés comme ça.*

L'enfant comme avènement

– L'avenir des enfants

Les propos de Nadège et de Myriam vont dans le même sens : *L'avenir des enfants ? Mieux que soi, au moins... Que mes enfants aient une vie meilleure que moi (...), qu'ils n'auront pas les mêmes malheurs*[28].

Ils sont rejoints de manière plus appuyée encore par ceux de Rolande :

> (L'avenir de mes enfants, de mes petits-enfants), je le vois meilleur que le mien, j'espère qu'ils auront plus de chance que moi j'en ai eue, beaucoup plus que nous quand même, qu'ils aient une vie heureuse, qu'il n'y ait plus de guerre, qu'ils aient plus de facilité que nous pour avoir quelque chose[29].

– La « génération » comme espérance

Quand, après cette évocation de ses espoirs pour ses enfants, on demande à Rolande si elle « y croit », elle répond : *On est bien obligé d'y croire. Il faut toujours espérer, toujours y croire.* L'espoir est défini par Xavier comme *confiance en l'avenir*[30], un avenir qui engage la durée. Les enfants sont associés au temps long. Séparé de deux de ses filles pour cause de placement, il insiste : *Il faut les avoir déjà, on pourra projeter quelque chose. Tant qu'on n'a rien, projeter quoi ? (...) On peut projeter avec mes gamines, si elles reviennent à la maison (...), on pourra avoir un autre avenir.* Xavier pose ainsi la présence de ses enfants comme son avenir à lui : *Mon avenir, c'est mes enfants. (...) Mais tant que je les ai pas, quel avenir ?* C'est d'ailleurs sa femme, Sandrine, qui définit les enfants comme l'espérance.

– L'enfant comme avenir de lui-même

On imagine souvent la génération comme la projection de soi dans un futur. Mais c'est l'image du futur elle-même qui peut occuper le premier plan : *Moi, j'ai fait des enfants pour (...) qu'ils aient un avenir*, dit Sandrine. Elle ne pense pas ici à l'avenir de ses enfants, mais à ses enfants comme définis par rapport à l'avenir. L'avenir est la définition même de cet être venu au monde, il est engendré pour que quelqu'un d'autre que soi ait un avenir, le sien.

Il a été souligné que, sur le plan de la réalisation de soi, l'enfant peut être mis au monde pour qu'il soit un être à qui donner ce que l'on n'a pas reçu. De la même manière, on peut le faire venir au monde pour qu'un être existe, qui possède l'avenir dont on a été privé. Cette attente-là n'est pas affirmée comme une certitude : c'est une espérance. Mais il y a plusieurs sortes d'attentes.

Incertitudes de l'attente et imprévisibilité

Nous considérerons ici quelques situations qui perturbent la présence du temps long. Il s'agit respectivement de la précarité du travail et des ressources, et du risque (parfois réalisé) de retrait des enfants.

L'absence du travail ou l'attente sans promesse

Le travail, surtout à plein temps, peut être un élément qui structure la vie sur un temps long : sur plusieurs dizaines d'années dans le cas du travail salarié (ou, dans d'autres contextes, agricole ou artisanal). La présence de ce temps long lié au travail, incontournable pour les travailleurs concernés, n'est pas sans influence sur le temps du projet familial et réciproquement. Il est même un moyen de se projeter dans le futur grâce à la sécurité procurée par un revenu qui peut être prévu.

Le temps de travail

Ce temps de travail a été vécu par certaines personnes rencontrées. Il s'agit toutefois des plus âgées : signe de l'inscription dans une société industrielle. C'est le cas d'Odile[31] : *(...) Je travaillais à H., dans la filature. Je partais à cinq heures du matin jusqu'à une heure; à une heure, je revenais, je prenais mes enfants et c'était (mon mari) qui les reprenait vers cinq heures et demie-six heures.* Plus loin dans l'interview, Odile met en cause la capacité professionnelle de son mari : *Mon mari, il ne travaillait pas souvent (...). Quand il faisait beau, les trois quarts du temps, il allait se promener, il n'allait pas au travail.* Rolande[32] a également fait cette expérience : *Pour mon mari, c'était crevant de se lever le matin de bonne heure. Si, il a travaillé un petit peu; mais se lever de bonne heure...*

La promotion professionnelle, qui peut être un moyen d'obtenir un travail plus satisfaisant, constitue une autre voie d'inscription dans le temps long, lorsqu'elle suppose des conditions de formation.

Germaine[33], dont le mari est comptable au chômage, évoque ainsi les dix ans que son mari a *mis pour l'avoir (son diplôme), tout en travaillant.* Ce cas de figure est toutefois exceptionnel au sein de la population rencontrée, les deux membres du couple ne provenant pas d'un milieu très pauvre, ni défavorisé.

Le temps sans promesse

Ce n'est pas l'attente heureuse, dans l'assurance d'un événement favorable qui va arriver, mais la recherche d'un impossible temps social long, au sein duquel prendrait place l'éducation de l'enfant. *L'avenir, je le vois pas trop loin*, dit Jeannette[34], *parce que comme on dit, avec le chômage...* C'est une attente qui dure longtemps, au long de laquelle on guette en vain l'ouverture, une attente sans terre promise, sans promesse tenue : *Francis,* le compagnon de Jeannette, *a retrouvé un petit travail (...), mais ils promettaient, ils promettaient, mais les patrons ils promettent... Il a travaillé six mois.*

À la limite, le temps n'est plus linéaire ni cyclique. Il est, comme l'ont dit les militants Quart Monde, *en boucles*, c'est-à-dire que l'on peut revenir en arrière après une avancée que l'on croyait sûre. Si, parfois, un nouveau départ est concevable lorsque la boucle s'est bouclée, il arrive aussi que les « boucles » se succèdent et perdent toute consistance. La ré-avancée n'est alors plus envisageable, au moins momentanément. *L'espoir me fait peur*, dit Nadège[35], qui semble n'avoir pu accéder à une reconnaissance sociale minimale que par la mise au monde de son enfant, et qui vit séparée du père de ce dernier, afin de pouvoir percevoir l'Allocation de Parent Isolé[36]. À la limite, c'est la *dépression*, évoquée par plusieurs personnes rencontrées, comme Lucienne[37] ou Mme Urbain[38].

Ne pas pouvoir prévoir : le problème de l'épargne

L'argent n'est pas une valeur centrale chez les plus défavorisés, mais il est néanmoins une préoccupation permanente. La faiblesse du revenu impose une forte limitation des choix à un moment donné : plusieurs personnes ont ainsi dû interrompre, par manque d'argent, une formation professionnelle ou même simplement la préparation du permis de conduire, moyen d'un emploi. On peut néanmoins faire face à la vie malgré l'argent manquant, car l'amour est toujours là.

L'amour peut en effet être en surabondance. Ce dont témoigne une femme de ménage, Rolande, évoquant ses difficultés passées tout en précisant que *l'aspect matériel n'avait aucune importance : nous avions un moral d'acier*[39].

Il demeure que mettre de l'argent de côté – épargner ou, ce qui revient au même quant au rapport au temps, emprunter pour rembourser – est non seulement le moyen, mais le signe, du projet. *Avec deux paies*, dit Myriam, *on y arrivera mieux (à avoir un crédit pour acheter une maison)*. Elle-même *espère mettre de l'argent de côté*, tout en déplorant en même temps : *Je ne peux pas dire que je le fais.*

On ne peut pas, souligne Noëlla, *faire des projets d'avenir par manque d'argent*[40]. Ne pouvoir mettre de côté, c'est ainsi être condamné à *vivre au jour le jour*, dit-elle.

L'absence de possibilité d'épargner empêche ainsi d'investir, c'est-à-dire de s'investir sur un temps long, pour réaliser ses projets.

La filiation menacée ou contrôlée

On a vu que, parmi les personnes interrogées, un certain nombre ont fait l'expérience d'une rupture dans leur « affiliation », du fait de placements hors de leur famille d'origine. Cette expérience se réalise aussi dans l'autre sens, la génération (et donc le rapport au temps long qu'elle permet de construire) étant perturbée ou coupée par les menaces qui pèsent sur la possibilité d'élever soi-même les enfants que l'on a mis au monde.

Il peut d'abord s'agir d'un contrôle, comme celui dont Lucienne fait l'objet : *Ils me menacent d'enlever mes enfants ; (...) je vois le juge régulièrement.*

La menace est très souvent présente. Ainsi, Rolande explique l'importance pour elle d'avoir pu trouver un logement décent, après une expulsion : *Si je n'avais pas de logement, mes enfants auraient été placés définitivement et ça, je ne l'admettais pas*. Si l'on n'est pas concerné soi-même, on peut néanmoins être confronté à cette expérience : *Dans mon immeuble*, dit Sophie[41], *deux jeunes couples se sont fait retirer leurs enfants (...), c'est atroce*. Myriam[42] refuse cette éventualité : *Je ne placerai pas les enfants.*

À propos de cette menace sur l'avenir de ses enfants, Nadège[43] insiste : *Que mes enfants ne se retrouvent pas à la DDASS pour qu'ils ne vivent pas ce que j'ai vécu.* Pour d'autres mères de famille, les menaces sont bien réelles. Ainsi cette jeune femme dont le médecin, en qui elle a confiance, signale la grossesse aux services qui ont placé ses autres enfants** Comment peut-elle penser le temps long pour elle-même, et pour son bébé, quand elle est menacée de se le voir retirer dans les jours à venir.

L'emprise du temps court, ou de l'urgence

Les conditions difficiles de logement, de ressources perturbent la vie quotidienne et donnent l'image de familles dont la vie dans l'urgence peut sembler être un choix.

Les conditions matérielles créent l'urgence

Logement

Lorsque les familles interviewées parlent de leurs conditions de vie, c'est presque toujours de leur logement dont elles se plaignent d'abord. Pour les jeunes parents, le logement, c'est en effet trop souvent la cohabitation avec les parents de l'un ou de l'autre, malgré le désir des jeunes d'être chez eux. *Pour l'instant j'habite chez ma mère. On est à neuf!... Dix avec ma grand-mère*[44].

C'est aussi parfois la cohabitation avec une autre famille (qui peut être celle d'un frère ou d'une sœur). Mais, famille ou pas... *ça fait onze personnes dans quatre petites pièces*[45] ! Est-il encore possible de réfléchir sur le long terme quand il faut surmonter au jour le jour les difficultés (gérer le quotidien, éviter les disputes...) qu'un tel surpeuplement ne peut que provoquer?

Et lorsque la famille trouve un logement, quand ce ne sont pas des maisons abandonnées, insalubres, squattées, c'est la plupart du temps un petit logement, vite surpeuplé par l'arrivée des enfants au foyer. Une maman explique : *J'attendais mon cinquième et je ne pouvais plus rester où j'étais... Je n'avais que deux pièces. J'aurais été loin avec cinq gosses*[46].

Dans une telle situation, le temps, c'est le temps de l'attente. La réalisation des autres projets est comme suspendue à l'attribution de ce logement décent. L'attente fait vivre à la famille des moments d'espoir, mais aussi trop souvent des moments de lassitude, de découragement. Et si l'avenir reste présent dans la pensée de tous les membres de la famille, il ne peut guère être préparé, planifié, programmé, faute de certitudes, en particulier sur le lieu futur de l'habitation ; tout plan précis devient impossible.

À une autre famille, l'interviewer demande : *Vous avez vécu à six dans deux pièces, comment vous vous organisiez ?* La réponse est une description rapide, mais très concrète : *Je mettais mon lit là, et je mettais le lit des gosses à côté. Tous dans la même chambre*, conclut l'interviewer... qui n'a pas dû oser demander où la maman pouvait trouver un espace à elle, pour s'asseoir un peu confortablement et réfléchir au futur[47].

Logements surpeuplés, mais aussi délabrés parfois : *Regarde le plafond. Il peut tomber sur nous à tout moment*[48]. Voire même logements insalubres : *Une petite maison, on avait deux pièces, il y avait des rats et des souris*[49].

Des rats et des souris qui reviennent plusieurs fois dans les interviews ! Le temps pour la famille peut-il alors être autre que le temps de l'urgence, et donc du moment présent ? Craindre en permanence que le plafond ne tombe sur quelqu'un, cela ne facilite pas le temps de l'éducation, le temps des projets.

L'argent et le travail

Les logements trop petits, surpeuplés ou insalubres ne peuvent évidemment être que le signe du manque de moyens financiers des familles. Mais elles le disent rarement, c'est inutile d'en parler : c'est trop évident. Par contre, lorsque les familles interviewées se plaignent du manque d'argent, c'est plutôt au sujet des dettes d'électricité et de gaz. Ou pour dire que leurs parents *se crevaient pour presque rien* à faire des ménages[50].

Chaque fin de mois, ou périodiquement, parfois même pour une durée importante, le temps semble quasiment arrêté. En attendant une rentrée d'argent (allocations familiales, chômage, ou revenu minimum tel que le RMI en France ou le Minimex en Belgique), presque plus rien ne reste possible : les adultes de la famille sont comme paralysés, jusqu'à ce qu'arrive l'argent attendu. Et parfois, quand tout manque à la maison, les enfants ne peuvent même plus aller à l'école !

La stabilité de l'emploi est rarement offerte aux personnes interviewées. Jean-Baptiste[51] le dit bien : *Avoir ce qu'il faut, c'est avoir un boulot, un travail stable, des enfants*. Mais, lorsqu'il lui est demandé si cela s'est réalisé, il répond : *Non, uniquement quelques petits boulots, des intérims, tout ça, des stages*.

Ainsi encore, Lucienne[52] répond à une question concernant le travail de son mari : *Il fait un CES* (Contrat Emploi Solidarité) *à la Ville, mais ça ne va pas durer. On va se retrouver comme avant. Ça peut encore durer trois mois, six mois, on ne sait pas...* On ne sait pas. L'incertitude engendre l'attente d'événements indéterminés.

Pour une mère de famille très pauvre, surtout avec des enfants en bas âge, le travail se heurte à des obstacles supplémentaires. Travailler n'est pas toujours possible, comme pour cette maman qui a dû arrêter son travail parce que son fils n'était pas bien nourri là où il passait ses journées[53]. Le temps des chefs de famille, et surtout celui des femmes chefs de famille, est un temps en dépendance, un temps haché, très souvent interrompu par de graves difficultés quotidiennes : maladie d'un enfant, démarches imprévues mais indispensables, accident...

Des aides, mais pas toujours

Certaines familles se sentent – et se disent – soutenues par leur entourage ou par les services sociaux et caritatifs. *Ma sœur nous a donné ce qu'elle avait en trop en meubles (...) Au début, je suis allée au Restaurant du cœur (...) et j'ai eu l'aide alimentaire à la mairie*[54].

Sauf quand il s'agit d'un soutien familial ponctuel tout à fait normal (ici, les meubles), une aide de ce type risque fort de maintenir la famille dans le quotidien, parce qu'elle ne lui permet que la survie, et non l'avenir.

Parfois l'aide peut-être morale : de l'ordre du conseil, par exemple. Et dans ce cas, elle peut avoir des effets bénéfiques à très long terme, parfois pour toute une vie : *Les F. avec eux j'ai vraiment progressé... Ma mère m'a appris à ne pas gaspiller*[55]...

Mais souvent l'aide doit être très concrète et financière : *On a demandé au père de L., et il nous a avancé la caution* (pour le logement)[56]. C'est aussi grâce à leur père qu'ils ont l'électricité. Ce type de soutien risque d'ailleurs de n'avoir qu'une durée limitée, comme pour cette famille dont le père du chef de famille a aidé pour le loyer... jusqu'à sa mort[57]. Malheureusement, l'aide, le soutien ne sont pas toujours là quand une famille en a besoin. Ils peuvent ne pas être donnés, par manque de connaissance ou de moyens adaptés à la situation. Ainsi le docteur Titran explique-t-il, qu'avec son équipe, ils avaient pu aider une jeune femme pour élever elle-même son deuxième enfant, mais que *tout ce travail d'accompagnement, nous n'avions pas pu le faire avec Paule* (le premier enfant)[58].

Le soutien financier et moral peut aussi être tout simplement refusé et sans dialogue, comme à cette jeune fille de treize ans et demi qui, sur le conseil de son institutrice pourtant, venait avec sa mère demander une bourse d'étude pour entrer au collège. *Mais non, Madame Ribert, ce n'est pas la peine*, leur a répliqué l'assistante sociale, *à l'usine, ils embauchent encore et Lucie peut très bien y aller, ça vous fera un salaire de plus*[59]. Sans doute cela a-t-il fait un salaire de plus pour la famille dans l'immédiat, mais c'était sûrement refuser à une adolescente la perspective de l'avenir, c'était la maintenir absolument dans le court terme.

Les conditions morales et psychologiques maintiennent dans l'urgence

Un militant du groupe souligne que bien souvent, chez les personnes en difficulté, on ne fait plus attention aux efforts ou aux aspects positifs, mais seulement aux aspects négatifs de leur vie. Ces jugements, au-delà de la peine qu'ils occasionnent à ceux qui en sont les victimes, sont une manière de les enfermer dans le présent. En effet, que des familles se recroquevillent sur elles-mêmes devant les critiques qui sont portées – sur leurs enfants en particulier – qu'y a-t-il d'étonnant à cela ?

Parce que ses deux garçons sont turbulents, et que l'un d'eux est refusé à la cantine et l'autre à l'étude, une femme n'ose pas les envoyer au Centre de loisirs : J'ai tellement peur d'avoir des ennuis avec eux[60]. À cause de leur renvoi de la cantine et de l'étude, ce sont les possibilités de découvertes offertes par le Centre de loisirs, et donc l'avenir, qui sont refusés aux enfants. La nécessité d'éviter les ennuis dans l'immédiat enferme la famille dans le temps court, lui fermant par là même la porte du temps moyen ou long. Les ennuis peuvent d'ailleurs aller jusqu'au placement des enfants, ce que les familles redoutent fort, bien évidemment : elles le craignent parfois même sans qu'il y ait de réelles menaces, mais c'est une angoisse transmise par le milieu. *Je ne saurais vivre sans mes enfants, si on devait me les enlever, je crois que je réagirais violemment. Je serais capable du pire*[61].

Les moments de lutte et de découragement se succèdent face aux situations difficiles.

Une famille du nord de la France était menacée d'expulsion immédiate. Devant la menace de l'assistante sociale de placer leurs enfants définitivement, et persuadés qu'en les confiant eux-mêmes à la DDASS ils pourraient les reprendre dès qu'ils auraient un logement décent *sans avoir à passer devant le juge*[62], les parents les placèrent eux-mêmes pour les mettre en sécurité en attendant ce logement. Mais le retour à la maison n'a pas été aussi facile que prévu : ce fut en fait tout un combat, même après l'obtention d'un logement, car les parents ont dû prouver qu'ils sauraient le garder.

Ce n'est pas seulement dans les difficultés extrêmes que les parents font preuve d'énergie : c'est aussi dans la vie quotidienne, dans les tâches de tous les jours, qu'ils montrent qu'ils ne baissent pas les bras. Comme cette maman qui s'organise pour trouver les chaussures de ses enfants dans le magasin qui offre le meilleur prix, qui installe le lit de ses enfants à côté du sien dans leur unique chambre[63], comme ce chef de famille qui s'inscrit pour apprendre à conduire alors qu'il ne sait ni lire, ni écrire[64]. Mais arrive un moment où, comme disent les gens, *trop, c'est trop*, et où même les plus courageux risquent de baisser les bras.

Conséquences des temps subis et perturbés

Nous décrirons dans l'ordre : des situations de temps subi et de temps perturbé, ensuite des situations d'absence de projet et finalement quelques sentiments qui s'y relient. Le temps subi se situe à plus court terme, le temps perturbé à moyen et long terme ; c'est celui des stades de vie familiale et de la transmission à la génération suivante.

À plus court terme : le temps subi

Le temps est subi à cause de la dureté extrême de la vie contre laquelle il faut lutter – avec l'impression de boucher en hâte des trous dans une barque pourrie – vie dans laquelle il faut attendre de l'aide.

Temps subi, aussi, de la part des services d'aide, qui souvent ont un temps différent : Ils vous font attendre pour un logement ; on va s'en occuper et vous êtes sur une liste, ou pour le retour d'un enfant placé : Quand vous aurez un logement convenable. Ils vous pressent : *Pour les gens les plus pauvres, agir dans l'urgence, c'est quelque chose qu'ils subissent, qu'ils ne choisissent pas... on voudrait que les gens, en peu de mois, bâtissent un projet d'insertion***.

Nous avons connu une jeune mère à qui le juge rendait à l'essai son bébé prématuré et qui n'avait que neuf jours pour prouver qu'elle était capable de l'élever**. Ainsi les pauvres sont soumis au temps des autres et le temps des uns n'est pas le temps des autres.

Pour comprendre le temps subi, nous partirons d'une situation de relative maîtrise du temps. Nous envisagerons ensuite les conséquences de la perte de cette maîtrise, le rythme de vie devenant chaotique. Le temps peut aussi sembler s'arrêter quand la famille s'enferme pour survivre. Enfin, il peut parfois paraître vide.

– La maîtrise. Une personne dit, après avoir parlé de son passé :

> Maintenant je vis mieux, je ne suis pas obligée de compter pour acheter du lait pour le lendemain, ou du pain ; je n'ai pas à penser au lendemain. Je n'ai pas de dettes de loyer, je peux aller faire des papiers à la mairie, pour la cantine, les sorties à l'école des enfants, sans avoir honte de montrer la fiche de paie[65].

– Le chaos. La personne dont nous venons de parler a maintenant une certaine sécurité financière et sociale. Mais quand les ressources manquent, on subit l'urgence, on doit profiter des moindres possibilités, à gauche, à droite, sans compter ses heures, ni même tenir compte de l'heure. Voici l'analyse qu'en fait un militant du groupe :

Les familles très pauvres sont tributaires de l'urgence : tel jour, c'est le Resto du cœur à tel endroit, tel autre, c'est le colis ou le bon alimentaire à tel autre endroit, ou le vestiaire à tel autre, les fins de marchés, etc., qui permettent la survie quotidienne.

Toutes ces démarches sont faites dans des conditions éprouvantes aussi bien physiquement que moralement et surtout elles ne permettent pas aux familles de sortir de la pauvreté, car leurs efforts ne sont pas reconnus.

– L'attente et l'enfermement.

Quand on est sans travail, sans ressources, sans soutien de personne, on s'enferme, on vit au ralenti dans l'angoisse, la peur. On ne réagit plus et on ne pense plus de la même façon. Dans les périodes de découragement, pourquoi se lever le matin quand on se sent inutile, en sachant que c'est pour tourner en rond toute la journée, ou rester assis sur une chaise, à se morfondre ?

S'il n'y a pas de ressources suffisantes et qu'il faut se nourrir et nourrir les enfants en attendant que les ressources arrivent, parfois on reste au lit. Pas de chauffage, on reste enroulé dans des couvertures. On laisse passer le temps. Personne ne comprend cette situation. La honte envahit très vite les familles. Comme dans l'exemple de l'oiseau du Père Joseph[66], le temps s'arrête. Quand on est découragé, on n'a plus la force de réagir, on se laisse aller. Certaines familles s'enferment à double tour et attendent des jours meilleurs, une rentrée d'argent par exemple. Et alors, tout recommencera**.

Wresinski indique l'attente comme caractéristique de la manière d'être et de vivre des pauvres : la population vit dans l'attente, attente de bonne nouvelle à laquelle on n'ose pas croire : une possibilité d'embauche… mais aussi l'attente anxieuse de l'huissier… L'attente semble ici uniquement passive, mais elle est orientée. C'est l'attente de… l'espoir de… En même temps, l'attente et l'enfermement peuvent être une conduite de survie dans des circonstances extrêmes, inhumaines : on veut s'épargner des souffrances par une mise à distance, économiser ses forces par un ralentissement et une hibernation.

– L'apparence du vide hébété dans des situations extrêmes. Parfois, la présence de l'enfant ne suffit plus à redonner du dynamisme à ses parents, comme c'est arrivé à cette jeune femme qui a vécu en l'espace de quelques mois toute une série de traumatismes : emprisonnement de son compagnon et son refus de reconnaître leur futur enfant, vie à la rue et viol alors qu'elle était enceinte. Beaucoup plus tard, lorsqu'elle eut repris ses forces, elle reconnut qu'à ce moment de très grand trouble, elle *refusait la môme*[67].

Elle se souvient :

J'étais à la rue. J'ai dormi trois jours dans le métro. je me suis retrouvée à l'hôpital parce que je perdais ma fille (dont elle était enceinte). J'étais complètement déboussolée. Ils m'ont trouvée inconsciente dans le métro… Ils ont dit qu'on avait abusé de mon corps. J'ai été accueillie dans un foyer. Je faisais ce qu'ils me disaient, sans plus. J'étais sans emploi, je m'en foutais, je ne réalisais même pas que j'avais un enfant.

À plus long terme : le temps perturbé

Les perturbations s'inscrivent dans l'enchaînement des étapes de la vie de l'homme et de sa famille et sa chronologie dans la société.

Les enfants arrivés à un certain âge doivent faire seuls les frais de leur adaptation à la vie (expériences, identité). Bien souvent, et encore plus quand ils ont été élevés hors du noyau familial, ou dans une famille disloquée. L'étape moratoire n'existe pas, ni l'intimité du couple. Il n'y a pas de projet de couple, mais tout de suite la générativité.

Les adaptations à des situations difficiles peuvent devenir des habitudes dont on a du mal à se débarrasser. Elles deviennent une manière de vivre qui peut durer une vie entière, et on la transmet aux enfants et petits-enfants, on ne peut plus faire autrement, c'est ancré en nous. La notion du temps n'existe plus. On vit au jour le jour, et même de repas en repas. C'est comme si le chaos était devenu rigidité**.

L'absence ou la non-émergence de projets

Dans la littérature scientifique, on trouve parfois l'affirmation que les populations pauvres n'ont pas de projets, ou en ont moins, ou seulement à court terme. Diverses conceptions[68] sont avancées pour expliquer pourquoi il en serait ainsi. Elles doivent être mises en question ou nuancées.

Dans nos interviews, il apparaît clairement que les familles pauvres font des projets. Toutefois, nous verrons qu'à certains moments, elles disent ne pas avoir fait de projets. Qu'à d'autres moments, elles disent ne pas pouvoir faire de projets, vu les circonstances. Enfin, que leurs projets peuvent ne pas être reconnus comme projets par le monde extérieur.

Certaines périodes sont dites sans projets

Myriam, dont nous avons parlé précédemment, parle de sa période la plus noire :

– Non, je ne pensais même pas au lendemain…
– Quelle idée tu avais de l'avenir à cette époque-là ?
– J'attendais rien, rien du tout…

Pourtant, même durant cette période qu'elle voit maintenant comme sans projet, comme un passage à vide, elle gardait cette préoccupation, ce projet de faire reconnaître l'enfant par le père et ce dès que possible (quinze jours après la naissance), à son initiative, et durant une période où elle se sentait capable de faire uniquement ce qu'on lui disait de faire. *Elle portait mon nom, je l'avais emmenée à la prison de la Santé voir son père, et les éducateurs ont bien voulu…*

Une autre mère nous raconte comment, plus jeune, quand elle avait de nombreux enfants et des naissances rapprochées, elle aurait dit, s'adaptant à l'esprit de l'époque, qu'ils n'étaient pas planifiés. Mais maintenant elle réalise, qu'en fait, pour elle, *attendre un enfant, c'était un projet, inconsciemment au moins***, et elle est émue en le disant.

Nous croyons nous trouver devant un phénomène semblable à ce que Boutinet[69] décrit quand il note que le fait de parler de projets est relativement récent dans l'Histoire et est lié à l'expansion de l'industrie. Toujours les hommes ont cherché à donner plus d'espace à leur vie, mais leurs projets de vie étaient uniquement vécus et non exprimés ou explicités.

Nous présentons maintenant, comme transition, un extrait où Liliane[70] parle longuement d'une part de ses projets concrets et d'autre part de son absence de vue sur l'avenir. Ce texte montre comment ils peuvent coexister, de façon assez logique. Avec son ex-conjoint, Liliane *avait fait des projets, oui. Il a fallu qu'il rencontre cette fille ; et puis voilà, quoi.* Maintenant elle veut quitter la cité : *Au bout de 22 ans quand même, j'en ai marre.* Concernant le travail : *Bon, je cherche, mais, bon, y a rien, ça décourage, hein.* Elle veut quitter son frère et sa sœur, adultes, et partir chercher du travail à Paris. A S., une copine lui propose un appartement *normalement pour septembre* (dans deux mois) *mais bon, il faut voir, parce que j'ai tout l'appartement à refaire là bas. C'est vrai que c'est petit. Ça mettra une journée.*

Quand on lui demande comment elle voit son avenir dans cinq ans

– Eh bien, je vous dirais, je sais pas ! *(sourire)* J'en sais rien.

– Et dans un an ?

– Je ne sais pas non plus *(rire)*. Sérieusement, je ne sais pas.

– Et dans six mois ?

– Dans six mois, je ne sais pas non plus. Je ne peux pas vous répondre. Faut voir ! Si ça se trouve, dans six mois, le copain que j'ai (j'aurai) trouvé, il va me dire : « Viens, on va habiter ensemble » ou n'importe quoi, on ne sait pas, hein. Je ne peux pas vous dire.

– Mais quand on pense au futur, quand on est parent... (elle a la charge d'un fils).

– Non (silence). *Je* ne sais pas. Moi, vous savez, depuis que j'ai perdu ma mère (il y a quatre ans), je ne pense pas. Je pense à rien du tout. Comme ça, c'est encore mieux. Comme si un bout de moi-même était parti.

Après avoir parlé de sa mère et des projets que sa mère avait pour elle, Liliane reprend :

Par contre, au mois de septembre, j'ai un projet. Je voudrais faire un stage pour être aide-soignante. Bon, là il y aura peut être du travail. On verra par la suite.

Elle travaille dans ce domaine comme intérimaire et semble avoir fait des démarches et être bien documentée.

Liliane vit une période de transition après la mort de sa mère et l'abandon par son conjoint. Ceci influence ses projets : *Depuis que j'ai perdu ma mère, je ne pense pas* et (en couple) *on avait fait des projets…* De même, dans sa recherche de travail stable, elle vit à répétition des échecs, des espoirs, puis *il n'y a rien, ça décourage* (temps en boucle). Nous remarquons qu'elle fait des projets à deux, trois mois, mais honnêtement ne voit pas son avenir plus loin. Ainsi l'idée d'un autre compagnon dans six mois est une hypothèse qui fait dire *on ne sait pas. On ne peut pas savoir*, diront les interviewés du paragraphe qui suit.

Ne pas pouvoir raisonnablement faire de projets, vu les circonstances

Myriam, quand elle va mieux :

Tout au début, on vivait au jour le jour, il n'avait pas de travail déjà, on ne pouvait pas dire qu'on pensait à l'avenir. De toute façon, je ne savais pas si c'était sérieux entre nous, moi qui avais trois enfants et lui, un qui vivait avec sa mère. (...) Je ne savais pas s'il serait resté avec moi ou quoi, donc je ne savais pas projeter dans l'avenir.

C'est quand une vie naît en elle et qu'elle a l'accord de son compagnon, qu'elle peut, à nouveau, faire des projets :

Un an après, je me suis trouvée enceinte. Je lui ai demandé : « Je le garde ? » Il a dit oui et c'est là qu'on a commencé. (...) On a décidé de se marier. On a un peu attendu. On n'avait pas beaucoup de sous. (...) Il fallait trouver du travail. Il a préféré chercher de son côté plutôt que ce soit moi.

Une autre mère de famille :

Je trouve qu'il (son fils, deux ans) fait déjà des progrès en parole. Pour le reste, on verra au fur et à mesure. On ne peut pas faire de projet à long terme quand on vit au jour le jour[71].

Des projets non reconnus comme tels par la société

La non-réalisation de projets peut être vue comme absence de projet. Un militant du groupe explique :

Les gens extérieurs peuvent penser que les familles pauvres ne font pas de projet, justement parce que ces projets ne se réalisent pas. Donc ils ne les voient pas. Mais c'est tout à fait autre chose. Ce qu'on voit, c'est que ça ne se réalise pas, la famille est toujours dans un taudis. Donc cela veut dire que la famille ne fait pas de projet d'avoir un logement alors que cela n'est pas vrai… C'est la réalisation qui est en jeu.

Les rêves s'avèrent irréalisables. On entend leur projet, mais la réaction est dans un premier temps de dire : « C'est irréalisable pour les familles avec leurs moyens réduits. C'est un rêve, un idéal, pas un projet. »

Les familles pauvres font le projet d'avoir une vie ordinaire comme tout le monde mais on est obligé de s'adapter avec les moyens du bord. En fait, ce n'est pas des rêves. Dans la tête des gens, c'est jamais des rêves. Le rêve, ça n'a pas la même définition que le mot projet ; j'ai regardé dans le dictionnaire, le projet c'est ce qu'on a l'intention de faire ; tandis que le rêve, c'est se laisser aller à son imagination. Donc ce n'est pas du tout la même chose. On ne peut pas employer le mot rêve à la place du mot projet**.

Il y a projet, mais ce n'est pas un vrai projet, car, dit-on, il n'est pas élaboré. Il n'est pas planifié comme approche : avec les étapes, les moyens mis en œuvre, les risques prévus. Les personnes pauvres manquent d'expérience d'un processus pareil réussi, et se situent alors comme des explorateurs en terre étrangère sans bonne carte, sans connaissance de la langue, sans guide.

Sentiments

Ces temps subis et troublés, temps d'attente figée ou qui se répètent, temps chaotiques qu'on essaie en vain de maîtriser, donnent naissance à des sentiments multiples. Ainsi de l'attente peut naître l'angoisse, le découragement ou l'espoir. Nous ne citerons ici que les sentiments de honte et d'indignation.

La honte est liée au regard de l'autre, qui ne vous voit pas comme un sujet avec des désirs mais comme un objet dont il juge l'utilité et qu'il met à nu. Chaque fois, *il va falloir complètement se déshabiller, raconter toute sa vie pour avoir la moindre chance d'avoir un emploi***.

Cette honte peut aller plus loin, devenir culpabilité et toucher le sens de la vie.

En dehors du Mouvement, quand on est pauvres et isolés, cette culpabilité qu'on est des bons à rien, croyez-moi qu'on l'a en nous, jusqu'à se demander pourquoi on est venus au monde puisqu'on est si mauvais et si mal que ça... puisque j'étais un parasite, on n'avait qu'à me tuer**.

Elle peut provoquer aussi l'indignation et la révolte.

Il m'a fallu dix ans pour avoir un logement convenable pour sept personnes. Même en faisant toutes les démarches, vivre à sept dans deux pièces, c'est la preuve que la société n'a pas mis de bonne volonté pour essayer de trouver un autre système... Et toujours cette angoisse d'être jugés, d'être menacés (du placement des enfants). Ça ne m'a pas découragé**.

Une militante du groupe raconte que, lors d'une conférence,

la conférencière disait qu'un enfant ne devrait jamais être séparé de sa mère, qu'il fallait prendre beaucoup de soin, lui expliquer avant. (...) Quand je lui ai demandé « Quand on enlève nos enfants, et qu'on les enlève d'une heure à l'autre ? », elle n'a jamais su me répondre.

Le temps long voulu, choisi

S'inscrire volontairement dans le temps long, c'est poser des actes qui orientent l'avenir, tels que prendre son indépendance, fonder une famille et la garder unie.

Le besoin d'indépendance

Arrivés à un certain âge, parfois quinze ans, parfois vingt ans, les enfants des familles pauvres ont du mal à supporter les conditions de vie qui ont été les leurs jusqu'à maintenant. Sans travail, sans ressources, ils se sentent parfois un fardeau pour leurs parents, leurs frères et sœurs plus jeunes. Ils ont honte d'être à la charge de leurs parents sans pouvoir rien faire. Il arrive aussi qu'ils ne supportent plus la situation dans laquelle ils vivent, ils en font le reproche à leurs parents et la vie devient insupportable entre eux. C'est le cas de Jeannette : *Quand ma mère s'est remise en ménage, par la suite ça a été l'enfer. Quand mon père était vivant, ça allait, mais mon beau-père en a profité quand mon père est décédé*[72].

Jeannette est partie de chez sa mère à dix-huit ans, étant enceinte. Une autre jeune femme dit être partie de chez elle à treize ans, mais elle ne veut pas revenir sur son enfance qui a été trop douloureuse.

D'autres, placés en famille d'accueil ou en foyer, disent vouloir prendre leur indépendance davantage pour se prouver à eux-mêmes et aux autres qu'ils existent et qu'ils sont capables de se prendre en charge. Colette explique qu'elle a été placée à douze ans parce que ses parents buvaient ; à quinze ans et demi, elle s'est sauvée du foyer avec son copain.

Se mettre en ménage et avoir des enfants

Les jeunes qui ne vivent pas dans un milieu très pauvre prennent bien souvent leur indépendance par leurs études ou à travers leur parcours professionnel. Leur mise en ménage vient plus tard.

Pour certains, le projet familial et le projet professionnel se confondent. Par exemple, un homme qui a fait des études de médecine a fait connaissance de sa future femme à vingt-huit ans :

Comme elle travaillait dans le même domaine dans lequel je voulais travailler, j'étais intéressé. Ce que je voulais, en me mariant, c'est avoir une femme avec qui partager, à qui donner de l'amour, de l'attention, et qui l'accueille. J'avais besoin aussi d'affection et désirais l'intimité d'une vie en couple comme je le voyais autour de moi. Je voulais réaliser quelque chose avec une compagne qui me comprenne dans une vie professionnelle. Je ne savais pas encore bien quoi : une consultation, un centre de jour, mais le faire ensemble**.

Parfois, le projet familial est programmé par rapport aux ressources. Un autre jeune couple s'est connu au cours de leurs études. Ils ont attendu d'avoir fini leurs études pour se fiancer. L'un d'eux dit :

On dit souvent pour rire qu'on aimerait bien avoir vite des enfants. On sait que cela n'est pas possible du point de vue financier parce qu'il n'y a pas de travail et on attend. (...) Pour qu'un couple dure longtemps, il faut que chacun garde son autonomie, son indépendance[73].

Bien souvent, l'avenir de la famille ne peut se concevoir sans la sécurité de la carrière professionnelle. Par exemple, un autre couple s'est rencontré aussi à l'Université, la femme témoigne :

Ce qui était à la base de vouloir vivre ensemble, c'était d'abord l'amour que l'on avait l'un pour l'autre et la carrière. Je l'ai poussé à continuer ses études parce qu'il n'arrivait pas à avoir de diplôme. Il a mis dix ans pour l'avoir, tout en travaillant, en ayant quatre enfants. J'ai poussé parce que je me suis dit : il faut assurer l'avenir[74].

Interrogés sur leur mise en ménage, les adultes issus de milieu très pauvre s'attardent peu sur la vie professionnelle qu'ils avaient ou qu'ils n'avaient pas à cette époque.

La chaleur d'un foyer, la tendresse et l'amour se construisent dans la durée à travers les enfants. Cette tendresse et cet amour se concrétisent avec la venue du premier enfant. Rolande :

Mon mari venait de la DASS. Moi, je venais d'une famille nombreuse, pas riche mais sans problème. La famille, c'était sacré. Tous les deux, nous aimions les enfants. Les enfants, c'était notre bonheur. C'était le but de notre vie. On vit et on travaille pour quelque chose. Le premier était le plus beau cadeau du monde. Pour lui, nous avions fait des projets avant qu'il naisse. Ces projets ne se sont jamais réalisés[75].

Le temps long permet parfois la réalisation du projet familial malgré tous les obstacles. Une jeune femme de vingt-deux ans, séparée très tôt de ses parents, ballottée de foyer en foyer, dit que son premier souci fut de trouver un logement pour avoir un chez elle. À douze ans, elle fait connaissance de celui qui deviendra le père de ses enfants. À treize ans, elle est enceinte et fait une fausse couche. Étant donné son jeune âge, l'assistante sociale l'envoie dans un foyer à huit cents kilomètres de son copain. Ils ne peuvent correspondre car les lettres sont confisquées. Mais le jour de ses dix-huit ans, elle revient et ils se mettent en ménage. Elle dit :

Nous avons décidé de fonder une famille. Avoir des enfants, c'est vital. Je voulais leur apporter tout l'amour que j'avais stocké en moi et que je n'avais jamais pu donner, la chaleur d'un foyer que je n'avais pas eue. Mon mari a beaucoup mûri après la venue de notre enfant. Il a fait de gros efforts pour s'en sortir, trouver du travail, le garder, améliorer notre petit logement et notre vie de tous les jours. Un enfant, c'est très important pour lui. Cela a changé notre vie à tous les deux[76].

Le logement est une sécurité pour le présent et l'avenir de la famille. Avoir un logement à soi, avoir une adresse, est la preuve que la famille existe. Le logement apporte la sécurité du moment, mais surtout permet à la famille d'avoir un avenir, de s'inscrire dans la durée. Dès la venue du premier enfant, la question du logement se pose même si ce n'est pas une des conditions qui empêche de donner la vie. Hélène et Claude, avec leurs deux enfants, habitent chez la mère et la grand-mère d'Hélène : *Au début, on voulait notre logement à nous pour faire notre famille à nous. Fonder notre propre famille, c'est important. Pour nous et les petits, c'est important*[77]. Avoir un toit pour être sûr de pouvoir élever et garder les enfants est un souci permanent pour toutes les personnes pauvres interviewées. Une jeune femme[78] raconte le combat de sa mère pour obtenir *une espèce de masure en briques au milieu d'un verger*. Elle obtient l'autorisation du propriétaire à condition de ne pas abîmer les arbres fruitiers. Cette stabilité au niveau d'un logement, même précaire, faisait suite à des années d'errance.

Le logement pour les familles nombreuses à revenus modestes est évoqué également par une famille de cinq enfants, dont le père est salarié au SMIC. Les appartements pour familles nombreuses en HLM s'arrêtent souvent au F5 (une salle de séjour et quatre chambres). Et, de plus, il faut trouver un garant. Il n'est pas étonnant, dès lors, qu'un autre couple avec quatre enfants, ayant comme seules ressources le RMI et les allocations familiales, dise que leur combat pour obtenir un logement dure depuis des années : *Il faut attendre. Il y a plus urgent que nous, il paraît. Moi, j'ai un toit, mais d'autres dorment encore dehors*[79]. Avec leurs enfants, ils vivent dans deux petites pièces depuis des années. Dans son itinéraire de vie, Myriam dit combien la sécurité d'avoir un logement était indispensable pour elle. À propos d'une période de sa vie très difficile, elle dit :

L'assistante sociale venait presque tous les jours. Elle m'a demandé ce que je voulais faire, je lui ai dit que je voulais garder l'appartement pour pas qu'on place mes enfants[80].

Maintenant que sa situation s'est stabilisée, elle redit que son projet

est toujours le même, je ne sais pas si ça se fera un jour. Nous, ce qu'on voudrait, c'est avoir une maison avec un jardin. Tu vois, j'imagine quand ma fille sera grande, elle viendra avec son ami et ses enfants... Je ne peux pas dire que je mets de l'argent de côté, ce n'est pas possible.

Élever des enfants, c'est regarder en avant. Cela donne aux parents un nouveau rythme, des nouvelles responsabilités. Se mettre en ménage, fonder une famille transforment la vie. Jeannette dit :

On s'est débrouillés par nous-mêmes. On a très bien assumé, on a réussi à s'en sortir même s'il y a des moments difficiles. On n'a jamais été obligés d'aller en foyer ou des trucs comme ça. On s'est dit : on a ce but-là, on va être trois, on ne va plus être deux, on va se débrouiller pour bien l'accueillir, parce qu'il faut l'élever, il faut prendre la responsabilité de l'élever[81].

Un enfant donne des nouvelles forces à ses parents. Le père va très souvent reprendre un nouveau rythme au travail. Il se débrouillera pour faire des petits boulots au noir, aller sur les marchés ou tapisser chez un voisin. Une jeune femme ne sachant ni lire, ni écrire, dit que lorsqu'elle s'est retrouvée enceinte, elle a commencé à vouloir apprendre à lire, car elle était consciente que cela serait utile pour sa fille quand elle irait à l'école.

Lorsque, malheureusement, la famille a été déchirée à cause des conditions de pauvreté, tous les efforts sont consacrés à reformer la famille. Plusieurs personnes interviewées en témoignent. Quand il y a une possibilité de récupérer les enfants grâce à un logement décent et des ressources stables, les parents mettront tout leur amour à préparer le retour des enfants, le père acceptera plus facilement un énième stage, la maison sera mieux tenue, les peintures refaites. Il n'est pas rare que ces moments de grand espoir soient couronnés d'une nouvelle naissance.

Le mariage, un exemple de temps long, voulu, choisi

Un jeune couple d'universitaires, fiancés depuis plusieurs années, parle de leur mariage :

Nous préparons la messe et tout ça. Ce qu'on veut vraiment faire ressortir, c'est qu'un couple ne peut marcher que grâce aussi à des amis. Je veux montrer que notre amour, c'est aussi pour le partager avec d'autres. (...) Tous les textes que nous avons choisis, ça se termine toujours par l'amitié[82].

Cette idée du mariage, signe de la famille ouverte aux autres, est partagée par un autre couple de cadres moyens.

Dans les milieux défavorisés, le mariage est vécu au niveau de la famille. Hélène et Claude disent au moment de l'interview : On va se marier, on attend notre logement, on l'a décidé de nous-mêmes. C'est pour nous unir[83]. Jean-Baptiste et Colette[84] se sont mariés après trois ans de vie commune. *On s'est mariés parce qu'on s'aimait*, dit Jean-Baptiste, et *On s'est mariés parce que mon garçon à l'école portait mon nom à moi, ses copains disaient : pourquoi tu ne portes pas le nom de ton père ?*, dit Colette.

Jean-Baptiste : *Je suis quand même le père, donc c'est bien que je reconnaisse mes gosses, que je suis là pour eux, qu'ils savent quand même que je suis le père.*

Myriam dit aussi que, pour ses enfants, son mariage était l'espoir de porter tous le même nom, le nom du mari :

Ma fille porte mon nom de jeune fille. Elle s'imagine qu'elle n'a pas de père parce que ses frères portent le nom de leur père. Elle était déçue le jour du mariage quand elle a vu le livret de famille[85].

La reconnaissance des enfants passe par l'état civil, et pour les couples qui se sont mariés il n'y a pas de problèmes de noms pour les enfants. Même si la reconnaissance des enfants par leur père peut se faire hors du mariage, c'est quand même une des premières raisons que donnent les personnes de milieu très défavorisé pour expliquer celui-ci. Christian ajoute : *Par le mariage, on prend un engagement officiel à deux pour l'avenir des enfants***.

Le mariage peut survenir à la fin de la vie, il prend alors une autre signification, s'inscrivant dans une éternité. Comme le dit Danielle :

Mes parents se sont mariés à l'église à l'âge de soixante-quinze ans. Mon père a voulu redonner à ma mère cette alliance qu'elle n'avait jamais perdue avec Dieu**.

Temps-problème ou temps-ressource

Le projet familial est une inscription dans le temps long choisi, mais la maîtrise de ce temps pose problème aux très pauvres.

Le temps comme problème

Le temps, sous les différents angles à partir desquels nous l'avons considéré, et qu'il s'agisse du temps long ou du temps court, peut constituer un problème pour les plus pauvres.

Le temps long, cela se traduit alors comme l'empreinte, difficilement remédiable, des événements brutaux qui ont marqué l'histoire des personnes, et qui développent leurs conséquences jusqu'à présent : le placement, l'abandon, la précarité des moyens d'existence, l'extrême dénuement des conditions de vie. Tous ces événements n'ont en revanche pas la même signification. Le manque de moyens matériels peut être résorbé. Le manque affectif et symbolique que représente l'absence d'un ou des parents ou la perte d'un enfant pose des problèmes plus complexes.

Dans un autre sens, la projection dans un futur peut buter sur différentes barrières. D'abord, l'absence de travail, donc de ressources stables : si un niveau de vie minimum est garanti par des revenus sociaux, ceux-ci semblent toujours susceptibles d'être remis en cause.

Les personnes interrogées ont de la difficulté à se situer dans un avenir à moyen terme (cinq ans) ou même à court terme. L'évocation d'éventualités pour le futur relève plus du souhait que du « projet » au sens strict. Elles ont subi les marques du passé, n'ont peut-être rien choisi, et sont dans l'impossibilité d'imprimer leur trace sur leur propre vie pour un temps à venir, à partir des choix posés de manière libre. Elles ont alors l'impression d'*avancées à tous petits pas*[86].

Ces difficultés sont d'autant plus nettes lorsque la famille ne s'est pas constituée comme projet et que son état présent semble le résultat d'un enchaînement d'événements sur lesquels les parents ou l'un des deux parents ont eu une faible prise.

S'agissant du temps court, les événements surviennent souvent sous la forme de « cahots » qui les empêchent d'être organisés en un chemin continu et mesurable. Les choses arrivent davantage qu'on ne les fait advenir. Elles ne sont au demeurant pas plus maîtrisables que le futur plus lointain.

Le temps peut aussi être une ressource

Le temps long n'est pas toujours un problème. Pour certains, l'engagement familial semble aller de soi : il s'inscrit dans l'évidence de la succession des générations au sein du cadre institué d'une famille aux contours stables. C'est le cas de M. B**. Tout son projet de vie s'inscrit dans ce temps-là. Il s'agit certes ici d'une personne dont la vie a été structurée par une culture reposant sur une famille patriarcale, très organisée (la culture méditerranéenne, M. B. étant d'origine tunisienne). Plus généralement, le rapport aux enfants n'est, on l'a vu, jamais séparable de ce temps y compris lorsque ce rapport est perturbé par la séparation due au placement, quand la réunion de la famille est envisagée à long terme seulement.

Le temps court n'est pas toujours aléatoire. Il est souvent celui de la réalisation d'un bonheur. C'est dans le temps court que sont vécus les moments sans problèmes, le ce-qui-va-de-soi : aller à pied faire les courses au supermarché le moins cher et y dénicher le sac à main à soixante-dix-huit francs, se promener près de la Marne, regarder ensemble les films à la télévision, accueillir l'enfant qui naît en constituant son trousseau et décorant sa chambre. C'est en un temps court, imaginé, celui-là, avec la nostalgie de ce qui aurait pu être, qu'auraient pu se vivre les moments, même fugaces, du bonheur que n'a pas vécus Myriam avec son mari : *il serait rentré le soir du travail, et on aurait dîné avec les chandelles...*

Court ou long, le temps des enfants n'est pas « problématique ». De même, qu'il soit « court » ou « long », le rapport au temps investi à propos des enfants n'est pas présenté comme partagé : il est au contraire espérance, échappée au-delà du futur barré. De ce point de vue, une institution joue un rôle clé : l'école. Permettant d'accéder à la ressource du diplôme, elle traverse, pour ce faire, l'horizon du temps.

C'est moins le temps long, jamais absent dans le désir, que les conditions sociales de la vie qui sont en question : ce sont elles qui, le plus souvent, entravent le projet familial. Dans le temps court, se met en place un ajustement réaliste des souhaits aux conditions de l'existence. Sur la courte durée, les très pauvres adaptent leur temps aux conditions nées de l'urgence. Ne pas envisager l'avenir au-delà d'une échéance limitée, ou s'y refuser, cela peut être la conséquence du malheur subi, mais ne signifie pas nécessairement être malheureux.

L'espoir, ressource majeure, s'inscrit dans le temps long. Ne se nourrit-il pas cependant d'épisodes plus brefs ?

J'ai des moments de découragement, (dit Rolande) parce que je baisse les bras quand je vois que cela ne va pas, j'en ai marre, je baisse les bras, mais il y a toujours un petit lutin qui me secoue[87].

Ce petit génie ne parle pas seulement à l'oreille de Rolande. Les courts moments où il fait sentir son souffle bienfaisant sont ceux où l'on retrouve du cœur pour l'ouvrage, un esprit pour le projet, et qui porteront de nouveaux pas vers l'avant.

Notes

1. Interview n° 9.
2. Interview n° 8.
3. Interview n° 9.
4. Interview n° 6.
5. Interview n° 9.
6. Interview n° 3.
7. Interview n° 7.
8. Interview n° 5.
9. Interview n° 7.
10. Interview n° 11.
11. Interview n° 2.
12. Interview n° 13.
13. Interview n° 2.
14. Interview n° 11.
15. Interview n° 9.
16. Interview n° 6.
17. Interview n° 8.
18. Interview n° 11.
19. Interview n° 6.
20. Interview n° 10.
21. Interview n° 5.
22. Interview n° 11.
23. Interview n° 12.
24. Interview n° 3.
25. Interview n° 5.
26. Interview n° 10.
27. Interview n° 8.
28. Interviews n° 11, 13.
29. Interview n° 3.

30. Interview n° 6.
31. Interview n° 4.
32. Interview n° 3.
33. Interview n° 14.
34. Interview n° 2.
35. Interview n° 11.
36. API attribuée en France à toute personne sans ressources (sans travail), et qui élève seule un enfant de moins de trois ans ou au moins trois enfants.
37. Interview n° 7.
38. Interview n° 16.
39. Interview n° 3.
40. Interview n° 10.
41. Interview n° 5.
42. Interview n° 13.
43. Interview n° 11.
44. Interview n° 8.
45. Interview n° 7.
46. Interview n° 10.
47. Interview n° 4.
48. Interview n° 11.
49. Interview n° 9.
50. Interview n° 10.
51. Interview n° 9.
52. Interview n° 7.
53. Interview n° 4.
54. Interview n° 2.
55. Audition Lucie Ribert, et doc. int.
56. Interview n° 6.
57. Interview n° 9.
58. M. Titran, T. Potekov, *op. cit.*
59. Audition Lucie Ribert.
60. Interview n° 10.
61. Interview n° 8.
62. Interview n° 3.
63. Interview n° 4.
64. Interview n° 9.
65. Interview n° 13.
66. J. Wresinski, *Paroles pour demain*, Paris, Desclée de Brouwer, 1986, pp. 135-139. Le récit « Jamais plus un oiseau mort comme signe de détresse » raconte la situation d'une famille qui s'enferme et dont le temps s'arrête. Elle en sort après quelques jours, mais entretemps leur canari est mort de faim et est le signe de la détresse subie.
67. Interview n° 13.
68. Apathy-futility syndrome (Polansky), external locus of control (Rotter), conformity (Kohn), polychronie (Hall).
69. J. P. Boutinet, op. cit. p. 298.
70. Interview n° 15.
71. Interview n° 5.
72. Interview n° 2.

73. Interview n° 12.
74. Interview n° 14.
75. Interview n° 3.
76. Interview n° 5.
77. Interview n° 8.
78. Audition Lucie Ribert.
79. Interview n° 7.
80. Interview n° 13.
81. Interview n° 2.
82. Interview n° 12.
83. Interview n° 8.
84. Interview n° 9.
85. Interview n° 13.
86. Interview n° 16.
87. Interview n° 3.

Chapitre 5

LE PROJET FAMILIAL, POINT D'APPUI POUR ENTRER DANS LA SOCIÉTÉ ?

La famille est-elle un point d'appui pour entrer dans la société ? Il est utile de préciser cette question avant d'essayer d'y répondre. Point d'appui pour qui ? Parle-t-on des enfants, des parents ou de la cellule familiale en tant que telle ?

Quand on fonde une famille, quand on met un enfant au monde, c'est en soi un projet. On ne peut mettre un enfant au monde sans penser à son futur : que deviendra-t-il dans cinq ans ? Dans quinze ans ? Dans quel monde vivra-t-il ? Le but du projet familial est de conduire l'enfant vers son autonomie, c'est-à-dire qu'il trouve sa place dans la société. Quand un enfant vient au monde, il lui faut un certain nombre de conditions pour se développer, sur le plan biologique (la nourriture, l'air pour respirer...), sur le plan psychique (l'affectivité, la sécurité...). Entre le nourrisson et l'adulte, l'insertion dans le milieu familial est une étape incontournable qui implique l'affectivité. L'affectivité est un élément essentiel, qui permet à la personnalité de se constituer pour atteindre l'autonomie ; être bien dans sa peau de façon à pouvoir participer à la vie de la société. On n'est pas citoyen lorsqu'on sort du ventre de sa mère, on le devient. L'enfant qui naît est d'abord un être dépendant avant d'être un individu autonome. La famille est l'environnement proche de l'enfant pour ses besoins biologiques et affectifs. Il arrive que des parents soient trop possessifs. Au lieu de conduire leurs enfants vers l'autonomie, ils provoquent le résultat inverse.

Les enfants qui naissent dans des familles très pauvres sont-ils perçus comme des « êtres familiaux » ou comme des « individus » ? Notre recherche fait apparaître que l'angoisse permanente des familles très pauvres est d'être séparées de leurs enfants. Leur combat prioritaire est de faire reconnaître leur projet familial. Mais pour être reconnus en tant que famille, ne faut-il pas que les parents le soient d'abord en tant qu'individus responsables ? Même si le projet familial existe, la société peut donner ou non les moyens de vivre en famille : les ressources, le logement, le travail... Lorsque ces moyens n'existent pas, la famille connaît de grandes difficultés pour subsister, pour vivre, pour assurer le quotidien, le lendemain.

Porter atteinte à l'intégrité de la famille est ce qui peut arriver de pire. Les parents ne sont alors plus perçus comme individus responsables puisque les décisions concernant leurs enfants leur échappent. Comment se manifeste le projet familial que veulent vivre les personnes très pauvres ? Quels appuis trouvent-elles dans la société ? La famille est-elle pour les parents et les enfants un point d'appui pour rentrer dans la société ?

Présentation des projets

Être parent, cela s'apprend toute la vie. En fondant une famille, personne ne connaît à l'avance les résultats. Souvent, le premier enfant change les habitudes et la vie :

On voulait être très fort, pouvoir le protéger. On est conscient de tout ce qu'on n'a pas eu dans notre enfance et on veut lui donner. Même si la vie est très dure, c'est grâce à nos enfants que l'on peut exister. On a besoin d'eux, comme eux ont besoin de nous**.

Être parent est un métier, dit ce père de famille. Métier qui se transmet souvent de père en fils, de mère à fille ; mais ceux qui n'ont pas eu de points de repère dans leur enfance, parce qu'ils ont été placés, sont bien souvent *jetés dans la vie sans préparation. Le parcours de reproches* commence pour eux malgré tous leurs projets pour fonder et maintenir unie leur famille.

Le projet de créer une famille pour être bien soi-même et ensemble

Dans les chapitres précédents, nous avons relevé de nombreuses citations des personnes interrogées sur le sens qu'elles donnaient à leur projet familial. Nous en rappelons brièvement quelques-unes ci-dessous :

– *Fonder notre propre famille...*

– *Très vite nous avons décidé de fonder une famille... La chaleur d'un foyer que je n'avais pas eu...*

– *La première chose importante, c'était fonder une famille...*

– *Au début on voulait faire notre famille à nous...*

– *Je me souviens d'une de mes phrases : fonder une famille...*

– *Avoir un foyer c'est pour avoir un but... Être une petite famille ensemble...*

– *Vivre ensemble, essayer au moins...*[1]

Souvent, pour les personnes qui vivent la pauvreté, les échecs liés à l'enfance et l'adolescence ont été nombreux ; de ce fait, elles manquent de confiance en elles. Lorsqu'elles rencontrent un amour, ce peu de confiance se traduit parfois en une véritable douleur qui est la peur de perdre l'être aimé. Cette peur est d'autant plus importante lorsqu'il doit y avoir une séparation momentanée. Pour se rassurer, le couple fera un enfant.

Il devait partir à l'armée, il avait peur que je fasse de travers pendant qu'il était parti. Il n'avait pas confiance. Pour lui, c'était une sécurité[2].

Lorsque cette séparation est prolongée, il arrive que l'enfant naisse pendant l'absence du père. La frustration est terrible, surtout si le père n'a pu reconnaître son enfant.

Je ne pouvais pas lui donner son nom puisqu'on n'était pas mariés, il a fallu que je lui donne mon nom de jeune fille. Il a complètement refusé, il a dit que de toute façon ce n'était pas sa fille, qu'il n'avait rien à voir avec elle, qu'il fallait que je mette mon bébé à la DDASS[3].

Myriam n'en a rien fait ; ils ont eu d'autres enfants mais la blessure ne s'est jamais cicatrisée.

C'est en fondant leur famille que les personnes les plus modestes tentent de se réaliser.

– Le but, c'était de vivre ensemble, pouvoir faire un enfant, tout faire pour que ça réussisse. Avoir un foyer bien, avoir quelque chose quand même. C'est pouvoir avoir un but. Être bien. Avoir sa famille avec soi[4].

– Pour ma femme et moi, la chaleur d'une famille était un rêve. Ma force, je l'ai puisée dans mon couple et mes enfants. Pour eux, j'ai abattu des murs d'angoisses**.

Fonder une famille, c'est aussi la possibilité de rompre sa solitude (de fait ou morale).

– *Myriam :* J'étais la dernière de neuf, mes parents ne s'occupaient pas trop de moi. Ils me laissaient dans un coin, j'étais comme un petit robot. Quand j'ai connu Christian, j'étais bien avec lui, il s'occupait bien de moi.

– À la DDASS, ils m'ont placé chez un maraîcher. De là je suis parti, j'ai commencé à faire la galère, je me suis retrouvé dans les rues, j'ai dormi dans la rue. On s'est connu avec ma femme parce que je connaissais ses frères, j'allais chez eux[5].

– Quand on se bat seul, dans une solitude complète, on a envie de tendresse. C'est le premier projet autour de deux êtres qui, très souvent, vivent la même chose depuis des années. On a envie de faire une expérience nouvelle. À deux, on va être plus forts**.

L'image de la famille envisagée est souvent celle de la famille traditionnelle fondée sur une séparation des rôles de la femme et de l'homme :

– Mon mari voulait un deuxième enfant pour que j'arrête le travail. Il voulait avoir sa femme à la maison. Plus tard, quand il est resté sans travail, je lui ai dit : soit moi, soit lui, il fallait trouver du travail. Il a préféré chercher de son côté, plutôt que ce soit moi. J'avais assez de travail avec les enfants[6].

– Je voulais qu'il aille travailler la journée et moi je me serais occupée de la maison, à faire ce qu'il faut comme une petite ménagère. (...) Il voyait bien que ça n'allait pas, que moi je partais travailler et que lui restait à la maison. Il ne voulait pas de ça. Il sentait bien que c'était lui le papa et qu'il devait travailler à ma place[7].

Le souhait, pourtant simple et très réalisable pour une grande majorité de personnes, de pouvoir vivre bien ensemble, ne restera souvent qu'un rêve pour la plupart des familles pauvres tant elles rencontrent de difficultés.

Les projets pour être *dans les normes de la société*

En fondant une famille, les personnes pauvres aspirent à avoir une vie normale, c'est-à-dire ne plus avoir à craindre le lendemain, pouvoir décider elles-mêmes de leur vie et de celle de leurs enfants. Myriam :

Maintenant que mon mari a un petit travail, je peux aller faire les papiers à la mairie pour la cantine, les sorties avec l'école des enfants sans avoir honte. Je n'ai plus besoin de me justifier. On me pose moins de questions.

Je voulais avoir une vie normale, dira plusieurs fois Myriam au cours de l'interview. Conduire le petit à l'école, *le matin, tranquille*. Avoir une maison à soi. Ne pas être obligé de compter pour acheter du lait ou du pain. Savoir donner aux enfants quand ils demandent quelque chose.

Peut-être est-ce dans ce but de *vivre normalement* que certains décident un jour de se marier : pour simplifier les démarches administratives et pour exister officiellement dans la société en tant que famille.

Être dans les normes de la société, cela est souvent envisagé par rapport aux enfants. Les parents des familles très pauvres s'oublient souvent pour que leurs enfants soient *comme les autres*. Ils se sacrifient bien souvent pour que leurs enfants soient bien tenus et ne manquent pas trop du nécessaire, qu'ils ne souffrent pas trop de leur situation.

C'est insalubre. On n'a pas de salle de bains, pas d'eau chaude, pas de cour. Cette jeune femme se plaint que l'institutrice l'ait obligée à couper les cheveux de sa fille. Elle fait pourtant tout son possible pour que ses enfants soient propres :

> Je ne peux pas faire mieux avec la maison que j'ai. Je fais tout mon possible pour donner à manger à mes enfants. Je me prive, mais eux je ne veux pas qu'ils souffrent. Au début du mois, j'achète le lait, les couches, la nourriture. Cela passe avant les factures[8].

Les projets pour vaincre la misère

Il ressort des interviews que les personnes interrogées développent de multiples projets pour vaincre la misère. En fondant une famille, en ayant des enfants, l'espoir est réel que la vie ne pourra être que meilleure.

Avoir un enfant, c'est pour certains espérer des droits

Toutes les personnes interviewées disent que leur premier projet réalisé fut d'avoir des enfants. L'attente de l'enfant, son accueil, les projets pour son avenir rythment la vie de toutes les familles. Mais pour des personnes très défavorisées, l'attente d'un enfant est aussi l'espoir d'être reconnues par la société.

Quand il a été demandé à certaines jeunes femmes pourquoi elles ont eu un enfant alors qu'elles étaient à la rue avec leur compagnon, elles disent qu'elles espéraient alors qu'il leur serait reconnu un droit au logement. En réalité, il leur a été proposé un foyer maternel pour elles et leur bébé, mais le compagnon est resté à la rue.

Rappelons ici l'exemple de Nadège qui dit avoir fait un enfant pour avoir le droit de vivre plus décemment[9].

Trouver un logement pour mener le projet familial

Le thème du logement est revenu dans tous les interviews. Il fait partie de la vie même de la famille. Le logement est un projet, une condition, un moyen, une lutte pour que la famille puisse vivre et rester unie.

– Notre premier souci, c'était de trouver un logement, c'était d'avoir un chez moi...

– On attend après notre logement... Je suis chez ma mère en attendant d'avoir un logement et on cherche partout...

– Si j'avais un autre logement, j'aurais d'autres enfants...

– Quand j'ai eu un logement décent, j'ai pu reprendre mes enfants...

– Un but, c'est d'avoir une maison...

– Nous ce qu'on voudrait, c'est avoir une maison avec un jardin...[10]

Plusieurs personnes témoignent du combat mené pour avoir un logement pour vivre en famille :

– J'avais deux enfants, j'étais expulsée, la maison était insalubre. J'ai écrit à la femme du maire. Elle m'a écoutée. Je lui ai dit que si je n'avais pas de logement, mes enfants seraient placés définitivement. J'ai obtenu un logement décent[11].

– Quand j'ai commencé à avoir des enfants, j'étais encore dans deux pièces insalubres. Je me suis battue pour que mes enfants naissent et grandissent dans un logement décent. Je me suis bagarrée pour aller à la mairie. J'y suis allée avec l'assistante sociale. On allait tous les jours à la mairie[12].

– On a fait des démarches administratives, on est allé voir l'assistante sociale pour faire voir comment on vivait, parce qu'autrement cela n'aurait jamais bougé de nulle part. Si on n'avait pas été la voir, il n'y a personne qui serait venu voir. On nous laissait tomber comme ça[13].

Une mère de famille raconte le combat qu'elle a dû mener pour obtenir ce droit au logement :

Un certain hiver, étant et vivant depuis trois mois dans la rue, dormant dans une gare avec mes enfants en bas âge, j'ai pris la décision de me rendre à la mairie pour rencontrer le maire, avec la ferme résolution d'obtenir un toit pour mes enfants. Je n'ai pas pu être reçue par le maire, mais par une employée de bureau qui m'a dit que Monsieur le Maire n'était pas disponible, qu'il n'avait pas que ça à faire et qu'il ne pouvait absolument rien faire pour notre situation. Étant prête à tout pour trouver un logement et ne plus laisser mes enfants dormir dehors, je me suis obstinée à rester devant la porte du maire toute la journée. Une secrétaire est enfin sortie disant que Monsieur le Maire avait pitié de nous et que nous pouvions aller à l'hospice, que l'on nous y attendait. Mais c'était seulement pour un mois. Après un mois, jour pour jour, nous devions être partis. Je devais me débrouiller pour trouver un logement par mes propres moyens. Lui ne pouvait rien faire ou plutôt ne voulait rien faire. C'est comme cela que j'ai vécu pendant plus de vingt ans avec cinq enfants, dans un baraquement qui datait de la guerre de 14, à proximité d'une décharge, sans eau, sans électricité, ni WC. Une seule pièce était habitable. J'ai fait de très nombreuses demandes de logement dans plusieurs organismes, HLM et autres. Tous les six mois, un employé de la mairie et des HLM venait pour renouveler le dossier. L'assistante sociale a essayé de nous défendre près du maire. Il lui a dit que les HLM refusaient de nous loger parce que nous n'avions pas assez de ressources et que je ne saurais pas entretenir un logement. De plus, vu les antécédents de mon mari, ils ne pouvaient pas nous faire confiance.

Le maire a toujours donné un avis défavorable aux HLM. Et lui, il disait que c'était les HLM qui refusaient. Ils se relançaient la balle. En 1987, j'ai pu obtenir un logement décent par la préfecture avec l'aide d'Atd. Un organisme était d'accord d'essayer de louer des maisons à des personnes défavorisées**.

Les conséquences de ces vingt années de misère sur la vie familiale et sur l'éducation des enfants sont importantes. Toutes les familles pauvres savent que, sans la sécurité d'un logement décent, elles ne peuvent mener à bien des projets d'avenir pour leurs enfants. *Il y a plein de maisons inhabitées. Si ça continue, je vais rentrer dans une*, dit Pascal[14].

Projets d'avenir pour les enfants

On pourrait résumer le souhait de tous les parents interviewés par cette phrase de Sophie : *Une meilleure vie que moi, toujours*[15]. D'autres déclarent :

– J'espère que mes enfants et petits-enfants auront plus de chance que moi j'en ai eue... J'ai toujours voulu que mes enfants aient une meilleure situation que moi... Ce n'est pas parce que je n'ai pas réussi, qu'ils ne devaient pas réussir...

– J'espère qu'ils n'auront pas les malheurs comme moi...[16]

La vie meilleure, c'est d'abord la stabilité familiale, rester unis. Mais c'est aussi la réussite scolaire. Les relations avec l'école ne sont pas toujours faciles. L'espoir est mis dans les jeunes enfants. *Je sais qu'à l'école il se débrouillera mieux*, dit Sophie dont l'enfant de deux ans est entré en maternelle. Pour les plus grands, bien souvent les parents ne peuvent formuler que des souhaits : *Je voudrais qu'ils se calment et se mettent à travailler à l'école pour pouvoir s'en sortir*, dit Noëlla[17]. Parfois, l'école est un lieu de reproches pour les familles très pauvres, de la part des autres parents ou des maîtres. La difficulté rencontrée dans la relation avec l'école est expliquée par un père de famille :

Cela est dû à nos grandes difficultés de soutenir nos enfants dans leur parcours scolaire, car n'ayant pas eu beaucoup d'instruction dans notre enfance, cela est très souvent un handicap pour s'intégrer avec les autres parents et se faire admettre à l'école. Pourtant, on a des idées dans la tête comme les autres parents**.

Pour se faire accepter dans l'école de ses enfants, ce père de famille a d'abord accepté de tenir un stand de frites lors d'une kermesse de l'école. Au bout de plusieurs années, il est élu délégué des parents d'élèves :

Si l'on n'a pas sa place dans un groupe de parents d'élèves, on ne pourra jamais avancer pour faire comprendre l'échec des enfants à cause de leurs conditions de vie. Il faut du dialogue entre la famille, l'enseignant, l'enfant.

Mais suivre le parcours scolaire des enfants, leur orientation vers un vrai métier est difficile. Chez des familles interviewées non-pauvres, les études longues des enfants semblent normales : *Ils font tous des études... Les études c'est très important, c'est leur avenir... Les projets, c'est que les enfants terminent leurs études... Dans nos choix financiers, on a toujours mis la priorité aux études des enfants...*[18] Par contre, pour les familles pauvres, l'avenir professionnel des enfants est surtout défini ainsi : *J'espère qu'ils auront quand même du travail*[19].

Des projets pour faire vivre la famille

Avoir les ressources suffisantes pour faire vivre la famille est une angoisse permanente pour les familles pauvres. *J'ai dû vendre ma voiture pour avoir l'argent pour la caution et le premier loyer*[20].

Tous les membres de la famille sont concernés par la recherche d'argent. Une mère de famille raconte comment un de ses enfants, l'aîné, a aidé à faire vivre les siens :

Quand Pierre, dix ans, se levait le matin et qu'il constatait comme la veille, que ses petits frères et sœurs n'avaient rien à manger, que le bébé pleurait devant son biberon d'eau, quand il constatait que sa maman était désespérée et impuissante devant une telle situation, allez donc savoir ce qui se passait dans sa petite tête ? Il partait un peu plus tôt que d'habitude et, au lieu d'aller à l'école, il se précipitait au marché pour quémander un peu de travail. Il y passait toute la matinée, sa mère le croyant à l'école ; au retour il expliquait qu'il avait simplement aidé à remballer, en sortant de l'école, afin de justifier l'argent rapporté. Il offrait à sa mère les quelques pièces afin qu'elle puisse acheter un litre de lait, un pain, quelques pommes de terre. Il était alors persuadé d'avoir pris sur ses épaules une partie des soucis de sa mère. Pour lui, la survie de sa famille passait avant l'école. Ceci s'est renouvelé toutes les fins de mois, car les ressources de la famille étaient insuffisantes.

D'autres fois, il passait devant l'étal des commerçants pour récupérer les invendus qui ne pouvaient être gardés pour le lendemain (poissons, légumes, fruits avancés)

Il lui arrivait même de prendre sur son temps de sommeil, sortant le soir très tard, après que ses frères et sœurs soient endormis, pour récupérer dans les poubelles ou les encombrants ce que les autres ne voulaient plus, pour les revendre et se faire un peu d'argent.

Toute sa vie a été perturbée à cause de ce qu'il a dû endurer étant enfant**.

L'emploi reste le principal objectif pour faire vivre la famille. Les aides ne maintiennent qu'une survie :

– Ce n'est pas avec les allocations familiales que l'on peut vivre normalement. Je voudrais qu'ils aident Christian à trouver le bon chemin pour qu'il ait un boulot comme tous les pères de famille... Je veux travailler dès que le petit sera plus grand...
– Essayer d'avoir une situation stable, un travail...
– Un boulot pour pouvoir m'en sortir...
– Ne pas avoir de boulot, c'est comme s'il y avait un trou...[21]

Des hommes interviewés ont essayé d'acquérir une formation professionnelle :

Mon mari a essayé de passer ses permis poids lourd pour trouver du travail plus facilement. Il a dû arrêter à cause de l'argent qui nous a manqué...[22]

Quand les rentrées d'argent deviennent régulières grâce à un travail, alors de nouveaux projets naissent. Par exemple le projet de soigner la dentition, *se refaire les dents.*

Ma fille s'est toujours battue à l'école parce que je n'avais pas de dents. La semaine dernière, elle a fait tout son possible pour être là à l'heure, pour savoir si j'allais avoir ou pas mes dents[23].

Le projet familial pour réparer les dégâts dus à la misère

Le projet familial est souvent vécu comme une chance à ne pas laisser passer, car sans lui la misère continue à faire davantage de dégâts. Une femme témoigne du combat qu'elle a mené pour avoir la garde de ses petits-enfants. Ce combat lui tenait d'autant plus à cœur qu'il concernait les enfants de son fils aîné, Pierre, dont elle nous a parlé précédemment**.

Au moment où le juge prit la décision de retirer mes petits-enfants, ceux-ci, ainsi que leurs parents, vivaient chez moi. La décision fut prise car je n'étais plus capable de m'interposer entre les enfants et leurs parents. Une puéricultrice a prévenu une assistante sociale qui les a emmenés chez une assistante maternelle. Je me suis bien vite rendu compte que la place des enfants était dans leur famille, et qu'ils y sont toujours mieux que chez des étrangers. J'ai décidé tout de suite de les reprendre chez moi, afin de les élever, mais il m'a fallu me battre corps et âme pendant deux ans et demi pour réaliser ce projet. Quand le grand jour est arrivé, on m'a pratiquement jeté les deux aînés dans les bras, sans se soucier si j'allais pouvoir subvenir à leurs besoins (la troisième était née après le placement des deux premiers). Étant au RMI, j'avais à signer, tous les ans, un contrat d'insertion qui devait aboutir à un travail par l'intermédiaire d'un stage. N'étant plus libre, puisque j'avais trois enfants en bas âge, la plus jeune ayant un an, je ne pus accepter. Il m'a été très difficile de faire comprendre au personnel des administrations ce que je demandais : que le fait d'élever mes petits-enfants corresponde à l'insertion. Au début, cela m'a été refusé catégoriquement. Je me suis entendu dire que cela ne s'était jamais produit, et que, si je voulais garder mes petits-enfants, je devais faire une formation d'assistante maternelle et me faire payer par la DDASS. De ce fait, le RMI m'a été suspendu. J'ai tenu tête aux administrations.

Avec des amis et à l'aide de la brochure de la préfecture sur l'insertion, cette femme obtint gain de cause. Elle put élever ses petits-enfants en touchant le RMI.

Mais même au sein de la famille, la volonté personnelle de chacun ne peut être remplacée. Myriam témoigne de tout ce qu'elle a mis en œuvre pour que son mari puisse s'en sortir. Elle l'a accompagné à de nombreuses places de travail, a fait de nombreuses tentatives pour l'aider à sortir de l'alcoolisme en participant avec lui à des réunions de Vie Libre. *C'est lui qui ne s'en est pas sorti*[24].

Vivre son projet familial en lien avec d'autres

La famille peut être un point d'appui pour entrer dans la société si elle permet à ses membres de participer avec d'autres, adultes ou enfants, en ayant une place reconnue et respectée.

Pour certains, le projet de fonder une famille est l'occasion de partager son bonheur avec d'autres. *On veut faire ressortir qu'un couple, ça ne peut marcher que grâce aussi à des amis*, dit un jeune couple d'universitaires[25]. Un couple plus âgé dit qu'ils font partie d'un groupe de réflexion qui *nous a aidés à poursuivre et quelquefois à savoir choisir où était le mieux, s'il fallait continuer ou pas, nous aider dans les orientations à prendre*[26].

Aller vers les autres est parfois vécu comme un défi. Ainsi une militante**, engagée dans le programme Quart Monde-Université, avait écrit comme devise pour son blason* : *Apprends à regarder ton prochain si tu veux te connaître*. Elle explique ainsi cette devise :

J'ai marqué cela parce que j'ai eu beaucoup à souffrir du regard des autres; et je sais qu'il y a encore beaucoup de personnes qui souffrent en ce moment du regard qu'on jette sur eux. J'ai accepté de faire de la catéchèse par défi parce que mes propres enfants avaient été mis à la porte du catéchisme parce que des familles aisées n'acceptaient pas des enfants de familles pauvres, des enfants qui puissent se confronter avec les leurs. Par défi, j'ai accepté de faire la catéchèse à des enfants de familles aisées. Alors, après, j'ai vu que c'était intéressant d'être entre personnes de milieux différents, de cultures différentes parce que c'était enrichissant et pour prouver que je suis aussi capable qu'eux. Être ensemble pour bâtir un projet, c'est très important.

Comme dessin sur ce même blason, elle avait fait une paire d'yeux, *des yeux qui ne se ferment pas devant la pauvreté et qui ne jugent pas sans comprendre.*

Le Mouvement Atd Quart Monde peut aussi être un lieu de rencontre et de reconnaissance :

Le Mouvement Atd Quart monde m'a permis de rencontrer d'autres familles qui vivaient la même misère et d'autres personnes qui voudraient que ça cesse. Cela m'a permis de me débarrasser de mon sentiment de culpabilité et d'avoir de l'ambition pour mes enfants. Ambition avec d'autres de bâtir un monde où il n'y aurait plus de souffrances dues à l'exclusion, un monde où les droits des humains seraient des actes**.

Une autre militante explique le pourquoi de son engagement dans le programme Quart Monde-Université :

Je connais la blessure profonde du déchirement familial. La blessure provoquée par une séparation est une blessure qui reste toute une vie, pour les enfants et pour les parents. Notre expérience de lutte contre la misère doit être connue. Nous aimons profondément nos enfants, nous ne voulons pas qu'ils subissent la même pauvreté que nous**.

Les valeurs et les forces acquises dans la famille arment pour mieux prendre place dans la société. L'enfant est d'abord un être familial. Son véritable départ dans la vie, ce sont ses parents. Pour grandir, il a besoin d'aimer ses parents et de se sentir aimé par eux. Sans l'amour de sa famille, comment être soi ? Quand les enfants sont séparés de leurs parents, placés en institution, ils n'ont plus d'exemples autour d'eux pour former leur personnalité. Vivre en famille, c'est commencer déjà de vivre dans une petite société. La famille donne les bases sociales.

Tous les projets des familles pauvres ont pour but de maintenir l'unité de la famille et de garantir que les enfants auront une vie meilleure. Mais la mise en œuvre de ces projets dépend bien souvent du soutien ou de la résistance des institutions et des personnes qui les représentent.

Conditions et exigences

Un projet émerge et se réalise à certaines conditions liées aux personnes elles-mêmes et à leur environnement social.

Les forces que la famille doit avoir

Ce qui permet à une famille de faire un projet et de commencer à mettre en œuvre sa réalisation, c'est tout d'abord avoir un but, une motivation. Une jeune mère de famille a expliqué à ceux qui l'interviewaient que lorsqu'elle était enceinte de son aîné :

Après trois mois on s'est dit : On va se débrouiller pour bien l'accueillir, pour qu'il ne couche pas par terre comme on voit dans certains foyers. Il avait son lit, son armoire[27].

Et la jeune femme d'ajouter que si elle a su prendre la responsabilité d'élever son enfant, c'est qu'elle avait déjà un peu d'expérience. *J'ai quand même élevé les deux dernières* (de mes sœurs) *avec ma mère.* Dans la même interview, la jeune maman insiste encore sur la valeur de cette expérience, même si elle est plus « familiale » que « personnelle ». À la question : *Quand tu étais chez tes parents, qu'est-ce que tu as retenu de plus important ?*, elle répond : *La façon dont ma mère s'est débrouillée pour nous élever, malgré tous les problèmes qu'elle a eus.*

Pour que des parents puissent continuer à bâtir des projets et à les réaliser, il est également indispensable qu'ils aient une expérience positive par rapport à leurs projets précédents. Une mère de famille d'un certain âge affirme qu'elle *ne fait plus de projets (...), j'en avais fait au début de mon mariage, mais* (ils sont) *tombés à l'eau*[28].

Cette expérience de la réussite donne en effet ce minimum de sécurité psychologique sans lequel tout projet semble impossible. Si l'on demande à une jeune femme, qui a passé son enfance à la DDASS, quel était le projet de leur couple quand ils se sont rencontrés, elle répond en parlant de son passé d'exclusion : *C'est difficile* (de parler de notre projet). J'*ai été élevée à la DDASS, puis dans une famille nourricière. Tout de suite, je me suis sentie rejetée*[29].

Besoin de sécurité intérieure donc, mais aussi besoin de certitude sur ce qui va vous arriver. Jeannette reconnaît qu'au début de sa grossesse, elle ne faisait *pas beaucoup de projets, parce qu'on ne sait jamais, il peut toujours arriver quelque chose*[30] !

Les exigences de la société

Souvent, pour pouvoir garder ou reprendre ses enfants, la famille doit prouver qu'elle a un logement décent. Rolande parle de ses deux enfants qui *ont été placés parce que la maison était insalubre*, mais qu'elle a pu ensuite reprendre quand elle a eu *un logement décent*[31].

Si cette condition d'un logement salubre peut se justifier, d'autres exigences semblent tout à fait contraires à la dignité de la famille. Ainsi, une jeune femme se plaint que les services sociaux refusent de l'aider quand elle en a besoin parce qu'elle a sa fierté. *On me dit que si je ne vais pas chercher mes bons alimentaires, c'est que je n'en ai pas besoin*[32].

Une autre jeune femme raconte jusqu'où peuvent aller les exigences des représentants de la société :

C'est dans cette famille *(nourricière)* que j'ai attendu ma première fille. À dix-huit ans, j'ai été jetée dehors avec mon bébé. C'est mon mari actuel qui m'a récupérée au bord de l'autoroute et qui m'a amenée chez une de ses sœurs. L'assistante sociale et le juge m'ont obligée à me marier pour garder mon enfant et avoir une situation stable[33].

Cette atteinte à la vie privée a eu lieu dans les années 1990, et non pas à l'époque où élever seule un enfant était extrêmement difficile.

Les difficultés que rencontrent les familles pour réaliser leurs projets augmentent avec les restrictions budgétaires actuelles, ainsi que le raconte avec un peu d'amertume cette maman d'un enfant handicapé :

J'ai commencé la rééducation avec mon fils. On devait lui mettre une main articulée. On m'a supprimé le taxi, j'ai dû abandonner; pourtant, je sais que cette main lui aurait été utile l'année prochaine, en primaire[34].

Parfois même, il semble qu'il y ait comme une résistance des institutions : celles-ci continuent sur leur lancée, sans tenir compte des personnes et de leur projet propre. Un militant rappelle ses multiples tentatives de formation pour un projet professionnel bien précis :

Depuis 1988, j'ai fait de la réinsertion; j'avais un projet, et chaque fois le projet n'a pas pu aboutir parce que l'État n'avait pas prévu ces formations-là. (...) Je voulais faire de la culture maraîchère et florale. C'était un projet familial au départ**.

Malgré ses demandes répétées, ce père de famille n'a jamais réussi à trouver une formation qui lui permette de mener à bien son projet. *Il a fallu que ce projet tombe à l'eau*, répète-t-il avec quelque nostalgie.

De son côté, une femme nous a raconté précédemment les difficultés qu'elle a rencontrées, de la part des services sociaux, avant d'obtenir le droit d'élever ses petits-enfants après le départ de leur maman. Son projet, c'était d'assurer l'éducation des enfants de son fils aîné – comme le voudrait n'importe quelle grand-mère – afin de maintenir l'intégralité et l'unité de sa famille. Le projet des services sociaux était qu'elle devienne nourrice agréée, et que ce soit à ce titre de nourrice qu'elle élève ses petits-enfants. Il lui a fallu discuter pied à pied pour obtenir que lui soient enfin reconnus ses droits de grand-mère.

Souvent, pour les familles en très grande difficulté, la situation est terriblement complexe : aux forces que la famille doit posséder en elle-même pour vaincre tous les obstacles qui se dressent sur son chemin, et toutes ses peurs personnelles, s'ajoutent soit les exigences de la société, soit l'incompréhension de ces difficultés de la part des intervenants, quels qu'ils soient.

Pendant deux ans environ, une volontaire du Mouvement Atd Quart Monde[35], Emilie, a fait une pré-école familiale pour deux petits enfants d'une famille qui vivait dans une cabane, au milieu des bois, dans la lointaine banlieue parisienne. Elle y allait toutes les semaines, et au fur et à mesure que les mois passaient, la confiance s'est établie entre elle et les jeunes parents. Jusqu'à ce qu'elle sente qu'elle pouvait bâtir avec eux un projet de relogement dans une autre région. Bien entendu, ce projet s'est fait en partenariat avec la famille elle-même, qui n'en pouvait plus de vivre ainsi dans l'inconfort total, loin de tout et de tout le monde. Tout avait été prévu pour que la famille soit accueillie dans le village où elle allait habiter. Pourtant, lorsque le camion de déménagement est arrivé devant la cabane de la famille, seul le père s'y trouvait encore. Devant la réalité concrète du départ pour le sud de la France, la panique l'avait emporté, chez la mère, sur le projet de relogement, la conduisant à s'enfuir avec ses enfants. La peur de l'inconnu avait été plus forte que le désir d'avoir une maison. Au moment de tout quitter pour le Midi, les quelques sécurités acquises dans le bois ont pesé plus lourd que la volonté d'assurer un avenir meilleur aux enfants.

Devant cet échec, on pourrait dire que cette mère de famille ne voulait pas s'en sortir, mais ce serait une erreur de plus. La famille avait déjà fait un certain nombre de démarches qui prouvaient que ce projet de relogement était bien le sien, et qu'elle voulait réellement s'en sortir.

Seulement, même si le projet avait vraiment émergé, pour qu'il se réalisât, il aurait sans doute fallu à cette jeune femme beaucoup plus de temps pour qu'il soit intériorisé complètement. Et donc beaucoup plus de patience dans la manière de le mener, de la part des intervenants. Personne – services sociaux, amis, volontaires du Mouvement Atd Quart Monde... – personne n'est à l'abri d'une telle hâte à voir se réaliser un projet construit avec une famille. Mais pour les familles les plus démunies, c'est très certainement courir à l'échec. Savoir attendre le temps des parents est indispensable à la réussite !

Reconnaissance par la société

Les familles pauvres ont besoin d'être reconnues aux yeux des autres, aux yeux de la société. Reconnues en quoi ? Dans et pour leur projet familial. Elles demandent d'être reconnues pour leur lutte et leur dynamisme, car elles luttent avec peu de moyens. Elles disent : *On porte en nous un dynamisme qui n'est pas reconnu. Et on s'épuise. C'est ça qui démolit.*

Xavier : Il ne faut pas baisser les bras. Se battre, se battre même étant dans la misère... Essayer d'aider les autres... *Sandrine :* On dit le 17 octobre*, c'est pour arrêter la misère, mais ça ne s'arrête pas. *Xavier :* Ce n'est pas pour arrêter la misère, c'est la lutte contre la misère. La misère, c'est nous qui sommes dans la misère. Il faut se battre entre nous (ensemble) et s'aider à faire montrer aux autres que c'est possible[36].

Nous allons rechercher ce que peut être la non-reconnaissance et ce qu'est la reconnaissance et la compréhension.

La non-reconnaissance et la non-compréhension dans la société

Nous allons d'abord essayer de voir concrètement ce qu'est cette société ; examiner cette non-reconnaissance dans les cercles de plus en plus distants qui la composent et dont la reconnaissance est attendue ; ensuite, nous verrons les obstacles qui peuvent se présenter dans les différents cercles décrits. (Cf. p. 218)

La société

– Le cercle des proches. Il est tout d'abord composé des familiers : les membres de la famille dans laquelle nous vivons (famille de procréation), celle dont nous sommes issus (famille d'origine) et la famille plus large. Nous pouvons y adjoindre les voisins.

– Le cercle intermédiaire, autour de ce premier, comprend les institutions et organismes de première ligne, auxquels nous nous adressons directement en premier, représentés par des personnes plus changeantes, mais que nous pouvons connaître personnellement et qui peuvent nous connaître. C'est l'école avec l'instituteur, le travail avec des collègues et des patrons, l'assistante sociale d'un organisme d'aide, la police, le juge de la jeunesse, les membres et animateurs d'une association dont on fait partie.

– Enfin il y a la société globale qui nous influence, mais anonymement. Les grands organismes comme l'État avec son parlement, son gouvernement, ses lois, sa sécurité sociale, la politique de l'emploi... Nous pouvons en connaître des figures par les médias, mais ils ne nous connaissent pas ; et pourtant nous aspirons à en être reconnus comme groupe.

Obstacles dans le cercle proche

– Famille actuelle ou de procréation. Le projet familial naît et trouve son plus fort appui dans la famille, mais parfois ce n'est pas le cas. Nous avons vu précédemment l'exemple de Myriam, dont le mari refuse de reconnaître sa fille. Malgré cela, ils vivront ensemble avec l'enfant jusqu'à la mort du mari.

Une femme blessée par l'abandon de son conjoint dit : *Ça sert à quoi les hommes ? À rien. Autant les élever toute seule quoi* (rire), *c'est mieux*[37]. Pour l'instant, elle ne reconnaît ni le positif de leur relation, ni la place du père.

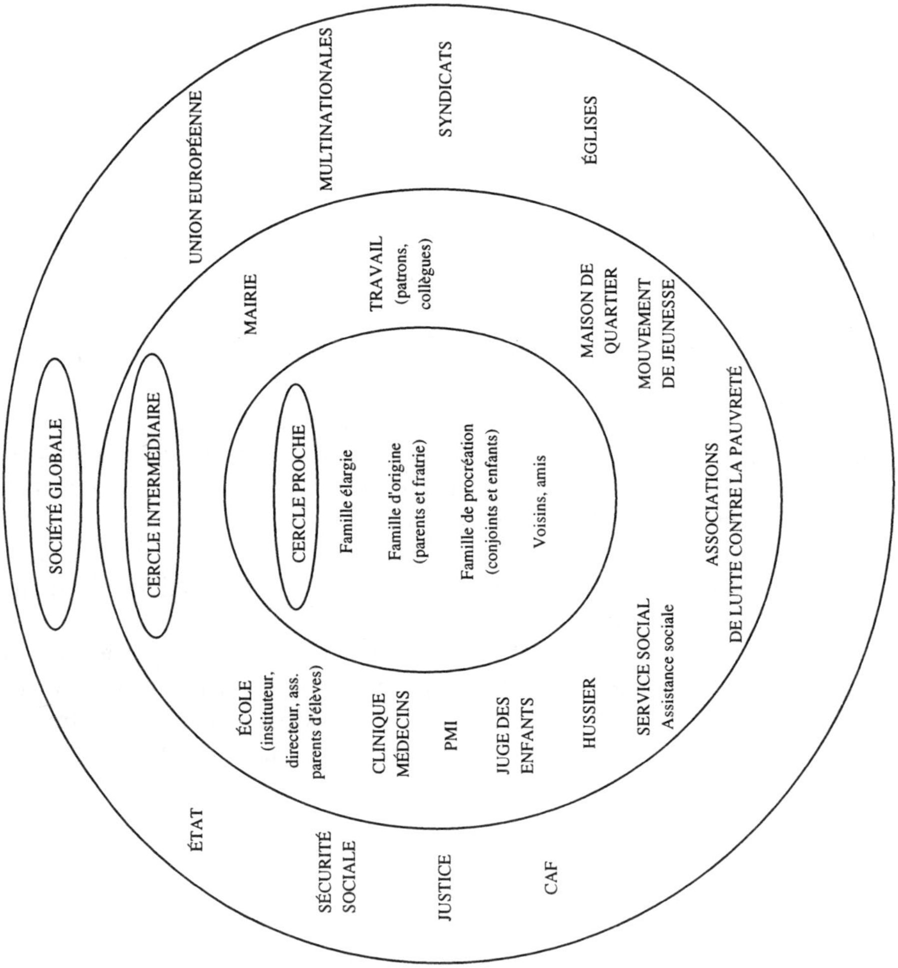
SOCIÉTÉ GLOBALE
CERCLE INTERMÉDIAIRE
CERCLE PROCHE
Famille élargie
Famille d'origine (parents et fratrie)
Famille de procréation (conjoints et enfants)
Voisins, amis
ÉCOLE (instituteur, directeur, ass. parents d'élèves)
CLINIQUE MÉDECINS
PMI
JUGE DES ENFANTS
HUSSIER
SERVICE SOCIAL
Assistance sociale
ASSOCIATIONS DE LUTTE CONTRE LA PAUVRETÉ
MAISON DE QUARTIER
MOUVEMENT DE JEUNESSE
TRAVAIL (patrons, collègues)
MAIRIE
ÉTAT
SÉCURITÉ SOCIALE
JUSTICE
CAF
UNION EUROPÉENNE
MULTINATIONALES
SYNDICATS
ÉGLISES

– Famille d'origine. Une femme de vingt-deux ans raconte :

J'avais dix-huit ans. J'attendais un enfant et il n'était pas désiré dans la famille. Ma mère voulait me faire avorter. J'aurais aimé continuer mes études, être puéricultrice. Avec un enfant ce n'était plus possible... Mon mari vivait dans un foyer. Maintenant, avec l'enfant on avait un but. Je me sentais capable de fonder une famille et d'élever des enfants. *(Elle avait élevé ses deux sœurs).* Mon enfant n'était pas attendu si vite mais tout de suite il a été accepté[38].

Il y a et il y avait chez cette jeune femme une maturité que la mère ne reconnaissait pas.

Quand Myriam, sans logement, retourne avec ses deux enfants chez ses parents :

Ils m'avaient accueillie pendant une semaine, mais ma mère... s'est occupée des enfants comme si c'était à elle. Elle me disait « tu ne devrais plus l'allaiter. Ce n'est plus un bébé ». Je n'avais plus le droit de faire ce que je voulais, quoi. Et moi, je me laissais complètement dominer par elle. On est arrivé le soir, le lendemain elle m'emmène chez le coiffeur parce que j'avais les cheveux longs. C'était horrible quoi... J'étais contente, mais quand j'ai vu qu'elle prenait les enfants, j'étais mal dans ma peau. Elle décidait à ma place. Elle ne voyait pas que j'avais grandi et que moi-même j'étais une mère de famille. Elle ne comprenait pas ça. Et puis elle refusait Charles (le mari).

– Voisinage. Des voisins conseillent à une mère de famille de mettre ses enfants et des jeunes en difficulté à la porte de chez elle. Ils ne reconnaissent ni ne comprennent son projet à longue échéance : *je voulais qu'ils s'en sortent et je faisais tout pour qu'ils s'en sortent*, ni la valeur d'ouverture et d'accueil de cette mère**.

Voici un autre exemple :

– *Question :* Avec votre entourage ? Est-ce qu'ils comprennent vos difficultés ?

– *Lucienne :* Pas du tout. Des lettres de dénonciation arrivent très souvent chez les assistantes sociales. Si ma fille pleure, ils s'imaginent que je la frappe. Elle n'est pourtant pas mal traitée, au contraire. Et les assistantes sociales arrivent chez moi, ou c'est une convocation chez le juge. Je suis obligée d'aller à la PMI ou bien ils me menacent d'enlever mes enfants. Déjà, ma première fille est suivie et je vois le juge régulièrement. Je n'ai rien à me reprocher[39].

Obstacles dans le cercle intermédiaire

Le service social juge que les personnes ne sont pas dans le besoin si elles ne profitent pas des colis alimentaires. Il ne voit pas leur recherche de dignité.

Moi, j'essaie de m'en sortir toute seule jusqu'au moment où je n'en peux plus. J'ai ma fierté. Je ne contacte pas d'assistante sociale car j'en connais les conséquences. Toute ma vie d'enfant, j'ai été suivie par elles[40].

Lucienne dit l'incompréhension qu'elle ressent :

Quand je ne peux pas payer les factures parce qu'elles sont trop grosses, je demande un délai. Je les paie en plusieurs fois. Je vais toujours de bureau en bureau et les gens ne comprennent pas, ils disent que je suis toujours sur les routes.

Difficultés au niveau de la société globale

Ces difficultés sont analysées ainsi par un militant :

La société fait des lois par rapport à une moyenne de vie d'une population et tout ce qui est en dessous de l'échelle, ce sont des exclus. La loi du RMI, elle n'a jamais été vraiment approfondie avec un projet qui va jusqu'au bout avec l'engagement prévu, la formation prévue en prenant tout le projet d'une famille, en prenant l'avis de chacun, et chacun comme partenaire**.

Dans sa lutte, la famille très pauvre ne se sent pas rejointe par les mesures décrétées, et donc pas reconnue.

Les points d'appui que la société peut offrir

Que les familles très pauvres bâtissent des projets pour leur avenir et celui de leurs enfants, comme n'importe quelle autre famille, toutes celles qui ont été interviewées l'ont dit d'une manière ou d'une autre. Mais elles se heurtent à des obstacles trop souvent insurmontables; et ce gâchis humain, insupportable pour les familles elles-mêmes et très dommageable pour la société tout entière, est une provocation, un défi pour tous les hommes de bonne volonté qui les rencontrent.

Des professionnels vont au-delà des exigences reconnues de leur métier pour répondre aux attentes des familles, comme nous l'avons vu pour le docteur Titran et son équipe. Des associations se créent pour innover, permettre à des parents en grande difficulté de réaliser leur projet de vivre en famille malgré tout.

Vers 1957, en Angleterre, deux femmes ouvraient, au sud-ouest de Londres, à *Frimhurst*[41], une maison d'accueil pour des familles épuisées par la misère. Le but de la maison de Frimhurst était de permettre aux familles de prendre de la distance par rapport aux projets « éducatifs » pensés pour elles par les services sociaux et de bâtir par elles-mêmes leur propre projet de vie. *L'insistance sur le rôle de l'éducation supposait qu'il s'agissait d'imposer nos visions personnelles aux familles. Mrs Goodman se souciait, au contraire, du projet propre de chaque famille*[42].

Françoise, une volontaire-permanente du Mouvement Atd Quart Monde, raconte :

Je suis arrivée à Frimhurst en 1985. À cette époque, Frimhurst accueillait surtout des familles dont les enfants avaient été placés. Une fois passé le premier choc du placement, et dans leur volonté de reprendre leurs enfants, ces familles avaient bâti tout un projet promotionnel avec les services sociaux qui avaient décidé le placement. Pour que leurs enfants leur soient rendus, elles avaient accepté de quitter leur logement, leur ville, et d'aller vivre entre six et douze mois avec d'autres familles et une équipe de volontaires Atd Quart Monde... qu'elles découvraient. Toute une aventure**.

Un premier atelier (bois) permettait aux chefs de familles d'apprendre un métier et de retrouver leur fierté de père, d'homme au travail. Lors de la réunion hebdomadaire de tous les adultes, les plus proches du monde ouvrier (hommes et femmes) encourageaient les plus démunis à participer à cet atelier et, si besoin, encourageaient également leurs femmes à les laisser s'y investir six heures par jour. *On se dispute moins entre mari et femme*, affirmaient-ils pour convaincre ceux qui avaient peur de l'atelier. Et l'épouse la plus inquiète de voir son mari la quitter quelques heures par jour a fini par reconnaître, après quelques semaines, que *quand il revient, on a des choses à se dire*.

Ceux qui encourageaient ainsi leurs voisins à participer à l'atelier bois avaient compris que, pour l'équipe, le soutien que les familles en très grande difficulté se portent entre elles (surtout entre familles qui ont des affinités, ce qui est tout à fait naturel), ce soutien devait aller jusqu'à veiller sur celui qui est le plus faible, et si c'était nécessaire, à mettre tout le monde au rythme de ce dernier. Pour les hommes et les femmes de Frimhurst, ce souci des plus démunis, qu'ils avaient fait leur, était devenu à la fois leur préoccupation et leur fierté. Françoise continue :

Cette préoccupation des plus démunis et cette fierté d'appartenir à un peuple, d'être acteurs de progrès non seulement pour soi ou pour sa famille, mais également pour d'autres qui connaissent les mêmes difficultés, n'étaient pas toujours comprises des services sociaux. Et c'étaient eux pourtant qui avaient exigé des familles qu'elles fassent un séjour à Frimhurst.

Dans l'exemple qui suit, le regard porté sur la jeune mère de famille – par son assistante sociale – ne lui a pas permis d'acquérir suffisamment de confiance en elle-même pour pouvoir, à cette période de sa vie, élever elle-même ses deux fillettes. Pour elle, l'action sociale a eu un effet paralysant, mais cela ne permet pas de porter un jugement négatif sur l'ensemble des assistantes sociales. Pour d'autres familles et bien plus nombreuses, leur regard amical et volontairement positif a eu au contraire un effet dynamisant d'une valeur irremplaçable.

Nous avons entendu précédemment l'une des personnes interviewées affirmer avec une très visible affection que, si ses enfants n'avaient pas été placés, c'était parce qu'elle était soutenue par sa *petite* assistante sociale. Mais elle n'est pas la seule, loin de là, à reconnaître la grandeur des travailleurs sociaux et la valeur inestimable de leur travail.

Voici maintenant l'exemple annoncé, vécu et raconté par Françoise :

Vicky était une jeune femme très militante de tempérament, mais fort peu « maîtresse de maison ». Placée dès sa naissance chez un couple, elle avait perdu sa nourrice à l'âge de onze ans environ et, comme son père nourricier était infirme en fauteuil roulant, elle a dû assumer toute une partie de la responsabilité de la maison : ménage, courses, démarches. Pas étonnant qu'elle ait pris en aversion tout ce qui ressemblait de près ou de loin au ménage.

Adulte, elle s'est mariée – ou mise en ménage, peu importe – avec Morgan, un jeune issu d'une famille ouvrière et ayant acquis les valeurs ouvrières du travail, mais très strict sur les rôles masculin et féminin, et quelque peu violent, en particulier lorsqu'il avait bu. Leur première fille a été placée alors qu'elle avait à peine deux ans et que Vicky était enceinte de leur deuxième. La famille a alors obtenu des services sociaux de venir dans une maison familiale pendant six mois, pour reprendre leur aînée, et garder celle qui allait naître. C'est ainsi que Vicky, Morgan et leur petite Clara sont arrivés à Frimhurst à peine deux mois avant la naissance du deuxième enfant.

Lorsqu'elle venait voir Vicky et Morgan, l'assistante sociale qui les suivait posait surtout des questions sur la régularité des biberons et sur la propreté de leur logement. C'est vrai qu'au niveau propreté, elle avait quelques raisons d'être inquiète. Mais les deux petites filles grandissaient sans problèmes… et je ne m'inquiétais guère des biberons. Quant à la propreté, c'était une bataille perdue d'avance tant que la ou les causes de l'allergie de Vicky au rangement et au ménage n'étaient pas détruites. Cela n'empêchait pas Ruby, une des animatrices de Frimhurst d'y veiller. Ruby était une femme extraordinaire, à la fois douce et ferme, qui travaillait à la Maison Familiale depuis plus de vingt-cinq ans, et c'était elle qui supervisait également les biberons.

Comme pour bon nombre d'adultes qui étaient à Frimhurst – pour ne pas dire pour la plupart d'entre eux – la raison fondamentale de leurs difficultés était le manque de confiance en soi. C'était d'ailleurs écrit dans un certain nombre de rapports sociaux.

Nous prenions cette remarque très au sérieux : plutôt que de « colmater les brèches », il était préférable de bâtir – ou de rebâtir – cette confiance en soi. Et pour cela, nous proposions aux adultes toute une série d'activités qui n'avaient justement rien à voir avec les « manques » qui leur étaient reprochés, comme par exemple, les soirées ordinateurs.

Lors des diverses rencontres qui avaient lieu à Frimhurst, c'était un des adultes qui vivait à la Maison Familiale qui accueillait les personnes qui venaient de « l'extérieur ».

À l'occasion des événements publics, comme l'inauguration du nouvel atelier bois ou la réception du « Mayor » (Maire), c'était encore un des adultes de Frimhurst qui devait prononcer le discours d'accueil. Pendant son séjour, ce rôle honorifique a été confié à Vicky.

Lors de la visite de son assistante sociale, quelques jours après cette réception, je lui ai annoncé, avec enthousiasme, que Vicky avait pris la parole devant quatre cents personnes. Et devant « le Mayor » ! L'assistante sociale a eu juste, par politesse, quelques brefs mots de félicitations pour Vicky, puis elle a immédiatement posé ses habituelles questions sur la régularité des biberons.

J'étais horrifiée ! Si peu d'intérêt pour ce qui pouvait permettre à Vicky de se bâtir une image d'elle-même gratifiante, tellement nécessaire pour une jeune femme dont la maman n'avait même pas voulu. « Quand elle était enceinte de moi, ma mère a essayé de me faire passer », m'avait-elle confié un jour. J'étais donc scandalisée de la réaction de son assistante sociale et je n'ai pas pu m'empêcher de revenir à cet événement exceptionnel, qui me semblait d'une importance vitale pour le long terme. J'ai été écoutée poliment, mais vraiment entre l'assistante sociale et nous, c'était biberons contre prise de parole, court terme contre avenir. Le plus parfait des dialogues de sourds !

Puisque le manque de confiance en soi est l'essentiel de ce qui manque aux adultes en grandes difficultés, l'important, et même l'urgent, n'est-il pas justement tout ce qui peut recréer cette confiance en soi ? Et si, pour une famille, faire partie d'un groupe est une valeur et une force, pourquoi la limiter à un projet familial individualiste qui ne peut être le sien ?

Pour Vicky, mais aussi pour beaucoup d'autres, lorsque nous cessons de leur imposer notre propre vision, ces familles trouvent en elles-mêmes les forces nécessaires pour répondre aux exigences de la vie familiale. Heureusement, la grande majorité des assistants sociaux sont prêts à reconnaître la vision propre à chaque famille, et cette reconnaissance contribue à transformer leur situation. En ce sens, la reconnaissance du projet de la famille est en elle-même une action.

Exemple d'un projet de logement

Nous venons de voir ce que peut être, d'une part, la non-reconnaissance par la société, et, d'autre part, les points d'appui qu'elle peut offrir. Nous présentons maintenant un exemple de lutte d'une famille pour un logement suffisamment grand, et examinerons les aides et les manques et oppositions de la société à ce projet[43].

Colette et Jean-Baptiste[44] vivent depuis vingt ans ensemble. Ils ont plusieurs enfants. Quand on s'informe de leurs projets à l'époque où ils se sont rencontrés, ils mettent le logement en avant :

Question : Vous aviez un but quand vous vous êtes mis ensemble ?

Colette : Non

Jean-Baptiste : c'est d'avoir un foyer bien ; c'est d'avoir quelque chose quand même... une maison.

Une bonne partie de l'entretien sera consacrée à ce sujet. Nous passerons en revue cette histoire de recherche d'une habitation et verrons plus en détail l'histoire d'une grande maison qu'ils ont eue. Elle montre les aides mais aussi les obstacles que les familles peuvent rencontrer dans la réalisation de leur projet d'avoir une maison assez grande pour leurs besoins.

– Le **premier logement** est chez la mère de Colette.

JB : Chez sa mère, j'habitais. Je n'aimais pas beaucoup, mais enfin ! Après cela n'a plus été. J'ai dû partir parce que avec la belle-mère et les frères. (...) De là j'ai resté chez le grand-père.

– **Deuxième logement** chez le grand-père du mari, jusqu'à la mort de celui-ci. La ville de L., propriétaire, s'opposa à ce que le couple continue à y habiter, et le loua à un oncle.

– Troisième logement

JB. Après, on a trouvé une petite maison. On avait deux pièces. Il y avait des rats et des souris. (...)

Q. Comment l'avez-vous eue, cette maison ?

JB. Par un propriétaire qui était là et qui m'a expliqué qu'on pouvait aller là. Enfin, c'était un locataire.

Q. C'était une maison abandonnée ?

JB. Les voisins ont dit que je pouvais aller là. Il n'y avait personne.

Q. Vous avez squatté une maison en fait.

JB. Oui, c'était squatté en fait.(...) c'était une cour. Ils ont fait partir toute la cour pour démolir.

– Quatrième logement

C. On a eu la maison rue de L.

JB. La maison appartenait à une tante de mon père et j'allais la voir de temps en temps. Je lui expliquais comme quoi cela n'allait pas là bas et tout ça. Elle m'a dit « Viens habiter là ». De là, après, ma tante est décédée. La propriétaire est venue. Elle m'a demandé si je voulais acheter la maison. J'ai dit oui. J'ai acheté la maison trois millions (de centimes). De là, cela n'a plus été. (...) C'était une maison spacieuse.

C. On était bien là-bas.

JB. Il y avait une grande cour, huit pièces.

La grand-tante âgée a ouvert sa maison. La propriétaire a cédé sa maison à bon compte. Il est possible qu'elle préférait voir cette maison habitée par des jeunes, connus, plutôt que démolie par un spéculateur immobilier que nous allons voir apparaître. En effet, un antiquaire qui demeurait dans la cour, a voulu avoir cette maison.

JB. Il venait tous les jours m'embêter. Il poussait, il poussait pour l'avoir. On a cédé, et la maison il l'a eue. (...) Lui il voulait avoir tout le coin. Il a tout rasé. Il a reconstruit. En effet, il a présenté sept millions *(de centimes)* mais il m'a eu. Arrivé chez le notaire, je n'ai eu que trois millions, et encore, et encore : deux millions huit. Après, je me suis retrouvé à zéro.

Mon père, il ne voulait pas que je la vende. Il m'a toujours dit « Ne vends pas. Tu vas te retrouver dans la rue ! Garde cette maison. À ce prix tu n'en trouveras plus ». À ce moment-là, je faisais des brocantes. Je faisais des toitures. Je travaillais pour un artisan en toiture.

Mais cette maison bon marché est trop coûteuse pour lui.

JB. Il me manquait l'argent aussi. On ne pouvait pas payer la maison.

C. Et faire des travaux, cela revenait cher. (...) À ce moment-là, c'était son beau-père qui faisait la maison, et il fallait payer.

JB. Il faisait du travail. On ne pouvait pas tout faire en même temps. On a dû abandonner. C'est pour cela que j'ai vendu.

Q. Jamais on ne vous a informés qu'il y avait une méthode pour financer des travaux ou obtenir un prêt ?

JB. J'avais demandé des prêts. J'ai été tout partout. Ça a été refusé. Cela n'a pas été accordé. On n'avait plus personne. On faisait tout ensemble. (...)

Les voisins interviennent aussi.

JB. La famille, il y a des moments où ils venaient. Ils avaient bu un verre et cela criait dans la cour et le voisin, il se plaignait. Il y avait la police qui venait. Donc celui qui a acheté la maison, il poussait les voisins à porter plainte. Comme ça, il a eu la maison.

C. Maintenant, on regrette, on regrette, on était bien là-bas.

Lutte de Colette et Jean-Baptiste pour la maison rue de L.

AIDES	OBSTACLES
La tante du père de JB dit « *Viens habiter là* » Quand la tante est décédée, la *propriétaire* a demandé à JB s'il voulait acheter la maison. Il l'a achetée 3 millions (de centimes)	
	L'antiquaire avait un projet immobilier, il venait tous les jours embêter JB : Il poussait, il poussait pour l'avoir.
JB : C'était une maison spacieuse une grande cour et huit pièces *C :* On était bien là.	
Le père de JB disait : Ne vends pas, tu veux te retrouver dans la rue ? À ce prix, tu ne trouveras plus.	
Le *beau père de JB* venait donner un coup de main. Il faisait la maison. *JB : Ensemble,* on faisait tout.	
	JB : Il me manquait de l'*argent.* Il fallait payer le beau-père. On ne pouvait pas payer la maison et acheter les matériaux. J'avais demandé des *prêts.* On a été partout. Ça a été refusé.
	On n'avait plus de *service social.* On n'avait plus personne.
	J'avais fait (j'aurais eu) *7 millions* (centimes) pour la maison Il m'a eu. Chez le notaire j'ai eu que 2800000.
	L'antiquaire poussait les *voisins* à porter plainte. Quand on recevait de la famille, des moments, ils avaient bu. Ça criait. Le voisin, il se plaignait. La police arrivait. Comme cela il a eu la maison.

Nota Bene : Nous avons rangé les données d'une manière chronologique.
À gauche nous avons indiqué les **aides** et reconnaissances de leur projet. Elles sont toutes familiales, excepté celle de la propriétaire. Elles sont classées ensemble.
À droite nous avons indiqué les **obstacles**. Il y a un seul opposant très actif, c'est l'antiquaire qui manie le bâton : la pression, les ennuis liés à la réparation, le manque d'argent, l'ignorance au sujet d'un prêt, l'isolement, les voisins. Il utilise aussi la carotte : fait miroiter l'argent qui manque : 7 millions, qui seront réduits à 2 millions 8.
L'antiquaire suscite d'autres obstacles de la part des voisins, de la police, de son notaire.

De l'assistance au partenariat

Pour conclure ce chapitre, nous allons essayer de voir comment la société ou la communauté aide le projet familial. Quelle relation d'aide, quelle attitude de la part de ceux qui veulent aider, sont bienvenues, et lesquelles ne le sont pas ? Différents modèles d'aide ont été développés dans la littérature, mais nous tâcherons ici de rester près du vécu des personnes interviewées.

Face au projet familial, il y a deux positions extrêmes et opposées vécues par les familles : l'une, l'autonomie, se débrouiller, est souhaitée ; l'autre, l'assistance, est évitée si possible. Dans une troisième position, qui va de la collaboration au partenariat, nous verrons comment on peut joindre ces extrêmes et comment l'on peut garder son autonomie tout en recevant une aide adéquate. Nous verrons quelques caractéristiques de cette relation d'aide.

L'autonomie désirée

On peut distinguer deux aspects dans l'autonomie : pouvoir se débrouiller par soi-même, et avoir une liberté de choix, d'action.

Se débrouiller

Trouver en soi les capacités nécessaires, ne pas être dépendant des autres. Pour des jeunes, c'est important de quitter les parents et de fonder leur propre foyer, d'être indépendant.

– Nous, au début, on voulait notre logement à nous pour faire notre famille à nous, parce que pour l'instant j'habite chez ma mère. Je voulais mon avenir à moi.

– Fonder notre propre famille, c'est important (silence). Mon indépendance quand même[45].

Il y a une fierté de réussir tout seul :

Même si l'on n'a qu'un petit chez soi, cela vaut mieux qu'un grand chez les autres... Il y a des personnes qui m'ont aidée pour les meubles et tout ça. Le plus gros, c'est moi qui me suis débrouillée, toute seule[46].

Il y a une dignité à être indépendante, même quand on a droit à de l'aide.

Ma mère, elle s'est beaucoup appuyée sur une assistante sociale. J'étais au courant que j'avais droit, mais je voulais me débrouiller par moi-même. Si vraiment, à la dernière minute, j'en avais eu besoin, je serais allée la voir, mais j'ai vu qu'on était capables de se débrouiller tout seul[47].

Elle réalise que sa situation est précaire : *si vraiment, à la dernière minute…*, et qu'elle a droit à de l'aide, mais elle choisit de se débrouiller sans assistante sociale. Nous allons voir comment cette liberté de choix est importante.

Propres choix et idées

Lucie Ribert est arrivée à faire ses propres choix après avoir développé ses propres idées sur les situations. Elle parle de sa mère, qui n'a pas eu cette liberté, et de sa propre lutte pour que chacun puisse faire des choix libres grâce à une compréhension du monde.

On n'a pas de liberté de choix. Ma mère n'a jamais eu de choix. Elle n'avait pas le choix de savoir pour qui elle votait, elle n'avait pas le choix de dire « Non » aux gens, elle n'avait pas le choix de dire : « Je veux que mes enfants étudient ». On n'a pas le choix d'être un citoyen libre à part entière, qui a tout en main pour comprendre tout ce qui se passe.

J'ai vraiment envie que mon engagement puisse servir à ça, qu'on devienne tous des citoyens libres qui puissent se former, se former à comprendre le monde.

Nous reprenons le propos d'un autre militant mais ici sous l'angle du choix :

Nous, on n'a pas accès à certaines informations, ou alors à des informations toutes faites où on n'a pas le droit de dire ce qu'on a envie de dire. On n'a pas le droit de choisir notre programme**.

L'assistance à éviter

Nous décrirons l'assistance à travers des situations vécues permettant la survie, mais aussi jugées indignes et refusées. Entre le refus de courir aux distributions alimentaires et le refus des conditions actuelles d'attribution du RMI (Revenu Minimum d'Insertion), il y a une gradation.

L'assistance est-elle vue comme courir à gauche et à droite pour recevoir les surplus qui tombent de la table de la société de consommation ? Que signifie « être assisté » ?

Quand on est dans une société, on veut que la société nous reconnaisse dans notre dignité personnelle. (...) Elle se contente de me donner quelque chose pour avoir la paix. C'est ça être assisté… C'est plus facile de donner 2200 F par mois à quelqu'un que de l'aider à trouver un projet… et l'aider à le mettre en œuvre.

Bien souvent, on est reconnus comme assistés, sous une certaine étiquette. Nous, c'est pas ça qui nous intéresse. C'est de se dire : nous on existe, on a un nom, on a une vie, une dignité. Et c'est ça qui doit être pris en compte**.

Plutôt que d'avoir recours à une assistance permanente qui ne permet pas d'en sortir, on pourrait être reconnu comme homme à partir de son propre projet, un homme avec un nom et une vie. Cela suppose que le projet reçoive attention et aide pour se réaliser.

Mais, à l'opposé de l'autonomie par des choix libres, se trouve l'imposition de comportements sous pression morale, en général dans un contexte paternaliste, pour « le bien » de la personne tel qu'il est vu par l'autre.

Vers un partenariat

Les familles pauvres ont des souhaits et visées à long terme, elles désirent réaliser un projet familial. Les circonstances de vie demandent la participation, la collaboration de et avec d'autres humains. Il existe une forme poussée et égalitaire de collaboration qu'on appelle partenariat. Il n'est pas toujours possible d'atteindre ce niveau mais il est bon de savoir quels en sont les éléments. Nous allons essayer de les extraire des récits dont nous disposons. Nous y trouvons une suite d'éléments. Ceux-ci vont se recouper en partie dans les exemples choisis, car ils forment un tout :

– ouverture : quitter ses préjugés, ses habitudes. S'ouvrir à l'autre pour comprendre ce qui le meut, son désir, son projet (l'*autre* peut être une personne ou une famille) ;

– compétences : reconnaître l'autre comme ayant non seulement des désirs, mais des capacités à réaliser ses projets et à s'auto-diriger ;

– engagement : si l'on veut accompagner l'autre, il faut se mettre en marche avec lui, derrière lui et le faire dans le temps aussi, dans une continuité ;

– participation : favoriser la créativité, l'action de l'autre ;

– réciprocité : elle est une égalité dans une complémentarité.

Ouverture

Le mot ouverture a été employé par Lucie Ribert pour caractériser l'attitude de sa première institutrice envers elle. Dans cette ouverture, il y a une absence de préjugés, une confiance dans l'autre, une attention à ses projets, certains diraient une « écoute ».

Pour décrire l'ouverture, nous mettrons côte à côte l'ouverture épanouissante de l'institutrice et l'ouverture plus limitée, envers la mère de Lucie, de ses amies du village. L'institutrice, le père de Lucie l'a connue quand il était jeune. *C'est cette dame qui est là, et bien sûr, elle est ouverte à moi. Pour moi, c'est génial.* À écouter *le bien sûr*, l'ouverture doit avoir été très spontanée et avoir ainsi libéré la spontanéité de Lucie. Maintenant, voici la description de l'ouverture des amies :

Ma mère, en faisant du porte à porte, rencontre deux femmes qui l'accueillent, un peu méfiantes au départ, mais qui après deviennent des amies. Mais il y a toujours eu quand même cette situation de protection avec ses amies : pour ses amies, c'était la pauvre Madame Ribert, mais on l'aimait parce qu'elle était honnête.

Les légers préjugés (*un peu méfiantes*) tombent, mais reste une protection probablement vécue comme infantilisante et un amour conditionné : *parce qu'elle était honnête*, ce qui amène le risque que nous sentions davantage notre honnêteté aimée que notre personne elle-même.

Nous voyons aussi de l'ouverture de la part des volontaires-permanents d'Atd Quart Monde à la cité de promotion familiale envers Myriam[48] : nous sommes frappés par l'intérêt qu'ils manifestent pour ce que Myriam veut, pour son projet. Elle est vue comme sujet, libre de faire des choix.

Si on nous demandait ce qu'on voulait, c'était pour nous aider... Souvent on venait me voir pour en parler. Ils me demandaient tout le temps si j'étais d'accord... L'assistante sociale venait presque tous les jours. Elle m'a demandé ce que je voulais faire... D. m'avait convoquée dans son bureau et me demandait ce que je voulais faire.

Dans cette aide, tout semble partir de l'autre, de la personne en difficulté, tout tend à faire naître son projet. Les volontaires ont confiance dans ses capacités à se diriger, ce qui nous mène au facteur suivant.

Découvrir la compétence

Nous voyons un exemple de confiance dans la compétence des jeunes mères chez Titran[49], confiance qui peut réveiller les capacités bloquées, brimées, à travers le contact du docteur avec leur enfant. Quand Fabrice, enfant né prématuré, attrape une méningite et est hospitalisé pendant tout un temps, la relation mère-enfant est à reconstruire. Titran parle à l'enfant agité de ce que sa mère et lui ont vécu, de leurs peurs et souffrances. L'enfant se calme,

et Colette (sa mère) reprenait peu à peu confiance en Fabrice et en elle. Le service où Fabrice avait été soigné avait pris une dizaine de rendez-vous avec des spécialistes pour le bilan de ses séquelles et mettre en place les rééducations. Je les ai tous décommandés. Ni Colette, ni Fabrice n'étaient en état d'en tirer profit. Il était urgent de faire renaître cette mère à une nouvelle forme de compétence, de restaurer leur relation, de respecter la convalescence de Fabrice.

Comme les beaux jours étaient arrivés, j'ai proposé à Colette et à Fabrice d'aller passer quelque temps dans la maison d'Ali. Il sera fier et heureux de récupérer son fils, ils vivront dans un taudis, mais trois cœurs battront d'unisson. En quelques semaines, Fabrice est transformé.

(Suit une description, puis) Cette femme a montré une capacité d'espérer, de surmonter toutes ses peurs.

En général, la société ne croit pas facilement dans les capacités des mères de milieux défavorisés. Nous rappelons ici le récit de la femme qui a dû se battre pendant deux ans et demi pour être jugée capable d'élever ses petits-enfants.

Engagement

L'engagement est évident dans le récit d'Odile[50], lors d'une menace de placement d'enfants : *J'avais la petite assistante sociale toujours derrière moi.* Elle dit « *J'avais* », une possession comme liée à la personne. Avait-elle l'impression que cela dépassait la simple fonction professionnelle et qu'il y avait un lien, une relation de personne à personne ? *Petite* pourrait être un genre de diminutif affectueux et indiquant aussi que l'assistante ne désire pas dominer comme *derrière moi* semble le confirmer. *Toujours* vient encore accentuer le lien par une continuité.

Ceci rejoint pour nous des passages de la réflexion chez Myriam :

Ils ne m'ont pas laissé tomber, ils se sont quand même occupés de moi, comme avant (...) L'assistante sociale, elle venait presque tous les jours.

Ils (Vie Libre) allaient le voir (le mari), ils le lâchaient pas, ils l'appelaient tous les soirs au téléphone.

Cette continuité est, croyons-nous, importante pour la personne pauvre qui souvent a vécu des séparations et le placement dans sa jeunesse, et qui a peur du rejet.

Nous voyons aussi cette sensibilité à la continuité de présence chez Liliane[51] : la présence proche de l'assistante sociale après la mort de sa mère.

Question : Vous avez des aides ?

L : Ben, heureusement que l'assistante sociale est là. Et je la remercie parce qu'elle a toujours été là pour moi. Surtout quand j'ai perdu ma mère.

Participation active, créative, libératrice

Chez Myriam, l'attitude de toujours lui demander, à la cité de promotion familiale, ce qu'elle voulait, a mis en marche sa capacité de rêver à un avenir, qui ensuite va se concrétiser dans des projets élaborés. Dès le premier jour de leur arrivée, on propose à son mari de faire une émission télévisée :

C'était pour Atd, alors il a accepté. Comme beaucoup de gens nous avaient regardés, ils nous appelaient et ils demandaient notre adresse pour nous aider. J'étais contente. Un jeune couple m'avait amené de la vaisselle.

Plus tard, après la mort de son mari :

Mon fils a participé au livre d'Isabelle[52]. ça l'a beaucoup aidé parce qu'il était bloqué ; il avait cinq ans quand c'est arrivé. Il ne comprenait pas ce qui lui arrivait parce que lui, son père l'aimait beaucoup.

Au chapitre précédent, sur les points d'appui, l'attitude de volontaires Atd à Frimhurst a été décrite. Ils s'efforcent, à travers toutes sortes d'activités nouvelles et réussies, de reconstruire une confiance en soi. Ainsi Vicky prend-elle, avec succès, la parole devant le maire en visite.

Réciprocité, égalité

Il semble y avoir tant de joie quand l'aide est réciproque au niveau du voisinage.

On est tous chacun à notre tour dans la m... Je peux être en panne de lait; je vais monter voir mon amie, elle va me donner. Elle, elle va être, c'est pareil, dans la même situation que moi; on a beau être pauvre, tout en étant pauvre, on a des amis, on arrive à s'en sortir[53].

Il peut y avoir un riche réseau de solidarité, mentionné par plusieurs, même si certains n'en veulent plus. Est-ce le plaisir de donner, joint à celui d'une égalité ou équité ?

Au niveau institutionnel, Lucie Ribert déclare :

J'avais l'impression, à un moment donné, de me servir du Mouvement parce que j'apprenais plein de choses. Je n'avais pas encore compris qu'eux apprenaient aussi avec moi.

Le docteur Titran décrit ainsi sa participation aux « mardis d'activités manuelles » [54] :

Moi je tricote, je fais du canevas. Chacun a quelque chose à apprendre à quelqu'un d'autre. Les mamans m'aident, m'apprennent des points de tricot. Cette transmission de savoirs est très importante. Il s'agit de faire découvrir à ces femmes que non seulement elles ont du savoir-faire, mais sont capables de les transmettre à leurs enfants, à d'autres parents, etc. Elles apparaissent à leur famille et à elles-mêmes comme ayant des compétences. Dans ce groupe, le plaisir partagé entre professionnels, bénévoles, parents et enfants est immense.

Dans la participation de personnes pauvres à des projets extérieurs, on doit veiller à ce qu'il y ait suffisamment d'égalité pour leur permettre de donner leur opinion, d'assumer des tâches, et enfin de prendre des décisions. Dans notre étude, il s'agit de la participation de services et d'autres personnes aux projets familiaux mais la responsabilité du projet doit rester principalement aux mains de la famille pauvre. Les autres peuvent donner leur avis, mais s'engagent « derrière » elle.

La société peut soutenir les familles dans leurs efforts pour passer du temps trop chaotique ou bousculé au temps dynamique de l'évolution. Les institutions peuvent aider à se réinscrire dans un processus et un temps mobilisé.

Notes

1. Extraits des interviews n° 3, n° 5, n° 6, n° 8, n° 14, n° 9, n° 11.
2. Interview n° 4.
3. Interview n° 13.
4. Interview n° 11.
5. Interview n° 10.
6. Interview n° 4.
7. Interview n° 13.
8. Interview n° 11.
9. Cf. Chap. 4.
10. Extraits d'interviews n° 5, n° 8, n° 7, n° 3, n° 9, n° 13.
11. Interview n° 3.
12. Interview n° 4.
13. Interview n° 9.
14. Interview n° 7.
15. Interview n° 5.
16. Extraits d'interviews n° 3, n° 13.
17. Interview n° 10.
18. Interview n° 14.
19. Interview n° 3.
20. Interview n° 10.
21. Extraits d'interviews n° 13, n° 2, n° 9, n° 14.
22. Interview n° 9.
23. Interview n° 13.
24. Interview n° 13.
25. Interview n° 12.
26. Interview n° 14.
27. Interview n° 2.
28. Interview n° 3.
29. Interview n° 7.
30. Interview n° 2.
31. Interview n° 3.
32. Interview n° 5.
33. Interview n° 7.
34. Interview n° 10.
35. Audition Emilie Bourtet.
36. Interview n° 6.
37. Interview n° 15.
38. Interview n° 2.
39. Interview n° 7.
40. Interview n° 5.
41. *Revue Igloos*, n° 27-28, Éd. Science et Service, 1966.
42. Mrs Goodman, une des deux fondatrices de la Maison Familiale de Frimhurst, fut celle qui l'a vécue, pensée et organisée, et qui finalement en a confié l'animation au Mouvement Atd Quart Monde, après avoir rencontré son fondateur, le père Joseph Wresinski. *Igloos*, n° 77-78-79, Éd Science et Service, 1985.
43. L'enchaînement qui suit est visualisé dans le tableau ci-après.

44. Interview n° 9.
45. Interview n° 8
46. Interview n° 3
47. Interview n° 2.
48. Interview n° 13.
49. M. Titran, T. Potekov, *op. cit.*, pp. 65-71. Texte analysé dans le groupe.
50. Interview n° 4.
51. Interview n° 15.
52. I. Sentilhes, *Parle-moi. Les pré-écoles familiales*, Éd. Quart Monde, 1988.
53. Interview n° 16.
54. M. Titran, T. Potekov, *op. cit.*, p. 99.

Conclusion

Nous avons voulu réfléchir à la manière dont se développe dans le temps, sous la forme du projet familial, le lien consenti de l'engagement qui lie à autrui : le conjoint choisi, les enfants mis au monde, dont la présence crée une obligation pour leurs parents.

La constitution de la famille est une force d'action

Nous n'avons pas mis l'accent sur la désorganisation, les ruptures, puis la reconstruction avec un autre conjoint d'une famille qui serait aujourd'hui dominée par la priorité donnée aux choix personnels ; d'où la plus grande fragilité des liens qui existent entre ses membres.

Nous n'avons pas non plus rencontré de personnes isolées ou sans domicile, mais des familles, même si celles-ci étaient très diverses dans leur composition. Que le lien familial se soit ou non constitué dans le cadre juridique du mariage, ou même que ces personnes vivent ou non en couple stabilisé, que les enfants élevés soient ou non tous issus des mêmes père et mère, il ne fait aucun doute pour tous qu'ils constituent des familles. Que les projets des parents se résument presque entièrement à leurs projets familiaux, c'est vrai surtout pour ceux qui ont un certain nombre d'années de vie familiale. Mais quel que soit leur âge, tous les parents interviewés ont exprimé quelque chose de l'ordre du projet.

Leur futur personnel s'est, à un moment donné de leur vie, exprimé dans ce désir de constituer une famille, et c'est autour de cet engagement que se sont organisés leurs projets.

L'importance du projet familial ne signifie certes pas que la vie de famille ne soit que paix et douceur. D'une certaine manière, plus l'expérience personnelle vécue dans l'enfance ou la jeunesse a pu être occasion de tourments, plus aussi est affirmé le désir de s'engager dans la procréation et la constitution d'une famille. Entre la souffrance vécue de sa propre enfance et le don de la vie à l'enfant, il existe le plus souvent une continuité.

Notre constat ne va donc pas non plus dans le sens de la thèse « familialiste », attachée à un certain modèle « traditionnel ». Les familles peuvent être décomposées, puis recomposées; l'attribution du nom du père à des enfants aux ascendances différentes est souvent un problème. Et pourtant, cela n'entame en rien la volonté des personnes, exprimée avec force, de vivre en famille. Ainsi, contrairement à ce que suggèrent bien des discours moralisateurs, ce n'est pas parce que la famille n'obéit pas à certaines normes qu'elle est faible.

Constituer une famille est une action. Une action qui peut avoir comme résultat de reproduire les conditions d'existence connues par chacun des parents dans sa famille d'origine. Mais qui peut aussi, au contraire, permettre de lutter contre la grande pauvreté subie. Nombre de personnes en témoignent : la naissance de leurs enfants les a conduites à réagir. Une politique de lutte contre l'exclusion ne peut donc ignorer cette action.

Comment les projets familiaux des très pauvres peuvent-ils être soutenus, sinon par la mise en rapport des dynamismes qu'ils expriment et des différents dispositifs organisés par les institutions ? Considérons d'abord les premiers.

Les projets des familles pauvres expriment leur capacité d'action

Les familles regrettent souvent que leurs initiatives ne soient pas soutenues, ni même reconnues. À l'inverse, d'autres déploreront des solutions qui, au-delà de la réponse à l'urgence, créent des habitudes « d'assistance ».

Pour dépasser celle-ci, les institutions appellent aujourd'hui volontiers les personnes à adopter une attitude de « projet ». En fait, elles leur demandent par là d'entrer dans les catégories de l'institution. Notre recherche permet-elle de reconsidérer ce débat ? Le concept de *projet* nous a permis de réfléchir aux actions des familles très pauvres.

Ces actions ne sont pas seulement des réactions, destinées à faire face aux exigences de la survie quotidienne. Au delà de l'urgence, même si elles sont trop souvent maintenues dans le temps court par les aléas du quotidien, les familles préparent et prévoient leur futur en s'inscrivant dans la durée ; en un mot, elles font des projets.

Des parents s'acharnent, par exemple, à préparer le retour de leurs enfants. Parfois ils cherchent un autre logement, un logement salubre qui permettra d'élever leurs enfants avec un minimum d'hygiène. D'autres s'engagent dans une formation professionnelle.

À partir de ce concept de projet, transparaît une image des familles très pauvres assez différente de celle qui existe habituellement dans les esprits. Leur situation n'est plus considérée comme immobile, ni de manière seulement négative (que ce soit par un jugement dévalorisant ou par une compassion « misérabiliste »). L'élaboration de projets familiaux, ou au moins du projet de vivre en famille, est pour les parents un moyen d'affirmer leur responsabilité. Il s'agit à la fois d'un engagement envers soi-même et de la prise en compte d'autrui.

La prise en charge du temps par les familles pauvres

Les projets s'inscrivent dans un futur : les familles pauvres ne sont pas seulement capables d'action, elles prennent en charge le temps – d'une manière toutefois qui est loin d'être uniforme.

Parfois, les efforts des familles sont quelque peu maladroits : et soit ils sont incompris, soit tout simplement ils passent totalement inaperçus. Ce décalage entre les projets des familles et ce que la société en perçoit, ou refuse d'en percevoir, ne peut qu'être cause de souffrance pour ceux qui sont ainsi mal jugés et sentent un rejet qu'ils ne peuvent pas comprendre. Par contre, lorsque les familles sentent autour d'elles respect et compréhension, lorsqu'elles se savent soutenues et qu'un véritable partenariat s'instaure entre elles et la société, alors toutes leurs aspirations peuvent devenir projets qui se réalisent; alors le temps n'est plus un obstacle, mais au contraire le lieu de toutes les possibilités.

Il n'existe pas un, mais plusieurs types de rapport au temps. Le temps long peut être le cadre d'une reproduction des inégalités perçues comme une fatalité insurmontable. À l'inverse, on peut se trouver soumis à l'emprise des temps trop courts, ceux de l'urgence et de l'attente... qui ne sont contraires qu'en apparence. L'urgence exigée par les démarches ou requise par les aléas de la vie accompagne l'attente, sans réelle promesse, d'un emploi, d'un logement, du retour d'un enfant placé. Être très pauvre, c'est se trouver privé de l'accès raisonné au temps, lié par exemple à la carrière professionnelle. C'est encore être démuni des ressources culturelles qui permettent de concevoir l'existence à partir d'une programmation, comme peuvent le faire ceux qui sont pourvus d'un emploi stable et gratifiant.

Ce n'est pas seulement la capacité à maîtriser le futur qui est inégalement répartie. C'est aussi la possibilité d'inscrire sa vie personnelle sur un temps long : le temps de la vie humaine, la durée nécessaire pour rendre effectif, dans le projet, le futur désiré. Un grand nombre de personnes ne sont ainsi pas en mesure de se situer pour elles-mêmes à une échéance de quelques années en avant.

Une telle disparité entre les très pauvres et des groupes moins défavorisés ne peut être due à une « incapacité culturelle » de concevoir le déroulement du temps. La présence des enfants permet de penser des échéances; elle y contraint même. Nous avons relevé que, pour les très pauvres, la *génération* est une manière de s'inscrire dans le temps long. On soulignera que cette appréhension du temps par le biais des enfants est souvent associée au souhait de la réussite de leurs études, et donc à l'école. Par la naissance des enfants, la « génération » est également une participation à la continuation, dans le temps, de la création du monde.

Le rapport du projet familial au temps, enjeu des relations entre les très pauvres et les institutions

Ce qui est en jeu, dans une perspective qui refuse à la fois le maintien dans la pauvreté et l'emprisonnement dans l'assistance, c'est la réussite du projet familial.

Le projet inclut, nous l'avons souligné, la responsabilité. Si personne n'est sans souhait, tous les souhaits ne parviennent pas à trouver la possibilité d'une mise en œuvre. Réussite et échec sont un enjeu des rapports entre les familles et les institutions. Nous avons examiné cette co-responsabilité. Il s'agit d'une construction conjointe du succès ou de l'échec des projets. Succès auquel tous auront pris part, ou échec dont nul ne pourra se décharger de la responsabilité.

La mise en œuvre de l'engagement dans le projet familial requiert un temps qui peut buter sur le problème de la définition et du contrôle de la durée par les institutions. Si le temps imposé est trop long, il n'est pas adapté à des projets qui ne peuvent se situer dans un si long terme : la trop grande distance de l'échéance risque d'engendrer une démobilisation, une dissolution du désir de continuer à marcher vers ce plus qui est en soi. Si, en revanche, l'échéance est trop proche, le temps trop court, le projet familial ne pourra se déployer. Dans les deux cas, ne définira-t-on pas comme échec ce qui est, d'abord, l'imposition d'un temps inadapté aux conditions réelles de la vie des familles ?

Par ailleurs, l'institution détermine une réalité positive du temps. En fixant des bornes dans le temps, les institutions empêchent que des droits légitimement reconnus ne dérivent vers l'assistance permanente.

Soutenir les projets des personnes, ce n'est pas les assister. C'est favoriser une prise de responsabilité, souhaitée : seules les familles peuvent formuler leurs projets. Parce qu'il repose sur la mobilisation du désir d'un futur différent, le projet familial ne peut venir que des personnes : c'est l'inverse de l'assistance. Mais si le fondement de l'action repose sur la personne, rien n'est possible sans les institutions : c'est le contraire du « laisser-faire ».

Ainsi, le projet familial ne se développe pas indépendamment des différentes dimensions de l'insertion sociale. On soulignera la discordance entre la force de la volonté de construction de la famille, et la précarité du travail et de l'emploi, ou la répartition très défavorable des logements au regard des besoins.

La famille très pauvre ne peut se structurer indépendamment d'une longue durée ; au long de ce parcours, elle peut avoir besoin d'un soutien régulier de la part d'un proche, d'un travailleur social ou de tout autre intervenant (officiel ou non). Le projet familial ne peut en effet être réalisé par les seuls efforts des intéressés ; pour réussir, il demande parfois aussi le triple engagement des personnes qui entourent la famille (parenté élargie, amis, voisins), des associations, et des institutions.

Qu'allons-nous faire, chacun de nous, pour que toute famille puisse vivre ses projets dans la dignité ?

Annexe

Les interviews

Les interviews ont d'abord été réalisées par les militants. Ils les ont faits le plus souvent à deux. Leur but était d'interroger des familles démunies de différents âges.

Au début, les militants n'avaient pas beaucoup d'expérience. Les premières interviews ont servi à se faire la main. Ensuite, un guide d'entretien a été élaboré par l'ensemble du groupe Famille. Au fil des mois, les questions ont été de plus en plus préparées, et certaines venaient au fil de la conversation, les militants étant plus à l'aise, ayant plus confiance en eux-mêmes. Quand ils sentaient que certaines questions gênaient, ils n'insistaient pas. Ils ont aussi souhaité interviewer eux-mêmes un couple d'une famille aisée afin de comparer le sens de la famille, des projets, les réactions face à certaines difficultés telles que le chômage. Les militants ont fait douze interviews, dont cinq couples. Bien souvent, la mère était seule à répondre aux questions, le père étant absent pour différentes raisons. La mère est plus habituée à parler de ce qui lui tient à cœur pour la famille. Par exemple, le mari de Myriam n'était pas sûr de passer outre ses émotions; Hélène doit insister pour que Claude prenne la parole, mais celui-ci n'est pas à l'aise, il met la main sur le micro pour ne pas être enregistré. Chez Lucienne, une grande partie de la rencontre se fait avec elle; Pascal est très surpris quand il revient chez lui de nous trouver là. De plus, chez certaines familles, plusieurs générations cohabitent, ce qui a rendu l'interview plus difficile.

La volontaire a interviewé un couple de volontaires. Un universitaire a interviewé un jeune couple d'universitaires venant de terminer ses études. Un autre universitaire a réalisé trois interviews, dont deux ont pu être retranscrites et donc reprises dans la grille ci-contre.

N°	Personnes interviewées	Age	Enfants	Connaissance du Mouvement Atd Quart Monde
1	Muriel Marc	40 43	cinq "	oui "
2	Jeannette	22	un	non
3	Rolande	50	cinq	oui
4	Odile	64	treize	oui
5	Sophie	22	un	non
6	Sandrine Xavier	40 40	trois "	oui "
7	Lucienne Pascal	23 30	quatre "	non "
8	Hélène Claude	21 20	deux "	non "
9	Colette Jean Baptiste	43 39	dix "	non "
10	Noëlla	30	cinq	non
11	Nadège	22	un	non
12	Nicole Bernard	24 24	pas d'enfant	non
13	Myriam	34	cinq	oui
14	Germaine Paul	50 50	quatre "	non "
15	Liliane	25	deux	non
16	Mme Urbain M. Urbain	28 30	trois "	non "

Le guide d'entretien

Après les premières interviews, les militants ont senti la nécessité d'avoir un guide d'entretien plus élaboré.

C'est en janvier 1997, alors que la problématique se précise, que se bâtit le guide d'entretien :

– les universitaires apportent leurs connaissances techniques sur la façon de faire des interviews, de poser des questions en fonction du but recherché ;

– les militants partent des questions posées dans les interviews déjà réalisées, et sont très vigilants à ce que l'intimité des familles soit protégée ;

– l'inquiétude de la volontaire est que les mots utilisés (par exemple : aide[1]) aient le même sens pour les interviewers et les interviewés.

Cadre directif

Âge
Sexe
Trajectoire antérieure : lieu de naissance,
ce que faisaient les parents, les grands-parents, frères et sœurs,
le cadre dans lequel les gens ont grandi (les parents sont-ils restés ensemble ?)

Études
Formation professionnelle
Expériences de travail
Quand ont-ils connu leur conjoint ?
Comment se sont-ils connus ?

Cadre semi-directif

Question de départ : Quand vous vous êtes mis ensemble, qu'est-ce que vous vouliez faire et comment à l'époque vous voyiez votre avenir ?

Questions de relance :
– Quels sont les projets que vous avez eus depuis que vous êtes mariés ?

– Lesquels ont le mieux réussi ?
Comment avez-vous fait ?
Qu'est-ce qui a permis que ça réussisse ? Avec quels appuis ?
Quelles sont les difficultés rencontrées ?

– Quels sont les projets qui ont échoué (ou pas réussis jusqu'à présent) ?
Qu'est-ce qui s'est passé ?
Quelles ont été les difficultés ?

– Comment vous voyez-vous, vous-même et votre famille dans cinq ans ?
Et l'avenir de vos enfants ?

– Vous sentez-vous faire partie de la société ?
Comment est-ce que le fait d'avoir une famille vous aide, ou ne vous aide pas, à faire partie de la société ?

– Pour vous, vivre en famille, c'est quoi ?
ou,
Dans tout ce que vous avez dit, qu'est-ce qui est le plus important pour vous sur ce que veut dire « Vivre en famille » ?

– Pour vous, qu'est-ce que ça signifie « l'espoir » ?

Audition

En mars 1996, lors d'une rencontre sur le projet de loi d'orientation contre l'exclusion, les militants de Lille ont eu l'occasion de rencontrer Madame Codaccioni, ancienne secrétaire d'État à la Famille en 1995 et rapporteur de la loi sur la famille en 1994. Ce jour-là, ils lui ont présenté le programme Quart Monde-Université qui démarrait. Mme Codaccioni se montra très intéressée par leur travail et leur a proposé de mettre ses compétences à leur service. Les militants pensaient qu'elle pourrait apporter des précisions pour leur recherche sur la famille, le groupe était d'accord.

En vue de cette rencontre, le groupe prépara une série de questions pour rendre le dialogue plus fructueux. Les militants rédigèrent une lettre et la rencontre eut lieu lors d'une journée intermédiaire. Elle dura deux heures et nous permit d'approfondir notre sujet.

Note

1. Aide : si on demande à un jeune couple : « Qui vous a aidés ? », la réponse est quasiment toujours : « Personne » parce qu'il pense : aide financière, et non aide morale, conseils… ce que sous-entend la question.

III

SAVOIRS : LIBÉRER LES SAVOIRS !

La vie, l'école, l'action

par Marie-Hélène Boureau, Carl Havelange, Martine Le Corre, Jean-Marie Lefevre, Odette Leroy, Gaston Pineau, Paul Taylor.
avec la collaboration de Françoise Ferrand et Pascal Galvani.

SOMMAIRE
SAVOIRS : LIBÉRER LES SAVOIRS !

Introduction

Pourquoi le thème du Savoir ?

Le programme Quart Monde-Université est en lui-même source et objet de savoirs. N'est-ce pas de partage de savoirs dont il est question dans ce programme, lieu d'expériences, de réflexions partagées ? On pourrait dès lors considérer que tous les acteurs-auteurs* de ce programme traitent du savoir.

Lorsque nous nous réunissons pour la première fois, sur les trente-deux blasons* réalisés, dix-neuf posent des questions en rapport avec les enfants, l'école, la culture, le partage des savoirs. Il apparaît alors que *l'école, les savoirs* doivent faire l'objet d'un thème de recherche. Comment aborder ce thème : l'école en tant qu'institution ? la culture ? le partage des savoirs ? le savoir des pauvres ?...

Pour les militants*, le savoir semble être lié à l'importance de l'école, au refus de l'échec scolaire, la réussite scolaire étant ce qui amène souvent à une reconnaissance sociale. Leurs questions sont parfois provocantes : pourquoi considère-t-on que les pauvres n'ont pas d'esprit ? Ils souhaitent exprimer, écrire, démontrer que les personnes en grande pauvreté sont elles aussi des personnes intelligentes, mais l'instruction scolaire n'étant jamais mise en priorité dans la lutte contre la pauvreté, l'intelligence des pauvres n'est pas connue. Pour les militants, pouvoir travailler, réfléchir et écrire avec des universitaires est une chance réelle qui peut servir à changer les regards et les idées préconçues sur les pauvres.

Pour les universitaires, l'expérience proposée est la nécessité d'apprendre des autres. C'est aussi pour eux une ouverture car plusieurs disent que l'université est un lieu relativement fermé. Pour eux, les pauvres sont détenteurs de savoirs, de savoirs vécus, mal connus des enseignants et des chercheurs et ces savoirs peuvent être une référence à la fois dans l'enseignement et la recherche pour atteindre la « vérité-réalité ».

Les volontaires* Atd sont présents, ici, au titre de leur expérience d'action et d'engagement auprès des plus pauvres. Leur action consiste habituellement à permettre aux plus défavorisés de s'exprimer, de devenir des partenaires dans la lutte contre la misère. Ils ont également une mission de représentation, ils tentent d'établir des ponts entre la société et ceux qui en sont exclus. Dans le cadre de ce programme, les volontaires doivent faire émerger des savoirs tirés de leur action, de leur engagement ; des savoirs à mettre en dialogue avec ceux des militants, des universitaires. La situation leur est aussi inhabituelle.

Donc, les savoirs des universitaires, des militants, des volontaires doivent se dire, s'échanger pour découvrir les complémentarités et spécificités. De multiples questions se posent sur le thème du Savoir : de quel Savoir parle-t-on ? Existe-t-il un Savoir ou des Savoirs ? Quelle est la distinction entre savoir, connaissance, compétence ? Quelle est la relation entre le regard, le savoir, le pouvoir ? La culture et le milieu social sont-ils pris en compte ?

Une militante du groupe Savoirs introduit la recherche par le texte ci-dessous, adressé aux membres du groupe :

Que savez-vous de nous, de moi ?
Moi de vous, je sais, car sur le devant de la scène vous êtes.
L'on vous a donné un rôle, un pouvoir.
Vous êtes respectés, reconnus, écoutés.
Vous vous êtes sans doute bataillés pour y arriver.
Pourquoi ? Comment ? Dans quel but ?
Quelles étaient vos envies ? Vos espoirs ? Votre désir de savoir ?
Je crois le deviner.
Aussi j'aimerais partager avec vous
Ce qui vous permet d'exister au grand jour.
Nous sommes là, je suis là, perdue sur cette terre qui est vôtre,
Que l'on dit nôtre,
Que l'on dit mienne.
Je ne puis croire que vous puissiez ne pas savoir
Que l'on en crève,
Que l'on a envie de sortir de ce brouillard,
Que nous existons,
Que j'existe.
Pas seulement pour vous rencontrer, comme cela, gentiment,
Mais pour échanger.

Échanger les clefs, les clefs de vos savoir-faire, de vos savoir-être, de vos savoirs intellectuels.

Je partagerai à mon tour avec vous les clefs, les clefs de nos savoirs de souffrance, de nos savoirs d'espérance, de nos savoirs de pauvres.

Vous savez, nous savons, je sais.

Et si ces clefs nous permettaient de conjuguer nos savoirs ?
Et si ces clefs nous permettaient enfin d'ouvrir la porte de l'ignorance,
Et que, tous, nous découvrions que le savoir se partage ?

De quels Savoirs parle-t-on ?

D'une manière générale, il semble y avoir une tension entre les savoirs expérimentaux de la vie et les savoirs intellectuels. Le savoir acquis par le vécu est souvent à base d'émotion, mais si l'émotion n'est pas elle-même source de savoir, n'est-elle pas un point de départ pour une recherche de compréhension ?

À propos du mot savoir, les dictionnaires distinguent le verbe du nom. Comme verbe, *Savoir* est : *être instruit dans quelque chose – être capable d'une activité dont on a la pratique – avoir le pouvoir, le talent, les moyens...* Le nom *Savoir est un ensemble de connaissances acquises par l'étude.* La connaissance étant une manière de comprendre, de percevoir. Les connaissances sont acquises par l'étude ou la pratique.

Si l'on peut acquérir des connaissances par la pratique, par le vécu, pour qu'elles deviennent un savoir, la réflexion et l'étude sont indispensables. Ainsi l'expérience de la misère peut devenir un savoir si cette expérience est réfléchie, donc confrontée à d'autres connaissances.

Il semble possible de faire coopérer la recherche classique et la réflexion sur l'expérience, c'est-à-dire de distinguer plusieurs formes de savoirs :

. le savoir de l'instruction, de la technique, du lire, de l'écrire, de l'informatique...

. le savoir humain né de la vie, des expériences personnelles, familiales, sociales...

. le savoir d'action, de transformation du présent, orienté vers l'avenir...

Le Savoir est-il libérateur ?

S'il n'existe pas *un* savoir, mais *des* savoirs, quels liens sont à créer pour qu'aucun d'eux ne soit un savoir enfermant ?

Les acquis scolaires, l'instruction, sont des acquis essentiels pour exister socialement. Le plaisir d'apprendre, de découvrir, d'écrire est évident pour tous ceux qui ont eu la chance de vivre l'effort intellectuel. Plusieurs universitaires du programme parlent de cette satisfaction intellectuelle, par exemple la joie de faire l'expérience d'être *habité par un auteur.*

Ce savoir est-il à lui seul libérateur, au sens de rendre la personne instruite libre des contraintes ? Les pauvres disent avoir besoin de ce savoir-là pour avoir prise sur leur vie, sur la vie. Les savoirs issus de la vie sont aussi porteurs de valeurs, d'enseignements indispensables si l'on veut parler de libération.

Afin de pouvoir définir le savoir libérateur, nous développerons notre recherche selon trois axes :

– les savoirs scolaires. À partir des réalités scolaires très différentes vécues par chacun d'entre nous, quelles sont les possibilités que donne l'école ?

– les savoirs vécus. Vivre dans un milieu de grande pauvreté son enfance, sa jeunesse, sa vie d'adulte, ou vivre dans un milieu protégé socialement, ou vivre dans des milieux « pluriels », donnent naissance à des savoirs très différents. Comment les savoirs issus de la grande pauvreté peuvent-ils être pris en compte ?

– les savoirs d'action et d'engagement. Quel(s) que soi(en)t son (ou ses) milieu(x) d'appartenance, un homme qui agit avec d'autres accepte une part d'aventure et de risque. Comment les savoirs des uns se conjuguent avec les savoirs des autres ?

Chapitre 1

DÉMARCHE MÉTHODOLOGIQUE

Ce chapitre méthodologique fait partie intégrante de notre recherche. La composition de notre groupe induisait des approches très différentes du thème « Le savoir », selon la position sociale et professionnelle de chacun. Ce chapitre explique comment notre recherche s'est progressivement orientée vers « les savoirs », et les débats que cela a suscités.

Les apports

Ce que représente le savoir pour chacun de nous

Quand le groupe Savoirs se constitue, il est décidé que chacun apporterait pour la première rencontre quelque chose de personnel, en lien avec le thème du savoir. Une militante apporte un de ses poèmes : *Que savez-vous ?*, un appel à conjuguer et partager nos savoirs ; une autre offre une chanson qu'elle a composée sur l'école et l'Université populaire Quart Monde*; le troisième réfléchit *sur le passage sur la terre non reconnu* d'un ami décédé. La volontaire apporte des cartes postales de l'artiste Chagal démontrant sa capacité de transformer des choses par son regard caressant. Un universitaire amène un livre de poésie qui lui parle en tant que poète/écrivain, un autre apporte une bague qui symbolise une rencontre dans le désert entre la vie et la mort.

Plus tard, les universitaires proposent *que chacun écrive un souvenir personnel qui entre en résonance avec les questions sur le savoir que le groupe se pose.* Les militants écrivent des souvenirs d'école, une rencontre avec une institutrice, le souvenir d'une soirée de Noël… Pour un universitaire, c'est l'occasion de faire découvrir ses origines familiales, un autre écrit le souvenir d'une rencontre en Afrique, des faits personnels et des écrits théoriques… La volontaire écrit deux exemples de rencontre et d'action autour de livres avec des personnes très défavorisées. Quelques mois plus tard, elle écrit à partir d'exemples son action en tant que volontaire.

Les interviews

Dès le début, les militants disent leur volonté d'aller interviewer d'autres personnes car ils ne veulent pas donner seulement leur propre avis[1].

Un universitaire souhaitait que des interviews se fassent entre membres du groupe. Les militants disent qu'au sein de ce programme, ils préfèrent écrire eux-mêmes ce qu'ils ont envie de dire de leur propre vie. Un universitaire et la volontaire font alors un entretien mutuel. Ils s'aident ainsi à préciser des éléments, pour les partager avec le groupe, sur les savoirs qu'ils ont développés dans leurs expériences et leur vie.

Les trois personnes auditionnées[2] par l'ensemble des acteurs du programme ont particulièrement abordé la question des savoirs. Leurs apports ont confirmé et enrichi les analyses issues des interviews.

Les textes d'auteurs apportés par les universitaires

Les militants souhaitaient mettre la parole des plus pauvres face à ce qui était dit d'eux aujourd'hui et dans l'histoire. Pour répondre à cette demande et à cette attente, les universitaires apportent des textes d'auteurs, dont certains sont discutés dans le groupe[3].

Les apports de théorisation des militants

Suite à une discussion sur des textes de D. Schön[4] et J.-Y. Rochex[5], les militants rédigent une lettre dans laquelle ils font la distinction entre le savoir théorique et le savoir pratique ; ils l'accompagnent d'un schéma qui sera ensuite rediscuté dans le groupe.

Plus tard, ils éprouvent le besoin de représenter par un nouveau schéma ce qu'est pour eux *le savoir libérateur*. Ils envoient ce schéma fondateur aux universitaires et à la volontaire[6]. Ceux-ci s'approprient ce travail d'élaboration des militants.

La démarche de croisement pour bâtir la recherche

Pour la bonne marche de notre groupe, nous avons tenu à ce que nos relations soient franches et respectueuses, qu'il y ait une entraide pour la participation et la compréhension. Nous avons tous été exigeants dans cette relation car l'enjeu de notre travail était important.

Nous avons essayé de préciser ensemble ce que nous entendions par croisement des savoirs. Celui-ci n'est pas statique. S'il nous paraît nécessaire que chacun apporte sa contribution : expériences, interviews, réflexions, textes..., c'est pour enrichir, éclairer le savoir de l'autre et cela doit produire un savoir ou des savoirs, ensemble.

Recherche de la problématique sur les Savoirs

À la première rencontre, les militants posent deux questions :

– *Pourquoi est-ce que les gens considèrent que les pauvres n'ont pas d'esprit ?* Ils ont cherché dans le dictionnaire la définition des mots : savoir et culture. Derrière le mot savoir, les militants mettent tout ce qui touche à l'école, à la formation, au métier. L'école, la formation, le savoir s'exprimer, le savoir-être sont pour eux importants, ainsi que le désir du beau, du théâtre, de la danse, de la musique, de tout ce qui est du domaine de la culture.

– *Peut-on se libérer de la misère sans avoir à renier son milieu ?*

Les universitaires insistent sur la nécessité de reconnaître, valoriser le savoir des pauvres, donc pour eux la question importante est : *Comment faire reconnaître les compétences des pauvres ? Le savoir et les connaissances des militants Quart Monde ne sont pas reconnus, c'est cela le paradoxe*. La volontaire insiste sur l'importance de l'échange, du partage et de la relation dans le thème du Savoir.

Nous nous mettons d'accord sur une formulation qui va évoluer et qui porte en germe les questions essentielles de la recherche sur les Savoirs : *Peut-on se libérer de la misère sans renier son milieu, avec les savoirs appris et transmis dans notre milieu, et en apprenant les savoirs reconnus ?*

Notre dialogue se centre sur le savoir libérateur. Pour les universitaires, le savoir est plus libérateur quand il est *collectif..., marqué par une solidarité très forte*, c'est plus *le processus de production des savoirs* qui est libérateur. Pour la volontaire, le savoir est libérateur lorsqu'il prend sens dans la vie des autres. Pour les militants Quart Monde, le savoir libérateur passe par l'acquisition des savoirs reconnus.

La Fiche de recherche

La formulation de la question de recherche articule les trois points de vue : *Peut-on établir des liens entre les savoirs de l'école et les savoirs vécus pour sortir de la misère et s'intégrer dans la société ? Quelles sont les responsabilités de chacun ?*

L'hypothèse est alors ainsi formulée : les pauvres seront libérés de la misère en produisant des savoirs reconnus.

Dans les familles de mots-clés, nous retrouvons les préoccupations de chacun : école, instruction, l'institution scolaire-reconnaissance-libérateur-exister-connaissances, informations, savoirs-intelligence, ignorance, esprit.

Les sous-questions sont axés sur le savoir : savoir vécu ? savoir des pauvres ? savoir scolaire ? qu'est-ce qu'un savoir libérateur ? et aussi : qui définit l'intelligence ?

Élaboration du plan de mémoire

Après l'élaboration d'un premier plan du mémoire, l'essai d'écriture commune[7] nous permet de formuler deux hypothèses : l'accès aux savoirs reconnus est essentiel, et, pour qu'il soit libérateur, le savoir doit être lié à des valeurs, des actions, des projets d'avenir.

Les militants réalisent un schéma sur le savoir libérateur avec trois axes : les savoirs scolaires, les savoirs vécus et les savoirs d'action. Ils proposent ces trois axes comme nouveau plan de mémoire. Ce plan est discuté et adopté par le groupe.

Les questions que la recherche nous a posées

Les attentes, réticences et résistances de chaque groupe d'acteurs-auteurs

Les militants réfléchissent à la façon dont ils envisagent de croiser les savoirs à partir de la spécificité de chacun. L'attente qu'ils ont par rapport aux universitaires se situe au niveau des livres, de la science, de leurs connaissances scientifiques ; par rapport à la volontaire, cette attente se situe au niveau de l'action et de son engagement. Dès le début du groupe, ils demandent aux universitaires d'apporter ce qui est écrit sur les pauvres, par qui ? Ceci dans le but d'échanger, de croiser leurs savoirs, et de se les approprier mutuellement.

Point de vue sur cette attente rédigé par les militants

Il nous semblait que l'objectif des universitaires était de valoriser les savoirs des militants. Les universitaires considéraient que les apports des militants étaient suffisants, d'autant plus qu'il leur semblait que le savoir universitaire n'était pas « déversable » comme cela, « qu'il suffisait aux militants d'aller dans une bibliothèque municipale » pour rechercher l'information qu'ils souhaitaient et assouvir leur soif de connaissances. Ils avaient peur de se positionner en tant que profs.

Nous exprimons à plusieurs reprises que nous souhaitons sortir grandis de ce programme, et que le savoir des universitaires est un savoir acquis par les livres, la connaissance, avec des méthodes de travail, de réflexion qui nous étaient inconnues et que ces savoirs-là nous semblaient être la base d'un réel échange. Nous avons réitéré notre demande à plusieurs reprises et démontré aux universitaires combien nos manques de connaissances, de références littéraires nous faisaient défaut et combien il était essentiel pour nous de ne pas rester enfermés dans notre monde, mais de pouvoir connaître les points de vue des historiens, des sociologues, des pédagogues, etc. Pour en arriver à cette possibilité d'échanges, nous avons dû refuser, résister au fait que la recherche se construise exclusivement sur nous et nos interviews.

Les universitaires ont accepté au départ comme « service » d'apporter des textes d'auteurs. Nous avons démontré que nous n'étions pas passifs, que nous avions les capacités de réfléchir sur ces textes, de nous les approprier ou non.

Point de vue rédigé par les universitaires

Nous souhaitions construire la recherche autour d'expériences mises en partage au sein du groupe et autour des discussions qu'elles pourraient faire naître. L'exigence de réciprocité et d'échanges des savoirs ne nous semblait pas compatible avec une attitude que nous jugions par trop professorale, attitude que par ailleurs nous mettions en cause dans nos propres pratiques universitaires. Notre conviction profonde était que notre savoir et notre sensibilité propres seraient plus utiles à l'ensemble du groupe, plus librement manifestés et échangés, si l'on ne recourait pas à des exposés théoriques. Nos espoirs étaient que la théorie puisse naître de l'intérieur du groupe, à partir de l'échange des regards que chacun portait sur le Savoir, non pas que nous pensions que les savoirs universitaires soient superflus, inutiles, ou faciles à acquérir, mais lutter contre l'exclusion, c'était pour nous, dans le cadre de ce programme, construire une réflexion libre et égalitaire à partir non pas de théories déjà constituées, mais surtout à partir du vécu de chacun des membres du groupe.

Point de vue rédigé par la volontaire

Dans ce premier temps, la rencontre entre les militants Quart Monde et les universitaires, dans le dialogue qui s'instaurait, semblait tellement vitale qu'il ne m'a paru ni nécessaire, ni opportun à ce moment-là, d'apporter dans la réflexion un troisième élément : l'apport du savoir d'action. Progressivement celui-ci a trouvé sa place assez naturellement.

Débat « culture – culture des pauvres »

Lors de notre première journée de travail, nous avons un premier débat autour du savoir et de la culture. Pour les militants, le savoir est associé à *l'esprit des pauvres*, à leur désir d'accès et de participation à la culture de tous : dans les écoles, à l'université, au théâtre, à la musique... Les universitaires parlent de la culture commune, la culture de tous, et de *la culture des pauvres* :

La culture des pauvres, en tant qu'eux-mêmes ont fait l'expérience de l'exclusion et qu'ils ont développé une manière de vivre. Comment valoriser la qualité de vie, les valeurs, les connaissances, les savoirs des pauvres ? Le débat s'installe : existe-t-il une culture spécifique aux pauvres ? Il s'avère que les militants réagissent de suite et refusent les termes « culture spécifique des pauvres » : *Nous ne voulons pas de culture spéciale pour les pauvres, ni une école pour les pauvres. Nous voulons participer à la culture de tous.* Les universitaires se défendent de vouloir enfermer les pauvres dans le ghetto d'une culture étrangère à la culture commune. Leur souhait est plutôt, à partir de la notion de « culture », d'identifier et de faire valoir les valeurs, les manières de faire et de dire, les savoirs issus de la longue expérience de la pauvreté. Les militants ne souhaitent pas que la recherche soit axée sur leur vie d'exclusion, mais au contraire, sur leurs désirs et leurs convictions quant à l'importance des savoirs à acquérir notamment par l'école et les études.

Débat « savoir-école ou savoir-vie »

Un premier conflit, une première opposition, une première série de malentendus concernant la notion de culture disparaît mais va se transposer quand nous abordons la question : de quels savoirs parle-t-on ? savoirs scolaires ou savoirs de vie ?

Les militants s'attachent à démontrer ce que représente pour eux l'importance des savoirs scolaires : combien il est difficile pour leurs enfants, pour eux-mêmes, pour leur milieu, de vivre sans ces acquis qui permettent une reconnaissance et une liberté de choix. Les interviews qu'ils font auprès des adultes et des jeunes de leur milieu les confortent dans cette idée. Tous parlent de leurs souffrances face au non-savoir, et de leur désir profond d'y accéder, surtout pour leurs enfants.

Les militants focalisent sur l'école, alors que les universitaires privilégient les savoirs non-formels, les savoirs d'expériences des pauvres. Les universitaires souhaitent partir des histoires de vie personnelle de chacun : *Il y a autour de la table tout un savoir d'expériences extraordinaires de nous tous... Peut-on nommer les savoirs des pauvres ?... Quels sont les savoirs des pauvres ?...À quel moment peut-on nommer, identifier le savoir des pauvres ?...* À ces questions, les militants disent ne pas avoir de savoirs particuliers, si ce n'est des savoirs du manque, mais des envies communes à tous, et notamment l'accès à l'école, aux diplômes... *Si tu ne possèdes pas ces savoirs-là, on t'utilise, tu ne peux pas choisir, tu es toujours dépendant de quelqu'un...*

Du débat « savoir oppresseur-savoir libérateur » à la construction de l'analyse

Pour les universitaires, le savoir peut être un moyen pour opprimer les gens. *Savoir lire n'est pas en soi libérateur.* Là, nous glissons vers un autre débat : le savoir est-il oppresseur ou libérateur ?

Pour les militants, il est évident que le savoir est avant tout libérateur, c'est une conviction profonde de par leur expérience. Le savoir scolaire, l'instruction qui leur a tant fait défaut est pour eux la base essentielle de la libération. C'est ce qui leur permettra de se sentir à égalité avec les autres, d'exister et d'être reconnus. On imagine mal à quel point ce manque d'instruction peut être un handicap profond dans leur vie, et combien cette envie d'apprendre, de réussite pour eux, mais surtout pour leurs enfants, est primordiale pour ne plus dépendre des autres, mais vraiment choisir et conduire sa vie.

Deux exemples sont donnés parmi beaucoup d'autres. Un universitaire (de langue anglaise) dira :

Le prof d'anglais a dit à ma fille qu'elle ne parlait pas anglais correctement car elle le parlait comme ses parents. Elle est prise entre notre autorité et celle du prof, elle se sent critiquée fondamentalement et cette vision qu'elle a actuellement n'est pas libératrice. L'institution scolaire, le maître, le professeur se sont servis de leur savoir comme d'un pouvoir pour déstabiliser ma fille. Dans ce cas-là, le savoir est oppresseur.

Les militants donnent l'exemple d'une femme qu'ils ont interviewée qui dit : *Je ne sais pas lire, pas écrire, on se fiche de moi partout où je vais, je dépends de tout le monde*[8]. Ils questionnent : *Comment peut-on dire quand on parle de savoir que celui-ci n'est pas libérateur car ce sont bien ces savoirs-là qui te permettent d'exister, de t'affirmer et de construire ta vie.*

Les universitaires disent qu'on ne peut pas obliger quelqu'un à se libérer, que la libération ne peut venir que de l'intérieur de la personne et qu'il faut identifier le moment où la personne a appris quelque chose qui l'aide à se libérer. Pour les militants la clef pour sortir de la misère est le savoir lire, le savoir écrire, les savoirs scolaires. Mais il leur est dit que ces savoirs-là peuvent être utilisés pour limiter les horizons, contrôler les gens.

De ce débat, il est conclu que l'école apporte des savoirs et, en fonction de l'utilisation qui en est faite, ils deviennent libérateurs ou non, ce qui constitue notre nouvelle hypothèse : les savoirs scolaires sont essentiels pour se libérer de la misère s'ils sont associés à des valeurs de vie, des actions, des projets d'avenir.

Notes

1. Interviews, voir annexe p. 337.
2. Auditions, voir Introduction générale.
3. Cf. annexe, p. 338.
4. D. Schön, *Le tournant réflexif*, Montréal, Éd. Logiques, 1996.
5. J. Y. Rochex, *C'est de la cité qu'il s'agit*, Dialogue, 1996.
6. Ces deux schémas sont repris dans la Conclusion p. 333.
7. Exercice d'écriture commune, voir Introduction Générale.
8. Interview n° 5.

Chapitre 2

LES SAVOIRS SCOLAIRES

Parler ou écrire à propos des savoirs scolaires ? Comment procéder ? Par quel bout aborder la question ? Il nous a semblé, en plein accord avec notre méthodologie et l'esprit même de notre démarche, que la meilleure manière d'entrer en matière était de donner à lire le témoignage de chacun des acteurs de ce mémoire à propos de son itinéraire ou de son expérience scolaire. Voici sept textes, donc, qui « représentent » très personnellement chacun des membres du groupe Savoirs et qui voudraient donner une idée de la diversité de nos parcours. C'est là un premier matériel que nous analyserons et qui nous permettra, dans un deuxième temps, d'étendre notre enquête et notre réflexion à d'autres que nous. Ensuite, nous explorerons plus globalement l'école et le milieu de la pauvreté afin d'aboutir à une réflexion sur les possibilités qu'offre l'école.

Expériences scolaires des membres du groupe

Témoignages personnels

• Odette Leroy : Quels sont mes acquis scolaires ? Quelles ont été mes relations, ma révolte à l'école ?

Depuis mon plus jeune âge, je fus transbahutée de couvent en couvent. Je n'ai pas souvenance d'avoir écrit au tableau, d'avoir joué dans une cour de récréation, d'avoir eu un pupitre où j'aurais mis mes petits secrets personnels, mes livres et mes cahiers.

Tout ça, c'est un trou béant dans ma tête, tout est noir et cependant je sais très bien lire et écrire. Je me souviens qu'à l'âge de treize ans je lisais parfaitement, les religieuses me demandaient de faire la lecture au réfectoire pendant que les filles mangeaient. Je faisais la lecture à la chapelle pendant la messe à laquelle on devait assister tous les jours, je lisais les évangiles, les épîtres. Pendant les heures consacrées à la couture, je faisais aussi la lecture, les sœurs trouvaient que j'avais un don pour lire, et elles prenaient plaisir à m'écouter chanter. Je sais aussi compter, pas de tête mais je me débrouille assez bien.

Je ne peux pas dire que j'avais de bonnes relations avec les maîtresses puisque je ne me rappelle de rien, mais mes relations avec les religieuses étaient désastreuses. J'ai été toute ma jeunesse une révoltée qui semait le désordre et la pagaille tout le temps, qui semait la révolte partout, dans les dortoirs, dans les couloirs, à la chapelle. À treize ans, j'étais dans la section des filles de dix-huit ans, on me disait bagarreuse, coléreuse et ne voulant pas me plier au règlement.

Ma révolte était le trop-plein de ce que je gardais au fond de moi, je ne voyais jamais ma mère ni mes frères et sœurs. Les autres filles allaient en vacances chez leurs parents et moi, je ne sortais jamais, alors je crachais ma rancœur comme je pouvais pour qu'on fasse attention à moi de n'importe quelle manière.

Pourtant maintenant, j'ai soif d'apprendre et j'apprends beaucoup par les livres. Je voudrais savoir faire plein de choses ; tout ce que je n'arrive pas à dire de vive voix, je l'exprime par des chansons que je compose moi-même et j'éprouve de la fierté quand je réussis.

Je ne peux en dire davantage parce que l'école fut pour moi une énigme

• Martine Le Corre : L'école, mon itinéraire, mes relations, mes révoltes

J'ai quitté l'école primaire l'année de mes treize ans après avoir passé mon certificat d'études primaires. Je maîtrisais la lecture, l'écriture, je savais compter, j'ai suivi un circuit scolaire sans aucun redoublement. J'aimais apprendre et j'appréciais surtout les rédactions, la poésie, l'histoire et l'instruction civique.

Je n'aimais pas l'école en tant que telle pour ce que j'y vivais car je m'y sentais exclue et humiliée. Je n'ai gardé de ma scolarité qu'amertume et rancœur envers mes institutrices, excepté pour celle avec qui j'ai effectué ma dernière année scolaire : elle était très douce, très juste. Jamais elle ne m'a humiliée, elle a au contraire cherché à me défendre bien souvent, elle m'a encouragée. Elle savait qu'au-delà « de mon apparence » j'avais des possibilités. Je l'aimais beaucoup. J'avais treize ans, hélas ! cela ne m'a pas laissé le temps de la réconciliation avec l'école ; ce que j'y avais vécu avait été trop dur pour l'enfant que j'étais.

L'attitude que les autres institutrices avaient envers moi se répercutait au niveau des élèves de ma classe. Elles aussi me rejetaient, m'excluaient en me refusant le prêt d'un stylo, d'un crayon de couleur, refusant de jouer, de s'asseoir près de moi par crainte d'attraper des poux, de peur sans doute d'être assimilées à ce que je représentais : « une misérable » qui sera tout juste bonne à garder des vaches. C'est ainsi que l'on voyait mon avenir, c'est ce que l'on disait de moi. Malgré tout, j'arrivais à apprendre, je voulais apprendre, je le pouvais et le démontrais. Face aux adultes, je n'avais aucune défense, aucune arme, j'étais seule, mes parents n'intervenaient jamais à l'école.

Je souffrais quotidiennement de cette exclusion, une souffrance intérieure qui fait mal à en mourir. Ma façon de résister a été de me rallier à celles qui me ressemblaient. Je me suis faite « l'avocate » de celles qui, comme moi, étaient exclues, insultées. Cela m'a donné une raison de me battre, de la force, une assurance car dans l'école les miens me reconnaissaient, j'étais fière d'être leur leader et je me suis servie de l'amitié, de la solidarité que nous avions ensemble.

Mais j'avais envie aussi d'être avec tout le monde, je ne voulais pas « être à part », je voulais être « acceptée » par les enfants « normaux ». Alors pour cela, j'ai dû faire des concessions : accepter de travailler un peu moins bien en classe afin que la fille d'un architecte passe en tête de classement, endosser les bêtises de l'une ou l'autre et me faire punir, me battre lorsqu'une fille était ennuyée en cour de récréation, faire crédit sur le compte de mes parents à la boulangerie afin d'arriver à l'école avec des bonbons et les distribuer... mais enfin, on acceptait de jouer un peu avec moi, de me parler, ainsi j'existais et j'avais une importance à leurs yeux.

• Jean-Marie Lefevre : Mes acquis scolaires, mes relations, mes critiques

Pendant la durée de ma scolarité en école primaire, j'ai eu la chance de pouvoir apprendre à lire, à écrire et à compter ce qui a favorisé mon éveil. Les relations avec les institutrices qui m'ont suivi jusqu'à mon certificat d'études ont été bonnes dans l'ensemble. Tous les savoirs acquis à l'école me sont bénéfiques aujourd'hui. Par exemple, le petit cours d'éducation civique le matin qui nous faisait prendre conscience de la vie. Avec mes camarades de pension, garçons et filles, nous avions de bonnes relations, heureusement, vu que nous étions ensemble tout un trimestre, ce qui a contribué à la bonne marche des cours. Je ne me souviens pas d'anciens camarades à qui on aurait donné la chance de poursuivre leurs études.

L'éducation religieuse qui m'avait été enseignée avait été pour moi précieuse car je voulais devenir prêtre. Toujours est-il que je n'ai pas pu l'être, vu les études et puis on m'avait dit que cela ne serait pas possible car je ne me rendais pas compte où je mettais les pieds. Pourtant, mon désir était fort mais les études étaient longues et je n'avais que le minimum. Je suis resté avec cette idée-là un bon moment. C'est peut-être dans cet esprit-là que mes relations étaient bonnes avec tout le monde. J'ai toujours su faire partager mes joies et mes peines, cet esprit de communication, cela aussi je l'ai appris à l'école où nous étions des jeunes de différentes familles. J'ai acquis le sens de la prise de parole en lisant le dimanche à la messe, toujours en pension, ce qui fut bon pour moi et aussi un éveil à la vie.

Après « l'orphelinat », je suis revenu à la maison et je me suis retrouvé en LEP (Lycée d'Enseignement Professionnel) privé pour apprendre le métier de plombier et je n'en garde pas un très bon souvenir. Je me suis demandé pourquoi on ne m'avait pas demandé mon avis pour ce métier. Cette orientation a dû se passer entre la DASS et les sœurs. Ce ne sont pas mes parents qui m'auraient été de grande utilité à ce moment-là.

À la maison, la lumière était parfois coupée, maman souvent malade (dépression) et papa qui rentrait du travail avec un petit coup dans le nez. Je ne suis resté qu'un trimestre car mes parents ne pouvaient pas payer. Je me suis retrouvé en cycle de transition, où plusieurs fois je me suis fait traiter de fils de poubelleur et on me disait que je venais d'une cité de pouilleux. Je n'étais pas toujours chaussé correctement et pourtant ma mère faisait son possible. Bien sûr, à l'école, combien de fois j'étais montré du doigt ! Mon professeur remettait bien souvent les choses en place car dans la classe je voyais des camarades qui étaient comme moi, ce qui me réconfortait. C'est vraiment à l'école que je découvrais la discrimination, les moqueries entre élèves. Je recevais toutes les vexations des uns et des autres mais l'éducation qui m'a été enseignée a été plus forte. J'ai quitté l'école à seize ans.

• Marie-Hélène Boureau : Souvenirs personnels d'école

L'école... je pourrais dire que « je suis née dedans ». Mes parents étaient instituteurs d'une école de village. Les deux classes communiquaient avec la maison d'habitation. Mes premiers souvenirs sont des souvenirs d'ambiance avant d'être des souvenirs d'apprentissage : odeur d'encre et de craie, dans la classe de ma mère où dès trois-quatre ans elle m'installait et je l'observais avec fierté. Odeur de vendanges à la rentrée et de tilleuls, annonciateurs de vacances. Cris des enfants à la récréation, symbole de vie. L'école pour moi, c'était ma vie quotidienne.

Ce n'était pourtant pas toujours très drôle d'être fille d'instituteurs. J'étais scolarisée à l'école « des filles ». Pour la moindre bêtise, la moindre faute, mes parents étaient avertis par leurs collègues. J'avais le « privilège » (dont je me serais bien passé) d'un carnet qui me suivait quotidiennement et renseignait mes parents sur mes nombreuses fautes d'orthographe, sur mon manque d'ardeur... alors, une dictée supplémentaire, un problème m'attendaient sur le tableau de la classe de mon père, le soir.

C'est au collège, à travers un professeur d'histoire, que j'ai découvert le plaisir d'apprendre. Elle avait une façon de nous parler de la mythologie, comme si elle nous introduisait dans la vie. Elle a su aussi me donner des responsabilités alors que j'étais très timide. Elle a éveillé ma curiosité et je me suis intéressée au français, aux maths...

J'ai eu envie de lui ressembler et d'être enseignante comme elle. Lorsque je suis arrivée à l'université, je me sentais à cheval sur deux mondes : celui du travail pour payer mes études et le monde de l'université qui m'était complètement inconnu et où je ne me plaisais pas, « trop intellectuel » pour moi. Je me suis accrochée aux études dans la perspective d'enseigner.

• Gaston Pineau : Conjuguer école et vie

Ce qui m'a fait quitter l'école est aussi ce qui m'a fait y revenir : la recherche de sens au quotidien. Après les études primaires obligatoires, j'ai entamé des études secondaires pour trouver du sens au quotidien de mon village natal. Ce quotidien, marqué par un travail répétitif et sans grande histoire, me paraissait gros d'un sens à libérer. Et il me semblait que continuer d'aller en classe pouvait y contribuer. Je continuai donc.

Progressivement, je m'aperçus que cette poursuite d'études classiques m'éloignait du quotidien de mon village. Elle ne me donnait pas d'outil pour travailler en prise avec lui. Elle me rendait même étranger à lui.

À dix-neuf ans, je décidai donc d'arrêter mes études, en pleine crise intellectuelle. Je me suis dit que si le travail intellectuel ne me permettait pas de rejoindre quoique ce soit ni qui que ce soit, peut-être que le travail manuel, lui, le permettrait. Et je me suis engagé comme ouvrier agricole. Pendant six ans, je n'ai pratiquement pas ouvert un livre ni écrit une ligne. Et mes travaux et déplacements de migrant agricole m'ont progressivement déscolarisé, laminé, enterré. Beaucoup d'expériences, mais peu d'expression. Oppression. Répression. Cette impossibilité d'expression m'a amené au bord de la dépression.

C'est alors qu'avec quelques amis, j'ai découvert l'université et les sciences humaines. Découverte d'un espace de parole et de réflexion organisée. Ouverture pour continuer mes aventures… en alternance avec la création et l'animation d'un centre de rencontre et d'accompagnement de jeunes adultes en recherche d'eux-mêmes et d'une société plus vivable. Car l'université ne fait pas vivre. Elle peut aider seulement à chercher pourquoi et comment. À condition de pouvoir s'y tailler une place, et d'y travailler ses matières, les siennes à soi, ses matières premières, toutes informes qu'elles soient. Pour justement les mettre en forme, ensemble, en sens. Le mouvement de Mai 68 m'a révélé que je n'étais pas tout seul. Les problèmes au quotidien ont enfin pu s'exprimer et se travailler dans l'université grâce à la pression d'adultes en formation permanente. C'est pourquoi je suis et travaille ici aujourd'hui dans Quart Monde-Université.

• Paul Taylor : Mon expérience de l'école

Mon itinéraire scolaire en Angleterre jusqu'à l'université n'était pas remarquable : élève moyen, plutôt paresseux, je détestais l'institution. Il y avait toujours un conflit inégal entre l'école ou le collège et les valeurs familiales et sociales qui étaient les nôtres, sans que mes parents aient su vraiment nous soutenir. Mais tout le monde savait que, dans le monde de l'après-guerre, l'école était le seul moyen de survie, même pour les riches, mais beaucoup pour les pauvres.

Cependant, j'aimais apprendre à ma façon. Je me suis réfugié dans la lecture pour rêver et pour m'évader. Dans plusieurs langues, plusieurs alphabets, la lecture était un très grand plaisir, toujours une découverte, toujours magique.

Étudiant, j'ai fait beaucoup d'autres choses en dehors de l'université. J'étais conscient d'être privilégié mais j'étais toujours trop occupé pour le savourer pleinement. En tant que britannique, j'avais une culture universitaire très différente de celle qui existe en France. Le système français, me semble-t-il, préfère gérer l'échec que la réussite, et je sais que, personnellement, je n'aurais pu réussir dans une telle ambiance de conflit et d'agression.

Mon éducation universitaire m'a permis plus tard, dans une situation peu probable, de trouver un poste dans l'enseignement. Là, par l'exploration d'une pédagogie libératrice « hors institution » pour et avec mes étudiants, je me suis libéré. J'ai découvert la joie d'étudier, de lire et surtout l'angoisse agréable d'écrire. Mon parcours est devenu peu ordinaire, mais mon éducation m'a donné accès aux gens et aux idées que je chéris et qui ont profondément changé ma vie. Peut-être parce que je sais que je suis moi-même l'héritier inespéré de ce patrimoine merveilleux, l'éducation des adultes me motive et m'encourage énormément, malgré l'oppression, malgré la surdité du système.

Conscient que le système peut être aussi libérateur qu'oppresseur, j'ai toujours cherché à soutenir et à protéger le mieux possible mes enfants, surtout à l'école primaire. Mes expériences m'ont appris à distinguer entre l'instruction ou l'apprentissage qui libère et le système de scolarisation qui exige la conformité, tue l'imagination, et ne rend les élèves que « dociles » – c'est-à-dire « enseign-ables » et gouvernables.

• Carl Havelange : Apprendre et résister

Je venais d'entrer à l'Université, hésitant entre des études d'histoire et de philosophie. Je choisis l'histoire, estimant qu'il y avait là, à partir de l'expérience et de la vie des hommes, plus riche matière à méditer que les seuls produits de la pensée. On nous demanda un premier devoir. Rédiger une dissertation sur les conceptions que nous avions de la « science historique ». J'y mis tout mon cœur, négligeant, dans mon enthousiasme, de lire le manuel où l'on nous avait suggéré de trouver l'inspiration, et cherchant à exprimer des idées plus personnelles, sans doute fort naïves, mais qu'aujourd'hui encore je ne crois pas que je renierais. Je reçus ma copie quelques jours plus tard : une note désastreuse avec pour seul commentaire, écrit au bic rouge : « Trop de fautes d'orthographe ! » J'éprouvai un terrible sentiment à la fois d'incompréhension, d'injustice et d'humiliation. Comment cette manière d'envisager l'histoire, que j'estimais à la fois généreuse et exigeante, pouvait-elle à ce point tomber à plat et ne susciter, en manière de verdict, qu'une aussi pauvre remarque ?

J'appris, dans les années qui suivirent, à prendre meilleure attention à mon orthographe, à présenter mes travaux de manière irréprochable, à lire d'abord tous les livres dont on nous conseillait la lecture et bien d'autres encore grâce auxquels mes recherches, solidement informées et argumentées, furent bientôt accueillies avec plus de faveur. J'appris ainsi, peu à peu, mon métier d'historien. J'appris à lire, à comprendre et à écrire. Je ne renie aucun des outils qui m'ont été donnés, sous la conduite de professeurs qui, heureusement, n'ont pas toujours été aussi obtus que mon premier correcteur. Mais j'appris aussi – j'appris surtout – à rester, ou plutôt à devenir, propriétaire de moi-même. Propriétaire des idées et des émotions qui me sont chères et que les outils que j'acquérais me permettaient de mieux explorer et de mieux défendre. J'appris que l'école – élémentaire, secondaire, universitaire – est également peuplée de correcteurs médiocres, contre lesquels il faut apprendre à se défendre. J'appris à reconnaître à la fois la valeur et la maladresse de mon premier devoir.

Analyse des témoignages

L'analyse de ces témoignages fait apparaître que la réalité est très diverse tant dans le temps passé sur les bancs de l'école que dans l'itinéraire lui-même.

Les militants Quart Monde n'ont connu que l'école primaire (l'un d'eux n'en a aucun souvenir) ou les classes de transition ; pour les autres (volontaire et universitaires), l'expérience scolaire s'est prolongée jusqu'à l'université.

Malgré ces différences, les sept écrits révèlent des aspirations communes :

– *J'aimais apprendre et j'appréciais surtout les rédactions, la poésie, l'histoire, l'instruction civique*, écrit Martine.

– Jean-Marie insiste sur *l'instruction civique qui nous faisait prendre conscience de la vie.*

– Pour Paul, *la lecture était un très grand plaisir, toujours une découverte, toujours magique.*

– Gaston voulait dans les études classiques *trouver du sens au quotidien de (son) village natal.*

– Marie-Hélène découvre *le plaisir d'apprendre.*

– Carl dit : *J'ai appris à lire, à comprendre, à écrire, je ne renie aucun des outils qui m'ont été donnés.*

Seule Odette (nous y reviendrons), à cause de sa situation, n'a pu découvrir le plaisir d'apprendre que plus tard.

L'expérience scolaire peut être heureuse. Pour la volontaire, l'expérience de l'école, en particulier en classe primaire, est liée à sa vie quotidienne. Pour elle, c'est naturel et logique d'être à l'école et d'y avoir sa place. Elle rencontre également, en secondaire, des enseignants qui relaient ses parents dans le soutien à cette quête heureuse du savoir.

Dans les six autres témoignages, il peut y avoir un grand écart entre l'aspiration, le désir et la réalité. Si le milieu familial ne maîtrise pas vraiment les savoirs scolaires, ne baigne pas dans la culture qui environne ceux-ci, il y a des incompréhensions qui deviennent des souffrances, crises, ruptures.

Pour les universitaires, à un moment du parcours scolaire, au collège, au lycée, à l'université, il y a un conflit, une tension : *Il y avait toujours un conflit entre l'école ou le collège et les valeurs familiales et sociales qui étaient les nôtres.* Gaston, après le bac, arrête ses études : *Je m'aperçus que cette poursuite d'études classiques m'éloignait du quotidien de mon village.* Souffrance également de se sentir jugé sur un détail et non sur ce qui est pensée, idée personnelle, alors s'ensuit *un terrible sentiment à la fois d'incompréhension, d'injustice, d'humiliation.*

Comment, au-delà de ces crises, ont-ils pu se saisir des outils offerts par l'université ? Grâce peut-être à ce que ce conflit apportait de résistance, ils ont transformé cette expérience en force et développé un savoir créatif qui libère.

L'un des universitaires est d'origine britannique. L'université en Grande Bretagne offre des passerelles qui permettent de se réapproprier le savoir formel et redonne des « chances » de réintégrer les systèmes d'éducation à tous les niveaux.

Les universitaires du groupe vont rencontrer sur leur route des personnes, des possibilités d'accès à des sources de savoir qui leur permettent de ressaisir celui-ci, d'y trouver un sens, une force. On peut noter que ces difficultés, ces souffrances, sans nier leur importance, n'étaient pas sur tous les fronts à la fois. Dans leurs témoignages, il ne semble pas que la famille soit remise en cause, par la société, dans son essence même, dans le respect des parents comme étant capables d'élever leurs enfants, bref, d'être de « vrais parents ». S'ils ont pu se sentir déstabilisés par un savoir scolaire lié à une culture qui n'était pas la leur, cela ne remettait pas en cause les sécurités de base nécessaires à tout développement.

C'est peut-être là, la différence essentielle avec l'expérience des militants : l'extrême pauvreté dans laquelle vivaient leurs familles entraînait à l'école, mais aussi ailleurs, un regard négatif sur eux et sur leurs parents jugés incapables de s'occuper correctement de leurs enfants. Il n'y a, dans ces cas-là, aucune assise sur laquelle s'appuyer pour surmonter les obstacles : *Face aux adultes*, écrit Martine, *je n'avais aucune défense, aucune arme, j'étais seule, mes parents n'intervenaient jamais à l'école*. Les qualités de la famille sont niées à tel point qu'Odette et Jean-Marie sont placés en institution : en « orphelinat » pour Jean-Marie (quel sens prend ce mot pour un enfant qui a des parents ?), Odette se souvient d'avoir été *transbahutée de couvent en couvent*, elle n'a donc pas de point fixe dans un lieu.

Les forces de l'intelligence sont toutes mobilisées par le combat pour exister laissant peu de disponibilité pour l'apprentissage scolaire. Face aux enseignants, mais aussi face aux camarades de classe, l'attitude de révolte semble être la seule forme de résistance possible. Ce fut tellement dur pour Odette que l'école n'est qu'*un trou béant*. Elle ne se souvient que de sa révolte liée à une souffrance profonde qui ne peut se dire : *Ma révolte était le trop-plein de ce que je gardais au fond de moi, je ne voyais jamais ma mère, ni mes frères et sœurs... – Je souffrais quotidiennement de cette exclusion, une souffrance intérieure qui fait mal à en mourir*, dit Martine, et pour résister elle adopte deux stratégies : *me rallier à celles qui me ressemblaient* et, pour être acceptée des autres, *les normales*, faire des concessions sur ce qui pourtant était essentiel pour elle : accepter de *travailler un peu moins bien en classe afin que la fille d'un architecte passe en tête du classement*. De plus, elle interrompt sa scolarité à quatorze ans pour travailler et, ainsi, aider sa famille.

La sensibilité, les aspirations de Jean-Marie ont été niées. Il a subi *toutes les vexations des uns et des autres*. Il n'a rencontré personne pour l'aider à réaliser son désir : *être prêtre*. Il est face à une administration qui a décidé pour lui, sans consulter ni lui, ni ses parents. *Cette orientation a dû se passer entre la DDASS et les sœurs.*

Enfin, dans chaque itinéraire, il y a des moments de confrontation, de lutte, de combat : celui de Carl qui doit entrer dans les règles de l'université, de Marie-Hélène qui s'accroche pour pouvoir exercer un métier qu'elle aime. Mais le combat des militants Quart Monde se situe dès l'école primaire pour exister soi-même, face aux autres, dans une solitude tellement lourde pour un enfant. Ce combat était d'autant plus important pour eux que dans leur contexte de vie, l'école est la seule voie, le seul moyen d'accès au savoir. L'échec scolaire c'est la porte définitivement (ou presque) fermée vers des possibilités de rattrapages ultérieurs. Ils n'ont pas accès à d'autres sources du savoir (des groupes, la bibliothèque, etc.).

Aussi, ce combat est-il un combat essentiel, celui de la reconnaissance en tant que personne capable d'apprendre pour aller vers une maîtrise de leur vie, vers une liberté.

Expériences scolaires des personnes interviewées

L'exploration du rôle que l'école a joué dans le trajet de vie de personnes issues de milieux de grande pauvreté s'est faite à partir de plusieurs interviews. Ces dernières ont révélé des itinéraires tranchés : beaucoup de personnes disent n'avoir rien ou peu appris. Par contre, d'autres en grandissant ont réussi à combler cette lacune ailleurs qu'à l'école. Les jeunes révèlent aussi une même diversité d'itinéraires.

J'ai rien ou peu appris à l'école

La majorité des personnes disent : *Je n'ai rien appris.* Lorsque nous demandons à ces personnes quel est le regard qu'elles portent sur leur itinéraire scolaire, il ressort que le *je n'ai rien appris* signifie en fait : l'école ne m'a pas armé pour ma vie future, je n'ai pas suffisamment appris pour partager, entrer en relation avec d'autres.

Monsieur Henri[1] n'a pas connu ses parents, il a été placé quelques jours après sa naissance à l'assistance publique, il ne sait pas pourquoi. Il se souvient avoir été en classe jusqu'à l'âge de quatorze ans, mais de façon irrégulière. *J'ai appris à lire un peu, pas beaucoup (...) Ceux qui étaient abandonnés comme moi, on n'avait pas de nom.* Paule[2] a, elle aussi, été placée en pension durant son enfance.

Elle dit : *Quand j'étais en pension, ils m'ont appris à lire et à écrire mais je ne savais pas (...) J'ai été à l'école mais je ne savais ni lire, ni écrire (...) J'ai buté pour apprendre, je ne savais rien.* Elle explique son échec en nous racontant sa vie de misère et aussi du fait qu'elle a été placée en hôpital psychiatrique puis dans une « maison » avec des sourds et muets.

Monique[3] a quarante-six ans. Aujourd'hui, elle nous dit avoir eu des difficultés pour apprendre. *J'ai honte parce que je ne sais presque pas lire et écrire.* Elle nous dit avoir souffert quand elle voyait ses copains et copines savoir mieux qu'elle. Elle était toujours au fond de la classe, parce qu'elle ne savait ni lire, ni écrire. Elle a connu la honte.

Carole[4] a trente-trois ans. Elle a quitté l'école à seize ans. Elle dit : *Je sais lire, écrire, compter, je me débrouille mais je ne suis pas instruite.* Elle ajoute *: L'école ne m'intéressait pas, il y avait trop de problèmes dans la famille, c'est dur d'avoir la tête à l'école quand tu dois tout faire à la maison.* Carole a dû dès l'âge de neuf ans prendre des responsabilités au sein de sa famille.

Mais l'apprentissage ne s'arrête pas à l'école

Certains n'ont pas pu apprendre suffisamment quand ils étaient enfants mais, en grandissant, en devenant adultes, ils auront la force de continuer à apprendre.

Micheline[5] n'a pas beaucoup fréquenté l'école pour cause de maladie. Après la mort de sa mère, elle a été placée. Elle a passé et réussi son certificat d'études. L'école s'est arrêtée là mais Micheline reprendra beaucoup plus tard, obtiendra à quarante-neuf ans son brevet de collectivité. Elle nous dit aimer la lecture et lire tout ce qui se présente à elle. Tout comme Micheline, Lucie[6] a obtenu son certificat d'études primaires à treize ans alors qu'elle est entrée à l'école pour la première fois à neuf ans. Mais elle aussi trouvera la force de se battre et continuera à apprendre comme nous le verrons plus loin.

Carmen[7], enfant émigrée d'Espagne, est arrivée en France à l'âge de treize ans, âge auquel elle est entrée à l'école. Elle dira qu'elle a pu apprendre grâce aux instituteurs qui l'ont soutenue :

> Tous les midi, pendant les récréations, l'instit me donnait des cours de français (...). Les instits m'ont superbement aidée. Elles ne m'ont jamais traitée de nulle et en deux ans j'avais rattrapé tout le retard. J'ai eu mon certificat d'études à dix-sept ans avec la mention bien.

Sa mère a joué aussi un grand rôle :

> Elle nous rendait responsable, elle nous faisait confiance, et ça c'était un grand bien.

Micheline, Carmen, Lucie ont été à un moment donné écoutées, respectées, aidées par un instituteur, une mère qui les a encouragées, mises en confiance et de telles relations ont été salutaires dans leur désir d'apprendre.

Monique[8] qui a tellement souffert de ce non-savoir nous dit combien elle essaie de faire tout ce qu'elle peut pour motiver ses enfants à apprendre. Son désir aujourd'hui : *arriver à l'école pour arriver dans la vie, savoir des choses qui permettent d'être libre*, c'est le conseil qu'elle donne aux enfants.

Les jeunes rencontrent les mêmes difficultés

Laura[9] est témoin qu'il est possible d'apprendre. Elle a dix-neuf ans, nous explique comment sa mère et son beau-père, aujourd'hui décédé, l'ont encouragée à apprendre et comment ils l'ont soutenue. Sa mère ne lui a jamais caché les difficultés de la vie. Elle s'est, nous dit-elle, même privée de nourriture afin que ses enfants ne manquent de rien. Laura dit :

> Je crois que le tout c'est de tenir à l'école car je n'ai pas envie de vivre plus tard ce qu'a vécu ma mère, vivre dans la misère (...) Je suis la première à faire des études (...) Je veux réussir et continuer pour montrer à mes parents, parce que c'est grâce à eux (...) Ma mère m'a mise à l'école privée, je crois pour me protéger et de ce fait elle m'a tout donné, elle s'est sacrifiée pour nous, ses enfants (...) Je crois que je réussis car je cache ce que je vis, personne ne le sait. J'ai peur qu'on me juge (...) Je veux réussir pour ma mère, pour ma vie plus tard et aussi pour fonder un foyer heureux, harmonieux pour mes enfants.

Notre souci est de mettre au cœur de notre recherche ceux qui ont des difficultés pour apprendre, c'est pourquoi nous parlerons de Marc[10]. Il a vingt-sept ans. Il est marié, père de trois enfants, issu d'une famille de dix enfants. Il nous dit de l'école :

> Je n'ai rien appris, pas de certificat, pas de diplôme, je n'avais pas de rapport avec mes maîtresses (...) Ça venait de moi et des profs, ils expliquaient mal, non pas que je ne voulais pas apprendre, c'était l'incompréhension entre moi et eux.

Marc n'a trouvé aucun soutien. Il peut juste dire : *Ma famille était dans la misère*; mais c'est encore beaucoup trop douloureux pour qu'il s'exprime davantage.

Cinq questions principales

De cette première exploration, sont remontées cinq questions qui ont été formulées par le groupe après l'audition collective de Lucie Ribert. Lancée aussi très tôt dans la survie, Lucie raconte comment elle a évolué en tentant d'articuler emplois précaires, formations professionnelles, stages, engagement social et vie familiale. Après l'avoir écoutée, le groupe lui pose les questions suivantes sur la place de l'école, des savoirs et de la formation dans sa vie :

– Est-ce que le savoir scolaire détruit d'autres savoirs ou savoir-faire ?

– Est-ce que rentrer dans les savoirs reconnus, officiels, c'est perdre ses racines ?

– Quelles conditions doivent être réunies pour qu'on apprenne ?

– Comment l'école peut-elle être à la fois un outil de libération, un lieu d'expérience de vie et un lieu d'oubli d'une tradition ?

– Comment expliquer la tension entre les contraintes de la formation professionnelle et la liberté qu'exige et que donne la formation sociale et personnelle ?

L'école et le milieu de la pauvreté

Le parcours de Lucie Ribert donne des indications sur ce qui permet à un enfant d'apprendre à l'école, et par conséquent de comprendre pourquoi certains enfants de familles pauvres sont en échec ou en réussite scolaire.

Le parcours scolaire de Lucie

Lucie a quarante-cinq ans. Elle est issue d'une famille tsigane, cinquième de onze enfants (un frère et une sœur aînée décèdent en bas âge). Ses parents ont été très peu à l'école et sont tous deux illettrés. Ils vivent des travaux saisonniers : confection de paniers d'osier, ramassage de la ferraille, cueillette des champignons... Quand Lucie naît, sa famille est alors hébergée par les grands-parents paternels. Puis chassée, condamnée à vivre l'errance, jusqu'au jour où sa mère trouve une masure en briques à louer. Il n'y a pas d'eau, pas d'électricité, mais c'est le début d'une vie sédentaire.

Lucie se souvient avoir beaucoup parlé de l'école avec son frère Albert, plus âgé qu'elle d'une année. Leur rêve était d'aller un jour à l'école. Ils ont vu l'école du village se construire. Son frère lui disait : *Tu vois, on ira ici à l'école et je serai le premier à y aller.* Lucie dit que c'était quelque chose de magique pour eux deux et leur mère les encourageait. Mais Albert est atteint d'une leucémie, il décède à six ans avant d'avoir pu faire ses premiers pas à l'école. Lucie dira : *Si l'école a existé pour moi, c'est grâce à mon frère. C'était notre projet commun.*

Quatre ans plus tard, elle entre à l'école, elle a neuf ans et se retrouve au cours Préparatoire. Elle est la première de la famille à être scolarisée. Sa sœur aînée a quitté le domicile familial, Lucie est maintenant l'aînée de la famille. Les conditions de vie sont difficiles :

Il y a eu des moments où je ne suis pas allée à l'école parce que je n'avais pas de chaussures ou parce que l'on n'avait rien à manger. Il fallait aller chercher l'eau à un kilomètre et l'hiver on n'arrivait pas à accéder à la source. Parfois, ma mère n'arrivait pas à faire dégeler le linge. Nous habitions loin de l'école. C'était notre réalité.

Elle apprend cependant à lire et à écrire. Elle l'explique ainsi :

Une chose qui a sûrement joué en ma faveur, c'est que l'institutrice que j'ai eue cette année-là était déjà assez âgée, elle avait connu mon père et mes oncles. Elle les avait eus en classe les quelques jours où ils avaient été scolarisés. Cette dame-là était ouverte pour moi, c'était génial.

Lucie se souvient de moments difficiles dans sa relation avec les enseignants :

J'ai vécu des moments d'humiliation très forts : quand la maîtresse m'a payé un petit pain devant les autres, c'était gentil mais cela m'humiliait, ou quand quelque chose était volé, c'était moi qu'on accusait. On ne m'appelait pas Lucie, mais par mon nom de famille Ribert.

Ses premières amies à l'école sont des enfants issus comme elle de familles très pauvres ; *entre exclus on se tenait les coudes*, dit-elle. Comme elle arrive à avoir de bons résultats, elle a, selon son expression, *le droit d'entrer dans la cour de ceux qui savent*, et elle peut désormais faire partie des autres. Elle est alors heureuse de se démarquer des autres enfants pauvres. Au cours de sa troisième année d'école, elle se lie d'amitié avec deux filles dont elle dit : *C'est la différence qui nous a réunies*. L'une est rapatriée d'Algérie avec sa famille, l'autre est de mère gabonaise. Pour Lucie, c'est *l'ouverture sur le monde*. Elles forment toutes les trois le trio des premières de classe. De ce fait, elle peut renouer des liens avec les enfants les plus exclus.

Ses parents sont très fiers de sa réussite scolaire. Lucie, la première de la famille à être scolarisée, peut désormais les aider dans les démarches administratives. Pour ses frères et sœurs, le parcours scolaire sera plus difficile et certains ne sauront ni lire, ni écrire. Leurs parents ne sont jamais allés à une réunion de parents d'élèves. Leur mère venait les conduire et les chercher à l'école. Elle parlait à l'institutrice qui avait eu comme élèves le père et les oncles de Lucie. De ces moments, Lucie se souvient et dit :

J'avais honte quand ma mère venait. Je sentais le rejet, car quand tu es à l'école, tu prends conscience de la différence.

Lucie passe et réussit son certificat d'études primaires à treize ans et demi. La directrice l'encourage à continuer ses études et lui conseille de faire une demande de bourse pour entrer au collège. Il fallait pour cela voir une assistante sociale en vue d'établir le dossier. Celle-ci dira à la mère de Lucie :

> Ce n'est pas la peine qu'elle suive des études. Votre fille peut se faire embaucher à l'usine, cela vous fera un salaire de plus.

Lucie est déçue et, trente ans plus tard, encore révoltée de cette décision : *Je voulais être instit*, dit-elle. Elle ne voulait pas aller à l'usine. Pendant quelque temps, elle attendit qu'un miracle se produise. Mais, à seize ans, elle prit le chemin de l'usine.

Plusieurs thèmes évoqués par Lucie se retrouvent dans les interviews : les conditions de vie, les relations de l'enfants à l'école (avec les maîtres et les autres enfants), les relations des parents avec l'école. Ce constat n'est pas figé, les situations peuvent évoluer si une meilleure connaissance et compréhension s'établissent entre le milieu de la pauvreté et l'école.

Les conditions de vie

Comme Lucie, les personnes interviewées ont toutes vécu leur enfance dans des conditions de logement très précaires : un couple et cinq enfants dans deux pièces, un couple et douze enfants dans trois pièces... ; souvent dans des baraquements, des cités d'urgence construites après guerre, ou *dans une espèce d'étable sans eau, sans lumière*. Actuellement, les familles pauvres vivent en périphérie des villes dans des cités PSR (Programme Social de Relogement), ou HLM... Les logements sont surpeuplés : Carole vit avec sa famille de cinq personnes dans un F3 ; Monique vit avec ses six enfants et un couple avec deux enfants dans un F6... La rénovation des vieux quartiers, les expulsions pour dettes de loyers ou mauvaise réputation font que les familles très pauvres déménagent encore fréquemment, obligeant les enfants à changer d'école.

La misère fait souvent éclater la famille et, lorsque celle-ci a la chance de pouvoir rester unie, l'aîné des enfants, surtout si c'est une fille, a un rôle de responsabilités face aux plus jeunes. Carmen : *J'ai élevé ma sœur, je m'occupais de la maison à neuf ans. Ma mère travaillait, elle ne pouvait pas s'occuper de ma sœur*[11].

La situation sociale et économique de la famille pèse sur l'enfant :

> Nos enfants ont parfois la vie trop dure. Ils ont en tête, avant leur départ pour l'école : comment je vais faire face à l'institutrice pour lui dire que je n'ai pas l'argent qu'elle réclame ? Les gamins savent ce que c'est quand ils rentrent de l'école et qu'il n'y a pas à manger. Ils savent ce que c'est de ne pas avoir de chaussures, de vêtements à leur taille, ni à la mode. Lorsque l'électricité est coupée, lorsqu'il n'y a pas de chauffage, comment faire sécher le linge et envoyer l'enfant propre à l'école** [12] ?

Martine dit de sa propre scolarité :

J'étais issue d'une famille nombreuse ayant mauvaise réputation. Je n'étais pas toujours impeccable au niveau vestimentaire, il me manquait souvent des fournitures scolaires, l'argent pour la coopérative, j'étais porteuse de poux, je ne savais pas ce qu'étaient le cinéma, les musées, les vacances... Ceci est dû aux difficultés familiales de mes parents mais à l'école, face aux institutrices, c'était moi qui étais responsable de ces manques car c'est moi qui recevais les brimades et moqueries, moi que l'on tenait à l'écart lors des sorties scolaires, moi dont on se moquait lors des visites médicales...**

Plusieurs adultes interviewés disent avoir été peu ou irrégulièrement à l'école pour raison de maladie, même s'ils ne peuvent mettre de nom sur les maladies dont ils souffraient.

À cause des conditions de vie très difficiles, certaines familles redoutent pour leur enfant l'entrée à l'école, par exemple une jeune femme tarde à y mettre son fils de cinq ans. C'est sa grand-mère qui va l'inscrire : *Ma fille n'osait pas y aller***.

Les relations de l'enfant à l'école

Lucie nous a expliqué que l'accueil de l'institutrice connaissant ses parents a été déterminant pour sa scolarité. De même Carmen nous parle de sa relation avec les institutrices. À son arrivée en France a treize ans, elle fut mise en Cours Préparatoire :

Il y avait une jeune institutrice qui parlait un peu espagnol. Tous les midi, pendant la récréation, elle me donnait des cours de français. Elle m'a beaucoup aidée. Après, je suis allée directement en CM1 et là aussi l'institutrice m'a beaucoup aidée. (...) Les institutrices m'ont superbement aidée, elles ne m'ont jamais traitée de nulle, elles m'ont traitée comme les autres[13].

Plusieurs autres adultes interviewés gardent le souvenir d'un instituteur qui eut un regard positif sur eux :

J'ai eu un instit. Sympa, il me parlait beaucoup, il m'a fait voir que ce n'est pas parce qu'il est prof qu'il ne pouvait pas parler avec nous les pauvres. Il nous aimait bien, il a essayé de nous le faire comprendre. Je me rappelle de son nom, je ne l'oublie pas parce que lui m'a parlé, écouté. Il a essayé de me comprendre. Je voulais rester avec lui[14].

Un directeur d'école qui accueille des enfants de milieux sociaux très différents (cité défavorisée, quartier ouvrier, quartier résidentiel) dit : *L'échec ou la réussite est étroitement lié à la relation avec l'enseignant*[15]. Cette relation est cependant souvent dépendante de la position sociale et de la réputation de la famille. Brigitte dit : *Quand j'étais à l'école, j'étais mal vue. Après, mes frères ont été jugés pareil*; pour Martine : *Toutes mes années scolaires, les unes après les autres, auront été semblables, je n'étais pas Martine, une enfant ayant telle ou telle capacité, je représentais telle famille et ses problèmes***.

Pour l'enfant, l'école est aussi la relation avec les autres enfants. Le directeur d'école interviewé nous dit :

L'enfant franchissant les grilles de l'école devient forcément un élève, d'où la nécessité de son intégration dans le groupe classe. On constate très fréquemment que l'enfant en échec n'est jamais bien positionné dans ce groupe. Ce constat se vérifie pour les enfants de la cité (défavorisée).

Chaque fois qu'il est question des relations avec les autres enfants, les personnes interviewées ont répondu : *On était entre nous.*

Je me souviens d'Odile qu'on appelait « la manouche » parce qu'elle vivait en caravane. Elle avait des poux. Je suis allée la voir et je lui ai dit : ne pleure pas, les poux c'est peut-être moi qui te les ai donnés, car j'en ai moi aussi**.

Deux jeunes actuellement au lycée nous disent :

– Au lycée je ne parle pas de ma situation familiale à tous. J'en parle surtout à une amie qui est comme moi, mais pas à ceux qui ont trop de préjugés. Ils ne savent pas ce que c'est les difficultés, ils n'imaginent pas. Je ne peux pas en parler, je ne suis pas comme les autres[16].

– C'est difficile de dire que nos parents n'ont pas les moyens. J'ai peur qu'on me juge. J'aurais envie de leur dire. Des fois, j'ai tendance à vouloir donner une autre apparence de moi. Il faudrait que j'arrive à casser le mur et dire qui je suis vraiment[17].

Les relations des parents avec l'école

Les parents de Lucie étaient fiers de sa réussite scolaire mais ils n'ont pu créer des relations avec l'école qui auraient été bénéfiques pour leurs autres enfants.

Le directeur d'école interviewé nous dit :

Je crois que le milieu culturel dans lequel baigne l'enfant fait de suite la différence... Les « bourgeois » font des balades, prennent le train, l'avion, partent en vacances, ont des loisirs, vivent des expériences, ô combien enrichissantes ! Les familles les moins favorisées désirent que leurs enfants réussissent mais ces derniers n'ont pas, la plupart du temps, acquis cette autonomie indispensable pour évoluer avec réussite en classe.

Un autre point critique est le rapport de la famille à la culture écrite : peu ou pas de lecture, pas de discussion autour de l'écrit – le problème des enfants est aussi le problème des parents – d'où un manque d'identification à l'adulte lecteur ou scripteur. Pour bien des familles défavorisées, il y a inadéquation entre le langage usuel personnel et le langage scolaire.

Monique confirme ce sentiment des parents de ne pas être à l'aise dans la relation avec les enseignants : *Quand déjà on ne sait pas, c'est dur d'aller les voir, on n'ose pas, on a honte de parler avec eux*[18]. Honte aussi à cause des conditions de vie qui entraînent la peur :

– Ma fille a honte de ce qu'elle vit et elle se sent désarmée devant toute personne qui représente l'autorité. Elle estime que tout ce qui se vit à l'intérieur de son ménage ne doit pas être divulgué devant les autres. Elle a aussi peur qu'en apprenant ce qu'elle vit avec ses enfants, on les lui enlève**.

– J'ai le souvenir d'hommes et de femmes de la cité qui, pour venir à un entretien concernant leur enfant, s'habillaient en dimanche, (dit le directeur d'école). J'étais conscient que l'école était à leurs yeux une micro-société dans laquelle, si leur apparence n'était pas celle des autres, ils ne pouvaient pas rentrer. Du côté institutionnel, nos relations avec les familles défavorisées sont inexistantes. Trop de parents ignorent quel rôle ils peuvent jouer à l'école. Personnellement, je ne prends pas cette absence comme une volonté de se démarquer de l'école ou comme un signe d'indifférence. Il me paraît nécessaire – et le mot est faible – que s'installe une reconnaissance mutuelle pour dépasser certaines incompréhensions préjudiciables pour tous. Toutefois il est peu sérieux de nier le rapport étroit entre l'échec scolaire et l'exclusion sociale.

Il n'y a pas d'enfant sans aptitudes. Des enfants de la cité, je dirais même qu'il y en a à qui j'aurais pu apprendre le chinois... C'est l'environnement qui donne une importance au savoir de l'enfant : la famille, l'école en tant qu'institution, les enseignants[19].

Réflexions sur les possibilités que donne l'école

Le savoir qu'apporte l'école n'est pas un luxe, un « plus ». Il est indispensable à chacun pour pouvoir exercer sa liberté, se sentir relié aux autres. *Sans l'instruction, qu'est-ce que nous sommes ?* demande Odette.

Nécessité des savoirs scolaires

L'une des bases indispensables, dans notre société, pour *devenir quelqu'un, trouver sa place*, établir des relations libres avec les autres, pouvoir choisir dans la vie, ce sont les savoirs scolaires, c'est-à-dire les savoirs reconnus et légitimés socialement.

Si nous n'arrivons pas à exister à l'école et à en sortir avec quelque chose, à acquérir ces savoirs-là, nous ne serons rien parce que la vie est faite comme ça. (...) Les autres choisiront pour toi, tu subis**.

La réussite scolaire, pour les personnes interviewées, est donc un facteur indispensable pour elles-mêmes et pour leurs enfants. Aussi, le rapport à l'école prend-il tant de place dans leurs préoccupations. Leur avenir en dépend.

J'ai rarement rencontré d'enfants qui n'avaient pas d'aptitudes, confie un directeur d'école qui enseigne dans un quartier qu'on appelle « défavorisé ». Et pourtant les témoignages recueillis parlent d'expériences douloureuses, d'échec scolaire ou de scolarités interrompues prématurément. L'impression de la plupart d'entre eux est alors *de ne pas être intelligents*.

Pauvreté : handicap insurmontable ?

Qu'est-ce qui empêche ou permet d'apprendre ? Les conditions difficiles de vie, surtout l'incompréhension et l'exclusion qui les accompagnent, sont un handicap pour l'acquisition des savoirs scolaires.

Pour beaucoup de sociologues, c'est la raison de l'échec scolaire : *Aux différences de positions sociales des parents, correspondent des différences de positions scolaires des enfants*[20]. Cette sociologie de la « reproduction » cherche dans la situation de pauvreté la seule cause de l'échec scolaire : si les parents n'ont pas réussi à l'école et sont très pauvres, leurs enfants ne réussiront pas et vivront la même situation que leurs parents. L'enfant, à l'école, n'est alors vu que par « ses manques » liés aux difficultés de la vie. Il en est même jugé responsable : *Comment faire face à l'institutrice pour lui dire que je n'ai pas l'argent qu'elle réclame ?.C'est moi qui recevais les brimades, les moqueries***. La distance se creuse avec les autres enfants à l'école, et un mur d'incompréhension se dresse, dans ce cas-là, entre l'enseignant et l'enfant. Cette incompréhension tend à enfermer les enseignants dans leur vision négative du milieu et par conséquent de l'enfant.

L'exclusion que l'enfant et sa famille ressentent douloureusement, provoque elle-même un repli : *La fermeture d'esprit (est) souvent moins le signe d'un manque d'intelligence que le symptôme d'une défense maladroite contre l'exclusion*[21].

Des groupes entiers seraient-ils condamnés à l'échec scolaire ?

D'autres facteurs que celui de la condition sociale jouent. Si l'échec scolaire a quelque chose à voir avec les inégalités sociales, on ne peut l'y réduire, selon les chercheurs en Sciences de l'Éducation, spécialisés dans ce domaine. Ils ne nient pas que l'apport des parents joue un rôle très important dans les chances ou non de réussite à l'école, mais pour eux, le savoir scolaire ne se construit pas uniquement dans ce rapport-là. D'autres facteurs jouent, comme celui de l'engagement des parents qui crée une ouverture favorable.

La position sociale de la famille ne peut être saisie uniquement en termes socioprofessionnels. Il est démontré que la culture familiale, la pratique religieuse, le militantisme politique ont des effets positifs sur la position scolaire des enfants. Les travaux de notre groupe confirment que l'engagement avec d'autres entraîne ceux qui s'engagent à se former, à apprendre. Pour ceux qui ont connu la grande pauvreté et l'échec scolaire, il les aide à dépasser la peur de ne pas être capables d'apprendre. Parents, ils transmettent alors à leurs enfants cette force, cette volonté en action. Ainsi, ils les préparent à surmonter les obstacles (en particulier ceux liés aux conditions de vie) que l'enfant rencontrera.

Vivre le savoir : une aventure humaine

Bernard Charlot développe également que *l'expérience scolaire est indissociablement rapport à soi, rapport aux autres, rapport au monde*[22]. Dans ces rapports-là, la réflexion, la compréhension de la vie familiale, des événements vécus avec intensité, l'ouverture des parents à des projets, des solidarités sont des éléments qui aident l'enfant à s'accrocher à l'école et à vouloir réussir.

C'est très sensible dans l'exemple de Lucie portée par *ce projet commun* devenu *promesse* faite à son frère, conjugué au désir profond de sa mère. Elle puise là, la force de surmonter les obstacles. Elle ne peut cependant réaliser ses projets jusqu'au bout car elle dépend d'une *volonté extérieure* qui n'intègre pas ses projets à elle. Apprendre, c'est toujours entrer dans un rapport avec l'autre. « Les autres », ce sont les camarades de classe, mais surtout les enseignants. Leur attitude est fondamentale : *Les exclus du savoir n'ouvrent précautionneusement leur intelligence que s'ils ont la certitude que leur effort pour accéder au savoir ne sera pas une occasion supplémentaire de les montrer du doigt en pointant leurs lacunes*[23].

Dans les exemples cités, nous voyons combien le rôle de l'instituteur est primordial et facilite le rapport au savoir. Ainsi en va-t-il pour Carmen où l'investissement personnel des enseignants a été déterminant.

Création d'un partenariat social

Dans cette ligne-là, l'exemple de l'Académie de Lille est très significatif : dans un colloque tenu en avril 1992, celle-ci a rassemblé les expériences et les réflexions concernant une action menée en collaboration étroite avec les parents, les associations, les travailleurs sociaux, sur le thème « Toutes les familles partenaires de l'école » [24]. L'objectif de cette action était que les familles les plus défavorisées soient partenaires dans le projet de l'école. Dans ce « rapport à l'autre », un principal de collège souligne l'importance de *d'abord renouer le contact avec les parents qui ont eux-mêmes connu l'échec scolaire, avant de parler de participation.* Alors, poursuit-il, quand le dialogue s'installe, la confiance apparaît, on apprend à se respecter, à se comprendre.

Pour en arriver là, il a fallu, d'abord, des rencontres informelles hors de l'école. Dans ces rencontres débouchant sur un travail collectif (enseignants, parents, associations, services sociaux, unis dans la volonté que les enfants réussissent à l'école, en respectant l'apport spécifique de chaque partenaire), chacun se transforme :

– les parents commencent non seulement à espérer mais à croire en l'école pour leurs enfants, sans avoir peur d'être jugés. Ils s'investissent alors, avec les moyens qui sont les leurs (par exemple en aménageant un endroit pour le travail de leurs enfants, en étant attentifs à ce travail) et cela les encourage à se former eux-mêmes ;

– les enseignants découvrent l'enrichissement que cela représente pour l'école de demander l'avis des parents défavorisés. Ils voient ceux-ci s'investir, ils changent leur regard et donc leur attitude par rapport à ces parents et leurs enfants ;

– les associations ou les travailleurs sociaux sentent l'impact positif sur toute la famille et peuvent apporter leur soutien en particulier sur le plan culturel, soutien scolaire et formation des adultes.

Les écoles et collèges qui ont participé à cette expérience n'ont pas de recettes, mais des questions, des exemples de perspectives. Ils ont expérimenté que *seule une collaboration étroite entre enseignants, école, famille peut permettre à l'enfant de trouver sa place dans l'école et d'être mis en valeur*[25] et donc d'apprendre.

On cherche des remèdes
À toutes nos misères.
Écoutez-nous, nos frères,
Les universitaires.
C'est pour nos gosses
Que l'on se crève,
C'est pour nos gosses
Que l'on espère.
Le groupe Savoirs,
Se faire avoir,
Réagissons
À toute exclusion.
Terre d'allégresse
Où nous devons piocher,
Terre de misère
Où nous devons aimer.

Le groupe Savoirs,
Le Savoir,
Le groupe Savoirs est là.

Nous sommes sur les rails,
Le train de la liberté ;
Les wagons en ferraille
Sont pleins de bonne volonté.
Gaston, Carl et Marie-Hélène,
Paul Taylor, les intellectuels,
Problématiques et dynamiques,
Compétitif,
Sont des mots instructifs.
Installons le dialogue
À l'université
Et nous travaillerons
Tous à égalité

Le sais-tu ce que je sais ?
Le sais-tu ce que moi je sais ?
Moi je sais pas
Tout ce que toi, tu sais.

Odette Leroy
Caen
3 février 1997

Apprends !

Tu ne sais pas, mais apprends,
Ne t'en laisse pas compter,
Ne t'en lasse pas !
Commence !
Tu dois prendre la tête
Tu dois tout savoir !
Apprends, homme à l'usine !
Apprends, homme en prison !
Apprends, femme de cuisine !
Tu dois prendre la tête !
Fréquente l'école sans abri !
Procure-toi le savoir,
Toi qui as froid !
Affamé, saisis-toi du livre !
Le livre est une arme,
Tu dois prendre la tête,
N'aies pas peur de poser des questions !
Ne t'en laisse pas compter, camarade !
Regarde toi-même,
Ce que tu ne sais pas toi-même
Tu ne le sais pas !
Contrôle l'addition,
C'est toi qui la paies.
Mets ton doigt sur chaque poste,
Demande :
Qu'est-ce qu'il fait celui-là ?
Tu dois prendre la tête !

Bertolt Brecht
auteur allemand, 1898-1956.
Extrait de La Mère.

DISCOURS DE FEDERICO GARCIA LORCA
À LA POPULATION DE FUENTES VAQUEROS (GRENADE), en septembre 1931

Quand quelqu'un va au théâtre, à un concert ou à une fête quelle qu'elle soit, si le spectacle lui plaît il évoque tout de suite ses proches absents et s'en désole : « Comme cela plairait à ma sœur, à mon père ! » pensera-t-il, et il ne profitera dès lors du spectacle qu'avec une légère mélancolie. C'est cette mélancolie que je ressens, non pour les membres de ma famille, ce qui serait mesquin, mais pour tous les êtres qui, par manque de moyens et à cause de leur propre malheur, ne profitent pas du suprême bien qu'est la beauté, la beauté qui est vie, bonté, sérénité et passion…

C'est pour cela que je n'ai jamais de livres. À peine en ai-je acheté un, que je l'offre. J'en ai donné une infinité. Et c'est pour cela que c'est un honneur pour moi d'être ici, heureux d'inaugurer cette bibliothèque du peuple, la première sûrement de toute la province de Grenade.

L'homme ne vit pas que de pain. Moi, si j'avais faim et me trouvais démuni dans la rue, je ne demanderais pas un pain mais un demi-pain et un livre. Et depuis ce lieu où nous sommes, j'attaque violemment ceux qui ne parlent que de revendications économiques sans jamais parler de revendications culturelles : ce sont celles-ci que les peuples réclament à grands cris. Que tous les hommes mangent est une bonne chose, mais il faut que tous les hommes accèdent au savoir, qu'ils profitent de tous les fruits de l'esprit humain car le contraire reviendrait à les transformer en machines au service de l'état, à les transformer en esclaves d'une terrible organisation de la société.

J'ai beaucoup plus de peine pour un homme qui veut accéder au savoir et ne le peut pas que pour un homme qui a faim. Parce qu'un homme qui a faim peut calmer facilement sa faim avec un morceau de pain ou des fruits. Mais un homme qui a soif d'apprendre et n'en a pas les moyens souffre d'une terrible agonie parce que c'est de livres, de livres, de beaucoup de livres dont il a besoin, et où sont ces livres ?

Des livres ! Des livres ! Voilà un mot magique qui équivaut à clamer : « Amour, amour », et que devraient demander les peuples tout comme ils demandent du pain ou désirent la pluie pour leur semis. Quand le célèbre écrivain russe Fédor Dostoïevski – père de la révolution russe bien davantage que Lénine – était prisonnier en Sibérie, retranché du monde, entre quatre murs, cerné par les plaines désolées, enneigées, il demandait secours par courrier à sa famille éloignée ne disant que : « Envoyez-moi des livres, des livres, beaucoup de livres pour que mon âme ne meure pas ! » Il avait froid, ne demandait pas de feu, il avait une terrible soif, ne demandait pas d'eau, il demandait des livres, c'est-à-dire des horizons, c'est-à-dire des marches pour gravir la cime de l'esprit et du cœur. Parce que l'agonie physique, biologique, naturelle d'un corps, à cause de la faim, de la soif ou du froid, dure peu, très peu, mais l'agonie de l'âme insatisfaite dure toute la vie.

Le grand Menéndez Pidal – l'un des véritables plus grands sages d'Europe –, l'a déjà dit : « La devise de la République doit être la culture ». La culture, parce que ce n'est qu'à travers elle que peuvent se résoudre les problèmes auxquels se confronte aujourd'hui le peuple plein de foi mais privé de lumière.

N'oubliez pas que l'origine de tout est la lumière.

Garcia Lorca
Poète espagnol, mort en 1936
sous les balles de Franco.
Discours prononcé lors de l'inauguration de
la bibliothèque de sa ville natale Fuente de
Vaqueros (Granada) – Sept-1931

Notes

1. Interview n° 13.
2. Interview n° 11.
3. Interview n° 5.
4. Interview n° 4.
5. Interview n° 9.
6. Audition Lucie Ribert.
7. Interview n° 18.
8. Interview n° 5.
9. Interview n° 12.
10. Interview n° 3.
11. Interview n° 18.
12. Toutes les phrases terminées par le signe** sont des extraits de discussion de groupes ou d'écrits personnels.
13. Interview n° 18.
14. Interview n° 7.
15. Interview d'un directeur d'école primaire.
16. Interview n° 11.
17. Interview n° 6.
18. Interview n° 5.
19. Interview d'un directeur d'école primaire.
20. B. Charlot, *Du rapport au savoir*, Éds Anthropos, Paris, 1997, pp 19-20.
21. J. Maisondieu, *Santé et insertion : un défi à l'illettrisme*, Éd Documentation française, Paris, 1995, p. 121.
22. *Ibid.*, p. 89.
23. J. Maisondieu, *op. cit.*, p 121.
24. *Les Cahiers de Lille*, n° 2, juin 1992, C.R.D.P., Lille.
25. *Ibid.*

Chapitre 3

LES SAVOIRS VÉCUS

L'expérience scolaire, dans la grande pauvreté, est très souvent douloureuse. Quelques exemples de réussite scolaire ne dissimulent pas l'évidence d'un manque très profondément ancré dans la conscience individuelle et collective : parcours difficiles, la plupart du temps arrêtés après les premières années de scolarisation et qui déterminent en grande partie les difficultés à venir en matière d'intégration à la fois sociale et professionnelle. Pour ceux qui ont si durement souffert du manque d'instruction, l'école apparaît comme un horizon qui permettra à leurs enfants de ne pas revivre ce qu'eux-mêmes ont vécu.

Mais le ***savoir***, au sens où nous voulons le définir, n'est pas seulement l'instruction. Il est aussi lié à l'expérience de la vie, au vécu, tantôt heureux et tantôt malheureux, que chacun porte en lui, qui le forme et qui le transforme. Pour chacun – militants, volontaires, universitaires – l'école de la vie est source de savoir, au sens le plus profond du terme. C'est en réfléchissant sur sa propre vie que chacun devient, véritablement, propriétaire de lui-même. C'est en réfléchissant sur sa propre vie que chacun forge, peu à peu, des savoirs qui l'aideront à mieux maîtriser sa destinée.

Entretiens avec des personnes vivant en situation de grande pauvreté, discussions de groupe, auditions des séminaires de Chantilly, interviews des membres du groupe savoirs, blasons* et expériences fondatrices des participants au programme : la plupart des textes de notre corpus portent témoignage de cette dimension très personnelle et très intérieure du savoir. Nous voulons maintenant y faire écho.

Regards portés sur les savoirs vécus des pauvres

Dans le chapitre sur le savoir vécu personnel et sa place dans la construction d'un savoir qui rend libre, pourquoi parler du regard porté sur ceux qui vivent la grande pauvreté, la précarité ? C'est que le regard peut réduire la personne à l'état d'objet ou, au contraire, la reconnaître comme sujet. Le regard nous apprend autant sur celui qui regarde que sur celui qui est regardé.

Un regard qui transforme en objet

La volontaire de notre groupe a vécu l'expérience du regard que l'on porte habituellement sur les pauvres. Lors d'une rencontre avec Annick qui vivait depuis des années à la rue elle est amenée à prendre sa place :

> (...) Une fois, Annick m'a demandé de garder ses sacs pour aller aux toilettes. Alors me voilà debout, dans le couloir du métro, avec ses sacs à côté de moi. J'étais plutôt mal à l'aise, espérant ne voir personne que je connaisse... J'ai croisé les regards des passants : regards d'étonnement, de distance, de jugement, de mépris sur ces sacs qui révélaient toute une vie et englobaient en même temps votre personne. Dans certains regards, j'avais l'impression de devenir ces sacs... J'ai un peu senti de quelle force les plus pauvres avaient besoin pour se libérer du regard des autres, pour affirmer leur dignité envers et contre tout.

Cette expérience met en lumière combien le regard peut réduire à l'état d'objet, ici les sacs. Il fait sentir qu'un regard peut peser, enfermer. Ce regard ne cherche pas à comprendre. Il dit : Il n'y a rien à apprendre. Il ne reconnaît pas l'autre comme une personne.

Un regard qui juge un groupe et le sépare des autres

Il y a aussi le regard qui juge. Dans un vieux dictionnaire médical au mot **mendicité** l'auteur fait une distinction entre des mendiants qui sont *dignes de notre considération et même de notre respect* car ils vivent *l'humiliation, la honte qu'un honnête homme doit éprouver à tendre la main*, et ceux qui provoquent. En effet, pèse sur la misère la suspicion de *l'oisiveté unie à la pauvreté.* La misère *familiarise avec le vice.*

Ce regard rend suspect. Il enferme dans des catégories, il prétend savoir sans se préoccuper ni vérifier ce qu'en pensent les personnes concernées.

Dans cette analyse, la grande pauvreté veut dire amoralité. Avec des mots différents, nous le retrouvons aujourd'hui : *On habitait un quartier défavorisé, les gens étaient catalogués automatiquement. On ne s'en sortait pas... toutes les bêtises du village tombaient sur ce quartier, ces enfants-là*[1].

C'est aussi ce qu'a vécu Lucie Ribert à travers le jugement porté sur les causes de la mort de son père. Il a succombé à une crise cardiaque dans un café où il s'était arrêté pour se reposer. Parce qu'il appartenait à un groupe déconsidéré, dans la rubrique « faits divers », il est devenu responsable de sa mort (il fut traité d'alcoolique). L'opinion, relayée ici par un journaliste, n'a pas tenu compte de la réalité (son père ne buvait pas), ni du poids de la honte qui va s'ajouter à la douleur des siens.

Un regard qui enferme dans les manques matériels

On considère souvent que les pauvres n'ont pas d'esprit. Lors d'une réunion, un administrateur reproche à ceux qui n'ont pas d'argent d'avoir chez eux télé et magnétoscope. Une militante tente de faire comprendre que pour celui qui n'a pas accès à des moyens d'apprendre, de se cultiver, le magnétoscope est une possibilité d'ouverture au monde, de découverte, il est une des réponses au désir d'apprendre, de comprendre**.

Autre exemple relaté par une militante : Une assistante sociale, sollicitée pour répondre à l'aspiration d'une petite fille passionnée de danse, répond : *Il y a les majorettes du quartier***.

Dans ces deux exemples, les personnes sont dans une dépendance matérielle et leurs demandes, leurs aspirations y sont réduites : *Quand on parle des pauvres, on parle d'eux comme des gens qui réclament le droit d'avoir à manger, un toit, mais c'est tout***.

Si les conditions matérielles peuvent faire écran, elles ne détruisent pas la volonté d'être reconnu comme un être humain capable de penser, de développer des capacités, des dons. Ce regard-là entraîne le manque d'ambition pour les plus pauvres, leur nie tout projet d'avenir.

Ce qui, dans la vie de tous, est interdépendance (car nous avons tous besoin de l'apport des autres pour nous développer), est transformé en dépendance et contrôle dans tous les domaines de la vie.

Ce sont aussi les projets d'avenir de Jean-Marie niés, ceux de Lucie que l'institutrice encourageait à faire des études, arrêtés aussi par les arguments donnés à sa mère par les services sociaux : *À l'usine, elle vous apportera un salaire.*

Un regard condescendant

Ce regard reconnaît que les pauvres ont des capacités à développer mais ils doivent rester à leur place. C'est l'expérience de Carmen[2]. Sa mère est bonne à tout faire, logée, nourrie dans une famille aisée sans enfant. Celle-ci veut aider les enfants à s'en sortir en déniant toute capacité à la maman :

On lui faisait sentir qu'elle était incapable d'élever ses enfants. (...) On considérait qu'on lui faisait un cadeau énorme, qu'on lui élevait ses enfants.

Carmen est poussée par cette famille à apprendre à l'école :

C'était très ambigu. Quand il y avait du monde, elle s'occupait de nous comme si nous étions ses enfants... et puis quand même on restait les enfants de la bonne (...). Elle me faisait sentir que, si j'étais arrivée à ce niveau-là, c'était grâce à elle. Tout venait d'elle.

Un regard bienveillant

C'est un regard qui n'a pas d'à priori sur la personne et va permettre par exemple à un enfant comme Carmen d'apprendre à treize ans et de rattraper le retard accumulé.

Il faut dire que j'étais considérée comme nulle, bête... On m'a mise en CP, j'avais treize ans. Il y avait une jeune institutrice tous les midi, pendant la récréation, elle me donnait des cours de français, elle m'a beaucoup aidée. Les institutrices ne m'ont jamais traitée de nulle..., elles m'ont traitée comme les autres.

Un regard qui est reconnaissance du sujet

Il est des regards qui créent une présence. Ils ne jugent ni ne cataloguent. Ils sont fondateurs d'une rencontre vraie entre deux personnes. C'est ce regard-là qui met debout, nous révèle à nous-mêmes.

Odette l'exprime lorsqu'elle parle de *l'école du Quart Monde* : parce qu'elle s'est sentie regardée d'un regard en attente qui ne dit pas seulement « tu peux apprendre » mais « apprends-moi, partage-moi ce que la vie t'a enseigné et que je ne connais pas » ; elle a pu se situer face aux autres, agir :

J'ai compris que j'étais quelqu'un sur la terre, que j'avais ma place... Depuis ce jour-là, j'ai dit : il faut que je me réveille, puis c'est comme ça que j'ai commencé avec les gens de mon entourage d'avoir des conversations, des amitiés, des savoirs... Qu'on n'était pas sur la terre pour rien.

Cette reconnaissance est celle de la personne, mais aussi de sa famille, de ses racines, de son milieu. C'est l'expérience de Lucie Ribert lors d'un rassemblement à Paris à la Mutualité[3] :

Je voyais des gens comme moi qui disaient des choses très fortes qui parlaient de leur vie... je n'étais pas perdue, j'étais reconnue tout de suite.

Ce sentiment d'exister en tant qu'être humain, tout de suite, comme on est, dans les yeux des autres, donne une capacité de parole par rapport au vécu, au milieu. Rien de ce qui a construit la personne, le milieu, n'est alors perdu et l'expérience de vie devient un savoir transmissible et attendu. Nous sommes dans l'échange, le partage de personnes existant les unes en face des autres dans une interdépendance, une formation et un enrichissement mutuel.

Réflexion sur les savoirs vécus dans le milieu de la pauvreté

Je ne voudrais pas que mes enfants vivent ce que j'ai vécu. Cette phrase est dite ou pensée par toutes les personnes ayant vécu ou vivant encore la misère. C'est leur souhait le plus profond. Mais, par expérience, les adultes savent qu'il n'est pas aussi simple de mettre en pratique ce à quoi ils aspirent, car leur enfance a laissé en eux des cicatrices d'un douloureux passé.

Réflexions des adultes sur le positif et le négatif de leur enfance

*Ce qui m'a manqué le plus dans la vie, ce n'est pas principalement l'argent, mais c'est l'amour***, dit une femme qui a été placée de l'âge de trois ans à vingt-et-un ans. Privée de l'affection, de la tendresse de ses parents, frères et sœurs, elle n'a pas reçu non plus chez les sœurs qui l'ont élevée l'affection à laquelle tout enfant a droit. Ce vide d'amour se retrouve chez bien des adultes qui ont été placés dans leur enfance. Henri, placé quelques jours après sa naissance dans une ferme, dit :

Je voyais bien que je n'étais pas chouchouté, je n'étais pas embrassé comme les jeunes gamins qui avaient leur père et leur mère, je voyais que j'étais délaissé. J'ai pleuré bien des fois, je ne l'ai jamais dit[4].

Mes parents ne pouvaient pas nous donner certaines choses matérielles. Quand on voit l'état des rideaux aux fenêtres, on peut penser ce que l'on veut, mais on ne regarde pas à l'intérieur où il y a un gros cœur. Il y avait entre nous de l'amour au sens fort du terme et souvent la joie de vivre malgré les hauts et les bas**,

dit un homme qui a souffert des jugements portés sur ses parents à cause des crédits pour l'alimentation, de la lumière coupée, de l'état d'ébriété de son père au retour de son travail pénible et humiliant... Cet homme se rappelle avec émotion de tout ce que son père lui a appris : le goût de la lecture car il apportait chaque semaine à la maison le journal syndical; comment fabriquer des bougies en mettant dans un verre de l'eau, de l'huile, en coupant une rondelle dans un bouchon de liège pour faire passer une mèche en n'oubliant pas de mettre un papier doré pour isoler... La petite lueur dure longtemps. Ces actes de *derrière les rideaux*, personne ne les imagine, pourtant ils sont là, bien réels.

*Je n'ai pas envie que mes enfants mettent trente ans avant de m'embrasser. Je n'ai pas envie qu'ils perdent le temps que moi j'ai pu perdre avec mon père. Ce sont des souffrances inutiles***, dit une autre femme qui n'a pu établir ni communication, ni relation affective avec son père car très tôt elle a dû prendre la défense de sa mère et la suppléer dans la vie quotidienne. Bien souvent, dans le milieu pauvre, un des enfants est adulte avant l'âge.

J'ai appris à avoir très tôt le sens des responsabilités. À neuf ans environ, je devais déjà faire les courses, les repas et cacher à mon père que ma mère buvait pour empêcher la violence. Ma mère est décédée dans des souffrances, elle est morte d'un cancer. Elle m'a appelée, elle avait besoin de moi, j'ai tout pardonné. J'ai su qu'au fond elle avait toujours été malheureuse et, là, j'ai compris combien mes parents étaient importants pour moi dans ma vie[5].

Les enfants sont aussi marqués par des événements survenus au sein de leur famille dont ils ont eu d'une manière ou d'une autre à assumer les conséquences, sans toujours pouvoir en comprendre toutes les raisons.

Ma mère a été en prison lorsque j'avais une dizaine d'années. J'en ai souffert, c'était atroce. Lorsqu'elle est rentrée à la maison après plusieurs mois, elle n'a plus jamais été la même. Cette situation m'a fait connaître de terribles humiliations. Enfant, je voulais comprendre ce qui avait transformé ma mère. Un enfant ne doit pas vivre cela. Et pourtant, à mon tour, j'ai fait vivre cette situation à mes propres enfants, des années plus tard. Est-ce consciemment ou non** ?

Tous les adultes disent combien l'amour des parents est irremplaçable; c'est plus fort encore chez ceux qui ont vécu le placement pendant leur enfance et dont la volonté première est de garder près d'eux leurs enfants. Ils savent que cet amour ne se manifeste pas seulement par des gestes de tendresse, il est aussi dialogue, discussion, confiance entre parents et enfants. Mais comment mettre en pratique ce dont ils n'ont pas fait l'expérience eux-mêmes au cours de leur enfance? Rares sont les adultes qui rejettent les difficultés de leur enfance sur leurs parents. Lorsque cela arrive, c'est parce qu'au sein de leur famille, la misère, le désarroi étaient tels que le dialogue n'a pu avoir lieu.

D'autres, devenus adultes, reconnaissent :

Je suis consciente de tout ce que mes parents en ont bavé pour mes frères, mes sœurs et moi. Leur vie a été trop dure pour qu'aujourd'hui je tire un trait dessus. J'ai trop de respect pour ce que mes parents ont vécu, cela doit absolument être une force**.

Réflexions des adultes sur leur vie d'adultes

Comprendre et analyser sa vie, c'est la situer en relation avec les événements écoulés et avec les personnes rencontrées.

Une femme raconte ce qui est arrivé lorsqu'à vingt-et-un ans elle a dû quitter l'institution où elle était placée, ayant l'âge de la majorité :

On m'a mise sur le trottoir avec ma valise et l'adresse de ma mère. Je l'ai trouvée au fond d'une cour sans soleil. Ma mère ne me reconnaissait pas. Elle n'avait pas la possibilité de me loger, j'ai dû me débrouiller seule. C'est ce jour-là que j'ai rencontré celui qui est devenu mon mari**.

Cette femme en quête d'amour fait confiance à la vie et se croit suffisamment armée pour affronter une vie de couple et fonder une famille. Elle trouvera le soutien dont elle a besoin dans les moments difficiles auprès d'une voisine qui vit la même situation qu'elle : *On se soutenait dans les moments de détresse*. Cette compréhension et ce soutien au sein des quartiers où vivent des familles de milieu pauvre, de nombreux adultes en témoignent :

Quand nous avons été expulsés pour nous retrouver dans une cité de baraques, nous nous retrouvions avec d'autres que la vie n'avait pas gâtés. Nous avons été vite adoptés par nos voisins. Ce n'était pas le grand confort, mais nous étions chez nous dans cette cité. On se sentait revivre**.

Fonder une famille, pour les jeunes de milieu pauvre, est naturel. Ils n'envisagent pas l'avenir sans enfants et cela quelles que soient les conditions dans lesquelles ils ont vécu. Une jeune femme dit :

Quelque part, j'ai eu la honte de mes parents, du regard qu'on portait sur nous. Je n'avais qu'une hâte, c'était de me dire : à dix-huit ans, je me casse de chez moi et moi au moins, je vais construire quelque chose de bien, mieux qu'eux et je ne vais pas avoir des galères comme eux ont vécues. Puis avec la vie, tu te rends compte que, entre ce que tu voudrais et ce qui est possible, il y a tout un monde qu'il faut franchir**.

Le premier monde à franchir est d'abord soi-même, se connaître suffisamment soi-même pour affronter avec confiance les difficultés lorsqu'elles se présentent : la solitude, la peur de l'autre, la peur des autres, la peur de l'échec... Ce manque de confiance en soi conduit parfois à supporter des situations extrêmes, telle que la violence. Quand la violence s'installe dans un couple, bien souvent elle est dûe à une accumulation de souffrances : l'enfance perturbée de l'un ou des deux conjoints, les conditions de vie très difficiles, l'alcool... Espérer toujours que la vie peut changer, ne pas accepter que le rêve se transforme en échec, l'impossibilité de parler à cause de la peur du placement des enfants, croire si fort en l'amour possible font que bien souvent des femmes de milieu pauvre endurent pendant des années ce qu'aucune autre femme n'accepterait.

Une femme explique qu'elle a connu le violence entre ses parents, violence qu'elle haïssait. Elle s'était promise de ne jamais faire vivre cette situation à ses propres enfants. Et pourtant elle-même a vécu cette violence dans son couple :

> Il est difficile de mettre nos désirs profonds en pratique. Quand deux êtres s'unissent, que tous deux ont eu une enfance marquée par le manque, l'humiliation, il est difficile de trouver un équilibre. Nous ne savions pas nous parler, nous écouter. Trop de souffrances inavouées nous trituraient et de ce fait nous ne pouvions pas nous aider vraiment l'un l'autre. Dans une vie forgée par la misère, on croit pouvoir tout supporter. La misère nous a appris à garder l'espoir et, cet espoir, nous y tenons même dans des situations si difficiles. Nous n'avons rien d'autre que lui**.

Fonder une famille est aussi espérer avoir un chez soi dont on sera fier, où les enfants pourront inviter leurs amis, où l'ordre, la clarté régneront... Les parents dont les ressources permettent d'avoir un logement adapté à leur famille, disent combien il leur est parfois difficile de ne pas tomber dans l'excès inverse de ce qu'ils ont vécu dans leur enfance, de ne pas devenir des maniaques de l'ordre, à la limite de l'obsession : *On va d'un extrême à l'autre, on n'arrive pas à trouver un équilibre***.

Quels savoirs-valeurs les parents transmettent à leurs enfants ?

La vie a appris aux adultes à se défendre et à vouloir transmettre à leurs enfants les espoirs qu'eux-mêmes ont eu tant de difficultés à réaliser.

Leur première ambition est que leurs enfants réussissent à l'école, là où eux-mêmes ont connu l'échec, car ils savent que l'école peut aider leurs enfants à se construire personnellement par l'instruction et socialement par la relation avec les autres.

Ma fille, je la soutiens, la réconforte quand on lui reproche d'habiter la cité. Je lui explique qu'elle doit se battre pour exister, pour être reconnue aux yeux des autres. Je reste près d'elle, à son écoute en lui disant que je suis là, que je crois qu'elle peut réussir, qu'elle aussi elle est quelqu'un. Ce n'est pas parce qu'un enfant vit dans la cité qu'il a moins de capacités intellectuelles**.

Cette mère de famille a souffert elle-même de ne pouvoir être soutenue par ses parents au niveau scolaire. De même, une grand-mère encourage sa fille à aller rencontrer l'institutrice de son petit-fils, *ce que je n'ai pas pu faire moi-même avec mes enfants, je le fais maintenant pour mes petits-enfants***, dit-elle.

Nombreux sont les adultes qui ont connu enfants la honte, les humiliations liées à leur famille, à leur quartier. Ils ne veulent pas que leurs propres enfants revivent cela. Pour dépasser leur propre culpabilité d'être encore pauvres, il leur est souvent nécessaire d'avoir des appuis extérieurs à leur milieu, des personnes qui les connaissent suffisamment pour partager avec eux les forces et les valeurs qu'ils ont découvertes. Par exemple, c'est lors d'une rencontre avec le père Joseph Wresinski* dans son quartier que Martine entend pour la première fois parler de son père d'une manière positive.

Être fier de son milieu, c'est pouvoir dire un jour :

Le fait d'être d'un milieu pauvre, c'est aussi une sacrée richesse car c'est apprécier le peu que tu as. Même si ce n'est pas grand chose, tu l'apprécies, tu le préserves, tu y fais attention. Je crois que transmettre cela à tes enfants les élève dans cette conscience-là. Je trouve que c'est important. J'ose espérer que j'arrive à leur transmettre cela**.

Ces adultes n'oublient pas leur enfance, ils ne veulent pas cacher à leurs enfants les difficultés de la vie, mais leur prise de conscience leur permet de dire : *J'ai beaucoup souffert moralement, mais je trouve que la vie vaut le coup d'être vécue***. Un homme, issu d'une famille très pauvre, parle de richesse :

Les personnes qui composent le milieu déshérité, exclu, sont souvent très riches. Une richesse qu'ils ont acquise dans les difficultés de la vie. Cette richesse est de tous ordres : richesse du savoir de la vie, du partage, de la solidarité. Cette richesse est difficile à palper mais elle a bien plus de valeur que la possession de biens[6].

Des jeunes interviewés dans le cadre de cette recherche expriment ce qu'ils ont appris de leurs parents. *Ma mère m'a appris à aimer l'école. Elle me dit de réfléchir, de me concentrer sur mon travail. Elle surveille ce que je fais car elle pense à mon avenir*, dit une enfant de huit ans[7].

Ceux qui sont encore scolarisés, après seize ans, savent qu'ils le doivent à l'acharnement de leurs parents. Ils se sentent responsables de prouver qu'ils sont capables de relever le défi de réussir leurs études dans des conditions socialement difficiles.

– Ma mère n'a pas eu une enfance facile, elle essaye de nous rendre la vie meilleure donc elle fait tous les efforts. Alors, moi je veux montrer que, même si je suis d'un milieu pauvre, je suis capable et j'arriverai à quelque chose dans la vie[8].

– Je dois beaucoup à mes parents. Ma mère s'est acharnée, elle s'est privée pour nous, même de manger. À eux deux, mes parents m'ont appris que leurs enfants passent avant tout. Alors je me bats pour réussir. J'ai envie de crier, de me battre contre l'injustice comme eux l'ont fait[9].

Plusieurs jeunes expriment avoir appris de leurs parents que, dans la vie, il faut se battre en comptant d'abord sur ses propres forces :

Ma mère m'a appris à ne pas me laisser couler. (...) C'est sans doute grâce à ma mère, à mon vécu, à mon milieu que j'ai la force de vouloir changer les choses. Ma mère m'a assez engueulée, elle m'a obligée à avoir confiance en moi, à me faire respecter et surtout à faire comprendre que l'argent ne fait pas la vie. Elle m'a appris à ne pas avoir honte du chômage, du manque de moyens, du manque d'argent...[10]

Transformer le vécu en savoir par la réflexion, en dialogue avec d'autres

Quand des adultes ont le bonheur de pouvoir réfléchir sur leur propre vie, d'en tirer des enseignements, de dialoguer avec d'autres, ils peuvent se déculpabiliser et transmettre à leurs enfants et à leur entourage que de la misère peuvent sortir des forces. Réfléchir sur sa vie c'est aussi une façon de se libérer, car se libérer de la misère, c'est guérir d'un mal dont se sentent coupables ceux qui la vivent.

Réflexions sur les savoirs vécus dans le milieu de l'université

Réfléchir sur sa propre vie : nécessité, bien entendu, tout aussi impérieuse dans le milieu universitaire ! En confrontant au sein du programme Quart Monde – Université leurs expériences et leurs parcours de vie, les acteurs-auteurs ont mieux pris conscience de leurs différences. Mais au-delà de ces différences, au-delà du fossé qui sépare ceux qui ont vécu la grande pauvreté et ceux qui ne l'ont pas vécue, nous avons pris conscience également d'un ensemble de convictions que nous avons en commun. Ce sont ces différences et ces ressemblances que nous allons maintenant chercher à mieux identifier à partir du témoignage, nécessairement singulier, des membres du groupe Savoirs et de quelques autres universitaires qui ont participé à ce programme.

Des milieux pluriels

Les militants parlent toujours de *leur milieu.* Les universitaires engagés dans le programme évoquent au contraire plusieurs milieux de vie et d'expérience. Pour beaucoup d'entre eux, le milieu de l'enfance n'a pas grand chose de commun avec celui de l'âge adulte.

Sur les onze universitaires participant au programme, un a connu avec sa famille la période difficile de l'après-guerre où il a dû être placé ponctuellement pour des raisons économiques. Quelques-uns parlent d'origine modeste, mais c'est en se situant par rapport à des milieux plus aisés qu'ils fréquentaient. Leur origine n'est évidemment pas celle de la pauvreté car ils ont bénéficié de l'ouverture culturelle de leurs parents. Par exemple, un universitaire parle d'une période difficile où son père a connu deux années de chômage alors qu'il était électrotechnicien, qualification qui équivaut à celle de technicien supérieur actuellement. Son grand-père était administrateur d'un domaine. Un autre parle de ses parents qui étaient des petits artisans.

Plusieurs universitaires parlent de l'engagement de leurs parents.

Mon père était un des tout premiers professeurs de l'université créée par la Belgique au Zaïre. Ils habitaient vraiment très pauvrement. C'était un engagement très sérieux qui a compté beaucoup en terme de vie familiale[11].

Un autre universitaire dit que l'un de ses grands-pères a fait la loi sur le suffrage universel en Belgique.

Chacun d'entre eux a eu la chance de terminer ses études primaires, secondaires puis universitaires. Leurs expériences de vie et leurs acquis scolaires sont à l'origine d'un certain nombre de choix, ou de crise d'identité, qui expliquent en partie leur engagement dans le programme.

Moments de choix ou de crise

Les crises ou les moments de profonde remise en question sont souvent liés à la rencontre de milieux de vie qui paraissent difficilement conciliables. C'est l'exemple d'un universitaire qui, après le bac, choisit le travail manuel et se fait manœuvre. Le monde intellectuel, alors, lui devient *plus étranger que la Chine.* Cela peut conduire à cette expérience de *la nuit* dont il parle, à l'expérience pour chacun de la perte des repères et du sens :

À vingt-cinq, vingt-six ans, j'ai repris des études à Paris. Les seules personnes que je rencontrais le matin, c'était les éboueurs et je les enviais en me disant : eux, au moins, ils savent qui ils sont (...). Quand tu ne rentres dans aucune catégorie, tu t'enlèves les référents d'identification.

Un autre universitaire explique que, pendant deux ans, il a fait le choix de travailler comme aide-meunier :

Je me suis trouvé, par cette occasion, de l'autre côté de la barrière, c'est-à-dire comme simple ouvrier et j'ai été vu comme cela par les gens riches et cela a été un choc.

Un universitaire explique comment, grâce à ses acquis scolaires, il a pu prolonger des engagements pris pendant sa jeunesse. Jeune, il était responsable d'un mouvement de jeunesse :

Là, je me suis dit : il faut savoir servir des gens qui ne nous plaisent pas toujours. Professeur, il est parti en coopération pendant plus de dix ans : *Ce n'était pas seulement le service, c'était l'écoute, la nécessité impérieuse d'écouter ce dont les autres ont besoin et ne pas vouloir apporter ce que l'on a dans ses bagages.*

Chacun cherche une cohérence dans le milieu universitaire qui est devenu le sien et voudrait pouvoir introduire la richesse des expériences passées à la fois heureuses et douloureuses, le sel mystérieux de la vie en dehors duquel toute recherche et tout enseignement perdent leur véritable signification.

Après quelques années de travail à l'université, écrit un universitaire, *j'avais vraiment l'impression que je n'avais plus rien à dire aux étudiants. Je ne savais plus très bien ce que je faisais là.* Chacun, à différents moments de sa vie et de son expérience professionnelle, est confronté avec plus ou moins d'intensité, à de tels moments de doute et de remise en question. Ces crises sont parfois très douloureuses : leur dépassement n'a rien d'évident et le souvenir qu'elles laissent oriente en profondeur les choix à venir.

Des rencontres fondatrices

Nous avons vu précédemment que la structure familiale et sociale a été déterminante pour nombre d'universitaires.

Les expériences qui m'ont fondé, dit un universitaire, *qui m'ont bâti, ce sont avant tout des rencontres avec des gens.* De l'enfance à l'âge adulte, comme autant de jalons structurants, il y a des rencontres, des personnes qui ont su faire entendre à chacun d'entre eux quelque chose d'essentiel. Ce sont ces rencontres privilégiées, sans doute, porteuses de valeurs universelles, qui permettent de surmonter les difficultés, de dépasser les moments de crise.

Ces personnes-clés sont des piliers qui assurent symboliquement le passage entre expérience de vie et engagement professionnel. Ainsi d'un employeur de l'un d'eux, un horticulteur que l'universitaire en question considère comme *le plus grand philosophe* qu'il ait connu, inspirateur, pour lui, de l'idée de formation des adultes dans le cadre d'une pédagogie libératrice.

Des rencontres, des personnes qui balisent le chemin et qui deviennent des modèles pour toute une vie.

La chance a fait que j'ai rencontré un certain nombre de personnes qui étaient en train d'essayer de créer à Bruxelles un lieu d'accueil pour des jeunes qui fuguaient de chez eux ou du home dans lequel ils étaient placés. Un autre exemple de rencontre nous est donné par un universitaire qui cite cette phrase qu'un volontaire Atd lui dit un jour : *La misère ne prend pas de vacances.*

L'enseignement des pauvres

Ces rencontres fondatrices, beaucoup d'universitaires engagés dans le programme les doivent aussi à des personnes issues de milieu pauvre. Apprendre de ceux-là dont on pense souvent qu'ils ont tout à apprendre, ce n'est pas seulement un principe général autour duquel s'accordent tous les participants à ce programme, mais c'est aussi une expérience partagée à tel ou tel moment de la vie.

Souvenirs d'enfance ou de l'âge mûr, la rencontre avec des exclus et des plus pauvres semble toujours avoir été décisive. Autant de leçons de vie qui, plus profondément que n'importe quelle théorie, façonnent la sensibilité, les valeurs, les convictions, les enthousiasmes, les refus, les révoltes dont naît également tout savoir. Pour l'un d'entre nous, c'est un nomade dans le désert malien qui lui révèle la vraie valeur du don. Pour un autre, un cireur de chaussures à Dakar qui montre comment dépasser les différences et les rapports de force. Pour d'autres, c'est l'enseignement qu'ils ont tiré de leur contact avec le Mouvement Atd Quart Monde et les Universités populaires Quart Monde où l'on apprend des plus pauvres.

La vie, l'école, le métier

Du point de vue des universitaires, il n'y a pas d'un côté l'instruction ou l'école et de l'autre la vie. L'école, puis le lycée, l'université, la vie professionnelle sont autant d'expériences de vie que les universitaires abordent avec ce qu'ils sont : leur personnalité et le milieu dont ils sont issus.

Parmi leurs témoignages, celui d'Emile Creutz[12] révèle au mieux le lien entre le savoir vécu et la vie universitaire. Comment devient-on l'universitaire engagé et le syndicaliste militant qu'il est devenu au fil des années ? En l'écoutant répondre, lors de l'audition qu'il a donnée, on est frappé de constater à quel point les liens sont étroits entre l'histoire personnelle, le vécu, et les orientations scolaires et professionnelles qui ont été les siennes.

En sortant d'un milieu très populaire, dit-il, *évidemment j'ai investi, surinvesti sur l'intellectuel puisque c'était la seule façon d'arriver à être quelque chose de fort dans la société.* Parcours scolaire difficile, mais rendu possible cependant, grâce tout d'abord à la volonté sans faille d'une mère attentive et déterminée. Les difficultés rencontrées sont la source de l'engagement professionnel à venir :

> Mon défi est essentiellement à partir du système scolaire. J'ai été, au fil de ma vie, vraiment irrité par toutes les étapes, les barricades que j'ai dû franchir et qui m'ont révélé à quel point la société était extrêmement élitiste et à quel point elle n'était pas du tout au service du développement local, régional et encore moins des personnes elles-mêmes.

Mais c'est encore, dès les études secondaires, l'ouverture d'esprit d'un directeur de collège favorisant activement l'entraide parmi les élèves, qui est à l'origine des idées qu'Emile Creutz défendra toute sa vie pour promouvoir une forme de pédagogie alternative reposant sur « l'enseignement mutuel ».

Une autre caractéristique de sa vie apparaît en filigrane de son exposé et émerge très distinctement des échanges qui l'ont suivi. C'est le mouvement qui le porte à lutter contre ce qu'il estime être l'injustice et, en même temps, à rechercher la reconnaissance sociale et intellectuelle sans laquelle cette lutte n'aurait pu aboutir. *Dans tout votre parcours*, lui dit un militant, *il y a une tension entre la révolte contre l'élitisme et les injustices et le souci de reconnaissance et d'intégration.* C'est cette tension qui permet d'organiser peu à peu une révolte très tôt ressentie. Cette révolte, pour Emile Creutz, a toujours eu rapport de près ou de loin, avec le système d'enseignement : *C'est vrai que ma vie a été nourrie de cette révolte contre l'enseignement, donc c'est clair et net, à chaque étape j'ai dû vraiment me révolter.* Mais encore fallait-il organiser cette révolte : obtenir les plus hauts titres universitaires et forger les outils qui lui ont permis de lutter efficacement contre les aspects qu'il jugeait négatifs du système d'enseignement. Ainsi, recherchant une position d'équilibre toujours fragile entre reconnaissance et révolte, entre intégration et subversion, a-t-il pu mettre en œuvre son idéal que la science *soit vraiment au service du développement de la société.*

Et c'est bien là, sans doute, au cœur des liens si profonds qui se tissent entre la vie, l'école et le métier, une caractéristique qui réunit la plupart des universitaires « engagés » qui participent à ce programme : le sentiment d'être à la fois « dedans et dehors », de partager leur énergie entre le désir ou la nécessité de la reconnaissance et cette exigence de la dénonciation constructive sans laquelle aucune transformation sociale ou individuelle ne paraît possible.

Les savoirs vécus sont-ils transformateurs ?

Les savoirs forment, certes. Nous sommes ce que nous sommes grâce à, à cause de ou malgré ce que nous savons. Mais dans quel sens les savoirs vécus peuvent-ils nous « trans-former », c'est-à-dire, nous changer, nous faire évoluer, faire une différence entre ce que nous sommes et ce que nous étions, et également entre ce que nous sommes et ce que nous pourrons être ?

Le vécu en tant que tel n'est pas transformateur. L'expérience vécue ne transforme que si elle est réfléchie. Si elle n'est pas réfléchie, elle peut, au contraire, figer les manières d'être, de vivre et de penser. Tous les témoignages que nous avons recueillis[13] attestent l'importance de cette prise de conscience sans laquelle nos savoirs, aussi intensément vécus qu'ils soient, ne seraient point transformants.

Les savoirs vécus conscientisent

Arrive le moment où nous sommes conscients d'avoir appris quelque chose. Nous nous apercevons soit que les choses sont changées, soit que les choses doivent changer. Nous avons un autre regard, le vécu a un autre sens. Les témoignages sont très clairs sur l'importance cruciale de ce moment déclencheur qui transforme non pas la situation mais la connaissance qu'on a de son milieu. Par exemple, la conscience que les gens ont de subir la grande pauvreté ne change absolument rien. Mais dès que ce moment de réflexion, ce regard critique, les aide à construire un *savoir qui sait expliquer le pourquoi*, ils savent qu'ils sont devenus capables d'apporter *des réponses que (leurs) parents n'ont pu apporter parce qu'ils n'avaient pas eu cette prise de conscience.*

Cette question *pourquoi* ? est primordiale, et pour les pauvres et pour les non-pauvres. C'est une façon de donner un sens à la vie, face à la pauvreté de la vie ou à la pauvreté même des savoirs. Plusieurs universitaires se trouvent confrontés à cette même question : *Je n'avais rien à dire aux étudiants* ; *je ne savais plus quoi faire*. Ou, tout simplement comme l'a dit un autre : *Un jour, j'ai pris conscience de mon ignorance*. Face à cela, on ne peut pas faire autrement que changer, commencer à vivre différemment.

Les savoirs vécus solidarisent

Ce sentiment d'une vie sans sens, d'être sans savoir, de ne rien avoir à offrir, ni comme connaissance, ni comme expérience, ni comme milieu, fragilise tout être humain, surtout quand on est jeune. Les pauvres savent qu'ils sont exploités, exclus, mais même en sachant expliquer le pourquoi, ils n'échappent pas à un sentiment de culpabilisation et de honte. C'est cela que la volontaire a découvert : *J'étais mal à l'aise, espérant ne voir personne que je connaisse*, ou encore quand un des universitaires a expliqué ce qu'il a appris en se trouvant *de l'autre côté de la barrière*. Par cette réflexion, provoquée d'abord par ce sens de *nous* et *les autres*, ils ont tous pris conscience que, seuls, ils ne pouvaient pas assumer cette situation de vie : le savoir n'est libérateur que quand il est collectif, quand il est partagé. Les différents témoignages parlent souvent de ce soutien entre familles et amis et voisins, un soutien fondé sur le partage des mêmes valeurs, transmises à chaque génération, comme l'honnêteté et la générosité, et la foi en la dignité humaine, la justice et la fraternité.

Pour ceux qui ont connu la même souffrance, il y a aussi une capacité de combat, de courage. Ils apprennent à résister, à ne pas se culpabiliser et, changement important, à ne pas vouloir renier leur milieu. Les universitaires ont aussi appris l'importance d'une telle résistance, mais comment? Un des éléments qui réunit les familles des pauvres et des non-pauvres est l'influence formatrice de leurs parents qui ont su transmettre, non une analyse économique ou politique, mais ces mêmes valeurs fondamentales.

Les savoirs vécus personnalisent

J'ai appris à être libre, disait Lucie. Quelle transformation ! On imagine mal un témoignage plus parlant. Malcolm Knowles l'affirme aussi. Par cette réflexion critique, dit-il, *les (apprenants) adultes ont conscience d'être responsables de leurs propres décisions et de leur vie. Une fois qu'ils en sont conscients, se développe en eux un profond besoin d'être vus et traités par les autres comme des individus capables de s'autogérer*. Cette évolution change le regard : *Pour l'enfant*, dit Knowles, *l'expérience signifie ce qui leur est arrivé, tandis que pour les adultes, elle signifie ce qu'ils sont*[14]. Les savoirs vécus transforment la relation avec le milieu et avec le monde parce qu'ils transforment la relation que l'on a avec soi-même. *Je ne me dévalorise pas si je dis quelle est ma situation sociale ; si je la décris, je suis à l'aise, car je sais que j'ai des capacités*. La conclusion alors est évidente : *ce n'est pas parce qu'on est de ce milieu-là, qu'on n'a pas le droit à la culture, au savoir, à la beauté*. Les pauvres ont aussi *un esprit qui leur permet de penser, d'agir, de réfléchir*. Cela fait écho avec ce qu'un des universitaires a essayé d'exprimer : *il fallait se mettre en cause*. On se questionne, et on se trouve.

Les savoirs vécus socialisent

Cette façon de penser, re-penser le monde, de savoir et de se voir dans le monde, correspond à ce que Freire appelle un processus de *conscientisation* : l'homme est avec le monde et avec les autres, et non simplement dans le monde. *Ceux que l'on appelle les marginaux, qui sont les opprimés, n'ont jamais été en dehors. Ils sont toujours au-dedans. Au-dedans de la structure qui les transforme en « êtres pour un autre ». Leur salut n'est donc pas de s'intégrer (...) à cette structure qui les opprime, mais de la transformer pour qu'ils puissent devenir des êtres pour eux-mêmes*[15].

Le milieu dont on est issu, quel qu'il soit, est la racine de chacun et de chacune : *Sans mon milieu, je n'existe pas*. Et comme le constate un des universitaires, même quand on entre dans le monde universitaire, *on rentre dedans tout en disant : mais je suis là pour garder des liens aussi avec mon milieu*. Il reste toujours le danger d'une rupture, d'une distanciation, d'une tendance à se désolidariser. Ce sont des problèmes qu'il faut assumer, mais c'est là qu'intervient le rôle d'une organisation ou d'un mouvement militant. C'est un danger réel qui est transformé en un fort désir de lutter contre l'exploitation dont les pauvres sont l'objet, soit à l'école, soit dans le monde du travail, soit à l'université. *J'ai vu*, disait un des universitaires, *cet engagement de mon père, (...) cette passion de libérer un peuple*.

Beaucoup de ces témoignages expliquent comment ce savoir critique aide à revendiquer cette reconnaissance fondamentale en tant qu'être humain, et à transformer les relations avec le monde. Ils revendiquent l'instruction, à l'école pour les enfants et dans le mouvement de formation continue pour les adultes, soit comme participant, soit comme formateur. Ils affirment le droit au travail, à la beauté, à la qualité de la vie. Autrement dit, le droit de sortir de la misère, de ne pas souffrir du manque de moyens, et de ressources nécessaires pour vivre harmonieusement dans cette société.

Ce savoir n'est ni idéaliste, ni intellectuel, ni universitaire : il est né d'une réelle expérience de la vie quotidienne. Même s'il a des origines différentes de part et d'autre d'une ligne de partage sociale et culturelle, il rend solidaire et peut mobiliser pour la transformation de la société.

Notes

1. Interview n° 18.
2. Interview n° 18.
3. 17 novembre 1977, Rassemblement Atd Quart Monde à Paris.
4. Interview n° 13.
5. Interview n° 4.

6. Interview n° 2.
7. Interview n° 16.
8. Interview n° 6.
9. Interview n° 11.
10. Interview n° 15.
11. Les citations de cette section sont extraites de la présentation des blasons* lors du premier séminaire du programme Quart Monde-Université.
12. Audition Emile Creutz, voir Introduction Générale.
13. L'ensemble de cette section repose sur l'analyse des interviews, des auditions et des blasons.
14. M. Knowles, *L'apprenant adulte*, Paris, Éd. de l'Organisation, 1990, pp. 71-72.
15. P. Freire, *Pédagogie des opprimés*, Paris, Maspéro, 1977, p. 54.

Chapitre 4

LES SAVOIRS D'ACTION ET D'ENGAGEMENT

Dans tous les milieux sociaux et professionnels, des hommes et des femmes agissent pour transformer le quotidien et influencer l'avenir. Dans ce chapitre, nous étudierons des actions menées contre la misère par des personnes pauvres et des personnes engagées avec elles, et des actions menées au sein de l'Université. Nous tenterons ensuite de dégager quel type de savoir est lié à l'engagement et à l'action.

Actions menées par des pauvres dans leur milieu

La misère fait peur. Elle enferme et oblige ceux qui la vivent à taire, à cacher, à planquer leur vie. Ils se savent étiquetés comme « asociaux », « marginaux », « bons à rien »… Très profondément ils ressentent que cela est injuste, mais comment réagir ? Leurs seuls interlocuteurs sont souvent ceux qui représentent la loi : services sociaux, police, huissiers…

Et pourtant, au cœur des cités pauvres, l'engagement et l'action peuvent se vivre. L'entraide au quotidien existe entre familles pauvres (dépannages en nourriture, en argent; garde des enfants; hébergement…), elle est du domaine de la survie indispensable, mais elle n'est pas suffisante pour s'attaquer aux causes de la misère.

Les rencontres qui permettent l'engagement et l'action[1]

L'engagement personnel et l'action collective prennent forme à la suite de rencontres extérieures au milieu de la pauvreté. Ces rencontres passent généralement par des associations. Les militants qui participent au programme parlent de leur rencontre avec le Mouvement Atd Quart Monde. Pour certains, c'est la rencontre avec le fondateur de ce Mouvement, le père Joseph Wresinski ; pour d'autres, c'est la rencontre avec des volontaires-permanents ou des alliés* qui ont fait leur la lutte contre la misère. Ces rencontres sont essentielles car « l'autre » ne vient pas conseiller, éduquer ; il vient se mettre à l'école des pauvres et surtout construire avec eux dans la durée. Ainsi, les familles les plus pauvres peuvent reprendre confiance en elles-mêmes et s'autoriser à exister pleinement.

Une jeune femme témoigne de sa propre rencontre avec des volontaires-permanents. Elle avait dix-huit ans. Elle venait de mettre au monde son premier enfant et devait se marier trois mois après cette naissance avec le père de son fils, un jeune algérien de vingt-et-un ans. Les bans du mariage étaient publiés, le jour de fête se préparait. Son futur mari venait chez elle de temps à autre, il était prévu que le jeune couple logerait chez les parents de la jeune femme car il n'avait pas encore d'appartement.

Le jour J est arrivé mais notre mariage n'aura pas lieu, Meidhi ne viendra pas. Tous mes rêves de jeune fille s'écroulent, je ne comprends rien à ce qui se passe. Des amis, des voisins, la famille sont là pour le mariage, on s'énerve, la haine fait son apparition. Personne n'a vu Meidhi et je finis par comprendre que notre mariage mixte était impossible aux yeux de ma belle-famille. Dans le quartier, on parle de mon mariage raté, certains se moquent ouvertement de moi. Cela fait du bien à des moments donnés de rire du malheur de l'autre, c'est un peu comme si la roue tournait et que le malheur avait changé de proie. Un couple de volontaires habitait depuis peu dans la cité. On se connaissait de vue, on se disait bonjour. J'ai eu un petit mot de leur part dans ma boîte aux lettres me signifiant qu'ils partageaient mon désespoir. Puis ils sont venus me voir à la maison presque quotidiennement. Ils étaient là près de moi, parfois silencieux, respectueux de mes silences, de mes craintes, de ma révolte, de mon découragement. Je ne souhaitais ni violence, ni vengeance et ils me soutenaient dans cet esprit-là. J'ai pu, grâce à leurs connaissances de la culture arabe, comprendre ce que Meidhi n'avait jamais osé me dire et cette ouverture m'a permis de le respecter lui et sa famille et d'élever mon fils dans le respect de son père, de sa culture, de ses traditions. En plus de me soutenir dans ma recherche de compréhension, les volontaires ont fait ce que j'étais alors incapable de faire, c'est-à-dire dialoguer avec les familles de la cité, entraîner les gens dans un élan de soutien, de solidarité envers moi. Ils m'ont permis de tenir face à ma famille et surtout face à moi-même. J'ai pu ainsi retrouver le goût de vivre et d'espérer encore. J'ai découvert par la suite qu'au-delà du fait d'être un couple vivant dans la cité, il y avait leur engagement au sein du Mouvement Atd Quart Monde.

Exemples d'engagement et d'actions

À travers lui, je me voyais

Daniel vivait avec sa femme dans une petite maison qui était dans un triste état. Le toit prenait l'eau. Ils avaient trois enfants dont une fille qui vivait encore avec eux. Ils vivaient du peu qu'ils avaient, c'est-à-dire le RMI et la récupération des fins de marchés. Ils étaient sujets aux moqueries, on disait que leur maison était *la maison des rendez-vous d'ivrognes*. Les moqueries, les insultes ne l'ont pas démoli, il était un homme debout. Malgré la vie précaire, il n'était pas aigri. De l'avoir fréquenté pendant plusieurs années, un militant dit :

Quelle chance d'avoir rencontré Daniel ! Il se dépensait pour les autres, il rendait des services, il disait souvent : il y a plus malheureux que nous. Il devait avoir un secret. À travers lui, je me voyais, comme j'en voyais bien d'autres dans la vie qui comptent pour nuls. On chantait beaucoup ensemble. On oubliait un peu le quotidien.

Les personnes pauvres qui s'engagent dans leur propre milieu puisent leurs forces chez des gens comme Daniel. Ils sont en communion les uns avec les autres, tellement imprégnés les uns des autres que leurs vies ne semblent plus faire qu'une. Leur histoire devient commune. Même si leur engagement est personnel, ils cheminent ensemble, prennent de l'assurance ensemble. Ils ont à l'intérieur d'eux-mêmes une force pour les autres qu'ils portent en toute simplicité et humilité.

Action menée dans le cadre culturel

Les Semaines de l'Avenir Partagé* sont des temps forts au sein des quartiers défavorisés qui permettent à des artistes, des professionnels, des sportifs de partager leurs passions et leurs compétences avec les enfants d'un quartier. Les adultes du quartier sont aussi invités à partager leurs savoir-faire. Cela se fait sous forme d'ateliers qui se déroulent dans la rue et durent au moins une semaine.

Dans le cadre d'une de ces semaines, un habitant a l'idée un après-midi d'organiser un concours de dessin à même le trottoir devant les immeubles. Une trentaine d'enfants laissent courir leur imagination et à l'aide de craies de couleurs réalisent une œuvre sur un espace qui leur est délimité à chacun. Les parents viennent découvrir les œuvres. Ce moment de liberté d'expression est gâché par la venue d'un concierge des immeubles et d'un responsable de l'office de logement. Ils n'apprécient pas du tout ce qui a été entrepris car, soi-disant, cela allait salir les entrées des immeubles quand les habitants rentreraient chez eux, *qui va nettoyer derrière vous ?* Toutes les œuvres ont quand même été vues car il était formidable de laisser courir l'imagination des enfants sur un trottoir. Un habitant avait osé l'aventure et tenté de démontrer qu'il était possible de passer un bon moment d'évasion et de création sur le trottoir. Sa conclusion est : *Les enfants ont exprimé leurs rêves sur le trottoir, pour moi c'est le plus important et j'en garde une fierté.*

Engagement et actions collectives à partir de familles très pauvres

La famille Grégoire est une famille très pauvre, rejetée de tous au cœur de sa cité. Les parents osent à peine sortir de chez eux, tant ils sont critiqués et moqués de tous. Monsieur Grégoire est souvent à sa fenêtre, et crie très très fort après ses enfants. Madame est obèse, elle a beaucoup de mal à se déplacer, elle est la risée de la cité. Leurs six enfants ne sortent que pour faire quelques courses, aller à l'école, ils ne jouent jamais dehors avec les autres enfants. En fait personne ne connaît vraiment la famille Grégoire, elle est à l'époque le bouc émissaire de tous.

À l'occasion du départ des volontaires, le père Joseph Wresinski demande à deux jeunes femmes, issues de la pauvreté, habitant la cité, de prendre la responsabilité de l'action : *Toi, toi, vous pouvez prendre en main l'action entreprise par les volontaires. Il faut vous organiser car le but n'est pas que les volontaires restent à vie dans vos cités. Vous êtes des gens capables et vous allez le démontrer...* Une des ces jeunes femmes interpellée lors de cette réunion dit :

> Je n'y croyais pas. En fait, j'étais en attente de quelque chose, mais si père Joseph ne m'avait pas proposé de prendre cet engagement, je n'aurais pas osé le faire. Ce jour-là, j'étais pétrifiée de peur et en même temps fière et heureuse de la confiance qu'il me donnait.

Par le travail effectué par les volontaires, les familles de la cité avaient pris le rythme de se réunir régulièrement. Elles avaient pris le temps de se connaître et de s'apprécier. Autour de ces deux femmes, un groupe de familles se rencontrait régulièrement pour préparer les Universités populaires et le journal de leur cité. Le groupe était en marche.

Lors d'une réunion de formation à Pierrelaye*, le père Joseph demande aux deux femmes que tout soit mis en œuvre pour que les familles très pauvres de leur cité soient intégrées dans l'action et notamment la plus rejetée d'entre elles, la famille Grégoire.

C'est là que l'importance de l'engagement se fait sentir. À peine venions-nous d'accepter la responsabilité de l'action au cœur de notre cité, que père Joseph nous replace face aux plus pauvres d'entre nous, c'est-à-dire au cœur de notre combat.

Dans un premier temps, il a été difficile aux familles déjà en marche d'accepter de ne plus être prioritaires de l'action engagée. Elles comprenaient que du fait que les plus pauvres devaient être la base même des actions, les deux jeunes femmes seraient moins présentes à leurs côtés. Une de ces jeunes femmes raconte :

Quotidiennement, je me rendais dans la famille. J'ai pris le temps avec eux de me présenter, de me situer et de mettre mon histoire en lien avec leur propre vie. De ce fait, ils ont accepté sans difficulté d'être en relation avec moi.

Parfois la confiance est plus longue à s'établir. Les militants ont aussi à se faire accepter. C'est encore plus vrai lorsque l'action les oblige à quitter leur propre quartier pour aller vers d'autres lieux de misère. Par exemple, il fallut plus de huit mois à une militante pour créer la confiance avec une famille très exclue dans un quartier voisin :

Je passais tous les jours dire bonjour. Nous discutions toujours sur le pas de la porte. Un jour, il faisait très froid dehors, il pleuvait, ils me proposent d'entrer prendre un café. Ils n'arrêtaient pas de s'excuser du fait qu'il faisait noir chez eux parce que les volets étaient fermés de crainte qu'ils ne soient cassés par des cailloux, et l'électricité était coupée. Connaissant bien ces situations-là pour les avoir vécues, j'ai pu mettre en lien leur histoire avec la mienne et celles des autres familles que je connaissais.

L'objectif de l'action n'est pas la relation individuelle entre une famille très pauvre et un militant. L'essentiel est que cette famille ne soit plus exclue dans son propre quartier et puisse participer à l'action collective. Monsieur et Madame Grégoire avaient une très grande peur des familles de leur cité. Ils se sentaient moins que rien, indésirables et ne pensaient pas avoir à dire quoi que ce soit. La jeune militante se souvient qu'avec cette famille elle continuait ce que d'autres lui avaient permis de vivre : *On s'intéresse à moi, sans me juger, sans me donner de conseils, on me dit capable...* Elle préparait au domicile de Monsieur et Madame Grégoire les thèmes des Universités populaires et transmettait leurs réflexions à l'ensemble du groupe. Une autre étape fut franchie lorsque d'autres adultes de la cité ont pu se joindre à elle pour aller chez Monsieur et Madame Grégoire. Ensuite il leur fut facile de faire le dernier pas, c'est-à-dire de venir eux-mêmes aux rencontres car ils se savaient attendus.

Par la confiance donnée et l'engagement partagé avec la famille Grégoire, le groupe a puisé des forces et une compréhension qui pouvait se vivre dans d'autres lieux. Par exemple, lors d'une rencontre entre deux quartiers très pauvres de deux villes, un des groupes a préparé un montage diapos retraçant les actions menées dans leur cité. Ils étaient fiers de leur travail, fiers d'échanger avec d'autres familles, ils avaient mis beaucoup de cœur à ce travail et y avaient passé de nombreuses heures. Au moment de leur présentation, un homme de la cité qui les accueillait a semé la perturbation, il était en état de révolte : *C'est des conneries ce que vous faites... ça ne sert à rien... c'est du bla, bla...* La tension est montée très vite car le discours de cet homme était insupportable. Une discussion s'engage : *Que faire ? Devons-nous partir ? Devons-nous à notre tour l'exclure ?* Une militante explique :

> En replaçant l'attitude de cet homme dans nos propres vies, nous comprenons qu'il faut revenir sur notre envie de partir, qu'il faut au contraire rester et démontrer que l'échange est possible même avec cet homme si nous nous en donnons les moyens.

Monsieur et Madame Grégoire n'étaient pas présents lors de cette journée, mais l'engagement et l'action menée avec eux ont permis de réfléchir avant d'exclure et de mettre en pratique le défi de bâtir à partir du plus pauvre.

Dans le cadre d'une action publique

Dans le courant de l'année 1977, au cours d'une session de travail à Pierrelaye, Henri Bossan, volontaire-permanent, parle d'une femme qui, aux dires de la presse, aurait laissé volontairement mourir de faim ses deux enfants, enfermés dans son appartement. Les journaux dépeignent la situation, accusant cette femme d'être mauvaise mère, de s'être prostituée, d'avoir eu recours à l'alcool, d'être de mauvaise vie. Ils décrivent aussi le calvaire des enfants. Cela secoue très fort les militants présents à cette session, car tout ce qui touche aux enfants est sacré. Dans un premier temps, Henri Bossan les laisse réfléchir à partir des articles de journaux. Dans un second temps, il transmet d'autres articles qui laissent apparaître les appels au secours de cette maman face aux services sociaux et à son entourage. Le père Joseph Wresinski avait été à la prison et avait établi la relation avec elle. La question est posée aux militants : peuvent-ils être solidaires de cette femme ? Peuvent-ils mener une action pour la soutenir ? Se sentent-ils concernés par cette situation ? Est-il possible de faire ressortir que parfois l'exclusion et la non-reconnaissance de la misère ont pour conséquence de tels drames ? Les militants réfléchissent : l'idée de soutenir une mère qui a laissé mourir de faim ses enfants est, pour beaucoup, insupportable. Ils comprennent, au vu de tous les éléments, toutes les informations, que dans cette situation il n'est pas question d'enlever toutes responsabilités à cette femme, mais il leur faut comprendre ce qui a pu la contraindre à pareille extrémité. Après un temps de réflexion intense, ils prennent position et acceptent d'être partie prenante de la pétition de soutien que lance le Mouvement Atd. Après cette session de travail, les militants ont alors la responsabilité de mener à leur tour la réflexion dans leurs quartiers et de faire circuler la pétition de soutien.

Dans les quartiers, les premières réactions sont semblables à celles des militants. Avant d'adhérer et de mener l'action, de nombreuses discussions ont lieu. Dans une cité, les militants décident d'aller faire signer la pétition deux par deux, en faisant du porte à porte. Ils vont aussi à la mairie, dans les services sociaux... Plus d'une fois ils se font sortir malproprement, mais ils tiennent et retournent vers ceux qui les ont refoulés car eux-mêmes ont intégré la situation : *Elle n'avait plus d'espoir..., elle était au bout du rouleau..., elle était complètement démoralisée..., toutes les portes avaient dû se fermer pour elle...* Au travers de ce drame, les militants ont découvert la notion de co-responsabilité et ont compris que cette mère n'était pas, ne devait pas, ne pouvait pas être jugée seule responsable de ce drame survenu suite à une misère extrême. Ils ont lu ce qui était écrit dans des journaux : *Cette femme n'est pas un être humain... Ce n'est qu'un mécanisme de chair et d'os qui fonctionne et que rien n'habite.* Cette action les engage publiquement et leur fait vivre en profondeur leur engagement auprès de ceux que tout le monde rejette. La pétition fut signée par un grand nombre de familles de la misère. Le père Joseph Wresinski a témoigné devant la Cour d'Assises en février 1978.

Engager la solidarité au-delà des frontières

Les *journées familiales,* organisées par le Mouvement Atd dans certaines régions, sont des journées de réflexions, de rencontres qui rassemblent des familles très pauvres d'une ville avec des citoyens de tous horizons. Ces journées se font en deux temps. Le matin : un temps fort de découverte, de partage autour d'un témoignage, d'un reportage... relatant des situations d'injustice. L'après-midi : un temps convivial où chacun peut échanger dans des ateliers ses compétences, théâtre, peinture, poésie... Une de ces journées se passe en plein hiver dans une grande buanderie non chauffée. C'est le seul local disponible. Tous les participants sont glacés... Une pièce de théâtre retrace des passages de la vie d'une femme très pauvre du Guatemala. Cette femme vit près du passage des trains, dans une baraque construite avec des planches qui s'envolent à la moindre tempête de vent. Elle vit avec la peur journalière que le train lui écrase un de ses enfants. Une nuit, le train a déraillé et a démoli sa baraque. Elle partage sa peur avec ses enfants et ses voisins. En écho à cette pièce de théâtre, certaines familles pauvres évoquent des ressemblances avec les situations de vie qui ont été jouées. À cause des conditions climatiques dans lesquelles se passe cette journée, le froid, le vent..., les participants se sentent encore plus solidaires de cette femme et de tous ceux qui vivent les mêmes conditions de misère. Un message de solidarité lui est envoyée au Guatemala. Cette journée familiale de rassemblement a permis à chacun des participants de découvrir la pauvreté au-delà des frontières, de prendre connaissance de la dimension internationale du combat contre la misère.

D'autres actions sont menées par des familles très pauvres en partenariat avec des volontaires-permanents, des alliés ou amis, telles que des délégations auprès du Maire, du Député, des responsables d'autres associations, de la paroisse, des écoles, des médias... Ces interventions ont toujours pour but de dénoncer, de faire connaître les injustices faites aux plus pauvres avec l'espoir que chacun prenne ses responsabilités et s'engage à son tour dans la lutte contre la misère.

Les savoirs appris à travers ces actions

Les plus pauvres nous révèlent à nous-mêmes

Quand on est soi-même issu de la misère et que l'on retrouve chez d'autres des situations de misère extrême, il est impossible de ne pas faire le lien avec sa propre vie. L'engagement avec des personnes très pauvres est comme un miroir de sa propre vie. L'engagement en dehors de sa propre famille permet un recul, une patience, une écoute qui fait parfois se poser la question : pourquoi est-ce plus facile d'être ainsi chez les autres que chez moi ? Il est plus facile d'être témoin de la misère des autres que d'être acteur au sein de sa propre famille. On voit mieux ce qui ne va pas chez les autres que chez soi.

Le militant, qui s'engage et qui agit au sein de son milieu, ne peut pas se présenter auprès des siens comme quelqu'un *de supérieur* puisque lui-même vit encore des situations difficiles. C'est pourquoi son engagement dans une action est parfois source de nouvelles souffrances. Il veut et lutte pour que la vie change pour les autres, mais il y a aussi sa propre réalité, ses enfants, sa propre vie, *avec tous nos manques, nos ratés*, dit une militante. Le fait d'être conscient ne rend pas toujours heureux.

Mon militantisme me permet de sortir d'un isolement, me donne l'occasion d'être moins égoïste, de penser aux autres. Il me permet aussi de croire en d'autres horizons, de tenir le coup coûte que coûte et avant tout auprès de mes enfants. Mais parfois, je doute car je sais comment il faudrait que je sois mais je ne sais pas toujours « être » et cela me rend malade.

Comment vivre soi-même les savoirs appris par l'action avec les autres ? L'engagement et l'action avec d'autres personnes très démunies obligent souvent à un véritable travail sur soi-même.

Si l'on n'a pas confiance en l'Homme, où allons-nous ?

Cette interrogation est portée par le militant qui nous a dit précédemment de son ami Daniel : *Il devait avoir un secret*. Un des secrets de Daniel était de garder espoir malgré tout. Non pas l'espoir que la vie allait changer pour lui-même, mais espoir dans les personnes qu'il rencontrait. Si un homme n'espère plus, s'il ne croit plus en l'autre, même quand tout est noir, alors il ne bouge plus. C'est parce que d'autres ont cru en eux, que des militants ont pu s'engager auprès des leurs.

Celui que je rencontre aujourd'hui, qui est jugé par tous comme incapable, c'est moi il y a vingt ans, considéré comme un être passif qui se complaît dans sa misère. Comment je pourrais oublier qui j'étais alors ? Si personne n'avait cru en moi, qu'est-ce que je serais devenu ?

Les personnes très pauvres sont en attente d'une main tendue, d'un regard, d'une écoute. Elles n'attendent pas la compassion, mais la rencontre de personnes qui leur donnent la possibilité de se mettre en route avec d'autres et de découvrir et exprimer leurs capacités. Qui aurait pu dire que la famille Grégoire et tant d'autres familles très pauvres pouvaient rassembler d'autres personnes autour d'elles ? Seule l'action engagée avec elles peut les faire sortir de leur isolement et de l'exclusion dans laquelle on les maintient.

L'action menée avec des très pauvres met au grand jour leurs forces. Tout est question de temps. Il faut prendre le temps de se connaître, de se découvrir, de s'apprécier, de se respecter. De par leur courage et grâce à l'action engagée avec eux, Monsieur et Madame Grégoire ont démontré, à tous ceux qui les avaient rejetés si fort, que du fond de leur misère ils avaient toujours l'espoir en eux.

Avoir confiance en l'Homme, c'est aussi garder espoir dans tous les hommes, pauvres ou riches. Celui qui est nanti a aussi besoin de temps, de moyens, de rencontres pour changer et évoluer.

Il y a vingt ans, jamais je n'aurais imaginé pouvoir échanger en profondeur avec un directeur d'école, les maîtres, le Maire, les assistants sociaux... Je pensais qu'ils étaient figés. L'action m'a appris à garder espoir en eux.

Comment peuvent-ils comprendre s'ils se sentent toujours mis en accusation et s'ils n'ont jamais la possibilité d'expliquer ce qu'ils vivent à leur niveau ?

Garder l'espoir chez tous les humains, c'est ce qu'apprend la lutte contre la misère car elle ne concerne pas que les pauvres, elle concerne tous les hommes. Aujourd'hui, des gens de tous milieux sociaux rejoignent les plus pauvres dans leur combat et ils font un travail indispensable : dans leurs écoles, dans leurs associations, dans leurs administrations...

Avancer sans renier les siens

Croire en l'homme très pauvre, c'est savoir se mouiller, c'est prendre des risques car bien souvent cela est critiqué. Mais peu importe, *on est porté par une force, on tient bon parce que l'on a découvert que notre vie avait une valeur. Notre force c'est elle,* dit un militant.

Quand une personne défavorisée s'engage auprès des siens, les critiques, les jugements ou les conseils sont nombreux. En effet, bien souvent ceux qui interviennent face à des personnes vivant dans la misère ont pour réaction d'essayer de tout faire pour qu'elles s'en sortent le plus rapidement possible. Les réponses apportées sont alors de l'ordre de l'aide individuelle ou de l'assistance. Souvent, il leur est proposé de couper les liens avec leur milieu : *Toi, tu peux t'en sortir, pas eux... Tu as des capacités, pas eux... Tu n'es pas comme eux...* La tentation est réelle de saisir ces occasions pour *s'échapper*. Et personne ne peut en vouloir à ceux qui, pour exister, se rallient aux discours souvent entendus contre les très pauvres. Résister à cet appel de désolidarisation des siens demande *une énergie sans faille, une dynamique plus ample que soi-même qui ne peut se vivre que parce que l'on se sent porté par son milieu et par un Mouvement.*

Les actions décrites précédemment proposent la solidarité avec les plus démunis et exclus parfois au sein même du peuple de la misère. Si les familles de la cité où habitent Monsieur et Madame Grégoire ne portaient pas en elles profondément un besoin de paix et de justice, si elles ne savaient pas dans leur chair ce que signifie d'entendre dire : *ils ne veulent pas s'en sortir* – car toutes ont entendu un jour ce genre de phrase à leur égard – elles n'auraient pas pu aller au-devant des plus pauvres et l'action n'aurait pas abouti. Les militants ont dû accepter dans un premier temps de se faire critiquer dans leur propre cité : *Elle se prend pour qui... ? Après, elle nous lâchera...* Ils ont tenu bon parce qu'ils savaient que l'accueil, l'attention à plus pauvre que soi sont des valeurs portées par leur milieu. Leur engagement a permis que ces valeurs ne soient pas cachées, qu'elles puissent se vivre au grand jour et devenir une fierté pour toute la cité.

Toute action de lutte contre la misère doit être portée par le milieu lui-même, en accord avec lui, c'est lui qui légitime l'action. Quand, pendant plusieurs mois, la porte d'une famille très pauvre reste fermée, empêchant toute discussion, un militant est obligé de se poser des questions sur lui-même, sur les appuis qu'il peut trouver, sur les raisons qui feront qu'un jour la porte s'ouvrira, sans jamais forcer le dialogue. Lui, un jour aussi, il a ouvert sa porte.

Terre de misère mais aussi d'espoir

Le père Joseph Wresinski, bien que prêtre, a fondé un Mouvement rassemblant des personnes de toutes confessions car la lutte contre la misère concerne tous ceux qui croient d'abord en l'homme. Cependant, il a toujours tenu à ce que le droit à la spiritualité soit reconnu aux pauvres, comme tous les autres droits de l'homme. C'est pourquoi après son décès, une délégation du Quart Monde, composée de personnes de toutes confessions, témoignant ainsi de cette unité possible et réalisée au-delà des croyances, est allée rencontrer le Pape. Elle lui a offert de façon symbolique de la terre ramassée sur des lieux de misère de quatre continents. Un militant a ainsi apporté de la terre venant d'une cité de baraquements où il avait vécu enfant et où des pavillons ont été construits pour les familles très pauvres qui demeuraient là. Il dit :

Les terres sont peuplées de misère mais aussi d'espoir. Terres qui représentaient toutes les souffrances et injustices que les pauvres peuvent supporter. Terres qui représentaient tant de personnes disparues. Toutes les terres ont été mélangées et offertes. L'espoir est là, la terre est nourricière, ces terres de misère donnent aussi la vie. Ce n'est pas Dieu qui est responsable de notre misère sur la terre, mais l'égoïsme individuel et collectif des hommes.

Les mentalités, les regards sur les plus pauvres, leur prise en compte sur le plan institutionnel (institutions politiques, juridiques, religieuses...) n'avancent pas de façon spectaculaire. L'action apprend à garder espoir envers les hommes et aussi envers ces institutions. Quand il faut soutenir des familles contre les expulsions, contre les coupures de courant, quand il faut les aider à faire les démarches auprès des services sociaux, l'espoir est parfois mis à rude épreuve. *Si on ne bouge pas, on sera toujours écrasé*, dit un militant. Par leur engagement dans les actions contre la misère, les pauvres prouvent qu'il faut leur permettre de se rassembler avec d'autres pour que leur voix soit entendue et leurs idées comprises.

Ils ont été associés au Rapport Wresinski[2], au projet de loi de cohésion sociale[3] en France. Ils continuent de croire que si le monde se rassemble autour des plus pauvres, il peut changer. *J'y crois d'une façon viscérale,* dit une militante.

Le partage des savoirs, une force pour agir

Un militant résume ainsi sa relation avec les autres :

Je cherche à apprendre de l'autre car on a besoin de l'autre pour faire jaillir la source de savoir au service de tous.

La source de savoir qui entraîne l'action est composée de rivières souterraines qui se croisent, s'entrecroisent et finissent par se rejoindre. Le partage des savoirs, dans le sens de la source, n'est pas seulement l'échange de savoirs directement utilitaires : la cuisine, l'écriture... Non. Le partage des savoirs dont il est question ici a comme but de produire quelque chose de nouveau qui appartient à tous et qui, sans les différents apports, n'aurait pas existé. Les actions décrites précédemment témoignent de ce partage.

Un autre exemple illustre ce propos. Le 17 octobre*, dans une ville, un atelier d'écriture est proposé aux participants. Chacun était invité à écrire soit un témoignage de lutte contre la misère, soit un hommage à des personnes luttant contre la misère. Une militante écrit ce témoignage :

Hier, une personne qui m'est proche est morte. J'étais près d'elle. Ses dernières paroles ont été : « Dis à maman que je l'aimais très fort. » « Remercie Michel du soutien qu'il m'a apporté. » « Je dis adieu à cette chienne de vie. » Pour elle qui savait ce que la misère pouvait signifier, pour tous ceux qui ont vécu la misère et qui sont partis vers d'autres horizons, continuer à lutter est le plus bel hommage que je puisse leur rendre.

Ce témoignage est lu comme beaucoup d'autres publiquement mais de façon anonyme devant l'assemblée présente.

Deux jours plus tard, ce sont les obsèques de cette femme dont toute la vie fut très difficile. Le prêtre l'accueille à l'église très chaleureusement et respectueusement. Il a préparé la bénédiction avec un des enfants de la défunte et un allié de longue date du Mouvement Atd. À l'église, cet allié prend la parole. Il met en lien la vie de cette femme avec la Journée mondiale du refus de la misère qui vient d'avoir lieu. Il reprend avec beaucoup de respect les mots qu'il y a entendus prononcer : *Elle a dit adieu à cette chienne de vie.* Le prêtre dénonce ensuite l'injustice faite aux plus pauvres et met en valeur la vie, le combat, le courage dont cette femme a fait preuve au long de sa vie. Ce ne sont pas que des mots, il manifeste un respect immense, il accompagne le cercueil jusqu'à la sortie de l'église, la main posée dessus, et avant le départ pour le funérarium il redit combien la vie de cette femme doit rester un symbole de courage pour tous. Cette vie que d'autres auraient qualifiée *d'inutile*, de *vie d'alcoolique*, a été mise en valeur avec tous les actes de résistance posés contre la mort, contre la maladie, contre la solitude.

La famille de cette femme, ses proches se sont sentis honorés par cette cérémonie. Tout le partage qui avait eu lieu autour du décès a créé une force où chacun pouvait puiser. Le partage n'était pas seulement un partage des sentiments mais un partage des savoirs : le savoir de la vie écrit sous forme de témoignage par un membre de la famille, le savoir de l'engagement durant de très longues années par un allié, le savoir du prêtre qui a su parler de Dieu en tenant compte que la famille et les amis présents dans l'église n'étaient pas forcément des croyants, mais ils étaient présents autour de cette femme pour partager ensemble une douleur profonde. Ce prêtre a su être en communion avec ce qui lui avait été transmis puisqu'il était arrivé depuis trois mois seulement dans cette paroisse. Avant d'être prêtre, il était aux yeux de tous *devenu petit.*

Il y a partage des savoirs quand on a fait sien ce qu'on a appris de l'autre et qu'ensemble on a su créer quelque chose de nouveau, enrichi par l'apport de chacun. Pour cela, les différents savoirs, connaissances doivent apprendre à se lier ensemble en respectant les originalités de chacun. Il ne s'agit pas seulement d'un enrichissement personnel car, grâce à l'apport de chacun, un savoir nouveau se crée qui profite à tout le monde. Le partage des savoirs entre personnes très défavorisées et personnes d'autres milieux ne peut se faire sans un engagement commun, car il n'est pas seulement un partage d'idées, ni un partage d'informations.

Faire sien ce qu'on apprend de l'autre pour créer ensemble quelque chose de nouveau demande du temps. Le temps (ou la durée), c'est certainement une des conditions essentielles pour qu'il y ait réciprocité. Partager le savoir de l'autre, c'est souffrir avec lui, espérer avec lui, apprendre avec lui, s'engager avec lui. Souvent, des personnes non-pauvres disent qu'elles découvrent et apprennent chez les pauvres le courage. Réciproquement, les pauvres disent apprendre des personnes qui s'engagent avec elles dans la durée, la sécurité.

La sécurité est plus que la confiance. Être en sécurité veut dire être sûr de ne pas être trahi. Être sûr que l'autre ne se servira pas de vous pour grandir, il ne se servira pas de la vie de ceux qui vous sont proches pour des fins qui ne seraient pas les leurs, ni les vôtres. La sécurité, c'est une relation d'égalité où chacun peut rester ce qu'il est véritablement, avec ses propres mots, sa propre façon de penser, il sait qu'il est accepté ainsi et lui aussi accepte l'autre car ensemble ils savent où ils vont.

Engagement et action de volontaires ATD

L'action des volontaires du Mouvement Atd Quart Monde consiste à ce que les plus pauvres de nos sociétés expriment leur pensée, leur avis. Il s'agit de leur permettre d'exercer leurs responsabilités dans la société, en gardant toujours comme référence le plus démuni. Comment ?

– par une présence, un partage de la vie quotidienne, avec ceux qui vivent cette grande pauvreté. Une présence qui pousse à aller à la recherche de celui qui se cache à cause de la misère. Dans la logique de la priorité au plus démuni, c'est lui le plus important, le fer de lance de la transformation ;

– par un partage des savoirs et des expériences dans des actions significatives qui touchent tous les domaines de la vie (le travail, la santé, le logement, l'éducation, la culture et le savoir…) ;

– par des actions nées de ces savoirs et expériences partagés, actions que l'on peut qualifier de politiques parce qu'elles visent des changements dans la société dans les domaines de la vie quotidienne mais aussi dans la prise en compte de l'avis du plus démuni des citoyens.

Dans ce type d'action, le savoir-être et le savoir-faire sont étroitement mêlés. Le savoir-être, en construction permanente, est basé sur la rencontre. Il s'appuie sur la conscience d'être responsable de l'autre. Non pas dans le sens de prendre en charge, mais la vie de l'autre ne peut m'être indifférente parce qu'il est un être humain, mon semblable. C'est dans cet esprit-là que les volontaires du mouvement Atd Quart Monde vivent cette présence quotidienne qui consiste à aller à la rencontre du plus démuni.

L'exemple qui suit tend à illustrer de quel type de rencontre il s'agit, quels savoirs sont alors développés. L'expérience de la rencontre est ici comme une sorte de carrefour de savoirs puisés dans d'autres rencontres. Ces échanges de savoirs prennent sens dans la vie de celui qui les accueille, et deviennent alors expérience personnelle, source elle-même de nouveaux savoirs transmissibles.

La rencontre

Une volontaire raconte :

Un soir, dans le couloir extérieur du métro d'une station très fréquentée, je vois une femme d'une trentaine d'années assise par terre sur un vieux sac à dos beige bourré à bloc. Elle baissait la tête.

Pourquoi, dès la première fois, je me suis arrêtée près d'elle? Son visage, tout son être me parlaient des mères de familles que j'avais connues dans deux cités de promotion familiale[4], chez qui j'avais fait du travail familial et qui m'avaient introduite dans leur quotidien. Je voyais dans cette femme l'une des leurs.

J'ai du mal à voir les personnes assises ainsi par terre à mes pieds; je me suis accroupie près d'elle, accroupie et non assise. Ce détail a de l'importance pour moi. J'avais besoin de rejoindre physiquement Annick là où elle était, être avec elle, lui parler par ce geste. Mais en même temps, je ne suis pas Annick, je n'ai pas à la singer : être à ses côtés, proche et différente; assise, pour moi, aurait été ne pas la respecter, vouloir faire croire que nous étions identiques. « Par rapport à la misère, il faut à la fois la proximité et la distance » écrit le père Wresinski[5].

Cette première rencontre fut brève : je ne voulais pas la questionner, l'obliger à me raconter sa vie ou à me mentir. Je ne voulais pas non plus lui prendre un temps précieux : pendant que je lui parlais, personne ne lui donnait d'argent. Je lui ai simplement donné une Feuille de Route (journal du Mouvement Atd) avec l'adresse de la Maison Quart Monde* de Marseille. Je lui ai dit que ce journal parlait de familles qui ont une vie très difficile (je n'emploie jamais le mot pauvre, ou misère dans un premier contact, je ne sais pas comment il peut être perçu). J'ai ajouté qu'elle serait la bienvenue à la Maison Quart Monde, là elle rencontrerait des personnes comme moi et des familles qui ont beaucoup de peine dans la vie.

Qu'est-ce qui m'a donné envie de la rejoindre là où elle était, sans savoir ce qui allait se passer et de cette manière-là? Une volontaire, Marie-France, m'a beaucoup marquée par cette compréhension intérieure qu'elle avait de celui qui était enfermé dans une grande détresse; sa manière d'aller le rejoindre, de se laisser guider, sans comprendre, d'entrer dans l'inacceptable pour en sortir avec lui, grâce à lui. C'est le passage obligé d'une véritable libération. Donc, s'accroupir près d'Annick, et le faire jusqu'à ce qu'elle se lève pour me parler (au bout de quatre ou cinq fois), c'est du même ordre, accepter d'être impuissante, de ne pas savoir, accepter l'attente, ne pas précéder le moment qui va mettre Annick debout au sens propre mais avec tout le symbole que cela représente pour moi, lui laisser l'initiative; mais être là pour que cette initiative soit possible, entrer dans ce que je ne comprends pas, dans ce qui me heurte, dans cet écrasement, pour nous mettre debout ensemble.

Pourquoi donner une Feuille de Route? C'est Hélène Béranger, une militante de Marseille qui m'a appris à en avoir une dans mon sac. Pour elle la Feuille de Route est sa manière de faire connaître le Mouvement Atd, de faire comprendre que les gens ne sont pas seuls à vivre la misère et à lutter contre elle. De plus, on ne pose pas de questions, on propose quelque chose.

Enfin, je ne pourrais aborder des personnes comme Annick, si je n'avais à lui offrir qu'une relation personnelle, si forte soit-elle. Je ne peux faire l'économie de cette relation, je m'investis dedans, mais j'ouvre à plus large que moi, pour leur permettre de connaître d'autres personnes engagées, pour se découvrir une appartenance qui les rendent libres par rapport à moi, en particulier par la rencontre de familles très pauvres.

Découvrir leur quotidien

La même volontaire continue son récit :

Tous les jours, je m'arrêtais ainsi un petit moment près d'Annick, parfois seule, parfois avec ma fille, Elise. Très vite, Didier, son compagnon, est venu nous rejoindre. Je ne l'avais pas encore rencontré. Il mendiait à une sortie de métro que je ne prenais pas. La présence d'Elise leur a donné confiance. Peut-être rappelait-elle à Annick ses deux enfants placés dans la région parisienne. Un enfant, c'est rassurant. Didier et Annick lui ont donné une bande dessinée, un badge. Un jour, très fiers, ils me disent qu'Elise leur a dit bonjour. Elle passait avec une amie et la mère de cette amie, elle est allée embrasser Annick. La mère étonnée lui a demandé : « Tu la connais? » Elise a répondu : « Oui, avec ma mère ».

J'avais l'intuition qu'un jour ils viendraient à la Maison Quart Monde. J'entrevoyais l'effort que cela leur demandait : une demi-journée à deux sans recueillir d'argent, prendre le métro en fraude, aller à pied avec des sacs lourds alors qu'Annick était si fatiguée : la Maison Quart Monde est à une demi-heure à pied, sans bagages, de la station de métro. Car leur vie quotidienne, c'est cela : pour le moindre déplacement, il faut porter ses pauvres richesses, traîner ses sacs partout et toujours.

Ce type de savoir-être et de savoir-faire des volontaires du mouvement Atd s'approfondissent donc dans l'expérience de la rencontre. La rencontre personnelle est essentielle, à condition qu'elle soit ouverture vers d'autres rencontres, qu'elle crée un partage d'expériences et de savoirs. C'est dans ce but que le Mouvement Atd Quart Monde a mis en place des actions significatives pour l'accès au savoir.

Les Universités populaires Quart Monde

Les Universités populaires Quart Monde ont été créées pour que la pensée des très pauvres puisse s'exprimer dans un dialogue avec d'autres acteurs de la société[6]. Une manière d'introduire leurs préoccupations et leurs propositions dans celles de la société. Pour mettre en œuvre ces Universités populaires Quart Monde, les volontaires ont développé des démarches dans cette perspective du partage des savoirs et expériences. Nous prendrons ici un exemple vécu par la volontaire du groupe.

Une Lettre Ouverte écrite avec celui qui ne sait ni lire ni écrire...

À propos de l'élaboration de la loi d'orientation scolaire en France, une conseillère pédagogique et une institutrice avaient été invitées à l'Université populaire. Dans le dialogue, les participants ont exprimé les difficultés qu'ils rencontraient et ce qu'ils faisaient pour que leurs enfants aillent à l'école dans les meilleures conditions. Ceux-ci avaient déjà expérimenté d'écrire des Lettres Ouvertes. Il leur a semblé important d'en faire une sur l'école. Pourquoi proposer une Lettre Ouverte et non un compte rendu ? Parce qu'une Lettre Ouverte construit la pensée en vue d'un dialogue (ici avec les instituteurs). Elle n'est pas tournée vers ceux qui ont participé, mais vers d'autres, elle est une façon d'élargir la discussion.

La première étape de la prise de parole est faite à l'Université populaire où est privilégiée l'expression de celui qui est le plus démuni et où ensemble est recherchée une compréhension. La Lettre Ouverte répond au besoin d'une deuxième étape : rendre cette pensée compréhensible pour des personnes qui n'étaient pas présentes, mais qui sont concernées par le sujet abordé. Autre avantage, la Lettre Ouverte fixe la pensée, l'expression à un moment donné, mais n'a pas la prétention d'avoir fait le tour du sujet, d'avoir tout dit. Elle permet donc d'expérimenter que la pensée n'est pas quelque chose de figé, mais est en perpétuelle formation, approfondissement. Le défi est aussi de permettre à ceux qui ne savent pas lire ni écrire d'être actifs dans cette écriture collective. Cinq personnes ont construit cette lettre, dont une ne maîtrisait pas du tout l'écrit.

Pour que chacun se sente actif, le petit groupe a écouté la cassette d'enregistrement : ainsi, celui qui ne savait pas lire n'était pas dans une position vraiment différente des autres. La volontaire surlignait sur le décryptage les passages retenus. Puis le groupe a fait un travail classique de construction : regroupement des extraits retenus, plan, première écriture faite par celui qui ne savait pas lire et l'animatrice, lecture et correction par le reste du groupe pour la version finale.

Le travail personnel fait avec celui qui ne savait pas lire a eu une ouverture inattendue pour la volontaire :

Au cours de l'Université populaire, Monsieur Tanguy avait dit : « Dans la cité, il y a des parents qui ne s'intéressent pas à l'école de leurs enfants. » J'avais compris sa réflexion comme un jugement sur des parents qui ne se préoccupaient pas de l'avenir de leurs enfants. Il voulait absolument mettre cette phrase dans la Lettre Ouverte. Lorsque nous étions tous les deux dans la phase d'écriture, je lui demande pourquoi. Il me répond : « Parce que moi je ne sais pas lire et écrire, alors, comment voulez-vous que je m'occupe de l'école? » J'ai donc, avec lui, repris l'idée de sa phrase pour la rendre compréhensible pour les instituteurs. Sa question était fondamentale. Elle était : « Comment peut-on jouer un rôle dans l'école quand on ne sait ni lire ni écrire? » Il n'aurait jamais pu poser cette question aux instituteurs sans l'intermédiaire de la Lettre Ouverte, et il exprimait là une préoccupation qui n'était pas que la sienne.

... Et qui provoque d'autres rencontres et formations

Des militants Quart Monde sont allés porter cette lettre aux directeurs et enseignants des écoles de leurs enfants. La conseillère pédagogique l'a diffusée dans le milieu enseignant. De cette lettre est venue une demande au Mouvement Atd Quart Monde, d'animer trois demi-journées pédagogiques sur la relation avec les familles en grandes difficultés. Il fut entendu que la volontaire animerait les deux premières et que, pour la troisième, les enseignants viendraient se former avec les familles elles-mêmes au cours d'une Université populaire. Les membres de l'Université populaire étaient fiers d'inverser ainsi les rôles et d'accueillir en formation seize instituteurs, deux conseillères pédagogiques et un inspecteur d'académie. L'enjeu était de taille! Comment établir un vrai dialogue avec les détenteurs du savoir, habitués à parler, à s'expliquer? Comment faire pour qu'ils expérimentent qu'ils ont quelque chose à apprendre des parents qui ne viennent pas aux réunions de l'école, ou qui n'y prennent pas la parole? Nous avons opté pour le théâtre-forum[7].

La scène-modèle fut bâtie par un groupe de préparation (les Universités populaires sont préparées par petits groupes dans les quartiers). Elle mettait en scène des parents qui reçoivent un mot du directeur de l'école : ils étaient convoqués, leur enfant étant absent depuis quinze jours ! L'enfant dit qu'il n'y allait plus parce qu'il s'était fait gronder par la maîtresse : il avait perdu ses affaires et il savait que ses parents ne pouvaient pas lui en acheter d'autres, et, en plus, la maîtresse l'avait tapé. Les parents, furieux, vont à l'école... Les membres de l'Université populaire étaient à l'aise pour jouer, improviser des réparties pertinentes tirées de leur expérience. Les enseignants ont eu plus de mal à entrer dans une règle du jeu dont ils n'étaient pas les maîtres. Ils étaient déstabilisés par cette manière de réfléchir. Ils avaient tendance à faire les commentaires de leur place, ils voulaient modifier la scène modèle, en supprimant la tape. La première qui est venue jouer son rôle devant les familles et ses collègues a eu bien du courage. C'est un enseignant qui a réussi à dénouer la situation et à établir un dialogue avec les parents, sans supprimer la fameuse tape mais en montrant d'abord un grand respect des parents, en quittant l'attitude défensive, pour se mettre vraiment dans une attitude d'écoute. La victoire de ce théâtre-forum fut de montrer (et non d'expliquer) aux enseignants l'intelligence des parents (la personne qui jouait le rôle de la maman ne savait pas lire ni écrire, mais elle a impressionné tout le monde par l'intelligence de ses réparties). Les enseignants ont pu aussi voir que le dialogue était possible, enrichissant, moyennant des conditions. Quant aux parents, ils ont pu dépasser leur peur du dialogue avec les enseignants.

Saisir l'événement historique pour que les pauvres prennent leur place dans l'Histoire

Une autre Université populaire eut comme point de départ un événement national : le bicentenaire de la Révolution Française. Ce fut l'occasion de réintroduire les très pauvres dans l'Histoire et de comprendre l'aujourd'hui par l'Histoire d'hier. À Marseille, deux Universités populaires furent construites autour de la Révolution Française, dans le premier but de se ré-approprier l'Histoire en y trouvant sinon la place, du moins la trace des plus pauvres. La trace, c'est ce petit cahier de Doléances du Quatrième Ordre, trouvé par un membre du Mouvement Atd chez un bouquiniste[8]. Il témoigne de l'effort fait par son auteur, Dufourny de Villiers, architecte de Paris pour donner la parole aux sans-voix. À travers des extraits, remis en français d'aujourd'hui, les participants ont dégagé les principales idées, (la couverture était restée en français de l'époque pour que chacun puisse sentir à travers ce petit texte que la langue évolue au cours de l'histoire). Trois points sont ressortis de cette étude :

– Les « sans feu ni lieu » n'étaient pas représentés par les trois autres ordres.

– Dufourny de Villiers, parce qu'il les avait côtoyés, témoignait que tous ceux qui habitaient les cours des miracles n'étaient pas ce qu'on en disait, et portaient des valeurs ignorées de la société.

– Il faisait appel à tous les hommes de bonne volonté pour qu'ils aillent recueillir la voix des sans-voix.

Ces réflexions résonnaient très fort dans la vie des familles très pauvres d'aujourd'hui. En même temps, elles découvraient un pan de l'histoire de cette époque : la volonté de donner la parole à tout le monde à travers ces cahiers de Doléances, mais les plus pauvres avaient été oubliés et n'étaient pas représentés.

Le deuxième objectif était de réintroduire la vie des plus pauvres d'aujourd'hui, par l'éclairage de l'histoire, au cœur de la société. Pour atteindre cet objectif, une Université populaire plus solennelle a été organisée, avec plusieurs points significatifs. Tout d'abord le lieu choisi : « La Vieille Charité », hospice construit au XVIIe-XVIIIe siècle par un sculpteur-architecte de renom, Pierre Puget, pour enfermer, « ensarrer », les pauvres. La particularité de ce lieu, c'est qu'il a presqu'en continu « abrité » des pauvres jusque dans les années 1950. L'Université populaire se devait de se tenir dans ce lieu, à cause de son histoire, mais aussi à cause de ce qu'il est devenu : lieu de culture et de pensée. Dans ce cadre-là, celui-ci accueillait une exposition sur la Révolution Française.

L'Université populaire se fit en deux temps :

– La visite commentée d'une des salles d'exposition, contenant des cahiers de Doléances (en particulier de commerçants), l'histoire de « la Marseillaise » et des tableaux de Marseille au XVIIIe siècle. L'étude du cahier du Quatrième Ordre était une clé d'entrée pour s'intéresser à cette exposition, et les participants ont pris le temps de lire ces cahiers, de noter les recoupements, les divergences. Sur les tableaux, ils cherchaient leurs quartiers…

– La prise de parole devant un représentant du Maire et un représentant du Préfet, et la remise à chacun d'une copie du cahier du Quatrième Ordre.

Deux militants ont pris la parole publiquement, au nom des autres. Comment s'est fait le choix de ces porte-parole ? Monsieur Riggi n'était pas le mieux formé, ni le plus apte à prendre la parole. Il avait une sensibilité exacerbée qui l'entraînait parfois dans des colères tonitruantes face à des injustices, des incompréhensions. Il avait du mal à lire et écrire, ayant appris selon son expression *à l'ardoise du bistrot*. Il se considérait toujours comme un *bourricot*, mais il portait très fort en lui la misère des autres et avait une boulimie d'apprendre. Il a pris cela très au sérieux, conscient de ses difficultés et ayant le souci que les familles se sentent honorées à travers sa prise de parole.

La volontaire raconte :

Permettre à Monsieur Riggi de prendre la parole en public demandait un long travail personnel avec lui. Tout d'abord j'ai suivi sa pensée. Il m'a surpris en m'annonçant : je veux expliquer le nom du Mouvement. Je ne voyais pas où il voulait en venir. En développant ce nom double (Aide à Toute Détresse-Quart Monde) dont on ne connaît plus très bien la première partie, il a développé le passage de la misère honteuse, enfermante, où vous avez besoin que quelqu'un vous tende la main, au Quart Monde (mot forgé à partir du quart-état), identité de rassemblement pour lutter contre la misère.

Pour lui, la détresse c'est l'état dans lequel vous mettent les situations de misère, cette réalité qui fait que tout vous échappe, que vous perdez pied continuellement, que vous ne vous sentez plus rien dans la vie. Pour sortir de là, vous avez besoin de personnes à côté de vous qui vous reconnaissent comme une personne, c'était cela, pour lui, Aide à Toute Détresse. Mais on ne peut s'arrêter là; « Quart Monde » exprime ce que l'on devient tous ensemble dans une volonté commune de lutter contre la misère. Il m'a fait redécouvrir le sens complet de ce nom.

Le travail avec lui a consisté à tenir le crayon pour lui, écrire ses phrases, mettre en valeur les expressions fortes qu'il employait, reformuler pour bien comprendre et faire comprendre, chercher avec lui les mots qui passaient bien, qu'il prononçait sans peine, naturellement. Nous avons donc construit ensemble un texte court (il voulait l'apprendre par cœur). Dans le texte, tapé en caractère très gros, nous avons, ensemble, marqué les temps de silence. Il a mesuré tout le travail qu'il y avait d'une idée à son expression ; ce qui avait l'air de se dire facilement n'était pas une improvisation, et ainsi sa pensée s'étoffait, prenait de la densité. C'est Monsieur Rigggi qui, à une Université populaire ayant pour thème la liberté, nous avait dit : « Je suis libre parce que j'ai la liberté de penser ; j'ai découvert qu'un pauvre peut penser comme un riche, ça a la même valeur. » Pour moi, il était entré dans une liberté qui n'est pas donnée, mais qui se construit avec tous ceux qui n'acceptent pas que quelqu'un soit enfermé dans l'ignorance et la misère.

Une expérience nouvelle...

Durant cet après-midi, il y eut des temps d'intériorisation très forts, comme la manière dont tous les participants, avec leurs enfants, se promenaient dans l'enceinte de la Vieille Charité. C'était un moment de calme, d'harmonie, dans la beauté de ce lieu noble et dépouillé, de communion à tout ce que ces pierres suintaient de souffrance, d'amour, d'espoir. Un temps de recueillement où l'on prend des forces pour aller vers le nouveau, l'inconnu : tous ensemble, faire l'expérience *qu'on ne peut aimer, si l'on n'a pas le temps de regarder, de comprendre, de pénétrer les choses, de les découvrir en profondeur, de les introduire en soi. Le temps de se transformer soi-même, de devenir un être nouveau, puisque l'on a connu quelque chose de nouveau*[9]. Les personnes présentes étaient, chacune personnellement et ensemble, dans une expérience nouvelle, un vécu, une histoire qui étaient en train de se créer.

Quels savoirs se dégagent de cette forme d'engagement avec des personnes très pauvres ?

Voici la réflexion de la volontaire du groupe à ce propos :

J'avais choisi d'être enseignante. Cette profession me permettait de travailler à ce qui était important pour moi : l'éveil de l'intelligence (lié au développement des qualités de cœur). Je me suis intéressée à l'histoire : son étude révèle les blocages, les avancées, les quêtes de l'être humain dans des temps et des environnements différents. Mon engagement comme volontaire Atd Quart Monde m'a fait quitter le cadre professionnel mais m'a permis de développer ce pourquoi j'avais choisi cette profession. Avec les plus pauvres, j'ai appris qu'oser s'approprier le savoir scolaire demande d'abord que l'expérience de vie soit reconnue comme source de savoirs.

Dans des actions comme l'Université populaire, avec ce que je suis et dans un échange avec les autres volontaires, j'ai appris à créer des rencontres qui mettent des personnes très différentes en situation d'apprendre les unes des autres.

Enfin, j'ai appris que, pour créer de nouvelles expériences où pauvres et non-pauvres se retrouvent, se comprennent, luttent ensemble contre la misère et l'ignorance, il fallait un travail et une présence au quotidien, dans la durée. Il fallait aussi se saisir d'événements, de lieux significatifs qui font émerger ce travail et où dans une sorte de déclic le savoir de chacun prend sens et s'ouvre à celui de l'autre, devient une nouvelle expérience.

L'engagement dans la vie universitaire

« Marie-Hélène : tu aimes ce que tu fais à l'université ?
Gaston : Ah ben oui, heureusement **! »

Les chercheurs et professeurs participant au programme Quart Monde-Université sont tous des « universitaires reconnus ». Tous ont fait de longues études, obtenu les titres qui leur permettent aujourd'hui d'exercer leur métier d'universitaire. Tous ont eu la chance, quelle que soit la diversité de leurs parcours de vie, de pouvoir faire des études et ils ont choisi de les poursuivre très longuement. Ils enseignent, ils présentent des conférences, ils écrivent des livres et des articles. Ils sont tous, aujourd'hui, cela va sans dire, de l'autre côté de la barrière de la pauvreté et de l'exclusion. Aux yeux de la société, ils détiennent un certain savoir qu'il leur appartient à la fois de transmettre et de faire fructifier, en enseignant et en faisant de la recherche. La chose paraît à la fois belle et simple. Et c'est vrai que tous, chacun en leur lieu, ils partagent un même enthousiasme à transmettre à leurs étudiants ce qu'ils savent, ou ce qu'ils croient savoir, un même enthousiasme à défendre les activités intellectuelles, les valeurs de l'esprit.

Il leur arrive également de sortir des murs de l'Université : leur présence dans ce programme en témoigne. Il leur importe d'établir des liens entre leur activité universitaire et d'autres formes de participation à la vie sociale. Ils sont, à ce titre, des universitaires engagés. C'est-à-dire qu'ils croient que la pensée, dont ils s'estiment porteurs, que le savoir ou les activités de l'esprit peuvent conduire à diverses formes d'action susceptibles de transformer l'ordre des choses. Savoir et agir : telle pourrait être la devise des universitaires engagés ! La chose, ici aussi, paraît belle et simple. Et elle contient, bien entendu, sa part de vérité. Nous voudrions, dans cette partie en trois temps, porter la réflexion un peu plus loin et montrer que l'engagement, quelle qu'en soit la forme, n'est pas seulement une « activité complémentaire » du métier d'universitaire, mais qu'il en est une composante essentielle.

S'engager dans l'Université

Savoir et agir, peut-être. Mais savoir, c'est déjà agir ! Le savoir n'est pas un météorite tombé du ciel universitaire dans le monde. Il fait partie du monde. Il est produit par des individus qui *agissent*, en leur lieu, par exemple en écrivant des livres. Ces hommes et ces femmes, les universitaires, savent plus ou moins comment faire pour écrire les livres que l'on attend d'eux. Ils ont étudié. Ils savent, par exemple, comment mener une enquête, un sondage, une recherche bibliographique, ils savent eux-mêmes comment lire et apprécier un livre de science, ils savent exposer les résultats de leurs recherches. Ils savent comment faire pour que leurs livres soient acceptés par la communauté scientifique à laquelle ils appartiennent.

Mais aucun livre ne donne à lire des vérités éternelles : chacun est le produit d'une histoire, écrit à un moment donné, dans un contexte donné, par une personne donnée. Quelle que soit la rigueur des méthodes utilisées, l'ampleur de la documentation sur laquelle il repose, tout livre ou toute recherche est toujours le résultat d'un certain nombre de choix, de prises de position, de manières de percevoir la réalité. Écrire un livre est une action donc, non seulement parce qu'il s'agit d'une activité très concrète, reconnue par la société et intégrée dans le champ des activités universitaires, mais parce qu'un livre de science a toujours pour vocation d'exposer, de proposer ou d'imposer une vision du monde. Les vérités qui s'élaborent dans un livre de science sont toujours le témoin ou le produit d'une certaine conception du monde et de la science. Et ces vérités, lorsqu'elles sont acceptées et diffusées, peuvent avoir des conséquences très importantes dans la société. Écrivant un livre, menant une recherche, un universitaire est toujours, pleinement, acteur de la société à laquelle il appartient : exercer sa pensée dans le cadre de l'université est une activité sociale à part entière.

La première forme d'engagement pour un universitaire, et sans doute la plus fondamentale, est de prendre conscience de cette place du savoir dans le monde et d'*agir* en conséquence. De réfléchir très activement au rôle qu'il peut tenir auprès de ses collègues, de ses lecteurs et de ses étudiants. De ne pas choisir au hasard ses objets de recherche, d'affermir en lui et d'éveiller chez ses étudiants la vigilance intellectuelle, l'esprit critique et le sens des responsabilités qui seuls permettent de mettre la passion de savoir au service d'un projet de vie et de société qui en vaille vraiment la peine. Telle est une des plus justes expressions d'un idéal universitaire qui trouve à s'accomplir dans un projet de transformation à la fois individuel et collectif. La pratique de la science est une action qui vise toujours, d'une manière ou d'une autre, un devenir. Dès lors, mener une recherche, écrire un livre, donner un enseignement, c'est toujours, très profondément, s'engager : « *Le savoir n'est ni libre ni esclave : il est ce qu'on en fait* », disions-nous dans un chapitre précédent.

Le mot *université* vient du latin *universitas* qui désignait d'abord une communauté humaine ou « une communauté d'étudiants et de maîtres » (comme on appelait cette nouvelle institution universitaire à Paris en 1215)[10]. Étant souvent itinérants, les enseignants réclamaient un diplôme qui les autoriserait à enseigner *omnia omnino omnibus*, c'est-à-dire, toutes les disciplines, en tous lieux, et à tous publics.
De cette façon, l'idéal de l'Université est d'être à la fois un lieu d'éducation par la solidarité et un univer-site, un lieu-universel où tout le monde peut acquérir un savoir universel. Apprendre est un geste social avant d'être un acte cognitif. J'apprends, tu m'apprends, nous apprenons ensemble *omnia omnino omnibus* – tout et partout et avec tout le monde.

Cet idéal n'est pas non plus détaché des réalités institutionnelles et humaines qui sont celles de l'Université. Comme le savoir lui-même, l'Université est bien « dans le monde ». Ainsi, l'engagement au sein de l'université peut comporter également une autre dimension qui a fait l'objet de nombreuses discussions au sein du groupe Savoirs. Pour chacun des trois universitaires de ce groupe, l'Université n'est pas seulement le lieu privilégié du libre épanouissement des connaissances : c'est aussi une institution qui a pour objet une certaine forme de contrôle à la fois intellectuel (elle produit des vérités et des valeurs dont elle assure la garde) et social (elle octroie des diplômes et définit des critères de compétence, par exemple). Quelles sont ces vérités, ces valeurs et ces critères de compétence ? Ils paraissent trop souvent liés au conservatisme et à l'élitisme qui caractérise, pour une part, l'institution universitaire. Ainsi, pour les trois universitaires du groupe Savoirs, l'université est devenue, également, un terrain de lutte et de contestation. Mise en cause des mécanismes d'exclusion qu'elle entretient et que parfois elle produit, mise en cause des rapports de force qui s'y font jour, de l'importance de la hiérarchie, des jeux de pouvoir, des méfaits du corporatisme qui conduit au repli sur soi plutôt qu'à l'ouverture sur le monde. L'Université a donc un bel idéal d'universalité – « tout enseigner, à tout le monde et partout » –, mais se caractérise également par des pratiques historiques beaucoup moins idéales de sélection, de division et d'oppression. Cette contradiction fait partie de sa vie, ainsi que l'illustrent les textes qui suivent.

Ouvrir les portes de l'Université ?

L'Université idéale n'existe pas, mais seulement l'Université « historique », inscrite dans un système social, dans un système de valeurs, de rapports de forces, qui reflètent fidèlement la société dans laquelle on vit. Les *savoirs*, tels qu'ils s'élaborent et se transmettent, ne sont jamais étrangers aux *pouvoirs*, aux forces à la fois d'intégration et d'exclusion, qui font de notre société, pour le meilleur et pour le pire, ce qu'elle est. S'engager dans l'Université, c'est aussi se situer dans ce jeu de pouvoirs.

Depuis un siècle, l'Université s'est ouverte, très largement, à de nouveaux publics. D'abord réservée, quasi exclusivement, aux fils de bonne famille représentant « l'élite de la nation », elles s'est ouverte, peu à peu, aux filles de ces mêmes bonnes familles. Des femmes à l'Université : c'était déjà, il y a quelques générations à peine, une révolution[11] ! Après la deuxième guerre mondiale et surtout depuis les années soixante-dix, l'Université s'est largement « démocratisée ». Un public d'étudiants toujours plus nombreux et, socialement, toujours plus diversifié y est entré. Malgré le chômage qui frappe de plus en plus durement nos pays, celle-ci apparaît toujours comme un outil privilégié de promotion sociale et comme la voie royale pour accéder à un emploi à la fois stable et valorisant.

Mais cette tendance à la démocratisation de l'Université ne signifie pas, loin de là, que l'enseignement supérieur soit ouvert à tous. L'Université coûte cher, tout d'abord. Même si l'enseignement est « gratuit », les familles aux revenus modestes doivent consentir de très lourds sacrifices financiers pour permettre à leurs enfants d'y étudier, pendant quatre ou cinq ans. Parce que, également, le système de validation des connaissances par les examens repose sur une logique très concurrentielle de sélection et donc d'exclusion, bien plus que de solidarité : les « meilleurs » l'emportent, sans que l'Université se donne vraiment les moyens pédagogiques d'aider ceux qui rencontrent des difficultés. Et parce que, enfin, ses portes restent pour ainsi dire fermées à ceux qui n'ont pas eu la chance ou la possibilité d'accomplir dans de bonnes conditions des études primaires et secondaires[12] : les retards scolaires accumulés par les plus pauvres sont pour ainsi dire irrattrapables.

Dans cette mesure, l'idéal d'une Université vraiment démocratique, vraiment « universelle », reste un vœu pieux, très largement démenti par la réalité. Dans les conditions actuelles, une grande partie de la population ne peut y accéder. Ici encore, bien entendu, les plus pauvres sont les premiers exclus, mais encore tous ceux qui, pour des raisons sociales, économiques, professionnelles ou personnelles, n'ont pas les diplômes requis et ne bénéficient pas des conditions de vie permettant d'aborder avec fruit des études universitaires. L'Université, une institution parmi d'autres, témoin du monde dans lequel nous vivons – reste ainsi un lieu d'exclusion tout autant qu'un lieu de formation. Pour deux des universitaires du groupe Savoirs, *s'engager* dans la vie universitaire, cela signifie lutter contre les barrières encore si nombreuses qui en ferment l'accès. Leur secteur d'activité est celui de la formation permanente : c'est-à-dire les programmes d'enseignement destinés à ceux qui n'ont pas les diplômes requis (le bac, notamment) pour entamer des études traditionnelles, mais qui, déjà engagés dans la vie professionnelle, souhaitent acquérir une formation universitaire. Ce type d'enseignement universitaire alternatif, créé en France et en Belgique dans les années soixante-dix, ne résout évidemment pas tous les problèmes d'exclusion générés par l'Université. Il ne concerne pas toutes les disciplines, mais surtout les domaines de l'intervention sociale ou culturelle (pas de programmes de formation permanente, par exemple, en physique nucléaire ou en médecine !). C'est un enseignement, de plus, qui reste en marge de l'enseignement universitaire classique[13] et n'est ouvert qu'à ceux qui ont déjà un emploi[14]. Ces filières universitaires sont nées de l'ouverture et de l'alliance de certains universitaires avec le monde ouvrier et salarié. Ce fut le cas d'Emile Creutz en Belgique avec la fondation de l'ISCO (Institut Supérieur de Culture Ouvrière) et de la FOPES (Faculté Ouverte Politique Économique et Sociale). En France on peut citer à la même époque la création des IST (Instituts Supérieurs du Travail) avec Marcel David. En liaison avec les mouvements sociaux, ces précurseurs ont créé des instituts, des filières et des diplômes qui ouvraient l'accès de l'Université à des publics nouveaux[15].

Malgré une tendance séculaire à la démocratisation, l'Université reste une institution fermée à de larges parties de la population. Elle est, toujours, génératrice d'exclusion et ses portes sont loin d'être largement ouvertes. Vouloir les ouvrir plus grandes, en développant le secteur de la formation permanente, implique une forte dimension de lutte et d'engagement. C'est une lutte qui se joue en partie contre l'institution : *nous sommes en position*, explique l'un d'entre nous, *de tisser un fort lien, non entre la société et l'Université en tant qu'institution, mais entre la société et les universitaires engagés dans différentes luttes contre l'inégalité sociale.*

Cette lutte est individuelle et collective. Elle est toujours en devenir. Cherchons maintenant à en mieux comprendre les contours possibles et les nombreuses implications, à la fois personnelles et institutionnelles. Pour ce faire, suivons le parcours de l'un d'entre nous, Gaston Pineau, qui se trouve être, en France et au Québec, aux origines de ce mouvement à la fois contestataire et intégrateur de la formation permanente. Le texte qui suit est donc un témoignage personnel. Fragile et risqué, comme tout témoignage, il cherche « les mots pour le dire ». Il cherche au fond à établir le lien – qui nous préoccupe au premier chef – entre savoirs scolaires ou professionnels, savoirs vécus et savoirs d'engagement. Dans cette mesure, il nous paraît plus éclairant qu'un exposé théorique et nous lui laisserons ainsi sa valeur très forte de témoignage.

La formation permanente : aux frontières des individus et des institutions

Gaston Pineau :

Mes savoirs d'engagement dans les services universitaires de formation permanente s'enracinent dans une lutte contre une certaine forme de « pauvreté » ou de dénuement : je veux parler du manque de pouvoir d'expression des individus face aux institutions. Cet engagement m'a fait et me fait beaucoup voyager « aux frontières des individus et des institutions ». Dans différents pays. À travers de nombreux milieux sociaux. Mais aussi dans ma tête, mon cœur, mon corps. Cet engagement m'affecte, me propulse et me mobilise sur de nombreux fronts. Sans que je réussisse à bien les identifier. Ni à trop bien comprendre pourquoi et comment. Et encore moins à en tirer des savoirs clairs et reconnus.

C'est que je ne suis pas dans l'état major de la lutte. Je ne suis ni officier, ni gradé. Je ne suis qu'un simple partisan, luttant aux frontières quasi clandestinement. Je vais de-ci de-là, mystérieusement. Plus pour un coup de main qu'un coup de gueule ou pour de grandes manœuvres. Non que je le décide volontairement. Même si, périodiquement, je suis amené à me porter volontaire. Mais le plus souvent, c'est le mouvement qui commande. Pas le mouvement institué, organisé. Ou peu. J'en suis assez loin, aux frontières, au front de la vague. De la grande vague des individus anonymes qui luttent contre ce manque : le manque d'expression qui fait que leur quotidien est dominé par toutes les grandes institutions. Enchaînés par les grandes chaînes d'information, de consommation... mais aussi écrasés par les personnes en place, les installés, les institués. Individus noyés dans des quotidiens anonymes. Sans voix, sans droit à la parole.

Cet engagement aux frontières des individus et des organisations m'a entraîné très tôt, dès l'enfance. Il m'a fait pleurer. Étudier. Travailler. M'engager dans des institutions. M'en dégager ou en être exclu. Errer. Rencontrer l'université, y entrer pour chercher des moyens d'expression, et vouloir la changer pour la plus difficile des libérations : celle du quotidien.

Un soir de mai 1968, à une dizaine d'étudiants, nous occupions l'Institut Pédagogique National. Geste symbolique parmi d'autres, sans grandes conséquences immédiates. Pourtant, dans le prolongement de ce mouvement étudiant, se négociait trois ans plus tard la loi de 71 sur la formation continue. Des services d'éducation permanente se sont créés dans les universités pour les démocratiser en les ouvrant à des adultes qui n'avaient pas eu, jusque-là, accès à l'Université. Cette ouverture difficile, plus ou moins développée dans différents pays, m'a conduit au Québec, pour participer au démarrage d'une petite équipe de recherche. Travailler à l'université apparaissait à certains de mes compagnons de lutte comme une trahison de classe. C'était le passage d'une frontière. C'était se retrouver de l'autre côté, dans une institution dominante.

Ce passage, que d'autres ont également effectué, m'a permis de reconnaître le terrain et d'ouvrir des brèches. Quelques années plus tard, j'ai tenté d'en rendre compte dans un livre qui a suscité une vive polémique : Les combats aux frontières des organisations. Ce livre veut rejoindre les luttes que mènent quotidiennement des millions de citoyens aux prises avec des organisations sociales qui sont censées les servir, mais qui souvent les desservent et même les asservissent. Ces luttes font rarement la une des journaux. Elles sont rarement au centre des grands débats sociaux. Elles se déroulent aux frontières des organisations, au ras du sol, dans l'ombre. Micro-combats individuels, isolés, étouffés, refoulés, peu connus et reconnus.

En quoi ces micro-combats terre à terre, de la base, peuvent-ils intéresser l'Université, haut lieu du savoir supérieur, censée former les élites, les organisateurs, les dirigeants des organisations ? La question est redoutable. Le livre la pose directement. Il montre comment un service d'éducation permanente a voulu y répondre en faisant entrer à l'université de nouveaux groupes (associations de quartier, troisième âge...) et de nouvelles professions du social (animateur, formateur...). Il montre comment les actions menées par un tel service poursuivent trois objectifs principaux : faire émerger, d'abord, ce que j'appelle des « personnes-frontières ». Ce sont les formateurs d'adultes, chargés de relier le monde universitaire à des milieux qui en sont habituellement éloignés, voire opposés, comme les milieux populaires. Susciter ensuite le développement de « conduites partenariales » par la mise sur pied et le développement, avec les personnes concernées, de projets de recherche-formation. Faire émerger, enfin, des relais, des alliés qui se trouvent des deux côtés de la barrière, c'est-à-dire à la fois à l'université et dans le monde social. Il s'agit ainsi de construire de nouveaux espaces communautaires, familiaux, sociaux et professionnels.

Ces expériences d'allées et venues entre l'université et le monde m'ont permis en outre de développer de nouvelles démarches de recherche et de nouvelles prises de positions scientifiques. Ce sont, tout d'abord, les « histoires de vie », comme méthode de recherche permettant de construire du sens à partir du quotidien, habituellement jugé insignifiant. C'est également la reconnaissance et la validation des savoirs vécus pour permettre à des personnes riches d'expérience plus que de diplômes d'accéder à l'Université. Et c'est enfin la construction d'une théorie de l'éducation qui reconnaît que la formation la plus importante est celle que l'on se donne et que l'on forge par soi-même.

Ces démarches ne vont pas de soi. Elles imposent de sortir des cadres de pensée classiques. Elles peuvent également couper de l'Université. Cette coupure peut réduire les tensions, mais rend l'engagement moins efficace. En effet, si l'action à titre privé permet parfois des engagements impossibles autrement, elle risque cependant de beaucoup moins mobiliser les milieux socioprofessionnels et institutionnels. Dans cette mesure, il me semble que garder des appartenances fortes peut être une condition d'engagement efficace. C'est la double appartenance des personnes-frontières qui ne veulent pas être seulement des douaniers ou des contrebandiers, mais aussi des passeurs et même, à terme, des casseurs de frontières.

C'est, bien entendu, le principe de cette double appartenance qui explique mon engagement dans le projet Quart Monde-Université. Elle m'amène aussi maintenant à tenter de faire le point sur l'état de mes savoirs issus de cette lutte aventureuse de franc-tireur aux frontières des individus et des organisations. Cette brève histoire de mon parcours universitaire me permet de repérer trois types de savoir d'engagement :

– le premier est **politique** : les situations critiques acculent à prendre parti en dernière limite, soit pour les institutions, soit pour les individus, en subordonnant et sacrifiant l'un à l'autre ;

– le second est **stratégique** : il concerne les moyens de l'engagement. Il s'agit de trouver des lieux et des moyens adaptés aux objectifs poursuivis. Les lieux-frontières, carrefours, me semblent des lieux privilégiés d'action, d'interaction et de transaction.

– le troisième est **existentiel** : il tient en trois mots-clés : aimer, co-naître, transformer. Aimer : j'ose mettre en premier ce mot-bateau refoulé du discours scientifique dominant, parce que justement l'amour est le seul bateau qui, pour moi, permette de naviguer dans les situations les plus difficiles. L'amour comme « compétence à créer des liens » commence, par ailleurs, à être pris en compte par les sciences humaines. Il est indissociable, en effet, de la reconnaissance de la très grande complexité des conduites humaines et sociales. Co-naître, ensuite, parce que je refuse de croire que l'amour est aveugle. Il est aveugle quand on le rend tel. Mais quand on le prend comme source de connaissance, la relation qu'il permet fait accéder, non seulement à un savoir spécifique, mais aussi à une nouvelle naissance avec la personne ou l'objet qu'on cherche à connaître. Il s'agit bien, dès lors, de « co-naître », c'est-à-dire de « naître avec ». Transformer, enfin : cette forme de connaissance lance dans un mouvement de transformation qui suppose un apprentissage permanent. La formation se fait par la transformation permanente.

La construction actuelle de l'Europe ébranle les frontières établies entre les individus et les institutions, au risque d'une fracture sociale sans précédent. Les universitaires, qu'ils le veuillent ou non, sont impliqués dans cette déconstruction/reconstruction. De par leurs actions ou inactions, ils contribuent à accentuer cette fracture ou à créer de nouveaux lieux et forger de nouveaux liens. En faisant travailler ensemble des représentants de milieux sociaux quasi opposés, comme celui de l'Université et de la grande pauvreté, ce programme Quart Monde-Université expérimente un partenariat pratiquement inédit. Certains peuvent le voir comme scandaleusement contre-culturel. D'autres pressentent au contraire qu'il se situe historiquement dans la dynamique du projet universitaire initial d'un partage universel de tous les savoirs par tous et partout. Poursuivre ce projet sans naïveté ni illusion entraîne des apprentissages politiques, stratégiques et existentiels qui contribuent déjà à réaliser à petite échelle ce qui est poursuivi. Il faut en laisser pour d'autres ! Apprendre à se situer de façon réaliste et utopique dans le mouvement des acteurs aux frontières des institutions.

Conclusion

En conclusion de ce chapitre, nous pouvons affirmer que l'action change autant, et peut-être davantage, celui qui agit que les personnes avec qui il agit.

L'engagement, l'action naissent d'une rencontre et bien souvent ont des origines plus profondes dans l'enfance, le milieu dans lequel chacun a grandi. Les expériences vécues, heureuses ou malheureuses, par chacun, façonnent une manière de penser, de voir la vie, d'entrer en relation avec d'autres. La rencontre qui provoque l'engagement arrive rarement par hasard, elle se situe souvent dans un cheminement.

L'action permet de mieux se connaître soi-même

Agir contre la misère n'est pas de tout repos. Il faut se battre contre elle pour ne pas être abattu et vaincu par elle. La connaissance vécue de la misère pousse autant à la fuir qu'à la combattre. Il ne peut s'agir que d'un engagement volontaire qui nécessite une prise de conscience personnelle et beaucoup de persévérance. C'est un engagement avec d'autres, réfléchi dans la durée, qui fait avancer progressivement dans une connaissance mutuelle. Quand des personnes issues de la grande pauvreté s'engagent dans cette lutte, auprès des leurs, c'est comme si enfin quelque chose devenait possible. Une brèche s'ouvre, un espoir devient possible. Leur engagement leur permet un nouveau regard sur elles-mêmes. *Je ne vois plus les choses de la même façon, j'ai changé mon regard et maintenant, pour moi, la vie a tellement de valeurs**!* Grâce à l'engagement de ces militants, d'autres personnes très défavorisées s'engagent à leur tour car elles aussi reprennent espoir que la vie peut être autre.

En se mettant à l'école des plus pauvres, les volontaires font un choix. Ils découvrent que l'engagement n'est pas simple, que seule la durée donne la possibilité de se connaître, de s'apprécier. Il leur a fallu se dépouiller de tout a-priori sur les pauvres tout en étant eux-mêmes, les plus vrais possible, pour pouvoir entrer en dialogue, partager et reconnaître l'aspiration de tout un milieu. Il n'est pas simple de passer de « il faut aider les pauvres », « leur donner ce qu'ils n'ont pas », « les faire changer », à « ils ont à m'apprendre », « ils sont dotés d'une pensée et c'est à partir d'eux et avec eux qu'il faut construire ».

La reconnaissance des plus pauvres n'est pas seulement un problème de méconnaissance à résoudre. Elle se heurte à un problème de différences à accepter, à affronter. S'engager avec les plus pauvres, c'est reconnaître leurs connaissances vécues, c'est porter attention et mettre en valeur tous les moments de survie. Si au point de départ de tout engagement contre la misère, il y a la prise de conscience – la révolte parfois – de la profonde injustice qu'est la misère, pour durer dans l'action, il faut que chacun accepte de s'engager dans une longue marche aventureuse où chaque pas déséquilibre, en révélant de l'inconnu, de l'incertain, du non-savoir à combler. Accepter ce non-savoir conduit à l'échange avec d'autres.

C'est cette expérience vécue de non-savoir qui a amené plusieurs universitaires à s'engager dans ce programme Quart Monde-Université. Non-savoir révélé lors de rencontres avec des personnes très démunies.

Agir, c'est avoir confiance dans les personnes et croire que les institutions peuvent changer

Au départ de toute action, il y a la conviction qu'elle peut aboutir à un changement. Sinon, pourquoi l'entreprendre ?

Les nombreux exemples d'actions étudiés dans ce chapitre montrent que la confiance en soi, dans les personnes, dans les institutions se gagne avec le temps. Garder espoir, c'est ce qu'apprend la lutte contre la misère. Les plus pauvres savent que pour bâtir un monde qui tiendra compte d'eux, il faut établir des relations de confiance, de respect, il faut laisser le temps aux autres de découvrir les désirs profonds des pauvres, mais il faut aussi du temps à ceux-ci pour comprendre comment fonctionnent ceux qui ont les pouvoirs de décision. C'est pourquoi des militants vont à la rencontre des services sociaux, des institutions scolaires, religieuses... pour qu'un véritable partenariat existe. Sans cette relation de confiance, comment les enfants, par exemple, peuvent-ils s'épanouir à l'école, développer leur intelligence ?

Seule une collaboration étroite entre les hommes, et entre les hommes et les institutions, peut changer le cours de la vie car chacun accepte d'apprendre de l'autre. Les volontaires, les alliés*, assurent souvent ce rôle de médiation auprès des institutions ; ils préparent ainsi la rencontre qui permettra l'échange avec les plus pauvres. C'est pourquoi les volontaires doivent sans cesse établir des ponts entre les plus pauvres et la société pour préparer le terrain d'un véritable partenariat.

Le terrain d'action des universitaires est souvent leur milieu professionnel, l'université. Certains s'engagent *aux frontières*, c'est-à-dire qu'ils agissent pour qu'un lien s'établisse entre, par exemple, ce qu'ils ont découvert des plus pauvres et leurs étudiants ou leur discipline universitaire afin que cette connaissance dont ils sont porteurs aujourd'hui soit susceptible de transformer les regards portés sur les pauvres. C'est aussi cet engagement *aux frontières* qui a permis à certains d'agir pour que se mette en place au sein de l'université la formation des adultes.

Chacun a besoin du soutien de son milieu, de « ses pairs »

Pour agir, un militant Quart Monde a besoin d'être reconnu, non pas d'abord par des personnes extérieures à la misère, mais par son propre milieu, son propre quartier, sa cité, les siens. Sans ce soutien, il n'existe pas. C'est la connaissance partagée des situations de misère qui continue à le rendre proche des siens. Une connaissance qui ne rend pas bavard, qui ne s'exprime pas facilement par des mots, mais qui agit par des gestes, des regards, des présences. C'est, pour les militants, leur capacité d'écoute, d'accueil, mais aussi de révolte, d'engagement. C'est leur propre milieu qui leur donne le soutien dont ils ont besoin, car ils vivent les mêmes injustices, les mêmes humiliations. Personne ne peut se battre seul contre la misère. C'est cette confiance des leurs qui leur permet de ne pas avoir à renier leurs origines puisqu'ils y puisent la force et la fierté de leur engagement.

De même, les volontaires n'agissent pas seuls. Lors de son audition, Emilie Bourtet a souligné l'importance des équipes de volontaires dont elle a fait partie, pour reprendre souffle, comprendre, prendre du recul, être parfois simplement écoutée dans ses questions, ses doutes.

Peut-être que dans le milieu universitaire, ce sens-là du « collectif » existe moins et c'est ce qui expliquerait que certains universitaires présents dans ce programme se disent *atypiques* ou *marginaux* par rapport à leurs confrères. Cependant ils n'agissent pas seuls non plus, ils recréent aux frontières de leur corporation de nouvelles alliances, de nouveaux réseaux qui leur permettent de mener à bien les actions dont ils ont témoigné.

Ce qui rapproche les hommes et les femmes, c'est la souffrance et l'espoir

Cette terre sur laquelle nous vivons, pauvres et riches, que nous foulons, est porteuse de nos vies faites de souffrances, de joies et de désirs. Face à la souffrance, on est plus ou moins armé, et le seuil de souffrances imposées est plus ou moins élevé. Mais la souffrance fait mal à tous ceux qui la vivent. Sans doute est-ce pour cela que l'expérience de la souffrance peut rapprocher les hommes et les femmes. La souffrance en tant que telle n'a pas de sens. Lutter pour atténuer les souffrances peut unir les hommes. La connaissance vécue de la misère est née dans le creuset de la souffrance, dans les épreuves surmontées. Cette connaissance-là mobilise pour l'action qui représente l'espoir, espoir porté par les pauvres eux-mêmes, et espoir parce que d'autres hommes les ont rejoints dans leur combat. À tous ceux qui rejoignent ce combat, il n'est pas demandé de s'engloutir dans la souffrance et le malheur, ce qui ne servirait à rien, ni à personne. Le combat contre la misère a pour but que cessent les souffrances liées à la misère. L'espoir est dans l'action entreprise pour que les plus pauvres soient connus, entendus, reconnus.

Notes

1. Tous les exemples et citations de cette section ont été donnés par les militants du groupe.
2. Conseil Économique et Social, *Grande pauvreté et précarité économique et sociale*, 1987, JO n° 4074.
3. Suite au Rapport Wresinski, et au *Rapport d'évaluation des politiques publiques de lutte contre la grande pauvreté*, (CES, G. de Gaulle anthonioz, 1995), le gouvernement français a élaboré un projet de loi d'orientation et de programmation contre la grande pauvreté et l'exclusion, en concertation avec les différentes institutions, partenaires sociaux et associations du pays. La loi d'orientation relative à la lutte contre les exclusions a été votée le 29 juillet 1998.
4. Lieu d'action globale avec des familles en grande pauvreté.
5. Père Joseph Wresinski, *Les pauvres sont l'Église*, Éd Le Centurion, Paris, 1983.
6. Fr Ferrand, *Et vous que pensez-vous ? L'université populaire Quart Monde*, Éd Quart Monde, Paris, 1996.
7. Les techniques du théâtre-forum ont été inventées par A. Boal au cœur des populations très défavorisées au Pérou. En Europe, ces techniques sont développées par le Centre d'Étude et de Diffusion des Techniques Actives d'Expression.
8. L. P. Dufourny de Villiers, *Cahiers du Quatrième Ordre*, n° 1, 25 avril 1789.
9 Père J. Wresinski, *Écrits et paroles aux volontaires*, Éd St Paul-Quart Monde, 1992.
10. Cf. Encyclopédie Universalis, au mot « Université ».
11. Des femmes à l'université? demandait, par exemple, à la fin du XIXe siècle, un illustre représentant de l'Académie Royale de Médecine. Sa réponse nous permet de mesurer le chemin parcouru en un siècle : « La femme a bien autre chose à faire dans le monde que d'étudier. Le soin et l'éducation des enfants, la direction du ménage, qui s'y rattache intimement, voilà le théâtre qu'assigne à son activité la raison appuyée sur la physiologie, venant ainsi consacrer des traditions basées sur la nature des choses » (*Bulletin de l'Académie Royale de Médecine de Belgique*, 1875, p. 356).
12. Et ceci d'autant plus que l'accroissement de la population des étudiants ne s'est pas accompagnée d'une augmentation en proportion des moyens matériels et humains mis à la disposition des Universités. Il y a donc trop peu d'enseignants pour un nombre toujours plus important d'étudiants. Comment, dans ces conditions déjà difficiles, l'Université chercherait-elle également à recruter ses étudiants parmi ceux qui n'ont pas le bac?
13. Celui-ci, en effet, reste très largement fermé à tous ceux qui ne possèdent pas les diplômes requis et cela même s'il existe, en France, un système qui permet en principe l'entrée en formation de quelqu'un sans qualification. C'est ce qu'on appelle la procédure de « validation des acquis ». Mais cette procédure « d'entrée exceptionnelle » manque de transparence. Les critères ne sont pas clairs et l'application de ce principe est loin d'être généralisée. Il arrive assez souvent que les départements en disciplines classiques, qui sont aussi les plus demandées, honorent le principe pour tout ce qui concerne les diplômes initiaux, mais montrent une forte résistance pour tout ce qui concerne les diplômes du deuxième et surtout du troisième cycle (licence, maîtrise, DEA).

14. *En France*, explique Paul Taylor, *le compromis est de favoriser l'entrée, non à la faculté, mais à la formation continue. Pourtant, quoi qu'il y ait beaucoup plus de possibilités de réaliser une action de promotion sociale, la porte d'entrée reste gardée. L'Université ne demande pas un diplôme préalable, mais elle demande que les étudiants soient employés. Donc, si on est employé, on peut entrer dans la formation continue et, par ce moyen, progresser. Mais si on ne travaille pas, il est quasi impossible d'entrer dans le système pour devenir plus embauchable. Effectivement, la sélection ici n'est pas faite par l'Université, mais par les employeurs. Bien évidemment, les jeunes en échec scolaire, les femmes qui veulent reprendre leurs études ou trouver un travail, ou les apprenants plus âgés qui se trouvent prêts et motivés pour suivre une formation sont victimes de cette double discrimination.*

15. Voir aussi à ce sujet : M. David, *Témoins de l'impossible. Militants du monde ouvrier à l'Université*, Éditions de l'Atelier, Éd. Ouvrières, 1982 ; H. Desroche, *Entreprendre d'apprendre*, Éditions de l'Atelier, Éd. Ouvrières 1990 ; B. Schwartz, *Moderniser sans exclure*, Paris, La Découverte, 1994.

Conclusion

VERS UN SAVOIR LIBÉRATEUR

Qu'est-ce que le savoir? La question est si vaste qu'elle nous a longtemps donné le vertige! Le savoir est multiple, il ne devrait s'écrire qu'au pluriel. Savoirs « reconnus » et acquis à l'école, à l'université ou par les livres, savoirs issus du vécu, de l'expérience individuelle ou de l'action collective : il nous a fallu reconnaître et considérer ces diverses formes de savoir.

Mais vertige, encore, parce que notre question paraît se retourner sur elle-même, comme prise à son propre piège : comment savoir ce qu'est le savoir? L'objet de notre recherche – le savoir, les savoirs – était aussi ce qu'il nous fallait mettre en œuvre. Cherchant à savoir, nous devions nous interroger sur ce que nous faisions, revenir sur nos discussions, sur nos manières parfois très différentes d'aborder ce thème. Chacun de nous – militant, volontaire ou universitaire – avait des idées préconçues et des attentes particulières. Ces idées et ces attentes ont dû subir l'épreuve du groupe et de la confrontation, l'épreuve si féconde de la contradiction.

Nous avons cheminé, parfois difficilement, parfois dans le brouillard, entrecoupé d'éclaircies. Plus nous avancions et plus nous avions le sentiment que le savoir que nous étions en train d'élaborer à propos du savoir était un savoir commun, dont chacun se sentait véritablement copropriétaire. Nous découvrions ainsi et faisions en même temps l'expérience d'une dimension pour nous essentielle du savoir : le savoir est *relation*, il se construit en commun, s'échange et se partage.

Bien entendu, nous n'avons pas tout dit du savoir! Nous avons choisi, nous avons privilégié ce qui nous est apparu le plus important et que reflète très clairement notre hypothèse de travail : *l'accès aux savoirs reconnus est essentiel, mais pour qu'il soit libérateur, le savoir doit être lié à des valeurs, des actions, des projets d'avenir.* Le savoir peut-il être *libérateur* et à quelles conditions ? C'est la question qui traverse tout notre mémoire, lui donne son sens, son rythme et sa structure. Le savoir n'est ni libre ni esclave : il est ce qu'on en fait. Comment faire dès lors, pour qu'il soit, comme nous le voulons, libérateur et non oppresseur ?

Les premiers mois, la recherche s'est heurtée à une représentation unique et antagonique du savoir. Celui-ci était synonyme de savoir scolaire, survalorisé par les militants, sous-valorisé par les universitaires. Une lettre des militants aux universitaires a débloqué clairement la situation grâce à un schéma mettant en scène deux types de savoirs – savoirs pratiques et savoirs théoriques – et en signalant un troisième plus difficile à situer sur le schéma : les savoirs d'action plus attribués aux volontaires. L'intérêt du schéma était non seulement d'identifier ces savoirs mais aussi de les situer les uns par rapport aux autres et de pouvoir ainsi voir leurs relations, leur croisement.

Premier schéma des 2 savoirs

(lettre des militants 5/02/97)

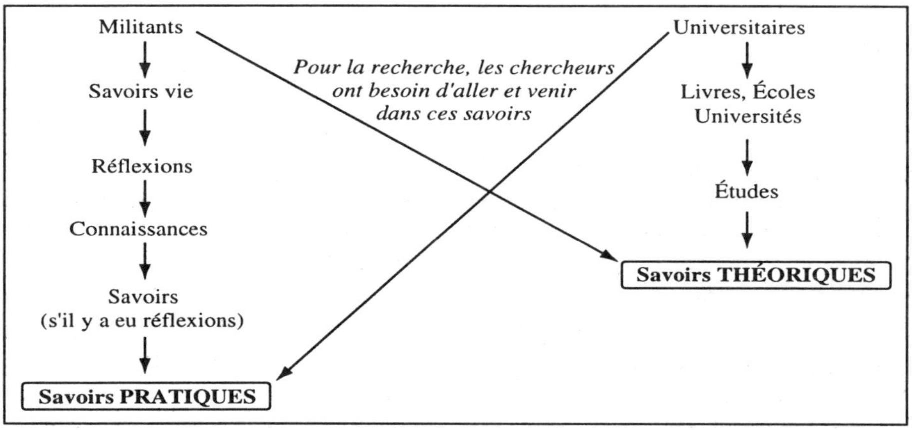

Au centre du schéma est écrit : *Pour la recherche, les chercheurs ont besoin d'aller et venir dans ces savoirs.* Dans le schéma original, cette phrase était inscrite le long de la flèche qui va des universitaires aux savoirs pratiques, mais ce va-et-vient s'adresse aussi aux militants. Dans la lettre d'accompagnement au schéma, ils écrivent :

Pour que nous devenions chercheurs, il semble qu'il nous faut... pouvoir aller sur votre terrain... Si nous n'allons pas vers les savoirs théoriques, nous ne sommes pas des véritables chercheurs. C'est vrai aussi dans l'autre sens. Pour un véritable croisement, il faut la réciprocité et accepter que l'un aille sur le terrain de l'autre et vice versa.

La force du schéma fut renforcée par sa mise en relation avec le mythe de la Caverne de Platon[1].

La difficulté de situer sur le schéma les savoirs d'action des volontaires peut être interprétée comme une conséquence de cette division un peu trop schématique en deux pôles opposés. La force de ces deux pôles voile l'importance d'un troisième qui est leur mise en interaction. La construction de ce troisième pôle moins stable, plus mobile, nécessite la construction d'un savoir spécifique. Petit à petit, celui-ci s'est imposé comme troisième savoir, savoir qui a été appelé d'engagement. Savoir central puisqu'il relie les deux autres.

Aussi deux mois plus tard, les militants construisaient-ils le second schéma qui allait servir de plan de travail, de carte pour s'y retrouver dans la recherche.

Deuxième schéma des 3 savoirs

(lettre des militants le 14 /04/1997)

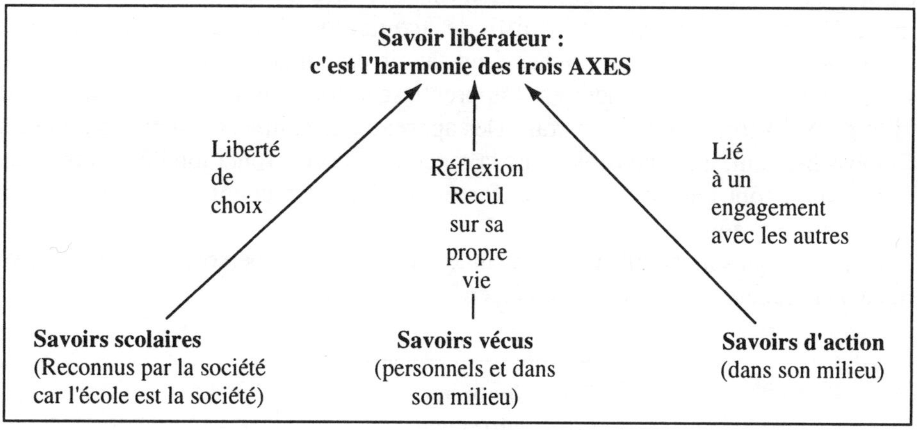

Le schéma veut exprimer :

– que l'école, les savoirs reconnus sont indispensables pour aller vers une libération (1er axe);

– que les savoirs personnels vécus, chacun dans son milieu, amènent à une réflexion, à un recul sur sa propre vie (2e axe);

– que les savoirs d'action permettent un engagement (ou non) avec les autres (3e axe).

Ces trois composantes sont essentielles pour construire un savoir libérateur. Les militants l'expliquent dans la lettre d'accompagnement au deuxième schéma.

C'est l'harmonie entre ces trois savoirs qui nous semble être la condition pour qu'un savoir soit libérateur. Ce qui nous semble vrai pour tous les milieux et pas seulement pour les plus pauvres.

L'évolution du premier au second schéma est d'abord le passage de 2 à 3 savoirs. Mais dans ce deuxième schéma, même si chaque groupe est plus spécifiquement porteur de l'un ou de l'autre savoir, il ne s'agit plus d'une propriété exclusive. La mise en relation des savoirs signifie que chaque personne se mobilise sur les trois. Leur conjugaison libératrice doit donc se faire au niveau de la personne, de son groupe d'appartenance et de la société. Triple défi qui fait de cette conjugaison une opération permanente jamais achevée.

En mettant sur le même niveau les trois savoirs, le schéma n° 2 les rend égaux et appelle pour chacun une pleine reconnaissance sociale. Mais cela ne doit pas faire oublier les inégalités sociales et les rapports de forces qui font obstacle à la réalisation de cet idéal. Cette hiérarchie privilégie socialement les savoirs scolaires qui sont plus valorisés que les savoirs vécus personnels. De ce fait, les savoirs d'engagement de ceux qui détiennent plus ou moins des savoirs scolaires et des savoirs vécus ne sont pas les mêmes. Pour les détenteurs du savoir scolaire, le savoir d'engagement est la difficile acquisition d'un savoir de solidarité concrète. Pour ceux qui sont riches d'un savoir vécu mais privés d'un savoir scolaire, le savoir d'engagement est l'apprentissage tout aussi difficile d'un savoir d'expression formelle plus abstrait. Des apprentissages inverses sont donc à faire. Impossible seul, mais possible dans la rencontre de confrontation de savoirs. Ces différences sont une chance et une force car elles permettent à chacun d'être le formateur des autres.

Les quelques mots qui suivent résument notre attitude personnelle et collective face à la recherche que nous avons menée.

Savoir ignorer,
savoir autrement,
savoir au pluriel,
lâcher prise et s'accrocher,
persiste et signe !

Note

1. Ce mythe peut être vu comme la première modélisation d'un processus de formation permanente pour libérer les humains enchaînés au fond de la caverne en construisant un long circuit éducatif les reliant aux savoirs théoriques symbolisés par le soleil (G. Pineau, *La formation permanente : vie d'un mythe, in Éducation Permanente*, 1989, n° 98, pp. 89-99).

Annexe

Les interviews

Les personnes interviewées sont des personnes connues par les militants du groupe, ils ont présenté à chacun le programme Quart Monde-Université. Ils ont parfois dû retourner plusieurs fois chez les mêmes personnes pour approfondir les réponses. Dix-sept interviews ont été enregistrées et décryptées. Ils ont également interviewé un directeur d'école.
La volontaire en a réalisé quatre : une auprès d'une personne d'origine espagnole qui avait été peu à l'école parce que sa famille était pauvre ; une auprès d'un conseiller régional qui lui avait dit avoir compris l'importance du savoir et de la culture pour les familles très pauvres ; et deux auprès d'un couple par rapport à leur participation aux Universités populaires Quart Monde.

N°	Prénoms	Age	Nombre d'enfants	Situation socio-professionnelle	Niveau d'études
1	Pierre	46 ans	6 enfants	Invalidité	Certificat d'Etudes Primaires
2	Robert	46 ans	2 enfants	Invalidité	Lieutenant de pêche
3	Marc	27 ans	3 enfants	Travailleur intérimaire	CAP peinture
4	Carole	33 ans	1 enfant	Femme de ménage	Sans diplôme
5	Monique	46 ans	7 enfants	Sans profession	Sans diplôme
6	Muriel	17 ans		Lycéenne	
7	Brigitte	26 ans		Sans profession	Sans diplôme
8	Amar	50 ans	3 enfants	Chômage	CAP Maçonnerie
9	Bernadette	55 ans		Invalidité	Certificat d'Etudes Primaires
10	Paule	57 ans	9 enfants	Sans profession	Sans diplôme
11	Laura	19 ans		Lycéenne	
12	André	75 ans	12 enfants	Retraité	Sans diplôme
13	Henri	72 ans	2 enfants	Retraité	Sans diplôme
14	Marie	60 ans	12 enfants	Sans profession	Sans diplôme
15	Patricia	14 ans		Collégienne	
16	Mélaine	7 ans		Ecolière	
17	Gilles	34 ans		Sans profession	Sans diplôme
18	Carmen	50 ans	3 enfants	Mère au foyer	CAP Couture
19	Hélène	35 ans	3 enfants	Mère au foyer	Sans diplôme
20	Francis	60 ans	?	Elu	?
21	Roger	35 ans	3 enfants	Chômage	Sans diplôme

Textes d'auteurs apportés par les universitaires

Astolfi, J.-P., *L'école pour apprendre*, Paris, ESF, 1992, pp. 67-71.
Sur la différence entre savoir, information et connaissance.

Dubet, F., « Action et autoréflexion » *in Raisons Pratiques*, 1990, pp. 171-193.
Une exploration de la relation entre un chercheur et ses interlocuteurs.

Freire, P., « La conception « bancaire » de l'éducation comme instrument de l'oppression » *in Pédagogie des opprimés*, Paris, Maspero, 1977, pp. 71-81.
Critique de l'éducation déshumanisante et la possibilité d'une éducation « conscientisante ».

Freire, P., « Le dialogue, essence de l'éducation comme pratique de la liberté », *in Pédagogie des opprimés*, Paris, Maspero, 1977, pp. 71-81.
Sur la relation entre dialogue, savoir et libération.

Knowles, M., *L'apprenant adulte*, Paris, Éditions de l'organisation, 1990.
La théorie de l'apprentissage des adultes : l'andragogie.

Kolb, D., *« Cercle d'apprentissage »* in Experiental learning, PTR Terence Hall, 1976.
Technique de « modélisation » des différentes étapes d'apprentissage.

Michaux, H., Poteaux d'angle, Paris, Editions Gallimard, 1981.
Sur le savoir-ignorer.

Pineau, G., « Dialectique de lecture en formation permanente » in Masseyforder, J, *Lectures et lecteurs en éducation*, Paris, L'Harmattan, 1993.
Une façon personnelle de lire et écrire le mot et le monde.

Rochex, J.-Y., « Ouverture : c'est de la cité qu'il s'agit » in *Savoir et citoyenneté en banlieue*, *Dialogue*, n° 83-84, 1996, pp. 2-6.
Une réflexion sur le savoir, l'échec scolaire et l'apprendre ensemble.

Schön, D., *Le tournant réflexif*, Montréal, Éditions Logiques, 1996, pp. 17-36.
Ou comment aider les gens à découvrir ce qu'ils savent déjà et le manière dont ils utilisent leur savoir.

Sugier, C., *Haïti, terre cassée*, Paris, L'Harmattan, 1996, pp. 7-11.
Un exemple d'une réflexion sur une expérience vécue et vitale.

Taylor, P., *La méthode Paulo Freire*,
Brève introduction à la méthode de Freire et à l'idée de la conscientisation.

Van Turenhoudt, S., *Gérer une pédagogie différenciée* Bruxelles, De Boeck, 1989.
Sur le pourquoi et le comment travailler sur nos représentations.

IV

TRAVAIL, ACTIVITÉ HUMAINE : TALENTS CACHÉS

Les plus pauvres travailleurs, des savoir-faire à connaître et à reconnaître

par Didier Clerbois, Marc Couillard, Hector Guichart,
Luigi Mosca, Ides Nicaise, Jacques Ogier, Jean-Maurice Verdier.
avec la collaboration de Daniel Cornerotte et Françoise Ferrand.

SOMMAIRE
TRAVAIL, ACTIVITÉ HUMAINE : TALENTS CACHÉS

Introduction

Le travail et son devenir sont actuellement au cœur des interrogations sur l'avenir de la société. Ils constituent peut-être le nœud de la question sociale dans les sociétés développées. Ces sociétés étaient devenues depuis l'industrialisation des sociétés salariales, construites autour du rapport employeur-salarié. L'emploi détermine encore aujourd'hui dans une très grande mesure la place de chacun dans la société. Il lui confère un statut, une identité et une dignité sociales, ainsi qu'une protection contre les aléas de la vie. Au point qu'on a pu dire que le travail y est le « grand intégrateur » sans lequel on est (ou on devient) un « laissé-pour-compte ».

Or le travail se transforme de manière rapide, se réduisant sans disparaître. Tantôt il s'enrichit en combinant plusieurs tâches distinctes ; tantôt, au contraire, il se fragmente au point de devenir un « travail en miettes ». Il est souvent instable, lié à des productions variables selon la conjoncture, ou mobile selon les changements de localisation, allant de pair avec une transformation accélérée des métiers et des qualifications. L'emploi à temps complet et stable se réduit au profit d'emplois précaires, de courte durée ou à temps partiel non choisi.

Précarisation et chômage engendrent la multiplication de nouvelles pauvretés et marginalisent davantage ceux qui étaient déjà rejetés du système économique, alors que la richesse globale s'accroît. Ils développent aussi la vulnérabilité des personnes auxquelles l'emploi n'assure plus une protection sociale continue. Les situations de non-droit se multiplient ; l'individualisation des relations de travail, si elle incite à l'initiative et favorise l'autonomie, bénéficie aux plus forts.

En même temps, la nature du travail bascule de la production de biens et services matériels vers la fourniture de services relationnels. Il exige par conséquent moins de dépense physique mais davantage de capacité relationnelle et de compétence, donc de formation.

Quelle est la place des plus pauvres dans ce contexte changeant ? Jadis, ils constituaient le sous-prolétariat, la main-d'oeuvre fluctuante, non qualifiée et exploitée qui vivait en marge de l'industrie (vendeuses de fleurs, chiffonniers, saisonniers, journaliers, travailleurs domestiques, etc.). On dit que l'évolution technologique a fait disparaître leurs métiers, que les salaires minimaux dépassent leur niveau de productivité, que leurs savoir-faire sont devenus obsolètes... Ne faut-il pas au moins y ajouter le phénomène de l'éviction des travailleurs les plus vulnérables par des travailleurs plus forts, en meilleure santé, mieux formés ? Il s'agit d'un mécanisme involontaire de concurrence entre demandeurs d'emploi, engendré par la pénurie globale d'emplois.

Malgré l'accroissement continu de la richesse, la solidarité de la majorité qui finance les revenus de remplacement (la sécurité sociale) est mise en cause. Les conditions d'octroi sont rendues plus sévères, plus incertaines. De plus en plus, les allocations sont conditionnées par l'acceptation de travaux de remplacement (stages, contrats d'emploi-formation, économie sociale, ateliers protégés...) dont l'utilité n'est pas toujours prouvée mais qui peuvent être imposés pour éviter, dit-on, les abus et l'enlisement dans l'inactivité. Une certaine ambiguïté règne autour de ces emplois : pour certains, ils constituent un véritable travail qualifiant, rendant au travailleur sa dignité et sa place de citoyen ; pour d'autres, il s'agit encore de petits boulots temporaires peu rémunérés, dans des sous-statuts et sans perspective d'intégration véritable.

Il semble que le travail restera, au moins encore un certain temps, le socle du statut social, qu'il soit salarié ou indépendant. Peut-être faut-il élargir la notion de travail, en incluant le travail rémunéré dans un ensemble plus vaste d'activités, contractuelles ou non, mais reconnues et protégées : travail, formation, activité humaine, bénévolat, etc. En France, cette piste est partiellement explorée dans le Rapport Boissonnat sur l'avenir du travail. Quelles règles imaginer pour que les plus pauvres ne soient pas relégués dans les sphères les moins valorisées de cet ensemble ?

Commençons par le noyau dur du travail. Peut-on espérer que les plus pauvres sortent du ban des activités précaires, qu'elles soient marchandes ou subventionnées ? Pourront-ils reconquérir des métiers et des secteurs présentant des perspectives favorables ?

Il s'agit avant tout, selon certains, de redistribuer le travail de manière équitable à tous les niveaux. À certaines conditions, le partage du travail pourrait en effet contribuer à réduire les mécanismes d'éviction et à alléger le poids qui pèse sur les groupes les plus vulnérables. L'objectif des 35 heures, (re) lancé par le Gouvernement français, se situe dans cette perspective. Est-ce un espoir pour les plus pauvres ?

D'autres proposent de mieux armer les demandeurs d'emploi, notamment par la formation. Se pose alors la question de l'accessibilité à ces formations qui, dans le passé, contribuaient plutôt à l'accroissement des inégalités par leur caractère trop académique. À l'heure actuelle, certaines formations tendent déjà progressivement à s'appuyer sur les acquis et les savoir-faire des personnes. Elles ne s'expriment plus seulement en savoirs purement intellectuels, monopolisés par les classes supérieures. Les qualités humaines telles que la capacité d'initiative, d'adaptation à des situations changeantes, d'attention aux autres et à leurs difficultés de développement, deviennent des atouts indispensables dans les activités d'accueil, de conseil, d'accompagnement. De nouveaux créneaux porteurs d'emploi se dégagent, où les savoirs sociaux auront une plus grande place.

Sans ignorer les options proposées par les uns et les autres, nous avons choisi de développer une autre piste, d'ailleurs plutôt complémentaire qu'opposée aux précédentes. Elle consiste à découvrir de nouveaux métiers, de nouveaux marchés qui seraient basés sur les savoir-faire existants des plus pauvres. Les pauvres et les très pauvres ont toujours développé des systèmes d'activités économiques et sociales leur permettant de s'adapter au mieux à un contexte qui leur était défavorable, de subvenir à leurs besoins familiaux et de soutenir leurs voisins et amis. Ils ont ainsi constitué ou adapté au cours des générations des savoir-faire particuliers. Des personnes engagées à leurs côtés sont témoins de l'existence de ces savoir-faire et en sont parfois même les révélateurs.

Quels sont ces savoir-faire ? Nous commencerons par une description de savoir-faire découverts à travers des interviews de personnes vivant dans la grande pauvreté, ainsi qu'à travers des lectures diverses (chapitre 1er). Ces savoir-faire seront analysés au deuxième chapitre : nous poserons surtout la question de leur spécificité et leur rapport à l'expérience de la pauvreté.

Le troisième chapitre abordera les questions relatives à la formation, sans laquelle les savoir-faire analysés risquent d'être marginalisés. Comment rendre plus accessibles et plus efficaces ces formations ?

Enfin, le quatrième chapitre traitera de la reconnaissance de ces savoir-faire tant au niveau personnel qu'au niveau collectif et institutionnel, sur le plan informel ou formel, dans le monde de la formation comme dans celui du travail.

Notre analyse se limite à la réalité belge et française. S'il faut admettre que la dimension mondiale du marché du travail influence en premier lieu la position des plus pauvres dans nos pays et que des similitudes existent entre leurs savoir-faire ici et dans le tiers-monde (par ex. dans le secteur de la récupération), nous avons cependant dû prendre en compte les contraintes de temps et de moyens de ce projet. Nous avons donc décidé de ne pas étudier les liens entre les diverses activités développées par les plus pauvres au-delà de nos deux pays.

Chapitre

MÉTHODE

Le choix de la méthode utilisée est particulièrement importante dans notre recherche en commun. C'est en effet le but même de notre démarche que de bâtir un nouveau savoir dont l'originalité consiste dans le croisement d'une expérience de vie, d'une expérience d'action et d'une approche de type scientifique.

Si l'importance de la méthode a été fortement ressentie dès le début de notre travail, les difficultés n'en ont pas été moins réelles.

Notre groupe a pour thème de recherche : Travail et Activité Humaine. Le choix d'un sujet spécifique au sein de ce thème (la problématique des savoir-faire des personnes les plus pauvres dans une société en pleine évolution) a demandé une confrontation à partir d'approches au départ assez différentes, confrontation qui s'est avérée enrichissante pour tous.

Le choix de la problématique

Notre groupe *Travail et activité humaine* a pour mission de formuler une problématique qui tienne compte des suggestions de l'ensemble des acteurs-auteurs* : la dignité et le travail – réflexions sur l'activité humaine, le bien commun – le droit au travail – la reconnaissance sociale est-elle liée au travail salarié ou rémunéré ?

Les militants* proposent de partir de la situation au travail de gens pauvres qu'ils connaissent. La plupart n'ont pas de travail salarié, mais ils sont cependant actifs. À partir d'exemples précis, ils nomment ce que certaines personnes pauvres savent faire : récupération, recyclage, accueil, accompagnement... C'est pourquoi ils souhaitent faire la recherche à partir des savoir-faire des pauvres. Ils posent une question de recherche : *Est-ce que les plus pauvres ont des savoir-faire utiles (à apporter et à retransmettre) pour la construction de la société de demain ?* Un universitaire propose : *Dans une société en changement, quelles activités humaines reconnues (ou à reconnaître) sont sources de dignité sociale pour tous et pour chacun ?* Un autre universitaire propose : *Compétitivité ou solidarité ?* Le volontaire* définit ainsi sa problématique :

Dans une société qui, actuellement, ne peut plus assurer une activité rémunératrice pour tous, quels chemins tracent les plus pauvres qui leur apportent la rémunération suffisante pour vivre eux et leur famille, la dignité personnelle et la reconnaissance publique d'agir pour le bien de tous ?

Le terme *savoir-faire*, utilisé par les militants, pose question aux universitaires. L'un d'eux trouve leur problématique *intéressante mais trop étroite*; il souhaite élargir la recherche aux nouveaux métiers, nouvelles qualifications. Le volontaire craint que ces nouveaux métiers soient réservés aux plus pauvres et les enferment dans des petits boulots marginalisés... Les militants proposent quatre pistes pour travailler leur problématique : chercher et connaître les savoir-faire des plus pauvres; qui décide que ces savoir-faire sont utiles ou non?; connaître et comprendre le contexte économique (entreprises, marchés financiers...); comment apporter et retransmettre les savoir-faire des plus pauvres ?

Les mots-clés de la recherche sont posés : savoir-faire, utilité, reconnaissance...

Le terme savoir-faire est accepté comme démarrage de la recherche. Après discussions, la problématique est ainsi formulée : ***Est-ce que les savoir-faire des plus pauvres sont utiles dans la société et comment pourraient-ils être reconnus ?*** L'hypothèse de la recherche est formulée après concertation avec l'ensemble des acteurs du programme : ***Pour que les plus pauvres soient reconnus comme travailleurs, il est nécessaire que leurs savoir-faire soient connus et inclus dans de nouvelles formations et qualifications utiles à la société en évolution.***

La collecte des données et les outils

Tous les membres du groupe ont participé au recueil des données, soit par interviews[1], soit par auditions[2], soit en apportant articles, revues, fiches de lecture[3].

Un universitaire propose, au début de la recherche, d'établir une bibliographie assez systématique sur le sujet de notre recherche. Les militants et le volontaire, voyant l'ampleur de tous les ouvrages cités par les universitaires, réagissent en disant qu'une telle liste ne leur sert à rien, car eux n'ont ni le temps, ni la facilité de les lire. La bibliographie sera limitée aux ouvrages et articles effectivement utilisés pour la recherche[4].

Le même universitaire propose au groupe de bâtir un lexique afin de donner une même définition aux mots employés, principalement les mots-clés : travail (rémunéré, salarié), activité humaine, savoir-faire, compétence, métier... Il aurait souhaité que le groupe participe aux définitions des mots-clés. La démarche est davantage de réfléchir à partir des situations concrètes de travail des plus pauvres, et non de définitions abstraites. Cependant, certains termes ont dû être définis au cours de la recherche.

L'analyse et la construction du plan

L'élaboration du plan de notre mémoire s'est faite grâce à la consignation de tous les échanges de notre groupe.

Les échanges sur les données

Les données sont présentées et analysées dans un premier temps par celui qui en a réalisé la collecte (tirer les grande lignes d'un article, d'un livre ou en faire le résumé, reprendre les passages importants d'une interview...). Le résultat de ce travail est ensuite distribué à chacun des membres du groupe. Chacun travaille l'analyse des différents matériaux ainsi recueillis de façon individuelle (sauf pour les militants qui ont toujours travaillé ensemble). Puis lors des réunions suivantes, nous confrontons nos points de vue et analyses (échanges enregistrés et décryptés[5]). Au cours de ces échanges a lieu le croisement des savoirs, espace carrefour où différentes lectures possibles se combinent, se complètent et s'interpellent.

L'élaboration d'un plan d'ensemble du mémoire

À partir des analyses que nous avons faites en groupe, une première ébauche d'un plan de mémoire est effectuée par l'ensemble du groupe. Puis nous échangeons par courrier différentes propositions à partir de cette première ébauche. Une deuxième version du plan est établie. Cette version définit les grandes subdivisions de notre mémoire et leurs articulations.

Le découpage des décryptages (classement)

L'enregistrement et le décryptage de nos échanges constituent la trace écrite et le support de notre réflexion collective. Les militants vont reprendre un à un ces décryptages, découper des passages et les classer dans des dossiers selon le plan général du mémoire. Un même passage peut se retrouver dans plusieurs dossiers, les thèmes des différents chapitres n'étant pas strictement séparés.

Une vérification collective de la répartition des découpages est faite par la suite pour s'assurer que le plan détaillé de notre mémoire répond bien à notre problématique. Ceci nous permet d'une part, de corriger éventuellement le plan et d'autre part de reclasser tel ou tel passage qui se rapporte plutôt à tel autre chapitre.

Le plan détaillé

Le plan détaillé, chapitre par chapitre, est réalisé ensuite ensemble durant les réunions qui précèdent la phase de l'écriture, sur la base du découpage des décryptages fait par les militants. Nous pouvons ainsi intégrer jusqu'au dernier moment les apports des uns et des autres.

L'écriture collective

C'est probablement cette phase de l'écriture du mémoire qui est apparue la moins évidente au départ, par rapport aux autres aspects de notre travail en commun.

Les trois militants ont d'abord attiré l'attention sur leur manque de familiarité avec ce type d'exercice. À partir de là, un débat s'est développé, à plusieurs reprises, dans lequel il est apparu que les militants avaient déjà des expériences de rédaction (comptes rendus ou résumés d'interviews, etc.) et que la rédaction du mémoire était l'aboutissement direct de toute l'activité précédente.

Par ailleurs, chez les trois universitaires, des difficultés sont également apparues dans le processus de convergence vers un texte commun.

Ce débat sur la stratégie de l'écriture a permis de débloquer la situation. Celle-ci a évolué, d'une manière assez pragmatique, vers une procédure de répartition très égalitaire des différents points du plan du mémoire (établi à son tour en commun) pour une première rédaction. Cette prise en charge de la rédaction de chaque section est indiquée dans la table des matières.

Cette étape de l'écriture a grandement bénéficié du travail de découpage des décryptages des réunions de notre groupe, dont nous avons parlé précédemment.

Ensuite chaque contribution a été systématiquement distribuée à tous les membres de notre équipe, de façon à permettre une relecture critique de la part de chacun.

C'est d'ailleurs au moment de l'écriture que certains débats de fond, passionnés, ont eu lieu dans le groupe. Citons ici le débat autour de la définition du mot « reconnaissance ». La reconnaissance est-elle d'abord une recherche des ressemblances ou une acceptation des différences[6] ? La première écriture de cette section ayant été confiée aux militants, ils avaient retenu la recherche des ressemblances, argumentant qu'en situation de grande pauvreté, ce dont les personnes souffrent le plus, c'est justement d'être considérées comme différentes. Pour les universitaires, la reconnaissance était d'abord synonyme de tolérance et de respect des différences qu'elles soient culturelles, sociales, raciales...

C'est le temps pris pour la mise en commun de toutes les remarques et suggestions qui a permis de parvenir en plusieurs étapes à la version finale du présent mémoire.

Notes

1. Interviews, voir annexe p. 425.
2. Auditions de Lucie Ribert, Emile Creutz, Emilie Bourtet, voir Introduction générale, et auditions du groupe, voir annexe, p. 423.
3. Voir annexe, p. 423.
4. Voir annexe, p. 423.
5. Enregistrement et décryptage, voir Introduction générale.
6. Ce débat est rapporté dans le chapitre 4, p. 409.

Chapitre 1

DESCRIPTION DE QUELQUES SAVOIR-FAIRE

Les personnes vivant dans la grande pauvreté ont-elles des savoir-faire spécifiques, liés à leur expérience de vie ? À première vue, on pourrait supposer qu'il s'agit surtout de débrouillardise, développée à travers la lutte quotidienne contre la misère. Est-ce toujours le cas, ou exercent-elles également des activités plus originales et plus complexes ? Et même dans le cas de la débrouillardise, est-il pensable que celle-ci se transforme en savoir-faire d'ordre professionnel ?

Nous aborderons tout d'abord cette question en esquissant quelques portraits de personnes vivant dans la pauvreté, et dans lesquels nous décrirons en particulier les activités professionnelles, domestiques, bénévoles ou autres, exercées par ces personnes. Les informations ont été recueillies à travers des interviews effectuées surtout par les militants de l'équipe dans leur entourage, par des auditions et par des lectures. L'éventail des savoir-faire décrits est sans doute loin d'être exhaustif; il a un caractère d'exemple. Nous avons uniquement veillé à refléter une certaine diversité de savoir-faire par secteurs d'activité.

Ces mêmes interviews et lectures constitueront le matériau de base pour les analyses dans les chapitres suivants.

Ferraille, récupération

Marcel[1] est âgé de cinquante-six ans et habite avec sa famille dans un quartier défavorisé de Bruxelles.

À dix ans, il a perdu son père ; sa mère est restée seule avec ses trois enfants. La vie était dure.

Marié, père de cinq enfants, âgés de dix à vingt-neuf ans, il est six fois grand-père.

Il a travaillé pour deux entreprises de ferraille. Pendant un certain temps, il a été engagé dans les services de voirie communale.

L'idée de récupération de la ferraille lui est venue de sa grand-mère. Elle ramassait des cageots vides à la fin des marchés, elle en retirait les clous et les mettait dans une boîte pour les revendre. Avec les cageots, elle faisait du bois à brûler qu'elle allait vendre par sacs de 20 à 25 kg.

Marcel, comme tous ceux qui font la ferraille, est appelé populairement *biffin*. Toute la journée, il passe dans les rues de Bruxelles avec sa charrette à bras. Il ramasse les vieux frigos, les vieilles machines à laver, les vieux poêles et les métaux (cuivre, zinc, plomb, aluminium, fer, etc.). Quand il revient chez lui, il démonte et trie les métaux. Par exemple, il rassemble tous les fils électriques et les bobines, il fait un feu pour brûler les gaines qui entourent le cuivre. C'est important parce que le cuivre ainsi nettoyé est repris plus cher par le marchand de ferraille. Un autre exemple : quand, en démontant une machine, il trouve du mercure, il le récupère soigneusement dans un récipient et quand il en a une certaine quantité, il le revend à bon prix (plus ou moins 100 FB[2] le kg).

S'il apporte au marchand de ferraille une machine non démontée, le marchand l'achète au prix de la ferraille, c'est-à-dire 2FB le kg. Tandis que s'il la démonte, le moteur vaut entre 3 et 4FB le kg, l'aluminium entre 15 et 18FB le kg, etc.

Le prix des métaux suit le cours de la bourse, c'est pourquoi Marcel s'informe tous les jours des cours de la bourse.

Cela fait vingt ans qu'il passe dans les rues de Bruxelles, les gens le connaissent. Ils l'appellent quand ils ont quelque chose dont ils veulent se débarrasser. Le travail est effectué en famille, sans camion, avec seulement la charrette et les bras.

Les marchands de ferraille ont été forcés de quitter la ville de Bruxelles et sont allés s'installer à sa périphérie. Pour stocker la ferraille, Marcel est obligé d'avoir dans sa cour un container qu'un camion de l'entreprise de ferraille vient chercher quand il est rempli. Il loue ce container.

Avant, il faisait aussi la récupération des papiers et des cartons, mais à l'heure actuelle, ça ne paie plus.

Marcel a des copains qui font d'autres types de récupération. Certains récupèrent des objets pour aller les revendre dans les brocantes. D'autres récupèrent les bouteilles en verre pour encaisser les consignes.

On peut voir dans les rues des gens qui récupèrent du bois. Pour certains, c'est pour se chauffer. Un homme trie le bois pour récupérer des belles planches avec lesquelles il fait des jouets, des petits meubles pour les poupées de ses enfants.

Cela fait penser aux jeunes africains qui, à partir de ce qu'ils récupèrent (boites de conserves, fils de fer, bouchons...) font également des jouets.

Réparation, remise en état

Monsieur Gérard[3] est âgé de quarante-huit ans, il est marié, a quatre enfants et deux petits-enfants.

Il a commencé à travailler à l'âge de quatorze ans dans le bâtiment, puis il est resté huit ans dans la métallurgie avant de venir à Bruxelles en 1973. Depuis 1983, il est au chômage.

Il y a une vingtaine d'années, un de ses enfants est tombé malade et a dû être hospitalisé à l'âge de deux ans. Quand il est rentré à la maison, il réclamait les dessins animés qu'il avait vus à la télévision de la pouponnière. Monsieur Gérard, n'ayant pas les moyens d'acheter un téléviseur neuf, en a acheté un d'occasion qui est tombé rapidement en panne. Faute d'argent, il a essayé de le réparer lui-même. C'est le patron d'un magasin de téléviseurs qui lui a appris à lire un schéma et à détecter une panne.

Maintenant, il récupère des téléviseurs sur les poubelles, dans les containers. Des gens, ayant peu de moyens, lui apportent aussi leur téléviseur à réparer. Il recherche les pannes à l'aide des schémas, chaque marque de téléviseur a son schéma spécifique, Monsieur Gérard en possède la plupart : *Le son se trouve d'un côté, le circuit d'amplification d'un autre, et il y a aussi le circuit à haute tension qui alimente le tube image. Tout dans un téléviseur est découpé en secteurs, il faut les connaître.* À l'aide d'un testeur digital à affichage instantané, il mesure les tensions (voltages), les puissances, les résistances, etc.

Il remet aussi en état les vidéos, les chaînes hi-fi, les appareils électroménagers. Par exemple, il a trouvé dans un container une double plaque chauffante. Il l'a nettoyée, l'a vérifiée. La grande plaque était en bon état de marche, mais la petite était déconnectée. Par mesure de sécurité, il a préféré ne pas la reconnecter. De même, il a trouvé sur une poubelle une friteuse électrique et l'a ramenée chez lui. Il lui a fallu trois jours pour la nettoyer, la récurer, faire l'entretien. Elle fonctionnait.

Quand les appareils ne sont pas réparables, il démonte les pièces qui sont encore bonnes (circuits intégrés, transistors, diodes, condensateurs, etc.) qui peuvent servir pour d'autres réparations : *Je démonte aussi tout ce qui contient du cuivre (transfo, déflecteur, bobine, fils électriques...). Je revends ces pièces au marchand de ferraille.* Il répare et remet en état chez lui, dans une cave qui lui sert d'atelier. Il est aidé par un de ses fils et un ami de la famille.

Gérard dit que s'il fait tout cela c'est en partie pour joindre les deux bouts et parce qu'il est contre le gaspillage et la société de consommation qui pousse à jeter et à acheter du neuf.

Il existe d'autres types de réparation ; par exemple, un homme récupère et répare des poêles et des fours à gaz.

Bâtiment, rénovation

Les savoir-faire du bâtiment et de la rénovation apparaissent explicitement dans une seule des interviews réalisées, mais, en revanche, cet exemple est très riche et significatif.

Luc Lefevre[4] rentre dans le vif du sujet en décrivant la façon dont la construction de la maison de sa famille d'origine a été réalisée :

Mes parents ont construit cette baraque avec les amis, ça a duré trois ans. Mon père (il avait déjà une activité chez un ferronnier...) travaillait encore après son boulot et en plus il creusait les fondations. Les bois qui ont fait la charpente, il est allé les abattre et comme il travaillait chez G., il était resté copain avec ce type-là. Ils sont allés avec un camion pour chercher les bois que mon père avait abattus, puis débités pour faire la charpente...

Ensuite Luc Lefevre développe une réflexion sur cette situation :

Pour tout ça, je crois que les mémoires du courage sont inscrites dans les lieux de travail des plus pauvres mais aussi dans tous les lieux de survie. Et en fait, tout ce qui est mis en place, ce sont des moyens pour résister à la misère. Le problème, c'est que les moyens pour résister à la misère ils ne sont pas reconnus : c'est ça le savoir des pauvres.

Dans la suite de l'interview apparaissent les aspects et les fonctions multiples de la maison Lefevre, c'est-à-dire l'accueil : *on était trois enfants chez moi et on a toujours été plus nombreux parce qu'il y a toujours des gens qui ont habité avec nous...*, le lieu de travail artisanal : *on avait fabriqué une forge à la maison, il y avait une enclume...* et même un lieu d'activité agricole : *après, on a fait l'élevage de poulets... ; le potager... ; on a acheté des poussins et mon père avait fabriqué des couveuses avec des grosses boîtes à choucroute.*

Or, c'est à partir de toute cette expérience vécue déjà dans sa jeunesse que Luc Lefevre a pu acquérir les savoir-faire et les convictions qui seront à la base de « l'histoire du 55 » et de sa future association : Lutte, Solidarité, Travail (LST).[5]

Écoutons encore :

Des tas de services sociaux font des grand projets pour les familles, pour lutter contre la pauvreté, mais c'est du vent parce que les premiers à lutter contre la pauvreté ce sont les pauvres et c'est là leur premier travail et qui n'est pas reconnu... mais tant que ça ne sera pas reconnu, il n'y aura rien de possible...

Par solidarité, il part vivre *au 55* à Namur, un lieu où vivent environ deux cent personnes très pauvres ; ceci jusqu'au jour où le propriétaire décide de démolir le lieu. Luc Lefevre se retrouve alors, avec d'autres, dans la création de LST, pour lutter contre la destruction du *55*.

Donc on a squatté. On rénovait les maisons pour qu'elles soient viables sans plus, parce qu'on n'avait pas le sou. On n'allait pas faire des frais et on se faisait domicilier dans ces maisons... On a développé cette démarche de squattage pendant cinq ans, le temps que les gens soient prêts et aient la possibilité de pouvoir se loger ailleurs. Et c'est dans cette mouvance-là qu'est né LST. En même temps, on a établi des contacts avec d'autres familles qui étaient expulsées.

Après huit ans de fonctionnement sans statut juridique, il y a des travailleurs qui ont dit : nous on en a plein le cul d'être pris pour des imbéciles au CPAS[6], on veut prouver que l'on est des travailleurs, qu'on est capables de solidarités actives dans le travail, dans la formation professionnelle. On veut un salaire réel qui nous donne droit aux allocations familiales et à la sécurité sociale. C'est à ce moment-là qu'on a décidé de prendre un statut juridique : on a fait une ASBL[7]. En fait, au niveau de la coopérative, le défi « nous sommes des travailleurs », on a voulu le mettre en œuvre à travers une entreprise qui fonctionne comme une entreprise normale... Dans le statut de la coopérative, l'outil qu'on a fabriqué ensemble, c'est un outil qui soit non seulement accessible au plus faible, mais un outil qui reste maîtrisable par le plus faible... Sur les onze travailleurs actuellement, il y a Pierre qui a une formation d'ingénieur et qui est un copain ; il y a Paul qui était chômeur de longue durée mais qui a un passé professionnel assez intense au niveau plomberie et qui est délégué syndical. Les autres sont des gens qui se sont formés sur le tas à la coopérative et qui ont un passé de résistance à la misère...

Accueil et accompagnement

Je viens de C. et je ne fais rien, dit Jacqueline Meton[8] lorsqu'on lui demande de se présenter. Elle ajoute, comme pour s'en excuser, *j'ai fait une angine de poitrine.*

Jacqueline n'a pas vraiment eu d'enfance. Avec ses parents, c'était la guerre. Elle s'est toujours sentie rejetée de tous. Depuis l'âge de six ans, elle n'a pas su manger normalement. Une amie de la JOC (Jeunesse Ouvrière Chrétienne), dont la mère est décédée, l'invite à passer les week-ends chez elle pour donner un coup de main. Le père est mineur, la famille a dix enfants. *Maintenant, on rit, mais c'est vrai, quand je suis arrivée c'était vraiment catastrophique. On a commencé à lessiver, à repasser, à raccommoder alors que j'avais douze ans et que je venais de faire ma promesse à la JOC...* À treize ans, elle quitte l'école pour aller travailler comme femme de ménage dans un home pour enfants placés par le juge. Plus tard, son mari et elle travailleront comme concierges dans une école spéciale, fréquentée pour la majorité par des enfants pauvres. Son travail est déclaré pour trois heures par jour, mais elle en fait plutôt huit – de la vaisselle aux visites à domicile, en passant par la surveillance dans les cars – alors qu'elle a plusieurs enfants en bas âge.

Aujourd'hui, le couple vit d'une pension d'invalidité et Jacqueline Meton aide quiconque vient frapper à sa porte. *Ils savent que quand il y a de la lumière, ils peuvent sonner...* : un jeune sans-abri qui est renvoyé d'un CPAS* à l'autre, un voisin en conflit avec le propriétaire de sa maison, un homme dont le frère a été arrêté sans papiers, une jeune mère isolée sans logement et en grandes difficultés financières, une femme mourante habitant un appartement lamentable avec son enfant...

Son engagement et son militantisme, appréciés par les services sociaux, jusqu'à la mairie, lui font obtenir gain de cause bien souvent, quoique le succès ne soit jamais garanti. Son mari et ses enfants, eux, subissent plutôt son activisme.

Il s'agit bien d'un savoir-faire acquis sur le tas. Il est constitué par :

– une connaissance des créneaux formels (CPAS, bourgmestre, police...) et informels d'aide (réseau de relations et d'adresses dans la ville) ;

– un certain charisme, une capacité de négociation : *Tu vois, il faut savoir parlementer, si ça ne va pas, il faut aller plus haut* ;

– une bonne dose de psychologie :

Oui, si moi je ne le fais pas, les gens restent comme ça, ils ne vont pas bouger. Il vont encore plus s'enfoncer. Il faut aller avec eux, du moment qu'ils bougent. Je veux bien aller une fois, deux fois mais après il faut quand même réfléchir.

À ce savoir-faire se combine une grande sensibilité à l'injustice et au besoin une sorte de fraternité – acquise par l'expérience de la misère et du rejet – et un sens de la responsabilité citoyenne : *Si eux ne savent pas y aller, il n'y a personne pour les aider. Ce n'est pas la société qui va venir vers eux.*

L'exemple de Jacqueline Meton est peut-être exceptionnel, mais pas du tout unique. Jean[9], célibataire, sans formation et sans travail, a connu le placement, l'éclatement de sa famille parentale, les problèmes financiers, l'errance.

Récemment, il s'était engagé à recruter bénévolement des enfants de quartiers défavorisés pour des ateliers culturels (cuisine, informatique, peinture...) dans le cadre d'une Semaine de l'Avenir Partagé* organisée dans sa ville par le Mouvement Atd Quart Monde. Il allait sonner aux portes pour demander aux parents de confier leurs enfants. Il justifie son choix en disant qu'il n'avait pas de compétences particulières pour animer un atelier; par contre, même s'il n'a pas pu fonder une famille, il s'était souvent occupé de ses nièces et il se sentait à l'aise *pour savoir entrer en contact.* Il précise qu'il faut *avoir du tact, ne pas rentrer dans la vie privée des gens et prendre le temps.*

Aujourd'hui, la commune a repris les activités d'été avec les enfants. Les animateurs sont payés, il n'a plus su trouver sa place. Les ateliers se font à l'intérieur (et non plus dans la rue). On ne va plus chercher les enfants chez eux. Mais Jean a continué dans son quartier à aller voir des familles en situations difficiles pour qu'elles ne restent pas seules.

Paul Linden[10] a fondé, avec quelques copains chômeurs touchant le minimex[11] ou invalides, une ASBL qui offre de l'aide matérielle (vêtements, aliments) et des conseils juridiques aux sans-abri, et qui a géré un foyer d'hébergement d'urgence. Enfant placé, lui aussi, Paul a dû arrêter sa scolarité à quinze ans.

> Mon rêve était de faire du droit mais je n'ai pas pu continuer mes études au-delà de mes quinze ans pour cause familiale. Sinon, tout mon savoir vient de mes expériences sur le terrain car ce que je sais, c'est que les gens qui voudraient être aidés ne viendront jamais à vous, il faut que nous allions vers eux.

Si son bagage juridique est moins développé, son savoir-faire n'en est pas moins riche. Il a acquis une capacité d'écoute et de proximité que l'on n'apprend pas à l'université.

> Il n'est pas facile à chacun de savoir écouter son prochain et aussi de lui tendre la main au moment où il en a besoin. Pour ce faire, il faut être un peu psychologue et surtout avoir de l'expérience sur le tas, car ce n'est pas en restant assis au fond d'un fauteuil dans le lointain d'un bureau que l'on apprend ce qu'est réellement la vie...

Paul Linden peut en effet se référer à une expérience de vie. En tant que père de famille, il s'est retrouvé à la rue avec ses enfants, à la suite d'un incendie de son domicile.

Son travail a provoqué des réactions mitigées de l'entourage. Il a été rayé du chômage pendant trois mois en raison de ses activités bénévoles à l'ASBL qu'il anime. Il obtiendra finalement gain de cause au tribunal du travail. Le foyer d'hébergement n'est pas reconnu par les autorités compétentes pour des raisons de sécurité. Cependant, vingt-cinq personnes ont été accueillies en un an, et lorsque la police trouve quelqu'un dans la rue, on le leur amène. Finalement, faute de subsides, le foyer sera fermé le 30 juin 1997. Paul Linden, lui, poursuit ses autres activités d'aide et d'accompagnement, encouragé *par le sourire des enfants.*

Monsieur Gérard a passé une partie de sa vie dans des taudis, des auberges, des foyers de toutes sortes. Lui non plus ne peut s'empêcher d'accueillir quiconque frappe à sa porte.

On est passés par là nous, on s'est trouvés à la rue alors que mon épouse était enceinte. On a connu ça, alors on comprend mieux. C'est plus fort que nous.

Hector[12]** lui aussi, a vécu dans la rue pendant un temps, il y a maintenant quinze ans. Depuis lors, il s'est mis à accompagner d'autres personnes sans abri, au CPAS, pour obtenir un logement et le minimex. *Je me rappelle qu'à mon ancien domicile, j'ai fait rentrer vingt-sept personnes en quatre ans.* Il retourne encore très régulièrement à la gare, où une solidarité s'est créée à partir des personnes sans abri, autour du combat pour le *minimex de rue*. La commune a récemment nommé deux médiateurs, assistants sociaux, pour descendre dans la rue à la recherche des sans-abri. *Ils ne connaissent pas la réalité des gens de la rue,* affirme Hector, qui plaide pour que des personnes ayant vécu la pauvreté et l'errance soient elles-mêmes engagées pour faire ce travail. Son ami Maurice[13] ajoute : *À deux cent mètres du CPAS, il y a des gens qui dorment sur des bancs pendant la journée et les assistantes sociales ne les voient pas.*

Anne[14] est une jeune maman issue du milieu pauvre. L'infirmière responsable d'un centre de consultation périnatale de l'ONE (Office de la Naissance et de l'Enfance) l'a invitée à faire l'accueil des visiteurs une fois par semaine, à titre bénévole. Le rôle d'Anne consiste à créer une ambiance plus accueillante, surtout pour les familles qui se sentent « regardées de travers », jugées, mal à l'aise. Elle les accueille, enregistre les noms dans les dossiers, pèse les enfants et les conduit avec leurs parents à la salle d'attente. Elle prend le temps pour une petite conversation, la plus amicale possible.

La responsable du service[15] souligne les qualités requises pour ce genre de travail : une grande régularité, une capacité de relation et un minimum de compétences administratives. C'est surtout la capacité de relation qui importe, peut-être pour compenser l'habitude du médecin de service qui, auparavant, n'accueillait ses clients qu'avec une sonnette. Et au-delà, il y a cette connivence d'une jeune maman qui, comme les autres, s'est posé mille questions sur la santé de ses enfants tout en essayant de se débrouiller dans la précarité.

Les médiateurs du livre

Le métier de médiateur du livre a été expérimenté en France par le Mouvement Atd Quart Monde au début des années 1990 en partenariat avec le Ministère de la Culture, avec seize jeunes issus de milieux défavorisés ou d'origine immigrée ou volontaires permanents Atd Quart Monde. Claudine et Valérie exercent toutes deux le métier de médiatrices du livre. Claudine est issue d'une famille vivant dans la pauvreté. Valérie est issue d'une famille immigrée espagnole ouvrière et est volontaire permanente Atd Quart Monde.

Claudine : Normalement, (médiatrice du livre) c'est faire le pont entre les bibliothèques et les enfants, les familles dans les quartiers.

(Les enfants pauvres) ont le droit eux aussi de regarder un livre, de rentrer dans une bibliothèque, d'aller visiter un musée où il y a des poissons, des trucs comme ça pour leur faire découvrir plein de choses. Parce que pour la plupart ils sont chez eux, ils ne bougent pas, ils ne veulent pas sortir. Ils ont un peu peur. Des fois, ils ont un peu honte d'aller dans les bibliothèques parce qu'ils ne savent pas lire.

Et puis je leur dis aussi que, moi, quand j'avais leur âge, j'étais comme eux, je n'osais pas rentrer dans les bibliothèques, j'avais peur, je ne savais pas lire.

Et puis j'ai appris avec eux[16].

Valérie : Être médiatrice du livre pour moi, dans la bibliothèque municipale, c'est être à la disposition des enfants, jeunes et adultes des familles pauvres et très pauvres qui n'ont pas accès aux livres. Parce que beaucoup d'entre eux n'ont pas l'habitude ni les moyens d'avoir des livres chez eux. Ou aussi, parce qu'ils n'ont pas l'habitude et n'osent pas fréquenter la bibliothèque.

Il faut être en position d'accueil : être disponible, écouter, s'adapter aux situations, satisfaire au mieux les demandes, etc. Il faut aussi toujours avoir le souci de : est-ce que le plus pauvre des enfants, des jeunes, ou des adultes vient ? Quels moyens on se donne pour l'accueillir, pour qu'il se sente à l'aise, en confiance, et lui donner l'envie de revenir ?[17]

Être médiateur du livre, c'est aussi :

– rendre plus facile l'accès aux livres, ainsi que tous les autres services qu'offre la bibliothèque, aux enfants les plus pauvres ;

– les encourager à regarder et lire des livres documentaires ou des livres-jeux ;

– les inviter aux animations autour du livre (ex : l'heure du conte) ;

– faire en sorte que l'approche des livres soit la plus simple possible, et puisse leur donner un maximum de satisfactions, d'enrichissement, de plaisir dans ce qu'ils ont à en tirer, à découvrir ;

– permettre qu'ils puissent se sentir à l'aise dans la bibliothèque, et être en confiance avec eux-mêmes et avec les autres, pour qu'un jour ils puissent y venir et être indépendants comme toutes les personnes inscrites.

L'outil de travail du médiateur du livre est la "bibliothèque de rue"*. C'est ici que les enfants redécouvrent l'intérêt pour les livres avant d'oser aller affronter le bâtiment bibliothèque :

Valérie : Dès qu'il faisait beau, j'invitais les enfants à s'installer dehors, juste à côté du local. Là, on retrouvait quelques valeurs de la bibliothèque de rue que l'on perd quand on est dans un local. Par exemple, les enfants se sentent plus libres de rester ou de partir. Tandis que dans le local, il faut ouvrir, fermer la porte, pour être ensuite dans un intérieur. Tout ça, pour les enfants, ça change beaucoup de choses. Quand on est dehors, on est simplement dans un endroit qu'ils connaissent, où ils sont comme chez eux[18].

Claudine : J'ai commencé à travailler avec les enfants du quartier. Au début, c'était pas très bien parce qu'il ne me connaissaient pas du tout : c'était normal qu'ils se méfient, les familles aussi. Je n'avais aucun contact avec les familles. Avec les enfants, c'était assez difficile. Mais à force d'être là tous les jours, de voir les enfants, d'essayer de commencer à faire bibliothèque de rue pour être avec eux dehors, d'être juste à côté de la bibliothèque et en même temps à côté de chez eux, les relations se sont améliorées.

Le truc le plus dur a été de faire venir les enfants de la cité qui est derrière la bibliothèque et les enfants de la rue P., ensemble. Parce qu'ils ne pouvaient pas se voir. Ils n'arrêtaient pas de se taper dessus, de s'insulter... Même les parents entre eux, c'était pareil. Ça, j'ai réussi vraiment à mettre les enfants ensemble. J'ai vraiment réussi à le faire pour la Semaine de l'Avenir Partagé* parce que je les ai fait participer à une petite pièce de théâtre. Et puis à partir de là, ils ont commencé à bien s'entendre, à faire des choses ensemble[19].

Mais le métier de médiateur du livre trouve sa pleine dimension dans la mise en œuvre de savoir-faire liés à l'histoire personnelle et au milieu d'origine de chaque médiatrice ou médiateur du livre :

Sylvie a onze ans, elle est d'une famille française très pauvre. Je voyais qu'elle était assez pauvre par son habillement, son comportement..., et surtout par son visage déjà marqué, à cause d'une vie pas toujours facile. Sylvie, quand elle habitait encore dans le quartier des B., venait de temps en temps à la bibliothèque municipale. Elle n'avait pas de carte d'inscription, mais elle accompagnait son amie qui venait emprunter des livres. Pendant que son amie Christine choisissait des livres pour les emmener, Sylvie regardait sur les étagères les livres qu'on pouvait y trouver. Elle en prenait un, deux, les feuilletait rapidement et les remettait à leur place. Quand elle me rencontrait, elle évitait que nos regards se croisent. Elle aussi m'avait repérée, et savait que je travaillais là dans la bibliothèque. Alors, peut-être à cause de cela, elle avait peur de moi, elle m'évitait chaque fois. Plusieurs fois, j'ai essayé de lui parler. Au début, je n'avais vraiment pas de succès. Puis un jour, elle a eu plus de confiance; au bout de trois ou quatre semaines, elle a accepté de me parler. J'étais ravie de pouvoir la renseigner. En lui expliquant un peu le rangement des livres, des différents emplacements, je sentais que j'accomplissais une des tâches du travail de médiateur du livre[20].

Les experts d'expérience[21]

Sur l'inspiration d'une association (De Cirkel), une expérience réussie a été menée, à partir de fin 1992 et financée par le programme Horizon de la Commission Européenne à Anvers (Belgique), avec Kind en Gezin[22], service public chargé de l'aide à la petite enfance et au soutien des parents (consultations et visites à domicile), en particulier pour les familles en difficultés. La présidente de ce service, hostile aux placements d'enfants, s'était fortement engagée dans ce projet.

L'objectif était double. D'une part, mieux adapter le service aux besoins réels des familles les plus défavorisées en améliorant la communication entre ces familles et les infirmières sociales, avec l'aide de femmes issues de milieux pauvres connaissant les sentiments, les aspirations et les stratégies de survie de ceux-ci. D'autre part, offrir une possibilité d'insertion professionnelle à ces personnes, sélectionnées par l'association et payées par Kind en Gezin. Si ces femmes ont accepté cette proposition, comme le dit l'une d'elles : *c'est surtout à cause de la révolte contre l'injustice que j'ai vécue* et parce qu'elle a *eu tellement d'expériences avec ces services*[23].

Cette conjonction des deux objectifs a donc conduit au recrutement de dix femmes peu ou pas qualifiées professionnellement, chômeuses de longue durée, habitant ou connaissant suffisamment un quartier défavorisé mais capables de prendre une distance suffisante avec leur propre situation et de réfléchir sur celle-ci. Elles ont été engagées à deux tiers de temps.

Une formation étalée sur douze semaines leur a été donnée, pour compléter leur expérience de vie, relativement à leur mission de médiatrices entre les familles et les infirmières professionnelles, aux soins préventifs à donner, aux tâches des travailleurs médico-sociaux, ainsi qu'aux situations de précarité et à l'aide qui peut être apportée aux familles.

Ce travail en tandem avec les infirmières sociales du service Kind en Gezin a donné des résultats que l'on peut déjà constater : un partage des savoirs et savoir-faire des experts d'expérience et des infirmière sociales professionnelles ; une sécurité d'existence plus grande pour les femmes engagées, huit d'entre elles faisant désormais partie du personnel statutaire de Kind en Gezin. Et surtout une amélioration sensible de la relation entre les familles et le service social dont l'intervention, souvent redoutée, ne suscite plus autant d'angoisse qu'auparavant du fait d'une meilleure compréhension des situations des familles, de leurs demandes, de leur peur de voir mettre leurs enfants en placement, meilleure compréhension due à la présence de femmes issues du milieu de la pauvreté. La confiance des familles dans les femmes experts d'expérience a permis à ces dernières d'apprendre plus facilement à des mères comment soigner et élever leurs enfants, et d'éviter leur placement, même si, comme le dit une femme expert d'expérience, *un placement n'est pas nécessairement toujours mauvais pour un enfant*, et elle ajoute *l'assistante sociale doit être plus diplomate, par exemple en annonçant une mauvaise nouvelle... tandis que, nous, nous pouvons être plus sincères parce qu'on est plus proches d'eux*[24].

On ne doit pas sous-estimer les réticences des professionnelles devant certaines manières de faire des experts d'expérience, plus proches de leurs « clients » et tentées parfois de mêler leur vie privée et leur travail, ni le risque inverse d'une prise de distance progressive des experts d'expérience par rapport à leur milieu. Mais l'expérience est estimée suffisamment positive à certains de ses acteurs pour qu'il leur paraisse opportun d'étendre le projet, même à des hommes. Les infirmières sociales professionnelles sont en général satisfaites de l'apport des femmes experts d'expérience. Les familles elles-mêmes apprécient ces dernières, avec lesquelles elles ont des relations plus directes et qui souvent les mettent en confiance avec les services ; l'exemple est donnée d'une *mère de famille qui, au début, était découragée ; quand une facture d'électricité arrivait, par exemple, elle mettait la facture dans le tiroir et le fermait. Maintenant, elle fait des démarches, elle seule*[25].

En raison de ces résultats, une deuxième vague d'embauche est en préparation, quinze personnes étant admises en formation et dix d'entre elles devant être ensuite engagées, éventuellement à plein temps, pour les mêmes activités auxquelles s'ajouterait leur participation à la formation des jeunes mères et futures mères.

Le métier d'experts d'expérience serait ainsi peu à peu intégré dans d'autres institutions, à Anvers et ailleurs, et il est même fait appel à des experts d'expérience dans un programme de coopération avec la Roumanie.

Les médiateurs dans les transports et dans les quartiers

Les trois ou quatre expériences de médiation effectuées dans des quartiers défavorisés ou difficiles, ou dans des transports publics reliant ou traversant des zones difficiles ont la même base : c'est la capacité de communication, de compréhension et de dialogue de personnes, souvent jeunes, issues de milieux défavorisés, le plus souvent chômeurs, avec d'autres personnes, jeunes voire très jeunes, ou plus âgées, habitant les mêmes quartiers et dont ils ont partagé ou au moins connaissent les situations de précarité et d'insécurité, les aspirations, les réactions...

Écoutons l'un d'eux :

Cela fait plus d'un an que je travaille comme AMIS[26] dans les bus de Lyon. Ces emplois font partie des nouveaux secteurs d'activité qu'on appelle emplois de proximité. Ils correspondent à des nouveaux besoins de l'évolution de notre société et prouvent qu'il est urgent et indispensable de créer plus d'humanité, des liens sociaux là où il font plus défaut. Les transports en commun sont des lieux où n'existe plus de communication entre les hommes qui se croisent dans les bus, les métros. De plus en plus, des difficultés de relation grandissent entre les populations des quartiers défavorisés, des banlieues de nos villes et le personnel des transports en commun. L'idée d'AMIS vient pour combler ce vide et nous en constatons tous les jours la nécessité**.

Ces savoir-faire sont utilisés dans des lieux divers : une grande cité (« La Noé » à Chanteloup-les-vignes, en France); les grandes agglomérations en Belgique; des lignes d'autobus (les Transports en Commun Lyonnais, TCL) pour les « AMIS »; des lignes de la banlieue Est et de la grande banlieue Ouest parisienne pour la SNCF... Les expériences sont suffisamment avancées pour qu'un bilan en soit déjà possible, aussi bien pour les « Agents de prévention urbaine » (Cité La Noé), dont l'action a été déjà étendue à des lignes de bus ou de trains, les « assistants de prévention et de sécurité » (Belgique), les « AMIS » (TCL) ou les « agents d'ambiance et de prévention » (SNCF Paris Est).

L'initiative peut venir de jeunes conscients de l'urgence et de la gravité de situations auxquelles ils s'estiment en devoir de remédier et capables de le faire; elle peut venir aussi d'une collectivité locale ou d'une entreprise qui voit dans l'appel à ces jeunes ou aux chômeurs de longue durée, une possibilité de solution aux difficultés rencontrées dans certains quartiers ou sur certains trajets. Une association est parfois constituée pour faciliter l'organisation des jeunes impliqués et leurs relations avec la collectivité locale ou l'entreprise partenaire, comme, à Chanteloup-les-Vignes, l'association « Les Messagers » constituée par des jeunes.

Dans le cas de cette association, si l'initiative est venue des jeunes adultes (18-25 ans), c'est parce qu'ils ont pris conscience que le harcèlement dans la vie quotidienne était avant tout le fait de très jeunes préadolescents (9-13 ans) vivant une situation d'échec et de rejet de l'autorité, et qu'eux-mêmes, en tant que « grands frères », seraient mieux acceptés comme « donneurs de conseils » que des adultes plus âgés et surtout des représentants d'institutions extérieures (autorités municipales, de police, services sociaux, etc.).

La médiation repose sur l'utilisation de l'expérience des jeunes, volontaires ou recrutés, et de leur connaissance du milieu dont ils font partie. Ils établissent une présence qui leur permet un dialogue avec, selon les cas, les gens du quartier ou de la cité, les usagers des transports en commun et les agents de ceux-ci (conducteurs, contrôleurs...).

Pour embaucher des AMIS, il y a deux ans, ils n'ont pas été chercher des mecs qui sortent des Hautes Écoles, mais des personnes qui habitent dans des quartiers défavorisés et des chômeurs de plus d'un an. Nous sommes des personnes qui connaissent le monde des banlieues. Pour faire ce boulot, il vaut mieux connaître ce monde. Pour moi, « AMIS », c'est un vrai travail. On est à la fois assistant social, garde du corps, agent d'ambiance et agent d'accueil.

J'ai le sentiment qu'on se sert de nos compétences, connaître le monde des banlieues pour faire que les problèmes des transports cessent. Grâce à notre travail, on peut faire avancer la société dans les échanges avec les clients des bus. J'essaye de leur faire prendre conscience qu'ils ne sont pas seuls. Je leur donne des responsabilités, je les interpelle sur la vie en société. C'est dans ce sens qu'on peut dire : « On fait avancer la société »**.

Des jeunes intervenant sur le réseau de la banlieue Est parisienne : *les premiers jours, on a suscité pas mal de curiosité et de méfiance. Mais quand on a expliqué aux gens pourquoi on était là, ils nous ont félicités*[27].

Présence, contacts et dialogue leur permettent de rassurer, d'assister des personnes ou des voyageurs, de les informer (éventuellement sur leurs droits), d'empêcher les comportements agressifs et les provocations, les dégradations de bâtiments ou de matériels, et aussi de signaler les incidents aux responsables de la cité, du quartier ou de l'entreprise de transport.

Dans le cas particulier de la cité La Noé (Chanteloup-les-Vignes), c'est surtout avec les plus jeunes, préadolescents en révolte ou sans repères, que les « agents de prévention urbaine », membres de l'association « Les Messagers », cherchent le contact et jouent un rôle de conseils, d'exemple, d'explication, de modération, d'entraînement à des activités positives, à partir de leur propre vécu antérieur.

Ces jeunes ont été recrutés sur un contrat à durée déterminée ; ils sont rémunérés directement par la collectivité locale ou l'entreprise de transport, ou encore par l'association créée par eux-mêmes. Ils ne sont pas toujours satisfaits de leur situation.

L'un d'eux dit : *Le statut qui nous est donné n'est pas satisfaisant. Nous avons un contrat de travail d'un an, 30 heures par semaine, renouvelable un an. L'employeur officiel n'est pas les Transport en Commun Lyonnais (TCL), mais une association créée par le département.*

Ils sont pourvus d'une tenue qui les identifie aux yeux de la population ou des usagers sans leur donner l'aspect de contrôleurs ou de policiers, même si parfois, au début les gens les ont considérés comme tels. *Quand on arrive, beaucoup de voyageurs éteignent leurs cigarettes et enlèvent leurs pieds des banquettes*, déclare un jeune qui intervient dans les trains de banlieue Est parisienne ; *on nous tend même souvent billet ou carte d'identité... C'est tout l'inverse, nous, on est plutôt des médiateurs... notre seule arme c'est le dialogue.*

Ces jeunes ont tous bénéficié d'une formation, à titre de complément indispensable de leur expérience et de leur savoir-faire, appuyée sur leurs capacités, expériences et savoir-faire et permettant d'éviter que se crée une sorte de milice parallèle (au moins dans le cas des « Messagers » de Chanteloup-Les-Vignes).

Les jeunes n'en sont pas toujours satisfaits mais certains ont apprécié la formation concernant la gestion des conflits, qui leur a permis de trouver les mots appropriés dans des situations difficiles.

Le bilan, même s'il est dans certains cas encore provisoire, apparaît déjà nettement positif aux autorités. Certes, certains jeunes embauchés ont eu du mal à se plier aux « règles du jeu », en particulier à la régularité des horaires et à la ponctualité requise. Mais la plupart ont repris confiance en eux-mêmes, et ils espèrent rester travailler là où ils sont au-delà du temps de l'opération à laquelle ils participent ou du moins trouver plus facilement un emploi ; *même si c'est pour trouver du boulot ailleurs, ce sera une bonne carte de visite, ça mettra en valeur notre sens du dialogue,* déclarent les jeunes intervenants dans les trains de la banlieue Est de Paris.

Ils ont le plus souvent obtenu la confiance des habitants, des usagers des transports et aussi des partenaires économiques qui continuent de solliciter leur concours, même si certains estiment qu'ils sont parfois considérés comme des « larbins » ou qu'on ne leur fait pas confiance, ou regrettent un manque de dialogue.

Enfin, on constate une diminution des petits incidents, des dégradations, des agressions, de la fraude dans les transports, une augmentation de la fréquentation des lignes de transport où ces jeunes travaillent et une baisse du sentiment d'insécurité chez les habitants des quartiers et les usagers des transports en commun. La poursuite de l'expérience est envisagée.

Métiers divers

Les exemples d'activités décrits dans les sections précédentes ne représentent qu'une partie – certes, significative – des savoir-faire des plus pauvres. Un aperçu général serait difficile à donner. Cependant, nos recherches nous ont révélé un éventail très large de métiers où les travailleurs les plus défavorisés semblent être davantage représentés. La liste présentée ci-dessous est significative sans être exhaustive.

Dans le **secteur primaire** (agriculture, sylviculture, pêche) nous retrouvons, par exemple, les activités suivantes :

– les *pigouillers* qui, pendant la nuit, se rendent au port et descendent dans les cales des bateaux pour débarquer le poisson. Il faut une certaine habileté pour manier la pelle sans abîmer le poisson ;

– beaucoup de familles pauvres élèvent des animaux domestiques et du petit bétail (chiens, oiseaux, poussins, lapins...) parfois pour les vendre au porte à porte, souvent aussi pour se procurer de la viande à prix modéré ;

– également pour des raisons de survie, certains se mettent à jardiner. Le jardinage et le maraîchage (ex. culture d'endives) supposent des savoir-faire spécifiques que l'on peut en partie acquérir par expérience ou par des créneaux informels. Il s'agit bien sûr de travaux saisonniers, comme pour les ouvriers agricoles ;

– dans des régions forestières, des jeunes passent leurs vacances à élaguer les sapinières pour gagner un peu d'argent de poche. Ils utilisent des méthodes parfois primitives, mais pas moins efficaces : par exemple, Luc Lefevre décrit comment lui et ses cousins profitaient des périodes de gel pour s'assurer que les branches des sapins étaient suffisamment dures. Alors, ils frappaient avec des barres à mines pour casser plusieurs branches à la fois. Au cours des années 1980, le métier d'élagueur fut développé en France pour des jeunes dans le cadre des « Nouvelles Qualifications », en les formant à reconnaître l'essence des arbres, en leur apportant des notions d'écologie, etc.

Les travailleurs de milieux défavorisés se retrouvent dans les **services privés** et, notamment, l'horeca [28] (plongeurs, aides-cuisiniers, serveuses, femmes de chambre), le nettoyage et les services aux personnes (femmes de ménage, aides familiales). Comme les savoir-faire requis pour ces métiers ne semblent pas exprimer de savoir expérientiel lié à la pauvreté, nous ne nous attarderons pas sur ces activités.

Dans le secteur des **transports routiers**, nous retrouvons également des travailleurs défavorisés parmi les chauffeurs de camion. Le secteur étant en pleine expansion, les exigences des patrons en termes de diplôme et d'expérience ne sont pas très sévères (pourvu que les candidats aient pu se payer un permis de conduire pour chauffeurs de camion, ou qu'ils aient eu la chance de le passer à l'armée). D'autres chauffeurs travaillent dans des firmes de colis-express ; ils sont payés à la commission, tandis qu'ils doivent payer leur propre essence et les frais d'entretien de leur voiture. Ici encore, il s'agit plutôt de métiers dans lesquels se retrouvent les plus pauvres que d'activités où ils peuvent mettre à profit leur expérience de vie.

Enfin, citons une série d'activités qui sont très liées au mode de vie des **gens du voyage** : il s'agit de métiers ambulants, anciens, parfois en voie de disparition, tels que rémouleur, bourrelier, sellier, colporteur, rempailleur, vanniers, etc. Lucie Ribert[29] semble ne pas en regretter la disparition, suite à la sédentarisation de sa famille. Elle se souvient des côtés moins romantiques de ces métiers :

> Quand ma mère allait vendre des paniers, j'allais souvent avec elle et puis il y avait ce rejet (..) J'avais vraiment honte que ma mère vende des paniers, ça, je ne peux pas dire le contraire. On se faisait rejeter, surtout qu'elle n'arrivait pas à les vendre et, moi, je voyais le travail que ça représentait, ça abîmait les mains et j'ai eu honte de ça pendant très longtemps. Je crois que l'école nous a donné envie de vivre différemment...

Notes

1. Interview n° 5.
2. 6 FB = 1 FF – Les prix indiqués sont ceux de janvier 1998.
3. Interview n° 3.
4. Interview n° 10.
5. Créée en 1984, la société Coopérative LST, d'après l'article N°.4 de ses statuts, veille à *la promotion de l'emploi et l'humanisation du travail en vue du développement communautaire entre tous ses membres*. Elle est active dans le secteur du bâtiment : gros-œuvre, couverture, finition, électrotechnique, sanitaire et chauffage ; elle les réalise tant dans des rénovations que dans des habitations neuves. Tout en assumant la concurrence avec d'autres entreprises du bâtiment, LST-Coopérative vise, à travers son activité économique, à permettre aux travailleurs moins qualifiés une formation par une expérience du travail. En dix ans (1984-1994), LST-Coopérative a permis cette expérience de travail à vingt-sept personnes.
6. Centre public d'Aide Sociale.
7. Association Sans But Lucratif (en France : association loi 1901).
8. Interview n° 4.
9. Interview n° 1.
10. Interview n° 2.
11. Minimum de moyens d'existence en Belgique.
12. Les signes ** indiquent des extraits de discussions de groupe ou d'écrits personnels.
13. Interview n° 6.
14. Interview n° 11.
15. Interview n° 12.
16. Interview n° 8.
17. Interview n° 14.
18. Interview n° 14.
19. Interview n° 8.
20. Interview n° 14.
21. En flamand : Ervaringsdeskundigen.
22. Enfant et Famille.
23. Interview n° 18.
24. Interview n° 18.
25. Interview n° 18.
26. AMIS : Agents de Médiation, d'Information et de Service.
27. Article du journal *Le Parisien SNCF*, distribué gratuitement dans les trains de la banlieue parisienne.
28. Hôtel, Restaurant, Café.
29. Audition.

Chapitre 2

ANALYSE DES SAVOIR-FAIRE

Les savoir-faire qui apparaissent dans les interviews appellent à un travail d'analyse. Mais d'abord une remarque préliminaire : chez les personnes interviewées, les savoir-faire manuels se mélangent souvent avec des savoir-faire relationnels qui sont même parfois dominants et qui, en tous cas, contribuent d'une manière essentielle à la spécificité de leurs démarches.

D'autre part, ces savoir-faire ne doivent pas être confondus avec un besoin d'occupation lorsque le chômage impose une condition d'inactivité forcée, ni avec de la débrouillardise ou du « bricolage du week-end », que beaucoup de personnes, très souvent complètement étrangères au milieu des plus pauvres, effectuent à titre de simple loisir.

Il s'agit par contre d'activités souvent spécifiques ou de compétences d'ordre relationnel que les personnes très pauvres développent à partir des conditions de vie difficiles qu'elles doivent affronter (sans pour autant les avoir choisies !).

Diversité et points communs

Existe-t-il des points communs entre la personne qui fait de la récupération, de la remise en état d'objets usagers, et celle qui fait de l'accompagnement social de personnes démunies ?

Savoir-faire manuels et savoir-faire relationnels

Deux types de savoir faire apparaissent dans la description que nous venons de faire. Les uns, que l'on peut qualifier de *manuels* ou *matériels*, concernent une activité principalement matérielle. Il s'agit, par exemple, de récupération (en particulier la ferraille), de recyclage, de réparation ou de remise en état, de rénovation de bâtiment ou encore de jardinage, de maraîchage, d'élagage, d'élevage de tout petit bétail, de services dans les restaurants, de conduite de véhicules, de métiers ambulants... Les autres, fondés essentiellement sur la relation à autrui, concernent l'accueil, l'hébergement, l'accompagnement social, l'entremise auprès des services administratifs ou sociaux, l'activité de médiation exercée auprès des familles défavorisées, des enfants, des jeunes, des usagers des transports ou des habitants de quartiers ou de cités en difficultés.

Les savoir-faire des plus pauvres relèvent, contrairement à ce que pense couramment le sens commun, non seulement du premier type mais aussi du second.

Ce constat conduit à deux sortes d'observations :

Des points communs aux savoir-faire des deux types

En premier lieu, le sentiment de fierté, révélé par les interviews. Ce sentiment habite ceux qui exercent des activités purement manuelles et matérielles, souvent dans des conditions très difficiles mais qui leur permettent d'être moins dépendants de l'assistance. Il est éprouvé aussi par ceux qui sont engagés dans des activités d'accueil, d'accompagnement et de soutien aux autres ou encore de médiation, animés par un souci de solidarité envers d'aussi pauvres ou encore plus pauvres qu'eux et la volonté d'aider ces derniers et la génération suivante à sortir de la misère.

Presque tous les savoir-faire précédemment décrits ont été acquis dans le milieu des très pauvres, transmis par les parents ou suscités par l'expérience de la misère et des difficultés rencontrées par les familles, les enfants, à l'école ou ailleurs. Les exemples en sont trop nombreux pour être cités ici et concernent l'ensemble des savoir-faire.

La plupart des savoir-faire, y compris les manuels, révèlent une capacité d'observation, d'intelligence, et souvent d'astuce, ainsi qu'une compétence, qui, selon les cas, est acquise ou bien « sur le tas », ou bien grâce à une formation finalisée qui la crée ou la complète.

C'est en effet par l'observation que Marcel[1] a compris que le prix des métaux qu'il récupère suit le cours de la Bourse et qu'il s'informe chaque jour de celui-ci ; que Monsieur Gérard[2] sait que chaque marque de téléviseurs qu'il répare a son schéma spécifique, qu'il faut connaître les secteurs que comprend chaque appareil et qu'il lui faut mesurer les tensions, les puissances et les résistances électriques.

Jacqueline Meton[3] a acquis toute seule la connaissance des créneaux divers de l'aide sociale pour en faire bénéficier les autres ; en revanche, pour soutenir la création et le développement de l'association LST, Luc Lefèvre[4] fait des études d'assistant social et il suit une formation de chauffagiste afin d'être autorisé à former d'autres personnes à la rénovation de bâtiment.

Une différence d'avenir

Elle peut être observée entre les savoir-faire manuels et relationnels. Certains savoir-faire manuels risquent de se trouver concurrencés par l'apparition ou le développement de nouvelles techniques ou de nouveaux modes de production mis en œuvre dans des entreprises qui s'intéressent aux mêmes activités et font travailler des personnes en général dépourvues de ces mêmes savoir-faire. En revanche, les savoir-faire relationnels semblent avoir en eux-mêmes de l'avenir, reposant sur la capacité d'établir des liens ou au moins des relations pour l'accueil, l'accompagnement ou la médiation : ils s'inscrivent dans les créneaux porteurs d'activités sociales ou de proximité que l'on cherche à développer pour satisfaire des besoins croissants mais largement insatisfaits.

Savoir-faire individuels, collectifs et institutionnalisés

La plupart des savoir-faire sont liés à une activité individuelle indépendante ou bénévole. Celle-ci peut être de nature matérielle, comme la récupération, la réparation ou la remise en état de téléviseurs, de vidéos ou de chaînes Hi-Fi, ou l'exercice de petits métiers (jardinage, maraîchage, plonge, livraisons express, métiers ambulants). Mais elle peut être aussi bien une activité d'accueil ou d'accompagnement social, exercée dans le quartier ou dans un hôpital ou encore dans une gare.

D'autres savoir-faire sont liés à une activité collective souvent salariée, exercés dans le cadre ou en relation avec des organismes ou des institutions. Ceux-ci sont souvent des institutions extérieures, collectivités locales ou entreprises (les AMIS et les agents de prévention, d'ambiance, de sécurité), des institutions spécialisées (bibliothèques municipales pour les médiateurs du livre, Office de la Naissance et de l'Enfance) ou des services publics d'assistance sociale (pour les experts d'expérience), ou encore avec le Mouvement Atd Quart Monde. Mais dans plusieurs cas analysés, l'institution a été créée par celui qui a estimé que son savoir-faire et son engagement seraient plus efficaces au sein d'un groupe structuré. C'est ainsi que Luc Lefèvre a été conduit à créer une association sans but lucratif, Lutte Solidarité Travail, au sein de laquelle il pratique avec d'autres la rénovation de bâtiments menacés d'être détruits. Paul Linder[5] est le fondateur d'une association sans but lucratif au sein de laquelle il s'occupe d'aide matérielle, juridique et administrative aux sans-abri.

Motivations et sens des savoir-faire

Que signifient, pour les personnes pauvres, les savoir-faire qu'elles exercent ? Quelles sont les motivations qui poussent ces personnes à s'intéresser à tel ou tel métier, voire même à telle activité non-rémunérée ? Les interviews nous révèlent un éventail de significations très diverses et parfois inattendues.

Ce sont, premièrement, des stratégies de survie qui poussent certains à s'occuper de récupération ou de réparation. Monsieur Gérard[6] s'intéresse à la réparation de téléviseurs lorsque son fils est hospitalisé et passe son temps à l'hôpital à regarder la télé. Lorsque celui-ci sort de l'hôpital, il ne peut se permettre d'avoir qu'un appareil de seconde main, qui tombe souvent en panne... Maurice[7], qui fait les *grosses poubelles* et *les brocantes* avant de se concentrer sur la ferraille, répond : *Quand on n'a rien, il faut quand même trouver quelque chose, et à Bruxelles les loyers sont très chers et la vie est très dure.* La créativité est donc tout simplement une réponse à la misère.

Cela vaut, dans une certaine mesure, pour tous les métiers matériels exercés par les pauvres. Ainsi, la coopérative Lutte Solidarité Travail, spécialisée en rénovation, a été créée à partir de besoins urgents de personnes sans abri. Luc Lefèvre allait installer l'électricité dans les chambres où squattaient ses copains. Lorsque *le 55* fut vendu, les habitants restants demandèrent eux-mêmes d'être embauchés pour faire la démolition d'une partie de l'immeuble pour pouvoir gagner quelques sous. Plus tard, il a fallu retaper les taudis qu'ils squattaient.

Certains ont eu la chance (ou la détermination ?) de pouvoir refuser des boulots qui ne leur plaisaient pas et de trouver une activité qui correspondait mieux à leur épanouissement personnel. Lucie Ribert[8] a connu un parcours professionnel assez mouvementé, en partie parce qu'elle ne supportait pas le travail à la chaîne ; par contre, lorsqu'elle a été embauchée par un cordonnier :

Ça me plaisait beaucoup. C'était dans un atelier où vraiment on créait quelque chose. Je réparais des chaussures, des vêtements de cuir. Le cuir, c'est génial, j'ai adoré ça, je suis très manuelle...

Claudine[9], médiatrice du livre, témoigne :

Et puis, tous les travaux que j'avais fait avant, ça ne m'intéressait pas, je me suis tout le temps fait avoir et puis en plus là, j'aimais bien travailler avec les enfants. Ça m'a permis de faire plein de trucs : d'écrire beaucoup plus, de découvrir les livres en même temps que les enfants...

Sa collègue Valérie[10] a même sacrifié un contrat à durée indéterminée comme employée de bureau pour pouvoir devenir volontaire Atd Quart Monde et médiatrice du livre.

Pourtant, derrière ces intérêts individuels se cachent également de fortes motivations d'ordre social. Monsieur Gérard[11], récupérateur, dénonce avec force le gaspillage de la société de consommation :

Les gens jettent des trucs qui parfois n'ont qu'une petite broutille parce que le modèle ne leur plaît plus, ou parce que tout simplement on les a embobinés. Les réparateurs officiels agréés embobinent les gens pour essayer de les pousser à acheter autre chose en disant que ce n'est plus réparable et moi je veux prouver que c'est faux.

Quant à LST, l'appartenance au monde ouvrier, même de ceux qui ont perdu leur emploi, constitue un des éléments clés de la création de la coopérative :

On veut prouver qu'on est des travailleurs. Les amis qui n'ont pas de boulot, qui ne font pas la chine mais qui sont là, attentifs à leurs amis qui sont là dans le pétrin, c'est du travail aussi. Quand tu fais le boulot d'un service social qui ne l'a pas fait, je regrette, tu fais du boulot, tu fais du travail. C'est notre identité qui rejoint celle de tous les travailleurs[12].

Ce sentiment d'appartenance à un groupe social plus large, reconnu, concerne également d'autres groupes que le monde ouvrier. Certains ont rejoint des mouvements sociaux et s'y sont engagés dans un esprit de grande solidarité.

Le rêve de pouvoir lever le poids de la misère pour les générations suivantes traverse quasiment tous les interviews comme un fil rouge. Paul Linden, Monsieur Gérard, Maurice, qui s'occupent de l'accompagnement ou de l'hébergement de personnes sans abri, déclarent tous, d'une manière ou d'une autre, que c'est l'expérience de la rue qui les pousse à refuser ce destin pour d'autres. Deux des experts d'expérience, dont nous connaissons en général très peu sur leur parcours personnel, nous ont confié qu'elles avaient connu le placement et la maltraitance. Les deux médiatrices du livre, Claudine et Valérie, ont connu l'exclusion dans leur jeunesse et s'acharnent à prémunir les enfants du quartier des sentiments d'infériorité qui les ont également marquées.

J'étais toujours toute seule. Je voyais tout le temps les autres en train de se moquer de moi, de ma famille, de mes parents, de mes frères et sœurs. Ça m'a tellement énervée que, là, comme j'avais l'occasion de pouvoir travailler avec des enfants de différents quartiers, je me suis dit qu'il fallait que je fasse tout pour qu'il n'y ait pas d'enfants mis de côté[13].

On devine, à travers ce combat, l'ambition de personnes blessées qui veulent retrouver une dignité - à la fois personnelle et collective - pour leur milieu. C'est le même combat que mènent les travailleurs de LST pour la reconnaissance de leur identité ouvrière. Et lorsque Lucie Ribert décide de s'engager dans le Mouvement Atd Quart Monde, elle résume sa motivation comme suit :

On n'était pas libre, on n'avait pas la liberté de choix. Ma mère n'a jamais eu le choix, elle n'avait pas le choix de savoir pour qui elle votait (à cause de son illettrisme), elle n'avait pas le choix de dire non aux gens. Il n'y a pas de choix quand on est pauvre. Et moi, je me suis engagée, c'est vrai, c'est peut-être un peu égoïste mais j'ai vraiment envie que mon engagement puisse servir à ce qu'on devienne tous des citoyens libres qui puissent se former, se former à comprendre le monde dans lequel on est un peu en marge...

Processus d'acquisition des savoir-faire

L'acquisition des savoir-faire se fait essentiellement par la transmission au sein du milieu et l'adaptation aux conditions de vie.

Apprentissage

L'acquisition des savoir-faire se produit de manière très différente (parfois chez la même personne). Ces savoir-faire viennent la plupart du temps d'une expérience « sur le terrain » et les formations de type scolaire, lorsqu'elles existent, ne sont que rarement utilisées d'une manière directe et spécifique.

Cette expérience sur le terrain a souvent des racines, et surtout les racines les plus profondes, dans le vécu des personnes les plus pauvres et plus particulièrement dans le milieu familial. Par exemple, Marcel[14] a appris par sa grand-mère le principe des métiers de la récupération et Luc Lefèvre a pu assimiler dans son enfance la débrouillardise tous azimuts de son père pour surmonter des situations difficiles...

C'est également dans le milieu familial que souvent se forment les savoir-être, par le témoignage des parents, de leur combat pour résister à la misère, de leur courage pour sauvegarder à tout prix leur dignité et se préoccuper de ceux qui sont encore davantage dans la difficulté. Deux exemples parmi les plus significatifs sont ceux des parents de Lucie Ribert et des parents de Luc Lefèvre. Voici le message que ce dernier a reçu de sa mère :

Tu dois développer ce que tu as comme potentiel pour pouvoir le mettre au service des autres qui sont plus faibles.

Ou encore, d'une manière plus colorée :

Si vous travaillez, c'est surtout pas pour être le cul dans le beurre, c'est pour vous mettre au service des autres[15].

Certains apprentissages de savoir-faire se font également par des contacts avec d'autres personnes d'autres milieux. Ceux-ci peuvent être des instituts de formation, comme dans le cas de Monsieur Gérard[16] (formation à l'ORBEM[17] de mécanicien-autos), de Luc Lefèvre (formation d'électromécanicien, de chauffagiste et de plombier) et de Valérie[18] (stage d'informatique), ou alors des petites entreprises, comme dans le cas de Marcel (marchand de ferraille chez qui il travaille pendant deux ans) et, à nouveau, de Monsieur Gérard qui n'a pas hésité à consulter à plusieurs reprises un réparateur de téléviseurs professionnel en vue d'acquérir lui-même ce savoir-faire.

Une exigence est soulignée, tout particulièrement par un jeune[19] : il s'agit du besoin d'avoir la confiance de l'employeur-formateur : *Moi, c'était bien parce qu'au moins il me faisait confiance.*

Une autre voie d'apprentissage est celle du milieu associatif. Ici un exemple très significatif est celui du médiateur du livre, dans le cadre d'Atd Quart Monde, tel qu'il est vécu par Valérie, absolument passionnée par ce nouveau métier, à la suite d'une formation de deux années.

Je sentais de plus en plus comment je devais être disponible pour accueillir les enfants que j'attendais, ceux que j'espérais tellement voir venir. Les enfants s'adaptaient aussi petit à petit à la bibliothèque, au règlement. Moi aussi, je m'adaptais à eux. Pour les enfants que je voyais le plus, j'arrivais un peu à savoir leurs goûts, leurs styles. Je pouvais leur proposer des livres qui, selon leur genre, leur parleraient plus facilement.

Une autre référence très importante (et d'origine plus ancienne) dans le milieu associatif est constitué par la JOC. Plusieurs personnes très engagées au service des plus démunis (comme par exemple Jacqueline Meton et les parents de Luc Lefèvre) expliquent à quel point elles ont trouvé leurs racines et leur ressourcement dans ce mouvement. Le père de Luc Lefèvre, qui avait été parmi les fondateurs de la JOC dans sa région, y avait puisé tout particulièrement un sens très fort de la valeur de tout travailleur, qu'il a su ensuite transmettre à son fils, à son tour fondateur de l'association LST. Les organisations syndicales et politiques constituent également une référence et une expérience fondatrice.

Mon père était militant syndical ouvrier. Il a été militant depuis l'âge de quatorze ans et n'a jamais essayé le piston pour monter : Je reste où je suis né, disait-il. J'étais dans différents mouvements, j'étais dans des groupes liés au parti communiste, quand j'étais encore à l'ITL[20], j'étais dans le mouvement international de la réconciliation. Les premières organisations qui ont lutté contre la pauvreté de manière organisée, collective, ça a été les syndicats, les premiers à avoir lutté pour l'émancipation des plus pauvres, pour se dire : on en a marre du joug qui pèse sur nos épaule, en tout cas dans le monde industriel. Tout comme les caisses de résistance, qui s'appelaient comme ça au début du syndicat, étaient des moyens de résistance à la misère.

Il y a encore une méthode d'acquisition des savoir-faire qui ne peut pas être oubliée : il s'agit de l'apprentissage par soi-même (ou autodidacte). L'exemple le plus explicite est celui de Maurice[21], qui a appris tout seul la récupération sélective des métaux, mais cette attitude est présente, à des degrés différents, chez d'autres personnes interviewées.

Adaptation

Pour faire face à des situations très difficiles, et cela souvent dans un esprit de solidarité, il y a une capacité d'adaptation qui apparaît chez des personnes très pauvres[22]. Ces réactions d'adaptation sont tout d'abord des gestes de survie pour soi-même ou pour les autres, cependant elles ont sans doute également un rôle formateur qui va au-delà de ce cadre de l'urgence.

Transmission

Lorsque l'acquisition des savoir-faire se situe à l'intérieur du milieu pauvre, elle se produit grâce à un processus de transmission entre générations. Les exemples sont nombreux : on peut citer l'attitude de Monsieur Gérard, vis-à-vis de ses enfants et d'autres personnes en difficulté, en ce qui concerne la réparation des téléviseurs, celle de Marcel[23], qui a appris à son gendre le métier de la récupération, et celle des parents de Luc Lefèvre, dont on a déjà parlé au sujet de l'acquisition des savoir-faire. Encore mérite d'être mentionné le cas de Lucie Ribert[24] qui, à un certain moment de sa vie, a pris conscience de la beauté des paniers que sa mère confectionnait jadis, au point de commencer à en faire pour elle-même dans un but artistique.

Comme on l'a déjà vu, ce processus de transmission joue un rôle fondamental et irremplaçable dans le domaine des savoir-faire relationnels qui constituent vraisemblablement une richesse de beaucoup de personnes très pauvres.

Un exemple frappant est celui de Valérie[25] qui témoigne de tout ce que ses parents, et tout particulièrement son père, lui ont apporté d'esprit d'ouverture, de tolérance et de sensibilité vis-à-vis des personnes de son entourage, pourtant parfois hostiles et violentes. Ce sont ces qualités que l'on retrouve, d'une certaine façon plus tard, lorsqu'elle s'acharne, envers et contre tout, pour pouvoir atteindre les enfants les plus pauvres à travers les bibliothèques de rue, leur communiquer sa passion pour les livres, afin *que ça leur permette d'avancer et qu'ils rejoignent les autres enfants dans les écoles ; et pour qu'un jour plus aucun enfant, jeune ou parent ne soit mis de côté et montré du doigt.*

Connaissance du milieu de la pauvreté

L'appartenance au milieu pauvre est la source même de l'acquisition de certains savoir-faire décrits précédemment, mais, en même temps, cette appartenance entraîne des difficultés.

Toutes les personnes interviewées sont issues du milieu pauvre, mais certaines ont comme origine le monde des petits ouvriers ou petits agriculteurs (Luc Lefevre, Paul Linden, Jacqueline Meton, Valérie, Emilie Creutz[26]), et d'autres le monde de la misère (Claudine, Monsieur Gérard, Jean, Marcel, André[27]).

Bien que liés, ces deux milieux ne reçoivent pas le même regard de la société. Ceci est dû au fait que leurs réalités de vie sont différentes et que le monde ouvrier a pu s'imposer en tant que classe sociale. Par exemple, des personnes issues du monde ouvrier ont parfois eu la chance de suivre des études qui leur ont permis d'apprendre un métier et d'avoir une qualification. Valérie est d'une famille immigrée espagnole arrivée en France en 1961. Ses parents ont quitté l'Espagne en laissant tout derrière eux. Pour apprendre le français, elle est allée dans une école espagnole puis française. Inscrite ensuite dans un lycée professionnel, elle s'est retrouvée en échec scolaire. Ses parents ont trouvé alors une école privée payante pour qu'elle apprenne le métier d'employée de bureau.

Luc Lefèvre vient aussi d'une famille ouvrière. Son père était chargeur aux chemins de fer et militant syndical. Grâce aux aides d'après-guerre, ses parents ont pu construire leur maison. Ils les ont beaucoup poussés, lui et ses frères, pour qu'ils rentrent dans des mouvements de jeunesse. À l'école, Luc Lefevre a fait des études techniques d'électromécanicien. Puis il fit des études d'assistant social, études qu'il finança lui-même en travaillant, et plus tard il suivit une formation de plomberie et de chauffagiste. Il savait par ses origines ouvrières l'importance du travail manuel pour les pauvres.

Jacqueline Meton[28], de l'âge de cinq ans et demi à douze ans, a fait partie du Patro (Mouvement de jeunesse), et à douze ans, elle a fait sa promesse à la JOC :

Étant admise à l'honneur de porter l'insigne de la JOC, je promets de lutter chaque jour pour vivre mon idéal jociste dans ma famille, mon quartier, mon travail ou à l'école, dans mes loisirs et dans la préparation de la vie de demain.

Pour les personnes issues du monde de la misère, le parcours scolaire fut plus court. Par exemple, Claudine[29] a quitté l'école à l'âge de quatorze ans. Tout le monde se moquait d'elle et de sa famille : *Tout seul, on se renferme dans sa coquille, on ne veut parler à personne et après on a peur de parler aux autres, on est trop timide.*

Les enfants qui grandissent dans une famille très défavorisée savent ce que c'est que d'être montrés du doigt, parce qu'ils ne sont pas habillés ou coiffés comme les autres enfants, parce qu'ils n'ont pas le matériel scolaire, parce que leur famille ou leur quartier ont une mauvaise réputation.

Marcel[30] a perdu son père à l'âge de dix ans, sa mère s'est retrouvée toute seule avec trois enfants. Il se souvient de sa grand-mère qui ramassait des cageots sur les marchés pour payer son gaz et son électricité. Il a dû travailler très tôt.

André[31] a vingt-deux ans. Il est allé à l'école à partir de l'âge de douze ans car, issu d'une famille de douze enfants, ses parents n'envoyaient que les aînés à l'école. Il a des difficultés pour lire et écrire.

Pour tous les enfants de milieu pauvre, réussir à l'école est un combat pour apprendre, pour se faire accepter des autres, payer les études... Pour certains, ce combat est marqué par un échec. Ce combat et cet échec sont la source des enseignements qu'ils tirent de leur vie passée.

Un autre exemple nous vient de Monsieur Gérard[32] qui s'est retrouvé à la rue avec sa femme enceinte de leur fils. Cette situation l'a amené plus tard à héberger lui-même des personnes se trouvant sans domicile et le manque de moyens matériels dont il a lui-même souffert l'a conduit à récupérer et à réparer des objets usagés pour lui et pour d'autres vivant des situations semblables.

Des professionnels peuvent dire qu'ils connaissent le milieu de la pauvreté parce qu'ils ont étudié dans des livres ou sur le terrain dans le cadre de leur métier. Mais la connaissance dont nous parlons ici est la connaissance que les personnes vivant dans la pauvreté ont elles-mêmes acquise par leur expérience.

Chances et difficultés d'appartenir au milieu de la pauvreté

Pour la pratique des savoir-faire

Les savoir-faire décrits précédemment sont individuels ou collectifs. Nous constatons que certaines personnes interviewées issus du monde ouvrier (Luc

Lefevre, Paul Linden, Emile Creutz) ont pu organiser, créer eux-mêmes une association afin de développer, partager, apprendre à d'autres leur savoir-faire. De son côté, Jacqueline Meton peut aider des personnes qui vivent la misère car elle connaît très bien l'organisation de la société, les règles, les droits, les bureaux... Ils ont les uns et les autres acquis, dans leur milieu ouvrier d'origine, leurs connaissances de la société et la capacité d'organisation. Valérie a appris avec sa famille comment s'intégrer dans un nouveau pays, elle connaît les règles pour se faire adopter dans un milieu étranger et a pu ainsi se faire accepter plus facilement dans son travail de secrétaire.

Jean, Monsieur Gérard, Marcel, venant plutôt du monde de la misère, n'ont pas créé d'ASBL, ils ont exercé leurs savoir-faire avec leurs proches. Ils ne connaissent pas la législation du travail et n'ont pas de références, ni de connaissances de structures qui permettent une organisation.

Les contacts avec d'autres personnes de la misère

Certaines personnes interviewées se sont mises à la disposition d'autres personnes qui vivent la misère : Luc Lefevre avec les habitants *du 55*, Jacqueline Meton avec les gens de la gare centrale, Paul Linden qui a fait une maison d'accueil pour les sans-abris, Valérie et Claudine avec des enfants dans des bibliothèques, Anne à la consultation de l'ONE, Jean avec les enfants au cours de la Semaine de l'avenir partagé...

À treize ans et demi, Jacqueline[33] s'était déjà mise à la disposition d'une famille nombreuse qui venait de perdre la maman. Ensuite, quand elle travaillait à la cantine d'une école où les pauvres étaient représentés à 70 %, elle donnait des tartines aux enfants qui n'en avaient pas. Elle ne supportait pas non plus qu'on vienne chercher les enfants pour les placer et elle défendait les plus faibles devant le directeur et les professeurs.

Les experts d'expérience[34] connaissent les sentiments de douleur, d'angoisse, d'incertitude, de chagrin, d'impuissance, d'incompréhension auxquels sont confrontées les familles défavorisées. Elles connaissent aussi les stratégies de survie, les aspirations des gens. Elles défendent les intérêts de ces familles en facilitant le dialogue avec les professionnels. Elles sont proches des familles défavorisées, au point de leur prêter parfois leur propre matériel.

Claudine rencontre les enfants et les familles les plus pauvres, elle discute avec eux. Elle sait qu'ils ont besoin de plus d'attention car ces enfants n'ont pas toutes les possibilités qu'ont les autres. Elle veut montrer qu'ils sont comme les autres en les emmenant à la bibliothèque municipale, et en les invitant à regarder les livres. Elle sait qu'il est important de les faire sortir de chez eux, sinon ils sont toujours enfermés, ils ne bougent pas et ne veulent pas sortir parce qu'ils ont peur. Elle peut leur dire que quand elle avait leur âge, elle était comme eux, ils ont confiance en elle : *Ils savent que les choses qu'ils me disent, ça n'ira pas ailleurs.*

Mais les contacts sont quand même parfois difficiles. Jacqueline Meton dit que certaines personnes ne viennent pas au rendez-vous. Valérie[36] parle d'une famille qui avait déménagé et la maman ne voulait plus que ses enfants viennent à la bibliothèque. C'est grâce à la persévérance de Valérie, qui allait tous les samedis voir les enfants chez eux, que la maman a changé d'avis. Valérie y croyait toujours, parce qu'elle sait qu'il faut souvent laisser du temps aux gens pour que ce soit eux-mêmes qui prennent les décisions.

Quand Claudine a commencé une bibliothèque de rue, au départ les parents ne la regardaient même pas, mais ils laissaient leurs enfants venir. Claudine a réussi à faire venir ensemble des enfants de quartiers différents qui ne pouvaient pas se voir avant.

Une des difficultés rencontrées par plusieurs personnes vivant la grande pauvreté mais qui se mettent néanmoins à la disposition des autres, c'est que leur vie privée, comme celle de tous les pauvres, est connue de tous. Cette vie privée leur est parfois reprochée, même par les leurs. Ceci est particulièrement vrai quand, trop choquées par certaines situations, elles veulent intervenir dans un rôle dont on pense qu'il n'est pas le leur, par exemple quand les experts d'expérience prêtent de leurs affaires personnelles aux familles auprès desquelles elles interviennent à titre professionnel.

Contacts avec les services administratifs ou les professionnels

Les interviews ont révélé que les contacts avec les administrations et les professionnels (commune, service social, directrice de bibliothèque, médecins, infirmières, CPAS...) sont fréquents et les appréciations portées sont souvent contradictoires.

Le savoir-faire de Claudine, médiatrice du livre, est apprécié par la directrice de la bibliothèque. Celle-ci fait comprendre aux autres bibliothécaires l'importance d'aller à la rencontre des enfants très pauvres pour leur montrer comment on recherche un livre dans une bibliothèque. Mais en même temps, il est reproché à Claudine, par cette même directrice, *un manque de maturité*, c'est-à-dire des retards, des absences, sa santé fragile qui sont dus en réalité à ses conditions de vie précaires.

Jacqueline Meton, Maurice, Luc Lefevre, accompagnent des personnes en difficultés dans les administrations. Leur présence est un appui pour les personnes qu'ils accompagnent qui obtiennent plus vite gain de cause, par le fait qu'eux-mêmes connaissent le parcours administratif.

Dans la relation avec les professionnels, Monsieur Gérard[37] est obligé de passer par des revendeurs pour obtenir des pièces électroniques, car les maisons mères ne le considèrent pas comme faisant partie du métier. Dans un autre domaine, Anne[38] a une relation amicale avec une infirmière de la consultation de l'ONE, mais plus difficile avec les médecins et les autres infirmières[39].

Quant aux experts d'expérience, dans certains cas, les infirmières trouvent qu'elles sont trop protégées, qu'on leur donne trop de crédit. Dans d'autres cas, il est dit : *Par le fait que la situation matérielle des experts d'expérience s'améliore, il y a un risque de distance croissante par rapport à leur propre milieu.*[40]

Paradoxe

Il est évident qu'il faut éliminer la misère qui est un mal et en même temps nous disons que la misère donne des savoir-faire à ceux qui la vivent ; n'y a-t-il pas contradiction ?

La misère oblige ceux qui la vivent à trouver des moyens de survie. Certains de ces moyens deviennent au fil des ans de véritables savoir-faire, comme nous l'avons vu. L'entraide est aussi naturelle dans les milieux pauvres, elle fait partie de la vie quotidienne. Elle se développe en un véritable savoir-faire chez les personnes pour qui la vie devient un peu moins dure au niveau matériel.

Dans un rapport sur les experts d'expérience, des infirmières disent *qu'il ne suffit pas de connaître la pauvreté pour être un bon expert d'expérience.* Il nous semble que l'appartenance au milieu de la pauvreté et la connaissance intime qu'elle permet est indispensable pour mieux comprendre ceux qui la vivent et les aider. Mais cette connaissance n'est pas suffisante, elle doit être accompagnée d'une formation pour devenir un véritable métier.

Les savoir-faire que nous avons analysés doivent servir à éliminer la misère : donner le goût aux enfants de lire ; aider les enfants de différents milieux à s'accepter et à vivre ensemble ; faire en sorte que chacun ait ses droits (ressources, logement, santé, citoyenneté, formation...) ; remettre les plus pauvres dans les circuits du travail (bâtiment, recyclage...) ; croire et développer le potentiel de capacités et d'intelligence des plus défavorisés (experts d'expérience, récupération et réparation...).

Pour détruire la misère, on a besoin de ceux qui ont appris à lutter tous les jours contre elle. Il faut prendre ces personnes en entier, accepter les bons côtés comme les mauvais dus aux dégâts que cause la misère.

Mais pour éviter de tourner en rond comme sur ce schéma :

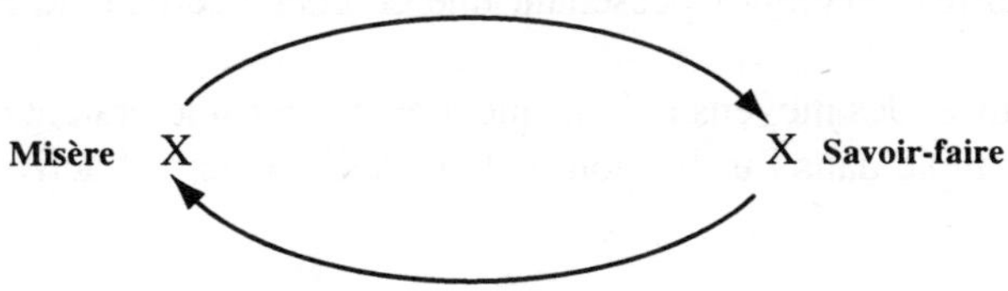

il faut que les savoir-faire acquis par les plus pauvres deviennent de véritables métiers utiles pour toute la société ; par exemple, le recyclage pour préserver l'environnement ou l'organisation de la vie dans les villes et communes...

Le schéma deviendrait alors :

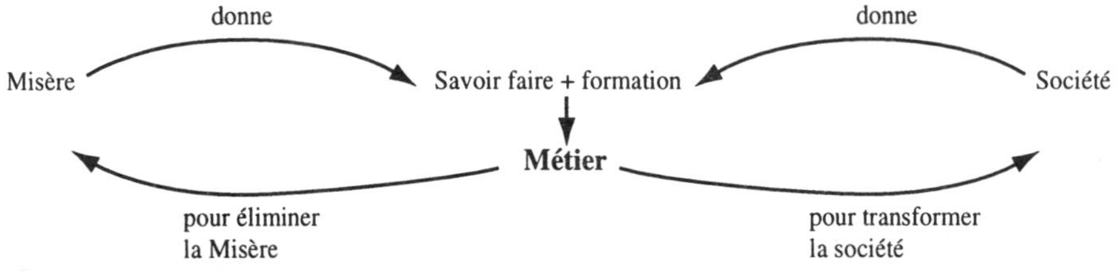

Sans formation extérieure au monde de la misère, ces savoir-faire servent seulement à la survie des personnes qui les exercent et à celle de leurs proches. Des formations permettraient de consolider et compléter ces savoir-faire qui deviendraient ainsi de véritables métiers utiles non seulement pour les pauvres mais pour l'ensemble de la société.

Savoir-faire manuels et relations spécifiques aux plus pauvres ?

Dans l'ensemble, les activités auxquelles correspondent les savoir-faire des plus pauvres sont, ou peuvent être, exercées par d'autres personnes. Ces savoir-faire ne sont donc pas, en général, en eux-mêmes spécifiques.

Toutefois, tous ces savoir-faire ou presque sont marqués au coin d'une spécificité qui peut tenir à la capacité de faire face à de grandes difficultés de vie et aux conditions d'exercice du travail; ou encore à la connaissance des besoins et des aspirations profondes de personnes vivant en état de grande pauvreté, l'une et l'autre étant le fruit de l'expérience personnelle de la pauvreté. Cette spécificité commune se manifeste de deux manières :

D'abord dans la manière de faire (ou d'exercer le savoir-faire) différente de celle des autres personnes possédant une compétence dans le même secteur d'activités :

– savoir utiliser des moyens réduits que d'autres considéreraient comme insuffisants, par exemple dans l'utilisation de la ferraille ou dans l'activité de récupération;

– avoir l'idée d'une réparation peu coûteuse mais suffisante, économe en moyens (changer une seule pièce, usée ou défectueuse) là où d'autres, notamment des professionnels, ne savent plus maintenant que changer tout un bloc de mécanisme coûteux (réparation ou remise en état de téléviseurs) ;

– réaliser une activité d'initiation culturelle dans des conditions de proximité optimale permettant d'y faire participer des personnes (enfants) très pauvres et par conséquent jusque là exclues (les médiateurs du livre).

C'est aussi une capacité vraiment spécifique, une compétence en quelque sorte « exclusive » pour exercer certaines activités auprès de personnes très défavorisées qui supposent la compréhension, la communication, voire la patience, que seule une connaissance intime du milieu permet. Cette capacité trouve à s'exercer en particulier dans les activités de médiation dans les quartiers, les transports, la fréquentation des bibliothèques par des enfants et des jeunes, dans l'accueil, l'accompagnement ou l'aide sociale (les experts d'expérience, Jacqueline Meton, Jean, les médiateurs du livre...)

Utilité pour la société en évolution

La perception de l'utilité des savoir-faire est dans une certaine mesure subjective et dépend des critères d'analyse. Nous pouvons, ou les personnes interrogées le peuvent, déclarer que tel ou tel savoir-faire est utile. Nous pouvons même montrer en quoi ils sont utiles (et c'est d'ailleurs ce que nous allons faire). Mais nous nous confrontons alors très vite à la question de la reconnaissance officielle, sociale ou personnelle de chaque savoir-faire. La question de l'utilité et celle de la reconnaissance sont liées et il est parfois difficile de faire la part des choses tant les liens sont étroits.

Les savoir-faire manuels

Il s'agit du tri artisanal des déchets, de la récupération de la ferraille ou de la récupération et remise en état d'objets de consommation (téléviseurs, plaques chauffantes...).

Il y a une première utilité à pratiquer ces savoir-faire qui est de se prouver à soi-même ses capacités. On retrouve une certaine confiance en soi, une certaine fierté à pouvoir participer à la vie de la société.

Par la récupération ou la remise en état, Monsieur Gérard[41] aide d'autres personnes : *Et puis ça sert toujours à des personnes qui sont un peu plus bas que soi, à des gens qui n'ont rien.* Marcel[42] finance des camps scouts qui deviennent ainsi accessibles aux plus pauvres. Il y a donc une utilité qui peut être assimilée à un service.

Ces activités ont une valeur dans la lutte contre le gaspillage et l'amélioration du cadre de vie. Monsieur Gérard : *On a des monceaux et des monceaux de poubelles. On cherche un moyen écologique d'éviter la destruction de la qualité de vie en réduisant les poubelles. Là c'est un moyen, peut-être une petite goutte d'eau dans la mer, mais c'est un moyen.*

Marcel rend service aux gens et à la commune en débarrassant leur cour ou les rues d'objets qui font sale, polluent, et dégradent le cadre de vie.

Mais en exerçant ces activités, ces personnes ne se trouvent-elles pas en concurrence avec des secteurs économiques officiels et reconnus ?

Voici quelques exemples :

– dans le domaine de la récupération de la ferraille, certains grossistes ferrailleurs (en Belgique particulièrement) voient d'un très mauvais œil ceux qui la pratiquent avec une petite charrette parce que ces derniers ont tendance à casser les prix du marché ;

– l'industrie automobile a systématisé le recyclage des vieilles voitures enlevant ainsi une grosse partie des revenus des ferrailleurs ;

– beaucoup de personnes très pauvres *se faisaient quelques sous* en revendant les consignes de bouteilles récupérées dans les poubelles. Mais, d'une part, la consignation des bouteilles est de moins en moins pratiquée et, d'autre part, la mise en place systématique de conteneurs à verre dans les villes a tari une source de revenus non négligeable.

Ces savoir-faire, étant donné l'évolution de la société et de son système économique, sont-ils devenus inutiles ou doivent-ils se pratiquer autrement ? On peut aussi se heurter au pouvoir économique de certaines grosses entreprises, comme par exemple dans le domaine de la récupération *des pneus*[43]. En Belgique, la législation sur la sauvegarde de l'environnement oblige les producteurs à reprendre leurs matériaux. Une étude avait démontré qu'on pouvait récupérer davantage de pneus en rechapant les pneus peu usés. La mesure, le tri et le rechapage sont des travaux simples qui peuvent occuper beaucoup de personnes dans des petites entreprises locales. Les frais de transports seraient réduits par la décentralisation des entreprises de recyclage. Cependant, les importateurs ont refusé cette alternative et ont préféré la mise en place de grosses usines fortement mécanisées pour la refonte du caoutchouc parce que les pneus rechapés risquaient de faire concurrence aux pneus importés : la grosse usine est plus avantageuse pour les importateurs.

Monsieur Gérard, en réparant à très bas prix des téléviseurs et appareils ménagers, ne joue-t-il pas une concurrence déloyale par rapport aux réparateurs officiels qui payent charge sociale et patente professionnelle ? En fait par solidarité, il n'aide que des gens qui n'auraient de toute façon pas les moyens financiers de passer par des réparateurs agréés.

Les petits récupérateurs et réparateurs agissent donc dans des créneaux économiques qui ne sont pas vraiment couverts tout en rendant un réel service à la société en général (amélioration du cadre de vie) et plus particulièrement aux personnes défavorisées (entraide). Du point de vue financier, s'ils ne rapportent rien à la société puisqu'ils ne payent ni charge sociale ni patente, ils font tout de même réaliser des économies aux autorités publiques dans le cadre de l'aide sociale.

Les savoir-faire relationnels

C'est le travail de mise en relation, de convivialité et de médiation exercé par les personnes travaillant dans les transports en commun de plusieurs grandes villes et banlieues et dans les cités ; par les personnes faisant de l'accompagnement et de l'accueil dans des services sanitaires et sociaux ; et par les médiateurs du livre.

Pour ce qui concerne les transports en commun, un AMIS[44] explique combien il est nécessaire que des personnes puissent recréer du lien social dans les transports en commun. Ces agents d'ambiance en jouant un rôle pacificateur apportent un mieux vivre à la société. Utilité d'ailleurs reconnue puisque plusieurs expériences sont renouvelées et développées et que la notion d'agent de prévention et d'ambiance vient d'être reprise en France dans les mesures Aubry[45] pour lutter contre le chômage des jeunes.

Les médiateurs du livre permettent principalement à des enfants d'accéder au monde des livres. Les experts d'expérience permettent une meilleure compréhension entre les infirmières et les familles pauvres et/ou immigrées. De ce fait, on limite les placements d'enfants, très coûteux humainement, financièrement et socialement...

Plusieurs personnes, de par leur activité bénévole d'accueil et d'accompagnement, font un travail proche de celui de travailleur social et sont souvent sollicitées par les services municipaux ou les services sanitaires et sociaux à cause de leurs compétences. Elles sont utiles parce qu'agissant dans un créneau non pris en charge par les travailleurs sociaux traditionnels.

Cependant les professionnels en place n'apprécient pas forcément toujours ce travail :

– les bibliothécaires ne voient pas systématiquement arriver avec plaisir des enfants considérés comme indisciplinés et bruyants dans une bibliothèque où le silence est habituellement de mise. Et puis le médiateur du livre, en montrant son efficacité, ne risque-t-il pas de déstabiliser le statut de bibliothécaire (agent du patrimoine) considéré comme précaire ?

– des infirmières pensent que les experts d'expérience sont trop dorlotées, qu'il ne suffit pas d'être du monde de la misère pour être efficace dans la lutte pour l'éliminer. Est-ce de la jalousie de la part de gens qui aimeraient bien qu'on les dorlote aussi de temps en temps, ou bien, les experts d'expérience sont-elles vues comme des concurrentes qui risquent elles aussi de remettre en cause leur propre statut d'infirmières ?

Les savoir-faire que nous venons de traiter sont donc utiles à notre société par un aspect ou par un autre. Mais il est long le chemin entre l'utilité d'un savoir-faire et sa reconnaissance officielle. Le mouvement actuel vers une telle reconnaissance ou même une validation des acquis peut permettre de le raccourcir, si on le veut bien.

Par ailleurs, il apparaît que pour certains il y ait besoin d'une adaptation et pour tous il faut, pour pouvoir être utilisés de façon plus systématique, qu'ils soient complétés par une formation.

Notes

1. Interview n° 5.
2. Interview n° 3.
3. Interview n° 4.
4. Interview n° 10.
5. Interview n° 2.
6. Interview n° 3.
7. Interview n° 6.
8. Audition.
9. Interview n° 8.
10. Interview n° 14.
11. Interview n° 3.
12. Interview n° 10.
13. Interview n° 8.
14. Interview n° 5.
15. Interview n° 10.
16. Interview n° 3.
17. Office Régional Bruxellois de l'Emploi.
18. Interview n° 14.
19 Interview n° 7.
20. Institut Technique Libre.
21. Interview n° 6.
22. Interviews n° 3, n° 6, n° 10.
23. Interview n° 5.
24. Audition.
25. Interview n° 14.
26. Interviews n° 10, n° 2, n° 4, n° 14, et audition
27. Interviews n° 8, n° 3, n° 1, n° 5, n° 7.
28. Interview n° 4.
29. interview n° 8.
30. Interview n° 5.

31. Interview n° 7.
32. Interview n° 3.
33. Interview n° 4.
34. Interview n° 18.
35. Interview n° 8.
36. Interview n° 14.
37. Interview n° 3.
38. Interview n° 11.
39. Interview n° 12.
40. Interview n° 17.
41. Interview n° 3.
42. Interview n° 5.
43. Interview n° 16.
44. Agent de Médiation d'Information et de Service.
45. Du nom de Martine Aubry, Ministre de l'Emploi et de la Solidarité, en 1997.

Chapitre 3

FORMATION

Nous assistons de plus en plus, dans notre société, à deux phénomènes simultanés et contradictoires : d'une part, des besoins essentiels très souvent ne sont pas satisfaits (accompagnement de personnes en difficultés, accueil dans les hôpitaux, amélioration de l'habitat et de l'environnement, etc.) et, d'autre part, des personnes, au moins potentiellement, aptes à y répondre sont condamnées à l'inactivité, voire à la marginalisation et à l'exclusion. Dans cette population, on trouve en particulier des personnes parmi les plus pauvres.

Lors des interviews effectués, de nombreux exemples de savoir-faire sont apparus qui pourraient bien être efficaces dans la prise en compte de ces exigences encore sans réponse. Pourquoi ne le sont-ils pas dans les faits ?

Il nous semble que trois raisons sont principalement à l'origine de cette situation paradoxale.

– D'abord, ces besoins, pourtant objectivement essentiels, ne sont pas encore suffisamment valorisés dans la conscience collective qui, sous la pression des différentes formes de publicité (média, etc.), préfère la satisfaction prioritaire de besoins objectivement beaucoup moins essentiels et souvent artificiels.

– Ensuite, les conséquences de la diminution globale du temps nécessaire à la production des biens de consommation et de certains services ne sont pas encore réparties d'une manière équitable dans l'ensemble de la population.

– Enfin, pour être entièrement utilisables et officiellement reconnus, les savoir-faire manuels et relationnels des personnes les plus pauvres nécessitent, dans la plupart des cas, une formation complémentaire.

Les deux premières raisons concernent la société dans son ensemble, tandis que la troisième concerne d'une manière spécifique les personnes en grande pauvreté. C'est celle-ci que nous approfondissons dans ce chapitre.

Nous allons donc essayer de répondre à une série de questions en suivant une progression qui nous mène au centre du problème : est-ce que les plus pauvres peuvent accéder aux formations existantes ? Quelles formations existent actuellement pour développer leurs savoir-faire manuels et relationnels ? Quelles formations seraient à créer ? Les plus pauvres peuvent-ils devenir eux-mêmes formateurs ? À quelles conditions ? Pourrait-il y avoir réciprocité entre formés et formateurs dans une relation de partenariat ?

Avant d'aborder chacune de ces questions, il parait utile de rappeler ce que disent les lois existantes à ce propos. La loi française, qui a fait de la formation professionnelle permanente, depuis 1971, une obligation nationale (loi dite « loi Delors »), a récemment, comme d'autres lois étrangères, proclamé le **droit à la qualification** professionnelle de toute personne engagée dans la vie active ou qui s'y engage, en vertu duquel elle d*oit pouvoir suivre, à son initiative, une formation lui permettant, quel que soit son statut, d'acquérir une qualification correspondant aux besoins de la société, prévisibles à court et moyen terme*. Plus récemment encore, la loi française a ajouté un **droit à la formation professionnelle** en vertu duquel tout *jeune doit se voir offrir, avant de sortir du système éducatif et quel que soit le niveau de connaissance qu'il a atteint, une formation professionnelle*. Quant à la Belgique, la Charte des droits des demandeurs d'emploi dans la Communauté Flamande reconnaît à chacun de ceux-ci un **droit à la formation**, sans toutefois en préciser les garanties.

En droit européen, l'article 128 du Traité de Rome, fondant l'Union Européenne, a prévu l'établissement, par le Conseil, sur proposition de la Commission, de *principes généraux pour la mise en œuvre d'une politique commune de formation professionnelle* ; parmi les principes définis par la décision du Conseil du 2 avril 1963, le second fixe les objectifs de la politique commune, à savoir rendre effectif **le droit à recevoir la formation professionnelle**. Et la Charte Communautaire des Droits Sociaux fondamentaux des travailleurs proclame dans son article 15 que ceux-ci doivent *pouvoir avoir accès à la formation professionnelle*, les autorités publiques, les entreprises et les partenaires sociaux devant mettre en place les dispositifs nécessaires. Après le Traité d'Amsterdam, le Conseil de l'Emploi a approuvé en 1997 un programme d'action devant garantir à chaque jeune une nouvelle piste d'insertion avant six mois de chômage et assurer une offre d'emploi ou d'accompagnement à chaque chômeur adulte avant douze mois de chômage. Quant à la Charte Sociale du Conseil de l'Europe, son article 30 contient l'engagement des États membres de *promouvoir l'accès effectif notamment à l'emploi, à la formation, à l'enseignement...*

Formations existantes en rapport avec les savoirs-faire

Les plus pauvres accèdent-ils aux formations existantes en Belgique ?

Les circuits de formation professionnelle sont très complexes. À partir des savoir-faire décrits dans le premier chapitre, la question se pose : existe-t-il des formations permettant aux personnes exerçant ces savoir-faire d'acquérir une qualification ?

La première difficulté est de trouver les lieux d'information adéquats. En Belgique, chaque région a ses propres lieux d'informations : pour la Région Bruxelloise, c'est l'ORBEM (Office Régional Bruxellois de l'Emploi) et Bruxelles-Formation ; pour la Région Wallonne c'est le FOREM (Office Régional de la Formation et de l'Emploi) ; pour la Région Flamande, c'est le VDAB (Vlaamse Dienst voor Arbeidsbemiddeling en Beroepsopleiding). Les formations professionnelles proposées dans ces lieux s'adressent principalement aux chômeurs et aux demandeurs d'emploi. La priorité est accordée aux chômeurs de longue durée (plus de deux ans).

Un autre lieu d'information est le SIEP (Service d'Information sur les Études et les Professions). Le SIEP est surtout connu des scolaires et des étudiants.

L'ACFI (Action Coordonnée de Formation et d'Insertion socioprofessionnelle) est aussi un lieu d'information sur les possibilités de formation professionnelle par le travail pour les chômeurs de longue durée, les personnes recevant le Minimex et les personnes sans ressources.

La première étape est déjà de frapper à la bonne porte pour connaître les différentes formations existantes. Nous l'avons fait dans le cadre de cette recherche, mais il est important de savoir, pour comprendre la complexité du système, que les trois militants, chargés de la rédaction de la présente section, ne connaissaient, au départ, que l'ORBEM comme lieu d'information.

Ils connaissent de la formation ce qu'eux-mêmes ou leurs proches ont vécu. Les seules formations dont ils ont entendu parler sont les formations proposées aux chômeurs de longue durée par l'office de l'emploi. Le FOREM et l'ORBEM donnent la priorité aux personnes qui ont droit aux indemnités de chômage. Souvent donc, les formations ne sont même pas accessibles aux personnes très pauvres car elles n'ont pas droit à ces indemnités. Pourtant, il existe des formations qui leur seraient accessibles mais elles leur sont inconnues parce que jamais personne ne les a conseillées dans ce sens. De plus, étant donné leur faible niveau scolaire et l'échec qu'elles ont connu, elles ont peur d'être de nouveau en échec et c'est sans doute une des raisons, même si elle n'est pas la seule, pour laquelle elles ne s'informent pas davantage sur les formations possibles.

Il serait tentant de transmettre les informations collectées sous forme d'un tableau clair et précis. Mais ce serait nier les réelles difficultés pour accéder aux informations. La plupart des renseignements sont donnés par des documents, des livres qu'il faut consulter et comprendre.

Voici à titre indicatif les résultats de l'exploration des formations en lien avec les savoir-faire que nous avons décrits précédemment.

Les formations pouvant s'adresser aux personnes ayant un savoir-faire relationnel

Pour entrer dans la formation de **bibliothécaire**, le niveau préalable demandé est le Secondaire Supérieur (en France : le Baccalauréat), ou bien un test d'aptitude équivalent. Ce sont des études supérieures. Il n'existe pas en Belgique de formation pour être aide-bibliothécaire.

Pour les **médiateurs socio-culturels**, plusieurs métiers sont concernés : éducateur spécialisé, animateur, agent de développement social en milieu multiculturel, médiateur social traducteur...

Le métier d'**éducateur spécialisé** touche beaucoup de secteurs : l'enfance, les personnes âgées, les éducateurs de rue... La formation pour être éducateur spécialisé peut se faire de deux manières : soit en enseignement supérieur de type court (niveau Secondaire Supérieur pour entrer) : la formation dure trois ans en école, avec des stages; soit en enseignement de promotion sociale (niveau Secondaire Inférieur : BEPC en France, ou examen d'entrée) : les cours sont donnés le soir ou le week-end. La formation s'adresse aux chômeurs indemnisés, mais aussi à tout travailleur qui le souhaite, sur une durée de trois ou quatre ans.

Certains **éducateurs** ne sont pas spécialisés. Pour entrer en formation, ils doivent avoir le Secondaire Inférieur. Après la formation d'un ou deux ans, ils sont éducateurs dans des homes, des hôpitaux...

Dans **le secteur de l'animation**, principalement pour les animateurs d'enfants (colonies de vacances), la formation et le niveau demandé dépendent des organismes.

Pour la formation **d'agent social multiculturel,** le niveau demandé est le Secondaire Inférieur. La formation dure trois ans, en cours du soir. Le certificat de fin de formation est reconnu par la Communauté Française. Ces agents travaillent ensuite dans des maisons de quartier, maisons de jeunes, dans la rue. Il ne semble pas qu'une des conditions d'entrée soit de connaître plusieurs langues, contrairement à la formation de médiateur social traducteur.

Dans le domaine du **travail social**, les formations ont pour but d'être assistant social, auxiliaire de soins, aide-familiale, aide-ménagère.... Pour suivre la formation **d'assistant social**, il faut avoir un niveau de secondaire supérieur ou réussir un examen d'admission organisé par les écoles, qui porte sur la culture générale. Il faut avoir au moins dix-huit ans. La formation dure trois ans avec des stages, elle relève de l'enseignement supérieur de type court.

Il y a deux types de formation pour être **aide-familiale** : une dans le cadre de la remise au travail des chômeurs, l'autre en école classique où le niveau d'études demandé est le Secondaire Professionnel Inférieur. La formation dure un ou deux ans en promotion sociale avec des stages, ou quatre ans en formation générale de type court.

Pour être **aide-ménagère, aide aux personnes à domicile,** il n'est demandé aucun diplôme. La formation est donnée par des Entreprises de Formation par le Travail, c'est-à-dire qu'elle s'adresse aux chômeurs, minimexés et personnes sans ressources. Il faut avoir plus de dix-huit ans et ne plus être inscrit dans une école, ne pas avoir son Certificat de Secondaire Inférieur. Pour être auxiliaire de soins, le niveau demandé est le Secondaire Inférieur.

En ce qui concerne les formations pour la petite enfance, la formation de **puéricultrice** se donne en Secondaire Supérieur pendant deux ans.

Pour la formation d'**auxiliaire d'aide à l'enfant et à sa famille,** il faut avoir entre dix-huit et quarante ans, n'avoir pas suivi les Secondaires Supérieures et être depuis deux ans au chômage. Le brevet après la formation de cinq mois permet de travailler en crèche ou écoles de devoirs, ou de manière indépendante.

Il existe deux types de **gardiennes d'enfants** : celles encadrées par l'ONE et les gardiennes indépendantes. La formation est faite par certaines organisations et, pour les demandeuses d'emploi, pendant deux ans par des cours de promotion sociale ou en école.

Les formations pouvant s'adresser aux personnes ayant un savoir-faire manuel

Monteur et réparateur en radio et TV : L'âge minimum pour entrer dans la formation est de quinze ans, il faut avoir fait deux ans de Secondaire Inférieur. La durée de la formation est de trois ans en cours de jour.

Une autre formation pendant deux ans en cours du soir existe en cours privés où il est demandé un diplôme d'apprentissage. Il faut avoir au minimum dix-huit ans, et payer une inscription de 4000 à 7000 FB/an.

Il existe également des formations en alternance de un à deux ans pour des jeunes de quinze à dix-huit ans (parfois dix-huit à vingt-et-un ans avec l'autorisation de la Commission Paritaire d'Apprentissage). Ils ont un salaire fixé par la CPA qui varie entre 11000 et 26000FB/mois. Le contrat ne peut pas être cassé avant six mois.

En cours de promotion sociale, pour être réparateur radio, TV, il faut avoir seize ans, et avoir fait des études professionnelles. La formation dure trois ans. Il existe aussi des formations qui nécessitent un diplôme de Secondaire Inférieur. La durée est de deux à quatre ans et donne un Certificat Technique Secondaire Supérieur en dépannage radio-TV.

Pour être **technicien en audiovisuel**, il est demandé d'avoir fait les Secondaires Inférieures, et d'être âgé au minimum de quinze ans. La formation dure trois ans.

Pour entrer dans la formation de **réparateur en électroménager**, il faut le niveau Secondaire Inférieur en électricité. Une formation est offerte par une ASBL « Les Petits Riens ». Il existe aussi des formations en promotion sociale. Pour y entrer il faut avoir fait au minimum quatre années d'études professionnelles. Le diplôme obtenu est de niveau Certificat Technique Secondaire Inférieur.

En ce qui concerne le **Recyclage,** il existe une préformation dans le traitement des déchets, assurée par la Mission locale de Bruxelles qui s'adresse aux personnes peu ou pas qualifiées de dix-huit à cinquante-cinq ans. Les conditions d'admission sont d'être en bonne santé et de savoir écrire. La formation dure deux semaines plus un stage.

Il n'existe pas de métiers de l'environnement en tant que tels, donc pas de formations dans le secondaire.

Dans le secteur du **Bâtiment,** pour entrer dans la formation de maçon, si le jeune a moins de dix-huit ans et s'il a terminé ses Secondaires Inférieurs, il peut entrer en apprentissage pendant trois ans. Pour les jeunes et adultes de plus de dix-huit ans, demandeurs d'emploi, plusieurs formations (de deux semaines à quarante-deux semaines) sont proposées par le FOREM ou l'ORBEM. Aucun niveau scolaire et aucune connaissance du métier n'est demandé, sauf un test sur le calcul élémentaire et une visite médicale.

Pour les métiers du bâtiment, les Entreprises de Formation par le Travail proposent des formations à la maçonnerie, l'électricité et la peinture en bâtiment, le carrelage... Ces formations s'adressent à des personnes n'ayant pas le Secondaire Inférieur mais elles doivent être demandeurs d'emploi depuis plus de deux ans.

Les métiers de la nature concernent l'horticulture, le jardinage, le travail forestier. Plusieurs Entreprises de Formation par le Travail organisent des formations dans ces secteurs. L'élagage n'est enseigné que dans les formations d'arboristes. Il faut un certificat supérieur d'horticulture ou avoir fait les secondaires supérieures et pouvoir justifier de deux années d'activités professionnelles dans le secteur qui touche l'horticulture.

Les métiers qui concernent le travail avec les animaux : garde-chasse, toiletteur pour chiens... ont peu de lieux de formation. Il n'existe pas d'écoles. La formation de garde-chasse se fait en promotion sociale et est ouverte à tous. Pour être toiletteur pour chiens, il faut avoir fini les Secondaires Inférieurs ou passer un examen d'entrée.

Est-ce que les plus pauvres peuvent entrer dans ces formations ?

Nous avons découvert que **les Entreprises de Formation par le Travail** proposent des formations accessibles aux personnes peu ou pas qualifiées. Dans leur dépliant d'information, leur but est clairement énoncé : *L'insertion sociale et professionnelle de jeunes (ou adultes) exclus du marché du travail (en raison de leur manque de qualifications et/ou de leur situation sociale), qui ne peuvent accéder au monde de la formation traditionnelle. Elles offrent aux intéressés des stages d'une durée maximale de dix-huit mois au cours desquels, après une phase d'accueil et d'orientation, ils sont placés dans une situation de travail réel, leur donnant l'occasion de déceler les vrais obstacles à leur intégration dans la vie professionnelle et la possibilité, par la formation appropriée, de remédier à leurs lacunes*. Les conditions pour accéder à ces formations ne sont pas financières puisque la formation est gratuite et même rétribuée. La condition première est d'être demandeur d'emploi depuis plus de deux ans. Il n'y a pas de diplôme au sortir de la formation mais un suivi après la formation.

D'autre part, **les cours de promotion sociale** s'adressent à tout adulte, quelle que soit sa situation (travailleur, demandeur d'emploi ou étudiant) à condition qu'il ait un certificat de cycle inférieur à la formation qu'il demande. Parfois un test d'admission remplace ce certificat. La formation se passe en cours du soir ou en week-end, elle peut durer de un an à trois ans, et se termine par un diplôme reconnu équivalent à celui[1] donné dans les établissements d'enseignement classique. Il s'agit soit de cours portant sur une matière (ex : une langue), soit d'un cycle d'études complet (un cycle technique secondaire supérieur en électricité ou un cycle supérieur en chauffage...). Les cours peuvent être donnés aussi par certaines associations reconnues par les communes, les provinces...

Les plus pauvres ont pour la plupart connu, après l'enseignement primaire, l'enseignement spécial ou l'enseignement professionnel. L'enseignement professionnel débouche sur un métier manuel pour ceux qui vont au bout du cycle professionnel (six ans). Mais souvent, ils ne vont pas au bout de ce cycle. Très peu vont après le primaire dans le cycle technique qui permet d'accéder à une formation supérieure. Pratiquement, aucun ne va dans le cycle général secondaire qui donne accès à l'Université. Par exemple, « les professionnels », même après les six années, ne peuvent pas accéder à l'électronique. Seuls « les techniques », après les deux premières années communes à tous, peuvent s'orienter vers l'électricité et découvrir un peu l'électronique pendant deux ans, mais il leur faut encore deux années pour obtenir la qualification d'**électricien-électronicien**.

Il est très difficile pour les plus pauvres d'arriver à une formation qualifiante. Nous avons vu précédemment qu'une des raisons est leur peur, leur refus de se retrouver à nouveau en échec dans un système trop proche du système scolaire. Une autre raison est qu'ils ne sont pas sûrs que la formation va déboucher sur un emploi, donc sur un salaire. Dans ces conditions, ils préfèrent assurer le quotidien par des petits travaux ou par la recherche d'un emploi qui leur permet de survivre, eux et leur famille.

Il est aussi important de noter que la formation à certains métiers, comme **monteur et réparateur en radio et TV**, les métiers concernant le **recyclage** et **l'environnement,** les métiers **d'accompagnement social**..., en rapport direct avec les savoir-faire révélés dans notre recherche, est inexistante dans les organismes de formation d'adultes où pourraient accéder les plus pauvres.

Quelques formations expérimentales

Qu'elles soient scolaires (Lycées professionnels) ou par alternance[2] (type apprentissage), force est de constater que très peu de jeunes de milieux pauvres accèdent aux formations traditionnelles. D'autant plus que les savoir-faire que nous avons mis en évidence dans les chapitres précédents ne sont pas ou que très rarement valorisés dans ces systèmes de formation. Quelques formations expérimentales, mises en œuvre aussi bien en France qu'en Belgique, nous paraissent mettre en valeur des savoir-faire de personnes pauvres tout en leur donnant du travail.

Description des formations expérimentales

Les experts d'expérience[3] : la formation initiale de douze semaines (252 heures) est divisée en quatre parties : la mission d'expert d'expérience ; la santé et les soins préventifs ; la précarité et l'assistance ; et les tâches des travailleurs médico-sociaux.

Cette formation initiale est ensuite complétée par une formation continue. La formation que reçoivent les experts d'expérience donne le cadre général de leur travail, et c'est dans ce cadre là que leurs savoir-faire sont mis en valeur. Pour être embauchée :

> il faut avoir connu la pauvreté dans sa propre vie et avoir (ou avoir eu) des jeunes enfants. Il faut également pouvoir travailler en équipe et avoir un minimum d'aptitudes sociales. Il ne suffit pas de connaître la pauvreté, il faut aussi vouloir en parler[4].

C'est donc à cause de leur histoire personnelle, leur appartenance au milieu de la pauvreté que ces femmes ont été embauchées, et il en est tenu compte dans la formation. Écoutons l'une d'elle :

> Il y avait beaucoup de choses dans la formation. Entre autre sur le plan de la santé (les vaccinations obligatoires pour les enfants et aussi les méthodes d'intervention). Après, on a fait connaissance avec les services. On a travaillé pour comprendre sa propre histoire, parler de son histoire personnelle. Cet exercice est nécessaire pour pouvoir expliquer les gestes qu'on a, les habitudes. Par exemple, lorsqu'on a vécu

tout le temps dans une vieille maison impossible à tenir propre, on est moins habitué à nettoyer, on n'a pas appris comment tenir un ménage[5].

Les médiateurs interculturels[6] sont choisis parmi les jeunes femmes étrangères peu scolarisées à qui l'on offre une formation par alternance. Les critères de sélection sont les suivants :

– avoir un diplôme de l'enseignement Secondaire Inférieur[7] ;
– parler deux langues au moins (Français ou Néerlandais + l'arabe ou le turc) ;
– être suffisamment motivé pour suivre une formation longue en alternance ;
– avoir une certaine connaissance du travail social ou culturel ;
– avoir une attitude ouverte et sans préjugés envers les différentes cultures.

La formation se situe au niveau de l'enseignement Secondaire Supérieur[8]. Les médiateurs obtiennent en cinq ans un certificat de qualification. La formation contient l'étude approfondie des langues, des éléments de connaissance professionnelle en soins de santé ou enseignement, et un accompagnement intensif du stage d'expérience.

Les médiateurs du livre ont suivi une formation par alternance de deux ans : trois semaines à la bibliothèque et une semaine en centre de formation. De cette formation, chaque médiateur retient tel ou tel point qu'il utilise plus particulièrement au quotidien :

– Grâce aux deux premières années de stage, j'ai découvert vraiment ce qu'est une bibliothèque. J'ai surtout fait la grande découverte des livres pour enfants. Il y avait tellement de bons livres, biens faits, avec de superbes histoires bien écrites, bien illustrées, que je me suis éclatée à les lire, les découvrir[9]...

– Les cours d'atelier d'écriture, ça c'était bien parce qu'on inventait des phrases, des trucs comme ça. Eh bien là, je m'en sers avec les enfants pour quand ils veulent écrire une histoire, quand ils veulent changer une histoire à partir d'un livre pour faire une pièce de théâtre ou quelque chose comme ça[10].

Les agents d'ambiance et de prévention, les AMIS, les « Messagers » : Ces activités de médiateurs dans les transports en commun ou dans la ville sont créés pour des jeunes (et parfois par eux dans le cas des « Messagers ») ou des adultes issus de quartiers défavorisés. Une formation initiale ou en alternance a été prévue (deux semaines pour les agents d'ambiance de la SNCF).

Dans le cas des Messagers, la formation comprend :

– connaissance des fonctionnements sociaux, des facteurs d'intégration et d'exclusion ;
– définition de la mission, capacité à l'exposer ;
– savoir-faire pour aborder les personnes, seul ou en groupe ;
– capacité à s'adapter à la diversité des situations relationnelles en restant maître de soi ;

– connaissance de l'environnement, pour être en mesure d'agir en médiateurs entre usagers et institutions locales ;

– capacité à intervenir en urgence (secourisme)[11].

Pour les AMIS, *il est évident que pour faire ce travail, il faut prendre du temps en formation en alternance, pour que nous puissions acquérir les connaissances nécessaires pour emplir les missions qui nous sont confiées. Il s'agit plus de développer les aptitudes (savoir-faire, savoir-être) que nous avons, en partant de notre pratique et des situations que nous rencontrons*[12**].

Les élagueurs, c'est le seul exemple de valorisation de savoir-faire manuel dont nous ayons eu connaissance, mais peut-être en existe-t-il d'autres. Ce métier a été expérimenté en France à partir de 1984 dans le cadre des « Nouvelles Qualifications ». Les jeunes stagiaires ont suivi une formation en alternance de vingt-quatre mois et étaient sous contrat de qualification, c'est-à-dire qu'ils étaient salariés. Les jeunes pouvaient rentrer dans cette formation sans niveau scolaire pré-requis, si ce n'est de savoir lire et écrire.

Points communs de ces formations expérimentales

Ces formations ont la plupart du temps été initiées par des associations et elles mettent souvent en œuvre les savoir-faire relationnels des personnes d'origine pauvres ou très pauvres. Nous avons vu que l'origine sociale des personnes est même une des conditions de l'embauche. C'est donc que cette réalité de vie apporte un plus dans l'exercice des métiers qui découlent de ces formations. Le fait de vivre (ou d'avoir vécu) dans la pauvreté permet une plus grande proximité, une plus grande sensibilité aux personnes défavorisées. Les formations visent à avoir un regard critique sur son milieu pour pouvoir mieux l'aider dans ses rapports avec le reste de la société. Elles complètent et mettent en valeur ces savoir-faire.

Les formations (à l'exception de celles des agents d'ambiance et assimilés) sont de longue durée (de deux à cinq ans) et par alternance, avec parfois une formation initiale. Il est en effet fondamental de toujours garder le contact avec la réalité pour ne pas « cérébraliser ». L'alternance permet de trouver des réponses théoriques au fur et à mesure que se posent les questions par la pratique. Par ailleurs il est nécessaire de prendre du temps pour permettre à ces personnes de faire une réelle remise à niveau des apprentissages de bases. Ce manque de temps pris pour la formation est d'ailleurs reproché par les AMIS de Lyon.

Ces formations sont systématiquement accompagnées d'une rémunération qui assure une sécurité financière aux stagiaires ; celle-ci leur est indispensable pour pouvoir aller jusqu'au bout. L'exercice qui consiste a réfléchir et avoir un regard critique sur son propre milieu est déjà suffisamment déstabilisant sans avoir à ajouter une quelconque contrainte financière, en particulier pour des personnes qui ont presque toujours été contraintes jusque là à « tirer la ficelle ».

Quelques craintes et réflexions à propos de ces expériences

À propos des AMIS et des agents d'ambiance et de prévention, il y a un risque évident d'utiliser les savoir-faire de ces personnes contre leur milieu. En effet, ils peuvent rapidement devenir des sortes de policiers sans arme qui assurent la paix sociale et la sécurité publique[13]. Ils aideraient ainsi à faire taire des violences et des actes d'incivisme qui, pour être condamnables, n'en sont pas moins le signe d'un mal-être par rapport à la société.

Au nom d'une rentabilité à court terme et aussi parce qu'il y a une très forte demande, le risque est grand de voir le niveau scolaire demandé, pour démarrer ces formations, augmenter rapidement : dès la deuxième génération des médiateurs du livre, les stagiaires doivent avoir le niveau du Bac, et même de la licence. Il y a donc fort peu de chances que ces jeunes soient issus dorénavant d'un milieu pauvre même s'ils ont connu une certaine « galère » pour trouver du travail. En prolongement, on voit apparaître un risque d'accaparement des savoir-faire par d'autres milieux. Ceci n'aurait rien de dramatique et serait même à l'honneur des pauvres s'ils ne se trouvaient du même coup exclus des métiers dont ils ont été les initiateurs.

Ces nouveaux métiers, loin d'enlever du travail aux professionnels en place, en créent au contraire puisque l'arrivée d'un nouveau public dans les bibliothèques, par exemple, demandera une adaptation de la part des bibliothécaires. Les médiateurs du livre peuvent à leur tour devenir formateurs pour les bibliothécaires : c'est la pédagogie de la réciprocité…

Formations à créer

Quelles formations seraient à créer pour que les savoir-faire des plus pauvres puissent aboutir à des métiers utiles à l'ensemble de la société, en répondant en particulier à des besoins actuellement non satisfaits ? Comme il s'agit de formations à venir pour des métiers partiellement nouveaux, ce qui est important avant tout c'est d'indiquer les conditions et les critères pour leur mise en œuvre, voire pour leur succès.

Le point de départ est la prise de conscience, de la part des plus pauvres, de ce que l'on pourrait appeler, d'une manière provocatrice, leur richesse, c'est-à-dire les savoir-faire qui viennent de leur vécu et de leur combat. En effet, non seulement la société, le plus souvent, n'a pas du tout cette conscience, mais les personnes concernées également n'ont souvent pas le recul suffisant pour cela. C'est l'exemple de Jacqueline Meton[14] qui, à propos de toutes ses démarches pour venir au secours des plus démunis, dit : *Je ne fais rien…*

Ensuite, il s'agit de repérer, parmi les nombreux besoins que notre société est actuellement incapable de satisfaire, lesquels correspondent bien à ces savoir-faire des plus pauvres.

Ici, les exemples sont nombreux dans les domaines de l'accompagnement des personnes en difficultés, de leur accueil en milieu médical et social, de la médiation vers la lecture, de la médiation entre cultures différentes du point de vue ethnique, etc.

À ce point, doit intervenir en général une formation adaptée pour aboutir à un métier utile et reconnu. Voici donc quelques critères essentiels dont ce type de formation doit, à notre avis, tenir compte :

– d'abord cette prise de conscience de la part des personnes en difficulté des potentialités qu'elles possèdent, souvent sans le savoir. Il s'agit donc de partir de leur vécu et non pas de notions générales ou abstraites ;

– cette formation doit avoir comme finalité celle de renforcer l'autonomie dans le travail, c'est-à-dire d'acquérir la capacité de s'adapter en permanence à des conditions nouvelles et parfois même imprévisibles dans le travail entrepris ;

– il doit y avoir, comme nous le verrons au paragraphe suivant, une réciprocité dans le processus de formation : c'est-à-dire que, à tour de rôle, chacun doit pouvoir être à la fois enseignant et enseigné (croisement des savoirs). Il s'agit en d'autres termes d'établir une situation de partenariat entre personnes (ou groupes de personnes) qui, à cause de leur histoire ou de leur formation, possèdent des connaissances, des savoir-faire complémentaires.

Ce nouveau type de formations devrait donc aboutir à des métiers, partiellement nouveaux, dont certains orientés vers l'accueil et la prise en compte des personnes en difficulté, mais qui, dans leur ensemble, devraient être utiles à tout le monde.

En plus des domaines déjà cités (accompagnement, accueil, médiations diverses), on doit pouvoir prendre en considération également l'enseignement (du sens civique et de l'histoire du Quart Monde, par exemple), les activités concernant l'écologie (récupération, traitement des divers types de déchets, etc.), la recherche (dans des secteurs appropriés), la santé, la prévention, la justice, la culture, l'animation, les loisirs…

Les plus pauvres peuvent-ils devenir formateurs ?

La réciprocité entre formateurs et stagiaires constitue, il nous semble, un élément important du succès de certaines formations expérimentales décrites dans le chapitre précédent. Nous entendons, par réciprocité, l'enseignement réciproque entre formateur et stagiaire, mais aussi, l'échange de savoirs de type professionnel entre milieux sociaux au-delà d'une formation donnée. Cet échange répond à une aspiration profonde des personnes vivant dans la grande pauvreté : elle est l'expression même d'un rééquilibrage social, où des personnes extérieures reconnaissent la richesse de l'expérience de vie des plus pauvres.

Nous avons vu, dans le chapitre précédent, comment certains savoir-faire sont transmis entre générations au sein du milieu de la grande pauvreté.

Monsieur Gérard[15] nous confie dans l'interview qu'il apprend à son fils et à *un ami qui était en situation difficile et qui vit chez nous pour l'instant*, comment utiliser un appareil de mesure, comment repérer les pièces défectueuses dans un téléviseur, tout en faisant preuve de patience et d'une certaine capacité pédagogique :

> La première chose que je fais, je le laisse chercher et quand il ne s'en sort pas, il vient me demander un renseignement. Dans la mesure où je peux répondre, je le conseille. Mais si on le fait à sa place, il n'apprendra rien, ça c'est clair.

Une autre personne, issue d'un milieu pauvre, actuellement boulanger, est un jour confronté à quelques jeunes qui lui demandent un gâteau. Il leur apprend à en faire, en leur demandant en échange de nettoyer son magasin.

Cependant, cette transmission de savoirs au sein de leur propre milieu ne semble pas entièrement satisfaire les personnes pauvres. L'échange est considéré plus valorisant lorsqu'il s'effectue dans un lieu public, reconnu. Et à juste titre. Ne s'agit-il pas d'un principe fondateur de toute éducation d'adultes ? Chaque formateur en milieu adulte reconnaîtra que ses cours sont enrichis par les expériences – professionnelles ou autres – apportées par les stagiaires venant d'horizons différents. C'est vrai aussi dans les formations professionnelles de personnes défavorisées : elles apportent leur expérience de vie, leurs savoirs propres, leurs valeurs etc. Et l'apprentissage sera plus efficace dans la mesure où il existe une interaction entre ces apports et les savoirs à transmettre. Rudy De Cock[16], responsable de la formation des experts d'expérience, témoigne :

> Lors des premières embauches, la formation était davantage axée sur le fonctionnement de Kind en Gezin ; à l'avenir, nous comptons plutôt nous concentrer sur l'utilisation de leur propre expérience de vie[17] pour la compréhension du vécu des familles que nous visitons. Cela nous aidera à mieux comprendre les besoins de ces familles et à y répondre de manière plus efficace.

Les rôles sont donc parfois vraisemblablement inversés. Des experts d'expérience sont d'ailleurs déjà intervenues dans des formations d'infirmières, et seront impliquées dans la formation des formateurs de Kind en Gezin. Une des leçons que tire Rudy De Cock de l'expérience précédente est que la formation des experts d'expérience ne peut pas être dissociée de celle des infirmières avec lesquelles elles sont appelées à travailler en tandem. Les infirmières doivent en effet apprendre à regarder les experts d'expérience comme des collègues apportant un type d'expertise différent, complémentaire et non pas comme des aides-infirmières. En d'autres termes, la formation ne se limite pas au développement des compétences des experts d'expérience : elle sert à promouvoir l'échange des savoirs et à transformer toute l'organisation du travail au sein de l'institution. Ceci ne peut se réaliser qu'en dialogue entre toutes les parties concernées.

On voit donc apparaître déjà, et dans les faits, ces notions de réciprocité et de partenariat que nous avions anticipées dans l'approche plus globale de la sections précédente.

Est-ce le manque de réciprocité, l'absence même de formation conjointe des bilbiothécaires et des médiateurs du livre, qui sont à l'origine d'incompréhensions et de tensions entre ces dernières et leur milieu professionnel ?

Au risque de nous aventurer dans une recherche auto-réflexive, nous croyons pouvoir affirmer que cette formation réciproque s'applique également au programme Quart Monde-Université dans lequel les auteurs de ce mémoire (militants et volontaires du Mouvement Atd Quart Monde et universitaires) sont impliqués. À travers ces rencontres, la recherche et l'écriture conjointe, les uns se forment à la rigueur de la critique scientifique, les autres à l'expérience de vie (moins biaisée par les distances culturelles entre les mondes de l'université et de la grande pauvreté), ou encore au savoir accumulé par un corps volontarial à travers une histoire d'action. Les langages, les vocabulaires, les modes de pensée, les cadres de référence sont remis en question de part et d'autre, invitant ainsi chacun à élargir ses horizons.

Pourquoi les plus pauvres ne pourraient-ils pas devenir formateurs à leur tour ? Bien sûr, la préparation est parfois longue ; elle implique l'acquisition d'un bagage culturel, un recul par rapport à sa propre histoire de misère, l'exercice à la prise de parole... Il ne s'agit pas nécessairement d'une profession de formateur au sens classique du terme mais, par exemple, de contributions actives à des formations organisées par des tiers. D'autres exemples de succès existent dans ce sens. Des personnes connaissant la grande pauvreté dans leur vie et ayant reçu une formation de militants du Mouvement Atd Quart Monde ont pu, par la suite, transmettre ces savoirs, entre autres dans des milieux professionnels. À Namur, des militants sont intervenus dans un colloque de juristes sur la relation entre pauvreté et droits de l'homme. Ils y ont démontré, à l'aide d'exemples concrets, l'indivisibilité des droits fondamentaux : il n'y a, par exemple, pas de droit au revenu minimum sans droit au logement, pas d'accès au travail sans droit à la santé, etc. À Bruxelles, militants et avocats écrivent et analysent ensemble des fiches de faits décrivant des injustices faites aux plus pauvres. En France, des groupes d'avocats spécialisés dans la défense des enfants envisagent de rencontrer, dans le cadre de leur formation professionnelle continue, des représentants du Quart Monde pour mieux connaître la situation des enfants de familles très pauvres. Des personnes vivant dans la pauvreté, représentant des associations diverses, sont intervenues dans une session de formation continue de magistrats français, organisée par l'École Nationale de la Magistrature.

À l'Institut Régional des Travailleurs Sociaux de Rennes (mais également en Alsace), des militants ont contribué à des formations de travailleurs sociaux, dans le cadre d'un cycle de cours tout au long d'une année académique. Leur apport allait au-delà du simple témoignage : il consistait à analyser les perceptions mutuelles de travailleurs sociaux et de familles pauvres, et à en dégager des savoir-faire utiles pour la profession de travailleur social. Des comptes rendus et des bilans, on peut déduire que les étudiants ont véritablement appris à concevoir leur mission de manière différente : miser sur la promotion familiale plutôt que l'accompagnement d'individus ; découvrir des liens sociaux, aussi fragiles soient-ils, là où d'autres n'en percevraient pas ; renforcer ces liens et s'appuyer sur eux pour résoudre les difficultés des familles ; accompagner des personnes sans imposer de solutions toutes faites ; découvrir leur projet de vie et s'en faire partenaire ; comprendre leur difficulté d'être autonomes lorsque la pauvreté détruit leur énergie ; respecter l'intimité au-delà du secret professionnel ; développer des stratégies dynamiques, de prévention et de promotion au lieu de se limiter à des interventions d'urgence ; rendre sa place à l'affectif, etc.

Ces expériences novatrices démontrent que la formation professionnelle peut ne pas se limiter à la transmission de connaissances techniques, ni à une transmission en sens unique. Dans bien des cas, et à fortiori dans la sphère des services relationnels, la réciprocité est indispensable à la réussite de l'insertion professionnelle. Dans d'autres cas, elle enrichit les formations d'autres professionnels.

Leçons pour l'avenir

Les trois premières sections de ce chapitre nous permettent de dégager quelques conclusions relatives aux formations qui restent à créer dans la perspective des nouveaux métiers accessibles aux plus pauvres.

L'aperçu donné dans la première section démontre que, dans la grande majorité des cas, il existe des formations qui répondent aux intérêts et aux savoir-faire des plus pauvres. Cependant, plusieurs obstacles leur empêchent d'y accéder : tantôt les conditions d'accès sont trop élevées par rapport au niveau d'études des personnes défavorisées ; tantôt les méthodes rappellent aux candidats leurs expériences d'échec scolaire ; tantôt le risque de l'investissement paraît trop important par rapport aux perspectives d'emploi à la sortie du stage. Des formations plus adaptées existent dans des créneaux alternatifs (entreprises intermédiaires, entreprises de formation par le travail), mais en quantité largement insuffisante et sans validation officielle des acquis (certificats notamment). Il conviendrait de supprimer tous ces obstacles si l'on veut assurer à chacun le droit à la formation proclamé dans les textes législatifs.

L'analyse (rapide) de quelques formations expérimentales (médiateurs du livre, experts d'expérience, agents d'ambiance et de prévention, élagueurs) révèle quelques caractéristiques déterminantes du succès de l'intégration professionnelle des personnes défavorisées qui pourraient se résumer comme suit.

La reconnaissance des compétences acquises par le vécu

Nous avons remarqué que les compétences résultant de l'expérience, du vécu sont difficilement mesurables mais bien réelles, et primordiales dans l'exercice de certains métiers en particulier ceux de la médiation. Or le risque est grand de voir ces savoir-faire de nouveau niés (puisque difficiles à évaluer) lorsque les formations expérimentales sont répétées, et de relever le niveau scolaire de départ pour sélectionner les nouveaux candidats. Ce serait alors nier l'essence même de ces métiers de médiation qui impliquent une connaissance de l'intérieur du groupe social avec lequel on est engagé. De plus, on retire de ce fait le droit aux pauvres de s'engager pour la promotion de leur propre milieu.

Il y a donc nécessité de prendre des mesures pour que les très pauvres continuent d'accéder en priorité à ces nouveaux métiers dont ils sont les initiateurs. Pour cela, il conviendrait de mettre comme condition première d'accès à ces formations le fait de vivre ou d'avoir vécu une situation difficile, ou d'avoir vécu dans une grande proximité avec des familles en grandes difficultés, de façon à mettre en valeur cette compétence liée au vécu.

Des nouvelles formations réellement qualifiantes

Ces formations doivent rendre possible l'acquisition par leurs bénéficiaires d'une véritable autonomie, c'est-à-dire leur permettre de passer d'actions faites de façon intuitive, automatique à des actions réfléchies parce qu'analysées, et donc adaptables à des situations proches mais nouvelles. En effet, à quoi servirait une formation qui maintiendrait la personne dans une situation de dépendance par rapport au métier exercé ou dans un statut précaire? La formation acquise doit permettre à la personne d'avoir la capacité de transférer son savoir-faire à des contextes de travail évolutifs.

Pour cela, on ne peut pas faire l'économie d'un temps suffisamment long de formation pour permettre une réelle intériorisation de toutes les dimensions d'un métier en transformation continue. On est en droit par exemple de s'interroger sur la solidité d'une formation initiale de quelques semaines pour les agents d'ambiance dans les trains qui ne permet probablement pas aux jeunes nouvellement formés d'acquérir une réelle autonomie. Qu'adviendra-t-il alors quand le contrat de travail arrivera à son terme? Il y a de grandes chances pour que ces jeunes se retrouvent alors dans une galère similaire à celle où ils étaient à l'origine, même avec cette expérience enrichissante.

Cette formation doit se faire dans une alternance vraie avec le travail sur le terrain et ce pour plusieurs raisons :

– le travail assure la sécurité d'existence qui permet à chacun de s'investir pleinement dans le projet de formation;

– le travail est lui-même source d'apprentissage et de qualification;

– il assure une meilleure probabilité d'emploi après la fin de la formation.

Réciprocité dans la formation

Ces nouveaux métiers (médiateurs, agents d'ambiance...) ouvrent de nouveaux domaines d'intervention ou d'activité. Ils ont alors nécessairement des conséquences sur l'exercice des métiers avec lesquels ils rentrent en interaction. Nous avons vu par exemple que le nouveau public amené par les médiateurs du livre dans les bibliothèques oblige les bibliothécaires à adapter leur accueil. Ces dernières (ce sont généralement des femmes qui exercent ce métier) doivent donc à leur tour suivre une formation complémentaire, essentiellement en terme de connaissance et de compréhension de ce nouveau public. Car il est bien entendu que la bibliothèque doit s'adapter à son public et non l'inverse.

Nous avons vu que les bibliothécaires jouent un rôle important dans la formation sur le terrain des médiateurs du livre en ce qui concerne, par exemple, le classement des livres... On peut dès lors affirmer que, réciproquement, les médiateurs du livre apportent leur connaissance de la grande pauvreté aux bibliothécaires. C'est d'ailleurs effectivement ce qui s'est passé dans plusieurs bibliothèques accueillant des médiateurs du livre. Cette formation réciproque est souhaitable au moins à deux titres : elle permet de valoriser les savoir-faire du nouveau médiateur à ses propres yeux et aux yeux de ses collègues bibliothécaires; et elle conduirait sans doute le personnel d'une même bibliothèque à mener un travail en réelle collaboration, pour le plus grand bien de tous les utilisateurs de la bibliothèque, et en particulier des personnes en difficulté ; ceci dans un climat de plus grande estime mutuelle.

L'exemple pris pour les médiateurs du livre peut se généraliser aux relations entre les experts d'expérience et les infirmières, les agents d'ambiance et les contrôleurs et chefs de train, les AMIS et les conducteurs de bus, les Messagers et les îlotiers...

Notes

1. Équivalent en France du Brevet des collèges.
2. Les formations par alternance sont des formations professionnelles où les cours théoriques s'intercalent entre des périodes de travail et viennent en principe renforcer la formation « sur le tas ».
3. D'après le *Rapport sur les activités préparatoires*, Kind en Gezin, Service d'études, miméo et *Evaluatie-onderzoek naar begeleidingsmethodieken van kansarme gezinnen*, Bruxelles, VUB, Medisch-sociale Wetenschappen, 1994.
4. Rudy De Cock, responsable des experts d'expérience, interview n° 17.
5. Interview n° 18.
6. D'après *Médiation interculturelle : les jeunes immigrés ont-ils besoin de personnes de contact, de coordinateurs ou de médiateurs interculturels ?* », Leuven, HIVA, 1995.
7. Équivalent en France du secondaire premier cycle, brevet.
8. En France : secondaire 2è cycle, baccalauréat.
9. Interview n° 14.
10. Interview n° 8.
11. D'après un article de Jean-Marie Petitclerc qui a soutenu la fondation de l'association des Messagers.
12. Les phrases suivies du signe** sont des extraits de discussions de groupe ou d'écrits personnels.
13. « *Cette expérience* (les Messagers) *n'est pas exempte de risques : à l'extrême, la création d'une milice parallèle ou d'une mafia! Par ailleurs, si l'on refuse que le dispositif ne dérive vers un nouvel assistanat et si on veut qu'il assure l'accès à de nouveaux métiers, il importe de mettre en place une formation* ». D'après un article de J.-M. Petitclerc.
14. Interview n° 4.
15. Interview n° 3.
16. Interview n° 17.
17. L'expérience de vie des jeunes femmes embauchées comme experts d'expérience.

Chapitre 4

RECONNAISSANCE

Les savoir-faire précédemment décrits et analysés ne sont le plus souvent pas reconnus en tant que compétences acquises, même si dans certains cas ils sont l'objet d'une reconnaissance de fait, sociale (familles, voisins, quartier ou même responsables d'organismes ou de services), mais sans portée officielle, alors qu'ils engendrent parfois un sentiment de fierté.

Or on admet maintenant que le parcours personnel, professionnel ou simplement social, de tout individu développe des savoirs, des savoir-faire susceptibles de donner lieu à des formes de reconnaissance officielle, utilisables dans la négociation sociale comme le sont les diplômes académiques ; certains vont jusqu'à considérer comme des acquis validables le sens de la justice, du don ou du service des autres. Des procédures de reconnaissance ont été instituées, parallèlement aux cursus scolaires ou universitaires, en particulier pour la validation des acquis professionnels. Mais, pour les plus pauvres, il s'agit presque toujours de savoir-faire hors de toute entreprise ou de toute structure organisée. Dès lors, le constat de ces savoir-faire n'obéit pas aux procédés courants et les procédures officielles risquent de ne pas le permettre, d'autant plus qu'ils n'équivalent pas souvent à des compétences répertoriées ou à de véritables qualifications, classiques ou nouvelles.

Ces savoir-faire des plus pauvres, peuvent-ils être reconnus sans enfermer ces derniers dans des activités sans avenir ou les maintenir dans des situations de sous-statut, sans les en dépouiller au profit de personnes diplômées ou qualifiées ? À quelles conditions ? Peuvent-ils, valorisés par des formations adaptées, déboucher sur de véritables qualifications et constituer ainsi de véritables métiers ?

Reconnaissance de fait

Les personnes exerçant ces savoir-faire n'ont généralement pas de diplôme, ni de certificat professionnel. Pourtant on fait parfois appel à eux dans le cadre de leurs activités : c'est ce que nous appelons la reconnaissance de fait.

Conscience personnelle de posséder des savoir-faire

Comme nous l'avons vu, certaines personnes ont le sentiment de posséder un savoir-faire. Elles en tirent alors une fierté personnelle et du courage pour continuer la lutte pour s'en sortir ou pour d'autres motivations comme l'entraide ou la lutte contre le gaspillage. Pour Monsieur Gérard[1] qui répare des téléviseurs : *J'ai prouvé qu'on est capable de faire des choses, qu'on n'est pas des bons à rien.* Pour inclure son activité de chineur[2] dans l'engagement très large de l'amélioration de l'environnement comme il le fait, il faut être sûr de ses capacités, de ses savoir-faire.

Les volontaires du mouvement Atd Quart Monde ont une longue expérience pour révéler aux plus pauvres leurs savoir-faire. Nous allons prendre deux exemples : Méca-Jeunes et les Bibliothèques de rue.

– **Méca-Jeunes** est un atelier de mécanique itinérant. Beaucoup de jeunes ayant vécu la grande pauvreté quittent l'école à seize ans (et parfois plus tôt) sans savoir lire et écrire, sans avoir pu apprendre un métier et surtout avec l'intime conviction qu'ils ne savent rien faire et que c'est irrémédiable. Le volontaire chargé de l'action avec les jeunes dans le département du Val d'Oise a installé dans une camionnette un petit atelier de mécanique et un ordinateur : c'est *Méca-Jeunes*. Il a perfectionné un système de chargeur de batteries en s'inspirant de plusieurs essais qu'avaient fait des personnes vivant en caravane. La plupart de ces jeunes vivaient avec leur famille de la récupération de la ferraille. Le tas de ferraille est alors devenu non seulement source de revenus directs (par le tri et la vente des métaux récupérés) mais aussi source de matériaux de base pour les constructions mécaniques qu'ils faisaient. Les jeunes qui ont participé, semaine après semaine, aux activités de cet atelier ont pu retrouver une certaine fierté de voir que leur milieu était à l'origine des constructions qu'ils confectionnaient. C'est au bout de quelques mois, alors que la confiance entre eux et l'équipe d'animation de l'atelier s'était bien établie, qu'ils ont demandé à faire des dictées ensemble pour perfectionner leur français. Ils ont surtout découvert, tout en confectionnant ces objets qu'ils n'étaient pas aussi stupides qu'ils l'avaient d'abord pensé mais qu'ils étaient capables de faire des choses utiles, tout en se servant de leurs ressources propres. Ils ont pu compléter leurs connaissances théoriques en s'initiant à l'utilisation de l'informatique. Ils ont ainsi pu aborder sans honte la question de la lecture et l'écriture en utilisant le traitement de texte.

Après plusieurs années, et parce qu'ils avaient pu retrouver la confiance dans leurs savoirs et savoir-faire, plusieurs ont ainsi osé affronter les Stages de Préparation à l'Emploi Renforcée (SPER), le Crédit-Formation, les Contrats de Formation Individualisée (CFI) et les programmes de Préparation Active vers la Qualification et l'Emploi (PAQUE)[3].

– **Les bibliothèques de rue**

Dans les années 1968, le père Joseph Wresinski* propose aux étudiants qui veulent se rendre utile aux plus pauvres, d'aller dans les rues, dans les quartiers de pauvreté pour y partager leurs savoirs avec les enfants en utilisant des livres : c'est la création des bibliothèques de rue. Pendant des années, les volontaires et les alliés les ont animées seuls. Puis des jeunes, habitant ces quartiers, se sont petit à petit intéressés à l'animation. Les volontaires qui, à cause de leur présence presque quotidienne auprès des jeunes, pressentaient leur capacités, ont donc poussé pour qu'ils participent eux aussi à l'animation. Écoutons un médiateur du livre[4] :

> J'ai commencé l'animation des bibliothèques de rue à l'île de la Réunion. À vrai dire, au départ, je n'en voyais pas vraiment l'intérêt. Je le faisais parce que dans mon quartier il n'y avait aucune animation, pas de route et pas d'électricité. Comme je n'ai pas eu la chance de faire des études, je travaillais au noir comme journalier agricole dans les champs de canne à sucre. Ce n'était guère intéressant. Mais chaque samedi après-midi, je retrouvais les enfants pour l'animation de la bibliothèque. Les passants étaient surpris de me voir travailler avec des enfants dans la rue. Ils se demandaient ce que, moi, qui n'ai pas été longtemps à l'école, pouvais bien enseigner aux enfants. Avec les autres animateurs, j'ai voulu montrer aux parents que la bibliothèque n'était pas de la rigolade. Peu à peu ils ont compris qu'elle représentait quelque chose d'important pour leurs enfants. Ces derniers, parce qu'ils nous connaissaient mieux, nous faisaient plus confiance. Ils nous parlaient de leurs difficultés à l'école sans avoir peur car ils sentaient que nous ne nous moquerions pas d'eux et que nous les écouterions.

Les parents, les voisins étaient heureux et fiers de voir que des jeunes de leur propre milieu étaient eux aussi capables de faire cette animation.

C'est parce qu'ils étaient persuadés de l'existence de ce savoir-faire que les volontaires d'Atd Quart Monde ont commencé les négociations avec le Ministère de la Culture et un institut de formation de travailleurs sociaux[5] pour expérimenter sur deux ans ce nouveau métier de médiateur du livre. Ils pouvaient s'appuyer sur les premières expériences d'animation de bibliothèques de rue en collaboration avec des jeunes issus du monde de la pauvreté.

Reconnaissance par les autres

La reconnaissance a de multiples facettes. Les dictionnaires donnent de nombreuses définitions au mot *reconnaissance.* Les militants ont retenu la définition de *se reconnaître*, qui leur a semblé la plus appropriée à la recherche : *se reconnaître, c'est trouver de la ressemblance entre une autre personne et soi-même.*

Est-ce que des personnes, des groupes peuvent trouver dans les savoir-faire des plus pauvres des éléments de ressemblance avec leurs propres activités professionnelles, sociales ou simplement humaines ? Est-ce que la reconnaissance des savoir-faire des pauvres signifie la reconnaissance des pauvres eux-mêmes ?

Il est important de noter que la reconnaissance implique un mouvement double : une personne peut avoir la volonté de se faire reconnaître par les autres, pour cela elle le signifie par des actes, mais ce sont *les autres* qui attribuent la reconnaissance selon leurs propres critères. C'est pourquoi nous verrons successivement les éléments qui permettent l'identification, c'est-à-dire les éléments de ressemblance, puis les éléments de différence qui bien souvent empêchent une réelle reconnaissance des savoir-faire des pauvres.

Les éléments de ressemblance

Une des premières ressemblances entre toutes personnes exerçant une activité est l'activité elle-même, le fait de **faire quelque chose**, d'agir de façon visible par tous. Par exemple**, un homme était surnommé « le marin ». Il avait travaillé pendant plusieurs années sur un chalutier, mais à la suite d'un accident survenu à bord, il ne pouvait plus monter sur un bateau. Cet accident, d'ailleurs, n'a jamais été reconnu comme accident de travail. Chaque matin, il montait alors dans un bus de transport public avec sa mallette qui contenait son thermos de café et ses tartines, comme les travailleurs. C'était sa manière de montrer que lui aussi était un travailleur. Le chauffeur du bus était habitué à le voir passer ses journées entières à renseigner les gens. Un jour, en hiver, à cause du verglas, tous les bus étaient bloqués. Les contrôleurs, ayant trop de travail, ont fait appel « au marin ». Ils lui ont demandé d'indiquer au chauffeur de bus les chemins à prendre pour éviter les routes trop verglacées. D'autre part, quand un nouveau chauffeur ne connaissait pas la ligne de bus, il se proposait pour la lui montrer et venait pour cela dès 5 heures du matin. Il dormait alors dans un café près de la gare, pour prendre le premier bus. Entre chauffeurs, il était connu : *Tu ne connais pas ? Demande « au marin », il va t'expliquer.*

Un autre homme**, après un long temps sans emploi, avait trouvé un emploi de peintre. Tous les jours, même le week-end, il portait sa salopette de travail pour montrer à tous qu'il travaillait.

Un autre élément de ressemblance entre ceux qui exercent une activité professionnelle est **la qualité du travail bien fait**. Ceci est particulièrement vrai pour le travail manuel qui est visible immédiatement. Par exemple, un homme très défavorisé, occupé à repeindre une façade s'entend dire par un voisin, qui est électronicien : *ce que vous faîtes c'est beau, vous travaillez bien.* La reconnaissance du travail bien fait, de la compétence, est également essentielle pour l'activité de Monsieur Gérard qui répare des téléviseurs.

Certains savoir-faire décrits rejoignent ce que nous pouvons appeler des **valeurs citoyennes** de nombreuses personnes. Par exemple, le combat contre les injustices subies par des personnes très défavorisées, mené par Jacqueline Meton[6] est apprécié, non seulement par les intéressés, mais aussi par les services communaux. Cela se vérifie quand elle téléphone à la secrétaire du bourgmestre pour avoir un rendez-vous afin d'aider des personnes envoyées de bureau en bureau sans résultat : par exemple, grâce à ses interventions répétées, le bourgmestre a fait obtenir assez rapidement gain de cause à des personnes dépourvues de ressources ou de logement.

Une autre de ces valeurs reconnues, sans doute aussi parce que plus rare, est la **disponibilité à rendre service**. Toujours à propos de Jacqueline Meton, un des responsables d'un restaurant social[7] dit :

> Ce n'est pas seulement utile ce qu'elle fait, c'est indispensable. Je la vois toujours courir pour aider les autres et avec beaucoup de discrétion. Et en plus elle est très efficace car elle va directement à la personne qui pourra s'occuper des problèmes.

Monsieur Gérard[8] dit :

> C'est clair que si l'on peut rendre service à des gens qui sont plus bas que nous, on ne peut s'empêcher de le faire. C'est parce qu'on est passé par là, on le comprend, on sait ce que c'est.

Un autre exemple est donné par cet homme admiré pour son savoir-faire de peintre, mentionné plus haut, qui propose au voisin en question de nettoyer sa façade en utilisant le karcher dont il se servait pour son propre travail.

Les éléments de différence

Si les savoir-faire exercés par des personnes défavorisées sont appréciés pour certains de leurs aspects, il est important aussi de noter ce qui leur est reproché et qui est constitué par des éléments qui empêchent de reconnaître ces personnes comme des « vrais » travailleurs... Ce n'est pas leurs savoir-faire qui sont critiqués, mais ce qui rappelle les origines de pauvreté ou de misère de ceux qui les exercent.

Il est reproché à Paul Linden[9], de **n'avoir aucun diplôme** pour animer le lieu d'accueil pour personnes à la rue qu'il a créé avec des amis. Lorsqu'il s'est présenté à la Maison Communale pour faire reconnaître son association, cela lui a été refusé et l'association a dû être dissoute.

Quand **une activité n'est pas salariée**, elle n'est pas reconnue comme un travail. C'est la réaction du mari de Anne[10], bénévole à l'ONE.

Le travail au noir est aussi souvent critiqué, même s'il sert à certains patrons. Par exemple, un homme travaille au noir pour un patron depuis dix ans. Il ne travaille pas régulièrement, ce patron vient le chercher à chaque fois qu'il a besoin de lui. Pour les syndicats et les ouvriers, il est difficile de comprendre que parfois seul le travail au noir permet de faire vivre la famille et de garder justement sa dignité parce qu'on travaille.

Un autre reproche tient à **l'organisation du travail**. Par exemple il est reproché aux petits ferrailleurs d'être des pollueurs. Les dépôts de ferraille près de leurs domiciles sont visibles. Mais auparavant les batteries, par exemple, étaient reprises entièrement par les grossistes. Maintenant les ferrailleurs sont obligés de ne retirer que le plomb qui lui se vend. De ce fait, l'acide et le bakélite ne sont plus valorisés et polluent.

Nous avons également vu, dans un chapitre précédent, que **la situation est parfois paradoxale**. Une personne peut être appréciée pour son savoir-faire vis-à-vis des enfants, comme dans l'exemple des médiateurs du livre, ou vis-à-vis des adultes pour les experts d'expérience, mais en même temps il peut lui être reproché d'avoir gardé des *mauvaises habitudes* liées au milieu d'où elles viennent (santé fragile, trop grande proximité...). *Elle est très bien avec les enfants, mais elle est immature*, dit une directrice de bibliothèque en parlant d'une jeune médiatrice du livre.

La reconnaissance par les autres se manifeste concrètement par la confiance qui est donnée. Confiance des parents qui confient leurs enfants à Jean[11] dans le cadre d'une Semaine de l'Avenir Partagé. Confiance des particuliers qui téléphonent à Marcel[12] pour venir débarrasser des appareils ménagers encombrants. Confiance en Monsieur Gérard[13] à qui des appareils TV sont apportés pour être réparés. Confiance envers l'ASBL créée par Paul Linden[14] et ses amis, puisque la police y amenait la nuit des personnes sans-abri. Mais ce dernier exemple montre bien que ce type de reconnaissance n'est pas suffisant même s'il est indispensable, puisque cette maison d'accueil a dû fermer. La reconnaissance de proximité justifie l'importance d'une reconnaissance officielle.

D'autre part, si la reconnaissance naturelle, la reconnaissance de fait, existait suffisamment, il n'y aurait plus l'exclusion dont souffrent les très pauvres. Leurs gestes, leurs actes de survie seraient valorisés et leurs savoir-faire, aussi bien manuels que relationnels, seraient depuis longtemps connus et reconnus. La reconnaissance qui se résume à la définition du dictionnaire de trouver de la ressemblance entre une autre personne et soi-même peut conduire à l'exclusion, au racisme, puisque je ne reconnais, à la limite, que celui qui me ressemble. La reconnaissance n'est-elle pas d'apprécier et de s'enrichir des différences de l'autre en découvrant d'abord chez celui-ci des ressemblances avec soi-même? Dans ce sens, la reconnaissance des savoir-faire (manuels ou relationnels) des plus pauvres ne peut être dissociée de la reconnaissance des pauvres eux-mêmes, car c'est leur vie quotidienne qui les leur a appris. Reconnaître les savoir-faire des plus pauvres signifierait alors s'engager avec eux dans la lutte contre la grande pauvreté et l'exclusion.

La reconnaissance officielle ou institutionnelle

Le passage de la reconnaissance de fait à une reconnaissance institutionnelle

Dans le but de faire reconnaître des compétences, non acquises dans le cadre institutionnel (à l'école par exemple), des méthodes ont été mises au point dont celle du port-folio que nous explique Gaston Pineau[15] :

Les savoir-faire sont souvent traduits par les savoirs d'expérience qui n'ont pas été appris de façon formelle dans des institutions. La reconnaissance personnelle, c'est-à-dire le fait de prendre conscience de ses savoir-faire ou savoirs expérientiels, n'est pas si facile dans la mesure où on les pratique souvent sans trop le savoir. Identifier ce qu'on sait faire est donc une opération en soi.

Gaston Pineau distingue les différents niveaux qui existent entre la reconnaissance personnelle, la reconnaissance sociale et la reconnaissance institutionnelle d'un savoir expérientiel. Faisant référence à Bertrand Schwartz[16], il parle des nouveaux métiers qui pourraient être (et parfois ont été) reconnus à partir d'une pratique qui serait complétée par un apprentissage formel. Il continue :

Une démarche globale rassemble les différentes opérations qu'on doit faire pour ces différentes reconnaissances. On appelle cela le port-folio, le portefeuille de compétences. Par exemple quand des architectes veulent avoir un emploi, ils ne peuvent pas juste venir se présenter avec un Curriculum Vitae; il faut qu'ils amènent leurs œuvres et souvent c'est dans des grands cartables dans lesquels il y a les plans des maisons qu'ils ont faites, tel ouvrage, telle œuvre... et comme ça ils peuvent prouver qu'ils savent faire certaines choses. L'idée du port-folio, c'est de dire : on n'a pas de diplôme qui prouve qu'on a appris des savoirs formels, mais on a trouvé d'autres traces, on sait des choses. On travaille beaucoup avec cet outil là pour partir des savoirs expérientiels et voir comment on peut les transformer en qualification professionnelle.

Cela veut dire qu'il y a une réflexion à la fois sur les compétences existantes et sur l'évolution du métier. Schématiquement, on peut distinguer cinq étapes successives :

1) **Opérer un retour réflexif sur son trajet de vie**, non pas dans le sens formel et schématique d'un Curriculum Vitae, mais en refaisant un parcours de sa propre vie du point de vue des intérêts, des projets et des activités qui l'ont animée. Ceci conduit à :

2) **Repérer des expériences significatives,** souvent liées à des lieux ou à des personnes précises, avec des moments d'échange et de partage enrichissant. Il est important que cette prise de conscience ait lieu en interaction, au sein d'un groupe, de façon à parvenir à :

3) **Identifier les savoirs expérientiels** qui fournissent des qualifications spécifiques, ou qui soient déjà en eux-mêmes des qualifications à la fois personnelles et sociales. À ce point il s'agit de :

4) **Développer un travail de traduction**, travail considérable pour formaliser, dans une certaine mesure, les savoirs expérientiels et construire ainsi un référentiel de métier. Nous voilà alors en mesure d'aborder la phase décisive de ce processus, qui consiste dans :

5) **Entreprendre une démarche de négociation**; il s'agit bien de négocier une reconnaissance professionnelle auprès des autorités sociales, économiques et politiques.

Le contenu de toutes ces opérations va constituer un dossier : « le portefeuille (*port-folio*) des compétences », qui sera très utile dans toutes les démarches ultérieures en vue d'une reconnaissance progressive des acquis accumulés.

Voici maintenant quelques exemples à titre d'illustration de ce processus de reconnaissance :

– Les experts d'expérience, un métier qui a dépassé le stade expérimental en Belgique, puisqu'une nouvelle vague d'embauche et de formation est en cours. On peut dire que son processus de reconnaissance a atteint le niveau 4 (du plan ci-dessus). La dernière étape, celle de la reconnaissance officielle par l'administration publique et par les partenaires sociaux, n'est pas encore gagnée, si l'on prend comme critère le barème des salaires des experts d'expériences (encore rémunérées au niveau des travailleurs non-qualifiés) ou la transférabilité d'un savoir-faire dans d'autres milieux professionnels (à part Kind en Gezin, quelques institutions ou organisations seulement commencent à s'intéresser à ce métier).

– Les médiateurs interculturels, un métier développé en Belgique depuis 1989, à l'intention des jeunes immigrés et qui est actuellement mieux reconnu que le précédent. Il s'est déjà répandu dans plusieurs secteurs (santé, enseignement, petite enfance, services aux jeunes) et à plusieurs niveaux (du collaborateur interculturel jusqu'au formateur interculturel). Il faut cependant remarquer que ce métier est beaucoup moins accessible aux plus pauvres que celui d'experts d'expérience (voir au chapitre 3 les conditions requises respectivement pour accéder à ces métiers).

Par ailleurs, des profils de métier ont été développés à partir d'études scientifiques pour les médiateurs interculturels, tandis qu'une telle étude est encore en cours pour le métier d'expert d'expérience.

– Les médiateurs du livre, qui ont pu obtenir un diplôme homologué de niveau V, décerné par l'association des bibliothécaires français (AB).

– Les élagueurs, un métier qui a été également reconnu par un diplôme de niveau V.

Reconnaissance du travail effectué

Il s'agit ici d'une dimension essentielle de notre problématique : à supposer que le savoir-faire des plus pauvres et les nouvelles formations qui leur sont destinées soient reconnues, cette reconnaissance se traduira-t-elle en un statut de travail ou d'activité humaine digne ?

Emplois salariés

Qui dit travail pense en premier lieu *salariat.* C'est le cas d'une partie seulement des travailleurs concernés par notre étude. Si le travail salarié constitue pour beaucoup d'entre eux l'objectif ultime, cet objectif ne semble que rarement totalement atteint. Un homme de quarante-neuf ans, chômeur de très longue durée, a passé des années en psychiatrie, puis dans un home pour personnes sans abri. Il souffre d'une maladie de la peau. Son embauche dans une entreprise de recyclage constituée en atelier social[17] répond à ses plus beaux rêves. Son directeur s'étonne de son enthousiasme et sa régularité après tant d'années de misère : *Il arrive encore chaque jour au travail, heureux comme si c'était son premier jour. Il viendrait même quand il est malade, nous devons parfois le renvoyer***.

Malheureusement, des contrats de travail ordinaires sont plutôt exceptionnels. LST, qui opère sans subventions sur le marché commercial, doit lutter au jour le jour pour survivre financièrement tout en restant fidèle à ses objectifs. Au sein de la coopérative, tous les travailleurs (directeur, ingénieur, ouvriers...) ont accepté une péréquation des salaires pour permettre le financement des douze salaires et des formations de chacun. C'est le prix qu'ils payent pour affirmer leur identité *qui rejoint celle de tous les travailleurs*[18].

Déjà, dans les autres exemples, on perçoit le problème de la précarité, des sous-statuts. André[19] travaille en intérim ; les experts d'expérience ont des contrats à durée indéterminée mais n'ont, jusqu'à présent, aucune perspective de promotion ; les AMIS se plaignent de leur statut temporaire et de leur non-intégration dans les effectifs de la société des transports locaux :

Nous sommes là sans être vraiment là. Notre expérience nous fait dire que notre fonction est utile mais pour la rendre plus efficace, nous devons être un réel partenaire dans les différents services de la société, être formés pour atteindre les missions confiées, et être reconnus par les autres catégories de personnel. Il n'est profitable à personne, ni à nous, ni à la société, ni à la clientèle de travailler dans la précarité. À quoi bon investir et s'investir s'il n'y a pas de durée et de perspective au terme du contrat** ?

Il y a pire : les personnes ayant droit au RMI insérés dans des contrats emploi-solidarité à mi-temps et temporaires, dont le salaire ne dépasse pas le niveau de l'allocation ; des bénéficiaires du minimex en Belgique forcés à travailler, parfois au noir, parfois à titre bénévole, pour démontrer leur disponibilité au travail ; ou encore, les chômeurs de très longue durée engagés dans des petits boulots à 150 BEF (soit 23 FF) l'heure, sans statut de travail.

D'autres encore ont connu des carrières très courtes ou irrégulières en tant que salariés : ils ont parfois dû lâcher à la suite de conflits, de maladies. Dans certains cas, on a pu observer que des activités bénévoles exercées par les plus pauvres leur étaient arrachées lorsqu'elles étaient transformées en emplois salariés. Il faudra donc veiller continuellement, non seulement à garantir des contrats décents permettant d'échapper à la pauvreté, mais aussi à préserver la place des plus pauvres lorsque l'on veut créer des emplois stables qui leur sont destinés.

Le travail indépendant

On ne peut faire l'impasse sur toute une série d'activités indépendantes, souvent dans le secteur informel (ferraille, réparation d'appareils, élevage etc.). La précarité économique et la complexité de l'administration sociale et fiscale obligent les plus pauvres à opérer dans cette zone grise. Quoique certaines activités pourraient être intégrées dans le circuit formel sous forme de statuts salariés, il est improbable que cette solution réponde toujours aux aspirations des personnes concernées, certaines d'entre elles ayant travaillé seules pendant de nombreuses années. Outre l'assouplissement des réglementations sociales et fiscales, ne pourrait-on pas faciliter et soutenir ces activités sur le plan économique ? Par exemple, l'ADIE (Association pour le Droit à l'Initiative Économique, inspirée par la Grameen Bank au Bangladesh) s'adresse en particulier à des bénéficiaires du RMI et des chômeurs de longue durée qui veulent créer leur propre emploi. Elle leur offre des crédits (plafonnés à 30000 FF) à des taux d'intérêt favorables, ainsi que des services de conseil. Parmi les projets financés sont cités entre autres : ferrailleur, laveur de carreaux, coursier, coiffeur à domicile, ramoneur, recouvreur de boutons, éleveur d'escargots...

Autres activités

Je trouve que de l'emploi, il y en a, mais il n'y a pas d'argent, dit Jacqueline Meton. Elle sous-estime peut-être la possibilité de transformer en emplois rémunérés le travail d'accompagnement et de médiation qu'elle exerce. Mais il n'en reste pas moins que de nombreuses personnes pauvres, privées de travail par le chômage ou par des problèmes de santé, réclament le droit d'exercer des activités humaines, soit à titre bénévole dans le cadre d'une organisation, soit occasionnellement, sous forme d'entraide dans le voisinage, soit encore pour leur épanouissement personnel (activités culturelles, études, etc.). Actuellement, ces activités sont à peine admises par le système de sécurité sociale. Les chômeurs sont continuellement suspectés et sévèrement contrôlés : ne s'agit-il pas de travail au noir ? Les bénévoles ne détruisent-ils pas le travail rémunéré d'autres personnes ? *Vis-à-vis de l'ONEM, j'ai dû prouver que ce que je faisais ici, on ne payerait pas quelqu'un d'autre pour le faire. Je ne prendrais pas la place de quelqu'un considéré comme travailleur*, explique Anne[20], bénévole à l'ONE. Ce genre de contrôle, ressenti comme humiliant, est probablement indispensable pour protéger le travail officiellement rémunéré contre toutes sortes abus. Mais si l'on veut en même temps valoriser cet engagement précieux, il conviendrait peut-être de renforcer le statut social des bénévoles. Les possibilités sont multiples : éviter la multiplication des contrôles en accordant aux chômeurs ou invalides le statut de bénévoles pour des périodes suffisamment longues ; faire assurer les personnes concernées contre des accidents de travail ; rembourser leurs frais et exonérer fiscalement ces remboursements ; leur accorder au moins des droits indirects à la sécurité sociale (par exemple, en assimilant les périodes de travail bénévole à des périodes de travail pour l'assurance-maladie, l'assurance-chômage et/ou la pension de retraite). Cette approche pourrait être élargie et appliquée à l'ensemble de ce que l'on appelle actuellement « activités humaines » (qui incluent également le travail culturel, les études, etc.). Certaines propositions vont plus loin encore : le Rapport Boissonnat[21], par exemple, plaide pour un système de *contrats d'activités englobant des périodes de travail, de formation et de congés d'utilité sociale (par exemple familiale). Pendant ces différentes périodes, les garanties sociales seraient conservées à l'actif, bien que son mode de rémunération puisse varier sensiblement.* Cette idée rejoint plus ou moins celle du revenu de participation proposée par un économiste[22] au Royaume-Uni, et reprise aux Pays-Bas par un parti politique.

Une autre innovation concerne les activités de troc, parfois exercées depuis longtemps dans des communautés appauvries. Lucie Ribert[23] nous raconte comment sa mère, en faisant du porte à porte, recevait parfois des pommes de terre. Elle en échangeait le trop plein contre de la sauce tomate avec les voisins italiens, etc. Les *réseaux d'échanges* (appelés LETS ou SELS – Système d'Échange

Local) organisent l'échange de services *gratuits* mais réciproques au sein d'une communauté locale. Ces services peuvent être très divers (baby-sitting, dépannage de plomberie...) mais chaque heure de service est évaluée au même niveau, en monnaie fictive (par exemple grains de sable). En Belgique, la participation à ces réseaux est actuellement interdite aux chômeurs (certains ayant vu leurs droits suspendus) car le travail effectué dans ce cadre est considéré comme du travail au noir. Pourtant, elle leur permettrait de briser leur isolement et leur donnerait un peu plus de confort. Ne devrait-on pas régulariser ces réseaux, par exemple à l'aide de chèques services avec exonération fiscale et/ou sociale ?

Notes

1. Interview n° 3.
2. Le chineur est une personne qui récupère des matériaux dans les poubelles pour les revendre ou les réutiliser. Il fait donc un travail de mise en valeur des déchets.
3. SPER, CFI et PAQUE sont des mesures gouvernementales françaises qui se sont succédées dans les années 1988-1992 et visant la pré-qualification des jeunes les plus éloignés d'une formation professionnelle.
4. Témoignage extrait de *Le médiateur du livre*, Atd Quart Monde Marseille, 1997.
5. Institut Supérieur Interventions Sociales – Centre Régional pour l'Enfance et l'Adolescence inadaptées.
6. Interview n° 4.
7. Interview n° 9.
8. Interview n° 3.
9. Interview n° 2.
10. Interview n° 11.
11. Interview n° 1.
12. Interview n° 5.
13. Interview n° 3.
14. Interview n° 2.
15. Audition.
16. A l'origine, en France, des nouvelles qualifications.
17. Les ateliers sociaux en Flandres sont des entreprises qui ont pour but d'insérer des personnes très défavorisées. Les travailleurs concernés ont un contrat de travail ordinaire à durée indéterminée, et sont rémunérés au salaire minimum. Leurs salaires sont entièrement subventionnés.
18. Interview n° 10
19. interview n° 7
20. Interview n° 11.
21. J. Boissonnat. (Rapport de la Commission présidée par -), *Le travail dans vingt ans*, Commissariat général au plan, Éd. Odile Jacob/La Documentation Française, 1995, p. 30.
22. A. Atkinson., *Public Economics in Action : The Basic Income/Flat Tax Proposal*, Oxford, Clarendon, 1995.
23. Audition.

Conclusion

Notre recherche a permis de mettre en évidence, chez des personnes très pauvres, l'existence de savoir-faire manuels et relationnels, parfois spécifiques, et souvent potentiellement utiles à la société en évolution.

Des besoins essentiels de celle-ci restent largement insatisfaits, alors que les plus pauvres pourraient y apporter leur contribution pertinente et originale dans les secteurs traditionnels, du travail manuel comme la récupération ou la construction, mais aussi, et peut-être surtout, dans les secteurs d'activités où les savoir-faire relationnels jouent un rôle prédominant (activités sociales de proximité, de médiation, etc.).

Pour cela des formations adaptées sont nécessaires et, dans quelques cas de figure, commencent à voir le jour (par exemple : les médiateurs du livre). Un aspect essentiel de ces formations est celui de la réciprocité : c'est à dire que les stagiaires sont également à leur tour formateurs (voir par exemple les experts d'expérience), transmettant ainsi toute la richesse du vécu des plus pauvres et, tout particulièrement, leur combat pour détruire la misère. Ces formations basées donc sur un partenariat entre personnes provenant d'horizons différents et ouvertes à l'écoute réciproque, pourrait ainsi aboutir à des nouveaux métiers.

Afin que ces nouveaux métiers puissent réellement voir le jour, des procédures de reconnaissance adaptées devraient être mises en place. Des procédures précises existent actuellement pour les savoir-faire acquis par l'école et par le travail ; elles en sont encore au stade des balbutiements pour ceux acquis par la vie quotidienne. Il s'agit d'un processus long et complexe que nous avons abordé au chapitre 4, avec l'aide de spécialistes de ce domaine.

En outre, des garanties appropriées sont nécessaires pour éviter que ces nouveaux métiers, issu des milieux les plus pauvres, ne leur deviennent inaccessibles ultérieurement par des demandes injustifiées de diplômes classiques.

Notre recherche n'a pas la prétention d'avoir abordé l'ensemble des savoir-faire que les plus pauvres possèdent. Nous n'avons fait qu'ouvrir une piste de recherche et d'action en prenant appui sur quelques exemples de personnes exerçant des savoir-faire et qui nous étaient proches d'une façon ou d'une autre.

Il reste sans doute de nombreux domaines dans lesquels les plus pauvres exercent des savoir-faire qui ne leur permettent pour l'instant que de survivre ou qui leur apportent un minimum de confort dans leur vie familiale. Comme nous l'avons montré, ces savoir-faire pourront sans doute être valorisés, développés et enrichis permettant à leurs possesseurs de pouvoir également participer à l'évolution de la société et retrouver ainsi leur dignité d'êtres humains libres et de citoyens.

Même dans le monde du travail « traditionnel », les pauvres, à cause de leur histoire personnelle et collective de résistance à la misère, peuvent apporter une dimension originale et utile au développement d'une société où chacun pourrait évoluer grâce à l'apport de tous les autres.

Nous l'avons dit, nous avons volontairement limité notre recherche à quelques savoir-faire exercés en Belgique et en France. Mais dans chaque société des personnes résistent à la misère en développant des savoir-faire adaptés à leur environnement : le champ de recherche est immense...

Annexe

Interviews et auditions

Pour rechercher si les plus pauvres ont des savoir-faire, les militants, en accord avec le groupe, ont réalisé quatorze interviews. Issus eux-mêmes de la grande pauvreté, ils ont été témoins des savoir-faire de leurs parents ou de personnes vivant les mêmes conditions. Ils pratiquent eux-mêmes depuis des années certains de ces savoir-faire. Grâce à leur expérience personnelle, ils savaient qui interviewer et comment.

Trois interviews ont été faites conjointement par les militants et un universitaire. Cet universitaire en a réalisé un autre, et le volontaire trois. C'est donc un total de dix-huit interviews qui ont servi de base pour la recherche, dont douze réalisées auprès de personnes de milieux défavorisés et six auprès de personnes intervenant dans ces milieux. Chaque interview a été enregistrée et décryptée par ses auteurs, puis analysée par le groupe.

D'autre part, des membres de notre groupe ont rencontré Bertrand Schwartz qui est à l'origine en France des nouvelles qualifications ; et Gaston Pineau, professeur en Sciences de l'Éducation, acteur-auteur dans un autre groupe thématique du programme Quart Monde-Université.

Notes de lecture, revues, livres

– Un universitaire présente le Rapport Boissonnat pour les perspectives d'avenir du monde du travail : J. Boissonnat, *Le travail dans vingt ans*, Éd Odile Jacob, 1995.

– Un autre universitaire écrit une note faisant référence à plusieurs livres concernant le travail : G. Roustang, *Le travail demain* ; J. Boissonnat, *Pour la maîtrise de l'emploi* ; J. Dubois, *Le travail expression du mode de société* ; G Aznar, *Travailler moins pour travailler tous.*

– Un autre universitaire écrit trois notes sur les experts d'expérience, sur les médiateurs interculturels, et sur les entreprises de recyclage, à partir d'ouvrages parus en néerlandais : P. Vanhamel, *Projet Horizon – Rapport sur les activités préparatoires, Kind en Gezin, Service d'études*, 24 pages. ; G. Desnerck, G. De Schryver, M. Leys, F. Louckx, *Evaluatie-onderzoek naar begeleidingsmethodieken van kansarme gezinnen*, Bruxelles, VUB, Medisch-sociale Wetenschappen, 1994, 126 pages. ; A. Jennes, *Médiation interculturelle*, Leuven, HIVA, 1995,188 pages. ; G. Bogaert, *De kringloopcentra in het Vlaamse Gewest : stand van zaken* 1995, Leuven, HIVA, 1996, 141 pages.

– Un universitaire écrit une fiche de lecture sur le livre : *Reconnaissance et validation des acquis*, Que sais-je ? PUF, 1994.

– Le volontaire présente les initiatives prises par les Systèmes d'Échanges Locaux, (les SEL) et l'Association pour le Droit à l'Initiative Économique, (l'ADIE).

D'autre part, des articles de journaux, apportés par tous les membres du groupe sont venus compléter la documentation : Extrait de la revue L'entreprise et l'homme : *Des initiatives novatrices pour l'emploi aux Pays-Bas* ; extrait du journal Le Soir : *St Gilles mise sur les chômeurs* ; du Commissariat Général au plan, de la Documentation française : *Outils pour une prospective des qualifications* ; du journal Parisien – SNCF : *Ils changent l'ambiance* ; d'un journal syndical Partage : *Pour un tiers secteur*; dans la revue Projet, entretien avec B Schwartz : *Pour une formation qualifiante et Les messagers de Chanteloup les Vignes* de JM Petitclerc ; dans la revue Vif Express : *À votre service* ; dans le journal de LST : ALE : *Agence Locale pour l'Emploi* ; dans ES/EA de JM Petitclerc : *Derrière le plus violent se cache le plus souffrant* ; dans Le Soir : *les derniers jours de Canal 9*.

N°	NOM	AGE	SITUATION FAMILIALE	PARCOURS DE TRAVAIL	RESSOURCES ACTUELLES/STATUT	SAVOIR-FAIRE
1	Jean*	49	Célibataire	Atelier protégé Chômage	Pension invalidité	Accompagnement,
2	Paul Linden*	40	Marié, 3 enfants	/	chômage	Accueil, Accompagnement
3	Monsieur Gérard*	48	Marié, 4 enfants	Bâtiment Métallurgie	Chômage	Récupération Réparation
4	Jacqueline Meton*	56	Mariée	Concierge	Pension Invalidité mari	Accompagnement
5	Marcel *	56	Marié, 5 enfants	Voirie, Entreprise de ferraille	Pension Invalididité	Récupération de métaux
6	Maurice*	44	Marié, 1 enfant	Déménageur Entretien	Salaire de sa femme	Récupération, Ferraille
7	André*	22	Célibataire, chez ses parents	Entreprise de recyclage	Intérimaire	Savoir-faire relationnel
8	Claudine*	25	Célibataire	Stages rémunérés, Chômage	Médiatrice du livre	Bibliothèque de rues
9	Christian*	50	Marié	Agent immobilier	Agent immobilier	Bénévole d'un restaurant social
10	Luc Lefevre	45	Marié, 4 enfants	Electromécanicien, plombier, assistant social	Responsable LST	Associatif Coopérative ouvrière
11	Anne*	35	Mariée, 5 enfants	/	Salaire du mari	Bénévole à l'ONE
12	Nancy*	40	Mariée, 3 enfants	Infirmière	Infirmière	Savoir-faire relationnel et professionnel
13	Jeunes	15 à 20	Célibataires	Étudiants Apprentis	Parents	/
14	Valérie*	34	Célibataire	Employée de bureau Médiatrice du livre	Volontaire Atd	Bibliothèque de rues
15	M. Lieven Van der Stock		Marié	Directeur d'entreprise de recyclage	Directeur	/
16	M. Meganck		Marié	Permanent syndical	Syndicat	Créer plusieurs entreprises d'insertion
17	Rudy De Cock		Marié	Responsable des Experts d'expérience	Kind en Gezin (salarié)	/
18	G., C., M.	20 à 30 ans	/	Experts d'expérience	Kind en Gezin (salariées)	Accompagnement

V

CITOYENNETÉ : REPRÉSENTATION, GRANDE PAUVRETÉ

par Denise Bernia, Jacques Fierens, Joëlle Meurant, Georges Mus, Patrice Nouvel, Pierre-Yves Verkindt.
avec la collaboration de Daniel Cornerotte et Françoise Ferrand.

SOMMAIRE
CITOYENNETÉ : REPRÉSENTATION, GRANDE PAUVRETÉ

Introduction

Tous les êtres humains naissent libres et égaux en dignité et en droits... Ainsi débute l'article premier de la Déclaration Universelle des Droits de l'Homme. Cette affirmation se heurte à la réalité de la misère à travers le monde. Notre monde peut-il être un monde de justice, de liberté, un monde où il fait bon vivre pour chaque être humain, si nous ne tenons pas compte de cette réalité ? Chaque jour, le droit à la vie est menacé pour les personnes qui vivent l'errance, la malnutrition, parfois la famine, les guerres... Dans nos pays (en Belgique et en France), la misère persiste, malgré les aides et les secours.

Les Droits de l'Homme ne se divisent pas. Ils sont économiques, sociaux et culturels (ressources, logement, travail, santé, éducation...), mais aussi civils et politiques (vote, participation, liberté d'expression...). Cela signifie que l'aide matérielle n'est pas suffisante pour lutter contre la misère. Les aides assurent, dans une certaine mesure, le respect de certains droits économiques, mais à celui qui est aidé il n'est pas demandé de parler et encore moins de décider. Avoir droit à la parole, c'est être reconnu citoyen. Aristote déjà définissait l'homme tout à la fois comme celui qui vit dans la cité et comme celui qui est capable de parole, car il n'y a pas de citoyenneté sans prise de parole.

Tout être humain habitant un pays, une région, une ville, un village est citoyen. Il ne vit pas seul mais entouré d'autres hommes qui se sont organisés pour vivre ensemble. Avec eux, il forme une société. Dans bien des pays, cette société est démocratique, c'est-à-dire que chaque citoyen peut contribuer au présent et à l'avenir de la collectivité. Mais encore faut-il être reconnu par les autres comme membre de leur communauté. Les personnes vivant en grande pauvreté sont-elles reconnues comme appartenant à cette communauté humaine, c'est-à-dire sont-elles reconnues comme citoyennes ?

Nos démocraties ont pour but la participation de tous les citoyens. Pour mettre en œuvre ce droit de participer, elles ont imaginé le mécanisme de la représentation. Or, les pauvres, aujourd'hui ne sont pas pleinement acteurs et partenaires au sein de la société dans laquelle ils vivent. C'est à partir de nos expériences que nous avons tenté de réfléchir au lien qui unit la démocratie et la participation des plus pauvres à la vie de la collectivité à laquelle nous appartenons tous. C'est à partir du constat que les systèmes de représentation ne prennent pas suffisamment en compte la parole de ceux qui vivent aujourd'hui les situations de misère que nous avons tenté de penser le lien entre citoyenneté, droits de l'homme et démocratie. Cette réflexion nous a conduits à formuler notre hypothèse de la façon suivante : *La représentation, c'est rendre présente la question des absents.*

L'expérience que nous avons vécue au cours de ces deux années et dont les lignes qui suivent constituent le premier résultat nous indique que, s'ils sont parfois difficiles, la rencontre et le croisement des savoirs que nous avons tentés, constituent aussi, nous l'espérons, une contribution à la construction de la démocratie. C'est la raison pour laquelle la méthode de travail que nous avons adoptée doit être considérée comme faisant partie, autant que le reste, de la réalisation de notre hypothèse.

Après avoir expliqué notre méthode (chapitre 1), nous chercherons les conditions de la représentation de tous. Les concepts doivent être soigneusement redéfinis : que veut dire représenter? Témoigner? Participer? Être partenaire? (chapitre II.) Il faut ensuite comprendre à travers des exemples comment fonctionnent concrètement les mécanismes de représentation. Les très pauvres, particulièrement, ont-ils des possibilités de prendre la parole et de se faire entendre? (chapitre III.) Enfin, quel type de représentation serait à créer pour que cesse l'exclusion liée à la grande pauvreté? (chapitre 4).

Chapitre 1

LA MÉTHODE

Notre méthode de recherche s'est progressivement construite en relation avec l'ensemble des participants au programme Quart Monde-Université. Rendre compte de cette méthode constitue, selon nous, un préalable nécessaire.

Les conditions d'émergence du thème de la représentation doivent être décrites (I) avant de présenter d'une part, la construction des bases de la recherche (II) et d'autre part, la démarche du groupe (III).

Le thème de la représentation : pourquoi et comment ?

Le premier séminaire du programme Quart Monde-Université permet de dégager parmi les thèmes susceptibles d'être abordés celui de la citoyenneté. Ce thème est ensuite précisé par le groupe qui se constitue. Lors d'une première rencontre, il opte pour une approche en terme de « représentation ».

Le thème de la citoyenneté

Sur les trente-deux acteurs-auteurs* du programme, vingt-quatre ont écrit un texte sur le thème de la citoyenneté, dont voici quelques extraits :

– donner la parole aux pauvres est très important, ils ont un savoir à communiquer pour corriger le regard que l'on porte sur eux et ils ont le droit d'être reconnus comme citoyens ;

– comment faire des pauvres des véritables acteurs et partenaires de la société dans laquelle ils vivent ?

– comment favoriser leur participation ?

– à quoi sert de proclamer des droits si une partie de l'humanité n'en profite pas ?

– la société ne reconnaît pas les pauvres dignes et capables de responsabilités, ceux-ci vivent dans la peur de tout le monde sans pouvoir se défendre ;

– les plus pauvres doivent pouvoir dialoguer avec le monde du travail pour bâtir un monde de justice et une société ouverte à tous ;

– apprenons aux enfants dès le bas âge à ne pas renforcer les inégalités et l'exclusion ;

– à l'Université populaire Quart Monde*, le temps de parole est accordé à chacun, c'est un lieu d'échange et de partage du savoir ;

– une vraie démocratie ne peut se bâtir qu'avec les plus pauvres ;

– comment assurer la participation des plus pauvres dans les instances de décision de la société ?

Le thème *Citoyenneté, Démocratie, Droits de l'homme* se précise par les questions proposées par les sous-groupes mixtes* :

– dans une société démocratique moderne, comment permettre et garantir à chacun d'être inclus en tant que concitoyen actif ?

– quelles sont les valeurs que la démocratie défend vraiment ?

– comment participer à la démocratie ?

– que signifie : les plus pauvres, pierres de touche des droits pour tous ?

– comment peut-on s'autoriser soi-même à affirmer pleinement ses droits de citoyen ?

– pourquoi la société veut-elle une élite qui met en avant à la fois la compétitivité et la solidarité ?

– pourquoi les droits de l'homme ne sont-ils pas appliqués de la même façon pour tous ?

La mise en place du groupe Citoyenneté ne paraît pas avoir posé de problèmes du côté des deux universitaires, ni du côté du volontaire*. Elle crée certaines tensions du côté des militants*. Laissons sur ce point la parole à une militante attachée à ce groupe.

Lors de la réunion entre militants, à la fin du séminaire, chacun a dû écrire le thème qu'il choisissait sur un papier. Il était prévu que les militants habitant la même région travailleraient sur le même thème. Mes collègues avaient choisi pour l'un les thèmes de l'Histoire et la Citoyenneté, pour l'autre la Citoyenneté, et moi je voulais la Famille et rien d'autre. C'est le thème de la Citoyenneté qui a été donné à notre groupe. J'ai quitté le séminaire avec colère et désespoir. J'ai dû plier, et par solidarité avec mon groupe j'ai laissé tomber le thème que j'aimais et sur lequel j'avais beaucoup d'idées. Pendant trois semaines, je refusais de travailler. Je ne comprenais pas le mot « citoyenneté » et je ne voyais pas à quoi cela pouvait servir. Je me demandais ce que je faisais dans le programme et je voulais abandonner. Après ces semaines, j'ai essayé de me mettre dans le coup, mais cela a été très difficile. J'avais toujours une colère en moi car je me demandais pourquoi on m'avait fait choisir. Aujourd'hui, je me dis que dans la vie, il y a des moments où il y a des obligations de faire ce qu'on ne veut pas. Maintenant, je sais que j'avais des idées aussi sur la Citoyenneté même si je ne savais pas ce que le mot voulait dire. Par mes questions, j'ai pu faire avancer le groupe.

La première mission du groupe est de travailler à l'élaboration d'une problématique commune et unique. Il est nécessaire que les chercheurs soient complètement responsables de leur problématique.

Le thème de la représentation

À la première rencontre de notre groupe, chacun exprime ce qu'il souhaite mettre derrière les mots *citoyenneté – démocratie – droits de l'homme.*

Un universitaire fait ressortir l'aspect des droits de l'homme, l'autre universitaire insiste sur le mot démocratie. Le volontaire met en avant l'aspect de la citoyenneté, tandis que les militants Quart Monde voient plutôt l'aspect de la représentation. Ceux-ci ont repris tout ce que les participants du programme avaient déjà écrit sur le thème. Ils en ont retiré des mots-clés tels que : **participation** (personnelle et politique) ; **représentation** (qui touche les groupes ou une personne qui parle au nom des autres avec leur accord) ; **valeurs** (fraternité, égalité, justice, liberté...).

Les militants proposent de mener la recherche sur la représentation des plus pauvres à tous les niveaux, car la représentation regroupe la participation et les valeurs. Leurs questions sont : qui peut parler au nom des plus pauvres ? quels sont les critères de la représentation des pauvres ?

L'accord se fait rapidement pour traiter du thème de la représentation, mais les points de vue sont différents sur la manière de l'aborder : représentation des plus pauvres ou représentation générale ? À la fin de la journée, la problématique est ainsi formulée : *La question de la représentation des pauvres et la démocratie.*

Bâtir la recherche

Ayant identifié le thème de la représentation, ensuite validé par l'ensemble des participants au programme, le groupe s'interroge sur la nature des matériaux à rassembler pour pouvoir traiter le thème adopté.

Les matériaux de la recherche

Pour démarrer la recherche, il est décidé que chaque membre du groupe apportera un exemple personnel de représentation qu'il a vécu comme représentant ou représenté. Un universitaire dit que sa démarche ne consiste pas à partir de son expérience personnelle, mais plutôt de ce qu'en disent les philosophes.

Parallèlement chacun recherche dans les dictionnaires et les encyclopédies la définition de deux mots en rapport avec notre thème : *représentation, démocratie.*

Un universitaire propose de travailler la loi votée par l'Assemblée nationale française sur le RMI[1], en cherchant dans les textes des débats parlementaires (parus au *Journal Officiel*) comment les représentants de la nation parlent des pauvres[2] ?

Afin d'éviter de travailler uniquement sur des textes de loi, les militants proposent d'effectuer des interviews. Leur intention est d'interviewer des personnes démunies, ainsi que des responsables, pour poser la question de la représentation des pauvres. Les interviews[3] suscitèrent des réactions négatives de la part de certains responsables officiels. Par exemple, une Présidente de CPAS[4] sera tout à fait d'accord pour être auditionnée, mais lorsqu'elle entendit que le questionnaire se rapportait à la représentation des pauvres, son attitude se transformera – elle était visiblement contrariée et a poliment mis dehors l'interviewer. Pour l'analyse de cette interview, un universitaire s'appuiera sur les textes de lois relatives aux CPAS.

Il arriva une réaction similaire avec un Président d'un comité de Foyer de logements sociaux. Une militante, locataire de cet organisme, envoie par écrit un questionnaire sur notre thème ; trois jours plus tard, une personne du comité dira que, comme les logements ne sont pas spécialement pour les pauvres, l'interview est inutile. La militante devra faire appel au directeur du programme Quart Monde-Université afin qu'il intervienne pour calmer les esprits.

Lorsque les militants feront des interviews chez des personnes démunies, le dialogue sera difficile, car la question elle-même est difficile.

Notre groupe analysera également les auditions collectives[5] sous l'angle de la représentation. Enfin, une autre source de données provient des acteurs-auteurs du programme. Ainsi, lors d'un séminaire, il est proposé à chaque groupe thématique de poser une question aux autres. La nôtre est : *Faut-il avoir vécu la misère pour représenter ceux qui y vivent ?* Les réponses seront analysées par le groupe.

Un universitaire propose de confronter les interviews recueillies à la pensée de philosophes sur la représentation politique. Le groupe se rend compte qu'il est important de comprendre les idées philosophiques car elles influencent les démocraties.

Le volontaire apporte des textes qui sont des références au sein du Mouvement Atd Quart Monde, à propos de la citoyenneté, du partenariat et de la représentation[6].

La construction de la recherche à partir des matériaux

Notre question générale est ainsi formulée : qu'est-ce que la représentation ?

Cette fiche est présentée aux autres groupes thématiques afin d'entendre leurs observations. Ils s'étonnent que le mot *pauvres* soit retiré de la question générale. À la suite du séminaire, les militants interviennent pour proposer : la question de la représentation des pauvres dans la démocratie. Un universitaire réagit : au lieu de *dans*, il met *et* la démocratie. Accord général du groupe pour la formulation de la question centrale de notre thème qui est : La question de la représentation des pauvres et la démocratie. L'hypothèse est ainsi formulée : la représentation, c'est rendre présente la question des absents.

L'élaboration du plan de mémoire se fait en dialogue entre les différents groupes d'acteurs-auteurs, à partir de plans préparés individuellement. Les décryptages seront l'outil de base pour l'écriture du mémoire. Les militants les découpent et les classifient en fonction du plan de mémoire. Toutes les classifications sont vérifiées par le groupe.

Démarche du groupe

Comme dans toute équipe de recherche, le dialogue engagé sur le thème choisi laisse apparaître un certain nombre de désaccords qu'il faut travailler et dépasser.

Dialogue

Rôle de l'équipe pédagogique

Lors des journées intermédiaires et des séminaires, le groupe thématique est accompagné par des personnes de l'équipe pédagogique. Leur apport est très important pour permettre au groupe d'avancer ensemble. Ils ont un rôle de médiateur; ils essayent de faciliter les échanges entre les trois groupes d'acteurs. Par exemple, pour expliquer qu'il faut parler de la représentation en général et non de la représentation des pauvres, un universitaire fait une comparaison : *Plutôt que de se pencher sur un malade, on réfléchira à ce qu'est la santé en général et cela servira à tout le monde.* Ce à quoi les militants répondent : *Non, il faut d'abord s'intéresser au malade, le soigner, et cela servira à tout le monde.* L'équipe pédagogique souligne alors les deux logiques différentes qui correspondent aux expériences de vie différentes.

Voici un autre exemple : les universitaires disent que si la représentation est bien pensée, elle donnera la représentation aux pauvres. Les militants pensent que c'est la représentation des pauvres qui amènera la représentation de tous.

Exemples de croisement des savoirs

Un universitaire présente la pensée d'Hannah Arendt[7]. Elle n'aborde pas directement le thème de la représentation, mais sa pensée est d'un grand intérêt en raison des liens indirects qu'elle entretient avec le thème. Hannah Arendt dit : *Un homme n'a pas de droit, ni de dignité respectée s'il n'appartient pas à une communauté politique.* L'insertion dans une communauté politique peut-elle exister sans représentation? Les militants doivent s'y prendre à plusieurs reprises pour travailler ce texte. Hannah Arendt réfléchit à partir de son expérience personnelle; de même, les militants questionnent ce texte par des exemples concrets de leur vie de tous les jours de lutte contre la misère : *Quand est-on reconnu comme citoyen ? À quelles conditions la communauté reconnaît-elle l'homme comme citoyen ?* Ils prennent l'exemple d'une personne sans domicile, arrêtée pour vagabondage[8]. Vivant à la rue, elle ne bénéficiait alors d'aucun droit (ni logement, ni ressources...). À sa sortie de prison, ses droits lui sont reconnus. Les militants disent que la prison a alors fonctionné comme une communauté.

Lors de la discussion, les militants pensent que les universitaires ne comprennent pas leur apport. Un membre de l'équipe pédagogique fait remarquer la pertinence du questionnement des militants : *Y a-t-il des situations où on est plus ou moins citoyen ? C'est cela la question qu'ils posent.* Cette question ne sera pas reprise par les universitaires et, ce jour-là, les militants, non formés à l'argumentation, ne peuvent pas aller plus loin que l'exemple donné.

À l'occasion de cet exemple, le groupe s'aperçoit qu'un même texte peut être abordé très différemment selon ce qu'on est et ce qu'on a vécu.

Un autre exemple nous est donné lors de l'essai d'écriture commune[9]. Nous choisissons une prise de parole publique du père Joseph Wresinski*[10] en essayant de répondre à la question : peut-on dire qu'en prononçant ce discours le père Joseph Wresinski est un représentant et qui représente-t-il ? Les textes écrits par chacun sont mis en commun. Écrire ensemble se révèle être un moyen de donner naissance à une *connaissance plurielle.*

Désaccords – Évolutions – Accords

Représentation des pauvres ou représentation générale ?

Depuis le début du programme, les militants Quart Monde veulent parler de la représentation des plus pauvres, car ils pensent que la représentation signifie la reconnaissance. Les universitaires veulent parler de la représentation en général. Le volontaire propose d'étudier les conditions de la représentation.

Les militants Quart Monde disent que mettre les plus pauvres dans le titre de la recherche, c'est admettre qu'il y a des personnes à qui on ne donne pas la parole. Un universitaire dit qu'il n'est pas là pour obtenir des résultats politiques, mais pour réfléchir au sens de la représentation, et que parler des plus pauvres est un objectif militant.

À ce moment de la discussion, un membre de l'équipe pédagogique intervient en rappelant que le livre *Démocratie et Pauvreté*[11] traite pendant huit cents pages de cette question de la représentation des pauvres et que les universitaires présents à ce colloque n'ont pas jugé que c'était une question de militants.

Parle-t-on des plus pauvres ou des pauvres ?

Il n'y a pas d'accord, au début de notre recherche, pour utiliser l'expression *les plus pauvres.* Un universitaire se demande comment définir qui sont *les plus pauvres* ? Les militants, dont le souhait est de n'oublier personne, disent que de maintenir *les plus pauvres* dans le titre, c'est reconnaître qu'ils existent. Le volontaire pense qu'employer le terme *les plus pauvres* risque d'enfermer dans un vocabulaire spécifique au Mouvement Atd Quart Monde, ce qui n'est pas le but de la recherche. Un universitaire soutient que l'on servirait mieux la cause des plus pauvres en n'ayant pas l'air de réfléchir uniquement à leur sujet.

Le groupe se met d'accord pour utiliser le terme *pauvres* dans la question centrale. Le débat va, comme on le verra plus loin, évoluer. Il nous conduira au terme de notre mémoire à préciser le sens que nous donnons à l'expression « les plus pauvres ».

La représentation spécifique ou générale ?

Les militants ne veulent pas de représentation spécifique pour les pauvres. Ils soutiennent que cela risquerait de creuser plus profondément le fossé entre les pauvres et la société. Les universitaires disent que, si les pauvres sont représentés par un pauvre, c'est une représentation spécifique. Les militants ne voient pas qui d'autre pourrait vraiment les représenter, car seuls les pauvres connaissent la réalité du combat contre la misère au quotidien. La question de la spécificité reviendra régulièrement au cours de nos échanges. Les militants, voulant se faire comprendre des deux autres composantes, réfléchissent et dessinent un schéma[12] de la représentation à tous les niveaux de la société. Le but n'est pas de former un syndicat ou un parti politique des plus pauvres, mais de représenter le peuple du Quart Monde, c'est-à-dire les plus pauvres et tous ceux qui choisissent de lutter avec eux contre la misère, au sein des partis politiques, des syndicats, des associations, des églises, etc. La représentation n'est pas celle d'une catégorie de personnes – ce qui serait une représentation spécifique – mais celle du combat contre la misère qui concerne tout le monde. Dans leur schéma, les militants montrent que cette représentation passe obligatoirement par une formation. Le volontaire démontre le caractère indispensable du partenariat en tant que démarche permettant d'accéder à la représentation.

Notes :

1. Revenu Minimum d'Insertion créé en France par la loi du 1er décembre 1988.
2. Cf. annexe.
3. Interviews, voir annexe.
4. Centre Public d'Aide Sociale (Belgique).
5. Auditions Lucie Ribert, Emile Creutz, Emilie Bourtet.
6. Cf. annexe.
7. Philosophe américaine d'origine juive allemande 1906-1975.
8. L'exemple donné date d'avant le 12/1/1993, date à laquelle, en Belgique, la loi dite Onkelinx abroge la précédente loi en vigueur qui réprimait le vagabondage.
9. Exercice d'écriture commune, voir l'Introduction Générale.
10. Discours du 17 novembre 1977, à la Mutualité à Paris, voir chapitre 3.
11. Atd Quart Monde, *Démocratie et Pauvreté*, Éd. Quart Monde/Albin Michel, 1991.
12. Cf chapitre 4.

Chapitre 2

LA REPRÉSENTATION, DÉFINITIONS

Comme l'indique le chapitre consacré à la méthode, le thème plus général : *Citoyenneté, démocratie, droits de l'homme* paraît trop large pour être exploité convenablement.

Il a été inspiré par des questions qui mettent l'accent sur l'importance de la parole, comme parole prise, échangée ou proclamée : *donner la parole aux pauvres..., proclamer des droits..., dialoguer avec le monde du travail..., le temps de parole accordé...*

D'autres remarques intègrent le thème très discuté de nos jours de la citoyenneté : *être reconnus comme citoyens..., acteurs et partenaires de la société..., participation..., la participation aux instances de décision...*

C'est pourquoi il nous est apparu important de définir les mots *représenter* et *représentation,* de les mettre en rapport avec la notion de *démocratie* et de les distinguer des notions voisines telles que *participation, partenariat et témoignage.*

Autour des mots « représenter » et « représentation »

Dans le langage courant les mots représenter et représentation ont de multiples significations :

– par exemple, un avocat représente son client; il s'agit d'une représentation individuelle;

– ou un délégué syndical représente les ouvriers d'une entreprise; il s'agit d'une représentation collective;

– une pièce de théâtre est une représentation.

De quel type de représentation s'agit-il quand nous parlons de *la question de la représentation des pauvres ?*

Les définitions proposées par les dictionnaires, par des philosophes, ainsi que celles données par les citoyens interviewés nous permettent de préciser le concept de la représentation qui sera utilisé dans notre recherche. Les termes que nous allons approfondir sont : représenter, se représenter, représentation, représentant.

Les définitions données par les dictionnaires

Représenter : c'est tenir par délégation la place d'une ou plusieurs personnes; c'est aussi rendre présent un groupe de personnes dans sa dimension de groupe et non pas comme une juxtaposition d'individus; ou c'est encore avoir reçu mandat pour agir au nom de quelqu'un, d'un groupe, défendre ses intérêts.

Se représenter, c'est se figurer, imaginer quelque chose, quelqu'un qui n'est pas actuellement présent; c'est ce qui est présent à l'esprit.

Ou faire apparaître de manière concrète l'image d'une chose abstraite (par le dessin, le théâtre...). Ces définitions ne seront pas retenues dans le cadre de cette recherche.

La représentation, c'est l'action de représenter quelqu'un ou une collectivité par les personnes qui en sont chargées. Il existe différents types de représentation :

– *la représentation juridique* : procédé juridique en vertu duquel un représentant accomplit un acte au nom et pour le compte du représenté. Le terme représentation au sens juridique vient du latin *repraesentare*, verbe qui signifie *être présent*[1].

– *la représentation politique :* pouvoir législatif (les élus).

Le représentant, c'est celui qui prend la parole au nom d'un individu ou d'un groupe dont il porte les valeurs et les intérêts.

Dans le livre *Vocabulaire technique et critique de la philosophie*[2], A. Lalande attire l'attention du lecteur sur le préfixe *re* des mots de la famille représenter : le préfixe *re* semble signifier : rendre une chose ou une personne présente là où sa présence est due et attendue. Ce préfixe semble exprimer l'idée d'une seconde présence, d'une répétition imparfaite de la présence primitive et réelle.

Quelques approches philosophiques de la représentation

Il n'est pas possible d'évoquer tous les penseurs qui ont contribué à la réflexion de la représentation politique. Nous en citerons trois d'entre eux particulièrement importants : Thomas Hobbes, Montesquieu, Jean-Jacques Rousseau.

Thomas Hobbes, philosophe anglais (1588-1679) expose [3] qu'à l'origine, dans un *état de nature*, les hommes se font la guerre, se tuent et se volent sans qu'aucune loi ne l'interdise. Pour se garder en vie, les hommes se donnent des lois, concluent un contrat, une convention. C'est le contrat social qui inclut la désignation d'un représentant. Une fois que le contrat est conclu, il faut obéir à celui-ci (que l'on ait voté pour lui ou contre lui), sans pouvoir vérifier lors de chaque décision si on est d'accord ou non avec lui. Hobbes appelle le représentant *le souverain* qui est censé exprimer la volonté de chacun : *Une multitude d'hommes devient une seule personne quand les hommes sont représentés par un seul homme ou une seule personne.*

On peut retenir de la conception de Hobbes qu'il a été un des premiers à affirmer que le pouvoir politique doit résulter de l'accord initial de ceux à qui il s'impose. Mais sa théorie de la représentation exclut le contrôle par les représentés et peut donc amener une dictature.

Montesquieu, philosophe français (1689-1755), parle de la représentation dans son ouvrage *De l'esprit des lois* (1748). Il affirme que, dans chaque État, il y a trois sortes de pouvoirs : pouvoir législatif (ceux qui font les lois), pouvoir exécutif (ceux qui gouvernent), pouvoir judiciaire (ceux qui jugent)[4].

Pour Montesquieu, les mêmes personnes ne devraient jamais exercer plusieurs pouvoirs en même temps afin de se contrôler les unes les autres. Pour le pouvoir législatif, il écrit qu'il ne peut exister que par représentation. *Il faut que le peuple fasse par ses représentants tout ce qu'il ne peut faire par lui-même. (...) Le grand avantage des représentants c'est qu'ils sont capables de discuter les affaires. Le peuple n'y est point du tout propre, ce qui forme les grands inconvénients de la démocratie.*

Il va plus loin en ajoutant : *Tous les citoyens doivent avoir le droit de donner leur voix pour choisir le représentant, excepté ceux qui sont dans un tel état de bassesse qu'ils sont réputés n'avoir pas de volonté propre.*

Rousseau, philosophe français (1712-1773), distingue l'intérêt personnel et l'intérêt commun. C'est pourquoi il prend position contre la représentation. Dans *Le contrat social* (1762), il écrit : *Chaque individu peut comme homme avoir une volonté particulière contraire ou dissemblable à la volonté générale qu'il a comme citoyen. Son intérêt particulier peut lui parler autrement que l'intérêt commun.*

Rousseau ne croit pas que le peuple puisse avoir des représentants : *A l'instant qu'un peuple se donne des représentants, il n'est plus libre, il n'est plus.* Il prend modèle sur les sociétés antiques où, écrit-il, *chez les Grecs, ce que le peuple avait à faire, il le faisait par lui-même. Il était sans cesse assemblé sur la place.* Pour Rousseau, *toute loi que le peuple, la personne n'a pas ratifiée est nulle, ce n'est point une loi.*

La notion de représentation chez les personnes interrogées

Toutes les personnes interviewées ont entendu le mot *représentation* dans son sens collectif. Certains élus ou administrateurs se voient représentants du fait de leur fonction : représentant de l'administration communale, ou représentant la population de la commune, ou représentant des personnes bénéficiant d'un service. La représentation est devenue pour eux une fonction. Mais comme le dit un bourgmestre (maire) : *il est toutefois impossible de représenter tout le monde*[5].

Les autres personnes non élues qui exercent parfois des missions de représentation ont des regards différents selon leur expérience. Pour un allié du Mouvement Atd Quart Monde[6], la représentation c'est être intermédiaire et porte-parole des gens. La question du mandat apparaît : qui donne le mandat ? Quel est son contenu ?

Pour d'autres, être représentant, c'est écouter ce que les gens ont à dire et le retransmettre. D'autres encore précisent qu'il s'agit de retransmettre les paroles exactes des gens. Une personne vivant la pauvreté ne se dit pas représentante dans le comité dont elle fait partie car elle n'est pas mandatée par les habitants, elle dit : *On parle en son nom mais on essaye de penser aux autres habitants qui ne peuvent pas participer aux réunions*[7].

Une distinction apparaît entre représenter une idée, un idéal et représenter des personnes. Par exemple, *parler de la pauvreté* est différent de *parler au nom des pauvres*. Une personne consacrant sa vie à rejoindre les plus démunis, dit : *On peut représenter un idéal, un but que l'on a dans sa vie*[8]. Un homme qui défend d'autres personnes très démunies comme lui dit : *Pour représenter, il faut un comité*[9]. Un jeune couple qui ne comprend pas au début de l'interview le mot représentation associe par la suite les mots *représentation* et *défendre*[10].

Pour conclure, laissons la parole à une militante :

> Je crois qu'à partir du moment où on parle au nom des siens, au sens plus large que sa famille, au nom de ce peuple que je reconnais, si on le fait parce qu'eux le veulent, parce qu'on porte leur parole, on peut le faire. Mais cela, j'ai mis du temps à l'accepter[11].

Notre conception de la représentation

Notre groupe a choisi de ne pas aborder la représentation individuelle au sens juridique. Il sera question dans ce mémoire de la représentation collective.

– Représente-t-on une idée, un idéal ?

– Est-ce parler au nom de personnes ou d'un groupe bien défini ?

– Est-ce rendre présents les absents, au sens de A. Lalande ?

Le groupe a axé sa recherche sur la deuxième question sans pour autant ignorer les deux autres. Si la représentation est *parler au nom de...*, elle ne peut avoir lieu sans mandat ou demande des représentés. Ce type de représentation est dépendant de l'image que le représentant a des représentés et de l'idée qu'il doit amener dans les endroits où il représente.

Parlant de la représentation des pauvres, se pose donc la question de la représentativité du représentant. Il s'agit de définir les qualités de la personne ou du groupe qui lui permettent de s'exprimer valablement au nom du groupe qu'il représente.

Représentation et démocratie

La démocratie est une forme de gouvernement dans laquelle la souveraineté appartient à la *totalité des citoyens sans distinction de naissance, de fortune ou de capacité*[12]. Ils l'exercent soit directement[13], soit par l'intermédiaire de leurs représentants[14]. Mais la démocratie n'est pas seulement une forme de gouvernement Elle est aussi la reconnaissance que tout homme peut prendre en charge son destin et l'avenir de la collectivité à laquelle il appartient. Les militants n'expriment pas autre chose lorsqu'ils disent que *les plus pauvres ne sont pas reconnus comme des hommes responsables au niveau de leur pays, de leur commune et même au sein de leur famille***[15].

La démocratie comme mode d'organisation politique

On parle de démocratie directe lorsque le peuple (*demos*) est appelé à gouverner (c'est-à-dire à prendre des décisions collectives qui engagent l'avenir du groupe) sans faire appel à des intermédiaires, à des représentants. À vrai dire, au niveau d'un pays, voire même d'une ville, ce mode d'expression du peuple n'est pas possible pour des raisons pratiques. Jean-Jacques Rousseau le disait déjà[16]. Encore aujourd'hui est exprimé le fait qu'*il y a certains endroits où l'on ne sau-*

rait pas aller tous en groupe. Donc l'idéal c'est de se faire représenter, avoir des réunions, parler ensemble[**]. La démocratie directe n'est possible que dans de petits groupes, à supposer cependant que tous les membres du groupe disposent du même droit à la parole. Longtemps, les auteurs ne parlaient de démocratie qu'à propos de cette démocratie directe. Ils préféraient parler de « gouvernement représentatif » lorsque le peuple était appelé à gouverner par l'intermédiaire de ses représentants. Aujourd'hui, nous utilisons le terme de démocratie représentative pour définir les formes actuelles de la souveraineté du peuple. La notion de représentation est devenue indissociable de celle de démocratie[17]. La désignation des représentants peut se faire de différentes manières, l'élection restant le mode le moins mauvais de désignation en matière politique. On considère habituellement que le gouvernement représentatif s'appuie autour de quelques principes :

– Les gouvernants sont désignés par élections à intervalles réguliers. C'est à l'occasion de l'élection que les représentés peuvent sanctionner le représentant en refusant de renouveler son mandat.

– Les gouvernants gardent une certaine indépendance dans leur décision car leur mandat n'est pas impératif[18].

– Les représentés gardent la liberté d'exprimer leurs opinions. Ils peuvent manifester leur désaccord avec les décisions prises par les gouvernants.

– Les décisions publiques font l'objet d'une discussion préalable.

Une vraie représentation est la condition nécessaire de la démocratie. Mais la démocratie n'est pas seulement une organisation politique, c'est aussi une valeur.

La démocratie comme valeur

Elle est ce qui permet à chacun de maîtriser son propre avenir et de participer à la construction de l'avenir de la communauté à laquelle il appartient. Le fait qu'en théorie chacun peut participer par l'élection à la désignation des représentants ne suffit pas. Il faut encore que celui appelé à voter soit vraiment considéré comme un homme appartenant à la communauté, comme un citoyen (cf. H. Arendt).

La misère ne supprime pas légalement le droit de vote mais elle empêche matériellement et moralement d'exercer la citoyenneté... La démocratie a créé le vote comme un moyen donné pour vivre ensemble. L'illettrisme ne peut pas être combattu sans partage réciproque du savoir, sans reconnaître que l'illettré a quelque chose à penser, à dire, à écrire et à lire. Il est des abstentions qui expriment un illettrisme politique. Il ne suffit pas alors de permettre à ceux qu'il touche de mieux comprendre le système démocratique. Il faut entendre d'eux ce qui rend impossible la démocratie au pied de l'échelle sociale[19].

En résumé, la situation faite aux plus pauvres nous rappelle en permanence que la démocratie ne saurait se limiter à l'affirmation théorique de droits abstraits et formels. En un mot que la démocratie n'est pas qu'un mode d'organisation politique mais qu'elle est une exigence de tous les instants. C'est en ce sens que l'on a pu dire que le Quart Monde était une pierre de touche de la démocratie.

Représentation et notions voisines

Si la notion de représentation paraît très liée à celle de démocratie comme on vient de le voir, elle doit être soigneusement distinguée de notions et de termes voisins comme ceux de participation, de partenariat ou de témoignage.

Représentation et participation

Ces notions sont couramment associées, et parfois confondues. En témoignent quelques entretiens réalisés.

Ainsi à la question : *Que signifie pour vous la représentation ?,* un bourgmestre répond : *Nous sommes une commune où la représentation est participative...* [20] Lorsqu'on l'interroge sur ses difficultés en tant que représentant, il ajoute : *Il est difficile d'amener les gens à participer à la vie communale.*

De même, un président d'association de parents d'élèves, à qui on demande si des personnes défavorisées participent aux réunions, répond :

> Vous avez pu voir par exemple Sylvie. Cela fait sept ans qu'elle s'active avec acharnement dans le comité. Nous voudrions en avoir beaucoup comme elle, car si elle vit avec le minimex[21] et trois enfants, cela ne l'empêche pas d'être remplie de ressources étonnantes. Généralement, la plupart viennent une fois ou deux; le dialogue ne se faisant pas, ils abandonnent[22].

Au sujet des principales difficultés rencontrées pour faire participer les plus pauvres, il indique encore : *Le dialogue, il n'y a aucun doute là-dessus et aussi l'information.*

Enfin interrogée sur cette même question, une militante membre d'un comité des fêtes répond :

> On peut parler en son nom et donner son avis personnel, mais on essaye quand même de penser toujours aux autres habitants puisque tous les habitants ne vont pas aux réunions, puisque tout le monde ne veut pas participer, mais on essaye toujours que tout le monde profite de ce que l'on fait[23].

À propos de participation, Joseph Wresinski, en tant que rapporteur au Conseil Économique et Social Français[24] insiste sur la participation comme moyen d'affirmer sa citoyenneté :

En démocratie, il importe de donner à tous les moyens égaux de se faire entendre et de faire pression rapidement, afin que les situations injustes soient redressées. Ces moyens sont en gros de deux ordres : le recours prévu par la loi pour contester une décision administrative ou judiciaire et la participation à la vie publique, sociale et du travail par l'intermédiaire des associations, des syndicats, des partis... La vie associative représente à la fois une source indispensable de connaissance et une voie privilégiée vers l'engagement public ou politique avec des concitoyens en difficulté... D'une façon générale, les plus pauvres souhaitent la participation. L'existence de regroupements locaux et nationaux de personnes et familles pauvres en témoigne. Ces groupes associatifs garantissent la participation progressive des intéressés...

Les droits politiques sont les droits essentiels qui permettent de participer à la vie d'un pays. On n'existe pas si on n'est pas reconnu aussi membre d'une société politique. Les politiques ont un pouvoir de décision. La représentation politique est la participation à ce pouvoir. La représentation permet de participer aux décisions elles-mêmes. Si on arrive à faire comprendre aux instances politiques que les plus pauvres sont des citoyens comme tout le monde, et qu'ils ont le droit d'avoir des représentants, dans ces conditions les lois peut-être seront faites en fonction des démunis.

Pourtant, représentation et participation ne sont pas synonymes. La représentation est quelque chose de plus construit que la participation (*Action de s'associer, de prendre part*, selon le dictionnaire Larousse). Il ne suffit pas d'être en dialogue avec quelqu'un pour qu'il y ait représentation. Il y a des formes de participation qui n'impliquent pas la représentation. Par exemple, organiser une fête dans un village, c'est participer mais pas représenter.

Toutefois, la représentation peut constituer un moyen de participation. Il en va ainsi en politique. La représentation est une condition de participation au pouvoir.

Représentation et partenariat

Pour le dictionnaire Larousse, les partenaires sont des personnes qui s'associent pour la réalisation d'un projet. Le sens est très proche de celui de participation. Le partenariat implique que chacun est acteur du projet dans sa conception, sa réalisation et son évaluation. Être partenaire, c'est plus qu'être un simple participant. Le rapport du Conseil Économique et Social Français[25] relève l'importance du partenariat comme source de (re)connaissance, de confiance et de citoyenneté qui permet de construire des projets d'avenir :

Le partenariat est une condition nécessaire au développement de toute population, mais les plus démunis n'en ont pas la pratique ; il dépend de la volonté des élus et des principaux acteurs de la vie sociale de créer les conditions de leur participation. C'est dans la mesure où ceux-ci prendront les moyens de les infor-

mer, de recueillir leurs avis et d'en tenir compte que les plus démunis pourront exercer leur citoyenneté, c'est-à-dire assumer leurs obligations et être reconnus comme sujets de droit, ce qui les amènerait à exercer par eux-mêmes les responsabilités qui leur incombent.

Existe-t-il des liens avec la représentation ?

René Martin[26], qui a participé à l'écriture du livre : *On voudrait connaître le secret du travail*[27], nous fournit quelques pistes. Tout au long de sa rencontre avec le Mouvement Atd Quart Monde, il a pu, soit de sa propre initiative, soit par le concours et le soutien des volontaires, accéder à un processus de partenariat. La première étape de ce processus étant la rencontre avec un volontaire au pied de sa cité. Puis la participation aux rencontres d'un groupe en milieu associatif convivial et amical où il se sentait libre et en confiance. Ceci lui a permis de participer naturellement à l'Université populaire Quart Monde et de découvrir qu'il y avait d'autres personnes qui vivaient comme lui dans la misère mais aussi des personnes qui n'avaient pas connu la misère et qui étaient solidaires. Il a osé prendre la parole pour partager son expérience et sa réflexion. Il a ensuite participé à un projet de travail et de formation qui lui a rendu sa dignité de travailleur vis-à-vis de lui-même et de toute sa famille. Quelques années plus tard, en apportant sa contribution dans le livre et en dialoguant avec des universitaires, il a poursuivi sa réflexion en confrontant ses expériences et sa pensée à d'autres réalités. Au terme du livre, il a accepté d'être l'un des représentants des militants Quart Monde de Lyon à un débat organisé dans le cadre des Journées du livre contre la misère *

On peut se demander si le partenariat avec les plus pauvres est une démarche indispensable pour construire une identité positive et citoyenne qui amène à la représentation. Le partenariat n'implique pas nécessairement la représentation. Ainsi l'implication des familles très pauvres dans l'élaboration du Rapport Général sur la Pauvreté en Belgique ne faisait pas d'elles des représentants. Elles y étaient partenaires. À l'inverse, un représentant n'est pas toujours un partenaire, dans la mesure où il n'agit pas toujours avec les représentés ; la situation est fréquente en matière de représentation politique.

Représentation et témoignage

Le verbe *témoigner* a deux sens suivant le contexte dans lequel on l'emploie. Témoigner, c'est d'abord attester d'un fait auquel on a assisté ou d'une parole entendue. En justice, par exemple, le témoin est celui qui décrit ce qu'il a vu ou entendu. Témoigner de (quelque chose) c'est encore confirmer la vérité, la valeur de quelqu'un ou de quelque chose par des paroles, des déclarations, des actes[28] ou tout simplement sa vie.

Mais quels sont les rapports entre représentation et témoignage ? Dans son intervention au Colloque de Caen[29], A. de Vos van Steenwijk* mêle ces deux notions nous obligeant à préciser notre pensée. Sous le titre *Le père Joseph, représentant de son peuple*, elle nous dit qu'elle n'avait jamais entendu Joseph Wresinski se désigner comme représentant, et qu'il préférait le mot *témoignage* à celui de *représentation.* Selon elle, *nous ne pouvons pas dire que le père Joseph faisait de la représentation. Toute sa vie a été représentation...* A bien y regarder cependant, A. De Vos van Steenwijk veut dire que Joseph Wresinski ne se voulait pas représentant politique. On ne peut en déduire qu'il n'a pas été représentant du tout.

Simplement, par son action et sa parole, il a posé les exigences d'une véritable représentation. Les représentés ne sont pas dépossédés, ni trahis. Il ne paraît pas possible d'opposer de façon systématique *témoignage* et *représentation.* Les deux termes ne s'excluent pas et peuvent même être associés. Une personne peut dans certains cas porter témoignage, et, dans d'autres, être en situation de représentation. Elle peut aussi être amenée à porter témoignage pour renforcer sa représentation.

Notes

1. Encyclopédie Universelle II, *Les notions philosophiques*, Paris, PUF, 1980, V.0./Représentation.
2. *Vocabulaire technique et critique de la philosophie,* Paris, PUF, 1972.
3. Th. Hobbes, *Le leviathan,* 1651.
4. Dans notre société contemporaine, on pourrait ajouter le pouvoir financier (marchés financiers internationaux) et le pouvoir des médias qui sont des pouvoirs de fait.
5. Interview n° 5.
6. Interview n° 6.
7. Interview n° 7.
8. Interview n° 10.
9. Interview n° 15.
10. Interview n° 9.
11. Audition Lucie Ribert.
12. *Vocabulaire technique et critique de la philosophie*, PUF, 14ème édit., V° Démocratie.
13. On parle alors de démocratie directe.
14. On parle alors de démocratie représentative, V. Dictionnaire Le Robert, V° Démocratie.
15. Les phrases suivies du signe** sont des extraits de discussions de groupe ou d'écrits personnels.
16. J. J. Rousseau, *Du contrat social*, Chap. XV. Il rappelle que si les grecs avaient pu pratiquer cette forme de démocratie, c'est parce que le climat était doux, que les gens pouvaient s'assembler à l'extérieur, qu'ils n'étaient pas trop nombreux et pouvaient donc entendre les discours et que surtout ils pouvaient consacrer du temps à cette activité car... des esclaves faisaient le travail pour eux !!!

17. Qu'il s'agisse de la démocratie au niveau du pays, de la démocratie locale (au niveau de la commune ou d'une autre collectivité territoriale) ou du fonctionnement démocratique d'autres structures comme les syndicats ou les associations.

18. Il y a un mandat impératif quand le représentant ne peut faire que ce qui lui a été précisément prescrit par les représentés. Dans le cas contraire on dit que le mandat est représentatif.

19. B. Boureau, *Le droit de vote ne serait-il qu'un privilège ?*, *Revue Quart-Monde,* 1988/2, p. 59.

20. Interview n° 5.

21. Revenu minimum d'existence en Belgique.

22. Interview n° 2.

23. Interview n° 7.

24. *Rapport Grande pauvreté et précarités économiques et sociales*, JO n° 4074, 1987, Pauvreté et libertés civiles et politiques, chapitre 8, p. 96.

25. *Ibid*, p. 9.

26. Militant Quart Monde, nom d'emprunt.

27. X. Godinot (sous la direction de), *On voudrait connaître le secret du travail*, Éd. L'Atelier/Éd. Quart Monde, Paris, 1995, 333 p.

28. Dictionnaire Le Robert, au verbe « témoigner ».

29. Démocratie et Pauvreté, *op. cit.* p. 658.

Chapitre 3

LES PRATIQUES DE REPRÉSENTATION

L'examen de quelques exemples de représentation tirés de l'Histoire ou de l'époque contemporaine, en particulier à propos de la représentation des plus pauvres, nous conduit à mettre en questions les pratiques de représentation. De la diversité des situations envisagées, il est permis de tirer quelques enseignements qui nous entraîneront à chercher les raisons pour lesquelles la représentation des plus pauvres est une question qui dérange.

Un exemple de représentation des plus pauvres dans l'Histoire

L'histoire de la Révolution française et la Déclaration des droits de l'homme et du citoyen donnent l'occasion de s'interroger sur la représentation des plus pauvres.

Lors de la rédaction des *Cahiers de doléances*[1] et de l'élection de représentants aux États généraux[2], un homme, Dufourny de Villiers[3], mena un combat politique pour poser la question de la représentation des plus pauvres. La représentation aux États généraux était constituée de trois ordres, le clergé, la noblesse et le Tiers État, supposés recouvrir toute la population française. Dans un cahier intitulé *Cahiers du Quatrième Ordre, celui des pauvres, des infirmes, des indi-*

gents, etc.[4], Dufourny de Villiers explique sa réflexion sur ce qu'il nomme la représentation du Quatrième Ordre.

Les puissants et les riches ne peuvent pas décider du sort des plus pauvres qui ne sont pas représentés :

Il a paru nécessaire de distinguer encore les membres de la nation par Ordre et le nombre de ces ordres a été, selon l'usage, limité à trois : mais est-il nécessaire de distribuer la Nation par Ordre ? Et ces trois Ordres renferment-ils exactement toute la Nation ? Peut-être cette distribution sera-t-elle abolie ; il faut l'espérer ; et si elle ne l'est pas, il faut faire un quatrième Ordre ; il faut, enfin, que dans l'un et l'autre cas, la portion de la Nation qui est appelée par son droit naturel, et qui cependant n'est pas convoquée soit représentée.

La Nation s'assemble pour discuter et fonder des droits généraux qui seront érigés en lois constitutionnelles, et des droits particuliers ou privilégiés qui seront attaqués ou défendus. Elle s'assemble pour régler les impôts et leur répartition. Les puissants et les riches paraissent seuls intéressés à ces discussions, qui cependant décident inévitablement du sort des faibles et des pauvres... Je demande à tous les ordres, et particulièrement à celui du Tiers, s'ils ne sont pas éminemment privilégiés en comparaison du Quatrième Ordre ? Et forcés d'en convenir, comment pourraient ils se soustraire à l'application du grand principe que les Privilégiés ne peuvent représenter les non-Privilégiés ?

Les députés du Tiers État n'ont pas pris en compte tous les citoyens, mais seulement les possédants :

Aucun ne m'a présenté le mandat distinctement énoncé de donner la protection et la conservation des faibles de la dernière classe. (...) Il ne suffit donc pas, pour opérer le bien, d'envoyer des Mémoires particuliers aux Députés mais il faut publier ces Mémoires ; il faut ainsi vertir (orienter vers) *au soulagement du Quatrième Ordre cet amour du bien général qui va diriger la nation et ses Députés (...)*[5].

Avec la Déclaration des droits de l'homme et du citoyen dont les initiateurs sont les trois Ordres (clergé, noblesse et Tiers État), les pauvres, les infirmes, les indigents n'ont pas pu se représenter par eux-mêmes, ni prendre la parole pendant les États généraux. Cependant des personnes comme Dufourny de Villiers ont pris fait et cause pour les plus pauvres en ne cessant de rappeler qu'une des notions fondamentales qui aurait dû figurer en préambule à la Déclaration des droits de l'homme et du citoyen devait être : *L'homme est plus grand que le citoyen. L'infortuné est plus grand que l'homme*[6]. En publiant les Cahiers du Quatrième Ordre, Dufourny de Villiers voulait gagner la reconnaissance des droits politiques des plus pauvres, il affirmait le droit du plus pauvre à être citoyen.

À l'occasion du bicentenaire de la Révolution française et de la Déclaration des droits de l'homme et du citoyen, s'est tenu, à Caen en 1989, à l'initiative du Mouvement Atd Quart Monde, un colloque universitaire qui s'intitulait : *Les plus pauvres dans la démocratie*[7]. Lors de ce colloque, Henri Bossan a rappelé l'actualité de la pensée de Dufourny de Villiers[8].

Quelques exemples actuels de représentation

Les personnes rencontrées dans le cadre de notre recherche nous ont fait part de leur expérience en tant que personnes représentées ou représentantes.

Les exemples vécus en tant que personnes représentées

Une personne parle spontanément des élections pour lesquelles elle vote, élections communales, nationales ou européennes. Elle pose des questions : les personnes pour qui je vote me représentent-elles vraiment? Les élus ne sont-ils pas soumis à leurs propres convictions ou aux directives de leur parti ?

D'autres personnes disent avoir été représentées dans des situations précises, il s'agit de situations personnelles : par un avocat devant la justice, par un élu à propos d'une recherche d'emploi, par un ancien professeur pour obtenir une fonction qualifiée... Le sentiment d'avoir été représentés, même s'il s'agit d'un acte individuel, vient d'une connaissance et d'une confiance réciproques.

Un jeune couple a vécu à la rue pendant plusieurs mois, sans ressources[9]. Depuis trois ans environ, il vit dans un garni (meublé). Pour obtenir ce garni, après plusieurs démarches infructueuses auprès de différents CPAS, il accepte les conditions posées par l'un d'eux : que le CPAS retire d'office sur leur minimex le loyer et les charges. Pour ne pas perdre le droit au minimex, l'homme doit apporter chaque mois cinq preuves de recherche de travail. La signification des mots *représenté, représentant, représentation* n'a pas de sens pour eux. Ils n'ont pas d'expérience où ils ont senti que quelqu'un parlait en leur nom, ou au nom des personnes démunies. Ils disent qu'ils ne connaissent personne et qu'ils se défendent seuls. Cependant, au cours de la discussion, alors qu'il leur est demandé s'ils connaissent des personnes qui parlent au nom des pauvres, ils parlent spontanément d'un reportage vu à la télévision sur des gens vivant dans un camping, menacés d'expulsion. Il s'agissait d'un reportage auquel participait Léonce Berton[10].

La représentation internationale passe par plusieurs étapes. Par exemple, en 1994 dans le cadre de l'Année Internationale de la Famille proclamée par l'ONU, une délégation du Mouvement Atd est reçue par le Secrétaire général de l'ONU.

Dans une ville, un groupe prépare un texte à partir de situations vécues par des familles très pauvres. Ce texte est confié aux délégués qui le transmettront à l'ONU. Dans cet exemple, ce groupe n'a pas été représenté par une personne mais par un texte. Dans l'exemple du Rapport Général sur la Pauvreté écrit en Belgique en 1993, de nombreuses familles très pauvres ont participé par leurs témoignages et réflexions à l'élaboration de ce rapport. On peut dire que ce rapport est une forme de représentation des défavorisés mais ses prolongements posent question puisqu'une représentation des pauvres ne s'est pas réellement mise en place. Un texte seul ne peut pas suffir à défendre les intérêts des représentés, la présence d'un représentant est absolument nécessaire.

Les exemples vécus en tant que représentants

Les représentants ne sont pas tous désignés de la même manière. La manière la plus officielle est l'élection, mais parfois c'est le choix fait au sein d'un groupe ou c'est la personne elle-même qui se dit représentante.

• **Parmi les représentants désignés par une élection,** certains sont des élus dans un cadre professionnel, d'autres dans un cadre politique, d'autres enfin le sont dans un cadre associatif ou administratif.

Un premier exemple de représentant élu est donné par un membre du groupe sur son lieu de travail. Il a été élu par ses collègues pour les représenter au sein du conseil scientifique de son université. Le conseil scientifique a pour rôle d'élaborer, de mettre en œuvre la politique de recherche de l'ensemble de l'université et décide les financements des différentes équipes de recherche dont celle que dirige l'universitaire, membre du groupe :

Si j'ai présenté ma candidature, c'est pour défendre la participation des juristes dans une assemblée où les non-juristes sont les plus nombreux. Et aussi parce que des collègues me l'avaient demandé**.

Les élections s'effectuent par catégories professionnelles : les professeurs élisent les professeurs, les maîtres de conférence élisent les maîtres de conférence, les juristes élisent un juriste... Il conçoit son rôle de représentant comme porte-parole de ses collègues. Il doit rendre des rapports régulièrement. Sa mission de représentation lui pose parfois des questions : *Que faire lorsqu'un juriste présente un dossier qui ne me semble pas bon ? Dois-je le défendre sous prétexte que je le représente ? Dois-je au contraire faire un rapport défavorable ? Je me suis retrouvé parfois dans la situation de devoir défendre des dossiers qui ne me paraissaient pas très bons ?* Une autre difficulté est qu'étant lui-même directeur d'un laboratoire de recherche, il est tenté de privilégier les jeunes chercheurs de son laboratoire.

Parfois les représentants, même élus, se trouvent face à des conflits d'intérêts des groupes qu'ils représentent. Ceci est vrai notamment pour les élus politiques. Par exemple, l'abbé Pierre dit que pour être député il faut *oser être pleinement courageux, être sûr de sa compétence et ne pas être influençable*[11]. Il avait comme hantise *la priorité à donner en tout au service des plus souffrants.* C'est sans doute parce qu'il voulait être plus proche *des plus souffrants* qu'il renonça à son mandat d'élu.

Au cours des séances de l'Assemblée Nationale Française en 1988, les députés travaillaient sur le projet de loi du Revenu Minimum d'Insertion. Le ministre de la Solidarité, de la Santé et de la Protection sociale, Claude Evin, est allé rencontrer des personnes très défavorisées avant de présenter son projet de loi. L'étude des débats parlementaires parus au Journal Officiel montre que plusieurs députés ont conscience que les pauvres veulent être reconnus comme citoyens à part entière, mais il est souvent demandé à ces derniers de s'intégrer dans la société, donc *de faire les efforts nécessaires.* Certains députés soulignent que les droits de l'homme et du citoyen sont indissociables. Ils ne se présentent pas comme représentant des pauvres, certains laissent ce rôle-là au père Joseph Wresinski.

Au niveau communal, un bourgmestre dit : *Je suis personnellement représentant de ma commune*[12]. Il ajoute que sa commune fait de la *représentation participative* grâce à l'existence de nombreux comités, mais malgré cela tout le monde n'est pas représenté, car *les gens ne vont pas tous vers les représentants communaux.* Lors de ses permanences, il reçoit les habitants pour leurs demandes individuelles, il en conclut : *Il m'est impossible de représenter chaque individu.* Il pense que les plus pauvres de sa commune ne sont pas représentés au conseil communal. Pour un des échevins (adjoint au maire) de cette commune, la représentation est avant tout la représentation de l'administration communale, c'est-à-dire davantage l'organisation de la commune (les différents comités) plutôt que les gens eux-mêmes. Quand la question lui est posée de la représentation des pauvres, il répond : *La première chose qu'ils doivent faire, c'est s'occuper de leurs enfants*[13] et il parle en termes d'aide et d'assistance par le CPAS.

Une présidente de CPAS explique comment est composé le conseil du CPAS. Les membres sont des professionnels et des conseillers désignés par les partis politiques. Pour elle, les assistantes sociales présentes dans le conseil représentent les pauvres *parce qu'elles connaissent bien leur situation*[14]. Elle dit aussi qu'ils peuvent se faire représenter par leur avocat. Il est à noter que devant la justice les travailleurs sociaux ne peuvent pas être les représentants des bénéficiaires de l'aide sociale, mais qu'ils peuvent représenter l'administration du CPAS. Par rapport à la présence éventuelle d'un bénéficiaire du CPAS au conseil, la

Présidente dit : *Vous me parlez de revoir et de changer les lois, cela ne marchera pas, vous voulez tout bouleverser.*

Une personne d'un organisme de logement, élue par les locataires et vivant elle-même en situation de pauvreté, dit être le porte-parole des autres au comité dont elle fait partie et elle recueille leur confiance[15].

Bien souvent dans le milieu associatif, ce sont les Présidents élus qui sont officiellement les représentants de leur association. Le Président d'une association de parents d'élèves dit les difficultés pour que les parents participent, ceci étant dû selon lui au manque de dialogue et d'informations[16].

• **D'autres personnes deviennent représentantes à l'occasion d'une action**. En effet, la mission de représentation n'est pas toujours donnée au point de départ mais parfois se construit au fur et à mesure de la participation d'une personne au sein d'un groupe. Par exemple, une femme fait partie du comité des fêtes de son quartier, elle souhaite participer avec d'autres à améliorer la vie de sa cité. Lorsqu'elle entre dans ce comité, elle y est à titre personnel et progressivement elle souhaite que sa participation profite aux autres habitants. La première étape est que les habitants prennent confiance, c'est pourquoi le comité organise une fête où tout le monde est invité[17].

Sur un camping menacé d'expulsion, un comité de défense se met en place sous l'impulsion du chef de camp, Léonce Berton. Les médias sont informés et réalisent plusieurs reportages dans lesquels Léonce se trouve en situation de représentant. Au fil des jours, ce rôle est renforcé avec l'appui de groupes extérieurs. La mobilisation publique engagée n'est pas acceptée par les autorités communales qui refusent de considérer Léonce comme porte-parole. Celui-ci dit : *Ils ne veulent pas nous recevoir et moi je gêne*[18]. Des menaces et des pressions de la part des autorités s'exercent sur les campeurs et ont comme conséquences la peur, le découragement et l'abandon du lieu.

Il arrive que, dans le cadre de leurs professions, certaines personnes créent des moyens de participation qui aboutissent à la représentation de la population avec laquelle ils travaillent. Par exemple, un assistant social parle d'un *Réseau des actions communautaires* qui s'est mis en place lors du projet européen « Pauvreté 3 » à Charleroi[19]. Ce Réseau est constitué par des gens de milieux différents. Une fois par mois, un thème est choisi sur une question qui pose problème. *La parole de ceux qui ont connu des problèmes est essentielle pour faire changer les choses*[20]. Ainsi, après une discussion sur des difficultés de remboursements pharmaceutiques, une lettre est adressée au Ministre des Affaires Sociales qui tient compte des avis qui lui ont été adressés :

> Si c'était un ou deux individus qui en avaient fait la demande, on ne les aurait pas écoutés. Il faut toujours se mettre dans un Réseau pour être entendus par les responsables.

Emile Creutz[21], docteur en physique, élargit le thème de la représentation au niveau mondial à partir de sa propre expérience pour développer les énergies renouvelables dans les pays du Tiers Monde. Siégeant dans plusieurs commissions internationales dans le cadre du Centre National de la Coopération au Développement, il renouvelle constamment sa demande de pratiquer un réel partenariat entre l'Europe et l'Afrique pour développer de nouvelles énergies. Mais il se heurte aux intérêts financiers des pays riches et de leurs compagnies pétrolières et nucléaires. Les enjeux financiers des pays du Nord sont tellement importants qu'ils étouffent toute réelle représentation des pays du Sud, bloquant ainsi les recherches nécessaires au développement de l'énergie solaire.

• **Quelques exemples de représentation dans le cadre du Mouvement Atd** méritent que l'on s'y arrête.

À la Mutualité, à Paris, en 1977, pour les vingt ans du Mouvement, le père Joseph Wresinski lance un *Appel à la solidarité*[22]. Dans ce discours, il se situe en tant que représentant du Mouvement Atd Quart Monde. Il est intéressant de noter qu'il emploie tantôt le *nous*, tantôt le *vous,* suivant les personnes dont il parle ou à qui il s'adresse. Quand il s'adresse aux citoyens « reconnus », il dit *nous,* à la fois pour qu'ils se sentent davantage concernés, mais aussi parce que lui-même est un citoyen reconnu ; quand il s'adresse aux volontaires-permanents, il dit *vous les volontaires*, il n'est pas représentant des volontaires-permanents car lui-même n'a pas fait le même parcours de vie qu'eux, mais il dit à la société : voilà qui sont les volontaires ; quand il s'adresse aux militants Quart Monde, il dit *nous,* car lui-même a vécu la misère.

Une militante[23] donne plusieurs exemples où elle fut en situation de représentation au cours d'une réunion à la préfecture, ou face à des journalistes. Dans une situation précise, elle explique :

> Je suis intervenue, j'ai pris la parole parce que je sentais qu'il y avait des gens que je connaissais qui n'étaient pas là. Je connaissais leur vie, leurs problèmes journaliers par rapport à l'école, les problèmes qu'ils avaient pour leurs enfants ; tous ces combats, j'ai eu envie de les dire et je les ai criés à la face de tout le monde.

Il arrive que des militants participent à des missions de représentation à l'occasion d'événements ponctuels. Par exemple, une militante fut déléguée pour une rencontre internationale à l'ONU à Genève en 1996 : *Je me sentais investie d'une mission***. En prenant beaucoup de notes au cours de cette rencontre, elle voulait que les autres familles puissent vivre comme elle ce grand moment. Une autre militante prit la parole au cours d'une conférence publique dans sa ville sur le thème : *La place du Quart Monde dans la société.* C'est elle qui a ouvert la conférence pour signifier que la parole des démunis est prioritaire[24].

Lors d'un colloque sur l'exclusion, un volontaire permanent explique son action à des représentants de Mouvements de jeunes européens. Pour cela il utilise plusieurs moyens (diapositives, théâtre, parole…). Mais il se rend compte que le message n'est pas passé. En cours de session, il rencontre des jeunes de milieu défavorisé dans un quartier proche du lieu où se tenait le colloque. Le lendemain, faisant part de cette expérience, il parvient enfin à se faire comprendre des participants**.

Certaines personnes engagées dans le Mouvement Atd assurent des missions permanentes de représentation, par exemple au sein d'une commission de logement, de santé, d'intégration sociale… que ce soit au niveau communal, national ou international. L'une d'elles assume ce type de représentation permanente au sein d'une commission-logement. Elle a été choisie parce qu'elle connaissait bien les gens qui font partie de cette commission.

Parfois, il vaut mieux laisser passer, pour qu'on ne soit pas tout le temps à rabâcher et que les autres disent : le voilà encore… Quand on dit quelque chose, il faut que cela ait du poids. On est souvent très seul. Il y a des montagnes à faire bouger[25].

La représentation en questions

Les exemples précédemment décrits de représentation, tant du point de vue du représentant que de celui du représenté, montrent la grande diversité des situations.

La diversité des situations de représentation

Cette diversité tient parfois au statut « juridique » du représentant, parfois aux relations existant entre celui qui représente et celui ou ceux qui sont représentés, parfois encore aux circonstances particulières dans lesquelles la représentation prend forme.

S'agissant du statut juridique[26] du représentant, on constatera qu'il est dans certains cas un élu du Peuple (député, le bourgmestre ou l'échevin) ou un élu d'un groupe social particulier (le membre du Conseil d'administration d'une université, par exemple, élu dans le collège des professeurs, ou dans celui des étudiants). Dans d'autres cas, il n'est pas élu mais désigné suivant une procédure particulière, comme souvent dans le milieu associatif. Dans d'autres situations, il s'est retrouvé « naturellement » représentant par suite de circonstances au cours desquelles il a été amené à prendre la parole. Il a été en quelque sorte « porté » par les faits. Ce statut juridique peut être plus ou moins clairement défini et plus ou moins précis. En démocratie, on considère habituellement que la façon dont on procède pour désigner des représentants doit être définie à l'avance avec un minimum d'accord des représentés.

La diversité des situations est tout aussi nette lorsque l'on examine les relations entre les représentants et les représentés. Parfois, le représentant se contente de *parler pour...* ou *au nom de...* Il témoigne d'une réalité dont il a eu connaissance ou qu'il a lui-même vécue. Dans d'autres cas, il agit sur la base d'un mandat qui lui est donné par le groupe. Parfois, une seule et même personne est à la fois *représentante* et à la fois *témoin*. L'exemple ci-dessus est de ce point de vue tout à fait éclairant. En qualité d'allié* du Mouvement Atd Quart Monde, il est appelé à représenter celui-ci dans des réunions. Dans d'autres occasions (dans sa vie plus personnelle), il témoigne sans nécessairement prétendre représenter les très pauvres[27].

Il arrive encore qu'une personne se trouve placée dans une situation de représentation sans que cette représentation ait été clairement voulue et organisée au départ. La situation de représentation se construit alors peu à peu au fur et à mesure du dialogue qui s'instaure. Telle est, semble-t-il, la situation de Léonce Berton[28]. En sa qualité de *chef de camp*, il a été choisi naturellement par le comité qui s'était créé dans le camp pour prendre la parole, faire des démarches, etc. C'est dans la relation avec les membres du comité et les personnes vivant en caravane, d'une part, avec les médias, d'autre part, que progressivement la situation de représentation est née. Si tout cela ne correspondait peut-être pas à l'origine à un projet politique ou à une stratégie particulière, l'expérience et le fait que d'autres personnes aient pu se reconnaître en lui en ont fait un représentant.

De cette diversité, il est permis de dégager quelques enseignements utiles sur la façon dont fonctionne aujourd'hui la représentation en général et la représentation des plus pauvres en particulier.

Le fonctionnement de la représentation

Toute représentation exige du temps et des moyens. Elle suppose aussi que le représentant soit *sous contrôle* des représentés.

La représentation s'inscrit d'abord dans la durée. Il faut du temps pour qu'apparaisse un représentant, qu'il soit désigné par une procédure spéciale ou non. Ce qui veut dire qu'il est difficile d'organiser une représentation dans l'urgence si le terrain n'a pas été préparé. Il faut du temps encore pour que le représentant fasse son travail de représentant. Il doit rencontrer des interlocuteurs, participer à des réunions et les préparer avec ceux qui seront représentés. Qu'il s'agisse de l'action Léonce Berton ou du travail préparatoire au Rapport Général sur la Pauvreté en Belgique, le constat est le même. Il faut encore du temps pour que le représentant revienne devant ceux qu'il a représentés pour leur rendre des comptes.

A des degrés divers, la pratique de la représentation met les représentants sous le contrôle des représentés. C'est une exigence de base de la démocratie. S'agissant des représentations élues, ce contrôle se fait lors de la réélection. C'est la situation des parlementaires par exemple. La chose paraît claire mais cela pose la question du contrôle entre les dates d'élection. Lorsqu'il n'y a pas d'élection mais une procédure de désignation ou de mandat non électif, le contrôle pourra s'opérer par un retrait du mandat. Enfin, lorsque la représentation résulte d'une situation de fait, les représentés qui, par définition, n'ont pas à l'origine choisi d'être représentés, sont dans une situation plus difficile.

Il faut faire une différence ici entre les cas de représentation temporaire ou ponctuelle et les situations où existe une mission permanente de représentation. Dans le premier cas, le contrôle est assez facile. Lorsque le représentant a reçu une mission précise (aller à telle réunion, prendre la parole dans telle assemblée, répondre à telle interview etc..), les représentés peuvent se faire entendre sinon immédiatement, au moins très rapidement. Et s'il a commis un abus de pouvoir, les représentés pourront réagir tout de suite. Ils pourront par exemple le contacter et lui faire connaître leur désaccord. Ils pourront aussi refuser de lui confier une nouvelle mission. En revanche, lorsque le représentant a reçu une mission permanente de représentation, le risque qu'il commette un abus de pouvoir ou qu'il déforme la pensée et la parole de ceux qu'il représente est plus important. Surtout, le contrôle interviendra plus tard, parfois trop tard[29].

Les recherches menées sur le fonctionnement de la représentation nous ont conduits à une interrogation fondamentale sur le rapport entre la représentation et les droits de la personne. On admet habituellement dans nos systèmes démocratiques que le fait d'être représenté donne des droits ou en tout cas permet de les exercer. Ainsi, le droit des parents de dire ce qu'ils pensent de l'école, de dire ce qu'ils en attendent dépend pour une bonne part de l'existence d'associations de parents d'élèves. De même, le droit pour un locataire d'avoir un logement décent et bien entretenu ne sera souvent effectif que si une association de locataires agit en ce sens. Mais l'étude de la pensée d'Hannah Arendt nous a aussi permis de découvrir que, pour être représenté, il faut d'abord être reconnu comme pouvant avoir des droits. C'est un préalable nécessaire et c'est sans doute la question centrale de la représentation des plus pauvres. La reconnaissance première de la citoyenneté est un combat qui commande l'action en vue d'une véritable représentation.

Les responsables face à la représentation des très pauvres

Les responsables politiques sont la plupart du temps désignés en qualité de représentants non seulement de ceux qui les ont choisis ou désignés, mais de l'ensemble de la population[30]. Il s'ensuit qu'ils représentent nécessairement aussi la population pauvre. Celle-ci est donc en principe, comme tous les autres citoyens, *à l'origine* de la représentation.

Certains mandats, par ailleurs, visent spécifiquement des responsabilités en lien avec la lutte contre la pauvreté. Les pauvres devraient être, cette fois aussi, la raison d'être spécifique, *le but* de la représentation.

Ainsi en va-t-il du mandat d'un président de Centre Public d'Aide Sociale[31]. Les CPAS ont en Belgique la mission d'assurer l'aide permettant *à chacun de vivre conformément à la dignité humaine*[32] et d'octroyer dans certaines conditions le minimum de moyens d'existence[33]. Une présidente de CPAS a été interrogée au sujet de la représentation des pauvres au sein du conseil de l'aide sociale[34]. À la question : *Y a-t-il un représentant des plus pauvres au conseil ?*, elle déclare : *Non. Je pense que nous avons déjà assez de problèmes sans qu'ils viennent ajouter leurs préoccupations.* Quand on lui demande s'il lui paraîtrait opportun qu'un bénéficiaire du minimum de moyens d'existence soit élu au conseil de l'aide sociale, elle répond : *Cela ne marchera pas. Vous voulez tout bouleverser. Donnez-moi votre nom.* Elle estime par ailleurs que les pauvres *sont représentés par l'assistante sociale qui connaît bien leur situation*, alors que les membres du service social n'ont ce rôle ni en fait, ni en droit[35].

Un bourgmestre a lui aussi été interrogé[36]. Il estime que les pauvres ne sont pas représentés au sein de la commune :

> Je suis personnellement représentant de la commune de X. Les représentés sont des gens de la commune. Il est toutefois impossible de représenter tout le monde.

Si chacun n'est pas représenté, c'est parce que *tout le monde ne vient pas vers nous. Il m'est impossible de faire de la représentation pour chaque individu.* Le magistrat communal confondra en outre son rôle de représentation et ses interventions en faveur de personnes déterminées. Selon lui, ce que les représentés attendent des représentants est *qu'on leur accorde du temps, qu'on les écoute et qu'on intervienne en leur faveur.*

Par contre, l'absence des pauvres au sein des représentants lui semble devoir être comblée :

> Je trouverais bien que quelqu'un sur le point de sortir de la misère ou sorti de la misère soit représentant, car non seulement il aurait la connaissance d'une vie difficile,

mais en plus il connaît les armes pour se défendre. Il pourrait innover dans la manière de travailler avec les plus démunis.

Cette suggestion, comme on peut le lire, suppose cependant à ses yeux que la personne ne soit plus pauvre. Le bourgmestre refusera par ailleurs une représentation spécifique des pauvres comme groupe.

Un échevin[37], lui aussi représentant à l'échelle communale, estime qu'il représente *l'administration communale* et relève qu'aucun conseiller n'a sans doute connu *personnellement* la pauvreté. Il esquive la question de savoir s'il serait opportun qu'un pauvre soit élu :

La première chose qu'ils doivent faire s'ils ont des enfants, c'est toujours essayer de s'occuper de leurs enfants avant d'essayer d'aller se lancer ainsi là-dedans.

Les pauvres sont ceux pour qui le CPAS et la commune *font le maximum*, alors que certains *ne s'occupent pas de leurs enfants* et *sont alcooliques*.

L'étude des travaux parlementaires relatifs à la loi du 1er décembre 1988 sur le revenu minimum d'insertion** indique que les représentants de la nation ont entendu prendre en compte l'expérience du Quart Monde, et singulièrement celle du père Joseph Wresinski et du Mouvement Atd Quart Monde. Le nom du fondateur du Mouvement et le Mouvement lui-même sont cités par les députés plusieurs dizaines de fois. La rencontre et l'expérience des personnes pauvres sont parfois invoquées. Une députée citera même littéralement le témoignage de deux femmes pauvres :

Lors de la visite d'hier matin à des familles présentées par le Mouvement Atd Quart Monde, à Herblay, dans le Val d'Oise, le ministre de la solidarité, de la santé et de la protection sociale a entendu des hommes et des femmes revendiquer leur droit à la dignité par l'autonomie et le travail, le revenu minimum devant constituer une étape provisoire - « un tremplin », disait l'une d'elles. Une autre ajoutait : On veut élever nos enfants nous-mêmes. On n'est pas des feignants. Mais si on n'a pas de chaussures, on ne va pas travailler, et si on n'a pas de cahier, on n'envoie pas les gosses à l'école[38].

Pourtant, dans la préparation d'une loi qui, par son but même, concerne les pauvres, on garde l'impression que ceux-ci ont constamment été considérés comme simple objet des débats, et jamais comme représentés. Même si le ton est rarement méprisant, si le souci d'insertion des bénéficiaires du RMI est manifeste, la pauvreté est traitée comme un problème complexe, mais seulement comme un problème. À travers des discussions souvent techniques, aucun député ne semble être investi de la mission de parler au nom des pauvres, alors que leur fonction l'impose en principe. Le sentiment est que l'on parle de ceux qui ne sont pas là, que leur voix n'arrive qu'assourdie et indirectement par celle du père Wresinski ou du Mouvement Atd Quart Monde. Jamais n'est posée comme telle la question des absents au sein de la représentation nationale.

Ces exemples relatifs à la manière dont les responsables envisagent la représentation, parfois presque caricaturaux, ne semblent pas être des exceptions. Pour les représentants locaux ou nationaux, les pauvres n'ont aucun rôle dans la légitimation de leur pouvoir, ni comme électeurs, ni comme raison d'être de leur mandat. Ils ne disent que rarement qu'ils représentent aussi les pauvres. La plupart n'admettent pas que les personnes défavorisées puissent exercer elles-mêmes des fonctions de représentation. Cette idée leur semble même bizarre.

La pauvreté est souvent l'objet de l'attention des représentants. Ainsi, il apparaît que la tentative de la réduire peut être perçue comme étant le but de certaines institutions représentatives (comme le CPAS en Belgique), si ce n'est celui de la représentation politique elle-même. Mais les pauvres sont appréhendés selon les clichés les plus négatifs (alcoolisme, manque d'hygiène), à titre de problème social à résoudre. Ils ne sont pas vus comme des citoyens.

Certains, comme le bourgmestre interrogé, prennent cependant conscience de la nécessité pour l'ensemble de la société, de l'exercice de la représentation par les pauvres eux-mêmes.

La représentation des plus pauvres, une question qui dérange

Même si, dans certains lieux ou à l'occasion de certaines situations, la représentation des très pauvres paraît progresser[39], nous devons constater à la lecture des exemples rapportés ci-dessus que la représentation des plus pauvres dérange. Les entretiens (parfois les tentatives d'entretien) réalisés auprès du président d'un organisme de logement et d'une responsable de CPAS sont de ce point de vue exemplaires, tout comme la difficulté rencontrée par les parlementaires français à prendre en compte la réalité de vie de ceux qui vivent la grande pauvreté. La question même de cette représentation dérange et les amène à des comportements agressifs, voire même à des menaces à peine voilées.

Il faut s'interroger sur les raisons de ces réactions et l'on peut formuler ici, à partir du travail réalisé, quelques hypothèses :

– La première serait en rapport avec le fait que l'interview est dirigée par un militant Quart Monde. L'évolution du comportement (au moins sur la forme) du responsable de l'organisme de logement après l'intervention d'un volontaire du Mouvement Atd militerait en ce sens. Si telle était l'explication, elle serait significative de la difficulté des plus pauvres à être reconnus comme de véritables interlocuteurs, capables de questionner, de façon pertinente, le fonctionnement de la démocratie. Elle donnerait la mesure du combat à mener pour une véritable représentation du Quart Monde[40].

– La seconde hypothèse serait que ceux qui sont représentants ou qui se perçoivent à tort ou à raison comme tels finissent par oublier (oubli volontaire ou oubli par habitude) ceux ou une partie de ceux qu'ils devraient représenter.

– La troisième hypothèse serait que ces représentants sentent confusément qu'ils ne représentent pas les plus pauvres et qu'ils n'ont pas très envie de se l'entendre rappeler.

Ces trois hypothèses ne sont pas exclusives l'une de l'autre et il faudra les garder en mémoire lorsque nous tenterons au chapitre suivant de rechercher les moyens d'une véritable représentation des plus pauvres dans la démocratie.

Notes

1. Documents dans lesquels les assemblées qui préparaient les États généraux écrivaient les réclamations et les vœux que leurs représentants devaient faire valoir.
2. Les États Généraux comprenaient des représentants de toutes les provinces appartenant aux trois ordres : clergé, noblesse, Tiers État.
3. Louis-Pierre Dufourny, né à Villiers-le-Bel (France) le 6 décembre 1738, mort à Paris le 12 juin 1796. Architecte de son métier. Il s'indigna de ce que le Roi, lors de sa convocation des États généraux et de l'envoi des Cahiers de doléances, excluait les sans-domicile, les sans-feux, les gens enfermés dans les hôpitaux et les dépôts de mendicité. De même que les gens qui n'étaient pas inscrits sur la liste des payeurs d'impôt. Comme il échoua à faire reconnaître les plus pauvres aux États généraux, il publia son message citoyen : *Les Cahiers du Quatrième Ordre,* le 25 avril 1789.
4. *Cahiers du Quatrième Ordre*, EDHIS, Éd. d'histoire sociale, réimpression de textes rares, 1967, p. 7.
5. *Ibid.* p. 18.
6. L. P. Dufouny de Villiers, *Adresse aux citoyens sur le meilleur plan de la municipalité, conclu de la Déclaration des Droits de l'Homme et du Citoyen,* 25 avril 1790, BN, Lb 39/332.
7. *Démocratie et pauvreté, op. cit.*
8. *Ibid.*, H. Bossan, *Du quatrième ordre au Quart Monde*, pp. 141-155.
9. Interview n° 9.
10. Voir pages suivantes, dans les exemples de représentation qui découlent d'une action.
11. B. Chevallier, *Emmaüs ou venger l'homme*, Éd. Le Centurion, Paris, 1979.
12. Interview n° 5
13. Interview n° 13.
14. Interview n° 1.
15. Interview n° 4.
16. Interview n° 2.
17. Interview n° 7.
18. Interview n° 15.
19. Projet-pilote de la Communauté européenne qui se déroula de 1990 à 1994.
20. Interview n° 14.

21. Audition.

22. *Quand l'histoire se rétablit*, Igloos n° 97, pp. 81-88.

23. Audition Lucie Ribert.

24. Interview n° 12.

25. Interview n° 6.

26. On appelle statut juridique d'une personne l'ensemble de ses droits et de ses devoirs. Ainsi que le rôle que la loi lui confie dans la société.

27. Interview n° 6.

28. Interview n° 15.

29. Nous retrouverons cette question lorsque nous tenterons d'établir les conditions d'une véritable représentation des pauvres, voir chapitre 4.

30. Ainsi la Constitution belge énonce-t-elle en son article 42 : « *Les membres des deux Chambres représentent la nation, et non uniquement ceux qui les ont élus.* »

31. Cf. les articles 25 et ss. de la loi du 8 juillet 1976 organique des centres publics d'aide sociale. Le conseil de l'aide sociale élit en son sein un président dont la fonction est décrite à l'article 28. Les membres du conseil de l'aide sociale sont élus au second degré par le conseil communal (article 11, § 2), lui-même élu au suffrage universel.

32. Cf. l'article 1er de la loi du 8 juillet 1976.

33. Loi du 7 août 1974 instituant le droit à un minimum de moyens d'existence.

34. Interview n° 1.

35. Pour une critique juridique des positions défendues lors de cet interview, cf. doc. Int.

36. Interview n° 5. Le bourgmestre est désigné par le Roi parmi les élus au conseil communal (art. 13 de la nouvelle loi communale du 24 juin 1988).

37. Interview n° 13. Les échevins (adjoints au maire) constituent avec le bourgmestre l'instance exécutive de la commune. Ils sont élus par le conseil communal, en son sein. Cf.. les articles 15 et ss. de la nouvelle loi communale, citée.

38. Intervention de Madame Marie-France Lecuir, JO, débats, AN, séance 5 oct. 1988.

39. En témoigne par exemple la reconnaissance de la place du Quart Monde au sein du Conseil Économique et Social en France aboutissant en 1987 à l'adoption de l'avis *Grande pauvreté et précarité économique et social* (JO 1987) puis de l'avis intitulé : *La grande pauvreté-Évaluation des politiques publiques de lutte contre la grande pauvreté*, en 1995 (J. O 1995). Un phénomène similaire peut être constaté en Belgique avec le Rapport Général sur la Pauvreté.

40. Le responsable que le militant voulait interroger avait fait preuve d'une certaine agressivité à son égard allant même jusqu'à des menaces à peine voilées. En réalité, il est permis de se demander si son comportement a véritablement évolué ou si l'intervention du volontaire du Mouvement Atd n'a pas eu tout simplement pour effet de mettre fin à l'incident.

Chapitre 4

LA REPRÉSENTATION, CHEMIN DE LA DÉMOCRATIE

Si la question de la représentation se trouve véritablement au cœur de nos démocraties et s'il n'y a de véritable démocratie que là où les plus pauvres sont représentés et entendus, c'est-à-dire là où ils sont considérés comme des citoyens à part entière, il faut s'interroger sur les conditions qui doivent être réalisées pour que chacun, quelles que soient ses origines, son histoire ou sa situation sociale actuelle, soit considéré comme un véritable acteur dans la société. Cette réflexion conduit à réexaminer les mécanismes classiques de la représentation à partir de l'expérience de ceux à qui est refusé en droit ou en fait le droit à la parole. Comme la représentation est une double relation entre les représentés et leurs représentants d'une part, et entre les représentants et leurs interlocuteurs d'autre part, ce sont les conditions pour être représenté, et celles pour être représentant qui doivent être d'abord envisagées. C'est sur la base de cet examen que nous pourrons ensuite développer quelques propositions qui doivent permettre d'assurer une vraie représentation de tous les citoyens.

Les conditions pour être représenté

Représentation juridique et représentation citoyenne

On peut être représenté et n'en rien savoir. Telle est la situation de beaucoup de ceux que le droit nomme les « incapables » : les malades mentaux, les enfants. La seule condition pour être représenté est alors de se voir reconnaître une existence juridique, la qualité de sujet de droit. On verra que cette condition existe aussi pour la représentation consciente, qu'elle est la condition la plus fondamentale de toute représentation.

Nous cherchons toutefois ici les conditions d'une représentation citoyenne, celle dans laquelle le représenté a choisi la représentation, l'a mise en œuvre et y adhère. Être représenté implique alors à l'évidence de pouvoir contribuer à la mise en œuvre des mécanismes de représentation : l'élection, la cooptation, le mandat.

Quelques conditions fondamentales pour être représenté

Pour être valablement représenté :

– Il faut être capable de choisir, ce qui suppose de pouvoir juger, se forger une opinion critique[1]. Celle-ci suppose une information, une formation, une connaissance adaptées. On est renvoyé à la nécessité d'une culture suffisante des représentés pour que le mécanisme de représentation puisse jouer à plein. Il ne s'agit évidemment pas seulement d'un aspect quantitatif, mais aussi qualitatif : mieux on est informé, plus valable est la représentation.

– Quel que soit le mode de désignation des représentants, il implique d'accéder à la parole. Dans le système électoral, l'expression « avoir une voix » exprime bien cette condition[2].

– La confiance réciproque entre le représentant et le représenté est nécessaire. Elle précédera souvent la prise de parole elle-même.

– Cette parole, cette voix, doit être entendue. Dans le processus de représentation, il faut qu'elle soit effective, qu'elle permette d'influencer la prise de décision.

– Le représenté doit être connu du candidat représentant. Il ne s'agit plus ici d'une connaissance liée à l'information, mais d'une connaissance des éléments les plus importants de la vie des représentés. Elle inclut une suffisante proximité. On constate d'ailleurs que plus un représentant est éloigné des représentés (par exemple un président de la république), plus son effort de proximité le mobilise et est problématique.

– Plus fondamentalement, pour pouvoir agir à travers des représentants et contribuer au choix de ceux-ci, il faut être membre de la communauté concernée : association, syndicat, entité politique comme la commune, l'État, l'instance internationale. Ceci signifie que la communauté doit reconnaître une personne, son existence, sa voix, ses droits pour qu'elle puisse être représentée. On retrouve ici une condition fondamentale de toute représentation, qui existe déjà dans le cas de la représentation des « incapables ».

La reconnaissance en tant que sujet de droit

Le Quart Monde et la pensée de Hannah Arendt

La question de la reconnaissance mérite un développement particulier. Le groupe « citoyenneté » a consacré une part de son analyse aux écrits d'Hannah Arendt qui développe une réflexion sur le statut des « sans-droit », dont les échos sont évidents dans la problématique de la citoyenneté des pauvres.

Ainsi par exemple, H. Arendt écrit :

La première perte que les « sans-droit » ont subie a été la perte de leur résidence, ce qui voulait dire la perte de toute la trame sociale dans laquelle ils étaient nés et dans laquelle ils s'étaient aménagé une place distincte dans le monde. (...) Le grand malheur des sans-droit n'est pas d'être privés de la vie, de la liberté et de la quête du bonheur, ou encore de l'égalité devant la loi et de la liberté d'opinion – formules qui étaient supposées résoudre les problèmes au sein de communautés précises – mais d'avoir cessé d'appartenir à une communauté tout court. Leur tare n'est pas de ne pas être égaux devant la loi, c'est qu'il n'existe pour eux aucune loi ; ce n'est pas d'être opprimés, c'est que personne ne se soucie de les opprimer[3].

Pour H. Arendt, ce n'est qu'à condition qu'il soit membre d'une nation, d'un peuple, que les droits fondamentaux de l'individu acquièrent une certaine efficacité. Les droits de l'homme ne se réfèrent pas, en réalité, à l'homme « abstrait », qui n'existe nulle part, mais nécessairement à l'homme inséré dans une communauté politique.

Être privé des droits de l'homme, c'est d'abord et avant tout être privé d'une place dans le monde qui rende les opinions signifiantes et les actions efficaces. Quelque chose de bien plus fondamental que la liberté et la justice, qui sont des droits du citoyen, est en jeu lorsque appartenir à la communauté dans laquelle on est né ne va plus de soi. Les gens que l'on prive des droits de l'homme ne perdent pas le droit à la liberté, mais le droit d'agir ; ils ne perdent pas le droit de penser à leur guise, mais le droit d'avoir une opinion.

En d'autres mots, tous les droits de l'homme sont des droits politiques. Ou encore, pour que les droits fondamentaux soient effectifs, il faut que certains soient déjà respectés : ceux qui permettent l'insertion efficace dans une communauté politique. Être représenté est un droit particulier qui n'échappe pas à la règle : il n'y a pas de représentation pour celui qui est exclu, dont la parole n'est pas entendue, dont l'opinion est au sens littéral insignifiante, c'est-à-dire qu'elle n'est porteuse d'aucun signe.

Le Quart Monde et la pensée de Hegel

Nous avons trouvé des échos semblables dans le témoignage d'une militante du Quart Monde dont les intuitions sont par ailleurs étonnamment proches de celles de Hegel. Lucie Ribert, dans son effort pour vaincre l'exclusion, affirme sans cesse le besoin de trouver des ressemblances avec d'autres, parce que les ressemblances sont la condition d'une reconnaissance réciproque. C'est la reconnaissance qui lui permettra de s'affirmer membre d'un groupe : sa famille, la communauté des gens du voyage, le Quart Monde, parfois la communauté humaine tout entière. Aux yeux de Lucie, la lutte contre l'exclusion passe sans cesse par un effort de compréhension de soi-même, d'autrui et du monde. Ce qu'il faut comprendre, c'est justement la ressemblance à travers les différences nécessaires, ce qui est « le même » entre une personne et d'autres. Or, la reconnaissance, conséquence des ressemblances, et l'effort de connaissance, permettent la représentation. Elles permettent de poser la question des absents :

> Est-ce qu'on a le droit de parler à la place des autres? On en a longtemps discuté. Mais je crois qu'à partir du moment où on parle au nom des siens, au sens plus large que sa famille bien sûr, au nom de ce peuple *que je reconnais*, si on le fait parce qu'eux le veulent, parce qu'on porte leur parole, on peut le faire mais ça j'ai mis du temps à l'accepter. (...) J'ai pris la parole parce que je sentais, il y avait des gens que *je connaissais* qui n'étaient pas là, *je connaissais* leur vie, leurs problèmes journaliers par rapport à l'école, les problèmes qu'ils avaient pour leur assurer une bonne scolarité (...). Mais c'était vraiment ça, c'est de porter des gens qui ne sont pas là surtout[4].

Le risque est de ne pas s'ouvrir au monde extérieur. Alors les ressemblances deviennent un ghetto.

Pour Hegel également, mais avec des nuances plus pessimistes, l'homme ne constitue pas son humanité dans l'isolement, mais dans une lutte à mort pour la « reconnaissance ». Il n'existe pas pour lui-même, il n'a conscience de soi, c'est-à-dire de sa propre liberté, que dans la mesure où il est reconnu, comme conscience ou comme liberté, par une autre conscience ou une autre liberté[5].

Le point de vue de Hegel est plus individualiste que celui du Quart Monde, et singulièrement de celui de Lucie, qui parle de reconnaissance d'un groupe.

Les conditions pour être représentant

Être représentant est une responsabilité qui n'est pas sans risques ni contraintes pour celui qui l'accepte. Outre le fait qu'il doit être motivé, il doit être reconnu par ceux qu'il représente et reconnu comme un interlocuteur légitime par ceux à qui il s'adresse. Il doit apprendre à les connaître et il doit donc accepter de se former. Enfin, son efficacité suppose qu'il accepte d'inscrire son action dans la durée

Être motivé

Pour être représentant, il faut être motivé. Celui qui accepte le mandat de *rendre présents* les autres, soit de façon permanente, soit de façon temporaire, donne du temps, de l'énergie et surtout prend des risques.

Il faut en effet du courage pour parler au nom des autres, pour porter leur parole. Être représentant, c'est souvent prendre des risques car l'interlocuteur n'est pas forcément prêt à écouter. Il a même peut-être des idées complètement différentes ou opposées aux intérêts que l'on représente et qu'il faudra affronter sans oublier ceux qui sont représentés. Lorsqu'on constate l'accueil que la présidente du CPAS[6], l'échevin[7] ou le président d'un organisme de logement social[8] ont réservé aux militants désirant simplement les interroger sur la question de la représentation, on mesure les risques que prennent tous ceux qui interviennent comme représentants. D'où la nécessité, comme on le verra plus loin, d'être formé et surtout de pouvoir s'appuyer non seulement sur des compétences mais sur un véritable partenariat avec les représentés, à plus forte raison si l'on parle des plus pauvres.

La motivation peut être purement personnelle. Être représentant, c'est se sentir utile à quelqu'un. Cette dimension personnelle ne doit pas être négligée, mais elle ne suffit pas. Il faut que s'y ajoute le sentiment d'une responsabilité à l'égard du groupe ou de la personne que l'on représente, voire même le sentiment de sa responsabilité à l'égard de la société tout entière. En un mot, il faut se sentir pleinement citoyen... Ce sentiment de responsabilité se construit souvent petit à petit, au fur et à mesure des expériences et des rencontres. Le témoignage de Lucie Ribert montre comment depuis l'enfance la perception de sa responsabilité s'est développée. Elle rappelle notamment qu'après la mort de Joseph Wresinski et après que son mari lui ait dit : *C'est le moment où jamais, des gens comme toi ne doivent pas laisser tomber,* elle va s'impliquer un peu plus, mais c'*était encore sporadique, irrégulier, quand j'avais envie...*

En un mot, si la motivation résulte parfois du plaisir que l'on prend à agir, il faut aussi que d'autres conditions soient réunies. Le représentant peut le devenir parce que d'autres l'y poussent. De même, l'universitaire, qui accepte d'être élu dans un conseil, le fait non seulement parce que ce rôle le valorise mais aussi parce qu'il a une certaine idée de ce qui serait bon pour l'université et parce que ses collègues lui ont demandé de le représenter.

La difficulté de la tâche du représentant est telle cependant que la motivation ne suffit pas. Il faut qu'il soit reconnu par ceux qu'il représente et reconnu comme un véritable interlocuteur par ceux avec qui il devra parler.

Être reconnu par ceux que l'on représente

Quel que soit le mode de désignation du représentant (élection, désignation...), le représentant doit être reconnu par le ou les représenté(s). Qu'est ce que cela veut dire ? Comment est ce possible ?

Il faut d'abord que le représenté se reconnaisse dans le représentant un peu comme une personne se reconnaît dans un miroir. Comme le dit Lucie :

> Je vois des gens comme moi qui ont parlé (...) qui disaient des choses très fortes, qui parlaient de leur vie. Je me dis : ils ont la même vie que moi, je retrouve l'errance, la honte, plein de choses comme ça... [9]

Mais dans le mot *reconnaissance* il y a aussi le mot *connaissance.* Le représenté doit se sentir en pays de connaissance comme l'on dit parfois, c'est-à-dire avoir la plus grande certitude possible que celui qui parlera en son nom ne le trahira pas parce qu'au fond il comprend et partage ses préoccupations. C'est pourquoi il ne peut y avoir de reconnaissance sans confiance. Or, dans le mot confiance, il y a le mot foi, et aussi le mot fidélité. Avoir confiance en quelqu'un, c'est croire en lui. Avoir confiance dans son représentant, c'est pouvoir croire qu'il parlera pour le représenté sans déformer sa parole. C'est être convaincu qu'il donnera une image fidèle du représenté (toujours le miroir).

Il nous paraît important de mettre en évidence l'idée d'un reflet car cette idée nous permet de constater que la représentation ne peut pas fonctionner à sens unique. Le mandat est la mission que les représentés confient au représentant. Il est bien entendu très important mais il n'est pas suffisant. Pour que le représenté puisse se reconnaître dans le représentant, il faut que celui-ci lui renvoie son image. Il ne peut le faire qu'en prenant le temps d'écouter, de consulter et de rendre des comptes... C'est à cette condition que le représenté pourra savoir si le représentant s'est comporté comme une image fidèle de ce qu'il est lui-même.

Interrogée par une militante, une déléguée du Quart Monde à l'ONU en juin 1996 explique : *En ramenant des notes, je voulais que les autres familles puissent vivre ce moment là comme moi...* [10] *Puissent vivre* dit la déléguée. On ne peut mieux exprimer le fait que le représenté doit pouvoir s'identifier au représentant et inversement.

De même, la préparation de la délégation ou du mandat apparaîtra souvent déterminante : *Avant d'écrire ces textes, on en avait parlé avec d'autres familles.*

Être reconnu comme un interlocuteur légitime

La condition qui est ici posée se dédouble. Il faut d'abord être un interlocuteur. Il faut ensuite que cet interlocuteur soit légitime.

Le représentant est appelé à prendre la parole ou à poser certains actes (ce qui est aussi une façon de s'exprimer). Quand on prend la parole, on le fait toujours par rapport à quelqu'un. On parle pour être entendu ou écouté. On ne parle pas dans le vide. Pour qu'il y ait représentation véritable, il faut donc d'abord que le représentant soit reconnu comme un interlocuteur par celui à qui il s'adresse. La réaction très négative de certaines personnes interrogées par les militants du Quart Monde révèle, semble-t-il, qu'elles ne les voient pas comme de véritables interlocuteurs. On peut penser qu'il en va de même en matière de représentation. Elle ne pourra pas fonctionner correctement si celui avec qui l'on parle refuse de vous considérer comme un interlocuteur[11].

Il faut aussi que celui qui est représentant soit perçu comme un interlocuteur légitime. Qu'est ce que cela veut dire ? Un interlocuteur est légitime si on lui reconnaît le droit de parler et de s'exprimer. Celui à qui l'on s'adresse (une autre personne, un service administratif, un tribunal, etc.) doit donc reconnaître le représentant non seulement comme quelqu'un ayant le droit de parler, mais aussi comme quelqu'un ayant le droit de parler au nom des autres.

À quelles conditions le représentant sera-t-il considéré comme légitime ? Lorsque la représentation est organisée juridiquement, la légitimité dépend surtout de la façon dont le représentant est désigné (c'est la question du mandat). Si la désignation se fait par l'élection, on vérifiera que les règles de l'élection sont respectées. Dans une association ou un syndicat, la légitimité du représentant dépendra du respect des statuts.

Mais à cette légitimité juridique, qu'il est facile de vérifier, s'ajoute souvent une légitimité sociale. Il y a légitimité sociale lorsque le groupe social, ou même la société entière, reconnaît au représentant cette qualité. Cette légitimité-là va faire que l'interlocuteur va accepter de recevoir la parole du représentant et de la prendre en compte. D'autres facteurs vont intervenir suivant les cas :

– Le représentant est-il *compétent ?* La question est alors de savoir qui mesure cette compétence et comment elle se mesure.

– Parle-t-il le même langage que l'interlocuteur ? A-t-il les mêmes références ?

On a bien compris que ces aspects de la légitimité peuvent devenir discutables et comportent des risques importants de dérive. S'il n'est pas prudent, le représentant peut être amené à entrer dans le jeu de son interlocuteur parce qu'il appartient au même milieu ou parce que, pour parvenir à un résultat, il est obligé de *mettre de l'eau dans son vin...* [12] C'est le risque que peuvent courir les alliés du Mouvement Atd Quart Monde et qu'ils font courir à ceux qu'ils représentent. En effet, ils sont, en tant qu'alliés, pleinement investis dans leurs milieux professionnel, familial, associatif, etc. À ce titre, ils rencontrent en permanence d'autres personnes qui, non seulement, ne sont pas parmi les plus pauvres mais qui, de plus, peuvent leur être hostiles. Le souci de ne pas entrer en conflit avec ces personnes, la volonté de ne pas les heurter et de se priver de tout contact ultérieur peuvent les conduire à entrer dans le jeu de leurs interlocuteurs. Le risque n'est alors pas négligeable de les voir nuancer leurs propres convictions.

Les propos de l'abbé Pierre[13], interrogé par B. Chevallier, montrent bien qu'il a pris conscience de ce dernier risque comme député et qu'il a décidé de ne pas poursuivre l'expérience. Il explique pourquoi :

Par incompétence, et aussi par manque de courage. En ce genre de charge, pour oser être pleinement courageux, il doit falloir être sûr de sa compétence. Parce que cette sécurité me manquait, j'étais particulièrement influençable, du moins au début, sous les subtils appels à l'amitié.

Il semble qu'il arrive un moment où ce n'est plus le représenté qui dit si le représentant est légitime mais c'est l'interlocuteur qui le décide. À ce moment là, la représentation est en danger.

Lorsque l'abbé Pierre dit que le représentant doit être compétent parce qu'ainsi il ne sera pas influencé, il provoque la réaction d'un militant qui rappelle qu'il *faut surtout être digne de confiance.* En disant cela, le militant apporte une donnée absolument fondamentale de la représentation en général et de la représentation des très pauvres en particulier : c'est le représenté qui doit rester maître du jeu.

La compétence du représentant est un moyen d'une représentation efficace mais si ce moyen doit conduire à oublier le but de la représentation, il devra être reconsidéré. Plus précisément, il faut rappeler qu'il n'appartient pas à l'interlocuteur de dire si le représentant est compétent, car il définira toujours la compétence par rapport à ses critères.

Par exemple, si le représentant est amené à poser un problème de droit à un juriste (dans une administration ou face à un tribunal), l'interlocuteur appréciera la compétence juridique du représentant et acceptera plus ou moins facilement la discussion. Or, le problème de droit n'est peut-être pas le problème principal et si la discussion ne se développe qu'entre « juristes », le risque est grand d'oublier la question de fond.

En résumé, si le représentant se construit dans le dialogue avec l'interlocuteur et dans le partenariat avec les représentés comme on le verra plus loin, il n'appartient pas à l'interlocuteur de définir les qualités du représentant.

Connaître ceux que l'on va représenter et ceux à qui on va parler

Le représentant doit connaître le vécu des représentés

Les personnes interviewées ont souvent donné leur avis sur la question de la connaissance du vécu. Lorsque la Présidente du CPAS dit que l'assistante sociale connaît bien la situation des gens pauvres, donc qu'elle peut être leur représentante[14], de quelle connaissance parle-t-elle ? Lorsqu'un jeune couple très pauvre dit que les autorités communales ne peuvent pas défendre ceux qu'ils ne connaissent pas[15], parle-t-il seulement de la connaissance « extérieure » ?

La connaissance extérieure, c'est, par exemple, voir les pauvres dans la rue ou les rencontrer uniquement à travers sa profession (assistante sociale, médecin, avocat...). C'est souvent, d'abord, voir tout ce qui ne va pas dans la vie des pauvres : l'état du logement, les vêtements, les retards scolaires des enfants, les dépenses jugées inutiles... Peut-on prétendre connaître les gens sur l'aspect visible extérieurement ? On ne peut pas forcer la connaissance des gens. On croit les connaître mais connaît-on vraiment ce qui les fait vivre, leurs luttes, leurs espoirs, leurs angoisses ? Un élu donne un élément de réponse quand il dit qu'il serait bien que quelqu'un sorti de la misère soit représentant des pauvres car cette personne sait *ce que veut dire une vie difficile et connaît les armes pour se défendre*[16].

Pour représenter les pauvres, il faut les connaître. Connaître les pauvres n'est pas la même chose que connaître la pauvreté. Pour connaître vraiment, faut-il être passé soi-même par une vie très difficile ou existe-t-il d'autres moyens de connaissance ? Quand on est passé soi-même par la pauvreté, on sait ce qu'on a vécu personnellement mais est-ce que cela suffit pour être représentant des autres ? Que l'on soit pauvre ou non, il faut faire un bout de chemin avec ceux que l'on veut représenter. Ce bout de chemin est un véritable engagement, c'est avoir sa propre vie liée aux très pauvres. La connaissance apportée par des personnes ayant vécu la misère est unique pour la représentation, à condition de leur donner les possibilités de réfléchir sur ce qu'elles vivent, elles et leur milieu. Ceci n'exclut pas d'autres types de connaissances mais jamais celles-ci ne pourront remplacer la connaissance apportée et exprimée par les pauvres eux-mêmes.

La représentation, c'est connaître, mais c'est aussi, pour les représentés, se reconnaître dans leur représentant. Par exemple, les militants Quart Monde disent reconnaître dans le père Joseph Wresinski un représentant des pauvres : *C'était quelqu'un qui était comme nous, donc c'était quelqu'un qui pouvait nous représenter; les gens sentent tout de suite si tu as vécu des choses comme eux***. Ce vécu commun n'est pas indispensable dans tous les milieux; il est parfois remplacé par des intérêts communs, comme le fait remarquer un universitaire : *Moi je n'ai pas besoin de dire : il faut que le représentant soit comme moi. J'ai un collègue qui nous représente à la Faculté, il est très différent de moi***. Il est différent dans sa personnalité mais ils ont un point commun qui est au centre de la représentation : leur travail. Pour les pauvres, ce point commun est la vie. Se reconnaître dans le représentant, ce n'est pas dire : *il est comme moi*, mais *il est comme nous.*

Le représentant doit connaître les intérêts de ses interlocuteurs

Pour que la parole du représentant soit entendue, il doit connaître les intérêts de ses interlocuteurs. Ceux-ci doivent comprendre que la lutte contre la misère est au centre de leurs propres intérêts. Par exemple, dans le cadre scolaire, représenter les familles défavorisées dont les enfants sont souvent en échec, c'est savoir et dire que la réputation de l'école y gagnera si tous les enfants réussissent, si tous les enfants peuvent participer aux classes vertes ou aux voyages scolaires... C'est mettre en avant que l'école sera novatrice si elle intègre vraiment les enfants démunis. La représentation, c'est arriver à faire passer l'idée que tout le monde y gagne, pas seulement les pauvres.

Le représentant doit connaître les lieux où s'exerce la représentation

Connaître les institutions, connaître les personnes qui sont dans ces institutions, connaître leur langage... fait partie de la représentation. Cette connaissance est rare chez les personnes défavorisées. Ce qui est un des handicaps majeurs mis en avant pour que la représentation ne soit pas faite par eux.

Force est de constater que la connaissance des lieux de représentation est indispensable et prioritaire pour choisir les représentants qui parlent au nom des pauvres, alors que la connaissance du vécu des pauvres est certes nécessaire, mais elle a beaucoup de mal à être vérifiée et contrôlée. Pour que des personnes défavorisées puissent être représentants, une formation leur est indispensable.

Se former pour être représentant

Les personnes qui n'ont pas vécu dans le milieu de la pauvreté, qui ont eu la chance de suivre des études, doivent se former à la connaissance du vécu des plus démunis, et cette connaissance ne peut s'acquérir qu'en s'engageant à leurs côtés. Ils pourront alors témoigner de la lutte des pauvres contre la misère.

Pour les personnes défavorisées, une des premières conditions est de prendre le temps pour se former. Elles sont tellement occupées à se battre pour survivre, que le risque est de faire une différence entre les pauvres « qui savent parler » et les autres. Une militante qui connaît le Mouvement Atd depuis vingt ans dit : *Il n'y a pas de différence entre les militants Quart Monde et les autres pauvres, simplement on a donné aux militants le temps de se former*[17].

En effet, militant ou non, la vie quotidienne est toujours un même combat contre les humiliations et les injustices. Croire que toute personne défavorisée est capable et a droit à la formation, est très important pour ne pas créer une nouvelle exclusion.

Le but de toute formation est d'acquérir des compétences. Dans le domaine de la représentation, ces compétences sont : la capacité de faire comprendre ce que l'on a à dire et savoir dialoguer.

Pour les personnes défavorisées, une des premières étapes de la formation est de comprendre leur propre vie et de comprendre qu'elles ne sont pas seules à vivre la pauvreté. Apprendre à dénoncer les injustices subies, mais en même temps découvrir ce dont elles peuvent être fières dans leur propre histoire, dans celle de leurs parents, dans celle de leur milieu. C'est un véritable travail de recherche qu'elles ne peuvent faire seules et qui a pour but de ne jamais avoir à renier son passé. Comprendre qu'on n'est pas seul à vivre la pauvreté et qu'il y a parfois plus pauvre, se fait dans des lieux comme les Universités populaires Quart Monde ou des rassemblements nationaux ou internationaux. Cette prise de conscience de ne pas être seuls donne parfois envie de se former pour mieux lutter.

Mais pour être représentant, il ne suffit pas de connaître et comprendre son milieu. Les personnes défavorisées ont à se former pour comprendre *le monde dans lequel elles sont en marge*, comme dit Lucie Ribert. Connaître les institutions, les lois mais aussi s'enrichir culturellement. La misère enferme ceux qui la vivent. Oser sortir de la maison, de la cité ou du quartier pour aller rejoindre une chorale, un atelier de peinture, une bibliothèque, ou une association… demande un effort considérable et se fait rarement de soi-même. Pourtant cette ouverture à d'autres réalités de la vie est essentielle pour pouvoir entrer en dialogue avec des personnes de différents milieux sociaux.

Le dialogue, partie intégrante de la représentation, s'apprend. La base du dialogue est l'écoute. Lucie Ribert explique que sa priorité est d'abord l'écoute des familles très pauvres qu'elle rencontre :

Les familles que je connais ont des choses à dire. Elles veulent les dire et elles n'ont pas toujours la force. C'est plus dangereux pour elles que pour moi de le faire. Je ne dis pas qu'il n'y a pas de retombées parfois négatives dans ma vie, mais je peux les assumer, alors que les familles très pauvres, qui sont tout le temps montrées du doigt, ne peuvent pas.

Le représentant est appelé à dialoguer avec des personnes de différents milieux. Où apprend-on à dialoguer ? À la base du dialogue, il y a le respect mutuel et la reconnaissance réciproque de concitoyenneté qui va au-delà de la reconnaissance d'une humanité commune.

Pour entrer en dialogue, il faut apprendre la logique de l'autre et trouver les mots, les phrases pour se faire comprendre. *La parole, quand on n'a pas l'habitude, n'est pas facile. Il ne faut pas qu'on se rende ridicule*[18]. N'ayant pas eu la chance de profiter des apprentissages scolaires qui donnent l'aisance de l'expression orale et écrite, les personnes défavorisées *ont tout à rattraper, ont tout à apprendre.*

Un des risques de la formation est que les personnes démunies perdent leur identité, en voulant devenir *autres* pour être mieux acceptées dans les lieux de représentation. Elles ont en elles la conscience des injustices qui les pousse à s'engager.

Le défi de ma vie est essentiellement à propos du système scolaire. J'ai été au fil de ma vie vraiment irrité par toutes les étapes, les barricades que j'ai dû franchir et qui m'ont révélé à quel point la société accorde des faveurs[19].

La conscience des injustices peut amener à une révolte. La formation n'a pas pour but d'étouffer cette révolte mais de la canaliser et de construire avec elle. La révolte est bien souvent pour les personnes pauvres un moyen d'expression, mais même si elle est parfois nécessaire, elle ne peut suffire comme outil de représentation. Lucie Ribert dit que c'est au sein du Mouvement Atd Quart Monde qu'elle a appris à se servir utilement de sa révolte, en effectuant un travail de réflexion qui faisait intervenir non seulement ses sentiments mais aussi sa raison.

La formation doit permettre la reconnaissance des capacités de représentation des personnes très pauvres. Cela demande du temps.

S'inscrire dans la durée

Personne ne peut se dire représentant sans un minimum de durée. Il lui faut le temps pour se former à sa mission, le temps pour l'exercer, le temps pour voir les résultats... La représentation demande une longue préparation et un travail précis pour connaître et rencontrer les représentés, préparer ce que le représentant devra dire aux interlocuteurs, puis rendre compte. Qu'elle soit ponctuelle ou permanente, la représentation est une responsabilité qui demande du temps disponible et qui s'inscrit dans la durée.

On s'aperçoit que ça bouge lentement mais c'est bon. C'est très bon parce qu'on en fait partie. J'ai l'impression de faire vraiment partie d'une histoire qui est en marche. J'ai l'impression qu'on inscrit vraiment, en tant que plus pauvres, notre passage dans l'histoire[20].

Propositions pour une vraie représentation de tous les citoyens

Comment assurer une véritable représentation de tous les citoyens et comment par là même s'assurer que notre société répond aux exigences démocratiques ? Comment, en d'autres termes, faire en sorte que nous ne nous contentions pas d'une démocratie purement formelle laissant « sur la touche » les plus pauvres ? Le premier élément de réponse sera trouvé du côté de l'exigence d'un partenariat véritable qui soit autre chose qu'une simple présence formelle dans les lieux de décision. Faut-il pour autant proposer une représentation spécifique des plus pauvres ? Une réponse négative à cette question, si par représentation spécifique on veut entendre représentation catégorielle, nous conduira à proposer quelques pistes en vue d'une véritable représentation des plus pauvres dans les lieux où sont prises les décisions concernant l'ensemble de la vie sociale (et pas seulement dans ceux où sont élaborées les décisions relatives à la lutte contre la pauvreté).

L'exigence du partenariat

Lorsque la société pense le partenariat aujourd'hui, elle désigne des instances publiques ou privées différentes qui se connectent entre elles. Le souci de ces coordinations est de plus en plus présent dans la société. Mais il ne garantit pas que les plus pauvres disposeront de moyens réels, ni qu'ils auront en face d'eux des personnes en position d'inventer avec eux des actions pour refuser la misère. Joseph Wresinski a expliqué qu'accepter la misère dans nos sociétés, c'est admettre que tout homme n'a pas droit aux moyens et aux responsabilités de sa dignité. À ses yeux, se faire partenaire[21], c'est vouloir communiquer assez profondément pour que toute sa manière d'agir en soit influencée. C'est ressentir les raisons d'agir des plus pauvres pour leur restituer dans toute action le moment de l'initiative et de la responsabilité, même s'ils ne peuvent pas réussir seuls. C'est apprendre à ne pas devancer, éduquer ou conscientiser, mais à se faire compagnon à leurs côtés pour que ce qu'ils construisent réussisse. En ce sens, le parcours de René Martin, militant Quart Monde, est révélateur des moyens et des conditions nécessaires pour être partenaire. Quelles ont été les différentes étapes nécessaires qui ont permis cela ?

Il y a une première rencontre avec des volontaires du Mouvement Atd Quart Monde *au pied de sa cité*. Parlant d'eux, René Martin explique :

> Ils nous ont aidés à reprendre contact avec le monde du travail en nous redonnant confiance. Les volontaires étaient à l'écoute ; on pouvait parler librement. Ils ne nous obligeaient pas à parler de nos difficultés. J'avais l'impression de rencontrer le 3e type ! A leur contact, je m'entraînais à reprendre mes droits (...)**.

Au-delà des problèmes qui sont ceux de René Martin (coupures d'électricité, chômage, problèmes de santé), il y a entre lui et les volontaires une relation de confiance et de respect mutuel qui s'établit dans la durée. Cette relation de confiance permet de construire un véritable partenariat qui n'est possible que grâce à une démarche de réciprocité. La réciprocité, c'est apprendre l'un de l'autre, penser et agir ensemble.

Cette rencontre, qui a lieu en 1986, se transforme avec le temps par une connaissance réciproque entre René et sa famille d'une part, et le Mouvement Atd Quart Monde d'autre part. Les volontaires apprennent que René, né en 1954, est marié et père de quatre enfants. D'origine gitane par son père, il habite un quartier d'habitat social dans la banlieue lyonnaise. En 1979, il a été victime d'un grave accident de la circulation et a été reconnu par la COTOREP[22] avec un handicap de 35 %. En 1986, il est au chômage.

En rejoignant le milieu associatif et en participant aux Universités populaires, René prend conscience de la force de sa prise de parole.

> Ce qui m'a étonné, c'est que j'entendais parler des gens, j'avais l'impression d'être à l'écoute d'un autre monde. Je me retrouvais à l'extérieur de ce que je vivais. Au début, j'étais timide, je ne parlais pas comme aujourd'hui...

L'Université populaire Quart Monde est un lieu de partenariat où la priorité est donnée à ceux qui ne parlent pas, où la réflexion des plus pauvres et des personnes qui n'ont pas vécu la misère est sollicitée. C'est un lieu de confrontation de ce que vivent les plus pauvres avec d'autres courants de pensées.

En ayant repris confiance et réappris à s'exprimer, René ne veut pas en rester là. Il demande aux volontaires de ne pas être seulement attentifs, mais de lui ouvrir des perspectives d'avenir pour accéder à un vrai travail. Sans en avoir conscience, René est le porte-parole de milliers de parents qui espèrent pour eux-mêmes et leurs enfants un avenir meilleur. Le Mouvement Atd Quart Monde, ne pouvant s'en tenir à une relation fraternelle, se doit d'aller au bout de ses convictions. Il expérimente alors à Lyon un projet *Contre l'exclusion une qualification*[23] qui met en place un double partenariat avec d'une part des travailleurs très défavorisés et d'autre part différentes institutions sollicitées pour participer à cette action.

En 1994, René participe à l'élaboration d'un livre *On voudrait connaître le secret du travail*[24] qui explique tout le combat mené depuis plusieurs années dans le Mouvement Atd Quart Monde pour que chaque travailleur puisse apprendre un métier et puisse en faire vivre sa famille. Cela est l'occasion pour des militants comme René de rencontrer notamment des universitaires, des syndicalistes et de dialoguer avec eux sur les thèmes du travail, de la formation et de l'insertion. Un an plus tard, il est le porte-parole des militants Quart Monde devant des représentants des partenaires sociaux et quatre cents personnes !

Le partenariat avec les très pauvres est une condition nécessaire pour que la représentation soit accessible à tous. Pour construire ce partenariat dans la durée avec des personnes qui vivent dans la misère, il est indispensable de prendre en compte trois aspects de la personne : son histoire (le passé), sa pensée (le présent), et son projet (l'avenir). Auparavant, il est nécessaire que d'autres personnes s'engagent au quotidien avec les très pauvres pour connaître et reconnaître l'autre dans son humanité et non comme un *problème à résoudre*. Ce partenariat est une démarche citoyenne pour inventer de nouveaux chemins vers une société plus démocratique où aucun être humain ne serait exclu à cause de la misère.

La question d'une représentation spécifique des plus pauvres

La question de savoir s'il faut une représentation *spécifique* des plus pauvres est une question complexe et difficile qui a donné lieu à de nombreuses discussions.

À propos de la question d'une représentation spécifique...

JF : Autant, je suis facilement d'accord pour dire que pour représenter il faut connaître, autant il me semble que c'est aller plus loin de dire « Il faut avoir vécu la misère » pour pouvoir représenter les plus pauvres.

JM : Pour le couple très pauvre que nous avons rencontré, c'est cela.

JF : Et pour vous ?

JM : Pour moi aussi. Honnêtement. Tu ne peux pas aller expliquer quelque chose que tu n'as pas vécu. Tu ne peux pas expliquer ce que c'est de ne pas avoir un pain sur ta table pendant une journée, alors que toi tu l'as tous les jours.

JF : J'entends bien. Mais on ne parle pas d'expliquer, on parle de représenter.

JM : Quand les démunis lisent ce que le père Joseph a écrit ou lorsqu'ils l'entendaient, ils se retrouvaient dans son vécu. Quand il expliquait ce qu'il vivait, tu pouvais te dire « c'est exactement ce que je vis ». La représentation, c'est se reconnaître dans son représentant. C'est se retrouver. Quelqu'un qui n'a pas connu la pauvreté mais qui serait à son contact permanent, je dirais peut-être qu'il pourrait représenter les plus pauvres mais il faudrait alors qu'il ait une sacrée sensibilité. Il faudrait qu'il puisse absolument souffrir autant que les autres souffrent.
PN : Si je suis ton raisonnement, si je suis pauvre, je veux que quelqu'un de pauvre me représente. Si je suis ouvrier, je veux que ce soit un ouvrier qui me représente. Si le Président de la République n'est pas un ouvrier, ça ne m'intéresse pas. Il n'a pas vécu comme ouvrier, donc il ne sait pas ce que j'ai vécu. (...) Quels seront les moyens qui vont faire que quelqu'un pourra nous représenter, toi qui as vécu la misère et moi qui ne l'ai pas vécue ?
DB : Moi, je dirais qu'un plus pauvre serait mieux préparé pour en représenter un autre, pour combattre parce qu'il a la même expérience de vie.
JF : Tu disais : « Le représentant doit connaître et le représenté doit se reconnaître dans le représentant ».
JM : Par exemple, le représentant est occupé à parler de la situation des plus pauvres ; il faut que le plus pauvre, qui est là à l'écouter, puisse dire : Oui, c'est exactement ce que j'aurais voulu dire parce que c'est exactement ce que j'ai vécu.

Suite... (trois mois plus tard)
JM : Je voudrais faire une remarque. Pourquoi est-ce que chaque fois que l'on parle d'une représentation des plus pauvres, on discute autour de la représentation spécifique ? Actuellement, il y a beaucoup de gens qui sont représentés et, en général, les personnes qui sont représentées recherchent toujours des personnes qui vivent les mêmes situations ou bien font le même travail.
PYV : On ne parle jamais de la représentation des salariés en termes de « représentation spécifique ». Pourquoi le dit-on lorsqu'il s'agit de la représentation des plus pauvres ? Pourquoi se croit-on obligé de parler de représentation spécifique chaque fois que l'on envisage la représentation des plus pauvres ? (...)
JM : La représentation est déjà faite par catégories. Nous, on veut une représentation comme tout le monde.
PYV : Ça veut donc dire qu'à partir de maintenant... il faut qu'on enlève de notre vocabulaire le mot « spécifique ».
CF. : Le mot « spécifique » ne caractérise pas la représentation des plus pauvres qui sont absents.
PYV : Ce n'est pas la représentation qui peut être spécifique. Mais pour que la représentation des plus pauvres existe, il faut un certain nombre d'exigences de méthode... Le but est bien de trouver les méthodes et les qualités que doit avoir un représentant pour que tout le monde, y compris les plus pauvres, soit représenté (...)

CF. : Dès que l'on réfléchit à la question des absents, on constate qu'elle remet en cause et bouscule la représentation en général. Là, on dit bien la perversité qu'il y a dans la représentation par catégories.
DB : J'ai compris que les plus pauvres ne doivent pas être dans une catégorie spéciale, à part.

Dès le début de la recherche, notre groupe s'est soucié de la reconnaissance des très pauvres, tout en refusant qu'ils soient traités à part. La recherche d'une solution nous aura conduits à nous demander d'abord qui peut parler au nom des pauvres ; à nous interroger ensuite sur l'expression *les plus pauvres*, et enfin sur le sens de la notion de représentation spécifique.

Qui peut parler au nom des pauvres ?

Cette question a été posée aux participants du programme. Les réponses furent variées. Certains disent qu'il ne faut pas obligatoirement avoir vécu la misère pour être représentant. *Il faut savoir se mettre à la place des pauvres*, dit un universitaire. Nous croyons que cela n'est pas possible. Côtoyer la misère, essayer de la comprendre, ce n'est pas la vivre de l'intérieur. Les non-pauvres peuvent parler du combat qu'ils mènent contre la pauvreté mais ils ne sauraient en parler comme les pauvres eux-mêmes. Dans un chapitre précédent, il a déjà été dit qu'il faut avoir appartenu au milieu que l'on veut représenter (qu'il s'agisse de n'importe quel milieu). Selon un universitaire :

> Pour les juristes, la question posée est celle de la représentativité. Qui a la légitimité pour parler au nom des autres ? A priori, il faut avoir été..., il faut avoir appartenu..., être passé par le milieu qu'on représente. Or l'histoire n'est pas celle-là du tout. Historiquement, ce sont toujours des gens non-pauvres qui ont parlé au nom des pauvres. Cela peut expliquer en partie le fait que la pauvreté soit toujours là**.

En répondant à la question : *qui peut parler au nom des pauvres ?*, plusieurs militants soulignent que la misère apprend des savoirs, une expérience, une sensibilité qui donnent de la force pour la représentation. Ceux qui sont sortis de la misère sont plus armés pour assumer les risques. Mais avec le temps et la formation, des gens très pauvres peuvent aussi se préparer à des missions de représentation. Le regard porté sur eux est important. Si on les croit capables, ils pourront représenter d'autres personnes parce qu'on leur fait confiance.

Définition de l'expression « les plus pauvres »

Il y a un malentendu autour de l'expression *les plus pauvres*. En première approche, il y a lieu de distinguer *les plus pauvres* de la catégorie de personnes vivant en grande pauvreté au sens de la définition du Rapport Wresinski, pour laquelle il est plus juste de parler des *très pauvres.*

La précarité est l'absence d'une ou plusieurs des sécurités permettant aux personnes et familles d'assumer leurs responsabilités élémentaires et de jouir de leurs droits fondamentaux. L'insécurité qui en résulte peut être plus ou moins grave et définitive. Elle conduit le plus souvent à la grande pauvreté quand elle affecte plusieurs domaines de l'existence, qu'elle tend à se prolonger dans le temps et devient persistante, qu'elle compromet gravement les chances de reconquérir ses droits et de réassumer ses responsabilités par soi-même dans un avenir prévisible[25].

Divers rapports ont attiré l'attention sur l'existence d'une partie importante de la population, à l'échelle nationale ou internationale, vivant ce cumul grave de précarités. Outre le Rapport Wresinski lui-même, on peut citer le Rapport Despouy du Conseil économique et social de l'ONU[26] ou le Rapport Général sur la Pauvreté en Belgique[27].

L'expression *les plus pauvres* ne vise pas la désignation d'une population en grande misère. Elle renvoie à une intention, à une démarche, à *un mouvement de recherche vers les personnes encore plus pauvres et plus exclues que celles déjà rencontrées. Ces concepts servent alors à évaluer des actions face au danger permanent qui guette celui qui agit avec les pauvres : grandir et avancer avec les hommes et les femmes rencontrés et oublier ceux et celles qui ne suivent pas ou qui n'ont pas croisé sa route. (...) En ce dernier sens, les plus pauvres sont ceux qui ne sont pas encore effectivement rencontrés et vers lesquels on va.*[28]

En d'autres termes, l'expression *les plus pauvres* ne saurait en aucun cas désigner une catégorie sociale susceptible de représentation. Une telle ambition serait immédiatement vouée à l'échec. Il serait impossible de dire qui appartient aux *plus* pauvres et, à la limite, *le plus pauvre* est forcément unique, et donc seul.

L'expression indique le souci de prendre en compte un effort de langage, l'effort de tout homme pour accomplir son humanité, et d'abord de celui dont la parole est à peine audible. La référence au plus pauvre est une manière d'écouter, de penser, d'agir ; une tension, une attention à la voix la plus ténue.

On peut encore le dire autrement. Pour le Mouvement Atd Quart Monde, *l'expression les plus pauvres est à comprendre sur un mode interrogatif : qui sont les plus pauvres ?*[29] La question permet en même temps d'engager une démarche qui se soucie de l'exclu parmi les exclus, et de rendre possible un partenariat, une réciprocité dans la réflexion et dans l'action.

Qui sont les plus pauvres parmi la population rencontrée ? Quelles réalités spécifiques vivent-ils ? Quelles sont leurs aspirations ? Quels efforts font-ils et qu'entreprennent-ils pour faire face à leur situation ? Comment d'autres les soutiennent-ils ?[30]

Si la référence aux plus pauvres c'est la référence à une démarche, on ne peut représenter « les plus pauvres ». Néanmoins la démarche qui consiste à aller vers les plus pauvres, c'est-à-dire à se poser la question des absents, doit rester constamment présente. La présence des *très pauvres* dans la représentation sera la garantie de celle des *plus pauvres*.

Représentation spécifique ou intérêt commun ?

Les dictionnaires définissent le mot *spécifique* comme propre à une espèce ou à un groupe, et commun à tous les membres de cette espèce ou de ce groupe. Le mot doit être rapproché du mot *spécial* qui signifie lui aussi *propre* ou *particulier* à quelqu'un ou quelque chose.

Donc, la représentation spécifique veut dire rendre présent un groupe particulier réuni par les seuls mêmes intérêts. Les exemples dans la société civile abondent (groupement de locataires, syndicats, parents d'élèves...). Dans ce contexte-là, il semblerait aberrant à tout le monde que le groupe soit représenté par quelqu'un d'étranger aux intérêts du groupe (par exemple qu'un agriculteur représente les cheminots ou qu'un coiffeur représente les juristes à l'université). Ce type de représentation par « catégories » développe l'exclusion d'une partie de la population, car chacun défend ses intérêts sans se soucier de l'intérêt commun.

Il ne sert à rien de créer une nouvelle catégorie, celle des pauvres, car la lutte contre la misère concerne tout le monde. Elle est l'intérêt commun de tous les citoyens. *L'intérêt commun* c'est ce qui importe et est utile, c'est agir pour l'intérêt de la société (Larousse). En représentation politique, les élus sont appelés à représenter tous les citoyens ; lorsque les élus ne tiennent pas compte de l'intérêt commun, cela peut provoquer des troubles comme par exemple, en Belgique, à propos de la protection des enfants. À la suite des drames survenus, des centaines de milliers de personnes ont exprimé lors de *la Marche blanche*, en octobre 1996, leur intérêt commun : la protection des enfants. L'intérêt commun aux parents d'élèves, par exemple, pourrait être la lutte contre l'échec scolaire quel que soit l'enfant ; dans ce cas, il est certain que les familles très pauvres seraient prises en compte et nous serions bien au-delà de la représentation spécifique par catégories.

La lutte contre la misère oblige à refuser la représentation par catégories, source d'exclusion, car même si un pauvre représentait la catégorie des pauvres, cela risquerait de creuser encore plus profondément le fossé avec les non-pauvres. Les associations qui luttent contre la misère sont bien souvent ouvertes à tous les citoyens[31]. Ceux qui luttent aux côtés des pauvres savent que la parole des très pauvres vaut pour le bien de tous parce qu'ils ont une connaissance des injustices et des combats à mener pour que la société soit plus juste et plus solidaire.

En conclusion de ce point, nous pouvons déduire qu'il ne faut surtout pas une représentation spécifique des très pauvres, mais que, au contraire, le combat contre la misère doit être mené partout (voir schéma). Notre recherche démontre que le plus important est que des personnes très pauvres puissent participer à la

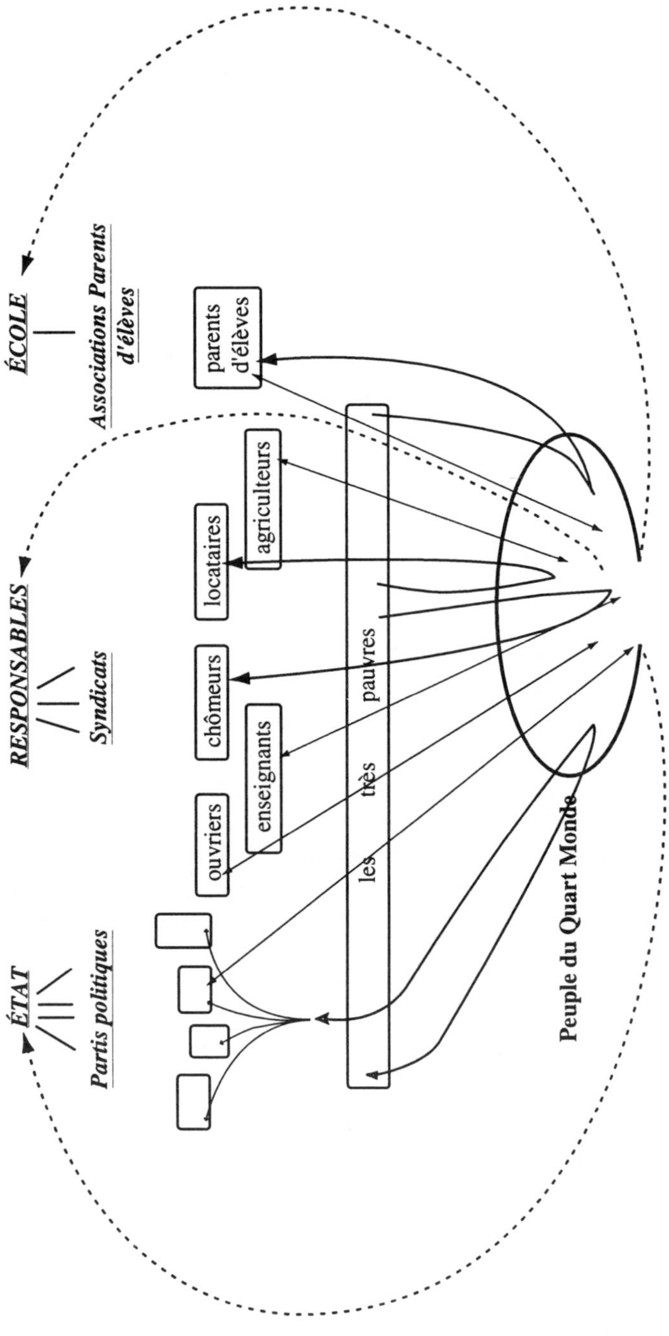
ÉTAT
Partis politiques
RESPONSABLES
Syndicats
ÉCOLE
Associations Parents d'élèves
ouvriers
enseignants
chômeurs
locataires
agriculteurs
parents d'élèves
les très pauvres
Peuple du Quart Monde

représentation de tous, dans tous les lieux existants ou à créer. Jusqu'à présent, dans tous les lieux de représentation, ce sont des non-pauvres qui siègent. Si parfois l'exigence de donner la parole aux pauvres est reconnue, elle se limite souvent à une participation ponctuelle. C'est comme si la représentation était un des privilèges que les non-pauvres n'acceptent pas de partager.

Notes

1. En grec, « choisir », « séparer », « décider », « distinguer » s'exprime par le même verbe krinein, qui a donné « critique ».
2. Vocare en latin, d'où dérive la « voix », signifie « appeler ». L'expression convient parfaitement à la représentation dans laquelle le représenté appelle le représentant.
3. Cf. H. Arendt, *Les origines du totalitarisme*. L'impérialisme, tr. fr. par Martine Leiris [coll. Points politique, Po 125], Paris, Fayard, 1982, pp. 6-280 ; cf. aussi les documents internes à notre groupe.
4. Audition Lucie Ribert.
5. Cf. surtout *Principes de la philosophie du droit*, tr. fr., Paris, Vrin, 1975.
6. Interview n° 1.
7. Interview n° 13.
8. Interview n° 3.
9. Dans la représentation strictement politique, ce phénomène est parfois moins net dans la mesure où souvent les élus représentent des idées plus que des personnes.
10. Interview n° 11.
11. Pour reprendre l'image du miroir, si celui avec qui parle le représentant ne le voit pas comme une personne mais comme une vitre transparente, il n'y aura pas de représentation.
12. Interview n° 6.
13. B. Chevallier, *op. cit.*, pp. 122-124.
14. Interview n° 1.
15. Interview n° 9.
16. Interview n° 5.
17. Audition Lucie Ribert.
18. Audition Lucie Ribert.
19. Audition Emile Creutz.
20. Audition Lucie Ribert.
21. Cf. définition chapitre 2 : « Représentation et partenariat ».
22. Commission technique d'orientation et de reclassement professionnel. Elle s'occupe des personnes handicapées en France.
23. Initiée par Atd Quart Monde et co-pilotée par la Direction Régionale du Travail et de l'Emploi, l'action « Contre l'exclusion, une qualification » a été menée dans l'agglomération lyonnaise, de 1989 à 1992. Son objectif était de permettre à soixante-quinze adultes en situation de grande pauvreté, âgés de 25 à 40 ans, de suivre une formation en alternance, rémunérée, afin d'obtenir une qualification au moins égale au CAP (Certificat d'Aptitude Professionnelle).
24. X. Godinot (sous dir. de), *op. cit.*
25. *Grande pauvreté et précarité économique et sociale*, *op. cit*, p. 25.
26. *Les droits de l'homme et l'extrême pauvreté*, 28 juin 1996, approuvé en 1997. Résolution 1997/11 de la Commission des droits de l'homme.

27. *Rapport général sur la pauvreté*, réalisé à la demande du Ministre de l'intégration sociale par la Fondation Roi Baudouin, en collaboration avec Atd Quart Monde et l'Union des villes et communes belges, 1994. Ce rapport est surtout original par l'implication des personnes concernées par la grande pauvreté tout au long de son élaboration.
28. J. Lecuit, *La rencontre avec les plus pauvres provoque la connaissance*, dans *La connaissance des pauvres*, Louvain-la-Neuve, Academia-Bruylant, 1996, p. 214.
29. Atd Quart Monde, *Atteindre les plus pauvres*, New-York-Paris, Éd. Unicef/Atd Quart Monde, 1996, p. 7.
30. *Ibid.,* p. 20.
31. À ce propos, le mot *Quart Monde* est parfois mal utilisé quand il remplace le mot misère. Le mot *Quart Monde* n'est pas une catégorie sociale qui mettrait une étiquette de plus sur le dos des pauvres. Dans le mot *Quart Monde*, il y a l'idée du rassemblement des citoyens de tous milieux, de toutes conditions avec les très pauvres et à partir d'eux. C'est ce que signifie la notion de peuple du *Quart Monde*.

Conclusion

L'expérience vécue au cours de ces deux années de recherche, entre militants Quart Monde, volontaire et universitaires, a démontré que le croisement des savoirs pose de nouvelles questions. Chacun était venu avec ses propres convictions et ses ignorances, sur les thèmes de la citoyenneté et de la représentation.

Au cours de notre recherche, tant les personnes très pauvres que les penseurs reconnus nous ont rappelé que la reconnaissance de la qualité de citoyen passe par l'appartenance à la communauté humaine. Cette reconnaissance est réciproque entre la personne et la communauté.

Les exemples décrits dans les différents chapitres de ce mémoire montrent cependant combien le dialogue est difficile entre les très pauvres et les autres citoyens. Pourtant, il est possible à certaines conditions. Notre recherche a mis en évidence quelques conditions telles que :

– La qualité du regard : le regard porté sur les pauvres est déterminant. Ils sont des citoyens et non des gens à problèmes ou à assister. Ils sont les acteurs de leur propre vie et de celle de la communauté. Ils sont des penseurs qui font progresser la démocratie.

– La prise de conscience d'un intérêt commun : cet intérêt commun peut être, par exemple, la protection de l'enfance, un monde plus juste, le combat contre la misère…

– La rencontre dans l'action : par exemple, une action de quartier, au sein d'une école, au sein d'une association, et aussi dans le cadre de ce programme Quart Monde-Université… permettent de faire un bout de chemin ensemble en apprenant à se connaître, découvrir les capacités de l'autre, et se faire confiance mutuellement.

Pour enrichir la démocratie, grâce à la participation de ceux qui en sont trop souvent exclus, il faut repenser la représentation. En effet, les différents types de représentation, même celles par catégories sociales ou professionnelles, laissent toujours des gens de côté. Il ne s'agit donc pas d'ajouter une catégorie supplémentaire : celle des très pauvres. Notre hypothèse était que, dans son fondement, *la représentation, c'est rendre présente la question des absents* dans tous les lieux où les décisions se prennent : partis politiques, syndicats, associations... Notre recherche nous a permis de découvrir qu'on peut y parvenir en adoptant la référence aux plus pauvres. Nous entendons par là, non une catégorie sociale particulière, mais la démarche qui recherche sans cesse l'exclu parmi les exclus.

Qui peut rendre présents *les plus pauvres* ? Dans l'histoire, ce sont bien souvent des non-pauvres qui ont parlé au nom des pauvres. Leur sincérité n'est pas à mettre en doute car leur engagement et leur audace sont réels. Ils font avancer la connaissance des questions liées à la grande pauvreté et participent à l'élaboration des réponses à apporter. Mais peut-on parler vraiment d'une reconnaissance des très pauvres à travers eux ? Est-ce qu'une personne très pauvre peut reconnaître son combat de tous les jours à travers eux ? Afin que des *très pauvres* puissent dire d'un représentant : « il est comme nous », il est indispensable que certains d'entre eux puissent s'engager dans des missions de représentation.

Cela demande du temps, une formation, et surtout un partenariat vécu entre pauvres et non-pauvres. Ce partenariat est essentiel. Sans lui, la démarche de représentation est vidée de son sens. Sans lui, la parole des très pauvres n'est pas entendue. Sans lui, ceux-ci courent même le risque d'être davantage exclus.

Il ne suffit pas d'ajouter une chaise autour de la table pour le pauvre, maintenu trop souvent dans un rôle de témoignage de sa propre vie. La représentation des plus pauvres est un élément indispensable du combat contre la misère ; celui-ci concerne tous les citoyens parce que la société s'appauvrit si elle se prive des connaissances que peuvent apporter ceux qui sont exclus.

C'est pourquoi réfléchir à la représentation *du plus pauvre*, c'est réfléchir à la représentation de *tous*.

Annexe

Matériaux de la recherche

Travail sur les textes parlementaires qui ont abouti au vote de la loi sur le RMI

Revenu Minimum d'Insertion créé en France par la loi du 1er décembre 1988.
Dans les textes des débats parlementaires (parus au *Journal Officiel*), comment les représentants de la nation parlent des pauvres ? Pour répondre à cette question, nous nous donnons quatre axes :
– Comment les parlementaires parlent des pauvres ?
– Comment les parlementaires parlent du Mouvement Atd Quart Monde ?
– Comment les parlementaires utilisent ce que le père Joseph Wresinski a dit dans le rapport du Conseil Économique et Social ?
– Comment parle-t-on des droits des pauvres ?

Les interviews et auditions

Quinze interviews ont été réalisés par les militants, d'octobre à décembre 1996.

N°	Responsabilités	Caractéristiques	Connaissent-ils Atd Quart Monde ?
1	Une Présidente de C.P.A.S.	Elle gère le Centre Public d'Aide Sociale.	Elle ne connaît pas, elle en a entendu parler.
2	Un Président d'Association de parents d'élèves.	Personne qui dirige les réunions de parents. But : améliorer la vie et le contact de l'enfant à l'école.	Non
3	Un Président d'une société de logement sociaux.	Personne qui rassemble un comité chargé de recevoir les plaintes des locataires sociaux à propos de l'entretien des bâtiments.	Non
4	Une personne d'un comité de logements sociaux.	Son rôle est d'écouter et de retransmettre les doléances des locataires.	Un peu
5	Un Bourgmestre	Maire d'une ville de 7 000 habitants.	Non
6	Un allié du Mouvement Atd Quart Monde	Père, grand-père, pensionné. Militant actif d'Atd Quart Monde	Oui, depuis 1987
7	Un membre du comité des fêtes	Elle participe à l'organisation des fêtes et à l'amélioration de la vie de sa cité.	Oui, depuis 1996
8	Mme Y	Veuve.	Non
9	Un jeune couple.	Ils perçoivent le minimex.	Non
10	Une organisatrice d'une banque alimentaire.	Elle gère l'attribution des colis de nourriture.	Oui, depuis 1987
11	Une militante Atd Quart Monde	Mère de 3 enfants.	Oui, depuis 1989
12	Une militante Atd Quart Monde	Veuve, mère de 3 enfants.	Oui, depuis 1982
13	Un échevin.	Adjoint au maire, il régit les logements sociaux, la culture, la jeunesse et les fêtes.	Non
14	Un assistant social.	Il crée des projets en participation avec les plus pauvres.	Oui, depuis 1990
15	Léonce Berton	Chef de camp dans un camping	Non

Textes, lectures

Les apports philosophiques : textes de Thomas Hobbes, Montesquieu, Rousseau, Hannah Arendt, Hegel.
Autres textes : extraits du rapport *Grande pauvreté et précarité économique et sociale* du Conseil Économique et Social français. Texte de Mme de Vos van Steenwijk : Le Père Joseph représentant de son peuple, (*Démocratie et pauvreté*, Éd. Quart Monde/Albin Michel, 1991, p. 658). Intervention du père Joseph Wresinski à la Mutualité de Paris le 17 novembre 1977 (Quart Monde IGLOOS, n° 97-98, 1978, p. 81).

LES AVIS DU CONSEIL SCIENTIFIQUE

Les membres du Conseil Scientifique se sont retrouvés cinq fois au cours des deux années qu'a duré le programme Quart Monde-Université et certains d'entre eux ont participé à des séminaires réunissant tous les acteurs-auteurs de ce programme.

Après lecture des cinq mémoires, ils ont échangé leurs avis quant à la démarche et au contenu.

Avant de les retransmettre, chacun a approfondi la lecture d'un mémoire.

Les avis transcrits ci-après sont tels qu'ils ont été énoncés lors de la discussion critique avec les acteurs-auteurs, le 9 avril 1998.

Avis général et transversal du conseil scientifique

par Louis Join-Lambert

Le Conseil scientifique a eu le privilège de recevoir les mémoires dès qu'ils ont été achevés. Chacun d'entre nous, ses membres, les a lus intégralement. Puis, dans une réunion d'une journée, en présence de l'équipe pédagogique, nous avons confronté nos appréciations. Pour ma part, je suis chargé de donner ici le reflet de l'ensemble de ces appréciations des membres du conseil sur l'ensemble des cinq mémoires.

Chaque mémoire est le compte rendu réfléchi d'une recherche. En s'appuyant autant que possible sur eux seuls, le Conseil scientifique a pour mission d'évaluer la pertinence et la qualité de la démarche de cette recherche.

On peut aussi apprécier cette recherche sous d'autres angles dont le Conseil scientifique tient à dire clairement qu'ils ne relèvent pas de sa compétence. Nous ne visons pas, par exemple, à faire l'évaluation du cycle du point de vue pédagogique : d'autres la font en prenant des moyens appropriés et en y associant directement le jugement des acteurs-auteurs. Nous n'entendons pas plus énoncer ce qui, au bout du compte, devrait être considéré, d'un point de vue scientifique, comme l'état de la question sur les sujets que vous avez abordés dans ces textes. Le Conseil scientifique ne veut pas, non plus, se substituer aux organes responsables du Mouvement Atd Quart Monde pour apprécier la justesse de ses analyses, ou encore moins pour lui en imposer.

L'écriture

Le projet d'écrire ces mémoires était un pari. « Depuis un an et demi, disait René Rémond, je m'interrogeais sur ce pari : arriverait-on vraiment à un produit qu'il serait possible d'examiner? On ne devait pas exiger qu'il soit identique à nos produits universitaires habituels, mais il fallait qu'il soit de niveau comparable. Avant la lecture, lorsque chaque groupe a présenté son travail aux autres, à Chantilly, j'ai déjà été rassuré de voir le cheminement, la démarche, le travail fait. La prise de connaissance des mémoires a levé toutes mes objections. » Ces mémoires donnent un excellent point d'appui pour une discussion sérieuse.

À propos de ces écrits, nous voulions en dire plus. Le travail d'écriture ne comporte pas seulement des exigences de raisonnement et de compréhension. Il repose sur une exigeante et, somme toute, admirable collaboration. À aucun moment, le lecteur n'a l'impression de lire le mémoire d'une ou deux personnes seulement, ni de lire quelque chose de superficiel. Cette écriture émane d'une coopération considérable de deux ans qui a permis de faire place à des apports au départ hétérogènes.

Le Conseil scientifique a ajouté une autre importante remarque préalable à la réflexion sur les apports et les limites de ces mémoires. Ils ne sont pas clos par l'épuisement de la recherche ou par le fait qu'elle atteint une étape spécialement importante de mise en cohérence ou de vérification. Les mémoires sont achevés par la nécessité, décidée au départ du projet, de limiter d'avance sa durée. Le cycle est fini. Dans une logique de recherche, il serait plus intéressant que nous en soyons seulement à une étape intermédiaire et que les remarques qui vont suivre soient une contribution aux étapes suivantes. C'est le cheminement que suit l'élaboration d'une thèse, par exemple. Un étudiant la travaille par étapes, en tenant compte des professeurs qui réagissent à la lecture de ce qu'il produit aux étapes les plus significatives de son avancée et lui disent : il faut encore travailler dans telle orientation, il faut vérifier telle information, mieux étayer telle articulation. De ce point de vue, ici, la position du Conseil scientifique, et celle des acteurs-auteurs plus encore, sont inconfortables. Les remarques du premier vont provoquer les seconds en sachant qu'a priori ils n'ont pas la possibilité de poursuivre ensemble leur travail. C'est pourtant dans une telle optique que le débat serait le plus valable.

Les mémoires sont les points d'appui sur lesquels le Conseil Scientifique, dont je rapporte la réflexion, s'est fait un jugement. À la lumière de quelles questions ? Les voici ramassées en deux ensembles principaux :

– *Peut-on dire que ces mémoires reflètent un croisement réel des savoirs ? Si oui, ce croisement est-il source de compréhension nouvelle des sujets traités ?*

– *Quelle est la solidité scientifique de leur apport ?*

Le croisement des savoirs et la nouveauté

Chaque mémoire a une grande unité. Les lecteurs que nous avons été n'ont pas perçu de rupture de ton, ou de dénivellation de qualité en fonction des personnes qui ont écrit les différentes parties. L'ensemble est remarquablement lisible. Cette unité pourrait signifier que l'apport d'une partie des acteurs-auteurs s'est imposé au détriment des autres. Telle n'est pas la réalité que reflètent les mémoires. De l'avis du Conseil, il y a eu croisement de savoirs, et la lecture des mémoires laisse entrevoir le prix payé par les uns et les autres pour y parvenir. Ce croisement des savoirs est perceptible parce qu'il déplace l'endroit où l'on pouvait classiquement s'attendre à faire porter le débat et l'effort de la recherche.

Le chantier scientifique s'est déplacé sur le plan de la formation. Les mémoires montrent comment les groupes de militants s'emparent du chantier scientifique d'une manière extrêmement forte et le transforment. En retravaillant sur les enregistrements des sessions communes, ils précisent leur propre compréhension de ce qui s'y est passé, l'approfondissent. Et ils reviennent avec des papiers qui expriment leur accord, leurs questions ou l'affinement de compréhension qu'ils proposent. Mais il leur arrive de revenir pour exprimer leurs désaccords. Voire pour tenir une position que l'autre partie ne parvient pas toujours à saisir. Et tenir cette position parfois plusieurs mois avant qu'elle puisse être prise en compte.

Réciproquement, les universitaires aussi acceptent, malgré sa difficulté, cette position de formation. L'un d'eux écrit dans le mémoire à ce propos : « C'est impressionnant de se voir sourd et aveugle. » Au-delà de la modestie qui fait la grandeur de cette phrase, peut-on dire plus clairement que ce croisement des savoirs demande d'abord de remettre en formation une capacité de perception. Les textes nous montrent même que cette perception a pu être un préalable pour s'accorder sur la manière de poser la question de recherche.

Le chantier scientifique se déplace précisément aussi dans la recherche par la prise en compte d'expériences qu'apportent les militants. Les exemples abondent :

dans le mémoire « Famille », l'expérience du temps long s'oppose à une littérature qui tend à ne voir que le poids des contraintes de l'immédiat ; dans le mémoire « Histoire », la réflexion se centre sur l'expérience du retournement de la honte à la fierté.

Ce débat, ce chantier scientifique, se déplace par la prise en considération de leurs résistances à certaines interprétations. On le voit dans le mémoire « Savoirs », à propos du savoir scolaire. Les universitaires disent que ce savoir détourne de l'intelligence du monde que toute expérience humaine peut apporter. Les militants, eux, disent que, faute de ce savoir, on est constamment en dépendance. Que ce savoir libère de cette dépendance. Position qui a engendré un véritable débat, influençant le travail scientifique.

Bien sûr, les militants se sont déplacés vers le chantier des universitaires. Ils ont énormément appris d'éléments de compréhension ; par exemple, l'apport du livre de Pessin ou du texte de Hannah Arendt. C'est très clair, mais plus classique et habituel.

Au-delà des résistances, s'est opérée une prise en considération mutuelle d'apports de conceptualisation ? Pensons, par exemple, à cette idée d'un temps en boucle que les militants apportent parce que l'opposition entre temps linéaire et temps circulaire rend mal compte de certaines de leurs expériences. Il y a d'autres exemples.

Cette prise en charge commune montre que les universitaires ont accepté de se poser les questions que les militants voulaient apporter en même temps que les expériences et les représentations qui soutenaient ces questions. Ce n'est pas classique.

Quelle place peut tenir dans le croisement des savoirs ce qui touche à la souffrance vécue ? Cette question très importante en même temps que très délicate émerge nettement des travaux en dessinant une zone où les résistances sont plus fortes et les conditions de la réflexion commune sont plus exigeantes. Cette réflexion commune doit redoubler de sens pour qu'elle en vaille la peine, et rende acceptable le risque de se faire mal.

Ces mémoires reflètent la forte implication des participants dans une aventure commune qui a fait sens pour eux. Ceci a certainement fondé une grande partie de la confiance qui leur a permis d'élaborer, d'exprimer leur pensée avec une plus grande liberté, d'être entendus, d'avoir l'attention des autres. Si l'on ne se retrouve pas dans l'interprétation que l'autre donne d'une blessure, on entre dans un autre type de relation. Faute d'un sens commun encore plus fort en la circonstance, on atteint la limite de l'échange possible. La question sera laissée en suspens. Cet état de fait appelle à approfondir les conditions du croisement des Savoirs.

Tout ce que nous venons d'évoquer, tous ces « déplacements », traduisent la nouveauté qu'apportent ces mémoires. Par construction du projet, ces questions sont posées. Or ce sont elles qui échappent souvent à la recherche universitaire classique. En ce sens, la recherche est d'un apport réel.

La solidité de l'apport

Le travail s'achève, je l'ai dit, parce que le cycle arrive à sa fin. On n'a pas tort de vouer un grand respect aux chercheurs qui se coupent pendant des années de beaucoup d'autres centres d'intérêt pour conduire leur recherche jusqu'à sa pleine validité. La recherche est une ascèse.

Ici, nous sommes face à une première étape seulement. Elle apporte pourtant des gages de solidité. Lesquels ?

Solidité de la compréhension des expériences et des représentations que portent les acteurs-auteurs. Voilà une conséquence essentielle de ce qui a été dit précédemment sur le croisement des savoirs. D'expérience, je ne suis pas sûr que beaucoup d'équipes de recherche parviennent à fonder l'élaboration de leur problématique sur des ancrages sociaux aussi différents. Surtout avec une telle attention à ce que chacun puisse aller au bout de ce qu'il porte de compréhension et un parti pris exigeant de l'intégrer à l'ensemble.

Il faut approfondir les limites d'une approche très qualitative. D'une façon générale, en s'appuyant sur des expériences vécues, on renforce une approche compréhensive. La limite de cette méthode est qu'à chaque expérience vécue par une personne et tendant à démontrer le bien fondé d'une compréhension on peut probablement opposer d'autres expériences singulières différentes. Parfois, dans les mémoires, on généralise trop vite. Emporté par la lumière projetée sur une situation, on a tendance à penser : cette compréhension vaut pour tout le monde.

Ce peut être une affirmation hâtive si elle n'est pas d'abord l'objet d'un questionnement bien organisé, recherchant, en quelque sorte, les « avocats du diable » en particulier à deux niveaux, les faits et les idées.

Les faits : S'est-on demandé si l'on connaît des faits contraires à ceux que l'on a tendance à retenir parce qu'inconsciemment ils soutiennent notre interprétation. Les travaux de chaque groupe partent largement de l'expérience des membres du groupe et de la compréhension qu'ils en ont. Ce sont, pour la démarche de recherche présente, les matériaux les plus féconds. Les interviews, dans l'ensemble, viennent alimenter la même compréhension. Mais les lecteurs exigeants que nous avons été se sont demandé si l'échantillon des personnes interrogées donnait assez de chances de trouver des exemples qui heurteraient les hypothèses retenues. Là, réside sans doute la faiblesse des matériaux actuels qu'une autre phase de la recherche devrait corriger...

Les idées : A-t-on cherché aussi à énoncer avec intelligence les idées que l'on n'aime pas ?

Voici un exemple qui fera peut-être grincer les dents de ceux qui ont travaillé sur le peuple et sur la conception qu'en donne Pessin. Implicitement et explicitement, l'analyse est faite en référence au Mouvement Atd Quart Monde et au père Joseph Wresinski. Il serait bien de se demander ce que donne ce schéma si on essaie de l'appliquer à Jean-Marie Le Pen. Ensuite, de se demander quelles sont les différences ? On est entré dans une compréhension fort utile pour décrire le retournement à un niveau collectif. Est-ce que les personnes qui sont humiliées et qui s'approchent du Front National vivent quelque chose de comparable au retournement dont il est question ? En opérant cette confrontation, l'hypothèse supposant implicitement que le phénomène est positif aurait eu à se confronter à une face ressentie comme plus sombre. Peut-être en serait-il sorti une formulation plus précise, en tous cas une plus grande solidité.

Le dernier point critique concerne *la faiblesse de la confrontation à ce que l'on appelle la structure sociale*. La mise en valeur, par exemple, du temps familial long, du projet familial incarné dans les enfants, est intéressante et très riche. Mais quelle est son articulation avec d'autres temps sociaux qui s'imposent à ces familles ? d'autant plus qu'elles sont dans la misère : le temps du travail, des ressources, du loyer, comment vient-il contredire ce temps familial ? Faut-il considérer que cette contradiction renforce la résistance, accroît la valeur du projet familial dans le vécu subjectif des membres de la famille ou, au contraire, que cette contradiction aboutit à une usure, un épuisement prématuré de cette perspective ? C'est un pas de la réflexion qui n'apparaît guère dans le mémoire, même si, par l'équipe pédagogique, nous avons appris qu'il est apparu dans les débats du groupe.

Pour conclure

Les limites réelles ainsi reconnues ne permettent pas de demander à ces mémoires plus qu'ils ne peuvent légitimement donner. Ils reflètent une démarche de confrontation exceptionnelle tant par la différence des expériences sociales en présence que par la recherche de rigueur dans cette confrontation. C'est là leur fécondité.

Leur demander d'atteindre aussi la rigueur de vérification qu'obtient un long processus de recherche serait les méconnaître. Ce serait méconnaître les raisons qui conduisent aussi à les publier tels quels. L'objectif de cette étape-ci est de faire voir qu'en se donnant avec eux, pendant des années (bien plus que les deux ans de la recherche), les moyens de la rencontre des intelligences, ceux qui ont l'expérience de la grande pauvreté et de la déconsidération sociale projettent une vive lumière dans l'éclairage et l'intelligence commune de notre société.

Avis sur le mémoire Histoire

par Georges Liénard

Le mémoire tente de cerner et oblige l'approfondissement de plusieurs questions essentielles dont je souligne cinq axes :

1 – Quels sont les contenus culturels et les processus d'identité liés aux luttes de reconnaissance sociale[1] des pauvres, qu'ils agissent en tant que mouvement ou en tant que personnes ? Comment comprendre la rationalité propre aux pratiques ambivalentes accomplies par les pauvres dans diverses situations et épreuves sociales ?

2 – Quel est le sens de l'interaction et du rapport social entre des scientifiques, des militants et des volontaires du Quart Monde lorsqu'il porte sur la question suivante : qui a le droit de maîtrise sur l'interprétation des pratiques des pauvres dans des épreuves sociales, y compris dans des situations décrites comme « une misère qui détruit l'homme » ?

3 – La construction d'une identité fière du peuple du Quart Monde est montrée par l'intermédiaire de l'utilisation d'une version « positive » du mythe du « peuple », mais sans faire l'hypothèse d'une version « négative » de ce mythe.

4 – L'analyse du rapport au « guide » du Mouvement Quart Monde, à sa fonction et à sa parole fondatrice, appréhende surtout la version « positive » de l'utilisation du pouvoir charismatique, mais elle n'analyse pas à quelles conditions se crée ou ne se crée pas, à partir de l'exercice de ce pouvoir charismatique, un pouvoir démocratique ouvert, et elle ne souligne pas assez le travail de création sociale de la dignité des pauvres à partir de l'action du Mouvement, plus qu'à partir d'une capacité innée des personnes.

5 – La nécessité, pour comprendre la réalité complexe du retournement identitaire, de maintenir et de renforcer la tension créatrice entre plusieurs points de vue théorique et axiomatique, n'est peut-être pas affirmée de façon assez prégnante.

Même si chacun de ces cinq axes mérite et nécessite un développement afin de rendre justice au travail accompli, les contraintes liées à l'édition m'obligent à esquisser seulement les points de débat et de rencontre.

1. Un premier aspect pertinent du mémoire est de vouloir reconstruire la rationalité propre à divers systèmes de pratiques (liés au processus de pauvreté) qui, si on les mesure à l'aune des critères présents dans les pratiques dominantes et légitimes, sans reconstruire leur cohérence propre (avec leur pertinence et leurs limites face aux épreuves sociales), pourraient apparaître soit irrationnelles, soit des manques inhérents aux personnes concernées. Cela conduit à tout le moins à devoir regarder et interpréter comment des pratiques et contenus culturels et sociaux ont aussi des effets dynamiques et constructifs de la reconnaissance posi-

tive de soi, bref, peuvent aussi constituer des forces de dépassement de soi, alors qu'on aurait tendance à ne voir ces pratiques qu'en tant que conséquences de la domination ou de l'aliénation, c'est-à-dire comme des pratiques qui font de nécessité vertu, qui suggèrent de n'espérer que ce qui est objectivement destiné, qui reproduisent quasi exclusivement l'aliénation et la domination. C'est, par exemple, le cas dans ces extraits d'entretiens qui nécessitent, pour être bien compris, une analyse en fonction de la double dimension culturelle et symbolique signalée cidessus :

– Je plains ceux qu'on appelle les nouveaux pauvres. Je ne suis pas certaine qu'ils ont eu les mêmes combats que nous, parce que nous, c'est toute une retransmission (...) Ils n'ont pas tout ce savoir qui a été retransmis et que nous, on a eu. On a des méthodes pour survivre de telle ou telle façon face à la société parce que nos parents nous ont retransmis cela.

– Nous, les gens pauvres, on se marie entre nous... C'est une force d'amour, une vraie force d'amour. Elle n'a pas de frontières. C'est pour ça qu'on se retrouve entre nous, qu'on n'a pas peur : on vient avec l'amour qu'on a, c'est tout. On n'a rien à apporter de matériel.

Ou encore : Nous-mêmes, nous sommes très croyants, même si des fois notre croyance n'est pas reconnue par les autres. Mais on s'en moque car Dieu sait qui l'on est. (...) Moi, je prie quand l'église est vide, je me sens bien près de Dieu et des saints, je leur mets un cierge, nous communiquons ensemble. Nous ne pouvons pas être avec des gens qui ne sont pas de notre milieu, de notre misère, car on se sent mal jugés et pas à notre place.

De même, on essaie de rendre raison du vécu intense d'anxiété et d'insécurité ressenti et exprimé par les personnes, en ne les situant pas d'emblée dans la faiblesse intrinsèque des personnes, mais en le reliant d'abord aux pressions systématiques (justifiées ou injustifiées) des institutions (DDASS et placements, école) exercées sur les personnes.

– Je me révoltais contre cette honte, sans jamais pouvoir m'en défaire, comme si elle était collée à ma propre peau.

– Si on ne mettait pas tout en négatif sur cette pauvreté, tu ne vivrais pas la honte de la même façon et tu n'aurais pas honte de ce qu'ont fait tes parents ou tes grands parents.

– Quand j'allais à l'école, je n'avais pas le droit de mettre mon manteau à côté des autres de peur qu'ils n'attrapent des poux. Mon portemanteau était le dernier. De honte, je sortais la dernière du couloir. La honte m'a menée à rester seule, à m'isoler.

– Il faut se battre contre soi-même pour aller demander quelque chose, que ce soit une aide alimentaire, médicale, une carte de bus gratuite; pour nous, c'est une humiliation, une honte d'être contraint de réclamer des secours de ce genre.

C'est ainsi qu'apparaît le paradoxe social selon lequel une institution sociale faite pour aider les pauvres est perçue, par eux, comme une menace. Cependant une analyse contrastée n'est pas enclenchée afin d'examiner à quelles conditions et sous quels critères telle ou telle action de la DDASS est-elle justifiée et légitime ou, au contraire, injustifiée et illégitime.

2. Le mémoire aborde une autre question essentielle : qui doit avoir le « dernier mot » dans l'interprétation des actions posées ou rencontrées par les pauvres qui sont dans la misère ? Il s'agit donc de la question portant sur le droit de maîtrise de l'interprétation analytique de soi, réclamé par la personne ou le groupe concerné. Il s'agit de la demande par les personnes ou les groupes concernés, de la maîtrise de l'image de soi (y compris de l'image analytique de soi, qu'elle soit sociologique, historique, psychosociale ou philosophique). Cette demande pose question par rapport aux impératifs du travail scientifique, à savoir d'une part le contrôle par la communauté scientifique de ses critères d'évaluation et de reconnaissance, et d'autre part la volonté du scientifique de contrôler l'interprétation analytique finale (à tout le moins sur le plan de l'écrit) des actions des personnes et des groupes concernés.

Pour qu'il n'y ait pas de malentendus brouillant la question que je pose, signalons de suite que la réclamation, voire l'exigence, par tel ou tel groupe, de contrôler son image analytique est normale, et est d'abord le fait des groupes supérieurs et dominants dans la société. En effet, les groupes exerçant du pouvoir dominant ou significatif dans la société tentent de contrôler – par de nombreuses pratiques et selon leurs volontés – l'image symbolique et la réputation qui proviendraient d'une analyse sociologique, économique, sociale, politique, les concernant.

Citons à titre d'exemple le refus de laisser connaître de nombreuses informations à leur propos dans le domaine des revenus, des patrimoines, des stratégies de placement ; dans le refus de financer des enquêtes les concernant directement ; le financement et l'utilisation d'enquêtes concernant d'autres groupes sociaux ; les tentatives de contrôle des contenus des enquêtes les concernant et la gestion des relations avec les interviewers.

Aussi, la question et la demande qui sont posées au travers du processus de formation et de la production du mémoire sont un problème social et épistémologique significatifs et liés à l'effet social de tout discours analytique centré sur un groupe social.

Rappelons comment ce débat est posé dans le mémoire.

– Questions de fond soulevées par la recherche.

Des tensions apparaissent autour de trois questions : qui a le droit de parler sur la misère ? Sur la misère, s'exprime-t-on de la même manière à des publics différents ? De qui parle-t-on quand on parle du peuple ?

Les militants disent que, dans ce programme, c'est à eux de dépouiller leur propre vie s'ils le souhaitent. Cela les engage eux et leur propre famille, mais ils ne se permettent pas de dépouiller la vie d'autres familles. Dans les interviews qu'ils ont faites, ils ont recueilli la parole que les gens veulent faire entendre. Une militante réagit par rapport à un ancien écrit sur sa famille qui l'a choqué. « C'est à nous d'écrire ce qu'on a envie d'écrire, on s'engage », dit-elle.

Ce débat a été difficile et douloureux. Pour respecter la sensibilité des militants et la sienne propre, la volontaire a choisi de retirer un texte écrit par elle.

La question de savoir qui a le droit de parler et d'écrire sur la misère (les paroles s'envolent mais les écrits restent) et comment, est apparue comme une question fondamentale.

Dans ce débat qui porte à la fois sur le plan de la connaissance acceptable socialement par les groupes concernés et sur le plan de la production de la connaissance pertinente scientifiquement (deux plans qui sont toujours partiellement liés), deux enjeux socio-cognitifs sont présents. Le premier enjeu porte sur le rapport au pouvoir scientifique et donc le rapport à la parole « juste scientifiquement ». Il s'exprime de la façon suivante : qui l'analyste peut-il observer et analyser? qu'a-t-il le droit d'écrire? qui est le juge de son écriture scientifique? ne peut-il écrire que sur ceux dont il ne craint rien? Le deuxième enjeu concerne le rapport à la parole orthodoxe (doxa du groupe) portant sur ce qu'un groupe permet qu'on dise et écrive sur lui, et sur la façon dont le groupe est organisé et par quelles procédures contrôle-t-il son image. Ce débat, voire conflit (pacifique) socio-cognitif, est important dans la production des connaissances « pertinentes scientifiquement » en fonction d'au moins deux conditions. Première condition : la construction d'un processus interactif entre les deux pôles[2]. Seconde condition : l'orthodoxie sociale ne peut l'emporter sur l'exigence scientifique, et les outils du maintien de l'orthodoxie du groupe ne peuvent être prédominants dans la fabrication de l'interprétation analytique finale (aucune information ne peut être supprimée, tout retrait d'information doit être signalée, tout désaccord dans l'interprétation finale doit être souligné).

3. Complémentairement à la fonction du mythe dans le processus de retournement de l'identité, il est important d'examiner la fonction du rapport au guide, à sa parole fondatrice, ainsi que du rapport au Mouvement Atd, et à la trajectoire sociale, politique et idéologique de ses responsables.

Tout processus de retournement est en relation avec un guide et une parole fondatrice. Cardijn a eu cette fonction pour la JOC et n'oublions pas que Wresinski a aussi été formé par la JOC. Mais des mouvements et associations de toute nature ont une référence obligée et une révérence voulue à la parole fondatrice (ou prophétie d'origine) du guide. Il est nécessaire de comprendre ce processus mais surtout ces variations.

En effet, dans la situation analysée, le rapport au guide et à sa parole fondatrice (prophétie d'origine pour le groupe et les personnes concernées) est de type partiellement charismatique (Cf. l'histoire de Noël Jacques et d'autres témoignages).

De nouveau, la question ne vise pas tellement la construction d'un pouvoir charismatique, mais l'utilité scientifique de l'élargissement des hypothèses à propos du guide, de sa parole fondatrice, du mouvement qu'il fonde et qui doit (sous certaines conditions) lui survivre. La question centrale deviendrait la suivante : grâce à quelles conditions et à quelles pratiques sociales, culturelles, politiques, religieuses, le pouvoir spécifique du guide, partiellement charismatique, ainsi que l'adhésion de participants diversifiés (militants, volontaires, membres, responsables, alliés) à l'orientation tracée par et pour le Mouvement, peuvent-il produire un pouvoir démocratique ouvert plutôt qu'un pouvoir autocratique visant la fermeture et l'exclusion ? L'histoire nous montre que les conditions concrètes mises en place pour le contrôle sur le pouvoir exercé par les responsables du Mouvement, pour le contrôle du renouvellement des responsables, ainsi que pour le contrôle sur la ligne idéologique, en référence à la parole d'origine, sont des éléments essentiels dans l'orientation socio-politique du Mouvement.

Il apparaît aussi que, dans l'analyse du processus de retournement et de construction du mythe du peuple, paradoxalement le mémoire ne fait pas porter assez l'analyse sur le poids significatif du travail cumulatif et historique du Mouvement Atd. Le Mouvement Atd Quart Monde (cf. l'histoire du nom du Mouvement) constitue un élément central de structuration des pratiques de retournement des personnes et du contenu du mythe, et ce, parce que **les rapports entre le mouvement et les personnes** (et non pas les personnes seules laissées à elles-mêmes en dehors de tout mouvement ou institution) **sont en fait les seuls créateurs sociaux de l'identité fière**. Mais admettre cette analyse serait faire apparaître que l'idéologie charismatique tient à établir non seulement une relation circulaire entre les pauvres, le guide, et sa parole fondatrice, mais surtout une dignité originelle et fondatrice des pauvres eux-mêmes en tant que pauvres[3]. Peut-être que cela est provoqué par le fait qu'il n'y a pas une analyse approfondie (voire même une tentation de refus d'analyse) des conditions qui peuvent maintenir certaines personnes dans la version plutôt négative des conséquences de la pauvreté, et qu'une personne du groupe désigne comme « la misère qui détruit ».

Cependant la tension monte chaque fois que la volontaire parle de la misère qui détruit l'humanité de celui qui la subit. Cette notion de misère qui détruit semble en contradiction avec la notion de peuple et avec la fierté des militants d'appartenir à un peuple. Parler de tout ce que la misère détruit en l'homme, c'est les enfoncer dans leur misère. C'est une manière de parler qui reste une atteinte à la fierté de certains militants.

Cette exigence de la reconnaissance des pauvres en tant que pauvres (comme de l'ouvrier en tant qu'ouvrier; « un ouvrier vaut tout l'or du monde », disait Cardijn) est probablement vraie politiquement et au plan de l'interaction entre l'action culturelle et politique. Cependant, l'exigence scientifique est aussi de poser qu'il existe probablement « une misère qui détruit », qu'il faut en comprendre les processus, qu'il faut comprendre pourquoi certains pauvres y restent, pourquoi il y a aussi de la domination à l'intérieur des familles très pauvres (comme dans les autres familles d'ailleurs), pourquoi il y a des pauvres (et d'autres qui ne sont pas pauvres) qui votent Le Pen et qui sont aussi marqués par le racisme social et/ou politique (ne pas confondre l'un avec l'autre). Cette volonté de compréhension scientifique de « la misère qui détruit » n'a pas pour but (mais je reconnais qu'il est difficile d'y échapper) de « les enfoncer dans leur misère », ni non plus de « souligner la honte », mais de comprendre la spécificité du processus de cette « misère qui détruit l'humanité », et les conditions politiques, sociales, culturelles qu'il faut réunir pour que l'action puisse modifier positivement ce que les inégalités structurelles et individuelles ont provoqué.

Cela est aussi plus certainement lié à la construction de l'échantillon qualitatif qui n'a pas peut-être fait des choix assez contrastés et ne s'est donc pas trouvé avec des données assez diversifiées. Cela est probablement lié aussi au fait de la distinction qui n'est pas clairement faite d'une part entre la pauvreté, la grande pauvreté (définie comme situation ou position sociale), dont je ne vois pas au nom de quoi elle serait intrinsèquement porteuse en soi de valeurs réputées positives, et d'autre part les valeurs positives (solidarité, amour, amitié) que les personnes (et leur mouvement) créent pour résister, pour réagir, pour survivre, malgré les effets négatifs de la situation et position de pauvreté que la société crée, développe et tente de leur imposer, de leur assigner.

Notes

1. La stratégie de conquête de reconnaissance inclut également une stratégie de légitimation du savoir des pauvres conduite par le Mouvement Atd Quart Monde et dont le processus de formation fait également partie. Cependant, si cette stratégie de légitimation doit être analysée et évaluée comme telle, elle doit être distinguée d'une part de l'évaluation du savoir que le processus de formation a produit et dont le mémoire est le fruit, et d'autre part de la discussion critique et constructive de ce savoir produit. C'est de cette évaluation et discussion constructive mais aussi critique que la présente note essaie de rendre compte. L'analyse et l'évaluation de la stratégie de légitimation du Mouvement Atd Quart Monde (dont le processus de formation est un élément parmi d'autres) ne constitue pas l'objet de cette note.

2. Les sciences sociales essaient de gérer partiellement cette question en intégrant de façon spécifique (au plan social, méthodologique et épistémologique) le rapport à la parole du ou des sujet(s) interviewé(s). Pour des approches diverses de cette question en sociologie : Touraine A., Dubet F., Hegedus Z., Maheu L., Wieviorka M., non daté, *La méthode de l'intervention sociologique*, Paris, Atelier d'Intervention Sociologique, Cadis, 99 p. ; ainsi que Bourdieu P., (sous la direction de), 1993, *La Misère du monde*, Paris, Seuil, 949 p ; et notamment le point de vue concernant la question soulevée dans le chapitre « Comprendre », pp.903-904 et « L'espace des points de vue », pp. 9-11 ; et enfin Kaufmann JC, 1996, *L'entretien compréhensif*, Paris Nathan, 128 p.

3. Cette croyance dans la force de la dignité originelle de la personne pauvre en tant que pauvre est sans doute nécessaire comme point d'appui fondateur pour la reconstruction identitaire, mais sa nécessité idéologique et symbolique ne peut cacher, sur un plan analytique, que la production de cette fierté originelle est liée à l'action sociale de la relation « mouvement et personne concernée », et non pas d'abord sur une capacité innée des personnes.

Avis sur le mémoire Famille

par Xavier Godinot

Il m'est revenu la tâche de donner un avis sur le mémoire qui s'intitule *Le projet familial et le temps*. Ma première réaction a été la perplexité : pourquoi m'avoir demandé de réagir sur ce mémoire alors que ma compétence universitaire est davantage en économie du travail ou en sciences politiques, et non dans le domaine de la famille ? Je me suis senti un peu décalé par rapport à mes compétences. Dans un deuxième temps, j'ai pensé que c'était très bien car il me semble que, dans ce projet, presque tout le monde s'est retrouvé décalé par rapport à ses compétences.

D'autre part, étant volontaire d'Atd Quart Monde depuis longtemps, je me retrouvais bien dans ce thème qui, comme vous l'indiquez dans le mémoire, est un thème qui nous est familier. Atd Quart Monde a été créé comme un Mouvement familial par son fondateur, « s'appuyant sur les forces mêmes des familles les plus pauvres, sur l'espoir tenace et la volonté des parents de donner à leurs enfants une vie meilleure que celle qu'ils ont connue eux-mêmes ».

Enfin, j'ai moi-même, comme chacun de vous, une certaine expérience de la famille.

Nous avons redit ce matin l'importance de reconnaître la part de fragilité de chacun, sa part de mystère, de manque, de peur. Reconnaître ses manques, ne pas être suffisant, savoir qu'on a besoin de l'autre, est une condition fondamentale du partage des savoirs. Pourquoi partager avec les autres, si chacun se suffit à lui-même ?

Cela m'amène à la première partie de l'évaluation, qui concerne la démarche d'élaboration du mémoire.

On perçoit à la lecture du mémoire que le dialogue entre les acteurs-auteurs n'a pas été facile, et j'ai même eu le sentiment que ce qui est écrit ne reflète pas totalement les tensions vécues dans le groupe. Le mémoire fait état de « vifs débats », et pointe quatre principales difficultés rencontrées. En même temps, il est clair que des relations de confiance et d'estime mutuelles ont permis de maintenir l'unité du groupe et de surmonter ces difficultés.

– La première difficulté fut de trouver un langage commun. On lit dans le mémoire que « le langage des universitaires est souvent hermétique ; les militants n'ont pas la maîtrise des mots justes pour exprimer leur pensée ; la volontaire se demande si certains mots simples utilisés ont bien le même sens pour tous ». Pour dépasser la difficulté, les militants ont pris le temps de re-formuler ce que disaient les universitaires pour se l'approprier, et les universitaires ont fait un effort de vigilance pour utiliser des mots compréhensibles.

– Deuxième difficulté : trouver une problématique commune. L'hypothèse est formulée que pour les plus pauvres, le projet de vivre en famille est le premier point d'appui pour donner sens à leur vie. Il nous a semblé, dans le Conseil scientifique, qu'il y a en réalité une seconde hypothèse, non formulée dans la problématique de départ mais travaillée dans l'ensemble du mémoire, c'est que le projet familial est en lui-même une manière de se situer dans le long terme.

– Les écarts d'interprétation entre universitaires et militants constituent une autre difficulté. Ils provoquent des discussions très serrées où les militants refusent notamment qu'il soit écrit que les familles très pauvres n'ont pas de notion du temps.

La grande question pour évaluer cette démarche est de se demander si elle a produit un véritable croisement des savoirs, une création originale. Il me semble que, dans ce mémoire, la réponse est incontestablement « oui ». L'exemple le plus probant concerne le débat sur les représentations du temps, où les militants ont fait changer le paradigme des universitaires, c'est-à-dire le modèle théorique qui sous-tend leur réflexion. Je retrace ce qui s'est passé : les universitaires apportent dans leurs exposés deux schémas de représentation du temps : le temps linéaire qui marque une progression, et le temps circulaire qui tourne en rond. Pour certains sociologues, les familles les plus pauvres seraient enfermées dans le temps circulaire et incapables de se projeter dans l'avenir. Mais les militants du groupe ne se reconnaissent pas dans cette représentation, qui ne colle pas avec leur expérience. Avec la conseillère pédagogique, ils reprennent au tableau les schémas des universitaires, et disent qu'ils sont dans les deux temps. Si on met ensemble le temps linéaire et le temps circulaire, cela donne des boucles. Ainsi émerge ce nouveau concept de « temps en boucle », qui associe des éléments de progression et des temps d'arrêt ou de retour à des points fixes. Il résulte bien du croisement des savoirs.

Le plus original dans cette démarche est que des militants du Quart Monde aient pu questionner, contester et discuter les interprétations des universitaires, et être entendus. La contestation du pouvoir d'interprétation des universitaires par les militants ou les volontaires, et la prise en compte de la capacité d'interprétation de ces derniers, est au cœur du processus de croisement des savoirs. Processus qui a été rendu possible par toutes les conditions du programme : le choix volontaire de chacun, le temps investi avec les militants, le rôle de l'équipe pédagogique, etc.

La deuxième partie de mon évaluation porte sur le contenu du mémoire. Ayant eu la chance d'assister à la soutenance orale du mémoire à Chantilly, je l'ai trouvée de très bonne qualité, avec des temps de parole équilibrés et alternés entre les six acteurs-auteurs, faisant agréablement appel aux schémas, dessins, transparents qui expliquaient le plan de l'ensemble. Un des universitaires du groupe concluait la présentation orale en disant : « Après deux années de travail, nous commençons seulement à maîtriser le sujet. » Cela signifie que la démarche commune a ouvert de nouvelles pistes à explorer, au-delà des certitudes antérieures; c'est pour moi un autre signe d'un croisement des savoirs réussi.

Le mémoire illustre combien la famille est précieuse pour les plus pauvres, elle est leur seule défense, le seul bien qui leur reste quand tout a disparu. Certaines formulations sont très heureuses, et montrent bien la dimension existentielle de la famille, par exemple : « Les enfants, ça réchauffe une vie »; « Ma force, je l'ai puisée dans mon couple et dans mes enfants. Pour eux, j'ai abattu des murs d'angoisse. ». J'ai été impressionné par les réflexions sur la mise au monde d'un enfant et sa signification comme possibilité d'être, possibilité de don, comme avènement ou comme espérance. Ces réflexions donnent lieu à une forme de méditation forte sur la création, la donation, la continuation. Le langage utilisé sort parfois du langage académique et fait appel à la poésie, ce qui est une richesse. Car la réalité familiale, c'est beaucoup de face à face, avec de l'angoisse, des tensions, des affrontements, mais aussi de la tendresse, de la contemplation, de la poésie... D'autre part, les termes de création, donation et continuation ne sont pas hors-sociologie, ils sont construits comme des concepts d'une autre sociologie, ayant une vision moins utilitariste des relations sociales. Ils ouvrent à une autre dimension de la réalité, à une autre perception de la personne et des relations sociales, compréhensible avec d'autres concepts que ceux de la maximisation du profit ou du pouvoir.

J'ai trouvé éclairantes les analyses des différentes sortes de temps; le temps long, voulu, choisi, les temps courts, subis ou perturbés, le temps comme problème ou comme ressource. Cette analyse fine des différentes perceptions du temps, des passages de l'un à l'autre, des oppositions entre le temps des familles et le temps des institutions, est une des grandes richesses de ce mémoire. Chaque lecteur ne peut-il pas identifier dans sa propre trajectoire des temps-problèmes et des temps-ressources? En outre, les initiatives, les dynamisme des familles très pauvres et les obstacles rencontrés sont bien mis en évidence par la notion de projet. Mais cette vision de la personne et de la famille de milieu très pauvre n'est-elle pas trop optimiste? N'est-elle pas biaisée par un matériau de recherche insuffisamment diversifié? Le Conseil scientifique s'est posé la question. Ont-ils rencontré des familles totalement enfermées dans la misère, qui n'ont jamais pu faire de projet, et qui contrediraient les hypothèses? Le tableau des entretiens qualitatifs montre que parmi les seize personnes interviewées, âgées de vingt à soixante-quatre ans, onze ne connaissaient pas le Mouvement Atd Quart Monde. L'analyse des entretiens révèle que bien des personnes ont connu le fond de la misère, et montre dans quelles circonstances l'émergence de projets est possible, ou non. Finalement, le mémoire met bien en évidence le décalage profond entre l'idée qu'on se fait souvent des familles les plus pauvres, et leur réalité. Ces familles ont des projets, qui souvent ne sont pas vus ou sont niés par les institutions chargées de leur venir en aide.

J'ai été frappé par certains témoignages qui pour moi sont à faire hurler, tant l'injustice qu'ils révèlent est inacceptable, notamment cet enfant qui fait vivre sa famille, et cette maman à qui on refuse pendant vingt ans un logement, et qui doit vivre avec cinq enfants dans une seule pièce. J'ai aimé cette leçon tirée de l'action : « Savoir attendre le temps des parents est indispensable à la réussite », ainsi que les réflexions sur le partenariat.

Mes critiques concernent surtout l'insuffisante prise en compte des travaux antérieurs sur le sujet. J'ai regretté le peu de références aux études sur la famille de l'Institut de Recherche d'Atd, qui pourtant ont été très nombreuses depuis 1960. Je pense à celles de Jean Labbens et de Christian Debuyst sur la famille sous-prolétarienne au début des années 1960 ; à celle de Paul Vercauteren sur la structuration de la vie privée et de la vie publique des sous-prolétaires en 1970 ; à l'évaluation de quinze années de programme de développement communautaire à partir des petits enfants par Alwine de Vos en 1977 ; à l'étude de Marie-Catherine Ribeaud sur la maternité en milieu sous-prolétaire, etc.

En conclusion, je voudrais formuler un souhait. Il me semble que le dernier chapitre sur « le projet familial, point d'appui pour rentrer dans la société » doit être prolongé par des sociologues et des historiens. Il faut dénoncer les politiques de destruction systématique des familles très pauvres, et inscrire de façon indélébile cette dénonciation dans l'histoire des violations organisées des droits de l'homme, et dans les enseignements de l'université. Sous couvert de lutte contre la pauvreté et de préservation de la pureté de la race, la Suisse a organisé le génocide culturel de yéniches pendant cinquante ans, et l'Australie celui des aborigènes pendant cent ans, en retirant systématiquement les enfants à leur famille. La Grande Bretagne a déporté dans ses colonies plus de 100000 enfants pauvres et orphelins, entre 1850 et 1960. L'Allemagne, les pays scandinaves, l'Australie et les États Unis ont promulgué des lois eugénistes qui ont organisé la stérilisation forcée de plusieurs centaines de milliers de femmes, parmi les plus démunies. Pendant plusieurs décennies, la France et la Belgique n'ont pas échappé aux pratiques de placement systématique des enfants ou de stérilisation forcée des femmes les plus pauvres. Les politiques de stérilisation forcée continuent aujourd'hui dans les pays les plus pauvres d'Europe de l'Est, d'Asie ou d'Amérique latine.

Le mémoire du groupe Famille a bien montré et analysé de l'intérieur la force du projet familial des très pauvres et l'immense potentiel de libération qu'il contient, lié aux forces vitales de création, d'engendrement mutuel, d'amour, de don et de dépassement de soi. Il se révèle ainsi comme un moyen de dénonciation, une arme pour combattre les idéologies de mort, pour faire éclater l'aveuglement et l'inhumanité des pratiques et des politiques qui confondent la lutte contre la pauvreté avec la lutte contre les pauvres.

Avis sur le mémoire Savoirs

par Michel Serres

J'ai lu avec attention le mémoire « Libérer les Savoirs ». Il m'a beaucoup intéressé, pour une raison qui touche à des souvenirs personnels puisque j'y ai retrouvé des expériences vécues par ceux et celles dont les parents n'avaient ni instruction, ni livres, ce qui était mon cas, et, surtout, les expériences vécues de ceux qui étaient exclus et à qui le savoir a donné confiance en eux. J'y ai retrouvé aussi les expériences des universitaires, et j'en suis un. Par conséquent, je comprends très bien le contenu de ce mémoire.

Le mémoire est bien rédigé, clair, et construit avec rigueur du point de vue du plan et de la forme. Il jouit d'un vrai mouvement de pensée, il se donne des préalables, il pose ses méthodes et les réalise, il témoigne d'une recherche réelle et tout à fait bien menée.

Ce mémoire se divise en trois parties nettement distinguées ; la première porte sur l'école, et le savoir scolaire ; la deuxième sur les savoirs vécus, dans l'expérience de la famille, de la rue, de la vie ordinaire ; et la troisième partie concerne les savoirs de l'action, de l'engagement en général, du militantisme par exemple. En chacune de ces parties, interviennent tour à tour les divers groupes : participants, interviewés, militants, volontaires, universitaires.

J'ai pu noter, dès la partie initiale sur la méthode, une opposition entre le point de vue des militants et le point de vue des universitaires. Les militants expriment leur désir de savoir parce qu'ils se trouvent démunis ; ils disent que le savoir va leur apporter quelque chose de très important dont ils on faim et soif, dont ils ont le désir ; ils ne veulent pas d'un savoir spécifique pour les pauvres. Inversement, les universitaires répugnent à jouer leur rôle de professeur ; ils veulent s'interroger sur cette spécificité et privilégier les savoirs vécus, les savoirs d'expériences des plus pauvres. Il semblerait que les premiers se jugent démunis et que les seconds se jugent trop munis. Les militants n'ont pas de soupçon par rapport au savoir qui est pour eux libérateur ; les universitaires n'expriment que des soupçons dans ce domaine : pour eux tout savoir n'est pas, en soi, libérateur.

Cette opposition, entre la volonté d'acquérir du savoir d'une part, et une certaine réticence à le livrer d'autre part, est marquée très fortement et ne me paraît pas avoir été résolue, l'orientation globale du mémoire semblant aller plutôt dans le second sens.

Je voudrais développer trois points :

. ce que j'ai appris dans ce mémoire,

. comment on pourrait aller plus loin,

. quel jugement global porter sur la validité scientifique du mémoire.

Ce mémoire m'a appris un élément extrêmement important : qu'il s'agisse de l'école et des savoirs scolaires, qu'il s'agisse des savoirs vécus, ou du savoir à l'origine d'un engagement, le thème transversal aux trois parties, répété à plusieurs reprises par un même mot qui devient à mon avis le vrai sujet du mémoire, celui que vous avez le mieux analysé et sur lequel j'ai le plus appris, c'est le mot *reconnaissance*.

Pour vous, et pour nous tous, qu'est-ce qu'un savoir ? C'est un savoir reconnu. Quelqu'un qui sait, c'est quelqu'un qui est reconnu. Un enseignant a un savoir reconnu. Une recherche valable est une recherche reconnue. Le savoir n'existe que reconnu, la personne n'existe que reconnue. La question est posée dès le début du mémoire, elle est posée tout le temps et elle conclut le mémoire.

Quand vous arrivez à l'école, vous demandez d'être reconnu par vos pairs, par les élèves, par les enseignants, et la souffrance fondamentale est de ne pas l'être, d'être préjugé sans intelligence, jugé sans culture. La vraie question est toujours : est-ce que j'existe aux yeux des autres ? Est-ce que j'existe *comme* les autres, sous leur regard et dans leur opinion ? Suis-je distingué ou exclu ?

Votre recherche ne porte pas sur le contenu du savoir, mais sur la reconnaissance que l'on peut avoir de ce savoir. Rien n'est plus important et rien n'est plus vrai ; cela correspond à mon expérience, comme à celle de tous ceux qui ont, de loin ou de près, approché la société savante. Et la requête est faite : est-ce qu'on peut faire reconnaître le savoir des plus défavorisés ? L'exclusion, c'est le manque de reconnaissance. Le savoir permet d'être reconnu. Par conséquent, c'est vrai que la lutte contre la misère et l'exclusion passe par le savoir, parce que le savoir permet de rentrer dans une communauté. C'est peut-être moins un mémoire sur les savoirs, qu'un mémoire sur les communautés de savoirs. Vos trois parties sont des parties sur des communautés. Il y a une communauté de l'école parce que l'école permet de reconnaître chacun ; l'expérience vécue, la vie, la famille, la rue, c'est une communauté où il y a une reconnaissance réciproque concernant les savoirs vécus. Et lorsque vous vous engagez dans un groupe donné, de militants ou d'action, vous êtes tous ensemble parce qu'il y a une activité où vous vous reconnaissez les uns les autres.

Le mémoire pose la question du croisement des savoirs, de type scolaire, de la rue, ou de l'action dans le processus de la reconnaissance.

Comment aller plus loin ? Le savoir permet une reconnaissance, c'est l'une de ses fonctions, mais est-ce la seule ? Le savoir n'est pas seulement un élément dont on parle, ou à l'intérieur duquel on rentre. Alors, quel savoir ? pourquoi ? dans quelles conditions ? est-ce que ça vaut la peine de savoir plus de l'arithmétique, de la géographie, de l'histoire ? Il faut étudier son contenu et son utilité.

Tout d'un coup, je suis tombé sur la vraie grande page de votre mémoire. Au cours de la lecture, on voit l'analyse de la reconnaissance monter, s'approfondir et déboucher subitement sur une intuition vraiment lumineuse. À un moment, vous mettez en scène un certain Daniel, actif dans un groupe, et dont vous dites qu'*il avait un secret.* Vous cherchez quel est le secret de Daniel, moi aussi je l'ai cherché, et il me semble être le suivant : nous tous dans l'assemblée, femmes, hommes, jeunes, vieux, nous avons tous l'égal besoin de reconnaissance. On voudrait tous être reconnus, mais ce n'est pas possible, tu ne peux pas m'en donner, tu en as besoin pour toi-même, et toi non plus... Nous sommes tous avec une égale soif, une égale faim de reconnaissance, que l'on soit pauvre ou riche, savant ou pas savant. Pourquoi avons-nous peur ? Parce que nous avons ce besoin-là. La reconnaissance ne peut pas être couronnée. Et le secret de Daniel, c'est de s'être aperçu qu'il y avait un geste premier à faire : c'est de la donner avant de la recevoir. C'est le moment formidable où l'instituteur dit : tout le monde a des aptitudes, la plupart des gens sont intelligents. Il donne de la reconnaissance, alors que lui en a autant besoin que les autres.

Cette reconnaissance, il faut la donner pour la recevoir. Et cela définit le savoir. Le savoir c'est du pain que l'on peut recevoir à condition de le donner. C'est une définition du savoir extraordinaire. Le savoir est comme la reconnaissance : si je le donne, je le garde, et dans ce processus au lieu de se diviser, il se multiplie. Et là est le secret de Daniel.

Le savoir permet-il de se passer de reconnaissance ? C'est ce que dit une personne : *je ne vois plus les choses de la même façon, j'ai changé de regard, et maintenant la vie a pour moi de la valeur.* Elle a trouvé le secret de Daniel. Il permet de changer de regard, de rentrer dans une communauté où chacun donne de la reconnaissance.

La valeur scientifique du mémoire apparaît donc nettement. Au début, je me suis dit : ils ne parlent pas du savoir, ils ne parlent que de la condition du savoir ; ils parlent de l'école, de la famille, de la rue, mais ce n'est pas le savoir, c'est la société du savoir. Et après, peu à peu, vous m'avez convaincu ; le mémoire pose la question essentielle de la fonction du savoir par rapport à son contenu, et a surtout le mérite de proposer un processus : il construit un escalier, avec des paliers successifs de l'accession au savoir : la sortie de l'exclusion, la partage et le croisement des savoirs, la reconnaissance acquise et, peut-être, l'oubli qu'on en a besoin. Vous avez réussi à dire que dans l'école il y a ce processus. Je suis exclu, je monte une marche de l'escalier, et cette marche c'est appartenir à une communauté qui va me donner de la reconnaissance. Je m'aperçois que cette marche d'escalier n'est pas suffisante, parce que vous n'allez pas m'en donner, vous en avez besoin comme moi, donc il faut que je passe à une seconde marche d'escalier. Ce processus-là est un processus contradictoire : il faut que j'en donne avant d'en recevoir. Et la troisième marche, c'est de dire : le savoir se clarifie et progresse chez celui qui l'explique à l'autre. Un proverbe anglais le dit bien : si tu ne sais pas quelque chose, explique-le à un copain, et à ce moment-là tu le sauras.

Il y a dans ce processus quelque chose de tout à fait mystérieux que vous avez presque découvert, vous êtes juste à l'endroit de la découverte. Par conséquent, c'est cela qu'on peut dire de mieux d'un mémoire, il vous met exactement devant la porte, il vous dit : Daniel a un secret; il suffit de pousser un petit peu la porte et on rentre dans le secret. C'est ça qui fait la qualité extrêmement profonde de votre mémoire. Il pose la question cruciale : si le savoir est essentiellement social, comment se fait-il alors qu'il soit étranglé par les institutions et les dominations ? Si le savoir permet de lutter contre ces impérialismes, n'est-ce pas parce qu'il y a en lui quelque chose de non-social ? Et par là de très précieux pour ceux qu'écrase la société ?

Avis sur le mémoire Travail, activité humaine

par Matéo Alaluf

D'emblée, le travail est cerné avec pertinence, à partir des rapports qui le constituent. Tantôt « enrichi », tantôt « en miettes », souvent « instable », le travail apparaît « lié à des productions instables selon la conjoncture ou mobile selon les changements de localisation allant de pair avec une transformation des métiers et des qualifications ».

Si l'on se limitait à ces seules manifestations immédiates caractérisées par les délocalisations, les licenciements et le chômage, c'est-à-dire par la privation d'emploi, on pourrait être tenté, comme d'aucuns, à conclure à sa perte d'emprise sur les individus, en raison même de sa rareté. Ce mémoire nous invite pourtant à écouter ceux qui en sont privés, pour comprendre l'importance du travail dans tous les aspects de la vie en société.

Si le travail n'est plus aussi clairement repérable et apparaît précaire dans ses manifestations, il ne se détache pas pour autant de nos existences. Il oriente l'éducation et la formation des jeunes et des adultes, décide de la migration et de la localisation géographique des populations, des façons d'être de chacun comme du destin de leurs enfants. Il imprime son rythme à nos existences et les subordonne à ses exigences. Au fond, le travail est tellement présent, que l'on finirait par ne plus s'en apercevoir.

Quelle est la place des pauvres, privés d'emploi, dans une société de travail? Jadis, répond le mémoire, ils en constituaient le « sous-prolétariat », aujourd'hui ils « sont condamnés à l'inactivité, en marge de la sécurité sociale ». Tellement en marge, que les salaires qu'on devrait leur octroyer seraient encore plus élevés que leur productivité tant ils seraient dépourvus de savoir-faire utile. Au fond, des moins que rien qui ne méritent rien d'autre que le sort qui est le leur.

À ce condensé cynique « d'idéologie dominante », les auteurs du mémoire opposent une double démarche. Comprendre d'abord les modes de fonctionnement des mécanismes de l'emploi et du chômage, et se proposer ensuite, comme objet de recherche, la découverte « de nouveaux métiers, de nouveaux marchés qui seraient basés sur les savoir-faire existants des plus pauvres ». Il s'agit au fond d'explorer les possibilités de traduire l'offre du travail résultant de la richesse des talents de chacun en autant d'emplois utiles à la société.

Les auteurs du mémoire tracent du même coup des orientations tout autres aux politiques de l'emploi. D'une part en effet, ce n'est pas le travail mais c'est l'emploi qui fait défaut. Offrir un emploi suppose que celui-ci soit construit déjà comme un poste de travail, c'est-à-dire corresponde à un produit, à un marché et soit doté d'un profil. Or précisément, les emplois sont rares. Demander un emploi n'est donc pas tout à fait équivalent à offrir son travail. L'offre de travail suggère aussi, à travers le travailleur qui en est porteur, des possibilités nouvelles, des projets d'activités, un produit, un service ou une innovation potentiels. C'est en prenant au sérieux l'offre de travail que l'on peut s'orienter dans une politique de création d'emplois. Le mémoire sonde à travers leurs talents, l'offre de travail des plus pauvres. Il s'agit alors tout à la fois d'une politique d'ouverture vis-à-vis des entreprises susceptibles de développer leurs activités, que de la mise sur pied des conditions institutionnelles permettant au secteur associatif de se développer dans un cadre adéquat. Celui-ci pourrait permettre, à mon sens, que les services aux personnes par exemple, échappent aux rapports de dépendance personnelle qui en font du travail servile pour devenir des emplois et procurent de ce fait tout simplement un revenu décent et un peu de dignité.

En d'autres termes, cette recherche peut suggérer une piste visant à mobiliser les mesures de résorption du chômage dans le sens des politiques de travail, c'est-à-dire fondées sur les capacités de travail des personnes, susceptibles de créer des emplois permettant d'étendre à ceux qui en sont écartés l'accessibilité à l'emploi.

Derrière ces savoir-faire manuels et relationnels soigneusement repérés, les auteurs discernent aussi le risque qu'ils ne soient utilisés contre leur propre milieu. Les nouveaux métiers proposés ne relèvent-ils pas souvent du contrôle social voire du contrôle tout court des populations (« *ils peuvent rapidement devenir des policiers sans armes* »), et les formations qui conduisent rapidement à des emplois n'ont-elles pas souvent une portée de socialisation à l'exclusion? Là encore le mémoire innove : à la place d'une pédagogie qui prend l'aspect de disciplinarisation, c'est « une pédagogie de la réciprocité » que les acteurs explorent dans leur recherche.

Certes, la question de la validation des compétences de ceux qui précisément ne tiennent pas le bon bout, dans une société profondément inégalitaire, n'est pas résolue pour autant. Parfois expérience vécue et conviction des auteurs se mélangent. Comment relier l'expérience vécue à la compréhension des structures ? Les questions posées par cette recherche restent heureusement ouvertes. Mais ce mémoire parvient à bousculer les disciplines traditionnelles et, en réhabilitant la parole et la plume de ceux à qui on les retire habituellement, pose les questions essentielles de la distance critique et de la participation engagée.

Avis sur le mémoire Citoyenneté

par René Rémond

Représentation, citoyenneté, grande pauvreté. Des cinq thèmes, c'est probablement le plus politique, et parce que tel celui qui pose les problèmes les plus généraux.

Je l'ai lu et relu avec attention et intérêt, et espère l'avoir bien compris. L'ensemble est bien construit, la démarche régulière et progressive. Je passe sur le premier chapitre qui ressemble à ceux des autres mémoires puisqu'il retrace la démarche suivie, énonce les règles observées et retrace le processus.

Vient ensuite une discussion sur les termes : en particulier, faut-il parler des pauvres, des plus pauvres, des très pauvres, ou de la grande pauvreté ? C'est cette notion qui a finalement été retenue, plus abstraite puisqu'elle désigne le phénomène plus que les individus, elle se situe sur le même plan que les deux autres termes : représentation et citoyenneté. Le mémoire fait un travail d'élucidation des notions. Au départ, on avait à faire à une espèce de nébuleuse de notions réagissant les unes sur les autres : démocratie, citoyenneté, droits de l'homme, représentation. C'est cette notion de représentation qui est le cœur de la cible, mais elle s'inscrit dans une configuration plus large, qui cherche la réponse à la question : comment faire pour que les plus pauvres soient citoyens à part entière de la démocratie ? Une démocratie dont ils ne seraient pas citoyens serait incomplète, s'ils sont rejetés, exclus, marginalisés. C'est donc le problème de la citoyenneté qui est posé et de l'accès par tous à égalité des droits, et singulièrement des droits politiques.

À cet égard, j'ai été particulièrement intéressé par le fait que l'approche des droits politiques s'est effectuée à l'envers de la démarche ordinaire. Je cite une phrase du mémoire : « *Les droits de l'homme ne se divisent pas, ils sont économiques, sociaux et culturels (ressources, travail, logement, santé, éducation...) mais aussi civils et politiques.* » C'est le **aussi** qui est significatif. D'ordinaire, en effet, on raisonne à l'inverse : quand on parle de génération de droits, la première est celle des droits politiques; ensuite, on a découvert que si les droits n'étaient que politiques, il manquerait quelque chose, et on les a complétés par les droits économiques et sociaux. Aujourd'hui, au terme de deux siècles d'expérimentation, il est à ce point acquis que la démocratie implique des droits économiques et sociaux, qu'il faut revenir au point de départ et réaffirmer les droits politiques. À vrai dire, il n'y a pas à choisir entre eux. On sait combien il est discutable et même pernicieux d'opposer les libertés prétendues réelles aux libertés présumées formelles; on compromet alors la liberté elle-même. J'ai trouvé très intéressant que, à partir des droits économiques et sociaux, vous ayez redécouvert la nécessité, le prix, la légitimité des droits politiques.

Il y a des degrés dans la citoyenneté. Il y a la participation sur laquelle le mémoire s'attarde assez peu, pour en venir à ce qui est probablement le problème le plus délicat, celui de la représentation. On part du constat que les pauvres ne sont ni présents, ni représentés. Ce qui ne veut pas dire que leur pensée soit forcément absente du débat politique, mais c'est une chose qu'on parle d'eux, et c'en est une autre que ce soit eux qui en parlent. Le plus souvent, on débat de leur sort avec la préoccupation de l'améliorer mais sans eux, en dehors d'eux, ils ne sont pas acteurs et partenaires. Par exemple, dans la préparation d'une loi dont les pauvres sont l'enjeu, on a l'impression que ceux-ci ont été considérés comme simples objets des débats et jamais représentés. C'est bien qu'on s'occupe d'eux, mais ils n'en sont pas moins exclus. C'est le problème de la participation et, à défaut de participer, d'être valablement représenté.

À partir de ce constat, le mémoire évoque deux questions connexes. La première a déjà été évoquée par les autres mémoires : qui est qualifié pour représenter la grande pauvreté? Faut-il l'avoir personnellement connue pour pouvoir en parler valablement? C'est une expérience spécifique, irréductible : qui ne l'a pas vécue, ne peut pas en parler valablement. Nous touchons là à un problème capital : si on affirme ce principe dans toute son intransigeance, si on pousse ses conséquences à l'extrême, il ne peut pas y avoir de communication entre des expériences par trop différentes. C'est la fragmentation de l'humanité et l'impossibilité de s'ouvrir à d'autres : aucune génération ne peut en comprendre une autre, ni un peuple un autre. Il n'y a donc pas unité du genre humain. Les auteurs du mémoire ont bien perçu la gravité de ces conséquences, aussi se gardent-ils d'être trop catégoriques dans l'affirmation de ce principe.

La seconde question est plus ciblée : faut-il dans la vie publique une représentation spécifique de la grande pauvreté? On écarte assurément l'idée que cette représentation jouerait le rôle de groupe de pression; il s'agirait seulement de donner une voix à une expérience originale. À ce point, nous touchons à un autre problème aussi fondamental, celui des rapports entre l'universel et le particulier, le tout et la partie. Il se pose aujourd'hui avec une acuité particulière à la société politique. C'est le même que sur le débat actuel de la parité hommes et femmes. Il faut revenir à ce qui a été l'innovation majeure fondamentale en rupture avec les traditions antérieures et sur laquelle repose encore notre démocratie : l'invention du citoyen et du peuple, la création délibérée d'un ordre de réalité original. Le peuple est un être de raison : il est formé de tous les citoyens en ce qu'ils ont de commun, abstraction faite de tout ce qui les différencie : sexe, âge, conditions de vie. Cette invention a été libératrice, émancipant les individus de toutes les sujétions des communautés particulières. Ce fut un pas décisif vers l'universalité. Reste – l'expérience l'a prouvé – que cette affirmation de l'égalité entre tous les citoyens laisse subsister des inégalités de fait et risque parfois de les accroître. D'où les critiques faites à cette notion et qui proviennent de deux sources différentes : d'une part, d'une droite organiciste pour qui la société est un corps différencié ; d'autre part, d'une gauche, d'inspiration socialiste, prenant argument des inégalités sociales. D'où la revendication d'une reconnaissance de la diversité et des groupes qui la structurent. En face du peuple, réalité politique, se dresse la société civile avec laquelle les pouvoirs publics entretiennent désormais des rapports de partenariat. Mais si l'on inscrit dans la Constitution le principe de la parité entre hommes et femmes, pourquoi ne le ferait-on pas pour d'autres catégories ? Les auteurs du mémoire ont bien vu le problème : aussi écartent-ils l'idée qu'il y ait une représentation distincte des pauvres qui ne manquerait pas d'aboutir à une fragmentation du corps social. Mais alors comment concilier ces deux exigences contraires ? Je ne saurais mieux faire que de leur laisser la parole : « *Qui peut parler au nom des pauvres ? il faut savoir se mettre à la place des pauvres, nous dit un universitaire, nous croyons que cela n'est pas possible… Côtoyer la misère, essayer de la comprendre, ce n'est pas la vivre de l'intérieur… Les non-pauvres peuvent parler du combat qu'ils mènent contre la pauvreté, mais ils ne sauraient en parler comme les pauvres eux-mêmes.* » Faudrait-il une représentation propre aux pauvres ? Le mémoire ajoute très justement : « *Il ne sert à rien de créer une nouvelle catégorie, celle des pauvres. En représentation politique, les élus sont appelés à représenter tous les citoyens. La lutte contre la misère oblige à refuser la représentation par catégories, sources d'exclusion, car même si un pauvre représentait la catégorie des pauvres, cela risquerait de créer encore plus profondément le fossé avec les non-pauvres* ». Il y a là une idée profonde : la lutte contre la pauvreté n'est pas seulement l'affaire des pauvres. C'est l'intérêt commun de tous les citoyens, la société tout entière est impliquée. Tolérer, admettre la pauvreté, c'est la ruine de la société. On retrouve ainsi l'exigence d'universalité. Le débat reste ouvert et il divise aujourd'hui la société et la pensée politique.

UN PREMIER BILAN

par Patrick Brun

Quelle évaluation les participants au programme Quart Monde-Université tirent-ils de leurs apprentissages ?

L'enjeu principal du programme Quart Monde-Université pouvait paraître à première vue la production d'un savoir plus complet sur les réalités de la vie en grande pauvreté, savoir auquel aurait contribué la mise en présence des apports des universitaires, des volontaires permanents du Mouvement Atd Quart monde et des acteurs sociaux eux-mêmes.

Or, quand on écoute et quand on lit les évaluations que les participants au programme en font, on prend conscience qu'il s'est agi d'abord d'une expérience humaine collective fondamentale et que cette histoire vécue durant deux ans par trente-sept participants (trente-deux « acteurs-auteurs » et cinq membres de l'équipe pédagogique) venus d'horizons différents s'est avérée source de transformations personnelles.

On constate notamment dans ces témoignages que chacun s'est « déplacé » après des temps où il a accepté de se laisser « dériver » en renonçant, du moins provisoirement, qui à ses certitudes, du moins à leur affirmation non argumentée, qui à ses schémas de pensée ou à ses cadres de référence, qui à ses prétentions en matière de méthodologie de recherche : « Nous avons vacillé ensemble », dit l'un des universitaires.

Or, c'est à partir de cette remise en jeu de soi-même fondée sur une confiance mutuelle gagnée progressivement, cette remise de soi les uns aux autres qu'un travail de réflexion commune puis d'écriture commune a été possible. « Nous avons appris l'humilité », dit un autre universitaire.

Les témoignages que nous avons réunis sur ces deux années nous décrivent comment fut vécue cette expérience, voire cette épreuve, d'abord personnelle mais de plus en plus ressentie par chacun dans la conscience de participer à un groupe soudé par une estime et une confiance partagées. La recherche commune fut en retour source de transformations ou de prises de conscience personnelles, évolutions nommées par les participants « prises de conscience », « découvertes » ou « redécouvertes », « identifications », « remémorations », « compréhensions nouvelles », etc.

C'est alors que « les mots peuvent s'ouvrir au regard des autres », comme le dit un participant, non seulement les mots mais la connaissance que les participants cherchent à traduire et à produire. La connaissance devient alors source de **reconnaissance.** Ce dernier terme restera peut-être le maître mot de ce programme si on en déploie toutes les significations. Ce fut l'un des plus employés et l'un de ceux qui traduisent le mieux à la fois l'enjeu du programme et le débat de fond entre les participants.

N'est-il pas le fil conducteur qui relie les trois aspects de l'expérience commune qui semblent permettre de rendre compte des évaluations faites par les participants ?

– Une expérience commune vécue par chacun.

– Une expérience transformante au plan socio-existentiel.

– Une expérience source d'ouverture des savoirs de chacun aux savoirs des autres et de croisement de ces savoirs dans une œuvre collective.

Une expérience commune et pour certains une épreuve

La rencontre entre les trois groupes d'acteurs n'allait pas de soi. Elle devait être gagnée sur de nombreux obstacles :

– **Des peurs** : peur de l'autre, notamment des universitaires considérés par certains comme « bêtes sacrées ». On a peur aussi de « se faire avoir » dans la discussion ; de la part des militants, peur de ne pas être à la hauteur, d'être « jugés », de ne pas tenir la durée.

– **Des incompréhensions** : les différences de langage, de style, entre universitaires d'un côté, volontaires et militants de l'autre, en sont le signe ; elles traduisent des méconnaissances d'autrui. Chacun reste au départ dans sa propre logique, dans son propre monde. Il en résulte des malentendus mais aussi des méfiances réciproques.

– **Des résistances et des blocages : l**'affirmation des convictions de la part des volontaires et militants est aux yeux de nombre d'universitaires un discours suspect. Les questions et les doutes des universitaires sur la formulation des expériences de vie peuvent passer pour des « agressions » ou du moins, aux yeux des militants, des mises en cause de leur parole.

– **Des divergences ou différences** traversent aussi chaque groupe d'acteurs. Les militants auront également à trouver entre eux la cohésion de leur groupe thématique sur les sites où ils travaillent.

Il est néanmoins reconnu par tous que la confrontation, si douloureuse qu'elle fut parfois, se réalisa dans la clarté et l'honnêteté des positions. Les militants avaient une forte conscience de représenter « les leurs ». Chez les universitaires, plusieurs ont affirmé vouloir tenir leur position d'universitaire. Ce fut paradoxalement les volontaires qui eurent le plus de difficulté à identifier leur place : ils n'étaient en effet là ni en position de médiateurs, ni de représentants à proprement parler du Mouvement, mais en charge d'apporter la contribution de leur propre savoir d'action, lui-même lié à la médiation opérée habituellement entre les plus pauvres et la société.

Si ces difficultés furent surmontées c'est, au dire des participants, grâce à la qualité des relations humaines qui s'établirent, notamment dans les groupes thématiques, mais aussi, à l'occasion des séjours à Chantilly, plus particulièrement lors des repas et des soirées détente, entre les participants. On a partagé les joies et les peines des uns et des autres. On a fêté des naissances, des anniversaires, on s'est trouvé des points communs dans son vécu familial. On a chanté ensemble, parfois souffert ensemble; on s'est réconforté aux heures lourdes.

C'est ainsi que les uns et les autres ont pu s'apprivoiser, établir puis approfondir le dialogue, acquérir une finesse dans la perception de l'autre et chercher à créer tant dans les mots que dans la pensée la bonne longueur d'onde. Plusieurs militants se reconnaîtraient dans la formule de l'un d'eux appliquée aux universitaires, formule qui reste marquée par la conscience d'un rapport inégal : « Ils sont descendus d'un étage pour nous égaliser. »

Il est souvent souligné que la méthode impulsée par l'équipe pédagogique et l'accompagnement effectué par ses membres ont contribué fortement à ce résultat. L'équipe est nommée, à la fois, comme garant et acteur de la communication, de la recherche et du maintien de la parité entre les trois groupes d'acteurs. Pour les militants, la présence active de la conseillère pédagogique a permis à ceux-ci de croire en leurs capacités, de les mettre en œuvre et de tenir dans la durée.

Cette expérience commune construite dans la durée est source de transformations personnelles

Les termes qui qualifient les effets ressentis par chacun l'indiquent : « plaisir », « fierté », « confiance », « enthousiasme », « énergie investie », « envie retrouvée de se battre », « moments de bonheur et de tristesse », vécu très fort, « bouleversant »...

Ces « chocs » existentiels se traduisent par trois types de résultats :

– des prises de conscience

– des apprentissages

– une validation des hypothèses à la base du programme, sous certaines conditions.

Des prises de conscience

Elle se font à l'égard des autres acteurs du programme et de ce qu'ils représentent.

Les universitaires découvrent les ressources des militants, leur richesse, leurs capacités à la fois de pensée et d'expression. Mais, derrière ces constats, c'est en fait la capacité d'initiative et d'activité des très pauvres qu'ils découvrent ou la force du projet familial.

Les militants ressentent l'humanité des universitaires, mais aussi que la réflexion des philosophes, des hommes de science peut éclairer et nourrir leur propre vécu.

Plus fortes encore sont les prises de conscience identitaires. Dans la confrontation on se découvre soi-même ; soit dans ce qui me constitue : « J'ai retrouvé ma propre identité de militant » ; « Je me retrouve à travers les personnes interrogées » ; soit dans mes racines familiales : « Cela fait remonter des événements pénibles de mon histoire. » Il est même évoqué par un participant la « réouverture du placard familial et social ».

Nous touchons là ce qui fut source d'épreuve pour certains. Certains se sentirent douloureusement interrogés sur leurs motivations de volontaire ou d'universitaire. Plusieurs ont souffert de solitude. Ces remarques nous conduisent à relier aux prises de conscience les conséquences psycho-affectives de ces évolutions.

Les militants en particulier disent que leurs relations avec l'environnement social et institutionnel a changé. Le programme a permis à plusieurs de « s'affirmer », leur a « donné de la force », une « plus grande confiance en soi », « une plus grande assurance ». Désormais certains n'ont plus peur de se confronter avec les maîtres d'école ou, pour l'une, avec le juge ou l'assistante sociale. Cette situation est opposée à ce qui précédait le programme : « angoisse », sentiment d'être dépossédé, « incapacité ».

Naît aussi un nouveau regard sur les êtres et les choses, que ce soit de la part des uns ou des autres : nouveau regard sur sa pratique (militante, universitaire, volontaire), sur l'image du très pauvre ou de l'universitaire, sur soi-même comme volontaire ou universitaire.

Du côté des universitaires, on insiste davantage sur l'acquisition d'une conscience critique à l'égard de son langage ou de ses cadres de référence ; pour certains, un lien doit être crée entre un engagement social ou socio-politique et la pratique universitaire.

Une fois la confiance trouvée dans ses interlocuteurs, les peurs surmontées, les liens personnels établis, les participants sont prêts à ouvrir leur savoir (de la vie, de l'étude ou de l'action) aux autres acteurs, et à voir interroger leurs propres représentations.

En résumé dira une militante à propos d'un universitaire : « Il a changé et nous aussi on a changé. »

Il est donc à présent possible **d'apprendre les uns des autres**, de recevoir des autres le savoir plus spécifique qui justifie leur présence dans le programme et de l'intégrer au sien quitte à faire évoluer celui-ci.

Les savoirs reçus ou développés

•. En dehors des contenus exprimés par les mémoires, les universitaires ont appris des militants :

– la réalité de la vie de ceux-ci et leur parcours ;

– leur intelligence pour faire face à la misère et l'activité déployée pour lui résister ;

– leur capacité de réflexion et d'expression ;

– leur pouvoir sur la conduite de leur propre vie.

En résumé, certains disent en avoir tiré une nouvelle approche des questions de pauvreté et une nouvelle conception des relations chercheur/acteur dans la recherche en science sociales.

Des volontaires, les universitaires ont reçu une meilleure connaissance du Mouvement Atd Quart Monde et de la spécificité du rôle des volontaires.

• Les volontaires ont appris plus spécialement des universitaires :

– à confronter leur expérience de l'action ou de la médiation avec des courants de pensée contemporains ;

– à acquérir le goût de la lecture et de la formation à ces questions, notamment en philosophie et sociologie ;

– à identifier leur propre savoir d'action.

• Les militants ont appris plus spécialement des universitaires :

– une initiation à l'étude des textes, à la connaissance du vocabulaire spécialisé (tel qu'« hypothèse » « synthèse »), à la démarche de recherche ;

– la rigueur dans l'organisation de la pensée et de la parole ;

– à ne pas avancer d'affirmation sans chercher à l'étayer par des arguments ou des preuves ;

– à prendre de la distance par rapport à leurs affects au point de se sentir plus « sereins », plus maîtres de soi et prêts à laisser interroger leurs convictions.

Du programme dans son ensemble, plusieurs militants disent aussi avoir bénéficié quant à leurs capacités d'écriture, de lecture, d'orthographe. Certains s'intéressent à présent aux nouvelles de la société et se sentent concernés plus qu'avant par les journaux télévisés ou la presse.

Est également mentionné par certains l'apport des personnes-ressources qui sont intervenues sur chaque site auprès de militants pour les exercer à la construction de leur expression.

La validité de la démarche dans son ensemble est reconnue par tous

« Ça a été possible », constatent les participants (de se rencontrer, de lier connaissance et relation, de s'entendre, de mener une recherche en commun, d'écrire ensemble des mémoires, de « durer » pendant deux ans, etc.).

On peut, en résumé, constater les acquis collectifs suivants selon les remarques des uns et des autres :

– On peut créer une nouvelle approche de la connaissance et produire un savoir original à partir de l'identification et du dialogue des trois savoirs.

– Cette production est possible à deux conditions :

• la constitution de relations humaines conviviales préalables et en continu avec le travail de recherche et de réflexion ;

• la reconnaissance par chacun des acteurs de son « semblable » dans autrui avant de travailler sur « les différences ».

– Il serait sans doute plus juste de penser que les savoirs se constituent par interactions mutuelles même si des éléments de savoir préexistent, dans la mesure où les rapports entre les acteurs échangeant leurs connaissances et leurs points de vue permettent à chacun d'en prendre conscience, de se comprendre dans sa relation à autrui, de prendre en compte une expression différente et son contenu dans la constitution de son propre savoir, et, en définitive, de le composer en un discours argumenté.

– C'est par ce travail de déconstruction et de construction réciproques qu'est rendue possible l'élaboration d'un texte commun où chacun peut se retrouver sans renier sa spécificité. Ce texte est du reste l'objet de nombreuses discussions qui articulent les apports des uns et des autres en un tout cohérent même lorsque le texte garde la trace des positions différentes.

En conclusion, pour reprendre la comparaison utilisée par l'un des universitaires en conclusion de l'évaluation de son groupe : lorsque des fils ont été tissés ensemble pour composer une même étoffe, ils demeurent distincts ; cependant, pour faire un fil gris, on entrelace un blanc et un noir. Ainsi se sont entrelacés les fils des savoirs de chacun et, de leur métissage, est née une œuvre. Ce que ne dit pas cette image, c'est l'altération définitive (alter signifiant autre et altération changer, devenir en partie autre et non dégradation comme le terme est souvent entendu) que les fils reçoivent au frottement les uns des autres. Les évaluations des acteurs-auteurs révèlent, à des degrés divers, que tous ont vécu ces changements, et c'est de là qu'a pu se produire un croisement des savoirs.

Lexique

17 octobre : Journée mondiale du refus de la misère, reconnue par l'assemblée générale de l'ONU du 22 décembre 1992.

Acteurs-auteurs : Sous ce nom, sont désignés les participants du programme Quart Monde-Université (15 militants dont une a dû quitter à mi-parcours pour raisons familiales, 12 universitaires, 5 volontaires) qui ont accepté d'expérimenter le croisement de leur savoir respectif.

Alliés : Citoyens de tous horizons engagés dans leur milieu professionnel, culturel, syndical, politique, religieux… à faire connaître la réalité de vie des populations en grande pauvreté et les moyens proposés par le Mouvement Atd Quart Monde pour enrayer la misère. Certains d'entre eux sont engagés au sein de quartiers défavorisés, aux côtés des enfants, des jeunes ou des adultes.

Blasons : La démarche du blason, expérimentée en recherche et en formation, permet à chacun de présenter les éléments de son parcours personnel et intellectuel qu'il juge pertinent pour la réalisation du programme expérimental. Chaque blason est réalisé sur une grande affiche avec une devise, une image symbolique, des expériences fondatrices et quelques questions que l'acteur-auteur voudrait voir traiter pendant le programme.

Cité de promotion familiale et sociale de Noisy-le-Grand : sur l'emplacement de l'ancien camp des sans-logis de Noisy-le-Grand, est bâti en 1970 une cité de promotion familiale et sociale où sont accueillies des familles dans un logement individuel pour une période de deux à trois ans. Les buts de la cité de promotion sont de maintenir la cellule familiale, d'affirmer le droit au logement familial et de permettre à chaque famille d'être maître de son destin. Une équipe de volontaires-permanents Atd Quart Monde aide chaque famille à la réalisation de ses projets, et anime les équipements communautaires : foyer familial, pré-école, pivot culturel…

Décryptage : L'enregistrement des réunions, des discussions est retranscrit de manière à ce que l'écrit puisse devenir un outil de travail pour les participants. La retranscription n'est donc pas systématiquement intégrale, de façon à ne pas alourdir la relecture, mais elle garde le plus fidèlement possible le cheminement de la discussion du groupe.

Groupes mixtes : Désignent une forme de travail proposé par l'équipe pédagogique au cours des séminaires, à savoir que les acteurs-auteurs ne se retrouvent pas en groupes thématiques, mais en groupes mixtes où se retrouvent des universitaires, des militants, des volontaires de groupes thématiques différents.

Maison Quart Monde : Lieu d'accueil, de rencontre, de formation, pour les membres d'Atd Quart monde.

Militants Quart Monde : Personnes quotidiennement confrontées à la misère, dans leur propre vie ou celle de leurs proches, qui ont décidé de prendre durablement une part active au sein du Mouvement Atd Quart Monde à partir de leur implication dans leur milieu.

Mouvement Atd Quart Monde : Créé en 1957 par le père Joseph Wresinski et quelques familles très pauvres du camp des sans-logis de Noisy-le-Grand. Mouvement international, ses objectifs d'action prioritaires sont : l'accès aux moyens nécessaires pour vivre en famille, l'accès au savoir, à la culture, à la formation et la prise de parole dans les débats publics.

Père Joseph Wresinski : 1917 – 1988. Né à Angers, dans un quartier pauvre, de parents immigrés (père polonais, mère espagnole). De 13 à 19 ans, il travaille comme pâtissier, période au cours de laquelle il rencontre la Jeunesse Ouvrière Chrétienne. En 1936, il entre au petit séminaire. Il est ordonné en 1946. Il est nommé vicaire à Tergnier, puis curé à Dhuizel (Oise). En 1956, son évêque lui propose d'aller rencontrer les familles qui habitent le camp des sans-logis à Noisy-le-Grand, dans la région parisienne. Il y resta et fonda ce qui allait devenir le Mouvement international Atd Quart Monde. Il est enterré à Méry-sur-Oise (Val d'Oise), au centre international de ce Mouvement.

Pierrelaye : Centre international du Mouvement Atd Quart monde et de son Institut de Recherche ; lieu de formation.

Pivot culturel : Inséré au centre de l'action de promotion familiale et sociale, le pivot culturel s'adresse aux enfants d'âge scolaire. À partir du livre, se développent des activités artistiques et culturelles.

Semaines de l'avenir partagé : Des professionnels, des artisans, des artistes… sont invités à venir partager leur savoir-faire, leur art au cœur des quartiers défavorisés pour créer des moments de fête et d'amitié avec les enfants et leurs parents qui y habitent.

Université populaire Quart Monde : Lieu de rencontre, de formation réciproque entre des adultes vivant la pauvreté et des citoyens qui s'engagent à leurs côtés. Les participants débattent autour d'un thème qu'ils ont préparé, ils apportent leurs réflexions, leurs suggestions et leurs questions. Régulièrement, des invités participent, interviennent et se forment aussi à l'écoute de ces échanges.

Volontaires-permanents Atd Quart Monde : Hommes et femmes, célibataires et mariés, d'origines sociales et de professions très variées, de toutes nationalités, ils rejoignent le Mouvement Atd Quart Monde acceptant un salaire minimum ainsi que la vie et le travail en équipe. Ils sont plus de trois cents à travers le monde, dans 23 pays.

Composé par Infoprint

Achevé d'imprimer par Normandie Roto s.a.
61250 Lonrai
N° Editeur : 5263 – N° Fab : 5219 – N° Imprimeur : 983151
Dépôt légal : janvier 1999
Imprimé en France